现代写作学丛书

实用写作教程

（第三版）

SHIYONG XIEZUOJIAOCHENG

陈果安　李作霖 + 编 著

编著：陈果安　李作霖

编委：申朝辉　李作霖　汪苏娥　张志华
　　　陈果安　佘佐辰　易小斌　高　静
　　　潘冬梅　周葵葵　廖妍南　戴小勇

Xiandai Xie uoxue

Congshu

中南大学出版社
www.csupress.com.cn

图书在版编目(CIP)数据

实用写作教程 / 陈果安,李作霖主编. —3 版. —长沙:
中南大学出版社, 2012.8(2021.7 重印)

ISBN 978-7-5487-0615-1

Ⅰ. 实…   Ⅱ. ①陈…②李…   Ⅲ. 汉语－写作－高等学校－
教材   Ⅳ. H15

中国版本图书馆 CIP 数据核字(2012)第 193182 号

实用写作教程

(第三版)

主编　陈果安　李作霖

□责任编辑　陈雪萍
□责任印制　唐　曦
□出版发行　中南大学出版社
　　　　　　社址:长沙市麓山南路　　　　邮编:410083
　　　　　　发行科电话:0731-88876770　传真:0731-88710482
□印　　装　长沙印通印刷有限公司

□开　　本　787 mm×1092 mm 1/16　□印张 24　□字数 587 千字　　□插页
□版　　次　2012 年 8 月第 3 版　　□2021 年 7 月第 3 次印刷
□书　　号　ISBN 978-7-5487-0615-1
□定　　价　48.00 元

《实用写作教程》第三版修订说明

本教程定位于师范院校中文专业本科——立足本科，强调了它较高的理论层次；立足师范，强调了它的规范、严谨、系统；立足中文专业，强调了它的专业特点；立足现实需要，强调了学生毕业后就业的特点和应有的知识技能结构。

我们把写作教学看做一个培养、开发、塑造人才的工程，强调综合素质教育、精神超越性教育、研究型教育、潜能教育。教程依据中文专业学生就业的特点，从现实需要出发，旨在为学生提供一个系统、合理、优化的训练。

实用写作门类繁多，考虑到大学生毕业后从事工作的需要，教程以绪论领起，讲了秘书写作、新闻写作、经济文书写作、法律文书写作。至于科技文书写作，我们另编了《中文专业毕业论文导写》。教材出版后一直用作湖南师范大学中文专业本科教材，还被部分高校用作精品课程教材；"汉语国际教育硕士考研"、"湖南师范大学写作学硕士考研"指定为考研参考书目。此次修订，在2008年第2版的基础上，作了精减和充实。

对中文专业的学生来说，很多人毕业之后将走上秘书工作岗位；即便不从事秘书工作，秘书写作也是一个现代人的基本素质。秘书写作理所当然成为我们的编写重点。秘书写作种类繁多，本教程是分四类来讲的：一是公文的写作；二是机关事务文书写作；三是规章制度写作；四是日常应用文写作。要把这些文体课堂上一一历练一遍，几乎是不可能的。所以，我们在全面概述的基础上，突出了重点。依我们看来，公文不仅是从事行政工作必须掌握的文体，也是现代人应有的基本修养，教学中要注意让学生形成公文意识，让学生懂得公文的行文规则、公文语体和公文格式，并通过训练，掌握常用文种的写作。事务文书种类繁多，除法定公文和专用文书之外的通用性公务文书，均可归入事务文书之内，我们重点讲授了"总结"、"调查报告"；至于规章制度一类，关键是明确一些基本规范；而日常应用文，则应纠正同学们日常写作中的一些错误。

对中文专业的学生来说，很多人毕业之后将走向新闻工作岗位；即使不从事新闻工作，对新闻也应有所了解。因此，新闻写作也是我们编写的重点。现今新闻事业，发展很快，不仅采写方式、传播媒介有了很大变化，而且对新闻的理解也有了新的变化。但无论怎样，新闻姓"新"，一些基本的东西，还是在的。在大学新闻专业中，"新闻原理"、"新闻采访"、"消息通讯"、"新闻评论"等方面的内容，是作为专业课或选修课逐一开出的。考虑到中文专业学生学习的特点和需要，本编将这些内容浓缩、集中在一起阐述，以期对新闻写作有一个基本的、全面的了解。如求深造，可在此基础上进一步发展。本教程是从传统媒介的角度介绍新闻的，希望通过这些基本知识的讲解，帮助同学们学习认识新闻。有了这个基础，也就能够变通了。这次修订，我们特增选了电视广播新闻，增选了新闻评论，希望同学们能感受到新传媒时期新闻写作的特点。

随着知识经济时代的到来，经济文书的写作与我们的关系也越来越密切，特别是毕业以后进入企业，运用的机会更多一些。了解和掌握经济文书的写作，也是时代对我们提出的要求。经济文书种类繁多，有的过于专业，有的过于简单。这部分内容，对中文专业的学生来说相对陌生一些。同学们一般比较容易切入的是合同、广告、市场调查报告、策划文书。学习经济文书，可从这些文体入手，并适当涉猎一些经济学方面的知识。

法律文书写作我们讲了法律文书的基本知识和特点，并附"法律文书一览表"和"诉讼文书一览表"。重点讲授了"诉讼文书"的写作。虽遇到诉讼，绝大多数的情况下，我们会请律师，但懂得基本法律文书的写作还是很有必要的。大学一年级，一般都开有《法律基础》课程，课程也涉及常用法律文书的写作。学习中，可结合该课程的学习，了解诉讼文书的写作要点并动手做些练习。

这次修订，整体构思和部分章节作了一些改动，强调了本科教学的品格，强调了系统性，强调了深入具体的论述，保持了它的开放性，希望给老师和学生留有选择的空间，并加强了"申论"部分。我从 2003 年开始，一直从事申论教学和研究，先后出版过 3 本《申论》，我依据自己的研究和教学经验重新编定这部分内容，希望能给同学们一些帮助。

实用写作种类繁多，实难一一列举，要做到开卷有益更不容易。修订时我尽力做了自己的概括，并力求简明实用。本教程适合本科中文专业、文秘专业的写作教学，也可用作各级培训班实用写作的教材。

陈果安
2012 年 3 月 23 日

目　录

第一章　绪论

　　人类整个写作行为，是由文学写作和实用写作两部分构成的。在中国，当诗经、楚辞、汉乐府、唐诗、宋词、元曲、明清小说构筑起辉煌灿烂的民族文化的同时，我们还可以看到一条清晰的实用写作发展轨迹：当史前社会发展到需要用符号记载劳动过程和传递有关经验时，原始的"结绳记事"就产生了；当社会发展到国家出现并需要政事管理，公文就出现了；当国家发展到需要以法治世时，法律文书就诞生了；当社会出现了商品交换时，契约文书就诞生了；当社会生产力发展到一定水平、需要传授和交流技术时，科技写作就产生了；当社会发展到大众传播时代，新闻也就应运而生——实用写作全面、广泛渗透于政治、经济、文化生活，参与和组织着社会生产和社会生活，较之文学写作，更为壮观、更为立体、更为坚实地反映着人类社会的发展。如果我们比较一下现当代的写作现象，就不难发现，进入新时期以来，实用写作在现实生活中占据的比重越来越大，受到社会的重视前所未有。用人单位到大学中文系挑选人才，首先考察的是他会不会写，并且是单位所需要的实用写作，至于文学创作的能力，通常并不在用人单位的考察范围之内。

　　实用写作在社会生活中所占的比重及社会所重视的程度，实际上是社会政治、经济、文化繁荣的一个重要标志。如果一个社会的新闻事业发达，就特别需要新闻写作方面的人才；如果一个社会的法律制度越来越健全，就特别需要法律文书方面的写作人才；如果一个社会的经济建设越来越繁荣，就特别需要经济文书写作方面的人才；如果一个社会的行政管理越来越规范，就特别需要秘书写作方面的人才；如果一个社会的出版事业发达，就特别需要具有综合写作能力的人才。曾令无数文学青年心驰神往的文学创作，也只好收敛起它往日的风采，而充当了实用写作的一种基本修养。随着实用写作全面、广泛地参与到政治、经济、文化生活，实用写作人才的社会地位也获得了前所未有的提高。生活中，一个出色的新闻记者、一个出色的文秘人员、一个出色的出版编辑、一个出色的广告创作者，他们的社会地位，比起诗人和作家来一点也不逊色。正因为实用写作全面、广泛渗透于政治、经济、文化生活，受到社会前所未有的重视，实用写作理应成为我们学习的重点。

第一节　实用写作的含义与特点

一、实用写作的含义

　　实用写作是相对文学写作而言的，凡文学之外的写作，我们统称为实用写作。

　　实用写作以实用为目的，它的存在是为了解决日常生活某一问题或为了解决现实工作中的某一问题，决不会离开自己的目的泛泛而谈或旁逸枝蔓。它诉诸读者的，往往是无可辩驳的事实和道理；它提供的，往往是理性的逻辑认识体系；它往往表现出鲜明的逻辑推理走向。它的叙述不包含文学的生动性、描写性，没情态、细节渗透的原本呈现性。它的取材、立意、表达，都是认知性的。比如，科技一类的写作，它总是把对象当做科学认识的对象，它以严密的客观性为宗旨，以知识判断作为感知事物的前提和标准。在写作过程中，作者总是尽可能把因主观因素所可能造成的一切人为影响，降到最低程度，以期获得一个唯一的、可以反复验证的结论；在法律文书写作中，作者总是以法律为准绳，来衡量、判断、陈述有关的事实；在经济文书写作中，作者所强调的，是事物的经济价值；在新闻一类文体的写作中，作者所强调的是新闻价值。它们的价值取向都是功利性的，如果忽视它的实用性，势必导致其蜕变。

实用写作的读者对象也非常明确。科技写作，它面对的是科技工作者；经济文书写作，它面对的是经济工作者；司法文书写作，它面对的是司法机关；公文写作，它面对的是收文单位；写个人便函，它面对的是收函人。像新闻报道、广告、启事、通告等，它们把有关事宜布之于众，看似没特定的读者，实际上，它仍然是针对特定读者发言。

与实用写作紧密相关的是"应用写作"这个概念。自20世纪80年代初以来，"应用写作"这类概念比较流行，很多大学开设了应用写作的课程，很多教材、论著专论应用文的写作，全国还出版了一个比较有影响的刊物，叫《应用写作》。

最早提出"应用文"这个概念的是清代的刘熙载。他在《艺概》中指出："辞命体，推之可为一切应用之文。应用文有上行，有平行，有下行，重其辞乃所以重其实也。"刘熙载讲的应用之文，主要指公文。后来徐望之在《尺牍通论》又进一步阐述道："有用于周应人事者，若书札、公牍、杂记、序跋、箴铭、颂赞、哀祭等类，我名之曰'应用之文'。"徐望之讲的应用之文，指的是公文和日常应用文。

新中国成立以后，"应用文"这一名称得到广泛运用，不过，人们讲"应用文"时，大多把它限定在日常生活中处理公私事务的常用文体上，如《现代汉语词典》对应用文的界定是："日常生活或工作中经常应用的文体，如公文、书信、广告、收据等。"我们这里讲的实用文，范围比应用文宽泛得多，它包括日常应用文，也包括公文、新闻、科技、经济、法律文书的写作。

二、实用写作的特点

(一)功利性

实用写作是一种功利写作，具有明确的实用目的，它往往针对某种特定的需要，针对某个特定的环境，针对某些特定的读者而有的放矢。它的写作，完全基于现实生活、现实工作的需要。实用写作这一特点，完全不同于文学创作。从事文学创作，是不能抱着功利目的的。如果抱着过分强烈的功利目的，往往会破坏文学作品的艺术性，使创作归于失败。而实用写作恰恰相反，如果没有十分明确的实用目的，作者往往不会动笔，即使动笔，也写不好这一类文章。

(二)专业性

除了日常通用写作，实用写作还具有专业性，它往往是社会生活中某一职业某一工作的有机构成部分。它的作者，往往是从事某一类工作的专业人员。它的内容，往往是某一专业产品的内容。从事实用写作，不仅取决于作者的语言文字表达能力，更重要的还要取决于作者的专业水平。叫一个不懂法律的人去写法律文书，叫一个不懂科技的人去写科技文章，即使他的语言文字能力很强，也写不出法律或科技方面的文章来。这一点，与文学创作也有明显的区别。文学作品对生活的反映是立体的、综合的、"百科全书"式的，而实用写作往往只从事物的某一个方面入手，"术业有专攻"。

（三）受命性

实用写作多具有受命性，它的写作，往往是由某种外在的社会需要所促成的。一位记者，他写消息、通讯，不见得都是主动的，很多时候，是迫于工作的需要或编辑部的指派。一位秘书，一般情况下，他也不会主动地去写"报告"、"请示"、"决定"，而是出自领导的授意。这一点也不同于文学创作。从事文学创作，作者的写作往往发自内心的愿望，而不是来自外部的指派；作者写什么、怎么写，比较自由，一般不会受到外部的干涉。如果领导指派或干涉，像"文化大革命"中那样，"领导出思想，群众出生活，作者出笔杆"，必然导致创作的失败。实用写作在很多情况下是一种"受命写作"，从选材立意到布局谋篇，往往要受命于机关或领导。它往往处于"要我写，我就写，而且必须写好"的受动地位。如何把外在的需要转化为作者内在的动力，是实用写作中一个带普遍性的问题。

（四）程规化

它是一种"程规化"的写作，带有"匠人操作"的特点，写作中较多地运用了写作思维中"定势思维"和"套板反应"。

从操作程序上看，它往往具有按部就班的味道，它从受命启动到选材、立意、布局、行文，通常是按线性的逻辑关系一环一环推进的。这一点与文学创作不同。在文学创作中，作者的写作行为往往是非线性、非稳定状态的。作者写一首诗，或写一篇小说，有时固然按命意、选材、布局、行文的程序依次写下来；有时先有一个片断、先有一个结尾，然后再决定全文的写作。而实用写作，这种情况并不多见。

在实现自己实用目的的过程中，作者的理性精神始终占主导地位。在写作过程中，作者关注的中心、紧扣的要点，从始至终都是写作的实用目的，他总是采用最简明、最有效的手段来实现自己的目的，他总是以现实人的身份在说话、办事，他不会像诗人、作家那样，把自己全部身心沉浸到一个艺术天地中去"精骛八极，神游万仞"。实用写作以"平实"、"简明"、"致用"为尚，主旨明确而单一，材料概约而客观，体式上有着规定或约定俗成的要求，以叙述、说明、议论为基本表达方式。它的一切手段，从本质上说都是"功利性"的而非"艺术化"的。一般情况下，它不会使用文学语言、文学手段，也不会像文学创作那样强调作家的艺术创作个性，它的写作趋向于大众认可的程规。

第二节　实用写作的分类

粗略划分，实用写作可分为两大类：

一类是通用写作，这类写作在日常社会生活中得到广泛运用，凡社会成员都需要掌握，如日常事务文书、社交礼仪文书的写作，即我们前面提到的应用文写作。

一类是专业写作，如果不是有关方面的专职专业人员，一般较少运用，如秘书写作、新闻写作、科技写作、经济写作、法律文书写作。

不过，这也不是绝对的。随着社会政治、经济、文化、科学的飞速发展，随着社会生活对每一位社会成员的全方位开放，身兼数职具有各种实用写作技能的人越来越多。多掌握一门实用写作，也为自己的工作、学习增添了一份实力与方便。

实用写作门类繁多，考虑到大学生的基本文化素质及其毕业从事工作的需要，本教程除绪论部分外，只讲了秘书写作、新闻写作、经济文书写作、法律文书写作。至于科技文书写作，我们另外编写了一本《中文专业毕业论文导写》。

第三节　实用文的特点

与实用写作相关的是实用文。实用写作要制作的也就是各式各样的实用文。实用文是由主旨、材料、结构、表达方式、语言等五个要素构成的，这五个要素构成，不同于文学文体的特点。

一、主旨明确单一

实用文的主旨，其表现形态不同于文学作品。文学作品以形象反映生活，主要作用于读者的情感与想象，给读者留的艺术空间越大，其艺术魅力也就越大。因此，它的主旨具有多层意味，它的表达往往含不尽之意。实用文以实用为目的，为了实用、便利，它的主旨明确、单一而集中。一篇实用文，往往围绕一个主旨不蔓不枝，一意到底，它的主旨不具有开放性和多元性。表达上，实用文也不像文学作品那样曲折、含蓄，而是清晰明确，直截了当。

二、材料概约客观

文学作品反映社会生活是活生生的形象，并通过形象，把读者引入一个具有生活实感的艺术世界中去。它的材料来自生活，经提炼后仍保留着生动活泼的生活形态。它对生活的表现不是单角度单向度的，而是包含着生活的全部丰富性。它的每一个细节，都可能包含社会生活多方面的内容。实用性文章所使用的"材料"，不限于生活形态的事实，它常常使用数据、图表、公式等抽象性的材料。即使使用事实材料，其取值也是单向度的。比如，写一篇总结，其中举出某个典型事例，在叙述这个典型事例时，也可能涉及某个具体的细节，但我们的叙述，总是基于单向度的价值判断。我们说它好或是说它不好，总是着眼于它对我们工作的影响，而不会像文学作品那样综合、立体地再现那一段生活。又如消息、通讯，它具有事实、形象，但它叙述事实，着眼于事实本身的新闻价值，不会像文学作品那样含有多元的审美意蕴。

实用文的材料还具有客观性。实用文求真尚实反对虚构，这是它的基本规范，也是它的生命之所在。实用文使用材料不能虚构，不能夸大和缩小，连细节也要经得起现实生活的检验。它必须是"曾有的事"、"实有的事"。如果写的是事实材料，其人物、事件、时间、地点、原因、结果必须真实可靠，确凿有据，细节、数字也必须没有误差。如果使用的是理论材料，也要准确无误，不能失实。材料真实，是保证实用文实用价值的一个极其重要的环节。像公文、新闻、司法文书、科技文书、经济文书，只要其中某个细节失实，都可能带来不可估量的损失。

三、结构程式化

实用文往往采用稳定的、常见的、通用的、规定的格式行文，它的结构是程式化的。

如写一篇"请示"，其内容通常包括请示缘由、请求事项、结语三个部分；其文面包括标题、主送机关、正文、署名、日期及有关标记；其各方面的内容应写在相应的位置上，不能随意地更改、变动，大家写"请示"都要遵守这个格式。

实用文的体式，是人们在长期的写作实践中形成的，有的还是由国家或权力机构规定的。它是保证实用文实用效率的有效手法，也是作者在行文时组织材料的一种形式。人们最初写实用文，并没有体式的观念，仅依据需要，信笔写去。写的次数多了，某些社会交际的需要反复在文章中出现，于是逐渐形成了某种相对稳定的形式。这种形式一旦被人们意识到并加以自觉地运用，就成了该文章的体裁格式。体式在最初形成时，往往是不完备的，随着实践的发展和认识的深化，才逐步完善充实起来，成为该文种最有效地达到实用目的、实现实用功能的理想形式。一旦这一理想形式形成后，人们趋同遵守，也就成了该文种的规范。

四、以叙述、说明、议论为基本表达方式

表达方式是指作者运用文字语言表现文章内容的手段和方法。从整体看，实用文以叙述、说明、议论为最基本的表达方式。

在实用文写作中，叙述主要用来介绍情况、概括事实、综述事迹、交代缘由，它具有概括性、平实性和客观性，偏重于说明。实用文的叙述，是一种比较客观、冷静的叙述，它往往客观地介绍现实生活中的事物，它不像文学作品那样具体、细腻、生动，包含事物的原本显现性，不像文学作品那样渗透着作者强烈的主观意识和个性色彩，也不像文学作品那样通过行文的断续、疏密、张弛、交错等造成叙述上的审美效果。

除新闻类文体以及科学小品，实用文很少用到描写、抒情。实用文中的大部分文体，如公文、机关应用文、经济文书、法律文书、科技类文书，很少运用描写、抒情。新闻类文体（如消息、通讯等）用到描写与抒情也不同于文学作品，它们比较质朴，没有文学的渲染、夸张。

五、平实、多元的习惯性用语和专业性用语

实用文的语言简约平实，不尚修饰。

受实用目的的制约，实用文一般都写得短小、简约。它往往用最少的材料、最精练的文字，表达实用目的所要求的内容。

实用文写作，不绕圈子，不说套话，惜墨如金，陈言务去，"篇无累句，句无累字"，句式规范，语体得当，表意直接，语义明了。

实用文的语言，不藻饰，不渲染，不夸张，通俗直白，朴实无华。这些，都有效地保证了实用文的实用价值的实现。

实用写作还涉及很多专业性用语，常使用表格、图形、数字这一类特殊语言以使文章更加明了、准确、简洁，具有说服力。

第四节　学习提示与练习

　　高校毕业生制作求职材料，除"毕业生就业推荐表"外，还有不少附加材料。在各式各样的材料中，求职信是很重要的一份。它在传达求职意向的同时还希望给人留下深刻的印象，激发用人单位对求职材料中的各项具体内容，即对求职者本人，进一步关注和了解的兴趣，从而为应聘发挥积极的作用。但很多同学写的求职信，并不能给人留下深刻印象。之所以会出现这种情况，是因为很多高校毕业生在写求职信时，并没有认真想明白究竟为什么要写求职信，到底要让求职信发挥什么作用，怎样根据本人的特点确定求职信的写作角度、重点，自己的求职信要体现怎样一种特质或风貌，没把这些问题想清楚就稀里糊涂地下笔，写出的求职信自然不痛不痒，千篇一律，无法引起用人单位更多的关注。

　　请讨论求职信的写法，并试着写一份求职信。

第二章　秘书写作

【教学提示】　对中文专业的学生来说，很多人毕业之后将走上秘书工作岗位；即使不从事秘书工作，秘书写作也是一个现代人的基本素质。因此，秘书写作理所当然成为我们学习的重点。秘书写作种类繁多，这里是分四类来讲的：一是公文的写作；二是机关事务文书的写作；三是规章制度的写作；四是日常应用文的写作。我们要把这些文体在课堂上一一历练一遍几乎是不可能的，所以，教学中一定要突出重点。依我们看来，公文不仅是从事行政工作必须掌握的文体，也是现代人应有的基本修养。教学中要注意让学生形成公文写作意识，让学生懂得公文的行文规则、公文的语体和公文的格式，并通过训练掌握几种常用文种的写作。机关事务文书中，"简报"、"讲话稿"、"计划"、"总结"、"调查报告"是常用的。"总结"、"调查报告"属讲授重点；规章制度一类，关键是明确一些基本规范；而日常应用文，则应纠正学生日常写作中的一些错误。

第一节　秘书写作概述

一、秘书写作的含义

秘书写作是指文秘人员在自己的职责范围内，为处理公务所进行的包括公文在内的各种实用文体的写作。

在中国，秘书是为领导提供综合性、辅助性服务的工作人员，主要工作是协助领导综合情况、研究政策、协调各方面工作、负责文书处理以及日常行政事务、交办事项。由于工作的侧重点不同，又可分行政秘书、机要秘书、文字秘书、人事秘书、生活秘书等。文字秘书是秘书群体中主要从事文字工作的。文字秘书经常要根据领导意图，为领导和领导机关做文字记录、文稿撰拟和文稿审核等工作。秘书写作是文字秘书业务活动的一个重要内容。

秘书写作主要是围绕秘书职责展开的，涉及文体包括公文、机关事务文书、规章制度以及一些日常生活应用文书。

公文包括党务公文和政务公文。党务公文是党的机关实施领导、处理公务的具有特定效力和规范格式的文书，是传达党的路线、方针、政策，指导工作，请示和答复问题、报告和交流情况的工具。政务公文是行政机关在行政管理过程中形成的具有法定效力和规范体式的文书，是依法行政和进行公务活动的重要工具。党务公文和政务公文统称党政公文。中共中央办公厅、国务院办公厅2012年4月16日联合发布，2012年7月1日起执行的《党政机关公文处理工作条例》(中办发〔2012〕14号)明确规定党政机关公文分为15种，它们是：决议、决定、命令(令)、公报、公告、通告、意见、通知、通报、报告、请示、批复、议案、函、纪要。

机关事务文书是机关、团体、企事业单位用以处理日常公务、组织工作与生产、交流信息的文书,主要有计划、总结、调查报告、简报、讲话稿等。事务文书不属法定公文,其权威性、法规性不及公文强,但在公务活动中不可缺少,是各级组织、单位必需的管理工具。

规章制度一类文书,涉及规章、制度、条例、规定、守则、公约等类文书的写作。

此外,秘书写作还经常涉及日常生活中的应用文,这些都是秘书写作所涉及的基本文体。

二、秘书写作的特点

(一)秘书写作是公务活动的体现

公务文书产生于公务活动之中,在公务活动范围内使用,为公务活动服务。这是秘书写作的基本属性,是秘书写作与其他写作的区别。所谓公务活动,并非一般意义上的公共事务,而是行政管理事务。上至中央制定方针政策,下至基层单位拟订工作计划、部署工作、上传下达,乃至单位之间的业务往来。根据我国法律规定,只有依照宪法、法律及行政决定和规定所成立的社会组织,才属于合法组织;它们所从事的实施管理、处理事务的活动,才能称为公务活动;在这一活动中形成并使用的文章,才称得上公务文书。不是依法成立的社会组织的活动,都不属于公务活动的范畴;所形成的文书,也称不上公务文书,如社会上群众自发组成的一些组织,也使用通知、函等文体,但它们不具备行政公文的法定效力,不能称之为公文。

(二)秘书写作是遵命写作

秘书写作不是由写作者个人主观意愿、志趣情绪所唤起,而是在法定组织或其领导者授意下进行,体现的是领导意图与组织的意志。所谓遵命写作,也就是按领导与组织的意志从事公务文书的撰制。

遵命写作使秘书写作具有独特的被动性和受命性。秘书在撰写公务文书时,使用什么文种,选用哪些材料,拟定哪些条款,阐述什么观点,表达什么旨意,都应该遵照执行领导的指示,准确地反映领导者的意图,不能自作主张,自行其是。这些在公文写作中表现得尤为突出。其他事务文书虽不具备公文那样的法定权威性,但同样是组织领导者意图的体现,也必须准确地表述领导的意图。

遵命写作是由领导者与秘书在工作上的主辅关系所决定的。秘书作为领导的参谋和助手,最重要的工作是为领导决策及其贯彻服务。这种决策与辅助的关系,既确立了秘书角色的定位,也规范了秘书写作必须是遵命而作。同时,公务文书是一个组织的指挥意志与行动意图的体现,具有鲜明的政策性与法定的权威性,这一本质特征决定了秘书写作只能反映领导意志。

(三)秘书写作基本方法

1.领会领导意图与发挥主观能动性相结合

秘书写作是遵命写作,秘书写作的这一特点决定了秘书写作首先要全面、准确、深刻地领会领导意图。

领会领导意图包括熟悉领导的思维方式与表达意图的方式,掌握领导对一些问题的基本看法和处理原则。一般说来,每个领导都有自己一套成熟的工作经验、习惯性思维方式与表达意图的方式。在领导身边工作，平时应多留意、多观察、深入了解领导处理各项工作时所采取的一些基本思路和方法，潜心研究领导在处理重大问题或比较复杂的问题时所表现出来的领导艺术，从中掌握领导的思维方式。

领导意图作为一种观念形态的东西，总是由一定的社会现实存在决定的，不会凭空产生。因此，为了在更广阔的背景下深刻领会领导意图，秘书人员应当扩大视野，扩大思维范围。应熟悉当时的社会现实情况，党和国家现行的方针、政策和法规精神，当前的中心工作及本地区、本部门、本单位的实际情况，并善于把这些背景材料与领导意图结合起来考虑。只有这样，才能加深对领导意图实质的理解，不至于停留在对领导意图表面的粗浅的认识上。如果对领导意图产生的社会大背景和单位小背景缺乏了解，就不可能深刻领会领导意图及其来龙去脉，在撰写公文时就不可能准确地把握和传达领导意图的精神实质。

要站在领导角度去思考问题，力求与领导思维同步。思考问题的角度不同，常常会得出不同的结论。秘书撰写公务文书，是代表领导说话，是为法定组织立言。因此，他不能站在一般工作人员的角度，而应站在领导的角度去思考问题，考虑对某一问题的处置。具体说来，要着重把握住三点：一是要有一定的高度。要善于站在统领全局的制高点去想问题、定决策，要反复琢磨公务文书中的提法与决定事项是否符合党和国家的方针、政策与法规是否符合本单位的根本利益、是否顺应了当前的改革大潮等。二是要有一定的广度。思考问题时，要思路开阔，要有全局观念和系统意识，通盘考虑，统筹规划，思维内容有相当大的覆盖面。三是要有一定的深度。要善于运用辩证法，透过现象看本质，把思考的着力点放在关键和要害问题上。

要主动向领导汇报思想以求得指点。领导意图的孕育、形成是一个过程。秘书在这个过程中，有时会把握不住领导意图的实质，撰写公务文书时就难以把领导的原则意见具体化为公文中的观点、主张与措施。这时就应该主动向领导汇报，请求指示，通过听取领导意见来调整自己的思路，力求在公务文书中准确地传达出领导的意图与主张，切不可轻率处事，自以为是，偏离领导的意图。

发挥主观能动性表现在秘书写作的创造性方面。

秘书写作的创造性，首先体现在对领导意图的丰富、深化与拓展上。领导意图的形成是逐步的，从思想观点的孕育、产生到趋于成熟，有一个过程。领导者对一些经过深思熟虑的问题，交代起来十分明确，而对一些正在酝酿之中的问题，表述会比较模糊。作为秘书，不可能要求领导都在第一次授意时就把一切讲得清清楚楚，也不要消极地等待领导的再一次授意，而应当在领导的想法刚刚萌发或比较粗糙时，主动地加以深入研究，完善领导之所想，使之成为系统而明确的决策思想。有的领导在交代发文意图时，可能只是从某一个角度或者某一个侧面提出问题，尤其是分管某项工作的领导或部门的领导，提出的问题可能带有专向性。在这种情况下，秘书人员应当发挥自己平时对全局情况比较熟悉的优势，对领导的思路加以延伸和拓展，使之进一步丰富和完善。有时领导同志在讲话时或批语中提出了一些富于新意但欠系统的观点与想法，秘书人员应当追随领导决策的意图，从客观事物发展变化的实际出发，拓展领导者的思想，挖掘出新的东西。

秘书写作的创造性，还体现在行文技巧上。众所周知，公务文书写作有一整套规范，尤其是行文格式、行文规则等方面，有着其他文体所不具有的严格要求。相对于文学创作和一般文章写作行为而言，秘书写作表达技巧上的创造余地要小一些，但不能说完全没有创造的余地。尽管公文在文面、格式、行文规则与语言运用上有着种种规定性要求，但就某一篇具体公务文书的写作而言，如何选取材料、谋篇布局乃至遣词造句，如何针对特定的内容提挈要点和突出意旨，如何做到叙事简明、说理清楚、论证有力、要言不烦、行文严密，如何做到准确传达领导意图而又以理服人，对秘书人员来说仍留有发挥其创造性的广阔天地。

2.掌握上情与了解下情相结合

"吃透两头"是秘书写作的诀窍。所谓"两头"，一头指的是上情，即上级的精神；另一头指的是下情，即基层的实际。掌握好这两头的情况，是秘书写作的前提。

所谓上情，包括党在一定历史时期的基本路线，党和国家在一定时期的总方针、总政策，国家的法律、法规，党和国家在社会各个领域的具体政策和法规，以及上级领导的指示精神等。这些方针政策和法律法规，是党和国家根据我国国情、特定历史条件和工作需要制定的，它是人们开展工作、生产与活动所必须遵循的准则，是各个社会组织工作的指南，也是各级机关、各类组织公务文书的主要表现内容。撰制公务文书必须以党和国家的方针、政策、法律、法规为依据。各地情况千差万别，各部门、单位的工作各有特点，各地、各部门、各单位在制发公务文书时，尽可以根据本单位的情况提出具体的意见、要求与办法，但在与中央保持一致方面不能有例外，在一些重要观点的提法上不能偏离中央统一的口径，在对一些重大问题的评判上不能与中央精神相抵触，在对政策界限的划定与重要举措的确定上不能偏离中央的总方针、总政策，在对全国统一政令和法律法规的执行上不能随意伸缩等。这些是各级各类组织的秘书应有的常识。因此，撰写公务文书，秘书要深刻理解党的基本路线，我国的基本国情，党和国家在一定时期的总方针、总政策以及国家的法律法规；要熟悉党和国家在各个社会领域的具体政策，尤其要通晓与本部门工作密切相关的政策法规。比如，一个企业的秘书，除熟悉党和国家的总方针、总政策和常用法律法规外，尤其要通晓党和国家现行的经济政策和国家最近颁布的经济法规；一个文化部门的秘书，除掌握党和国家的总路线、总方针、总政策外，尤其要深入研读有关的文化政策和法规。只有这样，才能确保公务文书内容的正确性与合法性。一个秘书人员，如果对党和国家的方针、政策、法律、法规认识肤浅，在自己撰拟的公务文书中阐述问题便会一般化；如果认识不甚明确，那就难以从事秘书写作，即使勉强成文，也可能出现政策走样的严重后果。

所谓下情，就是本地区、本部门、本单位的实际情况。诚然，党和国家的方针政策是我们开展工作的指南，也是我们撰写公务文书的依据，但党和国家的方针政策是指导全局工作的原则性意见，各地各部门应当根据特定的省情、县情或单位实际，拟定贯彻党和国家方针政策的实施意见。秘书人员应当在深入调查研究的基础上，把国家政策和上级精神与本单位的实际情况结合起来，创造性地提出工作的思路、目标和措施，真正去解决本单位的实际问题，而不能简单地照抄照转上级政策条文，或依样画葫芦，不接触本地实际，不解决具体问题。因此，秘书应经常深入实际作调查研究，要熟悉本机关的工作职能与服务范围，掌握本组织的工作特点与活动规律，了解基层的实际情况。例如，一个企业的秘书，应当全面了解本企业的经营范围、产品特色、产销情况、技术力量、设施条件、生产能力等情况，平时就应当注意收集反映本企业的有关信息与资料，如企业生产与经营过程中的各种情况汇总、原始记录、数据统计、经济活动分析报告，企业历年的发展情况包括生产与经营计划、投资情况、产销情况、利税上交情况等，企业历年来取得的生产科研成果、荣誉称号、产品创优情况等，调查研究典型材料、新闻媒介对本企业的宣传报道、工作总结、企业大事记等，尤其是有关开业剪彩、庆功典礼、领导视察、重大改革举措出台等重要活动的资料等。只有全面掌握了本单位各方面、各部门、各环节的情况，真正做到了心中有数，撰写的公务文书才会符合本单位的客观实际，分析问题才能抓住关键与要害做到实事求是，提出的意见与措施才有针对性做到有的放矢，作出的决策才有可能在贯彻实施中收到实效。

3.提高文字表达能力与提高综合素质相结合

要很好地完成秘书写作任务，首先当然要有秘书写作的基本知识和基本能力。但除此之外，政治思想理论的水平，行政管理能力和决策能力，对现代市场经济运作规律的了解，对于公关原理的把握，以及掌握现代传媒的一些特点、必要的新闻写作能力和法律常识，这些都是对秘书综合能力的要求。作为一个现代秘书，要努力营建自己的综合能力，才能出色地承担秘书写作的任务。

第二节 公文基础知识

我们这里主要所介绍的公文的含义、特点、体式、语言，都是公文写作必须掌握的。

一、公文的含义

公文是党和国家、群众团体、企事业单位用来处理公务的具有法定效力和规范体式的公务文书，它是传达、贯彻党和国家的方针、政策，发布行政法规和规章，实施行政措施，请求和答复问题，指导、布置和商洽工作，报告情况和交流经验的重要工具。

中共中央办公厅、国务院办公厅 2012 年 4 月 16 日联合发布，2012 年 7 月 1 日起执行的《党政机关公文处理工作条例》（中办发〔2012〕14 号）明确规定党政机关公文分为 15 种，它们是决议、决定、命令（令）、公报、公告、通告、意见、通知、通报、报告、请示、批复、议案、函、纪要。

二、公文的特点

行政公文是行政机关在行政管理过程中形成的，具有法定效力和规范体式的公务文书。不是依法成立并能以自己的名义行使权力与担负义务的组织和个人所制发的文书不能视为公文，不是在法定的权限内制发的文件不能视为公文，不是《党政机关公文处理工作条例》明确规定的文种不能视为公文。

公文具有以下的特点：

（一）由法定作者制发，并具法定的权威性

不是任何人都可以制发公文，公文有特定的作者。公文的作者，是指依法成立并能以自己的名义行使权力与担负义务的组织，公文必须以机关的名义或其法定代表人的名义制发。那些按照机关内部分工从事公文起草的文秘人员不能视为公文的法定作者。

公文的法定作者在法定的职权范围内根据公务处理的需要，按法定程序制发的公文，反映和传达了法定作者的决策和意图，体现出法定作者的意志与权力，并受到国家法律的保护。

在法定时间和空间范围内，公文对受文者产生强制性影响，具有法定的行政约束力和法定的现实执行效用。公文一经发布，有关组织和个人必须不折不扣地执行，认真、及时地按照文件的规定与部署去开展工作，组织活动，办理事务，维护公文的法定效力与权威性，否则就要受到法规、纪律的制裁或行政的处罚。

（二）有鲜明的政令性和法定的现实执行效用

公文的政令性包括了政治性、法令性和政策性等含义。公文是社会政治活动的产物，是发文者意志的体现，是国家管理政务的重要工具。在我国，公文具有传达贯彻党和国家的方针政策、处理机关公务的重要职能，它的内容与党和国家的政治、政策密切相关。行政机关制发的公文，在政治上、法令上、政策上代表了国家和人民的利益。社会团体、企事业单位通过公文部署工作、汇报工作、商洽事务时，也必须充分体现党和国家的方针、政策的精神，决不可自行其是，另搞一套。公文直接形成于现行公务活动，直接参与了对当前工作的领导、指挥、组织、监督和协调，是政务工作有机的组成部分。公文既是制发机关用以发布指令、法规，传达决策意图的重要手段，又是受文机关进行工作的依据，同时也是维系国家各类、各层次机关之间，机关与广大人民群众之间正常联系的基本形式，它在国家管理中发挥着承上启下、协调配合、沟通信息的执行效用。

（三）发文必须履行法定程序

公文的制发与生效，必须履行法定的程序。公文的制发，必须由机关领导人对发文稿作全面的审核后再签发；几个单位联合发文必须履行完备的会签程序；重要的规范性文件还需报请上级机关审批或主管机关批准；公文送负责人签发前，应当由办公厅（室）进行审核。审核的重点是：是否确需行文，行文方式是否妥当，是否符合行文规则和拟制公文的有关要求，公文格式是否符合规定等。

（四）行文必须遵守国家统一规定的体式

公文必须具有国家统一规定的规范的体式，用以维护公文的权威性、准确性与有效性，方便公文的写作与处理。这是公文法定权威性和组织约束力在形式上的表现，是区别公文与其他文献形式的明显标志，也是保证公文的质量和提高办文效率的重要手段。有人不明白这个道理，讲公文动不动就以诸葛亮的前后《出师表》、李密的《陈情表》作范例，其实是对现代公文格式规范缺乏应有的认识。

严谨规范的格式，是公文权威性和严肃性在形式上的体现，也有利于文书工作的科学化、标准化、现代化和机关工作效率的提高。在撰写文稿时，必须严格遵守。违反了就不合要求，也就不能发挥其现实的社会功能。

三、公文的体式

公文体式是行政公文权威性在形式上的体现。《党政机关公文处理工作条例》规定，其内容包括公文格式要素，其书写、制作的位置与相应的要求三个方面。公文由"文头""主体""文尾"三部分构成，各部分又由有关项目构成。就其格式项目而言，其中有写作格式项目，也有印制格式项目，前者如标题、正文等，后者如秘密等级、紧急程度、印章、纸型、装订等。这种规范化的格式，是行政公文权威性在形式上的体现。老师讲授公文体式，可对照着下图来讲，以便学生形成直观的印象。

```
0000001                              机密★一年
                                        特　急

        ××××××

        ×××〔200×〕×号

眉
首
```

关于×××××通知

×××××：
　　××××××××××××××××××××××××××
×××××××××××××××××××××××××××××
×××××××××××.
　　×××××××××××××××××××××××××××
×××××××××××.

　　　附件：1.×××××
　　　　　　2.×××××

主
体

```
                          ┌─────────────┐
                          │             │
                          │   印　章     │
                          │             │
                          │ 二〇〇×年×月×日 │
                          └─────────────┘
```

（×××××）

版
记

抄送：××××，××××，××××.

××××××××　　　　　　200×年×月×日印发

（一）文头部分

公文文头又叫公文版头，它位于公文首页的上方，约占首页的1/3，其下方有一红线，作为文头部分与下面的主体部分的分隔线。其构成包括以下内容：

1. 发文机关标志

又称公文版头，位于公文眉首的上部，居中排列，有两种形式：第一种，由发文机关的全称或规范化简称加"文件"二字组成，如"国务院文件"。若是套红印刷的称为红头文件，若是黑色印刷的称为白头文件。第二种，两个以上单位联合行文，要将联合各方的单位名称分行排列，主办单位列首位。

2. 发文字号

简称"发文号"或"文号"，位于发文机关标识正下方，由"机关代字"、"年号"加"顺序号"三个要素组成，发文年份用阿拉伯数字，用六角括号括起来。如"国发〔2012〕1号"，其中的"国"是国务院的代字，"〔2012〕"是发文年份，"1号"是发文顺序号。意即由国务院于2012年制发的第1个文件。发文年份要写完整，"2012"不要写成"12"。发文顺序号也要用阿拉伯数字书写,不编虚位(即1不编为001),不加"第"字。

3. 签发人

上行文应当标注签发人姓名。签发人的书写位置位于发文机关标识下方的右侧,将发文字号左移,使两者在间隔横线上左右对称。

4. 份数序号

指一份文件在总印数中的顺序号,用7位阿拉伯数字标识于眉首左上角第1行处,顶格书写。其写法是"0000001"。按有关规定,涉密公文应当标明份数序号,以免丢失。

5. 秘密等级和保密期限

凡属有保密要求的公文,必须在眉首右上角第一行顶格标明保密等级和保密期限。密级分为绝密、机密、秘密三种,秘密等级和保密期限之间用"★"隔开。

6. 紧急程度

这是对公文处理时限的要求,分"特急"、"急件"和"限时送达"。其位置在密级的下方。

(二)主体部分

主体格式由公文标题、主送机关、正文、附件说明、成文日期、印章、特殊情况说明、附注、附件等组成。

1. 公文标题

公文标题在红色间隔线之下,位置居中。标题应准确简要地概括公文的主要内容,一般由"发文机关名称"、"事由"、"文种"三要素构成。发文机关名称要用全称或规范化简称。文头已有发文机关名称的,标题可省去发文机关。

2. 主送机关

主送机关指公文的主要受理机关。应当使用机关全称、规范化简称或者同类型机关统称,顶格写在标题左下方、正文之上,后加全角冒号。一般情况,上行公文原则上主送一个上级机关,不要"多头主送";下行公文可写多级受文单位。那些发布在报纸等媒体上的周知性公文,如公告、通告,可以不写主送单位。

3. 正文

正文是公文的核心部分,是用来表达公文的具体内容的。

正文位于主送机关名称下一行,每自然段首左空2格,回行顶格,数字、年份不能回行。正文部分内容较多的情况下,一般要写开头、主体、结尾三个部分;内容较少则采用篇段合一方式。原公文格式中末页上端左侧顶格的"(此页无正文)"标注,已撤销,现在的格式务必使印章与正文同处一面,以防止不法分子造假行骗。

4. 附件及附件说明

附件是指用来说明、佐证公文正文的图表、统计数字、情况说明以及其他文字材料。

附件说明,是指用于说明附件材料的名称及件数的专用格式。"附件"两字写在正文结束后,下一行,左空2字,加全角冒号,然后依次标注所附文件的序号及名称,序号使用阿拉伯数字。附件名称后不加标点符号。

5. 发文机关印章或签署

发文机关是公文的作者,通常标注在"落款"处。

发文机关应写全称或规范化简称;联合行文,主办机关应当排列在前;在文头或标题中标明了发文机关的，落款可省去，盖上印章即可。

印章是发文机关对文件生效负责的凭证。印章与正文必须同处一面，用印的位置在成文时间上侧，要求上不压正文，下要骑年盖月。几个机关联合行文时，印章不能重叠。

以领导者个人名义制发的公文的签名称之为签署。签署的位置在成文日期之上偏左，在本人职务名称后空一格签名。

6. 成文时间

成文时间是公文形成或正式生效的时间。除公文中明确注明生效日期的，一般是指机关领导人审批签发公文的时间；联合行文以最后一机关的领导人签发日期为准。成文时间大多在文尾标注，右空 4 字，用汉字小写，"零"写成"〇"。会议通过的文件，以通过日期为准，用小括号标注在标题的正下方。

7. 附注

附注也称注释，指的是对公文中某些内容或有关事项的说明，如对阅读范围和阅读对象的限定："此件发至县团级"，并用小括号标注，写在成文时间下一行，居左空 2 字。

我国现行发文范围有三个层次："发至省军级"；"发至县团级"；"发至基层"。上行文不限定阅读范围。

（三）文尾部分

1. 抄送机关

指除主送机关外需要执行或知晓公文内容的其他机关。过去，对上级机关用"抄报"、对平级机关用"抄送"、对下级机关用"抄发"，现在统称为"抄送"。

公文的抄送，既要防止漏抄漏送，又要杜绝滥抄滥送。

"抄送机关"标识在主题词下一行，左空 1 字用 3 号仿宋书写，后标全角冒号；同一层次的抄送机关之间用顿号隔开，不同级层的抄送机关之间用逗号或分号隔开，抄送机关的最后要标注句号。

2. 印发机关和印发时间、份数

印发机关指承办印发公文的单位，一般为发文机关的办公部门，写在抄送机关下方反线的下方左侧，左空 1 字。印发时间指公文付印的日期，写在印发机关名称的右侧，右空 1 字，用阿拉伯数字标识，如"2002 年 2 月 18 日印发"。通常，公文的成文日期在先，印发日期在后。公文的印刷份数用 5 号仿宋体加括号置于反线右下方。

四、公文的语言

公文主题明确，格式规范。制发公文要做到情况确实、观点明确，表述上语言准确，结构严谨，条理清楚，直述不曲，字词规范，标点正确，篇幅简短，人名、地名、数字、引文准确，格式规范庄重，符合国家统一规定。

引用公文应先引标题，后引发文字号。

引用外文应注明中文含义。

日期应写明具体的年、月、日。

文内使用非规范化简称，应先用全称并注明简称。

使用国际组织外文名称或其缩写形式，应在第一次出现时注明准确的中文译名。公文中的数字，除成文日期、部分结构层次序数和在词、词组、惯用语、缩略语、具有修辞色彩语句中作为词素的数字必须使用汉字外，应使用阿拉伯数字。

涉及计量单位，要使用国家法定的计量单位。

结构层次序数要规范，第一层为"一、"，第二层为"（一）"，第三层为"1."，第四层为"（1）"。

公文的语言，以公务语体为基本语言底色，庄重、严谨、简明、得体。

（一）庄重

庄重即庄严、郑重。

凡公文，都代表一级机关或组织说话，有着法定的权威性和行政约束力。一些法规性公文，一经发布，就成为各项工作乃至个人行为的规范和准绳，有关人员必须严格遵守实施。一些下行文，虽没有法规性质，但下级机关也必须坚决执行，如有违反，将视情节轻重受到行政处分或法律制裁。因此，秘书写作语气必须严肃，措辞必须郑重，用语不能轻慢浮华。

公文写作，一般排斥方言口语。譬如，它用"优秀"、"优异"、"优良"、"良好"这类词汇，而不会用"棒"、"帅"、"盖帽了"；用"积累资金"，而不会用"攒钱"；用"中饱私囊"，而不会用"装进自己腰包"；用"故意寻衅"，而不用"有意找岔儿"；用"特此函达"，而不会写成"特写了这封公函寄发给你们"。

闲聊式的方言口语，不简洁，不庄重，不登大雅之堂，难以成为公文语言，如《中共中央关于接受宋庆龄同志为中国共产党正式党员的决定》中有这样一段：

　　她一贯是共产党的最亲密的战友，是中国各族人民包括台湾同胞和海外侨胞衷心敬爱的领袖之一，是爱国主义、民主主义、国际主义和共产主义的伟大战士，是保卫世界和平事业的久经考验的前驱，是全体中国少年儿童的慈爱的祖母……

这段文章，如果将"一贯"改为"向来"，将"同胞"改为"兄弟"，将"战士"改为"闯将"，将"祖母"改为"奶奶"，就破坏了文章的庄重性。

公文写作有时也用一些口头语汇，如用"拳头产品"形容信得过、过得硬的产品；用"小金库"指代不入公开账目的钱款；把增强生机活力说成"增强了造血功能"；把重要的流通、交流作用说成"主渠道作用"；另外如"开绿灯"、"大锅饭"、"铁饭碗"、"敲竹杠"、"钻空子"、"定心丸"、"绊脚石"、"耳边风"等。但这类词语，都具有尽人皆知的特定含义，无损于公文语言的庄重。如有损于庄重，公文是不用的。

公务文书代表了一级机构的权力意志，许多词汇本身就具有一种庄重性。如下行文，用于开头有"特命令如下"、"特发布如下命令"、"现予公告"、"特此通报"、"现批复如下"等；用于正文有"责成"、"坚决制止"、"要严格执行"、"必须彻底追查，依法严处"等；用于结尾有"请即遵照执行"、"此复"、"此令"、"特此通告"、"自公布之日起施行"等——这些用语都有一定的指令、指示性，语气肯定，不可违背。

在上行文中，许多词汇也具有公文的严肃性和权威性。如呈报性公文，用于开头有"现报告如下"、"特作如下报告"，用在结尾有"特此报告"、"以上报告如有不妥，请指正"等。期请性公文，用于结尾的有"以上请示，请批复"、"请予审批"、"以上报告如无不妥，请批转×××执行"等，这些词语都很庄重。即使是商洽工作、询问和答复问题时常用的一些习惯用语，如"请复函"、"盼复"、"望复为盼"、"敬请复函"，也都显得郑重、严肃。

公文的语气很庄重，幽默、诙谐、灵巧、机智等语体风格不能进入公文。如：

凡利用国家机密进行投机取利者，送司法机关或军事法庭依法惩处。（《保护国家机密暂行条例》）

各地要进一步加强对狩猎生产和猎枪、猎具的管理，未经国务院主管部门批准，任何单位不得擅自生产、销售猎枪和气枪。国家关于禁猎的地区和时间以及禁止使用的狩猎工具和方法的规定，必须严格执行，违者依法惩处。（《国务院关于严格保护珍贵稀有野生动物的通知》）

文中所用"凡"、"依法惩处"、"加强"、"不得擅自"、"必须严格执行"等，语气坚定，斩钉截铁，毫无讨价还价的余地，就充分体现出领导机关处理公务的严明立场和严肃态度。

上行文、平行文的用语虽然不像下行文这样威严质直、铿锵有力，但也字斟句酌，庄重严谨。

公文的用语庄重、郑重，既表明了作者严正的立场与严肃的态度，又维护了公文的权威性。

（二）平实

平实，指用语朴实自然，通俗易懂。

公文写作要充分发挥它的现实效用，推动各项工作有序有效地进行，在表达上要求简洁明快，平易质朴，明白晓畅，通俗易懂，它以平实为底色。叶圣陶曾说：公文不一定是好文章，但必须写得一清二楚，十分明确，句稳词妥，通体顺畅，让人家不折不扣地理解你说的是什么。

公文写作在表达方式上，以叙述、说明和议论为主，介绍情况，阐明道理，直陈其事，忠于实情，讲求实效，不务藻饰，不作渲染夸张，一般不用描写和抒情。

公文是党政机关、企事业单位及其领导人指挥工作、沟通上下、协调左右等事务活动的交际工具，语意明白、完整、准确与否，都直接关系到公务活动，都有可能造成工作中的失误乃至损失。故秘书写作以朴实平正为本，忌用华丽的词藻，排斥形象性词语，像下面这类形象化、情感化、夸饰性的词语，公文写作中是不用的：

欢呼雀跃、鸦雀无声（含比喻色彩）；
莺歌燕舞、柳暗花明（含比拟色彩）；
气贯长虹、怒发冲冠（含夸张色彩）；
笑容可掬、热泪盈眶（含描写色彩）。
袅袅娜娜、羞羞答答、糊里糊涂、呆里呆气（含摹状描写色彩）；
叽叽喳喳、嘻嘻哈哈、噼里啪啦、稀里哗啦（含摹声描写色彩）；
"啊"、"噢"、"嘿"、"哎呀"等叹词（含感叹性和抒情性）；
"花儿"、"老头儿"、"小羊儿"等儿化词（含着较浓的情感色彩）。

公文写作排斥生僻、古奥、费解的词语，不用生造的词语以及不规范的简称。虽然写作中保留了一些文言词语，以突出其庄重凝练的风格，但它们大多质朴平易、通俗易懂，并不"古雅"、"古奥"、"冷僻"。

公文写作的用语总是常规化的，它遵守语法规范，不标新立异，生造新词，不烘托，不渲染，不为文采诱惑而去堆砌词藻，以免费解乃至发生歧义。它的词语搭配、表达方式、修辞手法都是常规化的。

公文写作不会对事物作生动的描绘，不会肆意地渲染刻画，不用明喻、暗喻、比拟、夸张、借代、对偶、排比、反复、设问、反问、反语、婉曲、夸张、象征等艺术修辞手法。生动的描写、优美的抒情、巧妙的艺术构思、令人耳目一新的艺术手法等都是它不取的。它的语言是一种不事文饰、通俗晓畅的规范化语言，句子的构成、词语的搭配、语序的安排，都要符合事理和语法规则。它排斥超常规的句式组合，要根据语法和逻辑规则，常规化地组织语言。它总是选择最常规的字、词、句，选择常规的表达方式，常规的修辞手法，争取把机关领导的意图最准确最简洁地传达出来。它的语言平正朴实，通俗易懂，稳妥自然。

(三)简明

简明，即简洁明快，言简意赅。公文写作中，遣词造句，最基本的一条原则便是"明白"，要让人一看就懂，一看就知道讲的是什么，并明白怎么去做；文中无"冗章"、"冗句"、"冗字"，不枝蔓也不苟简，不晦涩难懂也不啰嗦繁琐。

简洁明快的行文，让人一目了然，便于文件的及时处理、贯彻、执行。拖泥带水，杂沓累赘，会淹没公文的思想观点，影响公文意旨的传达。

公文写作贵用直笔，"务在露文"。它直陈其事，不用生僻晦涩的字词，不用半文半白的词语，不追求"象外之象"、"言外之意"、"弦外之音"。它表达时不拐弯，不隐晦，不吞吞吐吐，一是一、二是二，丁是丁、卯是卯，有话直说，有问题一针见血地指出，把观点、意见、办法直截了当地和盘托出，干净利落，要言不烦。

公文写作总是开门见山、直陈其事，简洁明了地表述发文意图，以获得准确、快捷的办事效果。公文写作，忌用一切套话、空话、费话，忌拐弯抹角、拖泥带水，它要删繁就简，一文一事，选用概括性词语，把事情交代清楚。有人一分析形势，就是"形势大好，问题不少"、"成绩是主要的，缺点是次要的"、"基本上达到了预期目的"、"有了比较明显的好转"等等，这种毫无实质内容的套话是要坚决摒弃的。

在不存在歧义的前提下，公文还可以使用无主句与省略句，可以利用附件压缩正文的篇幅，可以利用图表或其他表格简化文字表述。公文中的论断，常常是十分简捷的"简捷论断"，有时候，它只用一两句或肯定、或否定的判断语，表明作者的意见、看法、态度，不会作复杂的、多层次的推理论证。另外，公文具有词约意丰的习惯用语、涵盖厚重的特定句式，对语言的简明性也起到重要作用。

简明也是机关工作作风的体现。很难设想，一个办事啰嗦、言不及义的人能有多大的领导才能。也很难设想，一个机关，行文啰嗦、繁琐，这个机关办事效率会高。

要做到简明，首先要认识到位。如果抓不到事物的本质，文辞也就难以做到简明。像下面这段话：

　　×月×日，我们听取县委×书记传达了中共中央、国务院关于顾全改革大局、稳定市场物价以及省市有关文件精神的报告，局党委同志认真学习并讨论，并于×月×日上午召开支部书记会议，下午召开系统动员大会，54名党员参加了会议。××局长带领大家原原本本地学习了中共中央、国务院的通知，并对省、市、县级领导的讲话作了认真贯彻，统一了党员的思想，号召党员要听党的话，和党中央在政治上保持一致，要努力奋进，共渡难关，以党性保证，不抢购，不提价，不信谣传谣。(《××局关于贯彻中共中央、国务院通知情况的报告》)

从标题看，作者意在报告贯彻中共中央、国务院有关通知的情况，可正文中却写了省、市、县级领导的会议讲话。另外，文章还把学习传达、贯彻执行文件精神的多种意思杂糅在一起，使人抓不到中心。这样的文字，与其说作者表达出了问题，还不如说作者认识没有到位。因此，要做到简明，首先要认真研究，深入分析，抓住要领，揭示本质，找出规律，然后在此基础上讲究语言表达方面的一些方法。

（四）准确

准确就是明确无误。

由于公文具有政策性、法规性，公文写作要特别强调语言的准确性。有时，字句上一个小小的失误，就可能造成无法估量的政治或经济损失。所以人们说："一字入公文，九牛拔不出。"

公文的语气必须符合作者的职权范围、行文目的与特定文体的要求。

撰写公文要从本机关职责范围出发，根据本机关与受文机关之间的行文关系，选用恰当的词语。对上行文，应用语尊重，恭而不卑；对下行文，宜用语郑重、准确，使用告诫性词语，也应做到威而不凶；平行文则应使用谦敬性词语。

用语周密确切，无虚假错漏，语意明确，不产生歧义，界限清楚，褒贬得当，是维护公文准确性、保证公文直接效用的基本条件。

公文要选用含意明确、范围确定的词语，准确地表述概念的内涵与外延，正确揭示事物真相及其本质；要认真辨析词语的含义及其感情色彩，使之符合实际，准确地表明作者的立场观点。汉语里有许多意义相近或相似的词，比如，"劝阻"和"阻止"，"禁止"和"严禁"两组词，都有"不准许"的基本含义，但方式和程度却大不一样，讲严禁赌博可以，说阻止赌博就不妥。用在公文里，就必须认真推敲，不能马虎。

汉语的词汇十分丰富，但在特定的语言环境中，表达某种事物或思想往往只有一个是准确的，这就要求我们对词语所表达的内涵和外延准确理解，以选用贴切的词语。特别是有些近义词的细微差别，务必辨析清楚，马虎不得。试看：

> 当前经济领域中的严重犯罪活动，已经和正在腐蚀我们的干部队伍，损害我们党、政府、军队的肌体和国家的信誉，毒化人们的思想，污染社会风气，破坏经济建设，妨碍对外开放和对内搞活经济政策的正确执行，影响社会安定。(《中共中央、国务院关于打击经济领域中严重犯罪活动的决定》)

这段文字共用了七个动词，从七个方面说明了经济犯罪活动所造成的严重后果。这七个动词，词义相近，且每个词语在常规范围内都可以找到一些相关的用语。但在特定的语言环境中，这七个词与宾语的贴切搭配强调了经济犯罪活动的严重性和危害性，如若换成"搞乱""败坏""削弱""阻碍"之类的词，表达效果要逊色得多，在这里，显示出作者对词语细微差别的精当把握，表现出作者选词炼字的深厚功底。

公文用语的准确性还表现在程度副词和数量词的运用上，如以下三句：

> 部标准(专业标准)和企业标准，不得与国家标准相抵触；企业标准不得与部标准(专业标准)相抵触。
>
> 不合标准的产品，一律不列计划完成数，不计产值，不准出厂。
>
> 国家质量奖的评选、审批，要坚持高标准严要求的原则，严禁弄虚作假。

"不得"、"不准"、"严禁"这三个词都有不允许的意思,但在程度上存在着明显的差别。第一句中用"不得"与"抵触"搭配,说明企业标准和部标准及国家标准三者之间应该一致。第二句中的"不准"比例一中的"不得"语气重,"不准出厂"强调对不符合标准的产品要严格控制。第三句中的"严禁"语气最重,严肃指出不允许"弄虚作假",否则必将严肃处理。公文的严肃性、权威性和准确性就从这些地方体现出来。

为了表达的准确和严密,秘书写作常在句子中心语之前加上很多修饰限制成分,从而形成了结构复杂的长单句。例如:

市委书记×××同志于3月19日在市委常委扩大会议上认真传达了中共中央总书记江泽民同志在党的十三届六中全会上的讲话精神。

这个50余字的长单句:在中心语"传达"之前,加了"于……"和"在……"两个介宾短语,分别限定了时间和场合,加了一个修饰语"认真",说明了传达的态度;在"讲话精神"之前,又有两个定语加以限制,一个限定了所属,一个限定了场合。

在长期的实践中,经过继承、改造、发展与创新,逐渐形成了一套大致固定的、专门的习惯用语。人们在拟制文稿时,根据特定场合,恰当选用这些词语,能有效地增强语言的简明性、得体性和庄重性。对于初学者,应该熟悉和掌握这些词语。

1. 惯用语

公文惯用语是公文语体的独特风格之一。如:

(1)开端用语:据、根据、依据、依照、按照、遵照;为了、由于、对于、关于;兹有、兹定于、兹介绍、兹将、兹因……

(2)引叙用语:前接、近接、顷接,据报、据查、据了解;收悉、阅悉、电悉、近悉、谨悉、敬悉、欣悉……

(3)经办用语:经、业经、已经、一经、经过、通过、兹经、前经、复经、旋经、嗣经、迭经……

(4)期请用语:请、恳请、函请、务请、特请、拟请、请即;希、望、希望、企盼、希即……

(5)敦嘱用语:遵照执行、参照执行、遵照办理、按此办理、如实呈报、按时参加、存案备查、责令、责成……

(6)告晓用语:速告、奉告、转告、告知、知照、周知、函告;发布、下达、颁布、颁发、转发、批转……

(7)协商用语:当否、妥否、能否、可否、是否可行、如无不妥、如有不当……

(8)表态用语:可行、不可行、很好、照办、同意、不同意、拟予同意……

(9)判断用语:系、确系、均系、纯系、纯属、是为……

(10)强调用语:必须、必需、务必、务须、务需、务于、均须、均需、一律、一概、特别是、尤为……

(11)时限用语:即、即刻、立即、应即、当即、迅即、迅予、须即、从速;届时、按时、准时;际此、值此……

(12)审查用语:审查、审理、审议、审定、审批、审处、审核、稽核、核示、核批……

（13）称谓用语：你（局）、贵（局）、我（局）、本（局）、该（局）……

（14）谦敬用语：敬请、谨请、恭请、敬请光临、莅临指导；惠、惠允、惠临、惠存、惠赠、惠示、惠寄、惠鉴；承蒙、承蒙惠允、承蒙指示、承蒙协助；不胜、不胜感激、不胜荣幸、不胜企盼……

（15）过渡用语：为此、因此、据此、对此、鉴于；（经研究）批复如下、现函复如下、现答复如下、特布告如下、现通告如下、特通知如下……

（16）结尾用语：为要、为盼、为荷；此复、特复、特此批复、专此批复；此令、此布、此告、特此通告、特此函达……

2. 介词结构

公文写作往往大量运用介词结构，在一个句子或一个句群里，把有关原因、目的、依据、对象、方式等高度简洁地表达出来。如：

鉴于上述错误事实，为教育本人，挽回影响，根据党章规定，通过党委会议讨论决定，给予×××严重警告处分。

在这个句子中，作者就运用了"鉴于"、"为"、"根据"、"通过"等介词，组成四个介宾短语，依次充当了谓语中心词"决定"的状语，分别从处分的原因、目的、依据和处分的法定程序等几个方面说明了处分决定的合理合法性，不仅十分精练，而且非常准确严密。

3. 单音词

为了表意的简练明确，公文写作还经常使用一些单音单纯词，力避重复拖沓、含混不清。如："希各部门接此通知后，迅予转发所属单位认真执行。"这句话中，作者运用"希"、"各"、"接"、"此"、"后"、"迅"、"予"等单音单纯词，比运用"希望"、"各个"、"接到"、"这份"、"以后"、"迅速"、"予以"等双音合成词更富表现力，更显精练晓畅，干净利落。

4. 惯用句式

各类公文，用陈述句多，用疑问句、感叹句少；用完全句多，用省略句少；用限制性附加语多，用描写性附加语少；用较复杂的单句多，用多重复句少。在长期的写作实践中，公文还形成了一些较为稳固的常用句型。

（1）陈述句。在秘书写作中，无论是事实情况的叙述、政策法规的说明还是对某种现象或观点的议论，主要是靠陈述句表达的。如：

"你局×字〔19××〕第×号函收悉。"（对情况的叙述）

"土地使用权有偿出让收入，40% 交中央财政，60% 留归地方财政。"（对政策的说明）

"×××同志这种拾金不昧的行为，是值得大家学习的。"（对某种现象的议论）

（2）祈使句。常用于呈请性、指令性和法规性文书中。如：

"以上意见当否，请批示。"（用于呈请性文书）

"现转发给你们，请结合本地情况参照执行。"（用于指令性文书）

"严禁扒乘货车，无票乘坐客车。"（用于法规性文书）

（3）省略句。为了语言的简洁精练，有些句子常省略某种不说自明的结构成分。秘书写作不仅可依靠上下文作局部省略，还可利用其特有的行文款式作大量的连串省略。如财政部一份总结中写道：

一、主要收获：

第一，统一了国家财政收支管理……

第二，出现了收支接近平衡的局面……

第三，金融物价趋向平衡……

这是公文写作所惯用的省略形式，这种分条款式下的段首撮要，省掉了主语"主要收获"，也省掉了谓语"是"。

（4）提宾句

运用介词，把本来作为宾语的词语提到谓语之前，组成介宾短语作状语，这种提宾句，清晰明了、重点突出，已成为公文写作的惯用定式。比如，在颁发、转发和批转通知中，就经常使用这种句式："现将《节约能源管理暂行条例》发给你们，请遵照执行。"

5. 特定文言词汇

公文中，不少白话都用特定的文言词语代替，下面选择几组试加比较：

文言	白话
届期	到预定的日期
经办	经手办理
届满	限定的日期或规定的担任职务的任期已满
不贷	不宽恕
此布	就这些内容予以公布
付诸	"把它用在……"或"用它来……"
径与	直接和
均经	都已经过
明令	明白而公开宣布的命令
如期	按照预定的日期
兹就	现在针对

十分明显，文言比白话简洁。公文写作实践中，适当选用文言词汇，可以使语言更简洁，但使用文言词汇时要注意：第一，要选用在今天仍然有生命力的文言词语，对一些思想陈旧的、过时的、死亡的文言词语，如"稽首"、"臣"、"贱"、"小人"等应坚决摒弃。第二，要正确理解文言词语的含义，不能用错。第三，在公文写作中，并不是文言词语用得越多越好，可用可不用的地方应尽量不用，能用白话表达且不会导致表达拖沓冗长时，应尽可能用白话表达。

要胜任公文写作，除掌握有关文体知识外，还须建立起公文写作语体的认知模式和标准体系，熟悉公文写作常用语汇。学习中，大家可下载一些规范公文阅读，通过阅读积淀公文写作语体认知模式和标准体系。

第三节　　常用公文简介

国家党政机关公文分为 15 种，它们是决议、决定、命令(令)、公报、公告、通告、意见、通知、通报、报告、请示、批复、议案、函、纪要。对一般的行政机关来说，命令(令)、公告、议案并不常用。现依据行文关系，将常用的文种分类介绍如下：

一、周知性公文——公告、通告

（一）公告

公告是国家最高权力机关或国家机关授权有关部门向国内外宣布重要事项或法定事项的一种公文。其制发机关级别高，一般是国家权力机关或授权有关单位向国内外宣布重要事项或法定事项。基层单位不能滥用。

公告具有以下特点：（1）内容的规定性。公告所宣布的事项是国内外极为关注的重大事项，所宣布的内容是能够向国内外公开的重大决定，它的使用，要考虑在国际国内所可能产生的政治影响。（2）发文机关的特定性。公告的发文机关仅限于国家最高权力机关、最高行政机关及其工作部门。（3）告知的广泛性。公告向国内外发布，其告知的范围相当广泛。（4）传播的新闻性。公告是通过报纸、广播、电视等新闻媒介公开发布。

（二）通告

通告是在一定范围内公布应当遵守或周知的事项时使用的公文。通告的制发主体多为职能部门，企事业单位在其内部也可用"通告"。通告的受文对象是一定范围内的单位和群众，其内容既可宣布大家应该遵守的事项，也可向人们告知需要知道的事宜。从作用上看，对人们行为具有法律约束，同时又兼具传达与告知作用。

公告与通告同属周知性公文，其区别是：（1）发布范围不同。公告面向国内外，发布范围广，与国外无关的事项就可不用公告。通告限于一定范围，发布范围相对窄小。（2）发布内容有别。公告是"向国内外宣布重要事项或者法定事项"，事关重大，多为国内外所瞩目，具有权威性与庄严性。通告发布的是一定范围内应当遵守或周知的事项，除一部分法规性通告之外，大多是事务性的事项。（3）发文单位不同。公告一般由国家最高权力机关或国家机关授权有关部门向国内外宣布重要事项，省市一级无权发布公告。通告适用于在一定范围内公布应当遵守或应当周知的事项，各级部门、各级机关在它的管辖范围内都可以发通告。

通告一般分为两种：一是法规性通告。主要由各级权力机关，行政机关以及司法机关发布，具有行政法规的作用，在一定范围内的有关人员必须严格遵守，如《国务院关于禁止保障民用航空安全的通告》、《××市人民政府关于禁止赌博的通告》。二是事务性通告，主要公布周知性事项，它不带强制性，也没有违反者要受到惩处的条款。它只是将某件事告知一定范围内的有关人员或单位，以引起他们的注意，对工作或行动作适当调整，或督促他们办理某种事情。如停水、停电，临时施工封锁交通，更换证件、牌照，进行年检等。

制发通告要有明确的目的和针对性。法规性通告常常用以制止某种犯罪行为、不良倾向；事务性通告常常是由职能部门本着向人民负责的精神，提前告知他们应该知道或应该遵守的事项。

通告的标题一般三要素齐全，端庄严肃。如《××市供电公司关于停电的通告》。也可省略事由，如《中华人民共和国公安部通告》，但不能苟简成《通告》。

通告系周知性公文，一般不写主送机关。

通告正文一般由通告依据和通告事项两部分构成，重点是通告事项。

制发通告，通常在开头用一两句话简要阐明发布通告的原因、目的、意义（法规性通告，则要写清法律依据），然后用"特此通告如下"引启下面的通告事项。

通告事项，即需要遵守或者周知的事项。内容单一，可采用篇段合一式；内容复杂，可采用条款式。这部分交代要周密清楚，文字要简洁明了。

当通告需写上结尾时，可写执行要求，如明确执行时间、范围、有效时限等。有的通告意到言止，省略了形式上的结尾。有的以"特此通告"或"本通告自发布之日起执行"等习惯语作结。

二、上行文——报告、请示

(一)报告

报告是下级机关向上级机关汇报工作、反映情况以及回答上级机关的询问或要求时所使用的一种陈述性公文。汇报性是报告的本质特征。过去向上级提出建议用报告，现行规定改为用"意见"。

报告的作用可以概括为两个方面：一是下情上达，为上级的决策提供参考和依据。下级机关及时地向上级机关汇报自己的工作情况，反映各种问题，可以及时得到上级机关的指导，更好地开展工作，而上级机关了解了下情，掌握了工作的主动权，决策有了参考和依据，更能制定出切合实际的方针政策。二是协调工作，密切上下级之间的关系。报告能够在上下级之间沟通信息、互通情况，不仅提高了下级机关执行上级指示的自觉性，同时强化了上级机关对下级机关指导工作的针对性与决策的科学性。

按内容与用途，报告可分为综合报告、专题报告。综合报告是以综合反映全局性情况、动向、经验或教训为内容的报告。专题报告是关于某一事件、某一问题、某一具体工作或某一活动的动向、进展情况的报告。目前机关工作中所使用的报告，多属专题报告。

报告是用来向上级领导机关汇报的，运用中需要注意的是：(1)不要错用请示和报告。在公文中，报告是"阅件"，它反映的情况和问题不要求上级领导机关答复。请示是"问件"，上级领导机关不论同意与否，都要批复。(2)不要把作为公文的"报告"混同于日常工作中领导讲话所作的"报告"，前者是公文，后者不是公文，二者是不同概念。

报告的正文由报告导语、报告事项、结束语三部分构成。

导语要说明为什么要写这份报告，概述什么时候接到上级的什么指示或任务，本机关的执行、办理情况及结果如何。然后用"现将……报告如下"或"现将……汇报如后"之类的承启用语转入报告事项。

报告事项是报告正文的主干。各类报告的结构与写法不尽相同，但一般地说，其正文应包括提出问题、分析问题和解决问题三部分，即"事——析——断"三部分，即在陈述情况的基础上进行必要的分析，并阐述问题如何解决，最后以简短结语作结。

结束语写在报告的结尾处，另起一行，空两格。常见的结束语有："特此报告"、"以上报告，请审阅"、"以上报告，如有不妥之处，请指正"等。

写好各种类型的报告，需要处理好以下几个问题：(1)要迅速及时。报告及时地反映了工作中出现的新情况新问题，为上级机关的迅速决策提供了宝贵的时机。时效性增强了报告的实用价值。(2)真实可靠。报告要从实际出发，实事求是。切忌言过其实，随意地"扬善"或"隐恶"。(3)短小精悍。报告要力求简洁、短小。

（二）请示

请示是下级机关向上级机关请求指示或批准时使用的公文。

请示与报告的区别是：（1）请示是呈请，报告是汇报。一个是"阅件"，不需要领导机关答复；一个是"问件"，需要领导机关答复。（2）请示产生于事先，报告可以在事先、事中、事后行文。（3）请示一文一事；报告可一文一事，也可进行综合性汇报。（4）请示与报告结语不同。

根据请示内容性质的不同，请示可以分为三类：（1）请求批示的请示。下级机关在工作中遇到了疑难问题无章可循，需要上级机关给予指示；或者是对上级机关的有关方针政策不甚明了，难以执行，要求上级机关给以明确的解释；或者因本单位情况特殊，执行上级的政策有一定的困难，需要作变通处理，请求上级机关予以确认。在上述情况下使用的请示统称为请求批示的请示。（2）请求批准的请示。请求审批，如请求审批基建项目、请求贷款、请求设备配置、请求增加人员编制等。（3）请求解决问题的请示。下级机关在工作中遇到了人、财、物等方面的困难，自己又无法解决，可报请上级机关审核、备案、批拨或调拨使用等。在上述情况下使用的请示统称为请求批准的请示。

过去，公文写作界一直把请求批转的事项用"请求批转的请示"行文，并将其列为请示的第三种类型。按照《党政机关公文处理工作条例》的规定，此类内容应用"意见"这个公文文种行文。

请示是上行文，只适用于直接隶属关系的上下级之间，上级机关必须对请示作出答复。

请示的使用有严格的规定：（1）不能多头请示，只能呈送自己的直接上级机关。多头请示，会贻误答复。（2）必须事先请示，"先斩后奏"是违反组织纪律的。（3）只能一文一事，一文多事往往会因为其中的某一事被卡住而影响到其余事情的办理。（4）不能抄送下级机关，因为请示尚未得到批准就抄送给了下级，容易给工作带来麻烦。（5）不能滥用请示。属于下级机关职权范围内的事，要敢于负责，大胆处理，切不可事无巨细，滥用请示。（6）不要错用请示。除了前面说的不要把请示混同于报告外，个人向领导提出的一些请求，如申请住房、结婚、出国留学，要用日常应用文中的"申请"，不要乱用行政公文。

请示的正文通常包括三个部分：请示缘由、请示事项、请示结语。

请示缘由即呈送请示的依据和理由。

请示的依据可分为理论依据和事实依据两种。理论依据是指以上级的某一方针政策为依据，事实依据是指以实际工作中的具体情况为依据。简单的请示可将二者结合而组成请示的原因。

请示的理由也包括两个部分：一是需要，二是可能。既要说清"需要"的重要性和迫切性，又要说透"可能"的主客观条件。

请示缘由部分简单而明确地提出问题，为上级机关的批示提供足够的依据，一般采用叙事和说理相结合的表达方式，叙事要精练，说理要透辟，力戒繁冗、累赘。

请示事项即说明需要上级机关解释、批示的问题，或者予以批准的事项。写好请示事项，关键在于两点，其一是事项明确、直截了当、显豁明白，不要拐弯抹角、吞吞吐吐。其二是内容具体。请示的内容要细致，切忌笼统空泛。如在请求批拨物资时，应将其品名、规格、数量等要素交代清楚。请示事项部分摆明了自己对问题的看法和理解，提出解决问题的意见,供上级机关批示裁决时参考。这一点很重要,它直接关系到请示者的目的是否明确、上级机关能否顺利批复。因此,在请示事项中不能只提问题不表态度,只提事项不拿方案。不论哪一种请示,都应该做到既提出事由,又要表明自己的态度、设想或处理意见,这样,上级机关便于回复。

请示结语一般有较为固定的语句,以示对上级机关的尊重。请示的结语一般在请示事项之后另起一行写,常用的结语有:"以上请示,请予审核批准"、"妥否,请批复"、"特此报请批核"、"以上意见,如无不妥,请批准"等等。

三、下行文——通报、决定、决议、通知、批复

（一）通报

通报是用以表彰先进,批评错误,传达重要精神或告之重要情况的公文,由上级领导机关向下级机关发布。

通报同样具有告知性,但通报也不同于通告:(1)告知内容不同。通报所告知的是"情况",如事故情况、工作情况等,且大多是事后告知,只有小部分如防汛指挥部发的汛情通报是事先通报;通告所告知的是应该知道或必须遵守的事情,有严格的法律约束性或具体的事务性。(2)告知范围不同。通报是下行文,有特定的受文对象;通告是周知性公文,一般不写受文单位,公开发布。通告也不像通知那样有具体的工作布置和直接的执行效力,它主要用于沟通情况,传达信息,用典型事例教育群众,起到倡导、警戒、启发、交流情况的作用。

根据通报内容的性质和功用,可将通报分为两种类型:一是奖惩性通报(含表彰性通报,即用以表扬好人好事,推广典型经验,树立先进典型,从正面调动广大人民群众见贤思齐的积极性;批评性通报,用以批评错误行为和典型事故,从反面教育人们,吸取教训,规避错误);二是情况性通报,即用以传达上级机关的重要精神或重要情况,从把握信息入手,进而把握工作的主动。

从行文上看,奖惩性通报主要由情况介绍、分析评价、奖惩决定、希望要求四部分构成。

表彰性通报正文一般包括四个方面的内容:(1)概述人物(或单位)的主要事迹。其中包括人物(或单位)的姓名,主要事迹的时间、地点、原因、经过和结果等内容。(2)分析评价事迹的意义。对先进人物(或单位)的事迹给予恰如其分的分析评价,肯定其意义。(3)表扬和奖励的具体措施及办法。(4)提出希望和要求。希望有关方面向先进人物(或单位)学习,要求大家共同做好工作。

批评性通报,与表彰性通报的写法相近似,其正文部分一般也包含四个方面的内容:(1)概述错误事实,对错误事实产生的时间、地点、原因、经过和结果作清楚的交代。(2)评论错误事实的性质,指出其根源和危害,对责任人给予处罚。(3)分析造成错误事实的原因,总结其教训。(4)提出希望和要求,制定出防止错误再度产生的措施,告诫责任人,教育广大群众,以求达到惩前毖后、做好工作的目的。

情况通报一般由引言、通报信息、意见和要求组成,引言部分一般以简洁的文字,概括出全文的基本内容,点明中心,统领全篇,引领下文;通报信息部分将所要通报的信息、动向等如实全面地反映出来;意见和要求部分对所通报的情况进行必要的分析,肯定成

绩，指出存在的问题，并有针对性地提出相应的意见和要求，以利于工作更好地开展。

制发通报要注意：（1）取材要典型。不论是拟写哪种类型的通报，必须选择具有典型意义的材料，以保证通报具有教育人们、指导工作的普遍意义，不要把那些无关紧要、不痛不痒的细微事情写进通报。（2）分析要公正。对被表彰或被批评事件或行为性质的认定，分析时必须实事求是，客观公正，既不要随意"拔高"，亦不可乱扣"帽子"。（3）叙事要简明。通报不是通讯，也不是调查报告，它只能采用概述的方法，叙述事件的梗概，显示事件发生、发展过程的轮廓。要言不烦，文字精简。（4）行文要及时。任何一种类型的通报，其时限性都比较强。通报要及时制发，其时效性强化了通报的现实意义与现实作用。滞后的通报，将会失去通报应有的效用。

（二）决定

决定是对重要事项或者重要行动作出安排的公文，也适用于奖惩有关单位及人员，变更或撤销下级机关不适当的决定事项。决定具有决断性、指令性，行文郑重严肃，语气肯定果断，具有必须坚决执行照办、不容置疑的特征。一般来说，只有事关全局、政策性强、任务艰巨、执行时间较长的重要工作，才适宜使用"决定"。

按内容和性质，可将决定分为三类：

（1）部署性决定。这类决定适用于对"重大行动做出安排"，其指令性和法规性特征突出，具有鲜明的指挥作用与规范作用。如《中共中央、国务院关于加强技术创新，发展高科技，实现产业化的决定》（1999年8月20日）。

（2）法规性决定。就人们行为规范或事物权衡标准所作出的决定，这类决定常具有法规、法令的效力，如《全国人民代表大会常务委员会关于惩治侮辱中华人民共和国国旗国徽罪的决定》（1990年6月28日）

（3）处置性决定。这类决定是为了处置某一"重要事项"制作的，举凡行政区划的变动、重要机构的变动、任免或奖惩有关人员、对事故作出处理，都可用这一类型的决定。如《国务院关于授予赵春娥、罗健夫、蒋筑英全国劳动模范称号的决定》、《国务院关于大兴安岭特大森林火灾事故的处理决定》等。其中的奖惩决定，正文内容包括：情况介绍、分析定性、决定内容和期望与号召四个部分，与表彰性通报、批评性通报差不多。

决定与命令（令）都是权威性和强制性比较强的文种，两者的区别是：（1）作者权限不同。命令（令）的作者级别高，权力大，《中华人民共和国宪法》规定，只有全国人大常委会和委员长、国家主席、国务院和总理、各部部长、各委员会主任、省级人民政府及其首脑才能发布命令，其他任何机关和人员都无权发布。而决定却无此限制，大小机关团体、企事业单位均可使用。（2）权威性与强制性不同。命令具有强制性，受文者必须令行禁止，无条件执行。而决定，特别是宣告性决定其显著的特点是知照性和教育性。（3）篇幅长短不同。命令不作或很少作阐释，篇幅较短。而决定有情况介绍、决定事项、希望与号召等内容，因此篇幅较长。

决定与决议的区别是：（1）决议是党务公文，决定是行政公文。（2）决议必须由会议讨论通过，而决定既可以由会议讨论通过，也可以由领导集体作出。（3）决议的内容，大多为有关全局性、原则性的重大事件。重大活动，而决定所涉及的内容，一般为某一领域、某一方面的问题或活动，比较具体。（4）决议侧重于认定，如各级人民代表大会所作出的决议；决定的指令性更强一些。

　　决定与通报的区别是：（1）通报侧重于情况交流，通过典型教育广大干部和群众，以促进面上的工作；决定侧重于行政处置，内容更为重要；（2）在文体特征上，奖惩决定显得更为郑重严肃、果断肯定。

　　决定往往是对重要事项和重大行动做出安排的意见，这些安排意见将成为下级机关的行为规范，具有很强的政策性。决定虽然是对重要事项和重大行动做出安排意见，但这些重要事项和重大行动往往都是十分具体的事项和行动，其中大部分的执行性更强，上级机关一旦做出决定，下级机关必须遵照执行，因此，写决定，要注意它的政策性和可行性。

　　决定的正文通常由"缘由"、"决定事项"、"要求"三部分组成，重点是决定事项。"缘由"（依据、原因）的拟写，既要精练准确，又要提纲挈领。"决定事项"的拟写，往往根据内容的多少采用分段式或篇段合一式。一般写完决定事项，便自然结束全文，但有的指令性决定，根据内容的需要，还要写注意事项或实施要求，这部分或强调意义，或发出号召，或提出要求，或提出有关注意事项，以确保决定的内容顺利贯彻执行。

　　（三）通知

　　通知是用于发布、传达要求下级机关执行和有关单位周知或者执行的事项，批转、转发公文的公文。

　　通知不同于通告：（1）通知的对象是下属机关单位和人员；而通告的对象则是较大范围内的广大群众。（2）通知一般情况下不公开张贴、传播；而通告则公开发布，须在一定范围内公开张贴和传播。

　　依照通知的作用和使用情况，可将通知分为四种类型：（1）指示性通知，即用于要求下级机关办理和执行事项的通知。上级机关对下级机关的某项工作、某一问题提出指导性意见，或做出规定和安排时，从内容和性质上看，不适宜用"命令"、"指示"，可用指示性通知。（2）发布性通知，即用于发布法规和规章的通知。发布性通知的目的是将有关法规或规章"运载"发布出去，通知只起了"文头"的作用，而通知的附件——被发布的法规规章实质上成了主件。发布性通知一般都比较简短，格式固定，其标题有"发布"、"颁发"等字样；其正文部分简短，通常都是"现将《……》发给你们，请……执行"。这里包括两层内容：一是点明发布对象，二是提出贯彻执行的希望和要求。执行要求虽然只是一句简短的习惯性语句，如"请认真贯彻执行"、"照此执行"、"参照执行"等，但其中包含了很强的技术性与政策性，使用时要仔细辨析，万不可马虎草率。（3）批转、转发性通知，即用于批转下级公文，转发上级机关、同级机关和不相隶属机关公文的通知。转发性通知的使用范围较为广泛。它既可以用来转发下级机关、平级机关或不相隶属机关的公文材料，也可以用来转发上级机关的批复、通知等。这类通知的正文一般包括三层内容：一是写明被批转、转发或印发的文件名称，一般都写成："现将《……》转发给你们，请（望）……执行（参阅）"；二是指明通知事项的意义，即阐述批转、转发或印发该文件的必要性和重要性；三是提出具体的贯彻执行意见和要求，"执行要求"中通常使用的习惯性结语如"请遵照执行"等与发布性通知的结语大体相似（转发性通知转发的内容，不一定非要受文单位贯彻执行，有的只是要求受文单位了解，参考或在群众中传达、讨论）。写批转性通知，一是不说题外话，行文扣紧批转对象；二是求精求简。如确无强调的必要，也可省去批示内容这一部分。（4）告知性通知，即用于告知某一事项的通知，如会议召开，人事任免，迁址办公，印章启用，成立、撤销、调整某机构的通知等等。告知性通知是为了让受文单位了解某件事情或某些情况，一般不要求执行或办理。

通知是公务活动以及日常工作、生活中使用最多的一种文体，使用时应注意：（1）通知是下行文，对上级、平级、不相隶属的单位，不能用通知。如，学生社团开会，就不能以社团的名义给学校领导、老师发通知。（2）应把作为行政公文的通知与日常生活中应用的通知区别开来。作为公文的通知，应按公文规范行文。平时写在黑板上的那些临时通知，则可以灵活变通，但也应注意这类通知的严肃性。如，有的在垃圾堆上插一个木牌，上面写着："此处严禁倒垃圾，违者罚款五元。爱委会。"这就很不严肃。共青团中文系支部宣传部发一个会议通知，落款是"中宣部"，这种不恰当的简称使通知显得很不严肃，这是不好的。（3）通知是对下级发的，有着具体的受文对象，不要把它混同于广告、启事、海报。有些学校招生，发"招生通知"，这是错用。通知的标题不能苟简为"通知"。若通知事项十分重要或紧急，可在标题的文种之前加上"重要"或"紧急"的字样。如，《广东省人民政府关于加强出口结汇管理工作的紧急通知》。若两个以上机关联合行文，可在标题的文种之前加"联合"两字，如《××局××局关于×××××的联合通知》。如是批转、转发、印发性通知，标题中应标明批转、转发或印发的字样，如《国务院批转国家药品监督管理局药品监督管理体制改革方案的通知》（批转通知标题），《国务院办公厅转发国家旅游局等部门关于进一步发展假日旅游若干意见的通知》（转发通知标题），《北京市房改办公室关于印发＜房改售房中对教师购房增加优惠的规定＞的通知》（印发通知标题）。

通知的正文一般由发文缘由、具体事项、执行要求三部分组成。开头阐明发文的原因、目的、依据，应要言不烦；主体部分是通知的具体事项，根据内容的繁简，或篇段合一，或分层分段，或条款排列；结尾部分是提出贯彻执行的方法和要求，常用"特此通知"、"请遵照执行"、"请认真贯彻执行"、"请参照执行"等结束语。

（四）批复

批复是上级机关答复下级机关请示事项时使用的一种回复性公文。批复必须以下级的请示为前提，没有请示也就没有批复。

批复与意见的区别是，批复针对具体的请示，而意见则是针对重大问题提出处理意见与办法。

批复具有以下特征：（1）权威性。批复是领导意志与领导权威的具体体现，对请示事项的下级单位有直接的约束力，特别是那些关于重大问题的批复，常常带有明显的法规性。（2）针对性。凡是批复，都必须针对下级请示而发，请示是一文一事，批复也是一文一事，不能答非所问，复非所求，也不能搞"联合批复"。（3）鲜明性。对批复的问题，态度必须明朗，理由必须充分，不能模棱两可、似是而非、暧昧不明。（4）指挥性。批复的本身往往表现了上级机关在某一问题上的决策意见和政策精神，是下级机关据以办事的依据，具有鲜明的指挥性、政策性和权威性。正因为如此，除了大量的专发性批复，还有一些普发性批复发至所有下级机关。这种普发性批复的内容具有一定的代表性，它能同时解除许多机关的疑问，避免了下级机关就同类问题的再度请示。这类批复的规定性和指导性很强，有时还带有决定的性质。

批复作为传输领导机关意图的重要载体，其作用概括起来有两点：（1）指挥作用。批复具有法定的权威性和行政约束力，它不是一般地指导工作实践，可以参照执行、酌情处理，而是对受文单位做出了明确而细致的规定，执行中不得有任何违背或走样。（2）依据作用。批复是下级机关开展某项工作的政策指导,处理某项问题的政策依据。工作结束以后,它还具有凭证的作用。

根据请示的两种类型,批复亦可对应地分为两种类型:阐释性批复与决定性批复。针对请求批示的请示事项所撰制的批复称之为阐释性批复。它主要是解释法规、政策,给予工作上的指导,如《国家工商行政管理总局关于适用〈商标法实施细则〉第四十一条第二款规定问题的批复》。针对请求批准的请示事项所撰制的批复称之为决定性批复。它主要是对请求事项表态,拿出解决问题的具体办法,如《国务院关于将辽宁蛇岛、老铁山列为国家自然保护区给辽宁省人民政府的批复》。

拟写批复特别要注意以下几点:(1)一事一批。一份批复对应一份请示,不能用一份批复指示或批准多份请示。(2)及时。不论批准与否,对下级机关的请示都要及时回复,不能一拖再拖,"泥牛入海"。(3)针对性要强。要紧紧围绕请示的事项予以回复,态度明确,观点鲜明,语言措词准确。不同意,要说明理由;同意,有时要提出具体的要求。

批复的标题与其他公文的标题有所区别,具体写法有四种:(1)由"发文机关名称+事由+文种"组成,如《国务院关于设立经济技术开发区的批复》。(2)由"发文机关名称+作者明确的态度+事由+文种"组成,有的还注明了"同意"的字样,如《国务院关于进一步对外开放黄石市的批复》。(3)由"发文机关名称+上报请示的机关名称+请示原件标题+文种"组成,如《国务院对国家工商行政管理局〈关于外国企业常驻代表机构登记管理办法〉的批复》。(4)由"发文机关名称+事由+主送机关名称+文种"组成,如《国务院关于同意河北省地市体制改革调整行政区划给河北省人民政府的批复》。

批复的正文一般由批复引语、批复意见和结尾用语三部分组成。

批复引语,这是批复的根据。它先引述来文,包括来文的日期、标题、发文字号,必要时还要简述来文的请示事项。惯用的写法是"你省(市、区、厂、校等)×××年×月×日《关于×××××××的请示》(××发〔19××〕×号)收悉(或收到)"。接着用"现批复如下"或"经研究,答复如下"作为批复引语到批复意见的过渡句。内容简短的批复,其批复意见可紧接批复引语写出,内容复杂的也可单独列行,另起段落。

批复意见,这是批复的中心内容,要对请示的问题做出恰当而明确的答复。内容较多的批复,除了要表明态度之外,还要阐明办事的原则,提出具体的措施和要求。如果不同意或只同意其中一部分,也要说明不同意的理由和依据,以便下级接受。

结尾用语,有的批复在表明态度、阐明理由或做完指示后即结束全文,有的还要加上结尾,在正文下另起一行写出"特此批复"、"此复"、"特此函复"等。

四、多向——纪要、意见、函

(一)纪要

纪要是适用于记载、传达会议主要情况和议定事项的公文文种。

纪要与会议记录不同:(1)会议记录完全是原始地记录与会人员的发言;纪要则是在记录的基础上加工整理而成,概括性、理论性都比较强。(2)会议记录只有依据凭证作用;而纪要则可以发挥公文应有的作用。

纪要是在会议记录的基础上加工整理而成的,具有以下的特点:(1)纪实性。纪要是对会议记录进行综合整理、撮要而形成的概括性材料,是会议情况的真实反映,不能从个人愿望出发随意更改会议内容。纪要必须全面真实地反映会议的内容，对会议的内容不能随意地更改和增删，内容的真实性增强了会议纪要的法定效力。(2)提要性。纪要所涉及的问题、决定的事项，是要点、重点，不是记录稿，形成文件之后，对工作有着重要的指导作用。纪要必须高度概括会议的内容和精神，做到概其要、精其髓，从理论的高度对会议做出概括和总结。(3)灵活性。纪要的表现形式灵活多变，篇幅长短不拘。其内容的取舍、结构的安排、文字的遣用可根据制发者的意图而变化，与其他文种相比较，表现出很强的灵活性。(4)多向性。纪要的行文方向是不固定的。它可以上行，向上级领导汇报会议情况和议定的事项；它可以下行，经领导机关批转或转发的纪要，即成为有权威、有约束力的下行文；它又可以是平行文，如协调会纪要是在涉及的单位之间平行运行的。

纪要可分为记载型纪要、传达贯彻型纪要、综合型纪要：(1)记载型纪要。这种纪要偏重于记载会议情况和议定事项，是纪要中最简单、也是使用最多的一种，各种办公会议纪要、座谈纪要等均属此类。它主要是将会议的有关情况记录在案，起备查备考的作用，有时也上报下发。(2)传达贯彻型纪要。这种纪要主要用于传达贯彻会议精神和议定事项，有很强的政策性和指导性，下级机关必须认真贯彻执行。它适用于专门解决某一项专项工作或特殊工作而召开的工作会议，如《全国农村工作会议纪要》、《最高人民法院关于十二省、自治区法院审理毒品犯罪案件工作会议纪要》等均属此类。(3)综合型纪要。这种纪要既用于记载会议情况和议定事项，又用于传达贯彻会议精神。最典型的是协调会议纪要，既要把与会各方的观点记录在案，又要把大家达成的共识写清楚，以便作为会后贯彻执行的依据。

纪要的形成有两种情况：一是一些比较重要的工作会议，会上大家交流了情况，讨论了一些问题，统一了认识，并作出了决定，但在要求有关部门贯彻执行会议精神时，行文又不宜采用决定等形式，于是整理为会议纪要，这类纪要发文方式可直接下达，或呈报上级机关批转，或由主持机关加按语下发，成为下级部门考虑工作的政策依据；二是有一些比较重要的学术讨论会议或业务性会议，会上对某些学术问题和业务进行探讨，交流了意见，汇报了研究成果，提出了设想和建议，也可以整理成纪要，或印发给有关部门，或在报纸上公开发表，以反映情况、交流经验、了解动态、传递信息。

一份完整的纪要一般应包括下列内容：(1)会议的中心、依据、背景和目的，即这个会议研究和解决的中心议题是什么？会议是依照上级什么指示和要求而召开的？会议举行的政治和经济背景或当前所面临的形势是什么？会议的目的是什么？(2)会议概况，包括会议名称、时间、地点、主持人。出席会议的人员及其所在单位，会议经过，有时还包括会议的主要收获。(3)会议研究、讨论的问题和决定事项的内容。如属议决性的工作会议纪要，主要应包括会议的基本情况、会议对工作情况的分析、会议提出的问题、会议所决定的事项、会议提出的要求和希望等。对不同的意见或会议上未成形的意见一概不写，只写会议上成形的具有结论性质的意见。如属学术性会议纪要，这部分内容一般是把取得一致的意见归纳成几个问题，同时对有争论的分歧情况也加以表述。

纪要的格式由标题、题注、正文组成。

标题。纪要的标题：一是由会议名称和文种构成，例如《××学院办公会议纪要》、《××县人民政府第×次常务会议纪要》；二是由会议的主要内容和文种构成，例如《关于加强土地统一管理的会议纪要》；三是正副标题式，这种标题带新闻性，可以公开发表，例如《重视思想政治教育是学校当务之急——××地区教育研讨会议纪要》。

题注,即纪要的发文日期。一般都放在标题之下,用圆括号括起来。

正文一般分为开头、主体、结尾三部分:

开头:一般写会议的中心、依据、背景、目的以及会议概况,要写得简明扼要。有时也可用一句话叙述:"现将×年×月×日在××(地点)举行的××会议纪要如下"。

主体:它体现会议的目的,也是贯彻会议精神的依据。因此,应将会议研究的主要问题及决定的事项写清楚。这部分的写作,务必忠实于会议实际,经认真分析、提炼、加工整理,把会议的主要精神和成果集中鲜明地反映出来。具体写法,可根据会议的内容确定,大致有以下两种形式:(1)概述式。把会议的发言或讨论情况概括地叙述出来,这种写法,多用于一般日常工作会议,议论的问题比较集中,意见又比较一致,写作时只要将会议记录略加整理、概括叙述即可。(2)问题归纳式。这种写法最为普遍,适用于规模较大、议论问题较多、涉及方面较广的工作会议,需要把许多问题和意见分类归纳整理,并要突出会议的中心和目的,把主要精神反映出来。在写作上,可根据会议内容分项写,也可以列出小标题写。

结尾:结尾有两种写法。一种是提出希望和要求,强调有关单位要认真贯彻会议精神,努力完成会上提出的各项任务。一种是不再单写结尾,正文的最后一个问题写完就是全文的结束。

办公会议纪要比较简单,写复杂一点的会议纪要,要注意以下几点:(1)要善于归纳会议讨论的意见。正确归纳会议讨论的议题和意见,是纪要写作的基本要求。撰写者要对会议的指导思想、目的要求、进程和讲座情况有全面的了解;要熟悉会议的文件、发言稿等书面材料,不能用外加的成分代替会议实况;要在熟悉材料、深入分析的基础上,根据会议宗旨,综合归纳与会者的意见;一般情况下,如纪要中涉及人名,要防止过多的重复,对一些比较重要的人物,即使讲话不多,也应注意挖掘其讲话的精神实质。(2)要突出会议的中心和要点。纪要不是会议记录,不能把讨论中的各种意见不加分析地一一罗列出来。纪要要体现出一个"要"字,不能事无巨细一把抓。流水账式的写法是不符合纪要写作的要求的。写纪要,要在开头部分介绍会议概况之后,就马上进入主体,主体部分要突出会议的中心和要解决的问题。(3)要条理化、理论化。纪要不是对会议过程的原始记录,它应根据会议的宗旨,集中正确意见,再分门别类归纳概括为几点或几个方面,或加序号和小标题,逐一写来,做到条理化,否则,写出来就会如同一团乱麻。会议要讨论问题,交换看法,统一认识,"看法"、"认识"这些都属于理论范畴。纪要要反映会议讨论的情况,除做到条理化,还要做好理论化的工作,把讨论的问题上升到理论高度,同党的方针政策结合起来,同国家的形势和我们的任务、目标结合起来。(4)要注意行文的艺术。纪要不是会议记录的简单压缩,有时可用与会者的原话,有时要概括提炼,概括提炼中不能歪曲了讲话的原意。虽然重要会议的纪要常常要经上级主管部门批转下达,具有公文中决定、决议的职能和作用,但纪要的语气不同于决定。因为这类会议即使是为了解决问题,做出的决定也要采取研究讨论的方式,所以行文时语气应缓和,带磋商、讨论的语气。这种语气,是通过启接用语体现的,如:"会议认为"、"会议讨论了"、"会议听取了"、"会议指出"、"会议强调"、"会议号召"、"会议决定"等。

（二）意见

意见是用于对重要问题提出见解和处理办法的公文文种。意见既可用于向上行文，又可用于向下行文；既具报请性，又有指挥性。

意见按其行文方向不同，可分为呈报性意见和指示性意见两类：（1）指示性意见。这类意见是由上一级政府机关发布，反映了上级机关的意图与意志，传达了领导机关在开展某项工作或处理某项问题时所制定的方针、政策，以及想法和部署安排等，有点类似于过去公文中的"指示"或带有指示性的通知，有较强的规范性和制约性，下属机关单位必须认真贯彻执行。但意见与命令、决定等文种相比较，无论是内容还是语气都比较缓和，如《国务院关于进一步做好退耕还林还草试点工作的若干意见》。（2）呈报性意见。这类意见是由下级机关向上级机关呈报、在求得上级的批转或转发后，下级机关的某一看法或主张便得以在上级政府机关主管范围内或全行业内贯彻执行。过去，像这种上行文的意见，有的用报告代替，提出工作中的意见；有的用请求批转的请示，文种不统一，行文出现混乱。现在，凡需上级机关批转或转发，一律用"意见"。如 2000 年 6 月 21 日《国务院办公厅转发国家旅游局等部门关于进一步发展假日旅游若干意见的通知》（国办发〔2000〕46 号），就是在国家旅游局、国家计委、国家经贸委、公安部、建设部、铁道部、交通部、民航总局、国家统计局联合向国务院提出《关于进一步发展假日旅游的若干意见》的基础上，经国务院批准后，以国务院办公厅的名义转发并在全国范围内贯彻执行的。

意见作为上行公文，类似于请示，可用"意见"向上级提出对某个重要问题的见解和具体处理意见，如上级机关认可，则可批复下发贯彻执行，但它的适用范围没有请示广泛，只限于对重要问题提出见解和处理办法。

意见作为下行公文，类似于指示，可对下级机关布置工作，明确处理问题的办法。但指示只提出原则和要求，具有方向性，而意见要提出具体的处理办法，具有可操作性。

意见的特点主要表现在三个方面：（1）行文的主动性。上级机关对下级机关发布意见，往往是上级机关发现了工作中的问题或新的情况，感到有必要及时地对下级机关指导或约束而主动行文的。下级机关亦然。（2）内容的具体性。上级机关对重要问题发表的见解和提出的处理办法，总是具体而恰如其分的，它对于下级机关开展工作、执行政策具有现实的指导意义，针对性极强。（3）撰制的及时性。意见多属针对实际情况，为解决现实工作中亟待解决的问题而提出的，因此，意见撰制的及时性对意见的价值有着重要的影响。不论上级机关发布的意见，还是下级机关呈报的意见，贻误了时机，再好的意见也会失去其应有的作用和意义。

意见的正文包括三个方面的内容：开头部分写缘由，即为什么要发布意见，常见的语言格式是"为了……现对……提出如下意见（或规定）"；主体部分写意见，一般以条款的形式列写出具体的意见；结尾部分写要求或请求，有的也可以省略不写。

指示性意见。其正文主要包括理由（目的、原因、背景）和意见（办法、措施）两部分。意见的理由居于文首，要求起笔入题，要言不烦。以《国务院关于进一步做好退耕还林还草试点工作的若干意见》为例：

今年以来，按照党中央、国务院的部署，长江上游，黄河上中游各有关地区认真开展退耕还林还草的试点工作，进展比较顺利，得到广大农民的拥护和支持。但试点工作中也出现了一些新情况、新问题。主要是：一些地区由于试点范围偏大，工作衔接不够，种苗供需矛盾突出，树种结构不够合理，经济林比重普遍较大；有些地区由于严重干旱以及管理粗放，造林成活率较低。

为了明确责任，严格管理，推动试点工作的健康发展，根据国务院总理办公会议的决定，并经今年7月中西部地区退耕还林还草工作座谈会讨论，现就进一步做好退耕还林还草试点工作做出以下规定：

例文的理由部分包含了背景和目的两层意思。起笔以简练的笔触交代了背景，对退耕还林还草的试点工作做了高度概括，既肯定了成绩又指出存在的问题，紧接着用"为了明确责任……"，提出了发布本意见的目的。整个理由部分言简意赅，迅速地引领了下文。

意见(办法、措施)是指示性意见正文的主体，篇幅一般较长。这部分一般采用"分类列项、先论后说"的表达方式。这里，特别要注意类与项之间的内在逻辑关系，或并列、或递进、或先总后分、或先分后总，一定要分清主次，辨别轻重，严密地安排先后次序，使类与项的排列既符合事物内部发展运动的规律，又符合人们认识和把握事物的思维规律，切不可随心所欲、颠三倒四。仍以《国务院关于进一步做好退耕还林还草试点工作的若干意见》为例，其意见部分分列成六个小标题：

一、加强领导，明确责任，实行省级政府负总责。

二、完善退耕还林还草政策，充分调动广大群众的积极性。

三、健全种苗生产供应机制，确保种苗的数量和质量。

四、依靠科技进步，合理确定林草种植结构和植被恢复方式。

五、加强建设管理，确保退耕还林还草顺利开展。

六、严格检查监督，确保退耕还林还草工程质量。

在这六个小标题下面，又分33个小问题，全文5000多字，但显得层次井然，条分缕析，内在逻辑关系十分紧密。

呈报性意见主要用于下级机关向上级机关提出意见和建议，并要求上级机关批转或转发。也可由政府授意，由一个或几个部门提出意见后交政府批转。上级机关对这类意见有两种处理方式：一是作为信息资料，以备决策时参考；二是经上级政府同意并批准后，或以上级政府的名义发文批转、或由上级政府的办公厅转发，并在文中注明"经政府同意"的字样，经批转或转发的意见，报文单位或所有下属机关都必须实施或执行，或在结尾处写一句要求批转的结语，如"以上意见如无不当，请批转×××执行"。

(三)函

函是不相隶属机关之间商洽工作、询问和答复问题、请求批准、答复审批事项所使用的一种公文。函是公文中一种简便、灵活的文体，它多用于平行或不相隶属的机关、单位之间，有时也用于上下级。如用于上下级：下级向上级请示，属于重要的问题用"请示"，一般性的问题用"函"；下级机关答复上级机关，问题比较重要的用"报告"，一般性的问题用"函"；上级向下级行文，告知政策性的问题用"通知"，一般性的问题用"函"。

函的内容较多地集中在机关业务方面，一般性问题或事务性工作居多，商讨性、告晓性、办理事务的程序性较突出。

函的用途包括：(1)平行或不相隶属机关之间商洽有关事宜用函。如，干部调动中常用的商调函，联系参观、学习函，邀请参观指导函等。(2)询问情况或征询意见，上下级或同级之间都可用函。如，省税务局向某县税务局询问某厂交纳产品税问题，可以发函。县税务局接到此函后，可用函的形式（也可用报告）回复对方。（3）通知一般的事项也常用函。如，通知开一般性会议，要求下级机关报送某项材料或统计某些数据等。（4）对原发出的正式文件作细小的补充或更正时可用函。

根据函的具体作用，可分为：（1）告知函。把某一事项、活动函告对方，或请对方知道明了，或请对方参加，或请对方选购（商品）等。近似于通知，但由于没有隶属关系，只宜用函。（2）商洽函。主要用于请求协助、商洽解决办理某一问题。如干部商调函、联系参观学习函、请求帮助支援函等。（3）询问函。上下级或同级之间均可使用。如上级向下级询问工作情况或某一具体问题，下级向上级及业务指导机关询问有关政策及工作问题等。（4）答复函。对下级询问的有关方针、政策等问题回答时用此函。（5）请求批准函。在向有关主管部门请求批准时使用。如某县民政局拟购买一台录像机，因系社会集团购买专控商品，故需发函给县财政局申请批准。

撰写函应注意：（1）要注意行文关系，正确使用函，不能随意用函代替请示和批复。（2）只能在工作必需时方可发函，撰写要严肃认真，不能敷衍了事。询问函要多替对方考虑，尽量多提供线索以便答复；答复函要迅速及时，实事求是，充分表明态度意见。（3）要简明扼要，力戒没有实质内容的套话。（4）注意函的分寸感。语气风格应力求平和、礼貌。对上级机关应当尊重，对下级机关应当谦逊，对平级或不相隶属机关则应持以礼待人、诚恳合作的态度。既不能傲上慢下，也不可恭维逢迎。（5）要一文一事。

函在结构上可分为标题、主送机关、正文、落款四部分。

标题一般由发文机关、事由和文种组成，也可省略发文机关，如《中华人民共和国财政部关于就医药费报销问题的复函》、《关于××××（事项）的函》。

正文一般由发文缘由、事项、结语三部分组成。开头应说明发文缘由：或是商洽工作，或是请求批准什么，或是询问问题；复函应写"来函收悉"，以连接答复意见。事项应具体表述发文机关所要商洽、询问、请求和答复、批准的具体事项、要求等。结语一般都用习惯用语结尾，发函多用"请复函"、"请研究复函"、"盼复"等，复函多用"此复"、"特此复函"等。函不用一般书信中的问候语，结尾也不用"此致敬礼"之类的祝颂语，便函可用"此致"、"敬礼"等。

第四节　公文基础训练

上文简介公文"常用文种"，我们有意没有像平时那样，说一种文体就举一篇或几篇范文来印证。公文种类较多，要列举范文也太多，且隔一段时间要更换新的例文，难以保持教材的稳定性。再说，凭课堂上讲一遍，要把这些文种记下来很不容易。要真正掌握，还有待于工作实践。因此，我们这里想集中讲公文训练中的几个问题。我们认为，抓住以下几个基本问题进行训练，对初学者来说，公文写作也就有了基础。有了这个基础，提高就有了可能。同学们想找范文揣摩学习，可到网上直接下载。

公文写作训练，可从下面几个问题着手。

一、加强公文文种意识的训练

公文普遍适用于各级行政机关、企事业单位。公文行文要根据各机关各单位的隶属关系和职权来确定。在适用范围内按规定选用恰当文种,不能用错。如:国家向国内外宣布重要事项或者法定事项,用公告。而基层单位在一定范围内公布应当遵守或者周知的事项,只能用通告。国家表彰卓越功勋或杰出贡献的人员,用嘉奖令。地方政府、基层单位表彰先进集体、优秀人员或突出的好人好事,则用表彰性决定或表彰性通报。

通告与公告同属周知性公文。但它们的发布范围不同;发布内容有别;发文单位也不同。

通报不同于通告,二者的告知内容不同,告知范围不同。

决定具有决断性、指令性,行文郑重严肃,语气肯定果断,具有必须坚决执行照办、不容置疑的特征。一般来说,只有事关全局、政策性强、任务艰巨、执行时间较长的重要工作,才适宜使用"决定"。

通知不同于通告:通知的对象是下属机关单位和人员,一般情况下不公开张贴、传播;而通告的对象则是较大范围内的民众。在一定范围内公开张贴和传播。

不要混淆"报告"和"请示",把"请示"写成"报告";也不要把作为公文的"报告"混同于日常工作中领导讲话所作的"报告",前者是公文后者不是公文,二者是不同概念。请示与报告的区别是:(1)请示是呈请,报告是汇报。一个是"阅件",不需要领导机关答复;一个是"问件",需要领导机关答复。(2)请示产生于事先,报告可以在事先、事中、事后都可行文。(3)请示一文一事,报告可一文一事,也可进行综合性汇报。

用请示,有严格规定:(1)不能多头请示,只能呈送自己的直接上级机关,多头请示会贻误答复;(2)必须事先请示,"先斩后奏"违反组织纪律;(3)只能一文一事,一文多事,往往会因为其中的某一事被卡住而影响到其余事情的办理;(4)不能抄送下级机关,因为请示尚未得到批准就抄送给了下级,容易给工作带来麻烦;(5)不能滥用请示,属于下级机关职权范围内的事,要敢于负责,大胆处理,切不可事无巨细,滥用请示。(6)不要错用请示,个人向领导提出的一些请求,如申请住房、申请结婚、申请出国留学,要用日常应用文"申请",不要乱用行政公文。

意见作为上行公文,类似于请示,可用来向上级提出对某个重要问题的见解和具体处理意见,如上级机关认可,则可批复下发贯彻执行,但它的适用范围没有请示广泛,只限于对重要问题提出见解和处理办法。

意见作为下行公文,类似于指示,可对下级机关布置工作,明确处理问题的办法。但指示只提出原则和要求,具有方向性,而意见要提出具体的处理办法,具有可操作性。

批复是上级机关答复下级机关请示事项时使用的一种回复性公文。批复必须以下级的请示为前提,没有请示也就没有批复。批复与意见的区别是:批复针对具体的请示,而意见则是针对重大问题提出处理意见与办法。意见是用于对重要问题提出见解和处理办法的公文文种。

纪要与会议记录不同:(1)会议记录完全是原始地记录与会人员的发言;会议纪要则是在记录的基础上加工整理而成,概括性、理论性都比较强。(2)会议记录只有依据凭证作用;而纪要则可以发挥公文应有的作用。

函是公文中一种简便、灵活的文体,它多用于平行或不相隶属的机关、单位之间,有时也用于上下级。用于上下级:下级向上级请示,属于重要的问题用"请示",一般性的问题用"函";下级机关答复上级机关,问题比较重要的,用"报告",一般性的问题用"函";

上级向下级行文，告知政策性的问题用"通知"，一般性的问题用"函"。函的内容较多地集中在机关业务方面，一般性问题或事务性工作居多，商讨性、告晓性、办理事务的程序性较突出。函的用途包括：（1）平行或不相隶属机关之间商洽有关事宜用函。（2）询问情况或征询意见，上下级或同级之间都可用函。（3）通知一般的事项也常用函。

以上这些问题，初学者不太容易搞清楚，教师可联系实际，通过课堂讨论，强化学生公文文种意识，不要错用、乱用。

二、公文写作思维训练

公文撰写中的立意主体，与写作表达主体是分离的。写作中的立意主体，不是制作文章的人，而是要求制作文章的机关领导，撰写者只是文章制作的表达主体，只具写作"操作主体"的性质。但在更高境界上，公文撰写者应把握公文立意的主体（即机关、组织、领导）的思想、视野、境界、风格、气势、权威，使公文写作操作主体与公文写作立意主体暂时地融为一体，站在领导立场、角度、身份上立意行文。在整个公文制作活动中，他必须遵从写作指令主体的意志、个性、偏好、文化修养和审美趣味的指向，淡化公文撰写者个体生存人格特质与倾向，防止公文制作行为的自由化。在这种情况下，作为个体化、创造性的写作者只能契合领导人格、机关组织人格、政府人格、国家人格，以领导授意作为行为的起点和目标。公文写作思维的特点，也就是由是生发。

写作者在接受"写什么"的具体内容之后，要将"写什么"转化为"怎样写"。因此，只有对指令予以一种深度的解读，指令的内涵才能得到明晰、丰富、提升，得到明确的临案写作定位。而对指令性进行深度解读的主要方法，是结合指令背景（政策背景、法律背景、经济发展背景等）来解读：要全面、深入了解所在行业的状况（如现状、历史、问题、困境、前景，以及行业的社会价值取向、外部关系、公众形象等），熟悉国家整体政策、政策精神、行业规范、法律法规及其基本要求，了解掌握社会发展、变化状态，对主题确立的原因、背景、意义、作用、影响作深入了解。

从思维操作层面看，公文是其法定作者在法定的职权范围内根据公务处理的需要按法定程序而制发的。这些文种的制作都是按"提出问题"——"分析问题"——"解决问题"的思路来进行的。试看常用公文的构成：

通报正文一般由引言、通报信息、要求组成；

纪要正文一般由缘由、纪要事项、结语组成；

决定正文一般由缘由、决定事项、要求组成；

通知正文一般由缘由、告知事项、要求组成；

报告正文一般由导语、报告事项、结语构成；

请示正文一般由缘由、请示事项、结语组成；

批复正文一般由引语、批复意见、结语组成。

这些文种的第一部分，即所谓"引语"、"导语"、"缘由"，都是叙述行文背景，交代行文目的。尽管各文种的交代会有详略上的区别，但基本思路都是"提出问题"和"分析问题"，即站在一级组织立场，表达一级组织意志，解决政务处理中的某一问题。

这些文种的第二部分，即所谓的"通报信息""批复意见""请示事项"，都是提出解决问题的方法意见。常常是进一步完善领导提出的办法并加以秩序化、条理化，依据各文种的具体要求而有所侧重。

这些文种的第三部分，即所谓的"要求"、"结语"，就是对受文单位提出的要求，把问题的解决落到实处，并因上行文、下行文、平行文的不同而灵活处理。

公文主题是由组织和领导指令的，公文写作的主要环节就是对指令性主题作充分地展开，进一步阐述、完善、具体陈述领导指令，并使之条理化、秩序化。

在这个过程中，一方面要正确领会、整体把握领导的指令，领会领导发出指令的原因、背景和功能，揣摩指令的真实意图；另一方面，则要针对问题和事件产生的大小环境，结合平时政策研究、工作研究，对问题构成、过程、因果、影响等关系作分析与综合，从而提出解决问题的办法、措施与要求，使指令主题获得一种充实感和强有力的说服感。

试以通知的写作为例：

通知的缘由部分，一般陈述所发通知的原因和目的，这部分内容应写得简洁明了，篇幅短小为要。指示性通知的缘由简要说明为什么要该通知，它要求说理充分、表达清晰、行文简洁，语气是指令性说服性的。会议通知则要说明会议召开的原因、根据、由哪个单位召开、什么性质、会议名称，语气是陈述性说明性的。

正文部分，是对通知事项的完备陈述，将所通知的事项逐一陈述清楚，让受文单位一目了然，并讲清楚其要求。

结尾部分包括两方面内容，一是对执行提出希望和号召，宜简短、有针对性、有号召力；一是模式化结语，结尾用"特此通知"、"请遵照执行"、"请认真贯彻执行"、"请参照执行"等结束语组成。

[例文]

关于进一步加强客运车辆道路交通安全管理工作的通知

伊犁哈萨克族自治州，各地、州、市安全生产委员会，自治区安委会成员单位：

随着我区旅游旺季的到来，旅游客运车辆道路交通安全压力将随之增大。为切实做好旅游客运车辆道路交通安全管理工作，结合自治区人民政府道路客运"六个必查"专项行动安排部署，提出如下工作要求：

一、进一步增强做好旅游交通安全管理工作的紧迫感和责任感

各地、各有关部门要充分认识做好旅游安全管理工作的重要性，把保障疆内外旅游者的安全作为重中之重，切实加强组织领导，严格落实安全生产责任。相关部门要形成工作合力，针对我区道路运输情况和旅游企业的经营管理模式及当前旅游的新形势、新特点，结合旅游市场规律，加大重点环节检查力度，对旅游客运企业切实做到乘车人数必查、驾驶时间必查、驾驶员从业资格必查、车辆审验情况必查、车辆安全设施配备必查、车辆轮胎磨损情况必查，对排查出的重大隐患加大整改力度，全力做好各项旅游安全工作。

二、明确职责，密切配合，切实抓好道路客运安全措施的落实

各级交通运输、公安、旅游、安全监管等部门要根据各自的工作职责，精心组织，密切配合，抓好各项工作措施的落实。

交通运输部门一是要以更加扎实的作风、更加有效的手段、更加得力的措施认真履行"三关一监督"职责，认真做好"六个必查"专项工作，严把运输经营者市场准入关、营运车辆技术状况关、营运驾驶人从业资格关，做好对汽车客运场站的安全生产监督工作。二是对辖区内长途客运班线进行清理，按照避开夜间途经三级以下山区公路的原则，合理调整客运班线的发车时间，统筹规划、设立长途客车及旅客途中休息、住宿站点，为防止客车夜间在三级以下山区公路行驶创造必要条件。三是对开通旅游客运车辆的农村公路，在急弯、陡坡、临水、临崖等重点危险路段上，要逐步设置必要的警示标志或安保设施。四是督促旅游客运企业按规定安装使用车载卫星定位装置，并接入自治区车辆动态监控管理系统纳入各级监控范围。五是旅游客运企业要认真履行安全生产主体责任，加强企业安全管理，在旅游旺季做到安全检查、安全教育人与人见面，人与车见面，确保安全管理工作落到实处。

公安部门一是严把大中型客车驾驶人的资格审查关及驾驶人考试关。二是加强道路秩序管控。针对旅游客运车辆交通事故和交通违法行为发生的规律，最大限度地把民警和执法装备投放到客运、旅游车辆通行密集的路段，最大限度地加大旅游客运车辆的路面管控力度。三是要严格旅游运输登记和安全检查工作。对7座以上从事旅游客运的车辆逐一进行审查。重点审查驾驶员驾驶资格、车辆审验情况、旅游营运企业对驾驶人员交通安全学习教育活动开展情况、车辆承载人数、驾驶员驾驶时间、车辆安全设施配备情况、车辆轮胎磨损状况。四是要继续落实旅游客运车辆交通违法情况，定期抄告和转递制度。对超员20%以上的客运车辆，除罚款外，要一次记满12分，并暂扣驾驶证。对发生超员50%以上的客运企业，要会同交通运输、安全监管部门督促整改。

旅游行政管理部门一是要联合交通运输、公安、安全监管等部门，对辖区旅游客运市场开展一次清理整顿，对无旅游营运资质、车况不符合要求、管理混乱的旅游客运公司、汽车租赁公司一律清理出旅游客运市场。二是要加强对旅行社及其导游的安全教育培训，提高从业人员的道路交通安全意识。要把导游作为旅游全程的交通安全监督员，明确相应职责，落实监督责任。三是要配合安全监管、交通运输、公安等部门加强道路交通安全检查，加强对旅游车公司和驾驶员的管理，加大对旅游车况的检查力度，防止"黑车"、"病车"上路，防止疲劳、超速、超员驾驶。

安全监管部门要认真做好旅游客运车辆道路交通安全管理组织、协调工作，组织相关部门指导、督促企业落实各项工作措施，及时整改隐患。

三、联合执法，全力以赴预防和减少重特大旅游客运车辆道路交通事故的发生

各部门在依法履职，加大执法力度的同时，要做好协调工作，加强联合执法，开展联合执法检查。要进一步加大对旅游客运企业、旅游客运车辆及驾驶人的监管力度，引导旅游客运企业充分利用车载卫星定位系统对旅游客运车辆及驾驶员进行动态监控，严防旅游客运车辆因超速行驶、私拉乱运而发生群死群伤重大旅游交通事故的发生。各相关部门要严格执行重点旅游时期24小时值班和领导带班制度，确保值班工作的正常运转和联络畅通。同时，要做好突发事件信息的收集、汇总、分析和报告工作。

四、进一步加强旅游线路安全隐患排查整治工作

各地公安交警部门要按照自治区安委会道路隐患排查方案的总体要求,积极会同交通运输、安全监管等部门对长途旅游客运班线事故多发路段,临水、临崖路段和险桥险段以及山区公路、低等级公路等存在安全隐患的路段进行细致排查。对急弯、陡坡、临水、临崖等路段,要尽快增设限速标志和警示标志,施划减速标线和设置减速带,完善安全防护设施,进一步加强安全隐患路段综合治理。

五、进一步加强旅游客运安全教育工作

一是各级公安交警部门要会同交通运输部门,对辖区旅游客运企业法人及全体人员进行一次面对面的交通安全教育,通过剖析典型案例、分析事故原因等形式督促企业落实主体责任,增强驾驶员交通安全意识和守法意识。二是各职能部门要充分利用报纸、广播、电视等媒体宣讲旅游出行的安全常识,及时向社会发布各个旅游景区的交通流量、交通状况、气象信息和出行提示,营造交通安全宣传氛围。三是要进一步提高全民道路交通安全意识,多形式、多渠道、多方位地开展交通安全宣传,提高群众的安全意识,坚决不上超员车,不坐带病车,清除旅游客运车辆交通违法行为。

六、进一步落实管理责任,加强督导检查

各地交通运输、公安、旅游、安全监管等部门要深入旅游客运企业,深入一线开展调查研究和督促检查,及时发现和解决工作中带有普遍性、全局性、机制性的问题。同时,自治区将不定期派出工作组,对各地旅游客运车辆道路交通安全管理工作开展情况进行督导检查。对因执行不力、责任不落实、工作不到位、失职渎职而引发重特大道路交通事故或者造成不良影响的,将进行责任倒查,并严肃追究有关领导和责任人的责任。

(http://www.wenmi114.com/wenmi/yingyong/tongzhigonggao/2011-11-06/20111106228007_2.html)

这份通知,就是为加强客运车辆道路安全管理工作而制发的。为保障这一工作,提出六个方面的要求,要求下级单位贯彻落实。其要求具体,有针对性;措施全面、有力,体现出制发者的领导管理能力。写作上,逐条书写就行了。

再以决定的写作为例。决定是各级领导机关对一些重要事项或重要问题做出安排或处理的指挥性、规定性公文。"决定"是机关公文中涉及重大事项,具有较高效用的文种之一。按照内容来划分,决定可分为安排重要事项的决定、做出重大决策的决定以及处理重要问题的决定三种类型。无论哪种类型,都具有重要性、法规性和长效性的特点。决定做出的安排和决策,具有很高的权威性和很强的约束力,且事关全局,政策性强,执行时限长,因此,在撰写决定时,必须严肃慎重、认真负责,同时要条理清晰、结构严谨,对具体事实的分析明白透彻,态度鲜明,表达清楚,切忌华而不实、夸夸其谈。决定的内容一般包括三个层次:一是决定的依据。包括理论依据和事实依据。既可以是有关政策、法规、议案,又可以是来自有关方面的情况;二是决定事项;三是决定的执行要求。这三项内容,须根据决定类型来确定着墨的多少。在奖励性的决定中,决定的依据、事项部分内容较多,必要的时候需要分条列项。在奖励性决定中,××军区的《关于开展向×××同志学习的决定》可谓上乘之作。

[例文]

关于开展向×××同志学习活动的决定

×××××：

×××同志生前系××集团军××旅炮兵营二连政治指导员，××省××市人，1971 年 12 月出生，199× 年 3 月入伍，199× 年 5 月入党，199× 年 7 月毕业于××炮兵学院，历任排长、副连长，199× 年 1 月任指导员，中尉军衔，先后两次荣立三等功，两次被师、旅表彰为"优秀党支部书记"，多次受嘉奖。他任指导员期间，连队党支部连续×年被师、旅和集团军表彰为"先进党支部"。200× 年 × 月 × 日，×连沿公路组织五公里越野训练时，在地方一农用车突然失去控制向队伍冲来的危急关头，×××同志为救护战士光荣牺牲，年仅 29 岁。同年 × 月 × 日，集团军党委批准他为革命烈士，并追记一等功。

×××同志是新时期忠诚实践党的宗旨的优秀基层"党代表"。他把对党的无限忠诚和热爱化作全心全意爱兵为兵……

一、要学习×××同志视战士高于自己，强化爱兵为兵的服务观念。×××同志生前把全部的情和爱倾注给战士，用行动实践了"视战士不顾自己、学战士提高自己"的诺言。他像"一盆火"，温暖战士的心窝；他像"一盏灯"，照亮战士的心灵；他像"一座桥"，架起战士的成才路。……他当指导员期间，连队先后有×名战士提干或考上军校，×名战士荣立二等功，××多人参加函授学习……我们学习×××同志，就要自觉实践党的宗旨，牢固确立"士兵第一"的观念，常修爱兵之德，常思育兵之责，全心全意爱兵为兵，竭尽全力育人树人，努力培养适应未来高技术战争要求的军事人才队伍。

二、要学习×××同志重事业甘愿奉献，发扬全力投入工作的"极限精神"。×××同志自觉实践"干工作要有一种极限精神，把油门踩到底，全身心投入"的誓言，在他的工作"词典"里只有"忘我"和"奉献"。他患有慢性胃炎和胆囊炎，却很少顾及自己的身体，因劳累过度曾两次晕倒在岗位上；他所在部队驻地离家很近，却很少为家事分心，亲人×次患病住院，家中×次搬迁都没顾得上回去探望和料理。他把本职工作当事业干，任指导员两年零四个月，就上了××堂政治教育课，写了数十万字的备课提纲，积累了××本业务资料。他锐意进取，勇于创新，潜心研究新形势下官兵的新特点、新变化，积极改进传统的教育方法，增强了教育的针对性和有效性，创造总结出不少独特的带兵之道。他认真履行"班长"职责，注重团结、凝聚和提高"一班人"，努力把党支部建成坚强的战斗堡垒。我们学习×××同志，就要始终以党的事业为重，进一步强化淡泊名利、聚精会神抓工作的奉献精神，勤政敬业、励精图治创一流的实干精神，勇于开拓、锐意创新谋发展的进取精神，力争在本职岗位上多干实事，多出政绩。

三、要学习×××同志用正气凝聚兵心，增强维护党的形象的责任意识。……

四、要学习×××同志对知识执著痴迷，树立不断学习和充实自己的崇高目标。×××同志"求知像深山寻宝一样，执著痴迷，孜孜以求，永不满足"。他对学习如饥似渴,几乎每天晚上自学到深夜,就连野外驻训、探亲休假也不忘带上几本书。他注意学习革命理论和英模事迹,从中汲取营养,生前读过的×××多册书,许多是政治类书籍;留下的××万多字的笔记,多半是理论学习的内容;不少英模事迹,他都有摘录和感悟。他注重提高军政素质,多次被评为优秀政治教员,被官兵誉为"知识型带兵人"。营连干部单兵专业比武也获得过第一名。我们学习×××同志,就要积极适应科技迅猛发展,知识更新加快的时代趋势,把学习作为人生的第一需要,强化终生学习的观念,以时不我待、只争朝夕的紧迫感、危机感,学习新理论,汲取新知识,掌握新技能,不断提高自身素质能力,努力掌握为党工作的过硬本领。

　　各级党委和领导机关要充分认识×××同志先进思想和事迹所蕴涵的时代价值,紧紧围绕忠诚实践党的宗旨这一主题,切实把学习活动作为深入贯彻"三个代表"重要思想的具体步骤……加强组织领导,采取多种形式,迅速在部队掀起学习热潮。广大官兵要以×××同志为榜样,紧密联系思想和工作实际,自觉对照先进找差距,在学思想、见行动上下工夫,更加牢固地确立"军魂"意识,坚定理想信念,履行神圣使命,刻苦学习求知,努力为党的事业贡献聪明才智。领导干部要带头学习……基层干部要像×××同志那样……通过学习活动的深入开展……为加速我区部队革命化、现代化、正规化建设而努力奋斗!

××军区(盖章)

　　(《对一份决定的评析》:http://www.wenmi114.com/wenmi/fanwen/xiezuozhishi/2009－09－04/20090904174464_2.html)

　　这份决定有以下几个方面值得借鉴:

　　第一,立意准确深刻,与时俱进。×××同志是××军区推出的一个典型,他为了救护战士,献出了年轻的生命。为了使烈士的精神发扬光大,军区作出了向×××同志学习的决定,这一决定的作出适逢建党八十周年,因此,烈士又是作为一名优秀共产党员的代表推出的。从烈士的事迹来看,他的身上有许多优秀的品质,也有许多催人奋进的故事,如何使这份决定更好地体现烈士的崇高精神,让烈士的精神激励活着的人们,在这一点上,这份决定的立意十分明确,很好地将烈士的精神与学习贯彻"三个代表"重要思想,与保持共产党员的先进性等要求密切结合在一起。在决定的事项中,列举了四项:

　　一、要学习×××同志视战士高于自己,强化爱兵为兵的服务观念。

　　二、要学习×××同志重事业甘愿奉献,发扬全力投入工作的"极限精神"。

　　三、要学习×××同志用正气凝聚兵心,增强维护党的形象的责任意识。

　　四、要学习×××同志对知识执著痴迷,树立不断学习和充实自己的崇高目标。

　　从这四点我们不难看出,作为一名军队基层带兵人在新时期应具备的几种优秀品质,这也正是我党我军目前提倡和引导的,即做一名爱兵为兵的带兵人,做一名甘愿奉献、乐于奉献的带兵人,做一名一身正气、保持共产党员先进性的带兵人,做一名高技术条件下知识型的带兵人。这四点,既有理论和事实依据的支撑,同时体现了决定的目的,立意可谓既明确深刻,又有着鲜明的时代特点。

　　第二,叙议结合,贴切自然。在这份决定中,既有对事实的准确叙述,又有高屋建瓴的议论,二者完美地融合在一起,真正体现出了叙述为议论服务,议论以叙述为基础,二

者相辅相成,叙得真实,议出了高度。以决定的缘由部分为例,第一自然段主要叙述了烈士生前的主要事迹:

> "×××同志生前系××集团军××旅炮兵营二连政治指导员,××省××市人,1971年12月出生,199×年3月入伍,199×年5月入党,199×年7月毕业于××炮兵学院,历任排长、副连长,199×年1月任指导员,中尉军衔,先后两次荣立三等功,两次被师、旅表彰为'优秀党支部书记',多次受嘉奖。他任指导员期间,连队党支部连续×年被师、旅和集团军表彰为'先进党支部'。200×年×月×日,×连沿公路组织五公里越野训练时,在地方一农用车突然失去控制向队伍冲来的危急关头,×××同志为救护战士光荣牺牲,年仅29岁。同年×月×日,集团军党委批准他为革命烈士,并追记一等功。"

这一段叙述分两个层次,第一个层次从开头到"表彰为'先进党支部'",介绍了×××同志的简历,看似平淡无奇,实则为第二个层次的叙述埋下伏笔,正是因为×××同志一贯表现优秀,有良好的思想基础,才能在关键时刻挺身而出。而这两个层次的叙述又均是为下面一个自然段的议论提供事实依据,正是有了这样的事迹,有了这样骄人的成绩,才使这位英雄"浮出水面",才使这位英雄的事迹具有了更深的内涵。

第二段的议论紧承上文,对英雄的事迹做了深入细致的分析,站在时代的高度发掘出深刻的意义:

> ×××同志是新时期忠诚实践党的宗旨的优秀基层'党代表'。他把对党的无限忠诚和热爱化作全心全意爱兵为兵,尽职尽责敬业奉献的自觉行动,展现了当代共产党人的优秀品质,塑造了新时期基层'党代表'的崇高形象,谱写了一曲具有时代精神的爱兵之歌,奉献之歌和奋斗之歌。×××同志的崇高思想和先进事迹集中到一点,就在于他牢固树立共产党人的世界观、人生观和价值观,自觉实践党的全心全意为人民服务的宗旨,有力地回答了在改革开放和发展社会主义市场经济条件下人为什么活着、什么是人生崇高追求和最大价值这个根本问题。……

这段议论对×××的事迹进行了由表及里、由此及彼的提炼,挖掘出了事件的核心与本质,由于叙议结合得贴切自然,显示出了无可辩驳的逻辑力量,同时这一段的议论在行文上起到了承上启下的作用,既使上文的叙述有了一个归宿,同时又使下文决定的事项顺理成章,水到渠成。

第三,结构严谨周密,详略得当。决定写作的总体要求之一是必须精练,篇幅尽量简短。在这一前提下,要针对不同类型的决定,恰当地运用笔墨,该详则详,该略则略。在这份决定中,从结构上来讲,可用八个字来概括,即:严谨、畅达、匀称、完整。

这份决定的撰写者,在结构上是下了一番工夫的,从决定事项的四个观点的阐述来看,不仅层次清楚,段落分明,而且注意到了结构的匀称美,四个段落的结构大体一致,都采用了"引用英雄的语言(小观点)+英雄的事迹+英雄事迹蕴涵的意义和价值"这样一个模式,以其中一段为例:

> 三、要学习×××同志用正气凝聚兵心,增强维护党的形象的责任意识。××同志把自己的言行视作官兵认识党的'窗口'。他常讲:'作为连队干部,战士时时处处都在观察你、检验你、评判你,绝不能从自己身上让党的形象受到一

点损害。'他律己特别严格,连队的光一点不沾,战士的礼一分不收,家长的宴请一次不吃。他一身正气,自觉抵制庸俗关系,前任指导员提升后,有人劝他活动活动,他一笑了之;部队编制调整时,他不为个人进退去留分心,工作抓得比平时还紧;……我们学习×××同志,就要珍惜共产党员的光荣称号,自觉增强维护党的形象的政治责任感,凭实干立身,以正气做人,用人格带兵,做到平时工作看出来,关键时刻站出来,用实际行动为党旗增光添彩。

这样一个结构模式,既有逻辑上的严密性,又使全文在结构上形成一种对称的美感,使全篇贯通,形成一个有机整体。

总之,决定的写作是一件十分慎重严肃的事情,在撰写时,不仅要把基本意思表达出来,同时要力求准确凝练,结构严谨,与时俱进,真正做到"于简单中见丰富,于平实中见深邃"。

三、公文写作语体训练

公文要求语言表述规范得体、庄重严肃。行文必须按规定格式。为了准确传达信息,行文必须清晰、通俗、质朴,措词必须简约,避免语言歧义,不用语生僻晦涩或堆砌华丽辞藻,委婉、含蓄的浪漫文风与空洞无物的长篇大论是不用的。公务语体是种本色语言,写作中只要平实写来,把文字写精练、写准确,保持严肃郑重语气就行。练习中多读些公文并认真修改,不难达到。训练中老师可通过文章的修改和讲评,让学生逐步把握。

语言除力求平实、简明、准确外,还要注意语调和语气。

上行文用语要尊重,恭而不卑。如呈报性公文,用于开头,有"现报告如下"、"特作如下报告";用在结尾,有"特此报告"、"以上报告如有不妥,请指正"等。期请性公文,常用结语如:"以上请示,请批复"、"以上报告如无不妥,请批转×××执行",都符合作者的身份。

下行文用语要郑重、准确。使用告诫性词语也应做到威而不凶。如开头用语:"特命令如下"、"特发布如下命令"、"现予公告"、"特此通报"、"现批复如下";正文用语:"责成"、"坚决制止"、"要严格执行"、"必须彻底追查,依法严处";结尾用语:"请即遵照执行"、"此复"、"此令"、"自公布之日起施行"。这些用语都有一定的指令、指示性,语气肯定,不可违背。

平行文则应使用谦敬性词语,要平和、礼貌。

公文的语气语调,是值得初学者认真体会的。

四、练习

行政公文种类虽多,常用的只有几种。可从这常用的几种入手,熟悉公文的体式、语体。应用时没把握可查工具书。

1.修改下面的公文。

公　告

×× 市郊区河道管理处,对浑河夹心段至刘尔屯段进行河道治理工作,发现此段内埋有坟墓,根据×× 省河道管理条例规定:不准在堤防内埋葬坟墓的指示。因此,限墓主于 5 月末前迁出,逾期不迁者,按无主墓处理,特此公告。

　　　　　　　　　　　　　　　　　　　　　　　　×× 市郊区河道管理处

2. 根据下述材料，选择适当文种，代拟一篇文稿。

×县一些中、小学校经常受到社会上某些单位和个人的侵扰：有的人随意到学校内打架、聚众斗殴、酗酒、赌博、进行流氓活动，还蓄意侮辱、欺凌和殴打师生员工；有的商贩任意出入校园高声叫卖；有些单位和个人随意到校园内放牧牛羊、取土、种植粮菜；有些单位长期侵占学校校舍和操场、校办工厂、农场等；有人甚至将易燃、易爆物品带入学校。

以上种种，不但侵犯了学校的权益，而且影响了学校秩序，威胁着师生员工的人身安全。该县教育、公安局为此于 2011 年 4 月 1 日联合制发了一份公文，规定了一些禁止事项，并申明凡违反规定者，要根据我国《刑法》和《治安管理条例》等有关法令予以处罚。

3. 修改下面这篇通报。

××市电信局关于表彰叶××同志不畏强暴、勇斗歹徒的通报

各区、县电信局党委（支部）：

十月的成都，秋高气爽。第二十九届菊花展今天在××人民公园拉开帷幕。爱好菊花的群众已把整个公园围得水泄不通，真是花的世界，人的海洋。

今天，叶××同志也来了。他是我局保卫处干部，共产党员，他今天显得特别精神。他微笑着走在人群中，突然听到人群中喊救命，一妇女被二歹徒挟持在人群中走向一辆出租车。叶××一看不好，一个箭步冲到二歹徒面前，"不允许耍流氓"。二歹徒一惊，急忙拔出匕首，疯狂地向叶××挥舞，"涮"的一声，叶××左臂已被刺，鲜红的血流在他那洁白的衬衣上。叶××身负重伤，但他临危不惧，英勇地与歹徒搏斗，表现了一个共产党员的高尚品质。他死死地拖住歹徒，在围观群众的协助下，终于将歹徒抓获。我们的叶××已倒在血泊中。

叶××同志今年 35 岁。参加工作 16 年来，英勇战斗在保卫工作战线上，先后破获刑事案件 50 多起，连续五年被成都市授予"公安卫士"称号，今年，被中华人民共和国总工会授予"五一"劳动奖章。

鉴于叶××同志一贯表现突出，在关键时刻又经受了严峻的考验，特予以通报表扬。希望各级党组织发动党、团员和广大人民群众，学习叶××同志为了人民的安全，不畏强暴，坚决同破坏社会治安的违法犯罪分子作斗争的英雄事迹；学习他热爱本职工作，出色地完成党交给的艰巨任务的高尚品质；在党的路线指引下，为"四化"建设，为振兴中华作出更大的贡献。

中共×市电信局

4. 根据下述材料拟写一篇文稿。

某厂工人刘××，男，23 岁，进厂两年多来不认真学习技术，不遵守劳动纪律，经常旷工，曾多次伙同"兄弟帮"盗卖厂里的原材料，他分得 3000 元。厂里多次批评、教育他，他仍然不思悔改。主管部门工业局，根据职工奖惩条例的规定，决定开除刘××。

5. 根据下述材料，拟写一篇通知。

×省商业厅 10 月 21 日的厅长办公会议决定在 12 月 18 日至 21 日召开全省商业局长会议，研究启动市场问题；17 日报到，由办公室负责派车到火车东站、南站、长途汽车站迎接;报到地点和会议地点设在东郊宾馆(解放路××号),各商业局局长和一名秘书参加,到会人员不要自带车辆;各局今年的工作情况和所属单位的经验材料打印100份,并在会前半个月交厅办公室,厅办公室全面负责会务工作。

6.有一份《中国人民银行××市分行关于转发总行〈储蓄工作座谈会纪要〉的通知》,其正文是这样写的:

现将总行的《储蓄工作座谈会纪要》转发给你们,请即组织研究,展开讨论,并根据《纪要》精神,订出具体执行措施。当前,首先要抓好第一季度的工作,以便为全年工作打下基础。

试评析这篇转发性通知。

7.根据下述材料,拟写一篇批复。

某区最近就违章建筑没收问题,请示市规划局。规划局拟作如下答复:对下列五种情况应予没收,(1)以土地使用者或业主名义报建,进行非法交易或变相买卖的;(2)擅自兴建,对近期城市规划影响较小的;(3)擅自缩小建筑间距或加层增加建筑面积的;(4)不按规划管理部门的审批规定,拒不提供有关部门统一安排生活配套设施及其他指定用途的建筑部分;(5)未经市规划局批准,擅自改变建筑物使用性质的。

请代该规划局起草一份批复。批复的时间、答复对象可以虚拟。

8.修改下面这份函。

关于联系教师进修的函

××大学教务处:

首先让我们以××市工业学校的名义,向贵处表示衷心的感谢,过去为我校办学给予了很大的帮助。目前我校又面临一个很难解决的问题。原来事情是这样的:我校开办不久,师资力量很差,决定派××位年轻教师到贵校旁听进修一年。我校与有关部门多次商量,但××位教师进修住宿问题,至今也没得到解决。提高教学质量的关键是师资。为提高我校教育质量,恳请贵处设法在贵校给解决住宿问题。但不知贵处是否有什么困难。如果需要我校给贵处办什么事情,请尽管提出,我校会竭力去办。再说一句,贵处如能给解决我校进修教师住宿问题,我们以我校领导的名义向贵校领导深深地表示谢意。

致以崇高的敬礼

××市工业学校(印章)

第五节   机关事务文书简介

一、机关事务文书的含义

无论是国家机关、社会团体,还是企事业单位,除使用国家法规规定的公文之外,在公务活动中,还要大量使用其他种类的文书。比如,一项工作或活动开展之前,要制订计划;工作或活动告一段落之后,要回顾总结;为了沟通信息、探讨工作规律,有效地指导和组织工作与生产，要编发简报，写作调查报告，以及领导在各种会议上的讲话稿，包括开幕词、闭幕词，等等。对这些公务活动中必不可缺的文书，人们往往称之为机关事务文书。

所谓机关事务文书，是指机关团体、企事业单位用以实施管理、办理事务、沟通信息，具有实用内容与惯用体式的公务文书。机关事务文书虽常用于公务，但人们并不称它们为"公文"，因为它们不具备法定公文的法定效力与规范体式，且其撰拟与运行也与公文有很大区别。但机关事务文书多以机关、单位的名义制发，同样反映着领导的意图，是行政管理工作中必不可缺的重要工具。

二、机关事务文书的作用

每一种机关事务文书都有它的特殊功用，把所有的事务文书综合起来分析，作用可以归纳为三个方面：

（一）贯彻政策

党和国家的法律法规、方针政策通常是通过公文发布贯彻的。但仅有这些公文还不够，还需要通过事务文书来辅助贯彻政策法规。如：制定工作计划，就是对上级指示的落实；召开会议所作的工作报告，就是为了传达和贯彻上级机关的方针和政策。

（二）实施管理

现代社会的任何一个组织，为了顺利地开展工作并达到预期的目标，都离不开科学而严格的现代化管理。事务文书是一种重要的管理工具，计划、总结、调查报告等都承担着各自不同的管理任务。

（三）沟通信息

事务文书是沟通信息的重要工具，它在交流情况、联系工作，尤其是沟通单位内部信息中具有其他传播媒介难以替代的作用。例如，调查报告、简报、公务书信等便是简捷便利的传播手段，成为联系各机关单位之间关系的纽带和桥梁。

三、机关事务文书的特点

（一）运用的广泛性

机关事务文书的撰制主体与使用范围相当广泛，一般没有什么限制。如，计划、总结、调查报告、讲话稿等事务文书，上至中央国家机关，下至基层单位，都可使用。

（二）内容的事务性

事务文书是直接为机关单位的日常事务性工作服务的。例如，开展工作、组织生产要制订计划，总结经验、吸取教训要写总结，对工作中出现的新情况、新问题要进行调查研究写出调查报告，召开会议要准备各种各样的会议文件。方方面面的文书，涉及机关单位形形色色事务，是任何一个单位日常管理事务不可缺少的内容。

（三）形式的多样性

国家以法规的形式规定了公文的格式标准，公文在长期的撰文实践中已形成了较为固定的写作模式与行文规则。而事务文书的形式却多样化，写法灵活多变。如计划，因其内容的侧重点不同，其结构布局因文而异，或条文式，或表格式，或条文加表格式，甚至与之相应的名称也可以多种多样，如设想、方案、规划、安排、工作要点。事务文书的语言，也是富于变化的，如计划的平实，规章的严肃，简报的明快，调查报告的沉稳。同是讲话稿，有的庄重，有的活泼，有的委婉，有的质朴，语言风格与领导者的个性是统一的。

四、事务文书的种类

事务文书种类繁多。对于事务文书的文种范围至今尚无明确规定。一般认为，除法定的公文和专用文书之外的通用性公务文书，均可归入事务文书之内。常用的事务文书文种有简报、讲话稿、大事记、计划、总结、调查报告。机关事务文书与行政公文都属于文秘人员写作的基本文体，对于一名称职的文秘人员来说，要认真掌握这些事务文书的写法以适应本职工作的需要。

(一)简报

简报不是一种文体，它是机关团体和企事业单位所编印的，用来下情上报、上情下达、互通情况、交流信息的一种内部资料的名称。简报有定期与不定期之分。有时一份简报只有一篇文章，有时则由多篇文章组成。单位内部编发的"动态"、"信息"、"简评"、"情况反映"、"××情况"等均属简报的范畴。

简报是一种具有汇报性、交流性、指导性的文书材料，具有"短"、"快"、"真"、"准"四个特点：(1)"短"。简报篇幅短小，内容集中，语言简洁，简明扼要。篇幅控制在千字左右，而且一文一事，主旨集中。(2)"快"。简报迅速及时，有的放矢。它的编写、印发、传递都十分快捷。(3)"真"。简报必须尊重事实，实事求是。任何失真都会抹杀简报的作用。(4)"准"。问题抓得准。任何一个单位或部门，每天都要接触大量的情况和问题，只有与党和国家的方针政策密切相关的重大问题、重要情况、重要经验，与当前的中心工作、重点任务密切相关的动态才能进入简报。

简报在公务活动中起着不可忽视的作用：(1)它可以使上级领导及时地了解下面工作中的重要情况，如典型经验、新生事物、值得重视的动态、需要及时解决的问题，并根据简报反映的情况给予及时的指导。(2)可以在平级机关之间互通工作、业务、会议等信息，加强联系，促进了解。(3)可以对下级机关传达指示和要求、交流信息、介绍先进经验、通报重要情况、推动工作进程。

简报有以下三种：(1)情况简报。这是最常见的一类简报，其内容是反映本机关、本系统工作中的重要情况，包括：工作、业务、会议消息；工作中出现的新生事物、典型经验、值得引起注意的问题和现象；领导关心的工作形势、工作进展情况，对某些重要情况、重大事件的调查结果。它是一种定期编发的长期性简报。(2)专题简报。又称中心工作简报。其内容主要反映某项中心工作进展情况以及工作过程中出现的新动向、新问题、新经验。这类简报阶段性强，中心工作一结束，简报也随之停办。(3)会议简报。这是重要而大型的会议期间反映会议情况的简报。它是一种临时性的简报，内容包括会议中的情况、进程、分组讨论及会议决议等，以使上级机关和与会者全面了解会议的情况。

简报有比较固定的、独特的格式，分为报头、报核、报尾三部分。报头包括简报名称、简报期号、编发单位、印发日期、保密要求、编号。下面用一条横线与报核部分隔开。报核包括简报标题、正文(有些简报在正文之前还要加上按语，即简报编者的说明或评价)、署名(若作者是单位则不必署名)。报尾包括发送范围和印制份数。格式如下：

000×号　　　　　　　　　　　　　　　　　　　　　　　×密

××××简报(通讯、动态)
(第××期)

×××办公室编印　　　　　　　　　　　　2012 年×月×日

———————————————————————————

编者按:×××。

标题

×××××××××××××××××××××××××××××××××××××××

×××××××××××××××××××××××××××××××××××××××

×××××××××××××××××××××××××××××××××××(正文)。

报:×××××××××××××××

送:×××××××××××××××

发:×××××××××××××××　　　　　　　　　　(共印××份)

责任编辑:×××　　　　　　　　　　　联系电话:××××××

简报的编写含有"编"和"写"两层意思:"写"是采写,从工作中选择材料,写成稿件,提供给编辑人员;"编"是编辑,是将现成的稿件编成简报。编辑的任务是选择稿件,修改文字,加写按语。二者的要求相同:(1)选材精当;(2)材料准确;(3)反应迅速;(4)语言简洁。

简报的材料要真实,不能把道听途说的事情写进简报,也不能在事实的基础上加上"合理想象"。为了真实准确,采写必须深入细致,时间、地点、当事人、来龙去脉、前因后果以及数字、细节,都要准确无误。编辑稿件时,如修改中涉及原文内容,应和供稿人取得联系,以免内容失误。简报要"快",它类似新闻报道中的消息,要把新近出现的新情况、新问题、新经验迅速及时地反映出来,如果丢三落四,具有价值的内容就成了"马后炮"。如果是中心工作中出现的典型经验,待到工作结束后才反映出来,也就失去了意义。

简报还要"简",它的篇幅通常在千字左右,写法上开门见山,直截了当,不讲空话和套话,直言其事,文字干净利索。简报在内容和写法上与消息相似,它也是向读者报道最近发生的事,主要采用叙述的方式,把信息简明扼要地报道给读者。但它与消息又有所不同。首先,它立足于本单位本系统,为本单位本系统服务;另外,它不像消息那样着眼于新闻事实,服从的是本单位的中心工作。一张简报发出去,效果如何,作用的大小,主要是问题抓得准不准。

写简报,要认真研究本单位在贯彻党的方针政策、落实上级指示精神、开展工作过程中所出现的新情况、新问题、新动向、新经验,敏锐地抓住重要的、关键性的问题,迅速及时地把它反映出来。一个机关、一个部门、一个单位,每天都要处理很多工作,都会遇到很多情况和问题,但不能把这些都写进简报,只能从中选择那些与本部门中心工作、主要任务相关的重要情况写进简报。一般说来,对当前工作有推动作用的典型经验,一些处于萌芽状态的具有倾向性的苗头,上级领导特别关心的问题,以及工作中存在的问题,是简报反映的主要内容。

一些比较重要的简报,正文之前可加按语,以引起读者的注意。按语一般是按领导同志的意见起草的,内容多是说明刊登这篇或这几篇稿件的原因、目的,对稿件中涉及的内容作出必要的提示或评议,有时还结合形势提出希望或要求。

按语要简明扼要、提纲挈领。如约请领导同志撰写,事先要把自己的编写意图以及自己的认识向领导汇报。

简报正文包括开头、主体和结尾三个部分。

开头一般均采用类似新闻导语的写法,即把最新鲜、最重要、最引人注目的事实和思想放在开头部分。具体来说,有以下几种方式:(1)概述法,即直截了当地概述简报的内容。(2)点题法,即简明扼要地点出简报的主题。(3)提问式,即提出问题,引起读者的兴趣和思考。

主体安排没有固定的格式,内容简单、事件单一的简报,可以按事件发生、发展、结局的时间顺序来安排材料;内容较复杂的简报,可以将内容分成并列的几个方面,每个方面加上小标题,或标以序号;那些总结式、评述式的简报,可以按事件的因果关系或递进关系安排材料。

简报一般不写结尾,即使有的要写,也要简短有力。连续性报道的简报,可在结尾处注写"事情正在进一步发展"、"发展情况下期再续"等。

编简报和写新闻有些类似,主要从工作着眼,要服从单位的工作中心。

（二）讲话稿

这里说的讲话稿,是指党政机关、社会团体、企事业单位的领导人在出席各种会议或公共场合讲话时使用的讲话底稿。

领导在工作中要出席各种不同的场合,要在各种场合发表各种讲话,阐明自己的主张和见解、说明政策、交流思想、进行动员、指导工作。这类讲话稿,通常由领导人亲自执笔,或授意文秘人员协助起草。讲话稿是讲话之本,它对讲话起着规范和制约作用。讲话稿的优劣直接影响讲话的成功与失败。因此,为了使讲话达到预期的目的,就必须重视讲话稿的写作。

讲话稿和演讲稿,都属讲话的底稿,但二者有所区别。(1)讲话稿的使用对象主要是各级领导干部,而演讲稿的使用对象不受限制,包括各行各业、各个层次的所有人员。(2)讲话稿主要用于各种会议,反映的是组织的意志、意图和意见,往往带有某种指示的性质;而演讲稿主要用于集会等公共场合,表达的只是个人的见解和主张,并不具有直接传达、贯彻政策,指导和推动工作的功用。(3)一般说来,讲话稿重在"讲",比较质朴,不失领导庄重之感;而演讲稿除了"讲"通常还要注重"演",注重演讲艺术。

讲话稿与一般的文章也有区别:(1)具有很强的对象感和现场感。(2)具有可说性和可听性。讲话稿不能写得文绉绉的,它要适合口头表达,充分体现出讲话"口传耳闻"这一特点。(3)灵活性。讲话稿要根据不同的讲话对象,不同的讲话场合,不同的会议宗旨,不同的主讲人的身份、气质特点来写。与此同时,除了重要的工作报告,要逐字逐句地念之外,一般的讲话稿,往往是一种定而未定的文稿,仍不能算是确定了的文稿。在讲话过程中，讲话人可根据客观情况的变化而对讲话稿进行及时、恰当的调整，或增或删，或调换顺序，或斟换词句等。当然，这种变化不是实质上的变化，如果变化太大，那就失去讲话稿的意义和特质了。常用的讲话稿有开幕词、闭幕词、工作报告等。

领导人让秘书代拟讲话稿，事先会将讲话稿的大体思路告诉秘书，秘书这时要做的工作是：(1)掌握领导平时讲话的特点。(2)明确讲话的场合，包括在什么场合下讲话，针对谁讲话，以什么身份讲话等。(3)明确讲话的中心，梳理讲话的思路。讲话稿主题的确立，材料的运用，结构的安排，表达方式的运用，不单纯是技巧问题，更重要的是思路问题。一篇话稿到底要解决什么问题，中心思想是什么，举哪些实例，从哪些方面去说明，怎样开头和结尾，怎样过渡和照应，怎样进行阐述和论证，是写讲话稿要解决的问题。(4)根据需要控制讲话的时间。开幕词、闭幕词、就职演说、述职报告、工作报告的基本格式都是一样的，但在写作中应根据讲话内容而变化。

1.开幕词的写作

开幕词是党政机关、社会团体、企事业单位举行重要会议或重大活动开始时，由会议主持人或主要领导人讲话时所用的文稿。开幕词的主要特点是宣告性和引导性。不论召开什么重要会议，或开展什么重要活动，按照惯例，一般都要由会议主持人或主要领导人致开幕词，这是一个必不可少的程序，标志着会议或活动的正式开始。开幕词通常要阐明会议或活动的性质、宗旨、任务、要求和议程安排等，集中体现会议或活动的指导思想，起着定调的作用，对引导会议或活动朝着既定的正确方向顺利进展，保证会议或活动的圆满成功，有着重要的意义。

开幕词一般由标题、署名、称谓、正文四个部分组成。

开幕词标题的写法有以下几种：一是用会议(或活动)全称加文种构成标题，如《××公司第×届×次职代会开幕词》、《××市青年志愿者活动开幕词》，题下用括号注明致词的具体日期；二是由致词人加会议(或活动)全称再加文种构成标题，如《×××同志在××××会议上的开幕词》；三是只标上"开幕词"即可。

署名。致词人的姓名一般置于标题之下，独占一行，居中排列；有时还需在姓名之前标明职称、职务。如在标题中已标出致词人的姓名，此处不再署名，以免重复。

称谓。对与会或参加活动的人员作概括性的、有礼貌的称呼，如"同志们"、"诸位代表"、"女士们、先生们"、"诸位嘉宾"等，后面用冒号。称谓顺序按照惯例，一般是由上到下、由外到内。凡参加会议或活动的人都要点到，不可遗漏。

正文。包括开头、主体和结尾。

开头一般以简洁的语言宣布大会或活动开幕，接着交代会议或活动的名称、届次，说明其目的和重要性等；亦可介绍会议或活动的筹备经过和出席人的情况，并向他们表示热烈欢迎。

主体，是开幕词的重心所在。主要内容是：或回顾以往，或概括形势，讲明意义，为开好会议、搞好活动奠定基础；交代会议或活动的中心议题，提出具体要求，使出席者心中有数，做好思想准备，把握会议或活动的进程；阐明会议或活动的指导思想，提出今后的奋斗目标，统一大家的认识和步调，达到会议或活动的预期目的等。对上述内容，可分层表述，根据会议或活动的不同性质和目的，应有所侧重。

结尾，提出希望和要求，表示祝愿。

撰写开幕词,应注意以下几点:(1)掌握会议或活动的精神,了解会议或活动的全面情况,明确会议或活动要达到的预期目的,这是写好开幕词的前提。(2)要主旨集中,突出会议或活动的中心内容,把握会议或活动的主要特点,只对会议或活动的主题和有关重要问题作必要的说明,不可面面俱到,眉毛胡子一把抓。(3)态度要热情洋溢,富有号召性和鼓动性。(4)文字要简练,条理要清楚,篇幅不宜过长。

2. 闭幕词的写作

闭幕词是党政机关、社会团体、企事业单位召开重要会议或举办重大活动行将结束时,由有关领导人或德高望重者讲话时所用的文稿。闭幕词的主要特点是宣告性和总结性。凡重要会议或重要活动,与开幕词相对应,一般都有闭幕词,这是一道必不可少的程序,这是会议或活动的尾声,标志着整个会议或活动的即将结束。闭幕词通常要对会议或活动作出正确的评估和总结,充分肯定会议或活动所取得的成果,强调会议或活动的主要精神和深远影响,激励有关人员宣传会议或活动的精神实质和贯彻落实有关的决议或倡议。

闭幕词的结构与开幕词大体相同,其标题只需将"开幕词"换成"闭幕词"即可,署名、称谓的写法也完全一样,只是正文的内容有所区别。

闭幕词的开头,先说明会议或活动已经完成预定的任务,现在行将闭幕,接着简述会议或活动的基本情况,恰如其分地对其收获、意义和影响作出总的评价。主体是正文的重点所在,主要总结会议或活动的主要成果或收获,向出席者提出具体的要求。要从理论的高度上进行概括归纳,做到层次清楚,重点突出,言简意赅,具有逻辑性和深刻性。结尾展望未来,发出号召,提出希望,表示祝愿,使出席者在激动、振奋中离去;还可以诚恳热情的词语,向为大会或活动圆满成功而辛勤服务的工作人员表示谢意。

撰写闭幕词,应注意以下几点:(1)要针对会议或活动的中心内容,作简明扼要的综述,评价要中肯恰当,并与开幕词首尾呼应;(2)对会议或活动中没有展开但已认识到的重要问题,可在闭幕词中适当予以强调,作出必要的补充;(3)篇幅不要太长,语言要有感染力和号召力。

3. 就职演说稿的写作

就职演说稿是指某一领导者在出任某一领导职务时,在有关会议、欢迎仪式或群众集会上,就自己的施政方针、工作目标等向到场的人员讲话时所使用的文稿。

在西方,领导人就任某一重要领导职务时,一般都要发表就职演说,有时还要通过广播电台、电视台面向全国人民发表就职演说。著名的如美国总统华盛顿《向国会两院发表的就职演说》、英国首相丘吉尔《出任首相后的首次演说》等,都是十分著名的。近年来,随着我国干部人事制度的改革,被上级领导机关选拔或民主推荐、考试招聘任用的领导干部,在到职时,一般均要向所在单位的广大干部群众发表就职演说。因而,就职演说稿这种新兴文体的应用也就日益广泛。

就职演说稿的主要特点是预期性和沟通性。领导人在就任时发表的就职演说,旨在告诉人们"既在其位,必谋其政",以及计划在其任期内要做一些什么,如何去做,做到什么程度,达到什么样的目标,能给国家、单位和员工带来什么样的好处,等等。这些都是对未来的展望,是设想中的蓝图,是领导人向组织和广大员工的承诺。发表就职演说,在于沟通领导人与广大干部群众的思想感情,增进彼此间的了解,以期得到大家的认同、支持和帮助，共同实现预期的任务和目标。

就职演说稿的结构，和一般的讲话稿没有什么区别，其中标题、署名和称谓是大体相同的，正文因其性质、内容、功用而有所区别：开头往往以叙述自己到任时的心情作为开场，并对大家的信任和期望表示感谢；主体集中提出自己的施政目标、施政纲领、施政构想、施政方案，重点要解决哪些问题，获得什么样的政绩；结尾表示自己的决心，并希望得到大家的关心、支持和帮助等。

撰写就职演说稿，应注意以下几点：(1)态度要坦诚、热情，要与广大干部群众心心相印，讲他们普遍关心、经常议论和迫切期望解决的问题，以引起心灵的共鸣。(2)要以"实"树信，不要以"辞"树信，所讲内容，应实事求是，是经过努力完全可以实现的，而不应夸夸其谈，哗众取宠，如不顾实际提出过高的目标，最后实现不了，就会造成难以收拾的局面。(3)就职演说稿要观点鲜明，主旨突出，简明扼要，干净利索，提倡讲短话，切忌说长话、套话和空话。

4.述职报告的写作

述职报告带有总结性和评估性，即对任期内开展了哪些工作，取得了哪些成绩，作出了什么贡献，进行客观、中肯的叙述和分析。这里面包括工作的数量、质量、效率、水准等，不仅要有定性分析，而且要有认真、准确的定量分析，实事求是，作出切合实际的自我总结和评价。

述职报告按时间分，有临时述职报告、年度述职报告、任期述职报告等；按内容分，有综合述职报告、专题述职报告。

述职报告的结构，与一般讲话大体相同，有标题、称谓、正文、签署等，写法也基本相同，只是正文的内容有所不同。开头，写明述职的时限、范围及对任职的总体自我评价；主体，摆出工作实绩，即个人职责履行情况，抓了哪些工作，取得了哪些成绩，有哪些经验和体会，存在哪些问题，应吸取哪些教训等，这是述职报告的重点和核心；结尾，表明今后的决心和提出工作建议、意见等。

撰写述职报告应注意以下几点：(1)态度要端正，着眼于总结工作和提高素质、水平，改正缺点，修正错误。应以高标准要求自己，以期将今后的工作干得更好。(2)述职报告是一种以第一人称口吻撰写的讲话文稿，措词应客观准确，实事求是，以坦诚恳切见长，不可随意抬高自己或贬低自己，要掌握好分寸，恰到好处。(3)要突出重点，写出特色，不可写成一个模式，也不能写成一本"流水账"。

5.工作报告的写作

工作报告是党政机关、社会团体、企事业单位的领导在规模较大的重要会议上，向会议代表或全体人员汇报工作的报告。工作报告不同于行政公文中的报告。作为公文文种之一的报告，是下级机关向上级机关汇报工作、反映情况、答复上级机关询问或要求的陈述性文书；而工作报告是由主要领导人在重要会议上宣读后交由代表或委员们讨论和审查的文稿，一旦获得通过、批准，就成为下属单位和有关人员工作的指导方针。

工作报告是由机关、团体、单位的领导人在大会上宣读，同时以领导者个人的名义发表的，但它所代表的却不是领导者个人，而是代表机关、团体、单位等相应的组织。工作报告一般根据会议的宗旨、任务和要求，由领导人主持，领导班子集体讨论，委托秘书人员起草，并经过多次讨论和修改，最终才得以定稿。工作报告一经会议审议和批准，就具有正式文件的性质,对当前和今后一段时期的工作有着现实的指导意义。工作报告的正式发表,往往要吸收与会人员审议时提出的合理意见,作某些必要的补充和修改,提请与会人员讨论通过,才能形成正式的书面工作报告。

工作报告具有"指导"的性质,又具有"总结"的特点。工作报告要回顾和总结前一阶段的工作,肯定成绩,介绍经验或体会,提出不足之处,分析原因。可以这么说,工作报告是以口头宣讲的形式出现的一种特殊样式的工作总结。工作报告在总结既往工作的基础上,要对当前和今后一段时期的工作提出明确的任务和目标。在工作报告中,要根据党和国家的路线、方针和有关政策、法律、法规,紧密结合本地区、本系统、本部门、本单位的实际情况,对本届会议结束之后到下届会议召开之前的工作,从指导思想、工作任务、具体目标、基本要求、方法步骤等方面,详尽地加以叙述和说明,用以指导今后一段时期的工作。

工作报告的种类,按其性质分,有各级人民政府主要负责人向同级人民代表大会作的政府工作报告,党代会、团代会、妇代会、职代会、教代会上主要负责人所作的政治报告或主题报告;还有在各种专业会议上,由会议主持单位的主要负责人所作的主题报告,这类工作报告也要总结既往的工作,并对今后工作提出明确的任务和目标,但其内容却带有很强的专业性。

就工作报告的内容和特点而言,则可分为综合报告和专题报告两种:前者是汇报某一机关、团体、单位一定时期内全面工作情况的报告,后者则是就某一大问题或重要活动向大会所做的内容单一的专门报告。

工作报告通常由标题、称谓、正文三部分组成。

工作报告的标题有三种形式:一是正副题连用,由报告性质加文种构成正题,如《政府工作报告》,副题标明"×××年×月×日在××会议上",题下写明报告人的职务和姓名;二是概括工作报告的主旨作为正题,如《深化改革,扩大开放,全面开创社会主义现代化建设的新局面》,以"在××会议上的报告"作为副题,题下用括号注明具体日期,然后另起一行写上报告人的职务和姓名;三是用报告人所代表的组织全称和文种组成标题,如《湖南省人民代表大会常务委员会工作报告》。报告如已审议通过,则在题下用括号注明什么时间在第×届第×次会议上通过。

工作报告的称谓即听取报告的对象,如"各位代表"、"各位委员"或"诸位同志"等。

工作报告的正文包括开头、主体和结尾。

开头说明报告人代表什么机构向什么大会作工作报告,如,"我受×××委托,向大家作×××报告,请予审议";接着阐述会议的政治历史背景和指导思想等。

主体是工作报告的核心部分,通常写下列内容:概括上次代表大会以来的工作情况,分析当前形势;总结这段时间各方面工作的成绩和收获,发生了哪些变化,有哪些主要体会或经验教训;指出存在的问题,分清主流和支流;提出今后的任务,阐明指导思想、工作重点、具体目标、基本要求和有关政策、问题、工作方法、步骤等。主体可用小标题分清层次,也可用序码词标明段落,使之前后衔接、结构完整。

结尾讲明实现任务的有利条件,克服困难的具体办法,发出号召,激励大家为实现新的奋斗目标而努力。

撰写工作报告,应注意以下几点:(1)工作报告是大会的中心文件,其质量的高低对会议的效果和成绩的大小，往往起着决定性的作用，因而对它的撰写应十分重视，切不可草率从事；不可将撰写工作报告的任务全压在文秘人员身上，报告人应明确提出工作报告的指导思想、基本观点，并亲自确定其主要内容和结构安排。撰写时既要有领导人和写作班子的集体讨论和修改，又要听取专家学者和有关人士的意见，集思广益，发挥群体智慧，最后由报告人亲自修改定稿，这样才能保证工作报告的质量。(2)工作报告是报告人代表组织向相应的代表大会所做的工作汇报，一定要对人民、对工作高度负责，所述内容必须字字句句真实可靠，所引数据应准确无误，坚持一分为二的观点，既谈成绩和经验，也谈缺点和教训，绝不可虚报浮夸，制造假象，欺骗代表和上级。(3)工作报告既要全面系统，又要突出重点，做到点面结合，有理有据，上升到理论的高度，总结出带规律性的东西，力求写出新意。

(三)大事记

大事记是党政机关、社会团体、企事业单位记载日常重大事件、重要活动的一种文字材料，是日后考查工作实践的基本依据。

大事记所记载的内容，主要包括：全国、全省、全市、全县性的大事、要事在本地区、本单位的影响和反映；上级机关针对本地区、本单位发布的重要公文，如通知、指示、条例、规定、决定、通告等；本单位向上级呈递的重要请示、报告以及向下级发送的批复、通知等文件；本地区、本单位召开的重要会议，如党代会、人代会、人大常委会、政协会议等；本地区和由本单位批准的主要领导人的调动、任免、奖惩、离休或逝世的情况；本单位和由本单位批准的机构设置、合并、撤销、更名、体制变化及区划调整等；本单位党政领导同志参加的重大活动；上级机关主要领导同志来本地区、本单位检查、指导工作；本单位集体或个人在某些方面做出的重大成绩，取得的重大成果，受到的某种奖励等；本地区发生的重大社会动态、事故，气象的重大变化，遭受严重的自然灾害及善后处理情况等。

大事记的编写，一般由文秘人员拟出初稿，经领导审定后，再用钢笔或毛笔写在统一印制的大事记记载簿上。字迹要工整清晰，不可任意涂改。一则大事记的结构，一般由两部分组成：一是具体时间。大事记是按事件发生顺序来记载的，何年、何月、何日、何时，必须准确无误地记载清楚。二是基本内容。这是大事记的核心和主体部分，它包括事件起因、过程、涉及的部门、人员、结果、必要的结论等。

撰写大事记，应注意以下几点：(1)大事记要记大事、要事。(2)事实要真实可靠，不主观臆断，不夸大其词，不模棱两可，不似是而非。(3)突出全、精、统三个字。所谓"全"，要悉收无遗；所谓"精"，即选精存真；所谓"统"，即全篇的体例整齐划一。

(四)计划

计划是机关团体、企事业单位为完成一定时期内的工作任务而事先拟定的目标、措施和步骤的事务文书。计划也是对未来的工作做出具体的打算和安排。

计划类别很多，可从不同的角度进行分类：(1)按计划的内容分，有生产计划、工作计划、学习计划、训练计划、会议活动计划等。(2)按计划的范围分，有综合计划、单项计划、国家计划、部门计划等。(3)按计划的时间分，有年度计划、季度计划、月计划、周计划等。(4)按计划的执行要求分，有指令性计划、指导性计划等。(5)按计划的表现形式分，有条文式计划、表格式计划、条文兼表格式计划。(6)根据计划内涵的差别，有："规划"，指带有全局性、长期性和方向性的中期(指三年以上)计划；"纲要"，指带有远景(指五年以上）发展设想的提纲挈领式的计划；"设想"，指初步构想的粗线条的非正式的计划，具有参考性、理想性与一定的可变性；"工作要点"，指以简要的文字反映一个单位一定时期的工作计划的"要点"；"方案"，指对未来要做的某一重要的专门事项，从总体筹划上所作的最佳选择与安排；"安排"，指对短期内的工作提出的计划。

计划具有以下特点：（1）前瞻性。计划是具体行动之前思维的产物。它要求计划的制订者对未来的目标了然于胸，对具体的措施、办法胸有成竹，对各种因素考虑得十分周全。（2）科学性。计划的制订，既要根据党和国家的方针政策以及上级的指示精神，又要切合本单位的实际情况，经过科学而严密的论证才制订出来，切不可凭空想象，胡乱杜撰。（3）实践性。计划不是"写在纸上贴在墙上风吹掉在地上"的空文，它必须拿到实践中去执行。计划既是贯彻执行的依据，又是检查验收的依据，离开了实践性，计划也就失去存在的空间。

常用的计划形式主要有三种：第一种是条文式计划。即主要用文字叙述和说明的表达方式，分条分项地表述事关重大的计划内容，计划反映了机关单位一段时期内的工作内容、目标、措施及办法，保证了机关工作有条不紊地开展。这是机关单位常用的一种计划形式。第二种是表格式计划。即主要用表格的形式表现计划的项目和内容，侧重于数字、数据的表达，其内容项目基本上是固定的一种形式。这种计划有助于制订计划者的量化管理，多见于经济领域中的各个部门。第三种是文字表格综合式计划。即主要以数字、数据、表格为主体，辅以简要文字加以说明的形式。企业生产经营计划、企业财务计划等，多采用这种形式。

计划的正文一般由前言、主体、结束语三部分组成。

前言。相当于导语，表明为什么这样做或依据什么。计划的前言不仅是结构上的需要，而且由它引出计划的主体部分。但前言部分的文字一定要简练、概括。前言一般有两种写法：第一种是依据式开头，即简要说明制订计划的依据和指导思想，制订计划的目的和要求。第二种是在前言中对前一段工作的情况加以简要概述，结合当前的形势，从计划的必要性和可行性出发，写明此项计划的目的。这种开头比较适用于重要或长远的计划。

主体。即计划事项。在这一部分里要明确提出计划的"目标"（或任务）、"措施"（或办法）、"步骤"（或程序），这是计划的三要素，也是主体写作的三部曲，哪种类型的计划不可缺少这三项内容。"目标"是计划想要达到的境地或标准，主要回答"做什么"。"措施"是为实现计划目标而采取的具体办法，主要回答"怎么做"，包括怎样分工、由谁负责和注意事项等。"步骤"是实现目标的程序安排和时间要求，主要回答"什么时候完成"，包括先做什么，后做什么，做到什么程度，什么时候完成等。

结束语。它是计划的辅助和补充，视情况可有可无。可分析实施过程中可能发生的问题，也可展望计划实施的前景，也可提出号召、希望等。计划的好坏，关系到领导的决策水平。

行文要注意的是：（1）要实事求是，量力而行。计划中规定的任务、指标，应该是经过努力能够达到的，并且要留有一定的余地，切不可脱离实际，浮夸虚报。（2）计划中的各项内容要写得具体明确，便于执行，便于检查。切忌含混不清，满纸空话大话套话。（3）语言要简洁准确、平实庄重。

总结和调查报告是机关最常见也是最重要的事务文书，考虑到写作上的重要性，下辟专节加以介绍。

第六节 总结的写作

一、总结概述

总结是人们对前一阶段的工作、学习等各方面的情况进行回顾、分析与评价，找出经验和教训，从中得到一些规律性的认识，以指导今后工作的一种事务性文书。善于总结是现代领导人具有领导素质的具体体现，写总结是文秘人员的基本功。

总结是对前一时期的工作进行回顾检查、分析研究，从中找出经验教训，引出规律性的东西，并把它条理化、系统化，写成书面材料。

总结具有以下特点：（1）概括性。要求全面地综合、归纳，把零散的事实总括在一起，见出全貌，见出特点。（2）理论性。总结不是单纯的事实、数字，要总结出带规律性的东西来，要具体地回答是什么情况，为什么是这样的，是怎么办的，有什么经验教训等实质性的内容来。（3）严整性。具有严密的逻辑性、条理性，而不是一堆散的材料，不是事无巨细的记录。

总结与计划有着密切的联系。计划是总结的前提和依据，总结是计划的检验和结果。在人们的社会实践中，总结与计划是沿着"计划—实践—总结—再计划—再实践—再总结"的螺旋式道路前进的。二者的关系是相辅相成，缺一不可的。机关单位的文秘人员在工作之初制订计划，在工作结束以后写总结，先计划后总结，首尾呼应，形成了一条完整的工作链。

总结的分类。总结与计划存在着一定的对应关系，总结的分类与计划也有一定的相似性：（1）按内容分，有工作总结、学习总结、生产总结、思想总结等。（2）按时间跨度分，有年度总结、季度总结、月份总结、学期总结、阶段总结等。（3）按作者主体分，有个人总结、班组总结、部门总结、单位总结等。（4）按总结的容量分，有综合总结和专题总结。综合总结又叫全面总结，它是对某一单位或部门在一个阶段内的所有工作进行全面的总结。专题总结是对某项工作的某个方面进行总结。全面总结着眼于全貌的总结，涉及面宽，时间长，涉及的问题多，年终总结、领导班子改选时的总结一般属于这种总结。专题总结着眼于一个"专"字，郑重分析某项具体工作或某项具体工作中的某一方面、某一问题的总结，内容比较单一，比全面总结更为常用。

撰写总结的要求是：（1）实事求是。总结是对实际工作的集中与概括，务必求真。总结不能只报喜不报忧，也不能为了迎合某些上级部门的旨意而扭曲事实，弄虚作假。总结的事实要真实典型，数据要准确可靠，背景材料要明白确凿。只有实事求是，总结才能发挥它的作用，产生真正的力量。（2）抓住重点。总结的内容要讲主次，分详略，最忌讳把总结写成"流水账"，不得要领，不知所云。一篇总结要告诉读者的主要经验是什么，主要体会是什么，主要问题是什么，一定要自己明白，也要让人家明白。抓住了总结的重点，删去枝枝蔓蔓，使总结的内容集中、中心突出，总结的体会才会深刻，经验与教训才会清晰可辨。（3）突出特色。人们的社会实践活动是丰富多彩、各具特色的。在全面分析研究的基础上，我们要理清工作的步骤与环节，抓住问题的症结，通过反复比较，去发现我们在工作中哪些做法切实可行而又富于新意、哪些措施具体到位而又别出心裁、哪些体会最刻骨铭心、哪些经验最具有推广价值。把握了这些新颖而深刻的内容，总结就会写出特色、写出个性。

二、总结的写作

(一)总结的基本构架

1. 标题

总结的标题,有公文式和新闻式两种写法,可根据需要灵活采用,一般应标出单位、时间、内容,不能简单地写成"总结"、"小结"。

2. 正文

比较正规的总结,一般有前言、主体、结尾三个部分。

(1)前言。前言部分是一个开头,一般是交代工作背景、大体过程、说明总结的目的、范围、主要内容。开头应简明扼要、提纲挈领,背景交代要少而精,主要说明某项工作、某项成绩、某项经验在什么条件下进行、产生的,不要国际国内泛泛而谈。如:

> 在党的方针政策指引下,在上级党委及当地党委领导下,在各部门的支持配合下,在全体干部群众的共同努力下……

这是许多总结的惯用开头,作者泛泛写来,认为少一个"在"就不全面似的,这是要不得的。又如:

> 我来大学学习已经两个多月了,在这短短的时间里,我的收获是不少的,不论是思想方面,还是学习方面,都有了一些进步。

收获是什么? 进步在何处? 有什么经验体会? 都没有写出来,啰嗦而不得要领。再看:

> 人的正确认识不是从天上掉下来的,也不是头脑中固有的,而是经过了一个过程——学习。然而,同是学习,有些人进步快,有些人却停滞不前,这是为什么呢? 这和每个人的学习方法紧密相关。有的人学习方法对头,所以进步快。有些人学习方法不对头,因而停滞不前。现在,我主要说明我自己在学习中的一点体会,供好学而方法不对头的人参考。

既啰嗦又离题。

总结的前言有多种写法:①概述式。这是总结前言的惯用写法,即概述基本情况,简要交代工作背景、时间、地点和条件等。②对比式。即将前后情况进行对比,从而突出成绩,从成绩入手总结经验。③提问式。开篇提出问题,点明总结的重点,以引起读者的注意。

(2)主体。主体部分要对所完成的工作加以分析,回答为什么要这样做和为什么能够这样做,哪些做法是成功的、行之有效的,有什么经验体会,揭示出取得成绩的主客观原因。无论是全面总结,还是专题总结,都要总结经验体会,总结出规律性认识。主体是总结的主要内容、精华所在,应该对总结的有关问题进行比较充分的阐述和分析。

总结的主体部分一般包括基本情况、成绩与经验、问题和教训、今后的设想等几个部分。这几个部分不是篇篇都有,而是根据实际有所取舍、侧重。

基本情况:完成工作的基本情况,做了哪些工作,时间、地点、历史背景、指导思想、基本做法、简单过程的回顾。

成绩与经验:着重阐述成绩与经验,成绩是物质成果,经验是精神成果。

问题和教训:在实践中由于思想不对头、方法不得当或其他方面的原因犯了错误、造成了损失而得出的反面经验。在实践中,深切感到应当解决而暂时没有解决的问题,发现问题，真诚地接受教训，是进步的开始。无论正面经验还是反面教训，都是可贵的财富，正确认识可化为巨大的物质力量。这部分不要走过场，说套话，如"对照形势发展，相距甚远；与上级的要求，差距很大；比起兄弟单位，尚有不足"。

今后的设想：在总结经验教训的基础上分析形势、明确方向、规定任务、提出措施、表明决心、展望前景，可长可短，但必须起到鼓舞斗志、增强信心、促进工作的作用。

（3）结尾。结尾部分应该简短、有力、自然，不要没话找话。

（二）总结的写作要点

1.详细地占有材料

总结是建立在充分占有材料的基础之上的。有经验的秘书从年初就会想到年终的总结，随时搜集有关的材料。平时搜集材料应从以下一些基本环节入手：

（1）过程。工作的几个阶段，每个阶段采取了什么措施，碰到了什么困难、问题，怎么解决的，结果怎样，等等。

（2）典型材料。典型矛盾、问题、做法、收获、群众反映、好人好事等。

（3）必要数据。绝对数字、百分比等。

（4）背景材料。过去、有关单位、有关政策等。

总结要就整个工作过程中的具体做法、具体事例说明哪些地方做得好，哪些地方做得不好，存在哪些问题，原因何在，今后如何改进。材料要靠平时搜集，调查、讨论、汇报、座谈、报表、工作日记、会议记录、群众反映、简报等，都是材料来源。

2.深入分析材料

能否明确特点，抓住重点，找出规律性的东西，是总结写得好不好的重要标志。有人说："总结年年搞，年年老一套。"就是没有把握好这一点。

（1）抓住特点。其一，要从差异中找特点，和自己比，和他人比，有何特点；其二，要从发展中找特点；其三，要从新的形势找特点；其四，要从共同处找特点。

（2）明确重点。在把握全貌的基础上找出重点，不要眉毛胡子一把抓。确定重点，一要从工作实际需要出发，看有没有普遍指导意义；二要从本身的经验出发，看有没有特色。

（3）找出规律。不能罗列表面现象，不能是简单的数字罗列，要深入分析规律性的东西，不能总是"认真学习，提高认识；紧跟形势，服务中心；突出重点，以点带面；干群团结，立志改革"。要从具体材料入手进行分析。

3.认真总结经验

写总结，无论哪种情况都离不开交代情况、叙述做法、反映成绩、总结经验。如何总结经验？

总结出来的经验应具备以下特点：（1）要有真实性。要从事物本身出发，不能好大喜功、无中生有，不能夸夸其谈、夸大其词、言过其实。（2）要具体。不能空洞无物，套话连篇。如有人这样总结："这个县的计划生育搞得好，首先是县委重视，一把手亲自抓；县委委员人人抓；分管部门认真抓；主管部门直接抓；有关部门配合抓；村镇党委层层抓，一抓到底。"这就是玩世不恭的空洞无物。（3）要有独创性。所谓独创性，指的是与同类事物相比有独特的内容，是别人没有的，不能人云亦云、老一套："加强党的领导，坚持党的政策，相信依靠群众，两个文明一起抓。"（4）要有典型性。典型性就是代表性，要善于从推广的可能性可行性确立典型。（5）要有政策性。（6）要有理论性。要善于上升到政策的层面上来阐述经验的意义。经验是一种带普遍性的规律，不是过程，不是现象的罗列，不是材料的堆砌，要把事实条理化、理论化，要论述它的可行性、普遍性、规律性。

经验总结的具体方法如下：（1）从常见的反复出现的普遍现象中总结经验；（2）从事物的发生发展中总结经验，开始怎样、后来怎样、现在怎样、群众怎么做的、领导怎么做的；（3）从做法、步骤、方法上总结经验；（4）从管理机制上总结经验；（5）从矛盾上总结经验，产生了什么矛盾，矛盾发生什么变化，怎样才能处理好矛盾；（6）从因果关系上总结经验；（7）从认识上总结经验；（8）从作用上总结经验，老干、青年、妇女等在工作中发挥了什么作用；（9）从效果上总结经验，这样做有什么好处，有什么不妥的地方；（10）从生产的各个环节中总结经验，等等。

4. 根据需要，灵活行文

总结要根据具体需要来写：用于交流的要具体阐述自己的体会；用于汇报的要全面扼要地说明情况，包括成绩、经验、问题、意见、要求；面向群众的要写详细一点，多提供一些生动感人的材料。

5. 结构安排

总结的结构大致有纵式、横式、纵横式三种模式。

纵式结构是按工作进程来安排。如把工作进程分成几个阶段，开头怎样，中间怎样，后来又怎样，分别对每阶段的情况进行分析总结，找出每阶段的经验。这样安排便于把握事物发展的进程，可以看出矛盾、认识的发展，读来亲切自然。

横式结构是按内容的逻辑关系来总结。这种形式往往从几个方面来写，采用这种结构便于读者学习借鉴。

纵横式结构是既考虑时间的先后，又注意内容的逻辑顺序。

6. 写总结要有管理意识

写总结不仅仅是一个文字表达的问题，还要有积极的参政意识、决策意识、领导管理意识，从促进全局工作出发。

总结写作构思，实际上是依据我们分析问题的思路进行的。综合性总结，是围绕着基本情况、成绩与经验、问题与教训、今后的打算这几个部分展开的。

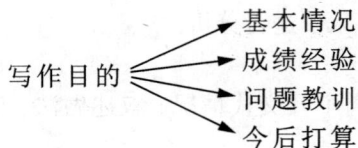

$$
\text{写作目的} \diagup
\begin{cases}
\text{基本情况} \\
\text{成绩经验} \\
\text{问题教训} \\
\text{今后打算}
\end{cases}
$$

专题总结，一般是围绕经验、做法展开的：

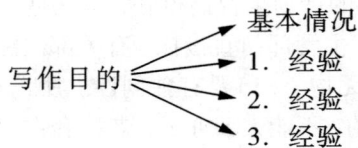

$$
\text{写作目的} \diagup
\begin{cases}
\text{基本情况} \\
\text{1. 经验} \\
\text{2. 经验} \\
\text{3. 经验}
\end{cases}
$$

［例文］

××招商局2010年度工作总结

2010年招商局为了全面完成高新区下达的招商引资任务和30个项目落地工作，积极采取各项措施和方法，围绕昌吉州市提出的"项目建设年"活动和高新区既定的目标任务，全区上下紧盯项目主动服务，各项目正按照相关环节有序进行，第二季度招商工作呈现出强劲发展的良好局面，内部管理工作也进一步规范，使各项工作有计划、有步骤地进行，按照管委会总体要求现将招商局第二季度工作开展情况总结如下：

一、2010年第二季度招商引资完成情况

2010年通过对全年招商项目进行盘点，经高新区领导班子讨论，确定了2010年招商引资目标任务：完成招商引资任务7.5亿元，力争达到10亿元，计划全年引进项目30个以上，其中引进投资额1亿元以上的项目2个，5000万元以上项目6个，储备招商引资项目15个，走访企业120家。

按照高新区下达招商局7.5亿元，力争达到10亿元招商引资任务，为使目标层次化、数量化，年初对新建、续建、扩建项目进行梳理摸底，确定个数，明确投资计划，并按照时间过半任务过半的思路对招商引资任务进行按月分解。上半年任务完成数重点放在结转项目上，下半年任务完成数重点放在新建项目上。截至5月底，根据梳理共有项目32个，全年计划投资31.3亿元，其中新建项目15个，计划投资20亿元，续建项目17个，计划投资15.8亿元，上半年完成招商引资合同总额31.3亿元（不含已签约项目），累计完成到位资金26169万元人民币，完成招商引资总任务75000万元的34.9%。国家投资项目1个，年储备40亿吨天然气项目，投资总额76亿元，计划到6月底能按照预定计划完成招商引资任务。

目前在新签约项目中已有9家企业举行奠基仪式，近日已有10家企业施工人员已进入现场，引进项目中上亿元项目4个（永成拖拉机项目、汇源二期项目、益海循环产业园项目和索斐娅生物科技项目），其中一家世界500强企业新加坡益海嘉里集团投资5亿元在园区内建设循环经济产业园。

二、围绕招商引资中心工作各项业务开展情况

（一）事先进行招商预算，稳步推进项目工作任务完成，我们按上年结转、新建项目进行投资计划预算，对原有企业续建和2009年未完工项目进行结转，通过走访摸排和企业对接明年共有17个项目，预计到位资金能完成3.5亿元；经过对意向性项目和重点跟踪47个项目梳理，初步确定15个项目，合同总额20亿元，预计完成到位资金5.4亿元。鉴于此，以上计划项目能预期开工建设，按照今年的7.5亿元，力争完成10亿元的招商引资任务目标可以完成。

（二）及时更新六级客户档案，强化项目跟踪。

一是对2009年各小分队外出招商成果进行汇总，梳理出150家客户作为跟踪目标，现在根据跟踪情况做客户升级。

二是梳理出2010年度1—3月要对接的百强企业120家并建立客户档案。

三是组织四个招商小分队外出招商，3月下旬高新区组织了4支招商小分队分赴广东、福建、北京、上海、浙江、江苏、甘肃、宁夏、天津、河北、河南、北京、河北、广西、四川、重庆和兰州等 17 个省、自治区、直辖市，走访企业 102 家，新拓展项目 70 个。

（三）加大服务力度，建立项目推进责任制。高新区围绕全年动工 30 个项目，采取项目通知单方式由各部门限时办结各项手续，确保项目按期开工当年达产，对 2009 年结转、扩建项目和 2010 年新建项目实行领导挂牌负责制，由领导和部门牵头进行重点对接服务。力争使结转、扩建和新建项目开工率达 100%，协议项目履约率达 90%，重点跟踪项目签约率达 25%。

（四）夯实平台，做好招商引资基础工作。根据已收集整理出六级客户档案，制作项目投资分析方案（含 PPT 文件），同时制作 15 个对外发布项目的可行性分析。

（五）"三会"工作开展情况。"西洽会"签约项目 2 个，即昌吉金海达食品进出口有限公司番茄酱小包装和杏酱、玉米罐头加工项目，投资总额 4000 万元；天津市禹红建筑防水有限公司投资的 800 万 ㎡/年建筑防水材料项目，投资总额 6000 万元。

（六）做好接待和项目落地手续的办理工作。本季度接待 50 批次的投资商，办理了 7 家新建企业的公司设立手续。

（七）除业务工作外还积极配合高新区申报国家级……开展各项工作，参加了高新区管委会、党工委组织的"三八"妇女节徒步以及业务学习等活动，在各种活动中，认真履行职责，积极开展工作，圆满完成了上级领导安排的各项工作任务。

三、存在的问题

（一）个别工作人员工作主动性不强，不善于思考工作。按部就班，说一说动一动，总是被动接受，缺乏工作热情。

（二）招商基础资料工作有待于进一步强化。项目建议书制作要追求专业化，才能提高招商的说服力和成功率。

（三）办公设施没有尽快配置，对工作也有一定影响。

四、下一步打算和工作措施

围绕招商局核心工作，充分发挥工作人员主观能动性，职责明确，管理考核机制逐步健全，基本做到分工不分家，各岗位相互关联，相互协作形成合力，主要从以下四方面强化招商工作：

（一）建立对招商人员的考核机制。制定项目信息档案表、项目信息跟踪周报、客户洽谈记录表、客户接待登记表、质量目标考评表、客户意见反馈表、合同明细登记表。通过各类考核促进招商人员的工作主动性。7—11 月根据已确定的 61 家重点跟踪客户，强化跟踪并汇总跟进情况。

（二）分解招商引资任务进度，做好项目考核基础工作。按照时间进度完成下半年招商引资任务，对现有 32 家新建、上年结转项目的年度投资计划进行分解和量化，7—11 月完成招商引资任务 46796 万元，力争到年底完成 10 亿元招商引资任务。

（三）加大协调力度，为完成招商引资任务建立畅通渠道。进一步与市招商局、州招商局对接，了解考核要求和认定标准，并邀请相关领导到开发区调研指导。

（四）加大服务力度，建立项目推进责任制。对现有 10 家新建开工项目抓进度，对新签约未开 6 个项目抓督促，对上年结转 17 个项目抓投产，并对重点跟踪项目进行责任分解，由领导和部门进行重点对接服务。力争使新建、结转项目开工率达 100%，协议项目履约率达 90%。重点跟踪项目签约率达 25%。

（五）搭建信息平台，强化与中介部门的联系。尽快与各大商会、协会取得联系。邀请他们到高新区考察，以期望在组织考察的过程中引起投资商的关注。

（六）积极组织相关人员做好参加科洽会、乌洽会和投洽会前期准备工作。

第七节　调查报告的写作

一、调查报告概述

调查报告是一种多栖的文体：用于写新闻调查，是新闻文体；用于写市场调查，属经济文书；用于写现场勘探，属法律文书；用于写学术论文，如方言调查，是学术论文。我们这里是把它作为机关事务文书介绍的。作为机关事务文书，调查报告是对社会上某一事物、某一问题或某一事件进行调查研究后写出来的书面报告，它是调查研究报告的简称。

调查是报告的基础，报告是调查的结果，而深入细致的分析研究是写好调查报告的关键，因此，一篇成功的调查报告，离不开深入周密的调查、科学严谨的研究和精确晓畅的表达。

调查报告具有以下特点：（1）真实性。调查报告属于材料性文章，以调查的事实为主，着重反映客观事物的过程，要求材料绝对真实。真实是调查报告的生命。调查报告容不得丝毫的虚假，如果调查报告虚假，不仅会给当事人造成被动和伤害，也会给上级决策部门的工作带来极大的干扰和破坏。（2）针对性。针对性是调查报告的灵魂。不论是反映基本情况，还是推广介绍先进典型、培养和扶植新生事物，以及揭露黑暗针砭时弊，调查报告都必须关注生活，与时共进。它反映的是现实工作的中心、群众关心的重大问题，它的针对性越强，作用就越大。（3）事理性。调查报告侧重写事，它对事实的叙述简明概括，力求完整清晰地反映事实。在叙事的同时，它还要对事实进行深入细致地分析研究，形成自己的观点，表明自己的主张态度，完全的叙事或完全的论理都不是调查报告。内容真实、观点鲜明、结论客观、夹叙夹议、事理相容是调查报告的特征。

调查报告的作用主要表现在以下几个方面：（1）为制定路线、方针、政策，指导工作提供材料和事实依据。（2）反映基层情况，反映新动向、新情况、新问题，以便更好地贯彻执行党的路线、方针、政策和上级的决定。（3）提供典型经验，推动面上的工作。（4）为处理某个具体问题提供依据。

按照调查报告的目的、写作的内容和发挥的作用不同，调查报告有以下几种分类：第一类，反映情况的调查报告。即就某一地区在某一阶段的工作情况，或社会某一方面的历史、现状和发展变化等问题，进行比较系统周密的调查研究，从而寻找带普遍性的规律，为制定政策提供依据。由于这类调查报告着眼于面上的情况，所以又叫"基本情况的调查报告"。第二类，推广新生事物的调查报告。新生事物体现了事物的发展方向，具有很强的生命力，对推动改革事业的深入发展具有不可低估的作用。这类调查报告着重反映新形势下具有开创意义的新人、新事、新发明、新风尚等，从而揭示新生事物的意义、特点和成长规律，促进新生事物的发展。第三类，总结典型经验的调查报告。这类调查报告往往抓住某一先进典型，从理论的高度予以分析，总结出具有典型意义的经验，指导和推动各项工作的顺利发展。它包括典型经验的调查、典型事件的调查和典型变化的调查。第四类，揭露问题的调查报告。这类调查报告一般是抓住某一个突出的反面典型，以确凿的事实，剖析问题产生的原因，指出它的危害性，并提出解决问题的办法，引起人们对问题的警觉，杜绝类似事件的再度发生，变消极因素为积极因素。

二、调查报告的写作

(一)选题是写好调查报告的第一步

要写好调查报告，首先要重视选题。调查报告的价值，首先是由选题决定的，题目选得不好，即使妙笔生花也没有多大价值。选题要选现实工作、现实生活中有重要意义的题目。选题时应把握党在一段时期内的中心工作、中心任务，要把握整体，把握全局，明确现实工作的重点、难点，要了解群众所急切关心的问题，要多从全局、政策方面思考，才能选出有重要意义的选题。除了心有全局，还应深入实际，在现实生活中多作调查研究。调查报告的选题，来自上下两个方面：一方面，上级机关每年都分配有任务，机关工作人员有责任、有义务做一定的调查研究；另一方面，我们生活工作在基层，对基层情况了解，也能提出有意义的选题来。譬如，我们生活在大学，大学生的生活、学习，就有许多值得调查研究的，如大学生的消费情况、大学生的就业情况、大学生的课外阅读情况、大学生的暑假生活、大学生的生活自理能力等，其中就有许多东西可研究。我们工作在基层，工作中的重点、难点、典型经验、存在的问题，只要对面上的工作有指导意义，就值得研究。

(二)深入调查是写好调查报告的保障

调查报告是建立在调查的基础之上的，没有调查就没有报告。调查不是随便地走一走、问一问，必须以严谨求实的精神和科学的调查方法进行，以获得确有意义的材料。选题再好，如果没有扎扎实实的调查作保障，同样是没有意义的。

调查是为了了解某一方面的情况、解决某一问题而进行的、有明确目的的专门性考察。调查具有以下的特点：(1)明确的目的性。调查总是有着明确目的，它或是为了反映基本情况，或是揭露现实生活中的某一问题，或是介绍典型经验，或是为了澄清某一重大的事件，或是为了作出某一重大决定，或是为了制定路线、方针、政策……作者总是通过调查，获得丰富的第一手材料；然后在这些材料的基础上，经过认真的分析、研究，把握事件的真相、实质、趋势，得出客观、正确的结论，用以指导实践。(2)综合运用观察、查询、阅读等手段。要在一定的时间内完成调查任务，在比较短的时间内有效地获得自己所需要的材料，调查总是综合运用观察、查询、阅读等手段，以保障调查任务的顺利完成。(3)具有双向交流的特点。调查获取材料，不只依靠作者，还要依靠调查对象的配合。如果离开调查对象的配合，调查难以顺利进行。

根据调查的手段和方式，通常将调查分为口头调查、问卷调查两类。

口头调查是以交谈、问话方式进行的调查，其中当然也伴随有作者的观察、体验。口头调查主要通过谈话，从调查对象口中"掏材料"。口头调查常用的方法有：（1）召开座谈会。这是简便易行又比较可靠的方法。参加会议的人应该是有实践经验的、了解情况的人。一般情况下，三五个人、七八个人就可以了。事先应提供调查提纲，让到会人有所准备。开会时，要考虑对方的特点与习惯，适当启发，不要生硬提问。关键问题重要情况要谈深谈透。有疑问要作讨论式的调查。有不同意见，要让人把话说完，不要粗暴打断别人的谈话。如果与会者不大发言或讲不到点子上，要冷静分析具体原因，想法打开言路。调查人应自己主持会议，并把情况记录下来。（2）个别访问。找有关的人个别交谈，深入细致地了解事情的底细。个别谈话要注意区别对象，因人制宜。谈话内容可由远至近，由粗至细，逐步深入。（3）现场观察。深入现场，实地观察，以了解事情发生发展的背景，体察人物的思想感情，获得深切的现场实感，并扩大有关线索。现场观察要细致，要设身处地地思索有关的情节与问题，不能走马观花，马虎了事。（4）蹲点调查。用一段时间到被调查单位蹲点，既作专门的调查，又适当参加一些劳动、工作，和群众打成一片。这样做，有利于更全面、更深入地了解情况。

问卷调查是以书面形式、通信形式进行的调查。口头调查在调查中，可以审时度势、随机发问、相互引导和诱发，可以当面进行观察，可以收集到真实、细致、生动、具体的感性材料，但它不适宜调查对象分布很广的调查。如果调查对象分布很广，通常采用问卷调查。问卷调查的基本程序是：（1）首先明确调查目的，即通过调查要了解什么情况、解决什么问题。（2）确定人口调查总体。亦即确定调查的范围和被调查的人数。比如对一个大型企业的内部公众做一次问卷调查，就必须确定，这些调查的对象是包括管理人员在内的全体职工，还是只限于生产第一线的工人；是全公司的生产第一线工人，还是仅限于某几个生产关键部件的工厂与车间；是限于生产第一线的工人，还是包括合同工、临时工……确定人口调查总体，要注意代表性。（3）设计问卷。设计问卷一般围绕一个中心设计 10 ～ 20 个问题。如果问题过多，调查对象易产生厌倦情绪。问卷设计应有"封闭性的问题"和"开放式的问题"，以便被调查者在作一般性选择时，能有机会阐明自己的观点。问卷设计要科学，措词要简明，不能含混不清模棱两可，让别人不知如何回答。问卷前要简要说明调查的目的与要求，要写明回寄的方式、收件人和截止时间，同时不要忘了请被调查对象写明自己的姓名、性别、年龄、文化程度、工作单位、职业工种、详细住址等。问卷拟定后，为确保调查质量，有时还要进行"模拟调查"，以检验问卷设计的科学性、可行性，以便发现问题，加以修正，然后再作大规模的调查。（4）抽样统计。问卷返回后，要根据内容逐项进行统计。统计通常是按不同的类别来统计的，如性别、年龄、文化、职业、区域、一般、特殊、优、良、较差等。通过分类统计，然后在此基础上进行对比、分析，得出调查的结论。

调查既是开展工作的一种手段，也是开展工作的一种能力，对于政治生活、经济生活以及各个部门的工作都具有极其重要的意义。毛泽东曾一言以蔽之："没有调查，就没有发言权。"调查的基本要求是：（1）立场、观点要正确。认识事物的本质与主流，首先要有正确的立场和观点。（2）态度要端正。要有实事求是的精神，真实的情况、丰富的材料，存在于现实之中、群众之中，没有满腔的热情，没有眼睛向下的决心，没有甘当小学生的精神，群众就不会相信你，就不会向你讲真心话，就无法完成调查的任务。事物大多是复杂的、纷繁的。一件事情，常常不是一次调查就能弄清楚。而每次调查，都可能碰到困难与难题。这就要求调查者不惜辛苦、麻烦，艰苦深入，才有可能真实、准确地了解事物。如果蜻蜓点水、走马观花，或是道听途说、捕风捉影，是不可能取得真实、重要的材料的。调查还要坚持实事求是的原则，一切结论都只能产生于调查的末尾，而不是在它的开头。因此，不要用固定的框框去套材料、找例子，符合自己观点的就要，不符合自己观点的就不要，搞"采购式"的调查。要以高度负责的精神兼听各方面的意见，不能只听顺耳的、合胃口的。(3)要具有一定的政策水平和专业知识。调查总是为了解决某一问题或反映某一方面的情况，有着非常强的现实性。因此，调查中，怎样看待各种事物，必然要涉及党的路线、方针、政策。一个人没有一点思想理论和政策水平，要做好调查也是很难的。调查还涉及各个方面、各个领域。比如说，案件调查，就涉及司法方面的专业知识；市场调查，就涉及工商财经方面的专业知识。从事某项调查，就应具备有关方面的专业知识。不然，调查起来，就会两眼摸黑。(4)调查所得的材料，要经过严格的核实，经得起现实的检验，调查所得的结论要客观，符合事实。

(三)深入分析材料

虽然说，调查报告是材料性文章，它以陈述事实为主，但对调查得来的材料作定性定量的分析还是十分必要的。定性，首先是辨明事实真相，剔除不真实的材料，接着是从党的方针政策、国家的法律法规、客观事物的规律入手，对事物作出客观的实事求是的评价。定量，要涉及必要的数据，统计学的知识是必不可少的。统计要科学，不能抱着脑袋想数据。如果报告中涉及有关数据，还应明确交代数据的来源，确保材料的可信度。

(四)调查报告的行文

1.标题

标题是把报告内容的精粹告诉读者。调查报告的标题的写法有以下四种：(1)文章式标题。可直接标明作者所要表述的观点，也可只标明调查的对象和内容，如《从储蓄变化看启动市场》。(2)公文式标题。由调查对象＋内容＋调查(调查报告)组成，如《关于××市农村实行村务公开与监督的调查》。(3)提问式标题。把文中着重阐述的问题加以归纳，以提问的形式吸引读者，如《这里的党员为什么群众拥戴》。(4)正副双行标题。正题揭示文章的思想意义，副题标明调查的事项和范围，如《为政公开可以保清廉——北京市东城区的调查》。

2.前言

调查报告的开头，一般单独成段，有的用"前言"等字样标示。它的任务在于点明主旨，或交代调查的目的、时间、地点、对象、范围，或概括介绍调查对象的基本情况，或概述主要问题。前言的语言文字要简明扼要，尽快地触及实质性内容。常见的写法有以下四种：(1)简要介绍被调查对象的基本情况，包括主要成绩、经验问题。(2)简述调查活动的一般情况，包括调查的缘由、目的、时间、地点、方法、经过等。(3)概述调查报告的主要内容和中心观点，直接表明调查者对调查对象的看法、评价。(4)以提问开头，引起兴趣。

3.主体

这部分是调查报告的核心。它既是对前言作引申展开——对前言提出的问题加以分析和解决，或对前言中提出的新经验、新做法进行具体阐述说明，也是调查报告结论的根据所在——它要详尽地说明调查的主要情况、经验与问题，并引出调查的结论。调查报告的优劣、作用的大小，主要取决于这一部分。写作时可根据调查报告的类型、内容和主旨来安排组织材料，或分列小标题，或用序号，分成若干部分来写。

调查报告主体的常见结构形式有以下几种：（1）纵式。可以按照事件发展的客观时间顺序来叙说内容，也可以按照调查者主观地安排调查步骤的先后次序来组织材料，循序渐进，步步层递，层次分明，脉络清晰。（2）横式。即把调查的内容按性质与意义加以区分，分成并列的几个问题来写，可采用小标题形式，也可采用序号。这种写法条分缕析，眉目清楚。（3）对比式。把截然对立的两种事物放在一起予以对比，在对比中认识事物，判断是非，总结经验和教训。在结构安排上，一正一反，或先正后反，或先反后正，对比强烈，泾渭分明。

4. 结尾

结尾要自然简短，写法多种多样：有的总结全文，得出结论；有的首尾照应，加深读者认识；有的提出深层次的问题，给人以启示，使人去思考探索；有的展望未来，提出希望；有的归纳问题，提出解决的办法、措施、意见或建议。

调查报告的写作中，选题、调查、分析是重点，可利用假期写一篇调查报告。作为机关事务文书的调查报告，与新闻写作中的调查报告、经济文书写作中的调查报告、学术写作中的调查报告，写法是不一样的，其语气、用语，都带有机关工作的特点，读者可找这些调查报告作比较。

[例文]

××县农贸市场发展调研报告

一、我县市场的基本情况

1. 农贸市场的情况。目前全县农贸市场47个，其中县城7个，2010年集贸市场成交额约为17.2亿元，今年1至10月份，集贸市场成交额约为16.9亿元，同比增长约18%。

2. 超市及"万村千乡"农家店情况。目前，全县有一定规模的超市150多家，其中大型超市12家，永丰城区一般标准超市（400平方米左右）和便利店（100平方米左右）分别为7家和18家。现全县拥有连锁企业3家，年销售额达1.5亿元，占全县社会消费品总额的7.7%；通过实施"万村千乡"市场工程，2005年到2010年在乡镇共建成标准化农家店554家。农家店在乡镇覆盖率达到了100%，行政村覆盖率达到了57%，超市走进了乡村。

3. 机电大市场。机电大市场门店数200余家，年交易额约15亿元，以零售为主、批发为辅，交易的主要产品为：农用机械、五金、工具，利润为销售额的5%～10%，税收上交方式为定税，每月220元，年销售同比增长约为20%。

4. 建材市场。建材市场拥有门店300余家，年销售额约为16.4亿元，利润为销售额的20%左右，利税上缴方式为定税，每月350元。销售的主要为中档装饰材料，产品产地主要来自广东。其中钢材作为主要的建筑材料，全县钢材的年需求量约为72000吨，交易价格约为4650元/吨，但由于受诸多因素的影响，钢材的价格波动较大，目前我县拥有大小钢材店100余家，主要分布在县城郊、湄水、三塘铺、太平寺一带，一年利税约为100万元，利润为销售额的2%～5%，可安排就业600多人次。

5. 家电市场。从家电下乡信息系统反映的数据来看,今年1—9月份,我县销售家电下乡产品101102台,销售金额约为2.45亿元,补贴金额约为3110万元,利税约为730万元,销售数是去年同期销售数的1.6倍。

6. 典当、拍卖、二手车市场。锦宏典当行从2010年3月成立至今,业务笔数69笔,交易金额约4511万元,上缴税收约9.7万元,创利润约83万元,安排就业10人。其中今年1—10月份,业务笔数40笔,交易金额约2600万元,上缴税收约6.48万元,利润约23.3万元。鑫达拍卖公司从成立至今承担拍卖14场,交易金额3758.6万元,安排就业10多人,其中今年承担拍卖1场,交易金额820万元。华泰二手车交易市场交易二手车910台次,交易金额约382万元,营业收入29.6万元,创税收约5万元,安排就业人员8人。

7. 汽车市场。目前××拥有大、小汽车经销商10个,一年的汽车销量为2000台左右,交易金额约为1.6亿元,利润为销售额是5%~8%,税收上缴方式为增值税,为17%。消费者的消费倾向为中、低档产品,由于去年12月31日汽车下乡政策的终止,因此目前我县汽车市场的销售现状为,低档车辆呈下降趋势,中、高档车辆呈上升趋势。

8. 报废汽车回收拆解市场。目前我县还没有正式批准的报废汽车回收拆解中心,据调查了解,我县每年的报废汽车约为300台,以的士、公交车为主,因此我县申报一家报废汽车回收拆解市场势在必行。

二、我县市场体系的特点

1. 流通现代化水平明显提高。现代流通业的主要标志是连锁经营、物流配送和电子商务的发展。近年来,随着各级政府有关促进流通业发展的政策陆续出台,以及"万村千乡市场工程"等政策在我县深入推进,新华联超市、天客超市等一批流通企业在我县不断壮大,554家连锁农家店的建设,对传统的经营方式产生很多变革,开架经营,先进的流通经营模式逐步得到推广和应用。

2. 商贸流通规模不断扩大。随着这几年国家各项优惠政策的实施,农民的收入不断提高,特别是农村基础设施不断完善,加上中央为应对世界金融危机出台一系列扩大内需、刺激消费的政策,如家电下乡、汽车摩托车下乡等政策的实施,大大促进了消费。几年来我县商品市场不断扩大,到2010年底社会消费品零售总额达到31亿元。到今年9月底全县累计销售家电下乡产品236621台,销售金额约5.1亿元,补贴金额约6654万元;销售汽车、摩托车下乡产品约43366台,销售金额约4.6亿元,补贴金额约4470万元。真正达到了农民得实惠、政府得民心、商家得发展、财政得税收的目的。另外城区发展速度进一步加快,市场业态也得以发展,城区百货、五金、副食、服装、电器、家具、建材、餐饮、娱乐、洗浴等行业种类齐全、业态丰富,有力地促进了市场繁荣,保障了市场供给。

3. 专业市场建设初具规模。2010年末,全县有专业市场的乡镇3个,占乡镇总数的17.6%;有年交易额超过1000万元以上的市场的乡镇有7个,占乡镇总数的41%。其中农机机电大市场从2003年正式投入营运至今,农机机电产业年产值达15亿元,年出口额约达500万美元;占地115亩的新城建材大市场

2004 年正式开业，短短几年时间，就产生了良好的经济效益和社会效益；青树坪富厚商业步行街的正式运营填补了全省乡镇步行街的空白。这些都为我县专业市场的建设指引了方向，对提高我县市场竞争力、推进城镇化进程具有十分重要的意义。

这次调查了解发现，将一个产业集聚一起成立专业市场，能发挥产业优势，吸引顾客，提升产品的竞争力。如湘中农机机电大市场、湘中建材大市场是我县专业市场的成功典范，就我县流通服务业的发展现状来看，成立万村千乡市场工程配送中心、家具家电大市场、报废汽车回收拆解市场、再生资源回收市场、农资大市场等专业市场已是大势所趋。

三、市场发展存在的问题

随着经济社会的快速发展前进，老百姓对生活品质要求的提高，市场的发展也受到了来自内、外两方面的压力，一些制约市场发展的潜在问题逐渐凸现出来。

1. 市场内部环境与外在要求的不适应。一方面，市场作为全县商贸业的主要源头，是政府工作的重点、社会关注的焦点。而全省各地市县加强对市场的提升改造，给我县市场的发展带来了前所未有的压力。而另一方面，市场内基础设施老化、消防安全隐患突出、道路交通拥堵严重、整体环境不尽如人意，具体表现为：各市场外墙斑驳破损、道路高低不平、局部墙体发生结构性走样；消防设施毁损较多，市场电气线路老化，个别市场"多合一"现象仍有存在；市场停车位严重不足，狭窄的市场主干道影响车辆的通行等。这种现状不仅阻碍了市场的全面提升，也影响了我县的整体形象。

2. 市场监管任务和监管职责的不明确。各市场特别是专业市场，由于人员众多，经济活动和生活的配套齐全，俨然一个小社会，因而存在消防、交通、城管等大量社会化事务，需要相关职能部门共同管理。但由于诸多原因，管理很难实施到位，按照《行政许可法》的要求，在一定程度上存在着越位错位管理，管理职能模糊，管理效率低下。

3. 市场业态面临着诸多挑战。受经营者文化素质、经营理念等方面的制约，市场的经营业态仍停留在传统的"小商品"批发零售、现金交易等方式上。小规模批发零售、传统守旧的经营业态已显示出发展疲态，而来自各方面的挑战却不断加强。近年来，随着互联网络及其应用技术的发展和普及，电子商务模式迅速推广。电子商务比之传统商务有着大幅度增加贸易机会、降低贸易成本、提高贸易效率等优势，特别是在互联网上直接进行交易，使中间商的地位弱化乃至消失，因此对于处于中间商地位的专业批发市场而言，其潜在的冲击和挑战不言而喻。

4. 市场自身素质有待提高。由于市场投资主体较多，市场又缺乏统一布局、科学规划，导致市场资源浪费、优势分散，同时，市场自身也存在一些体制、管理等方面的不足，如至今尚未实行企业化运作，市场经营管理体制不顺，不利于机制的转换和市场的发展；市场管理、服务收费的依据不足，政策法规已严重滞后于市场发展的实际；市场产权私有化模式加大了管理的难度。另外，在剧烈的竞争中，市场缺乏地方特色商品，也将会影响核心竞争力的培育。

四、几点意见建议

1. 合理规划。我县是一个有着90多万人口的农业生产大县，市场的建设及合理布局至关重要，政府应按照我县城市商业网点规划要求，综合考虑，合理规划，科学布局。对不符合标准的市场予以改造，新建市场则要按照规范化市场的标准，适当超前，立足长远。

2. 加强领导。市场作为与市民生活密切相关的准公益性设施，需要政府的高度重视和大力支持。为此，建议政府将市场标准化建设与改造工作列入重要议事日程，作为为民办实事的重要工作来抓落实。

3. 加大投入。商品市场的建设是城乡基础设施建设的一部分，既要鼓励民间融资，争取银信部门支持，也要加大财政资金投入，形成共同开发格局。商品的市场发展与标准化改造工作体现了政府"以人为本"的执政理念，直接关系到人民群众的身体健康和消费安全。可参照先进地区成功模式，设立市场发展基金，对市场新建或标准化改造验收合格的按比例进行配套补贴。同时出台扶持政策，减免相应费用，提供全程服务。

4. 规范管理。要搞好市场管理，首先要把住市场进入关，对进入市场的流通主体要加强审核，必要时候要具有一些企业的担保，进而提高商品交易市场的档次，提高市场的信誉。在市场管理中应该以人为本，建立为顾客着想的服务之道；要充分运用物流配送、电子商务等现代管理技术，实现规范化管理、标准化运作。在各级市场间要加强沟通和联系，通过沟通和联系，来实现对物流、商流、信息流、资金流、人流的合理分解和整合，能形成一套从控制成本至盈利水平的有效的营运和管理机制，最终达到"整体计划，整体协作，整体管理和整体效益"的目标，适应现代市场竞争的需要。

5. 严格制度。各级政府应出台相关商品市场的建设与管理的法律法规制度，相关监督管理部门要不间断地开展法制宣传教育，推行"两书"(《不经销假冒伪劣商品责任书》、《不经销假冒伪劣商品保证书》)、"四制"(市场交易实行索票制、公示制、退场制、明码标价制)，进一步规范市场经营管理，市场管理者也要积极配合政府相关部门，建立政府、行业和企业齐抓共管机制。增强经营者法制意识，营造一个公平、公正、公开的市场竞争氛围，促进业内良性竞争，避免坑蒙拐骗现象的出现，杜绝竞争中的不当行为。同时市场经营者集体对市场诚信度的支持，也是营造共赢的必要条件。我们应该看到，应对市场发展过程中的不法问题的有力武器是法律，积极支持和促进公平、公开、合法的市场开发，维护正常的发展，对市场开发活动实行管理、监督和必要的调控。政府在促进市场发展过程中要充分发挥职能作用，规划市场发展布局，做好监督者、管理者和服务者三重角色。促进市场行业协会等社会中介组织的发展，充分发挥行业协会对经济发展的助推作用。发挥行业协会在行业自律、行业内部协调等方面的积极作用，监控行业发展动态，及时传递信息；加大打击"假、冒、伪、劣"产品的力度，净化市场环境，保持良好的发展态势。

第八节　规章制度简介

一、规章制度的含义

规章制度是由党政机关、社会团体、企事业单位制定并公布，要求有关部门和人员共同遵守的一种具有法规性和约束力的文书。规章制度是一个统称，通常包括各种行政法规、规章等。法规有条例、规定、办法、实施细则等；规章包括章程、制度、准则、规则、守则、公约等。

通常把规章制度一类文书看作"准公文"。说它是"公文"，因为规章制度一经订立，就具有较大的权威性和强制性，在该规章制度所辖的范围内的部门和成员必须严格执行，自觉遵守，不得违反，否则就要受到惩处（在党内，规定、条例是作为公文文种规定下来了的）。说它是"准公文"，因为在国务院办公厅颁发的文件中，并没有把这些规章制度作为通用公文规定下来，同时，它的遵照执行一方面依靠行政约束力，另一方面又依赖人们的自觉性，从某种意义上说它又是一种道德规范。规章制度具有习惯属性和法律属性，即规章制度的制定和实施是和一定时期人们的思想观念、生活方式、风俗习惯有着密切的关系，有的还是传统习俗在新的历史条件下的延续和发展，这在制度、规则、公约上表现得尤为明显。

规章制度的建立和完善有一个过程，开始建立各项规章制度时，如果内容还不够成熟，需要在今后执行中加以补充修订，一般在标题里标明"试行"、"暂行"、"草案"等字样。规章制度在试行过程中往往需要进行补充，一般采取"追加补充规定"、"有关问题的说明"等辅助性文件的办法，一俟条件成熟，即可对试行的规章制度全面、系统地进行修订。

二、规章制度的种类

规章制度的种类很多，按照制作单位的权限和规章制度的约束力，大体上可将它分为三大类：

（一）制度类

包括制度、规则、规定、规程、准则、守则、条例、办法、实施细则、须知等，其本身有的就是法规性文件，因而权威性、强制性和约束力较强。

（二）章程类

这是社会组织、团体、单位为了明确自己的任务、性质、活动范围、发展方向，统一本组织成员的认识，经共同协商、民主议定作为大家行为准则的条文，如组织章程、管理章程、业务章程等。它不是以行政机关的名义发布的，虽具有较强的权威性和约束力，但没有行政上的强制性。

（三）公约类

包括各种公约和须知等。是为了贯彻执行有关方针、政策、法律、法规，或为了维护正常的学习、工作、生产和生活秩序，搞好社会主义精神文明建设，广大群众在自觉的基础上，经过民主讨论而制定的，要求大家共同遵守的条文。

三、规章制度的特点

(一)法规性

各种规章制度都是根据党和国家的有关方针、政策、法律、法规而制定的,体现了方针、政策、法律、法规的基本要求,是方针、政策、法律、法规的具体化和条文化,具有鲜明的法规性。有的规章制度本身就是行政法规,具有很强的行政约束力和法律强制性。即使基层单位制定的规定、规则、守则之类,也同样具有法规性。

(二)条款性

规章制度都是分条列款,直陈直叙,直截了当。这是它区别于其他文体的一个显著特点。规章制度的条目层次,少的只用"条"(或"项")一级;通常为"章"、"条"、"款"三级;最多的用到七级,即"编"、"章"、"节"、"条"、"款"、"项"、"目"等。规章制度涉及的问题方方面面,这就要求规章制度必须周到严密,没有疏漏,在措词上做到无懈可击。每一章节,每一条款,甚至每句话、每个词,都必须有肯定的属性,有明确的内涵,有固定的质的规定性。人们对每一条款、每一词句,都只能有一种理解,而不能有多种理解。应该怎样做,不应该怎样做,应当一看就明白。在制定规章制度时,既要有一般情况,又要考虑到特殊情况;既要有原则性的章节,又要有例外情况下的条目。规章制度周到严密的特点,可使执行者事事有章可循,违反者处处无隙可乘。

(三)时效性

规章制度的时效性,就是指规章制度所作出的各种规定必须适应当时的形势,具有强烈的时效观念。规章制度的现实效能总是与具体的时间紧密地联系在一起的。制定规章制度必须及时,这是它具有生命力的一种表现。任何规章制度,只能在它生命的周期内发挥现实功效。如果不适应形势发展的需要,就必须进行补充、修订。当然,规章制度的内容,应该具有相对的稳定,朝令夕改,也是不严肃的。

四、规章制度的作用

规章制度的作用主要表现在以下几个方面:

(一)规章制度是贯彻落实有关方针、政策、法律、法规的重要手段

俗话说:"没有规矩不成方圆。"党的十一届三中全会指出:"社会主义现代化建设,需要严格执行各种规章制度和劳动纪律。"党政机关、社会团体和企事业单位,各级组织上至中央,下至基层单位和个人,都可通过规章制度来进行约束、控制、指挥、监督、管理和协调,以明确职责范围和应该遵守的事项,明确应该达到的标准等。可见,规章制度是贯彻、落实党和国家有关方针、政策、法律、法规的重要手段。搞改革开放和社会主义现代化建设,没有严格的规章制度,不受纪律约束,是绝对不行的。

(二)规章制度是维护正常秩序的保证

任何一个机关、团体和单位都是由许多个体组合而成的。只有用规章制度来约束和控制个体的行为,才能使整体成为一种充满生命活力、稳定而有序的有机结构;没有约束和控制的个体杂乱无章地集聚在一起,难以表现这个整体的本质特征和基本面貌,因而也就不能成为一个充满生命活力、稳定而有序的机关、团体和单位。如果没有一套完善的规章制度,或者不严格按照规章制度办事,党政机关、社会团体、企事业单位就不可能有正常

的学习、工作、生产和生活秩序，就谈不上经济发展、政局稳定、民族团结、社会发展。由此可见，规章制度是维护学习、工作、生产、生活正常秩序和整个社会正常秩序的重要保证。

（三）立章建制是科学管理的重要内容

企业的生产、经营管理必须有集中统一的领导和指挥，必须有科学的管理，而科学的管理与严格的劳动纪律是分不开的。小至一个工段或生产小组，在岗位责任、工艺操作、生产定额质量标准、质量检验、设备维修、劳动保护、安全生产、班组核算、工资奖金等方面，都应制定各种切实可行的规章制度。全体员工自觉遵守和执行，才能保证生产的正常进行和生产任务的完成，才能合理地安排人力、物力、财力，组织生产经营活动，提高企业经济效益和社会效益。所以，建立和健全各项规章制度是现代化企业包括社会各类团体单位实现科学管理的重要内容。

第九节　规章制度的写作

行政机关涉及的规章制度形式多样，但大多不离条款式，用语精到、提纲挈领。实际工作中如涉及，要细心体会它们之间的区别。

一、章程

章程是政党、社会团体、其他社会组织和工商企业对其性质、宗旨、任务、组织机构、组织成员、结构及其活动方式等所作出的规定。章程必须经过法定的程序。一般总是先以"草案"的形式下发到有关部门和人员进行讨论，然后集中大家的意见加以修订，再提交该政党、团体、组织或企业的代表大会审议通过、公布实施。政府机关所属单位的章程，还须经上级主管机关批准后方可施行。

章程主要有以下两个特点：（1）严肃的法规性。任何章程的制定都不能违背宪法和有关法律、法规，否则就是非法组织和非法章程。章程是一种根本性的规章制度，需经该政党、团体、组织、企业的代表大会审议通过后，才能公布实施。一旦公布，就成了该政党、团体、组织、企业成员共同遵守、坚决执行的根本准则。如《中国共产党章程》就是经过党的全国代表大会通过后，成了每个共产党员必须遵守的行动准则。（2）相对的稳定性。章程作为一个政党、团体、组织、企业的思想、准则和行动纲要，它必定在相当长的一段时间内起作用，具有较强的稳定性。尽管一个政党、团体、组织、企业的章程，随着客观形势的发展变化，有必要作出某些修改或者重新制定，但在原章程与这种修订或重新制定之间，总要相隔一段相当长的时间。

章程一般可分为组织章程和事务性章程两大类：前者是用来规定政党、团体等有关社会组织的性质、宗旨、任务、组织机构、成员条件、权利与义务、活动方式和规则、纪律等，如党章、团章、工会会章、作协章程等；后者一般用来说明办事的程序、原则、职权范围、运作方式和具体要求等，如企业章程、发行股票（债券）章程以及其他的管理章程等。

章程一般由标题、签署和正文三部分组成。

标题。先写明政党、团体、组织或企业的全称，然后加上"章程"二字标明文种。

签署。指通过章程的会议名称和日期，两者写在一起后加"通过"二字，外加括号，置于标题之下。事务性章程的日期通常写上级主管领导机关批准本章程执行的日期。

正文。通常分章列条,一般包括总则、分则和附则:

总则是政党、团体、组织或工商企业的总纲领。应写明订立本章程的目的、要求、原则实施范围,或概述该政党、团体、组织或工商企业的性质、宗旨、任务、组织原则等。

分则是总则的展开,对总则的内容分章列条具体叙述。一般要写明组织机构、职权范围、成员条件、权利和义务、活动方式、规范、纪律等;在层次安排上,一般是由成员到组织、由上而下、先内后外。具体写成几章几条,视内容多少而定。

附则写明制订权、修订权或解释权,以及适用对象和生效日期等。有的章程没有附则,有的章程附则的内容比较简单,因情况不同而异。

章程的写作,应注意以下几点:(1)要明确性质。章程的性质部分,不仅要说明本组织是什么样的组织,而且要说明它的宗旨、任务、指导思想、隶属关系等,这样才便于人们确定参加与否;(2)条款要清晰。各项条款要明确、具体,一般按各条款之间的逻辑顺序安排前后,条款之间不能出现前后矛盾或重复的现象;(3)行文要全面、系统、周密,语言要准确、简明、规范,文风要庄重、严肃、明快,不可用生冷偏僻的词语或含糊其辞,以免产生误解;(4)按照惯例,章程条的序列按整个章程统一排列,款的序列则不按章程通篇排列,而在每一条的下面依次排列。

[例文]

××市美术教育学会章程(草案)

一、××市美术教育学会是本市美术教育工作者自愿结合的群众学术团体,是市教育学会和市文联的分科学会。

二、学会在党的教育方针和文艺方针指引下,组织会员加强对国内外美术教育理论和实践的学习与研究工作,为改进学校的美术教育,为建立具有我国特色的美术教育体系和为实现"四化"培养人才贡献力量。

三、学会的具体任务是:

1.组织会员以马列主义、毛泽东思想、邓小平理论为指针,研究和探讨我国的美术教育方向及其历史发展的规律,总结新中国成立以来美术教育战线上的经验和教训;并对各级各类学校美术教学的目的、任务、科学体系、教材教法以及教学手段现代化等问题进行探讨和研究,改进和提高美术教育和美术教学工作的质量。

2.举办各种学术活动(如美术讲座、电视广播、报告会、教学经验交流、参观访问、美术作品展览等等),活跃学术空气,促进学术研究和交流,繁荣美术教育事业。

3.研究外国美术和美术教育的新理论新经验,介绍外国美术和美术教育的新动态。积极开展国际学术交流,发展同国外美术教育工作者的友好联系。

四、会员条件:

1.拥护中国共产党的领导,热爱社会主义祖国,承认本会章程。

2.长期从事美术教育教学工作(包括大学、中学、中专、小学、幼儿园、校外教育机构及教育科研单位等),有较丰富的教学经验或在教育科学研究中取得一定成绩者。

3.热心支持美术教育工作的美术工作者和教育部门的领导干部。

　　符合上述条件者均可申请为会员；凡申请入会者需向理事会提出申请并填写会员登记表，由有关小组负责介绍，学会理事会根据学会章程进行审核批准。

　　五、会员的权利与义务：

　　1. 权利：会员有选举权和被选举权，对学会工作提出批评和建议，参加学会举办的各种学术活动。

　　2. 义务：会员要遵守学会章程，执行学会决议，努力完成学会委托的工作；积极进行学术研究，撰写学术论文，翻译有价值的学术资料，对发展社会主义美术教育事业和提高教学质量提出积极的建议。

　　六、本会设会长一人，副会长二人，理事若干人，由会员代表在年会上选举产生。理事会推选×人为常务理事，组成常务理事会，在理事会闭会期间行使理事会职权。常务理事会聘请秘书长一人，处理日常工作。会长、副会长、理事、常务理事、秘书长，任期均为 4 年。

　　理事会应聘请在美术教育理论研究方面有成就和在实践方面有经验者担任顾问。

　　七、学会每年举行一次年会，由理事会召开。年会向全体会员作工作报告，同时进行学术报告，讨论并通过学会的重要决议。

　　八、本会会址设在××××。

二、条例

　　条例是由国家权力机关或国家各级行政机关制定或批准，明确规定国家政治、经济、军事、文化、科技等方面某些事项，或者规定某一行政机构的有关组织、职权以及某些专门人员的任务和权限等条款的法规性文书。如《治安管理条例》、《烟草专卖条例》、《城市街道办事处组织条例》等。

　　条例实质上是对某一政策或某一法律、法规的补充性说明或辅助性规定，是调整国家政治、经济、军事、文化、科技等某一方面的规范和准则的重要手段，是某一政策或法律、法规的具体化和条理化，是一定范围内人们工作、生活的准则和指针。条例所作的规定和要求一般比较原则、概括，所属部门和单位在具体执行时，可根据工作需要制定适合各自实际情况的实施细则或办法。

　　条例主要有程序性、权威性、时效性三个特点。条例的制定和公布，其程序是有严格规定的。凡属公布行政立法的条例，需由一级行政领导机关制定，同级权力机关批准，最后以行政领导机关名义颁布施行；凡属专为某一方面的工作、活动的原则、规定、政策界限而制发的条例，一般多由主管这方面工作的上级领导机关批转各地施行；在确实需要的情况下，主管部门有时也可以直接颁发有关条例，但必须随件函告所属下级机关，说明该条例业已经过直属领导机关讨论通过并同意下发。如果没有经过法定的程序，该条例就是非法的，不具有法律效力。

　　条例一经制定发布，在所辖的范围内就有法定的权威性和约束力，有关机关、单位和人员必须遵照执行。条例的权威性与发布机关的级别高低是成正比的：发布机关的级别愈高，覆盖的范围就愈大，其权威性也就愈高；发布机关的级别愈低，其覆盖面就愈小，其权威性也就愈低。如果与上级机关的条例有相抵触的条文，必须以上级领导机关所颁发的条例为准。条例的实施都有时效的规定。大多数条例,如属于公布行政立法的条例或用以指导某一方面长期性工作的条例,适用的时间一般都比较长;而那些用于指导某一方面短期内工作或活动的条例,工作结束后,条例的现实效用也就丧失了,如每年发布的国库券条例,就属于此类。

条例的类别,主要根据问题的性质和管辖的权限来划分,一般可分为全国人民代表大会及其常务委员会通过的条例,国务院制定的条例,国务院各部委制定、经国务院批准公布实施的条例,各级地方权力机关、政府和行政机构制发的条例以及机关内部规范人们行为的条例如《××局办公室工作人员条例》等。

条例一般由标题、签署、正文三个部分组成。

标题。主要有两种写法:一是由发文机关、事由、文种组成,如《中国人民解放军现役军官服务条例》;二是由事由和文种名称组成,省略发文机关,如《合理化建议和技术改进奖励条例》。

签署。写明条例通过的会议和时间,通常放在标题之下,用括号括起来。如《中华人民共和国居民身份证条例》(一九八五年九月六日第六届全国人民代表大会常务委员会第十二次会议通过)。

正文,包括开头、主体和结尾。

开头通常是设立"总则"或并列写几条用以阐明制定、发布条例的目的、意义或依据以及本条例的适用范围等。常以"为了……根据……特制定本条例"作为开头和过渡。

主体通常由"分则"或由并列的若干条款构成,写条例规定的具体内容,分别标以序号。既要有原则的规范和要求,又要有具体的约束措施;既要有正面规定的条文,又要有反面说明的设例,把应该这样做和不应该那样做两方面的内容陈述清楚,使之正反相辅相成,是非界限分明。

结尾通常设"附则"或并列几条写明本条例的实施要求、生效日期、解释权、修改权以及有关事项的说明。

撰写条例,应注意以下几点:(1)必须明确制文的宗旨、目的、指导思想和应贯彻的原则,阐述要准确,依据要充分,具体条款的内容要明确、具体,政策界限和法律界限要十分清楚;(2)条例的内容既要切实可行,又要保持相对的稳定性,不宜时常变更修改。因此,起草前,要经过深入调查研究,广泛吸取各方面意见,参考已发布的文件和有关资料,在充分研究、讨论的基础上,反复修改形成定稿。(3)条与条之间一般不用过渡、连接词语,不求外在的文字衔接,但求内在的逻辑联系。

三、规定

规定是党政机关、社会团体或企事业单位对某一活动、某些问题等在方式、方法或数量、质量等方面作出具体规范的文书。它对有关机关、团体、单位及其工作人员具有约束力,起着规范行为的作用。

凡规定,都是有所提倡,有所反对,提倡与反对相结合。但在每一具体规定中又有所侧重,有的以提倡为主,有的以反对为主,其共同回答的问题是哪些可以做,哪些不可以做,可以怎么样,不可以怎样做,违反了如何处理等。

规定是行政法规之一,其性质和特点与条例大体相同,都有一定的权威和约束力。但二者有所区别：（1）条例的制定者多为权力机关和行政领导机关，而规定的制定者多为业务主管机关；（2）规定所涉及的工作或问题，不如条例那么重大，故它的法规性和约束力不如条例；（3）条例规范的对象和范围比较宽泛，而规定所规范的对象和范围相对要狭窄一些；（4）比起条例来，规定的长期稳定性要相对小些，而针对性却要强些，措施和要求要具体得多。

规定，从性质上分类，大体上可分为全面性的规定和单一性的规定两种。从内容上分类，大体上可分为工作规定、事务规定和事项规定三种。

规定的结构与条例相近，一般由标题、签署和正文三部分构成。

标题有两种写法：一是由发文机关、事由和文种组成，如《国家物价局关于价格违法行为的处罚规定》；二是由事由、文种名称组成。

签署形式有二：一是规格高、原则性强、涉及范围广的规定，同条例一样，在标题之下，写明经由什么会议通过，或在什么时间由什么机关发布。二是一般性的规定，可放在文尾，写明发布单位的名称和成文时间。

正文有两种写法：一是撮要分条式，也叫总分式。开头总提，阐述制发本规定的依据、目的；然后用"特制订本规定"或"作如下规定"过渡；然后分条说明规定的事项，一项一条，包括原则的规定要求和具体的约束措施。二是条项贯通式。不写导语，将内容分为若干条，开头的几条起导语的作用，最后的几条说明生效时间及与执行规定有关的条文。

撰写规定，应注意以下几点：（1）要注意针对性。必须根据实际需要制定规定的具体要求、措施或办法；这些要求、措施或办法，应是便于执行、检查和监督的。（2）条文一般按次排列，先列主要事项，后写次要事项。（3）规定使用的是说明性的语言，应该做什么，不应该做什么，应该怎么办，不应该怎么办等等，都要说得一清二楚。含糊其辞、模棱两可是规定的大忌。（4）通常规定的成文时间也就是生效日期，生效日期另有规定，则应作具体说明。

［例文］

北京市微博客发展管理若干规定

第一条　为了规范微博客服务的发展管理，维护网络传播秩序，保障信息安全，保护互联网信息服务单位和微博客用户的合法权益，满足公众对互联网信息的需求，促进互联网健康有序发展，根据《中华人民共和国电信条例》、《互联网信息服务管理办法》等法律、法规、规章，结合本市实际情况，制定本规定。

第二条　本市行政区域内的网站开展微博客服务及其微博客用户，应当遵守本规定。

第三条　本市微博客发展管理坚持积极利用、科学发展、依法管理、确保安全的原则，促进微博客的建设、运用，发挥微博客服务社会的积极作用。

第四条　网站开展微博客服务，应当遵守宪法、法律、法规、规章，坚持诚信办网、文明办网，积极传播社会主义核心价值体系，传播社会主义先进文化，为构建社会主义和谐社会服务。

第五条　本市制定微博客服务发展规划，规定开展微博客服务网站的总量、结构和布局。

第六条　本市行政区域内网站开展微博客服务,应当在申请电信业务经营许可或者履行非经营性互联网信息服务备案手续前,依法向市互联网信息内容主管部门提出申请,并经审核同意。

第七条　开展微博客服务的网站,应当遵守有关法律、法规、规章和下列规定:

(一)建立健全微博客信息安全管理制度;

(二)根据微博客用户数量和信息量,确定负责信息安全的机构,配备具有相应专业知识和技能的人员;

(三)落实技术安全防控措施;

(四)建立健全用户信息安全管理制度,保障用户信息安全,严禁泄露用户信息;

(五)建立健全虚假信息揭露制度,及时公布真实信息;

(六)不得向未经电信业务经营许可或者未履行非经营性互联网信息服务备案的网站提供信息接口;

(七)不得制造虚假的微博客用户;

(八)对传播有害信息的用户予以制止、限制,发现构成违反治安管理行为,或者发现涉嫌犯罪的,及时向公安机关报告;

(九)协助、配合有关部门开展管理工作。

第八条　开展微博客服务的网站,应当建立健全信息内容审核制度,对微博客信息内容的制作、复制、发布、传播进行监管。

第九条　任何组织或者个人注册微博客账号,制作、复制、发布、传播信息内容的,应当使用真实身份信息,不得以虚假、冒用的居民身份信息、企业注册信息、组织机构代码信息进行注册。

网站开展微博客服务,应当保证前款规定的注册用户信息真实。

第十条　任何组织或者个人不得违法利用微博客制作、复制、发布、传播含有下列内容的信息:

(一)违反宪法确定的基本原则的;

(二)危害国家安全,泄露国家秘密,颠覆国家政权,破坏国家统一的;

(三)损害国家荣誉和利益的;

(四)煽动民族仇恨、民族歧视,破坏民族团结的;

(五)破坏国家宗教政策,宣扬邪教和封建迷信的;

(六)散布谣言,扰乱社会秩序,破坏社会稳定的;

(七)散布淫秽、色情、赌博、暴力、恐怖或者教唆犯罪的;

(八)侮辱或者诽谤他人,侵害他人合法权益的;

(九)煽动非法集会、结社、游行、示威、聚众扰乱社会秩序的;

(十)以非法民间组织名义活动的;

(十一)含有法律、行政法规禁止的其他内容的。

第十一条　市人民政府新闻管理部门、市公安机关、市通信管理部门、市互联网信息内容主管部门按照各自职责,做好微博客发展管理的相关工作。

第十二条　网络媒体协会、网络行业协会、通信行业协会等行业组织应当建立健全微博客行业自律制度，指导网站建立健全微博客服务规范，并对网站从业人员进行培训教育。

第十三条　对违反本规定的行为，任何组织和个人都可以向市人民政府新闻管理部门、市公安机关、市通信管理部门、市互联网信息内容主管部门举报，接到举报的部门应当及时依法处理。

第十四条　对违反本规定的网站和微博客用户，由市人民政府新闻管理部门、市公安机关、市通信管理部门、市互联网信息内容主管部门按照有关法律、法规、规章进行处理。

第十五条　本规定公布前已开展微博客服务的网站，应当自本规定公布之日起三个月内依照本规定向市互联网信息内容主管部门申办有关手续，并对现有用户进行规范。

第十六条　本规定自公布之日起施行。

北京市人民政府新闻办公室

北京市公安局

北京市通信管理局

北京市互联网信息办公室

2011 年 12 月 16 日

四、办法

办法是国家行政机关或业务主管部门对某项工作或活动制定的具有规范性要求和措施的法定文书。它介于条例、规定与细则之间，既具有条例、规定的原则性，又具有细则的具体性。

办法往往是一项政策、法规的具体化条文，有的办法就是为实施某一条例而制定的，如《中华人民共和国学位条例暂行实施办法》。办法、条例、规定均属规范性文书，但使用范围和具体内容则有所不同：(1)条例、规定多用于某些重大的问题和事项，而办法则多用于具体事务和单一事项；(2)条例、规定的内容比较原则、概括，而办法的内容则要求明确、具体，实践性十分鲜明。办法的主要功用是为各有关部门和下属单位执行某项任务或开展某项活动提出具体的要求和措施，从而加快其处理速度，并保证其质量。

办法的主要特点是具体性、实践性和变通性。办法是依据党和国家的路线、方针和有关政策、法律、法规对某项工作或活动提出的原则、宗旨，紧密结合本地区、本系统、本部门的实际，考虑到对某一政策、法规在实施中可能出现的各种情况和问题，坚持从实际出发，对某一工作、活动或事项作出详细、具体的规定，提出切实可行的处理方法，这样才便于实施和操作。办法的制定就是为了更好地指导和服务于实践，使某一工作或活动的实践切合实际情况。有章可循，有法可依，以保证其质量和效用。办法都是针对某项具体工作或处理某项具体问题而制定的，具有鲜明的实践性；办法是否符合客观实际，切实可行，也要接受实践的检验。它在实施过程中，可根据实际情况予以补充、修改。一般在办法的最后条文中，常有"……可根据本办法撰写实施细则"或"……可结合实际情况，加以补充和变通"等说明性条文。

办法大致可以分为两种：一是根据某些行政法规文件而制定的实施办法；二是机关、

团体、单位根据工作实际需要而制定的活动准则或行为规范,如《外语翻译人员定职、升职办法》、《××市公安交警人员实施畅安工程奖惩办法》等。

办法的结构与条例、规定大体相同,一般由标题、签署、正文三部分组成。

办法的标题有两种写法:一是由发文机关、事由和文种组成,如《中华人民共和国海关对检举或协助查获违反海关法案件有功人员的奖励办法》;二是由事由和文种组成,如《国家行政机关公文处理办法》。如果办法是临时性的、短期的,应在标题中注明"暂行"、"试行"等字样。

签署在标题下面,注明本办法由何单位于何时发布,外加括号。

办法的正文,开头是总则,陈述制定办法的目的和依据,是总的说明;中间是分则,分章分条规定具体办法,是总则的开展和具体化;最后是附则,是实施办法和解释权、修订权、实施日期等的说明。

撰写办法时应注意以下几点:(1)确定标题一定要就实避虚,力求显豁明朗,让人一看就知道是有关什么工作、活动或事项的办法;(2)办法中提出的具体措施,一般按照由主到次、由直接到间接的顺序排列;(3)语言要准确、简明、规范,深入浅出,通俗易懂,便于人们理解执行。

[例文]

湖南省文物市场管理办法(试行)

(1997 年 3 月 3 日湖南省人民政府第一百五十一次常务会议通过
1997 年 4 月 9 日湖南省人民政府会第 79 号发布)

第一条　为了加强文物市场管理、规范文物交易行为,根据国家文物保护法律、法规和其他有关规定,结合本省实际,制定本办法。

第二条　凡流散在民间的文物和文物监管物品,可以依照本办法规定收购和销售。但出土文物,银行、冶炼厂、造纸厂、废旧物资回收单位拣选的文物和执法机关依法没收的文物,必须依法移交文物行政管理部门,不得买卖。

第三条　本办法所称文物,是指:(一)1911 年以前中国和外国制作、生产、出版的陶瓷器、金银器、铜器及其他金属器、玉石器、漆器、玻璃器皿、雕刻品、雕塑器、家具、书画、碑帖、拓片、图书、文献资料、织绣、文化用品、邮票、货币、器具、工艺美术品等物品;(二)1911 年至 1949 年中国和外国制作、生产、出版的前项物品中由省文物行政管理部门确定的具有重要历史、科学、艺术价值的物品;(三)国家文物行政管理部门确定的 1949 年后已故著名书画家和工艺美术家的作品。

第四条　本办法所称文物监管物品,是指 1911 年至 1949 年中国和外国制作、生产、出版的陶瓷器、金银器、铜器及其他金属器、玉石器、漆器、玻璃器皿、雕刻品、雕塑器、家具、书画、碑帖、拓片、图书、文献资料、织绣、文化用品、邮票、货币、器具、工艺美术品等物品,但符合第三条第(二)项规定的除外。

第五条　文物由国家和省文物行政管理部门批准并经工商行政管理部门核准登记的文物经营单位依照国家规定经营,或者依照国家的规定拍卖。公民和组织可以在文物经营单位购买或者通过拍卖购买文物。公民私人收藏的文物需要出售的，应当销售给文物经营单位或者国有文物收藏单位，或者委托有文物拍卖资格的单位拍卖。国有文物收藏单位需要购买文物经营单位销售的文物的，文物经营单位应当优先、优惠提供。

第六条　本省国有文物收藏单位和文物经营单位可以在当地征集和收购文物。外省文物经营单位来我省设点购销文物，应当经省管理部门批准，并经工商行政管理部门核准登记。

第七条　文物监管物品可以在省文物行政管理部门批准的文物专业市场或者在旧货市场、其他市场批准的摊点购销，也可以由文物经营单位收购或者代销。文物经营单位收购的文物监管物品向社会销售。

经营文物监管物品的单位和个人，须经地、市文物行政管理部门或者委托的县级文物行政管理部门审查同意，并经工商行政管理部门核准登记。

第八条　禁止违反本办法第五、七条规定私下交易文物和文物监管物品。鼓励公民和单位将收藏的文物捐赠给国有文物收藏单位。

第九条　文物、工商行政管理等有关部门应当合理设置文物商店和文物监管物品市场或者摊点。文物商店和文物监管物品市场应当具备必要的文物保护条件。文物商店和文物监管物品市场应当设置中、英文标识，方便中外顾客选购。

第十条　生产文物复制品的单位，须经省文物行政管理部门批准，并经工商行政管理部门核准登记。生产单位应当按照国家有关规定复制文物，并在文物复制品上标明复制暗记。文物复制品可以在文物商店和文物监管物品市场或者指定摊点销售；销售单位和个人不得将文物复制品冒作真品销售。

第十一条　文物、工商行政管理部门应当配备文物市场管理人员，加强文物市场管理，维护文物市场秩序，制止和查处违法行为。经营者应当遵守市场秩序和交易规则，文明经商，依法纳税，服从有关部门的管理。

第十二条　文物和文物监管物品的鉴定，依照国家规定办理。文物出境，依照国家规定办理出境手续。

第十三条　有下列事迹之一的单位和个人，由县级政府或者文物行政管理部门给予表彰、奖励：(一)将私人或单位收藏的文物捐赠给国有文物收藏单位收藏；(二)举报经营文物非法行为有功的；(三)在文物市场管理工作中成绩突出的。

第十四条　违反本办法规定有下列行为之一的，行政管理、公安、海关等部门应依法处罚：(一)未经批准，从事文物或者文物监管物品经营活动的；(二)经营不准经营的文物的；(三)私自交易文物、文物监管物品或者走私文物的；(四)私自复制文物或者文物复制品没有标明暗记的；(五)将文物复制品冒作真品销售，或者用其他方式误导购买者的。

第十五条　文物市场管理人员玩忽职守、滥用职权、徇私舞弊的，由所在单位或者有关主管部门给予行政处分；构成犯罪的，依法追究刑事责任。

第十六条　本办法自1997年5月1日起施行。

五、制度

制度,作为一种规范性的文书,指的是党政机关、社会团体、企事业单位制定的,要求有关人员共同遵守的办事规程或行动准则。如学习制度、工作制度、质量检验制度等。其范围极其广泛。党政机关、社会团体、各行各业,不论是学习、工作和生活,也不论是生产、平日作息、生病住院等,凡是要求大家都要按共同的程序办理的事情,都可运用制度这一文种,来规范人们的行为,保证良好的秩序。在现代化社会里,制度是一种有效的管理手段,是实现程序规范化、职责制度化、管理科学化的重要保证。

制度的种类很多。按内容分,有学习制度、生活制度、工作制度、生产制度、科研制度、教学制度等;按范围分,有国家、行业、部门、单位、个人的制度等;按时间分,有长期、中期、短期的制度等。就经济管理方面而言,有企业生产经营责任制、岗位责任制、目标经营和目标管理责任制、技术管理制度、质量检测制度、物资管理制度、设备管理制度、财务管理制度、人事管理制度、劳动保护制度、安全生产制度、考勤制度、工资管理制度、教育培训制度等。当前,由于生产经营责任制的普遍实行,制度的地位和作用也就更为重要。

制度的特点主要有规定性、程序性两点:所谓规定性,指各种制度对所涉及的不同岗位的职责、权限、工作范围等,在职责范围内可以做什么,不可以做什么,可以怎么做,不可以怎么做,做好了有什么奖励,造成损失时将受到怎样的惩处等,都作了明确、具体的规定,用以规范人们的行为,作为检查任务完成好坏的标准。所谓程序性,指在各种制度中,办理各种事情、处理各种问题,都明确规定了一定的规则、程序和方式方法,必须切实遵照执行。

制度通常由标题、正文、签署三部分构成。

标题一般由适用范围、适用事项和文种构成。如《党政干部离退休制度》,也有的只写适用事项和文种,如《因公出差报销制度》。

正文大致有两种写法:凡内容繁杂的列条来写。第一章为总则,概述制定本制度的要求和适用范围等;中间几章是分则,用小标题标出该章内容,分条表述制度的具体内容;最后一章是附则,用以说明本制度的解释权、修订权和实施日期等。凡内容单一的制度,则没有必要分章列节,而是采用板块式,分成几个部分,将各条连缀起来,或只将制度的有关内容用序码排列下来即可。

落款写上制文单位和年、月、日。如在标题之下已列,此处不再重复。

制度的撰写,应注意以下几点:(1)要以党和国家的有关方针、政策、法律、法规为指针,从实际需要出发,有强烈的针对性,以解决实际问题为出发点;(2)制度的内容必须详尽、具体、明确,章法要严密,条理要清晰,语言要准确、简明、规范;(3)经济管理方面的制度,应贯彻经济体制改革的精神,落实生产经营自主权,坚持责、权、利三结合,处理好国家、集体、个人三者之间的关系,明确考核办法和奖励等。

六、守则

守则是党政机关、社会团体、企事业单位根据本系统、本部门、本单位的具体情况和需要对全体成员发布的一种应自觉遵守的道德规范和行为准则的文书。如《大学生守则》。

守则是为了达到特定目的，完成某项任务，维护某种利益，根据实际情况和需要，有针对性地拟定若干条文，作为干部群众进行自我教育，正面引导大家共同遵守的道德规范和行为准则。守则主要由主管机关、部门制定，亦可由有关社会团体经过有关会议制定并倡导，或由知名人士和有关人员先行草拟、自觉遵守，再作倡议并建议推广；还可对自己提出严格要求，加强自我修养，制定有关守则，如周恩来的《我的修养要则》。针对性、群众性、正面引导性是守则的主要特点。守则的适用对象是非常具体的，有着鲜明的针对性，如《大学生守则》，只适用于大学生而不涉及中、小学生，更不涉及工人、农民、机关干部等。

守则的制定和执行必须有广泛的群众基础，制定时应反复征求群众意见，在执行过程中，由群众加以监督和检查。守则通常从正面提出要求。

守则一般由标题、落款、正文三部分组成。

标题由守则的适用对象与文种构成，如《体操运动员守则》。署名和日期可置于标题之下，用括号括起来，或置于正文的右下方。正文一般不用导语，不提依据、原因和目的，也不加执行说明，而是开门见山，以序码标明条项，按照主次轻重，将守则的内容一一列出。

撰写守则，应注意以下几点：（1）要体现出制定守则的机关、团体、单位的工作性质和行业特点，不可千篇一律，互相套用；（2）内容要实在，重点要突出，既要高度概括，又要具体可行，使所有的成员都能遵照执行；（3）文字简短、明白，条项不宜过多，语言要通俗易懂，易读易记。

七、公约

公约是指机关、团体、单位、人民群众为维护共同利益而约定共同遵守的一些事项的规范文书。公约通常须经由机关、团体、单位、人民群众的协商、讨论，然后将需要共同遵守的事，即应当做什么，不应当做什么，支持什么，反对什么等，撰写成若干条款，作为大家的道德规范和行为准则。公约与行政法规不同，是由参与单位和有关人员共同议定出来的，但对参与单位和有关人员仍具有法规性和约束力，必须自觉遵守。

公约根据内容不同，通常有文明公约、爱国卫生公约、治安公约、乡规民约等。公约的主要特点是针对性和简洁性。它根据党和国家的有关方针、政策、法律、法规，结合实际情况，有针对性地拟定若干具体条文，让大家遵守。公约的篇幅短小，内容精简，要求用精练、明快的语言行文，力戒空话、废话。

公约一般由标题、正文和签署三部分组成。标题写明公约的名称，说明公约的性质，或在事由前标明制发公约的单位名称，如《×××厂文明公约》。正文是公约的主体部分，以条文方式简要地写出需要共同遵守或必须执行的事项。具体写法有二：一是直接规定几条共同遵守或必须执行的事项；二是除了规定的条文外，开头还要写明订立公约的目的或根据。签署在正文右下方，要写明制定单位和日期。如在标题中已标明制定单位，此处只需写上日期。

公约的写作应注意以下几点：（1）要根据大家的意见写成草稿，再交集体讨论，最后经适当的形式通过，才能公布生效；（2）要先写主要条文，后写次要条文，在某一条中，先提正面的要求，再提反对的事项，条文之间既要相对独立，又要互相依存，形成有机整体；（3）要力戒空泛，每一条都要写得明确、具体、有针对性，便于执行、督促和检查。

第十节　日常应用文简介

日常应用文,简称日用文,是人们在日常工作、生产、生活和学习中,用于日常事务、处理交际时所使用的具有固定体式的文书。

在文秘写作中,除了公文、规章制度和事务文书外,还涉及日常应用文的写作。就公务方面看,机关、团体、企事业单位、各行各业、各个部门在处理公共事务中,经常要运用这一类文书。就私务方面说,秘书是一个单位的"笔杆子",日常应用文的写作,常常落到了秘书头上。日常应用文虽然不如公文那样政治性、政策性强,不如事务文书那样具有管理、监控功能,但它应用极其普遍,几乎每人每天都要用到它,是党政机关、社会团体、各行各业、各个部门、企事业单位之间和私人、亲朋之间交流思想、沟通情况、洽谈工作、实行公私事务管理的重要工具。

日常应用文大体上可分为以下几大类:(1)书信类。个人与个人、个人与单位、单位与单位之间的书面联系,如申请书、志愿书、保证书、挑战书、应战书、倡议书、建议书、介绍信、证明信、表扬信、公开信、贺信、感谢信、慰问信等。(2)告启类。将有关内容公示于众的文书,如启事、声明、海报等。(3)条据类。处理日常事务的字据凭证,如领条、借条、欠条、契约等。(4)礼仪类。用于公关社交的礼仪文书,如祝词、欢迎词、答谢词、欢送词、告别词等。(5)民俗类。在日常生活、工作和交往中,经常使用的民俗写作,如对联、讣告、悼词、祭文、墓碑文等。

日常应用文的特点表现在以下几方面:(1)明确的读者对象和实用目的。日常应用文因人因事而写,为什么写,写给谁看,有着特定的对象。有的还对读者有约束作用(如条据),有沟通作用(如书信),有凭证依据作用(如介绍信、证明信等)。(2)约定俗成的惯用格式。日常应用文虽不是法定公文,但却有着约定俗成的格式,这种格式是人们在长期写作实践中逐步形成并规范的,必须严格遵守。这些格式给人们处理问题、传递信息提供了方便,不能随便改变。若格式不对,人们一般不能接受,有时甚至会产生负作用,对工作和日常生活产生不好的影响。(3)特定的习惯用语。在日常应用文的写作中,差不多每种文体都有其特殊的习惯用语,一般情况下不容变更,如条据开头用"今",证明、介绍信开头用"兹"等,正文中也都有各自的一些约定俗成的习惯用语。这些习惯用语已为社会所认同,如果违背或乱用,不会被社会所承认。

第十一节　日常应用文写作

日常应用文虽然简易,但写好它并不容易。写作中常犯的毛病有文体不当、格式不当、用语不当等。

很多人不懂得正确运用日常应用文。如,"告示"这个旧的公文文体早已被废弃了,有人却动不动就采用"告示"。"公告"是一种公文体裁,有人却把它当做了广告、启事。同学聚会,本应该发函,却用了通知。向单位申请住房,却不恰当地用了"报告"。很多人不注意应用文的格式,有时甚至连信封都写不好。如,一个大学生给一位教授写信,信封上,他赫然写着"×××(教授)收",这位教授接信后感叹说:"在'教授'上加一个括弧是什么意思？是说我这个教授不够格吗？"像这类例子，随时都可见到。在日常应用文的写作中，更多时候是用词不当。例如，一位全国著名教授到某学校讲学，并想与有关教师、同学举行一个座谈会，教务秘书在黑板上写道："通知：×××教授决定在我系召开一个座谈会，请××教研室的老师和××年级的同学准时参加，不得有误，届时教务办要清点人数。"像这样的通知，就出得莫名其妙，×××教授是请来的客人，他不可能决定系里什么事项；同时，通知以指令的口气要求教师、同学参加，好像大家都不愿意参加似的，显得唐突而不礼貌。又如，一位同学给老师寄贺年片，老师的名字中有一个"先"字，他写成"敬祝先师新年愉快"，结果弄得老师心里很不愉快。

日常应用文种类繁多，运用非常广泛，想在课堂内把所有的应用文都训练一遍，是不可能的，也没必要。我们在平时的学习中，对常用的应用文应多加留心，应用的时候如果没有把握，可翻一翻工具书，以免出现常识性的笑话。同时，应用文的写作，不仅涉及文体知识和文字表达，还涉及我们的文化修养，平时要加强自己这方面的修养。下面仅列举一些常用的应用文，希望大家能举一反三。

一、告启类日常应用文写作

告启是党政机关、社会团体、企事业单位或个人有什么事情要告诉人们，或者需要请求兄弟单位或他人协助办理，而用简明扼要的文字公布出来，让大家知晓的一种文书。从字面上解释，"告"有"告知"、"告白"、"告诉"的意思，"启"有"陈述"、"开导"、"启发"的意思。

告启是运用得十分广泛的一种文书。我们开展一项活动，如果需要广大群众知晓、关注、理解、支持和帮助，可以通过告启传递信息。告启具有公开宣告性，它通常在公共场所张贴；如果事情重要、涉及面广的，还可通过报纸刊登，或在广播电台、电视台播放，或在网络上公布。

告启文书主要有启事、海报、声明等。

（一）启事

启事是党政机关、社会团体、企事业单位或个人向公众公开声明某件事情，或请求有关方面参与或协助办理某件事情时使用的一种告知性文书。启事可张贴在公共场所，又可用信函的方式邮寄出去，还可通过新闻媒体广为传播。

启事与通告都属于公开文告，但它们之间的差别很大：通告的撰制者是机关、团体、单位而不是个人，属正式公文，而启事则无论机关、团体、单位或个人均可使用，不是正式公文；通告重在"告"，要告诉公众某件事情，希望有关单位和个人知晓，遵照执行，而启事重在"启"，表白自己，陈述事实，不对别人发生支配作用。

启事大体上可分成三大类：第一大类为征招启事，包括招生、招聘、招工、招领、招标、征稿、征集、征婚、换房等启事。第二大类为寻找启事，包括寻人、寻物等启事。第三大类为告知启事，包括遗失、作废、迁移、更名、更正、更期、开业、停业、联营等启事。这类启事，还可写成"敬告"，如报刊、图书、书店等出版发行部门向读者或订户公开告知出版消息或某些事项，可用"敬告读者"；生产企业、商店向广大用户、消费者公开告知新开发的产（商）品或有关质量、款式、有奖销售、降价、更换、退货等事项，可用"敬告顾客"；车站、码头、机场和宾馆、旅店等交通服务部门，以书面或广播形式向广大旅客告知有关售票办法、增设窗口、班次变动、时间更改、临时晚点、换乘车船飞机、食宿登记等事项，可用"敬告旅客"。

启事一般由标题、正文和落款三部分组成。

标题写在第一行正中，字体要大些。启事的标题要标明事情的性质，大体有四种写法：一是以文种作标题，如"启事"；二是用事由作标题，如"招聘"、"征婚"；三是以发布启事单位和文种作标题，如"××××商店启事"；四是以事由和文种作标题，如"寻物启事"、"招领启事"。

正文将启事的有关内容一一交代清楚，一般包括启事的目的、原因、要求等。如寻物启事，应将丢失物品的特征、记号、式样以及丢失的时间、地点和对别人的要求(如请通知本人或送到某处)、酬谢一一交代清楚；如寻人启事，应将要寻找的人的姓名、性别、年龄、籍贯、身材、相貌特征、讲话口音以及衣着打扮、走失原因和联系地址等写明白；开业启事，则应写明开业单位的名称、概况、地址、经营项目和开业时间等内容。如果正文的内容过多，则可分条列项，逐一说明。文末可写"此启"或"特此启事"等结语，亦可不写。

落款写明发布启事的单位名称或个人姓名和启事发布日期。凡以机关、团体、单位名义张贴的启事，可加盖公章，以示负责。

写启事应注意以下几点：(1)所启事项，要表述清楚，内容力求单一，最好一事一启，便于公众迅速理解和记忆文意；(2)语言要真挚、诚恳，注意礼貌，使公众对启事的内容有信任感，对启事的请求有责任感，从而达到启事的目的，收到预期的效果；(3)发布启事的单位名称或个人姓名、联系地址、联系人和联系方式等，一定要交代清楚，以便于联系。

(二)声明

声明原是国家、政党、团体或单位领导人、发言人，就某一重大问题或事件阐述立场、态度或主张所发表的正式文告，后来延伸为一般单位或个人如遇到重大问题和重大事件，或需要说明事情的真相，或需要表明自己的立场、主张和态度时，也可以发表声明。如人们遗失证件、单据、支票、存折、牌照等，需向有关方面挂失或公开宣布作废，通常写的也就是"声明"。

声明比启事更为庄重：启事注重于回音，而声明注重于宣布。

声明一般由标题、正文、签署三部分构成。

标题有三种形式：一是简明标题，写上"声明"二字即可；二是发表声明的单位(或个人)加上事由、文种，如《××厂关于×××的声明》；三是事由加文种，如《辞职声明》。

正文可分为引言、主体和结尾。引言用来说明发表声明的缘由、依据或起因。有些简短的声明省略了引言。主体是声明的具体内容，它是声明的重心所在。主体撰写一般有两种形式：一为条文式，二为篇段合一式。凡声明事项涉及的问题复杂，宜采用条文式结构，以避免内容含混不清、文字冗长；凡声明的事项简单，则可采用篇段合一式。结尾多用"特此声明"的惯用语，也可不用。

签署包括声明人签名、用印和发布日期三项。

撰写声明，应注意以下几点：(1)要善于抓住事件中的关键问题表态，态度要明朗，证据要可靠；(2)内容必须符合法律、法规和公认的事理准则；(3)行文必须严肃、庄重，表述必须准确清楚，句子必须简洁、明确。

[例文一]

敬告读者

为满足广大读者的要求，我社自1997年始汇编《文摘报》合订本。其特点是科学性、知识性、趣味性并重，贴近生活，服务读者，内容生动，资料翔实，信息量大，具有长期保存价值。现已向全国公开发行。

《文摘报》合订本每两个月出版一期，每期定价9.98元；全国各地邮局有售。如在当地购买不便，可直接与我社联系邮购。邮费免收，如需挂号，每册加收1元。

汇款时请写明详细地址、邮编、姓名。

联系电话：(010)63017788—386 63177386

汇款地址：北京市宣武区永安路106号文摘报社

邮政编码：100050

[例文二]

湖南省会计师事务所迁址启事

湖南省会计师事务所自1985年成立以来，在社会各界的关心和支持下，秉承"以质量求信誉，以信誉求发展"的建所宗旨，业务取得了迅猛的发展。为适应业务拓展的需要，我所已于1997年4月18号迁入新址办公。

地址：湖南省长沙市南大路口（湖南省财政厅芙蓉路对面）

电话：所长室 5165288 5165295 5165289 5165296

综合部 5165290

传真：5165291

电话区号：0731

邮编：410007

我所将一如既往地为各界朋友提供优质的财务审计、资产评估和管理咨询等服务。同时，我所将继续发挥证券业务中财务审计、资产评估双重资格的优势，为湖南的经济建设和证券市场的兴旺发达作出更大的贡献。

湖南省会计师事务所

1997年4月18日

[例文三]

人民教育出版社郑重声明

最近，发现社会不法分子非法盗印人民教育出版社中小学教材，到一些学校进行兜售。这些非法出版物印刷质量低劣，内容错误百出，严重影响教学质量，损害学生利益。

为此，我社郑重声明：人民教育出版社正式出版的中小学教材，一律通过新华书店发行，没有委托其他任何单位或个人营销。凡属新华书店外的任何单位和个人兜售的所谓人教版教材，均系盗用人民教育出版社名义的非法出版物。

对于上述侵权盗版行为，我社将依法予以追究。

特此郑重声明。

人民教育出版社

1997 年 3 月 18 日

二、书信类日用文写作

书信是人们在日常生活中广泛使用的一种用以交流思想、传递信息、沟通情况、商定事宜的应用文体。其用途非常广泛，单位与单位之间联系工作、洽商事宜，个人与个人之间互通情况、交流思想感情，都需要运用它。历来人们对书信是非常重视的，也撰写了许多书信佳作。有的书信甚至被当做文学作品来欣赏。如李斯的《谏逐客书》、司马迁的《报任安书》、李白的《与韩荆州书》等被收进《古文观止》，是脍炙人口的书信名篇。又如邓颖超写给中国女排的信、《傅雷家书》，也是内容和形式统一的典范。这些书信佳作都是值得我们认真学习和借鉴的。书信具有实用性强、内容不受限制、表达方式灵活自如、读者对象明确、结构形式固定等特点。在人类进入信息社会的今天，尽管科学技术突飞猛进，各种先进的通讯技术为信息的记录、贮存、交流和传递提供了更为迅速、便捷的条件，但是书信仍然是人们在不能面谈的情况下进行交流的重要工具。

书信按其用途，可分为普通书信和专用书信两种。

（一）专用书信

专用书信又称为事务书信，是指党政机关、社会团体、企事业单位在特定场合、具有专门用途的书信。专用书信不同于私人间的一般书信，也不同于正式公文，但在日常生活中常常用到。专用书信种类繁多，主要有介绍信、证明信、感谢信、慰问信、推荐信、表扬信、咨询信、祝贺信、致敬信、喜报、捷报、倡议书、保证书、检讨书、邀请书、决心书、挑战书、应战书、申请书、建议书等。其格式大致一样，中心突出，行文简洁。

专用书信的格式一般包括：标题、称呼、正文、结尾、署名及日期。

标题。专用书信一般以文种名称作为标题，写在信的第一行的正中处。如写介绍信，就在第一行正中位置写上"介绍信"作为标题。有的专用书信的标题还常在文种前面加上事由，如"关于××的证明书"、"入党申请书"等等。

称呼。称呼即收信人的姓名或单位名称，顶格写，加冒号，以领起下文。专用书信的称呼比较单一，如写给机关、团体、单位或集体的信，写清楚它的名称即可，亦可在后加上"负责同志"字样；如写给个人，由于对方常常是领导或同事，一般是书写姓名后再加上"同志"或职称、职务。有的普发性的专用书信，不写称呼。

正文。这是专用书信的主体。书写时另起一行，空两格写正文内容。专用书信一般不用问候语。专用书信正文的内容一般较单一、集中、简要。各种文体内容不同，写法也有区别，总的要求是：简明扼要，条理清楚。

结尾。专用书信的结尾语可以写在正文之后，也可以另起一行顶格写或者缩进两格写。不同的文种结尾语的内容也不同，有的表示祝颂或礼貌，如感谢信、慰问信可用"此致敬礼"、"祝……"；有的则表示企盼，如请柬、申请书常用"恭请光临"、"敬请批准"；还有的则表示决心和希望，如倡议书就属于这一类。

署名及日期。写信人姓名或机关单位名称写在信的右下方，机关单位要加盖印章。日期写在署名的下方。

限于篇幅，本章着重介绍几种常用的专用书信。

1.介绍信

介绍信是党政机关、社会团体、企事业单位或其他组织介绍被派遣人员的情况和具体任务的一种专用书信。它具有介绍和证明的功用。持信人可凭此同有关机构或个人联系，商洽某些事项；收信机构或个人则可从对方的介绍信里，了解到来人的姓名、身份、政治面貌以及要什么事情、有什么具体希望和要求等。

介绍信大体上有两种类型：一种是临时书写的，不受固定格式的限制，可根据工作需要灵活掌握；另一种是印制好的，项目已设计好，只需填写就是，一般需留存根。这种介绍信分成两联，一联是存根，另一联是外出用的介绍信正文。信间缝有一条虚线，有"××字第×号"字样，与存根第二行所写"××字第×号"相同。号码要大写，如"壹佰叁拾捌号"，字体略大，目的在于裁开后各有一半字迹，必要时供查对。虚线的正中加盖公章，以示负责。这两种介绍信，其格式基本相同，一般包括以下项目：

标题。置于第一行，有两种写法：一种在正中写"介绍信"三个字，另一种在介绍信之前加上发信单位名称。

发文字号。在标题右下方写上"××字第×号"，带存根的介绍信照存根内容填写。

称谓。写联系单位或个人的称呼，顶格写，后边加冒号。

正文。另起一行，空两格写介绍信的内容，包括被介绍人的姓名、人数、身份、接洽的事项、要求等，必要时需注明介绍对象的政治面貌、职务等。

结尾。写表示希望或敬意的话，"请予接洽并予以协助"，"请予接洽为荷"等，后边写"此致"，另起一行顶格写"敬礼"。

署名。写清介绍单位名称和日期，加盖公章。在结尾处右下角加括号注明介绍信有效时间，亦可不加括号。

开具介绍信，应注意以下几点：其一，要写明被介绍人的真实姓名和身份，不得冒名顶替；其二，一份介绍信只用于一个单位，不可将盖有公章的空白介绍信发给外出人员自行填写；其三，要经领导人过目或在存根上签字，存根或底稿的内容要与正文完全一致；其四，接洽和联系的事项要写得简明扼要，尽可能用一句话概括，与此无关的不写；其五，书写要工整清晰，不得任意涂改，如有涂改，涂改处必须加盖公章。

2.证明信

证明信是用于党政机关、社会团体、企事业单位或个人证明有关人员身份、经历、学历或其他情况的专用书信。它要求真实确凿，不能弄虚作假，既对被证明人负责，又对要求证明的组织负责。

证明信大体可分为两类：一是以组织名义证明某人某事真实情况的证明信；二是以个人名义证明某人某事真实情况的证明信。以组织的名义所写的证明信，多数是证明曾在或正在本单位工作的职工的身世、经历或者与本单位有关系的事情，其材料大多来自档案。其结构通常包括以下几部分：

标题。置于第一行正中，写"证明"或"证明信"，亦可写"关于×××同志××问题的证明"。

称谓。写需要证明单位的名称，独占一行，顶格书写，名称后加冒号。

正文。另起一行，空两格写起。根据对方的要求，实事求是地写清被证明的事实。内容较多可分段叙写，内容少的可一段写完。如证明的是某人的历史问题，则应写清姓名、时间、地点及所经历的事情；证明某人的学历，则应写清姓名、性别、年龄、籍贯、何年何月考入何校、学何种专业、何年毕业；如证明某一事件，则应写清参加者的姓名、身份，及其在此事件中的地位、作用和事件本身的前因后果等。

结尾。另起一行，写"特此证明"，不跟标点。

落款。写上单位名称和年、月、日，加盖公章。

个人证明某人、某事真实情况的证明信，证明的内容完全由个人负责。其格式与以组织名义所写的证明信基本相同。证明的末尾由证明人签名，加盖私章，并由证明人所在单位签署意见。意见的具体写法：一是对证明者本人的政治、工作等方面的评价，以便使对方了解证明人的情况，从而确定证明材料的可信程度；二是对证明的内容表明态度，如不太熟悉或没有把握的，可写"仅供参考"。还要署上单位名称与日期，加盖公章。

证明信，应注意以下几点：其一，态度要严肃认真，实事求是，事实要经得起检验；其二语言要准确，讲究分寸，字迹清楚，不得涂改，倘有涂改，要在涂改处加盖相应的图章或手印；其三，证明信要留有存根，以供备查，邮寄时，应予登记，并用特别挂号，以免遗失。

3.慰问信

慰问信是以组织或个人的名义向他人表示关切、问候、安慰、鼓励的专用书信。从内容上看，慰问信一般可以分为三种：第一种是对有特殊功绩和贡献者的慰问，侧重在赞扬功绩。如中国共产党第十一届七中全会给刘伯承同志和蔡畅同志的信就属于这一种。写这类慰问信，首先要简明扼要地叙述对方的功绩和成就，高度赞扬其崇高的精神品质，然后表示向其学习和良好的祝愿。第二种是在节日里对特定阶层的人员的慰问。如"三八"节慰问妇女，教师节慰问老师等。这类慰问信的写法跟第一类近似，首先要概括地叙述这特定阶层的人员在革命和建设中发挥的作用及其所作的贡献，高度赞扬他们的崇高品质，然后鼓励他们再接再厉，继续为革命和建设作出新贡献，并向他们表示良好的祝愿。第三种是对受灾受难、遭到不幸者的慰问。写这类慰问信，要在明确表示慰问之后，简要地叙述对方的境遇，表示同情或支持，鼓励其克服困难，并在结尾部分写上祝愿和表示期望的话。

慰问信由标题、称谓、正文、结尾、落款构成。

标题。第一行居中写"慰问信"三字，也可写"×××致×××的慰问信"，字体要大些。

称谓。写明慰问对象的全称。如果是写给个人的，应在姓名之后加上"同志"、"先生"、"女士"、"小姐"等字样，顶格书写，后加冒号。

正文。另起一行，空两格写慰问的具体内容，或概述对方的先进事迹，或陈述实情，或赞扬高尚品德等。然后，向对方表示慰问，写一些鼓励和祝愿的话。

结尾。另起一行，顶格写祝颂语，如"祝早日康复"、"祝节日愉快"、"祝取得更大的成绩"等。

落款。在正文的下一行右侧，署上写慰问信的单位名称和个人姓名。另起一行的右端，标明年、月、日。

写慰问信，应注意以下几点：其一，针对性要强，要根据不同的慰问对象，选用不同的素材和慰勉用语；其二，要以热烈、真挚的感情行文，使对方受到感动，受到鼓舞；其三，既要充分肯定、热烈赞扬其可贵精神，又要提出殷切的希望，鼓励被慰问的对象不断前进；其四，语气恳切，文字朴实，篇幅短小。

4. 感谢信

感谢信是党政机关、社会团体、企事业单位或个人因工作或其他方面得到别的机关、团体、单位或个人的关心、支持、照顾、帮助、支援，用来表示谢意而写的专用书信。感谢信的内容，一般与被感谢的对象及其事迹有着直接的关系。感谢信可以写给某单位，也可以写给某一个人，视具体情况和需要而定。感谢信不管写给谁，都要写得情真意切，简明扼要，并表达对对方由衷的谢意和钦敬的心情。大多直接寄给对方或对方所在单位，也可张贴，或送报刊登载和电台、电视台播放。

感谢信要把感谢的缘由写出来。用叙述的方法，将事情发生的时间、地点，因为什么事情得到对方哪些帮助、支援，真实而生动地描述出来。目的在于感激、颂扬对方，表示自己诚挚的谢意。

感谢信的结构与慰问信大体相同，具体写法如下：

标题。在第一行，居中写"感谢信"或"致×××的感谢信"，字体略大。

称谓。顶格写被感谢对象的单位名称或个人姓名。个人姓名之后加上"同志"、"先生"、"女士"等称呼。

正文。在称谓之后，另起一行，左缩进两格写起。写感谢的具体内容，先写对方的先进事迹和英雄行为，说明事情发生的时间、地点、原因、结果，其关心、支持、支援发生的时间、地点、原因、结果，其关心、支持、帮助所产生的客观效果；其次是赞扬对方高尚的风格和助人为乐的精神，表示向对方学习的态度和决心。

结尾。写上表示敬意和感激的话，如"此致敬礼"、"致以诚挚的谢意"等。

落款。写上单位名称或个人姓名。在署名的右下方，写上发信的年、月、日。

撰写感谢信，应注意以下几点：其一，要把被感谢的对象和事件准确地叙述清楚，使对方的组织和群众能了解是什么人做了什么事，有什么好的影响；其二，要中肯评价、赞扬对方的行为；其三，表示感谢的话要符合双方的身份，语言要真挚、朴实；其四，文字要简练，篇幅不能过长。

5. 倡议书

倡议书是集体或个人首先公开提出某种建议和意见，号召大家响应，以推进某项任务或某项公益活动广泛开展和顺利进行的一种专用书信。倡议书有的以个人名义发起，有的以集体、单位或部门的名义发起，也有的以某个会议的名义发起。对象范围往往是一个部门、一个地区乃至全国。所倡议的大都属于新生事物或者长久停办而又亟待复兴的事。通过倡议，可以加深人们对某一任务或活动的理解和认识，调动广大群众的积极性和创造性，推动这一任务或活动的开展和进行。但它不是公文，没有权威性和约束力，也没有确定的具体对象，有关方面个人可以表示响应，也可以不响应，它只是将倡议的内容作为努力方向加以引导。

倡议书可在机关内张贴，也可以通过报刊、电台、电视台转发，扩大影响的范围。

倡议书由标题、称谓、正文、结尾、落款五部分构成。

标题。正中写"倡议书"或"×××单位提出的倡议书"。

　　称谓。也就是倡议对象的名称，范围应该十分明确。如果范围广泛，则可不写称谓。

　　正文。首先要写清楚发出倡议的根据、原因和目的，让大家理解；接着写倡议的具体内容和要求做到的具体事项，内容具体实在，交代清楚明白。一般是分条叙述。

　　结尾。表示倡议者的决心和希望。

　　落款。写上倡议者的单位名称或个人姓名与发出倡议的时间。

　　撰写倡议书，应注意以下几点：其一，所提倡议必须是人们十分关心、且对推动当前工作有重大现实意义的事情。其二，针对性要强。在什么情况下，为什么目的，发出什么倡议，希望别人怎么做，自己准备怎么做，要力求具体明确，既有鼓动性，又切实可行。其三，倡议书要紧跟形势，不能脱离实际，应当是通过努力完全可以做到的，否则，就不要提出来，以免流于形式，造成不好的影响。其四，所倡议的事项应由参与倡议的单位、集体、个人共同讨论确定，不可由少数人包办代办。其五，说理要清楚，语言要准确、简明、有号召力、富于鼓舞性，使人易于接受并付诸行动。

　　(二)普通书信

　　普通书信又称为一般书信，就是人们平日与亲属、朋友、同事、同学之间的通信，使用极其广泛。一般书信内容不拘性质，事情无论大小、家庭琐事、国家大事、学术思想等，都可以在书信里谈。一般书信的写法也极为灵活，可长可短，可以叙事也可以抒情。语言也无拘束，最能显示自己的个性。

　　普通书信的格式包括称呼、问候、正文、祝颂、署名和日期，有的还有附言。

　　称呼。即对收信人的称呼，顶格写在书信的第一行。称呼可以写收信人的名字或称谓，也可以合起来写，这要依据写信人与收信人的关系和平时的习惯而定。一般来讲，平日如何称呼，信上也就如何写。给长辈写信，按辈分称呼；给平辈写信，可称兄、哥、弟、姐、妹，亦可直呼其名；给晚辈写信，一般直呼其名，亦可在名字后加上辈分；朋友、同事之间的通信，一般称同志，或在姓前加上"老"或"小"字以示亲切；关系特别亲密的，不妨直呼其名，但不宜连名带姓都写上；也有用职称或职务来称呼的，以示尊重；对上级领导或德高望重的知名人士，常在姓后加上"老"或在称呼前加上"尊敬的"、"敬爱的"等修饰语以示敬重和亲密；在某些特定场合还用先生、女士、小姐、足下、阁下、殿下、陛下等称呼，这多半是对华侨、港澳台同胞和外交活动中习惯使用的称呼。

　　问候。问候是一种礼貌。在书信中问候一声表示关心，让人感到亲切。问候语一般是用"你好"，表示尊敬用"您好"。或者根据对方的情况，如对老年人先问健康，对在校学生问学习，对在职人员问工作等等。问候语写在称呼的下一行，左空两格，单独成一小段。

　　正文。是书信的主体，如果是一封短信，只要文从字顺即可。假设信的内容繁杂，篇幅较长，那么就应该像作文一样，讲究篇章布局，合理安排。要注意逻辑严密，层次清楚，详略得当，重点突出。如果是写回信，一般应该先回答对方提出的问题，然后再写其他的事情。当然，这是就一般情况而言的，事实上，亲人朋友之间通信，在信里说一些无关主旨的闲话，也在情理之中，如果字斟句酌，过分精简，反而显得隔膜。如果场合特殊，行文就要讲究。

　　祝颂。即在信的末尾写上表示祝颂的言辞。祝颂语要根据对象慎重选择。给亲属写信，对长辈，可写"祝您健康"、"祝您工作顺利"等等；对平辈，可写"祝你愉快"、"祝你幸福"等等；对晚辈，则可写鼓励进步的祝愿。给其他人写信，除了可以用"此致敬礼"之外，还可以根据对方的职业性质选择适当的祝颂语，如对教师写"顺颂教安"，对编辑写"编安"之类。祝颂一般要在信的末尾另起一行顶格写，或者空两格写。像"此致敬礼"、"顺颂教安"之类的祝颂还可以分开来写，一种写法是，在正文后面接着写"此致"或"顺颂"，然后另起一行顶格写"敬礼"或"教安"；另一种写法是在正文写完后，另起一行，左缩进两格写"此致"或"顺致"，然后另起一行顶格写"敬礼"或"教安"。

署名、日期。署名应在信的右下方。署名要根据写信人与收信人的关系来确定。父亲给儿女的信只需写"父示"之类即可，不必署名。写给组织的信，要把姓和名全都写上，有时还需加上工作单位名称和职称、职务。日期要写在署名的下一行偏右处，写上日期，使收信人知道是何时写的。普通书信，只写月、日即可，重要的书信，还要写上年份，甚至注明"晨"、"晚"、"上午×时"等，以便收信人不会对信中有关时间的内容产生错误的理解，也便于日后查考。

附言。有时信写完了，发现有遗漏的内容，还有别的话要说，这就可以用附言的形式补加。具体写法是，在日期的下一行空两格写上"附"、"另"、"又"、"还有"、"又及"等字样加冒号，然后写附言内容。

中国是一个礼仪之邦，写信要讲究礼节，不能随便乱写。譬如写称谓，"尊敬的"、"敬爱的"、"亲爱的"这类词语，就要根据具体的对象、具体的场合运用，不分对象，不分场合，就会显得唐突。写其他称谓也是这样，如"兄"字，一位老师给自己的学生写信，称学生为"××兄"——对自己比较喜欢而年龄比较接近的学生用这个称呼，本来是可以的，而学生回信也称老师为"××兄"，这就显得太不懂礼貌。

写正文时，对自己比较熟悉、比较亲近的人或同辈人，自然可以随便一点。对长辈，对领导，对第一次打交道的人，对于比较正规的场合，书写和用词就要讲究。书写潦草，是对人不尊重。过分自炫或过于奉承，在人格上就低了一等。如果用词不当，就会显出自己的无知来。如，有个学生毕业前夕给老师写了一封信，说了一些感激之类的话之后写道："如果有时间的话，我一定亲自登门拜访，并请您题词以共勉。"像这类话就极不得体。

写祝颂语更有讲究，不仅格式要得当，用词也要得体。例如，有一首歌，曾唱遍全国："亲爱的爸爸妈妈……此致敬礼，此致敬礼"，有谁给爸爸妈妈写信会"此致敬礼"的呢？这就是祝颂语用得不当，写来徒叫人笑话。

写附言也要分场合，譬如你给一位长辈写信，正文写完之后又来个"又及"，那就显得很不礼貌。一般书信的写作，不仅是一个文字表达的问题，还需要我们平时多看多学，全面提高自己的综合素质。

［附］

关于《傅雷家书》

本书是我国著名文学艺术翻译家傅雷暨夫人写给傅聪、傅敏等的家信摘编，写信时间为一九五四年至一九六六年六月。

辑印在这本集子里的不是普通的家书，傅雷在给傅聪的信里这样说："长篇累牍地给你写信，不是空唠叨，不是莫名其妙的 gossip，而是有好几种作用的。第一，我的确把你当做一个讨论艺术、讨论音乐的对手；第二，极想激出你一些青年人的感想，让我做父亲的得些新鲜养料，同时也可以间接传布给别的青年；第三，借通信训练你的——不但是文笔，而尤其是你的思想；第四，我想时时刻刻，随处给做个警钟，做面'忠实的镜子'，不论在做人方面，在生活细节方面，在艺术修养方面，在演奏姿态方面。"贯穿全部家书的情意，是要儿子知道国家的荣辱，艺术的尊严，能够用严肃的态度对待一切，做一个"德艺俱备、人格卓越的艺术家"。

第三章　新闻写作

【教学提示】　对中文系的学生来说，很多人毕业之后将走向新闻工作岗位；即使不从事新闻工作，对新闻也应有所了解。因此，新闻写作也是我们学习的重点。中国当今的新闻事业发展很快，不仅采写的方式、传播的媒介、写作的文体有了很大变化，而且对新闻的理解也有了新的变化。但无论怎样，新闻姓"新"，一些基本的东西还是存在的。我们这章还是从传统媒介的角度来讲新闻，希望通过这些基本的介绍，帮助同学们学习认识新闻。在中学阶段，我们已接触过不少新闻作品了，进入本章，关键是从整体上掌握"新闻价值"、"新闻主题"、"新闻语言"、"新闻采访"、"基本原则"，明确消息与通讯的不同，了解新闻评论的种类、特点，把已有的知识规范化、系统化。教师的讲授，应简明扼要，练习要有针对性。学写新闻，不能从理论到理论，除平时多动手练习，还应多读大报上的新闻作品。

第一节　新闻写作概述

早在 1946 年 9 月 1 日，胡乔木在延安《解放日报》发表了一篇题为《人人要学会写新闻》的文章，他说："我们人人要学会写新闻"，"新闻是一种时代的科学，时代的艺术，它的发展前途正是辽阔无垠。如果人人都学会这门科学和艺术，不但对我们的新闻工作有极大的好处，而且对于我们的全部工作乃至每个工作人员的工作品质，一定都有极大的好处"。站在今天的角度看，这段论述是准确的。作为一个现代人，你不关心新闻，新闻也会来关心你。新闻文体复杂而富于变化，初学者一头扎进去，恐如入迷宫，不知所措。因而，本书取其简明，主要讨论消息、通讯、新闻评论的写作。考虑初学者的需要，我们先从一些基本知识入手。

一、新闻的含义

什么是新闻？在通常的教科书里，"新闻"这个概念与"新闻文体"这个概念往往混在一起。如，我们谈到"新闻"，往往是这样界定的：

> 新闻是指报纸、电台、电视台、互联网经常使用的记录社会、传播信息、反映时代的一种文体。新闻概念有广义与狭义之分。就其广义而言，发表于报刊、广播、电视上的常用文本，除开评论与专文，都属于新闻之列，包括消息、通讯、特写、速写（有的将速写纳入特写之列）等等；狭义的新闻则专指消息。消息是用概括的叙述方式，比较简明扼要的文字，迅速及时地报道国内外新近发生的、有价值的事实。

在这一界定中，很明显的，就将"新闻"等同于"新闻体裁"了。其实，"新闻"与"新闻体裁"是有着明显区别的。"新闻"，是构成一篇消息、通讯、特写、调查报告的基本内容；

而消息、通讯、特写、调查报告这些体裁，只是报道"新闻"的物质载体，尽管它们之间有着非常密切的关系，但并非同一概念。因此，我们讨论"新闻"，首先应把它与"新闻体裁"区别开来，以免造成思想上的混乱。

什么是"新闻"呢？现代新闻学的研究，已经走过了近百年的路程。在此期间，无数新闻工作者根据自己对"新闻"的理解，提出了数以百计的关于新闻的定义。其中流传比较广的，是国外报人提出的一些"定义"。如，美国《纽约太阳报》19世纪70年代的编辑室主任约翰·博加特曾这样概括新闻："狗咬人不是新闻，人咬狗才是新闻。"美国堪萨斯州《阿契生市环球报》的前主编爱德华·贺则说："凡是能让女人喊一声'啊呀，我的妈呀'的东西，就是新闻。"《纽约先驱论坛报》的前采编主任斯坦利·瓦利克说："新闻是建立在三个'W'——亦即 Woman（女人）、Wampum（金钱）、Wrong-doing（坏事）——基础上的。"这些"定义"，强调的是新闻内容的"新奇"、"异常"、"刺激"、"变态"、"色情"，严格说来，不能算作"定义"，只是提出者选择、判断新闻的经验罢了。但由于他们提得比较形象、简练、概括，且代表了一部分人对新闻的认识，多年来流传新闻界。

国外一些新闻工作者，也试图从严格的、科学的意义上来界定新闻，有人曾列举了国外10种比较有代表性的定义：

（1）新闻是关于突破事物正常轨道或出乎意料的事件的情况。（美国，曼切尔）

（2）新闻是新近发生的，能引人兴味的事实。（美国，布莱尔）

（3）新闻是最近报道的事情。（美国，莫特）

（4）新闻就是同读者的常态的、司空见惯的观念相差悬殊的一种事件的报道。（美国，阿维因）

（5）新闻就是能够唤起读者、唤起人们的关心，进而教诲他们，鼓舞他们并使他们能够得到乐趣的一种对于人们活动的最适时的记录。（美国，华连）

（6）新闻是已经发生和正在发生的事情的报道。（美国，约斯特）

（7）新闻就是把最新的事实在最短的时间间距内连续介绍给最广泛的公众。（联邦德国，道比法特）

（8）新闻即刚发生和刚发现的事物。（法国，贝尔纳·瓦耶纳）

（9）新闻是根据自己的使命，对具有现实性的事实的报道和批判，是用最短时距的有规律的连续出现来广泛传播的经济范畴内的东西。（日本，小野秀雄）

（10）新闻是值得社会重视的新的事实。（苏联，科尔尼洛夫）

以上这些定义，从不同角度、不同层面强调了新闻的"事实性"、"新鲜性"、"及时性"、"重要性"、"纪实性"、"趣味性"。在我国，新闻界对新闻的理解也不尽一致，在众多的新闻定义中，为大家广泛认可和接受的，是陆定一关于新闻的定义。他指出：

唯物论者认为，新闻的本源乃是物质的东西，乃是事实，就是人类在与自然斗争和在社会斗争中所发生的事实。因此，新闻的定义，就是新近发生的事实的报道。（《我们对于新闻学的基本观点》，延安《解放日报》，1943年9月1日）

陆定一的这个定义，简洁明了地揭示了"新闻"最主要的特征：①他指出了新闻是"事实"，有别于文学的虚构，从而区别了文学的真实与新闻的真实。②他指明了这个"事实"是"新近发生的"，强调了新闻的时新性，使它有别于历史。③他指出新闻是一种"报道行为"，尽管新闻的本源是"事实"，但"事实"本身还不构成"新闻"，新闻具有公开传播性，必须是对事实的报道，从而有别于"情报"。

自陆定一提出这一新闻定义后，我国新闻工作者在充分肯定这一定义的基础上，提出了一些补充性的解释。例如，范长江指出："新闻，就是广大群众欲知、应知而未知的重要事实。"王中指出："新闻是新近变动的事实的传播。"戴邦指出："新闻是最近发生的，人民大众关心的事实的报道。"甘惜分指出："新闻是报道或述评最新的重要事实以影响舆论的特殊手段。"项德生指出："新闻是及时公开传播的非指令性信息。"这说明，随着时代的发展，人们对新闻的认识在深入发展。

综观国内外众多的新闻定义，人们对新闻的基本特征的一些论述——如，新闻是"事实的报道"；新闻是"新近事实的报道"；新闻是"对大众特别关心的事实的报道"等，基本上还是认同的。之所以出现众说纷纭的定义，关键是人们强调的重点、立论的角度不同，有的人强调新闻是一种"报道"，有的人强调新闻是一种"传播"，有的人强调新闻是一种"手段"，有的人强调新闻是一种"事实"；即算同是强调"事实"，有人强调的是它的"重要性"，有人强调的是它的"新奇性"，有人强调的是它的"刺激性"，有人强调的是它的"显要性"……由于强调的重点不同，因而带来了表述上的纷繁复杂。

我们知道，客观事物，往往是由多种因素、多个方面构成的，往往存在着若干层面、若干要素、若干联系、若干特点。如果仅仅从某一方面、某一特点去揭示事物，很难做到准确、全面。"新闻"也是这样，它存在着若干层面、若干要素、若干联系、若干特点，如果想从某一个方面、某一个角度去揭示"新闻"的本质，反而模糊了我们的视听。像西方报人将新闻定义为"反常"、"新奇"、"刺激"，就容易造成认识上的偏差甚至错误。

我们认为，在以上所列举的种种新闻定义中，陆定一对新闻的界定是比较简洁、全面的，它适用于中外一切新闻传播现象，适用于不同社会、不同阶级的新闻媒介所传播的新闻。但是，这个定义对于一般初学者还是显得过于"抽象"，不易把握。因为，"新闻是新近发生的事实的报道"，但"一切新近发生的事实"并不一定构成新闻。对"新近发生的事实"还应给予必要的限定和解释——事实上，新闻只是对新近发生或发现的具有新闻价值的事实的报道，这就涉及"新闻价值"的问题。

二、新闻价值

什么是新闻价值呢？新闻价值是指新闻事实本身所具有的那些能满足社会需要的各种要素的总和，是用来衡量某一事实是否值得报道的标准。通常认为，构成新闻价值，包括以下六个方面的要素：

（一）真实性

新闻的本源是"事实"。这个"事实"，是发生在现实生活中的具有准确时间、准确地点和真实细节的真人真事。"真实"是新闻存在的基本条件，也是它的生命。那些凭空虚构的故事，那些随意加工的情节，那些失真失实的报道，是不能构成新闻的。

（二）时新性

时新性也是构成新闻的基本条件。新闻新闻，一定要"新"。如果不新，也就难以构成新闻了。时新性包括两层含义，一是时间性，一是新颖性。一般说来，新近发生或新近发现的事实，才有新闻价值。新闻发生与发表的时差越小，其新闻价值就越大；新闻发生与发表的时差越大，其新闻价值也就越小。这也就是人们平常所说的："今天的消息是金子，昨天的消息是银子，前天的消息是垃圾。"另外，有些事件本身的时间性虽然较弱，或是记者发现晚了，或是某种原因压下了，但比起同类题材，却是最先见报的，且具有新意，合乎时宜，同样具有新闻价值。如，1976 年 7 月 28 日，唐山发生了大地震，由于某些原因，死伤人数及许多内情当时未予公布。时隔三年，1979 年 11 月下旬在大连举行的中国地震学成立大会上，才宣布那次地震死亡 24.2 万余人，重伤 16.4 万人。这些数字在地震当时鲜为人知，事隔三年后记者报道出来，仍不失其新闻价值。

（三）重要性

重要性是指新闻事实具有震动人心，能在某种程度和范围内产生较大影响的那种特质。其中也包括了我们通常所说的思想性、指导性和针对性等方面的内容。重要性是新闻价值的主要因素。一般说来，凡是具有政治意义、社会意义的事实，凡是对群众思想、工作、生活具有指导意义的事实，凡是与人民群众利益密切相关的事实，凡是为人民群众所广泛关注的事实，都具有重要性。

以"重要性"作为新闻价值的核心和基础，是我们区别于西方新闻价值观的显著不同之处。西方报人一般以趣味性作为新闻价值的核心和基础。以美国报人为代表的务实派认为："凡是能让女人看了喊一声'哎呀，我的妈呀'的东西，就是新闻。"或者说："狗咬人不是新闻，人咬狗才是新闻。"他们强调的是新闻的新奇性、反常性、刺激性。以德、日、美新闻学者为代表的"理论学术派"则强调新闻的趣味性、新颖性，认为"新闻是最近发生的、能引起兴味的事实。"我们则认为，"新闻是新近发生的、重要而有意义的事实的报道"。这样的价值观，显然是符合新闻实际及广大人民群众的利益的。因此，我们学习新闻写作，应学会抓住那些具有重要社会意义的事实予以及时恰当的报道。

（四）显著性

显著性也是构成新闻的一个重要因素。

重要性所强调的，是事实本身所具有的思想意义、社会意义。显著性所指的，则是新闻人物、新闻地点、新闻事件本身的知名程度或显著程度。一般说来，平凡人物、一般村镇，不太容易出新闻，而知名人士、政府要人、名城胜地，容易出新闻。一般说来，司空见惯的日常生活，不太容易构成新闻，而在数量、程度上非常显赫，或是非常罕见，或是第一次出现，往往容易构成新闻。西方流行一时的"新闻数学公式"，能很好地说明这一道理。这些公式是：

平常人 + 平常事 ＝0

不平常人 + 平常事 ＝ 新闻

平常人 + 不平常事 ＝ 新闻

譬如说，我们是平常人，因疲劳过度，或是肠胃炎，病了一场，这是"平常人 + 平常事"，不构成新闻。但是，在亚特兰大奥运会期间，著名女排教练郎平因疲劳过度而病了，这是"不平常人 + 平常事"，就构成了新闻。又譬如说，我们中的一位，在舞厅一连跳了 24 小时，最后因"疲劳过度"而晕倒在舞场上了，这又构成了新闻。因为"一连跳 24 小时以致晕倒在舞场"这件事，无论在数量还是在程度上都超出了常规，这是"平常人 + 不平常事"。

显著性确实是构成新闻价值的一个重要因素。但是，我们在新闻写作中也不能只盯着名人、名地、出名单位、反常事物、超常事物。即使采写这一类题材，也应考虑其与国与民有无关联有无益处，要避免毫无新意毫无意义纯属猎奇性的报道。

（五）接近性

接近性是指新闻事实具有某种令人关切的特质。这种"接近"主要是指年龄、职业、地理、心理方面的接近。一般说来，能引起各个年龄、各种职业、各个地区、各个国家人们所广泛关注的事实，其新闻价值最大。有些新闻，虽然不能引起全世界、全社会的广泛关注，但若在一定的年龄、一定的职业、一定的领域、一定的地区内能引起有关受众的关注，仍不失其新闻价值。例如，市报、省报、全国性的报纸，青年报、少年报、老年报、妇女报、工人日报、公安报、经济日报所刊载的新闻，它们在与受众的关联上，就体现出不同的特点。市报的新闻，不一定能在省报上发表。青年报上的新闻，不一定能在老年报上发表。经济报上的新闻，也不一定能在公安报上发表。也就是说，有一些新闻事实，只是在一定的地域范围、一定的职业范围、一定的年龄阶段，具有新闻价值。超出了一定的范围，就不一定构成新闻。这是由新闻事实与受众的接近程度所决定的。因此，我们在新闻写作中，一方面要考虑自己的读者群，选择更加适合其心理特点和利益要求的内容加以报道；同时，也要考虑新闻事实本身所具有的接近性，以选择发表新闻的媒介。

（六）趣味性

趣味性指新闻事实具有某种引发读者阅读兴趣的特质。有些具有重要意义的新闻事实，同样具有兴趣性、人情味。但有些具有趣味性的新闻，不一定具有重要性。这类题材，仍具有一定的新闻价值。

西方学者把新闻的起源归于人类的好奇心和新闻欲，在他们看来，读者兴趣是新闻的基础和试金石，衡量新闻价值的真正要素乃是趣味性。这是不科学的。但是，我们并不否认人们的好奇心和新闻欲。一般说来，大多数的人，对新奇、反常、带人情味的东西比较感兴趣。有些奇闻轶事，诸如奇特变异的自然现象、生理现象、社会现象，不管是男人、女人、大人、小孩，不管是哪个社会哪个国度的人，都可能会感兴趣；同样，对于那些涉及人间悲欢离合、生老病死、儿女情长的带有人情味的东西，人们也容易从心底产生共鸣。因此，我们承认，有些新闻不一定具有社会意义，但只要有趣味性，同样也有新闻价值。当然，趣味有健康高尚和低级庸俗之分。我们提倡健康、高尚的兴趣，反对低级、庸俗的趣味。

以上我们分别论述了构成新闻价值的六个要素。这六个要素之中，"真实性"、"时新性"是不变因素，任何一条新闻都必须具备，否则不成为新闻。"重要性"、"显著性"、"接近性"、"趣味性"是可变要素，在前两个不变要素的基础上，只要加上任何一个可变要素，就构成了一条新闻。具有的可变要素越多、越全，其新闻价值就越大。新闻价值随可变要素递减依次递减。试看下面两则消息：

我国选手获得奥运会第一块金牌

新华社洛杉矶1984年7月29日电（记者高殿民）　中国在奥运会历史上"零的记录"的局面在今天十一时十分（北京时间三十日凌晨二时十分）被中国射击选手许海峰突破。许海峰以五百六十六环的成绩获得男子自选手枪冠军，夺得了本届奥运会的第一块金牌。

中国体育代表团副团长陈先在许海峰获得金牌后对新华社记者发表谈话说，这对中国运动员是极大的鼓舞。这是中国在奥运会历史上得到的第一枚金牌，实现了"零"的突破，在中国体育史上具有深远的意义。他表示感谢运动员和教练作出的艰苦努力。

许海峰今年二十七岁，是安徽省供销社的职员。他在获得金牌后对新华社记者说，这还不是他最好的成绩，只不过是正常发挥技术。他最好的成绩是五百八十三环。他表示要不骄不躁，继续努力，争取今后取得更大成绩。

马下双驹

新华社呼和浩特1979年6月9日电　内蒙古自治区正镶白旗草原上一匹甘草黄骒马，今年四月末一胎生下了两个金黄色的母马驹。

"麦秀双穗，马下双驹"，这是历史上人们用来形容农牧业兴旺之词。但是，多少年来，人们却只见过羊下双羔，牛下双犊，还很少见过马下双驹。

这一新鲜事，很快传遍千里草原。

现场目击者说，现在那匹甘草黄骒马膘肥体壮，一对新生的马驹一般高，一样长，毛色金黄，油光发亮。母马漫步，双驹跟着遛达；母马颠跑，双驹跟着奔驰。大队党支部书记向参观的人们介绍，这对马驹刚生下时个儿小，由于母马奶好，长得很快，四十多天已有一米长、一米多高了。

前一则消息，报道的是我国运动健儿在奥运会上实现"零"的突破，其重要性自不待言。后一则消息，报道的是"马生双驹"这一少见的自然现象，其新闻价值建立在"趣味性"上。两则消息虽然都是好新闻，但其新闻价值的大小是不言而喻的。

"真实性"、"时新性"、"重要性"、"显著性"、"接近性"、"趣味性"是构成新闻价值的基本要素，同时也是我们在采写中判断新闻事实的标准。在现实生活中，每时每刻都发生着各种各样的事情，哪些事实值得报道？哪些事实不值得报道？哪些事实应该重点报道？哪些事实只需一般性地报道？事实上，我们在采写中，都在自觉或不自觉地运用这些"要素"进行判断。因此，从写作操作实际出发，我们不妨对"新闻"下一个这样的定义：新闻，就是对新近发生或发现的，具有新闻价值的事实的报道，而新闻的价值，则是由真实性、时新性、重要性、显著性、接近性和趣味性所构成的。

三、新闻主题

(一)新闻主题的含义

正式动手写"新闻"，就会涉及"新闻主题"。因为，任何文章的写作，都得有一个目标，有一个"重点"或"中心"，否则，文章写出来是散的，难以成篇。而"目标"、"中心"、"重点"，很多时候也就是我们所说的"主题"。

按照通常的解释，主题是指作者在说明问题、发表主张，或反映生活现象时，通过文章全部内容所表现出来的基本思想和写作意图。这个定义对新闻同样是适用的。不过，我们理解"新闻主题"，还要宽泛一点。因为，在写作实际中，"新闻主题"有时表现为"基本思想"，有时候，并不一定表现为"基本思想"。试看下面两篇报道：

美国提案被击败
北京将进入联合国

路透社联合国1971年10月25日电　联合国的代表们今晚击败了美国为保住台湾在联合国的席位所作的努力,从而为北京进入联合国铺平了道路。

代表们在走廊里大声发笑,他们唱歌,欢笑,喊叫,拍桌子,有人甚至跳起舞来。

这次投票使美国与其主要盟国——其中包括英国和法国——分道扬镳。尽管美国大使布什为阻止台湾被驱逐作出了巨大的努力,但仍出现了这个表决结果。

布什立即提出动议,要求已递交给大会的关于给北京以席位并驱逐"蒋介石集团"的阿尔巴尼亚提案中撤掉驱逐这一条款。

大会主席,印度尼西亚外长马利克裁定这个动议不合议事规程。

在早些时候,大会否决了沙特阿拉伯和菲律宾提出的要把所有表决推迟到明天的要求。

观察家认为,这个要求反映了美国的愿望。

当代表们点名应答时,大厅中气氛紧张。

电子统计牌上终于显示出结果,表明美国的建议被击败。这时,大厅里沸腾起来了。

尼克松抵达北京

美联社北京1972年2月21日电(北京时间11时29分发电)　美国总统查理·尼克松的座机于今天格林威治时间3时27分(北京时间11时27分)在北京机场着陆,他将对中国大陆进行具有历史意义的访问。

机场上的情景向全世界作了电视转播。

北京机场几乎没有迎接贵宾到达的色彩——没有红地毯,只有一面中国国旗和一面美国国旗。

然而,有一支中国仪仗队和一支军乐队奏两国国歌。

没有邀请外交使团。

机场上没有欢迎群众,没有像欢迎埃塞俄比亚塞拉西皇帝那样有乐队高奏嘹亮的音乐。

美国电视评论员说,这"至少是一次冷淡的欢迎"。对飞机降落的情况通过卫星做了电视实况转播,这是第一次从中国大陆做这种转播。

周在欢迎尼克松及其一行时面带笑容,表情诚挚。

在停机场上互相致意后,中国军乐队奏起了美国国歌,尼克松、周和双方的随行人员立正,面对着已经在旗杆上的美国国旗。

尼克松微笑着聆听中国人演奏美国国歌。在中国国歌《义勇军进行曲》奏起时,他也保持立正姿势。

然后,尼克松和周在周的女译员和他们的高级助手陪同下慢步检阅了中国仪仗队。

电视记者说,从机场通往北京城的公路两旁"戒备森严",虽然从这条路的起点机场看不到有观看的人。

车队在明媚的阳光下闪闪发光。

评论员说,迎接是"合乎礼仪的,但绝不是富有色彩的"。但是,考虑到当前的各种情况——包括两国尚没有外交关系——这种迎接看来是无可指责的。

第一篇消息,作者通过美国提案被击败这一事实的陈述,表明中国进联合国是人心所向,大势所趋,这一"基本思想"是很明确的。而第二篇消息呢?我们似乎看不到平时所说的"思想意义",作者既无意于揭示尼克松访华的历史意义,也无意于对中国方面的"迎接"表示臧否。作者似乎要做的仅仅是把尼克松飞抵北京时的情景报道给读者。

第二类消息,在新闻写作中是很常见的。例如,我们报道"全运会因为下雨改期举行",报道"北方冷空气南下",报道某个地区"连降暴雨",报道某个地方"火山爆发",报道某位运动员"夺得金牌",报道某个地区的某一突发事件如"火灾"、"交通事故"等,我们通常不会去挖掘"思想意义",而是将新闻事实报道出来就行了。

正因为有些消息没有"思想意义",因而有人断言说,消息没有"主题",不要提炼"主题"。其实,这种认识,是不准确的。

我们知道,写文章,是不能没有"主题"的。没有"主题",就没有了灵魂,没有了统帅,写出来的东西,势必不成样子。写消息,怎么可能不要主题,信笔涂鸦?

通常把"主题"看作是"思想意义",其实也是不准确的。"主题",含有"最重要"、"最主要"的意思。一篇文章,肯定有一个"最重要"、"最主要"的东西,而这最重要、最主要的"东西",并非就一定有"思想意义"。有时候,它可能有"思想意义";有时候,则可能有别的。如,在一篇诗歌或抒情散文里,它可能是某种"情感";在一篇议论文里,它可能是某个"论点";在一篇调查报告里,它可能是某个"结论";在一篇说明性的文字里,它可能是作者所要传达的"知识";在一篇消息里,它则可能就是"事实本身"。

在新闻写作中,很多消息的"主题"就是"事实本身"。但是,这并非意味着不要提炼。事实上,这类消息主题的提炼,依然是很重要的。例如,国内外产生巨大影响的《中共北京市委宣布一九七六年天安门事件完全是革命行动》(新华社 1978 年 11 月 15 日电)就是从北京市委举行常委扩大会议的长新闻中抽取出来的。作者一加"提炼",消息就取得非凡的反响。又如,1982 年 1 月 16 日,北京市高等教育自学考试委员会召开大会,向 1981 年度高等教育自学考试及格者颁发单科合格证书,共有 3958 人次获得合格证书。当时,许多报纸都对这一新闻事实作了报道,而上海《文汇报》只选取 74 岁老人李斌获得"勤学奖"而加以突出报道,从而在诸多报道中独领风骚。又如,前些年,北京有位铁饼运动员,在比赛中投出了 60 多米的成绩,当时有三家新闻单位予以报道:一家说,这位运动员的成绩,使他成为我国"第一个突破六十米大关的人";一家说,这位运动员的成绩,"已达到世界田径赛的报名标准";另一家说,这位运动员的成绩,使他"具备了报名参加奥运会的资格"。虽然他们报道的是同一事实,但在"主题"提炼上,却见出不同的功夫。又如,有一次,复旦大学在同一时间、同一地点,出了两件新闻:一个是给某日本学者颁发名誉博士证书,一个是给本校首届文科博士生颁发博士证书。当时,有的记者把这两件事合在一起加以报道,而《人民日报》的记者,则对这两件事分别作了报道。又如,有一个科研单位,先后研制成了"浅地层剖面仪"、"多波束渔探仪"和"超声波诊断仪",这三个项目分别获市人民政府科技成果一、二等奖。这三种仪器，名称不同，作用也不同，似乎很难把它们放在一起来叙述。然而，《文汇报》的记者却巧妙地将它们"连"在一起：

> 本报讯 中国科学院声学所东海研究站研制成功三只"慧眼"：一只可以看清水下几十米地层剖面；一只可以探测二千米深的水下鱼群；还有一只可以透视人体内脏的各种病症。它们的名称是浅地层剖面仪、多波束渔探仪和超声波诊断仪。本月15日，这三个项目分别荣获市人民政府科技成果一、二等奖。……

从以上这些例子可以看出，有些消息，它的"主题"虽然只是"事实"，但在事实的选取、综合、处理上，同样是要下工夫、见匠心的。

新闻写作中，一部分消息的主题就是"事实"，"事实"是作者的写作目的、注意中心、表达重点，也是一篇消息的灵魂、核心，一切都要统一到这个核心上来，才能做到"中心明确"、"主题突出"。在这一类消息写作中，作者必须明确自己所要报道的核心事件，正确认识它的新闻价值，并采用最恰当的角度，去凸现它的新闻价值。这是这一类消息提炼主题的特点。

不过，话又说回来，新闻虽然讲究报道事实，但并非忽视揭示新闻事件的思想意义。与此相反，绝大多数新闻是比较注意作品的思想意义的。试看下面的报道：

> 美联社纽约1982年10月14日电 就在罗纳德·里根总统对全国说"美国正在走向经济复苏"之前几小时，他的儿子普雷科特·里根却在这里同失业者一道领救济金。

这条消息，作者用小里根失业的事实，嘲讽里根的吹嘘，说明美国的经济绝不像总统说的那么好，其思想意义是很明确的。

记者们提炼新闻的"主题思想"，有时是煞费苦心的，所下的工夫绝不比文学创作少。如，《光明日报》记者虞锡圭采写《一封来自美国的"情书"》（《光明日报》1985年1月4日），据作者介绍，他早在20年前，就想报道这篇通讯的主人，"但是究竟从什么角度来反映他们的风貌，却经历了一个漫长的历程。"1964年时，他想从杨家送子下乡这一角度来报道，但当时知识分子的形象已受到很大歪曲，从这一角度来报道，主题肯定不合时宜。第二次是1966年，当时杨启元在农村干得不错，还同著名劳模——一个文化不高的农村姑娘热恋着，被誉为"知识分子与工农相结合的典型"。但作者感到，从这个角度去报道知识青年上山下乡的成绩，是片面的，容易给人造成错觉，似乎知识分子只有同工人农民恋爱结婚才是"同工农结合"。第三次是"文化大革命"中，当大批知青返城时，杨家对送子下乡始终不悔。儿子虽然在农村受到许多磨难，但是在农村还很安心地劳动着。于是，作者打算从"矢志不移"的角度予以报道。第四次，是1983年，当时杨启元已赴美留学，杨家又发生了巨大变化。作者又想动笔，在歌颂他们思想品德的同时，表现十一届三中全会给社会风貌带来的变化，如此等等。最后，作者抓住留学美国的杨启元对他在中国的农民妻子感情始终不渝，将报道的侧重点从杨家教授夫妇转移到他们留美的儿子和农民儿媳的身上，通过杨家人的情操，表现了新老两代知识分子的精神面貌，歌颂了中华民族的传统美德，并针砭了社会上一些因地位变化而出现的喜新厌旧的弊病，虞锡圭这篇深受读者欢迎的通讯，就经过了一个长期的、反复的提炼主题的过程。

以上当然是一个比较特殊的例子，绝大多数情况下，新闻主题的提炼，既要快，又要准。新闻报道要迅速及时，争分夺秒，一般情况下，它不能"从长计议"、"慢慢斟酌"。新闻报道的事实，必须是现实生活中发生的事实，它不能随意加工，面壁虚构，这就要求作者有一双"火眼金睛"，能够迅速地、准确地洞悉事实的思想意义，迅速地抓住事实的灵魂、核心。

　　新闻主题的提炼，还有一个特殊之处，就是必须注意紧贴眼下生活的针对性。一般文章，也要求主题有现实性，能反映当前生活，能表现时代精神，能反映时代发展的趋势。但是，它并不要求所写的就一定是现实题材，它所揭示的主题也不一定要与现实生活中的某种现象、某种问题、某种倾向、某项工作一一挂起钩来。但是新闻写作，却具有明确的针对性，紧扣党的中心工作，紧扣现实生活中亟待解决的矛盾和问题，紧扣广大群众关心和注视的重点、热点，紧扣着迅速发展而又丰富多彩的现实生活，这是新闻写作中必须特别注意的。

　　(二)新闻主题的提炼

　　要提炼新闻主题，必须注意以下几点：

　　1.要从实际出发

　　提炼新闻主题要从实际出发，坚决反对"乱贴标签"、"强扭角度"、"随意拔高"。

　　新闻作品的主题，必须符合它所报道的事实。这是新闻写作的原则，也是新闻写作的常识。《人民日报》高级记者艾丰在《新闻写作方法论》中曾举了这么一个例子：改革开放以后，出现了先富起来的个体户。有的个体户富了以后，把自己挣的一部分钱拿出来，为社会或集体办一些好事。有的新闻记者在报道这些事实的时候，不加分别，把他们说成是"活雷锋"。其实，其中有些人，完全是为了花钱"买一个太平"，拔得这么高，他们自己看了也发笑。像这样的报道，连报道对象看了都不以为然，就不可能取得好的社会效果。

　　2.要审时度势

　　新闻采写中，遇到的情况是多种多样的，不能抱定一个框框，拘泥不变，而要审时度势，根据实际情况灵活变通。例如，"喝啤酒难"一度是上海的一个社会问题，原因是人们的物质生活需求日益上涨，而上海生产啤酒的厂家太少，生产能力有限。有一次，一位记者听说东海啤酒厂的效益不错，对于缓解上海这一矛盾很有意义，于是驱车前往采访。但他坐下来与厂长、书记没谈几分钟，就改变了自己原来的报道设想。原来，他发现坐在他面前的厂长、书记都很年轻，再一了解，该厂厂级领导班子的平均年龄只有 30 岁，是全国近 600 家啤酒厂厂级领导班子中最年轻的。正是这个年轻班子，在上任不到一年的时间内，科学管理企业，在改革中求发展，创出了"啤乐"等三个新产品，使啤酒产量猛增 440吨，创纯利 250 万。记者采访该厂时，正值中央召开全会提出"干部年轻化"的问题，于是，他立即决定以"干部年轻化"作主题，采写这篇稿件，稿件很快就在《中国食品报》上头版头条登出来(1985 年 9 月 30 日)。又如，有一天，《河北日报》一个记者听到街上消防警报声，立刻骑车追踪采访了一场火灾。对于这场火灾，他有几个不同的报道主题可供选择：①火灾及其损害；②由于火灾是由煤气罐爆炸引起的，可对煤气罐的质量和供气单位的工作质量提出批评；③表扬医院救死扶伤的精神；④报道人们对受灾户的同情和帮助，反映社会主义制度下人与人的关系；⑤报道消防人员奋力救火的大无畏精神；⑥报道子弟兵奋力救火热爱人民的高贵品质。当时，这位记者对这六个报道主题作了比较。他认为：单纯报道火灾及其造成的损失，不足以显示他手中所掌握的材料的特点；在没有深入调查搞清煤气罐爆炸的原因之前，就贸然批评有关单位也欠稳妥；医院抢救伤员积极，但伤员刚刚入院，抢救效果如何，尚待观察，马上报道为时尚早；人们给予受灾户的帮助同情值得报道，但由于事件刚刚发生，记者对这方面的材料掌握还不充分，可留待以后报道。于是，便决定以解放军战士奋不顾身灭火救人作为这次报道的主题，因为根据他掌握的情况，住在附近的某部警卫连 40 多名战士，听到爆炸声，没有人组织便自动赶赴现场，是他们首先搭人梯，从窗户跳入楼内冲进火海，抢救伤员和人民财产。由于这位记者善于审时度势，主题的提炼就找到了最佳角度。

3. 要善于穷根究底

在新闻写作中，记者穷根究底，善于追问事实的真相和事情的真实原因，也是提炼新闻主题的基本方法。

当今时代，人们看新闻，不仅要了解"是什么"，而且要知道"为什么"。新闻采写中，如果能抓住事物的真相和核心，深入事物的本质，揭示事物现象的根本原因及后果，就能增强新闻报道的力度、厚度和深度，以满足人们的需求。

4. 立足全局，反复比照

一般说来，编辑和广大读者衡量一篇新闻质量的高低，往往是先"掂分量"，看看新闻是否提出和解决了当前具有普遍指导意义的问题。记者精心选择某个事实，提出某个切中时弊的问题，读者感到正中下怀，毫无疑问，这篇新闻的思想性、指导性必定显著。反之，这篇新闻就显得一般，甚或没有什么价值。

在新闻的写作中，材料给予我们的思想启示，往往是多方面的，"横看成岭侧成峰，远近高低各不同"，在众多的思想意义中，怎样选择具有普遍意义的主题呢？这就需要我们立足全局，把报道对象本身的特点与现实斗争的需要结合起来，在两者的交契处提炼主旨。如，报道共产党员栾弗的先进事迹，记者既可以写他同癌症作斗争，也可以写他对光明、对进步、对共产主义理想的追求，还可以写"左"的错误对知识分子的摧残。这三个方面的思想意义是事实本身都具有的，对现实生活也都具有一定的意义。那么，记者确立主题侧重哪一方面呢？这就需要作者立足全局，反复比较，看哪个方面对现实生活的意义更大、更迫切。

5. 同中求异，化平庸为新颖

这也是提炼新闻主题的基本方法。

新闻新闻，一定要新。不新，也就不是新闻。但是，我们所面对的党的工作中心，党的宣传重点，群众迫切关心的问题，形势发展的总的趋势，往往是相同的。怎样同中求异，提炼出新颖的主题，往往是新闻记者面临的任务。因而，在新闻写作中，一方面，要考虑形势总的特点，总的要求；一方面，又要独出机杼，另辟境界，"言他人之所未言"。这方面，很多成功的报道，为我们提供了启示。如，十一届三中全会后，由于党的农村政策得以顺利贯彻，各地农村均发生了不同程度的可喜变化。一时间，报刊、电台、电视台报道了难以数计的由贫致富的典型，今天报道农民买汽车，明天报道农民买飞机，万元户、十万元户，更是如雨后春笋一般冒出来。这些事实，确实值得报道，但多少有些一般化。《羊城晚报》的记者把眼睛盯住数千里以外的山西大寨大队：作为十年动乱中的一面"红旗"，他们对党的新政策持什么感情，抱什么态度？于是，就在大寨大队欢天喜地分田地的当天，他们专程赶到大寨采写了《大寨也不吃大锅饭了》(《羊城晚报》1982 年 12 月 21 日)，从而在国内外引起了极大反响。又如，这些年，我国很强调植树造林，每到植树节前后，各地报纸总要发一些有关植树造林的文章。当别人满足于一般化地宣传植树造林的重要性，满足于泛泛介绍某些先进单位的经验时，新华社记者却采写了一篇《学习南京市绿化经验要注意三点不足之处》。他突破了报道先进典型必然要介绍经验的"常规"，直接抓住南京市这个绿化典型在工作中暴露出来的问题做文章，对于植树造林绿化城市的工作很有启发意义，因而获得很大反响。又如，有一时期，报纸上关于领导干部改进工作作风的报道不少，山西省有家报纸也发了一篇表扬某市委书记的报道，说的是太原有一座楼建成一年多不通水电，后来经市委书记过问，6天解决问题。从全国范围讲，这一类的报道有好几篇，这一篇已落人后，不怎么新鲜了。可是远在千里之外的《羊城晚报》却把它转载了。高明的编辑在转载时，只是在大字标题中反问了一句："事事惊动市委书记怎么得了？"这样一来，一篇一般化的报道就显得特别新颖了：它启发人们深思，光靠一两个主要干部改变作风还不够，要设法使全体干部都动起来；领导干部的首要职责不是事必躬亲，而是要调动各级干部的积极性，督促指导各级干部改变工作作风。

提炼新闻主题的方法，还有很多，以上几条可以说是初学者应该掌握的，无论怎么提炼新闻主题，我们在写作中都不能忘记，新闻主题必须符合它所报道的新闻事实，不能随意地"拔高"、"强扭"而导致新闻失真。

四、新闻语言

新闻语言，又是初学者不易把握的难点。

新闻语言，指新闻作品的语言。不同文体，有着不同的功能，要实现它们的功能，必须采用与之相应的语言。新闻文体的功能，是报道新闻事实。新闻文体的语言，必须服从和服务于新闻事实的报道。如果溢出了这个总的原则、总的要求，就是不得体、不得法。

具体说来，新闻语言具有以下的特点：

（一）平实

新闻语言用语平实，质朴无华。它不用或少用形容词，不用深奥的词，不用错综变化的句式，不用渲染、夸张等文学修辞手法，是"不施粉黛"的本色语言。它以平实的叙述为基础，虽间或有一点描写、议论，也很有节制。它以平实的风格，保证新闻的真实性，其中，不包含任何"欣赏"的成分，更不会去追求艺术效果。既没铺陈渲染、夸张虚饰，也没有刻意的细腻描写，只是客观、平直的叙说，很是质朴、平实。初学新闻写作的同志，往往觉得这样写"不够劲"，自觉不自觉地把文学手段、文学语言带进新闻作品，文章写得很华美，反而因词害义，损伤了新闻的真实性。那样做是不符合新闻写作的要求的。从事新闻写作，应该努力把自己笔下的"文学语言"去掉。

消息、通讯的主要表达方式是记叙。在中学课本里，消息、通讯都属记叙文。其实，消息、通讯和我们平时所写的记叙文，也是有区别的。一般的记叙文，可以有比较细腻的描写，可以有议论、抒情，可以写得很"优美"。在新闻写作中，它不追求"优美"，甚至回避"优美"。它很少运用议论、抒情，也不会有大段大段的景物描写、肖像描写、心理描写。它不会让过多的细节描写冲淡主要新闻事实。即算有所描写，也不会铺陈渲染、精雕细刻，而是扣住一两个关键性的细节，寥寥几笔，纯用白描。这些特点，是从事新闻写作的人们所必须注意的。

（二）具体

新闻要用事实说话，报道的事实应客观、具体。不能泛泛而谈，空洞无物。试看下面的例子：

中共××市委从本地科技战线的实际出发，踏踏实实地贯彻全国科学大会精神，使全市科技战线出现了朝气蓬勃的新局面。

××制药厂坚持质量第一、用户至上的原则，大力加强生产责任制，积极开展保名创优和开发新产品的活动，取得了较好的经济效益和社会效益。

这样的句子，泛泛而谈，空洞无物，缺少新闻事实，是新闻写作中最忌讳的。××市委是怎样贯彻全国科学大会精神的呢？全市出现了怎样的新局面呢？××制药厂是怎样加强生产责任制的呢？他们开发了哪些新产品？取得了哪些社会效益和经济效益？文中没有具体交代。新闻写作，句句要落到实处，不能讲空话，讲大话，讲套话，应努力把那些空泛的话去掉。

（三）准确

"准确、准确、再准确"，这是新闻写作的格言。新闻报道中的准确，包括事实准确、思想准确、措词准确。这里说的是措词准确。

新闻写作，要注意词义的差别。有时一字之差，就伤及新闻的真实性。如，《解放日报》曾报道一位叫陈燕飞的女同志怀孕 5 个月下苏州河救人的事迹，报道写得很好，引起了全国反响。可是，由于作者不慎，误把"下"河救人写成"跳"进苏州河救人（事实上，她是沿着河边一个小铁梯走下去的），结果违背了事实真实，使读者产生误会，因而失去了一次获得全国好新闻奖的机会。

新闻写作，要注意词语的感情色彩。1959 年，美国国务卿杜勒斯病死。杜勒斯在侵朝战争中起了相当恶劣的作用，中国人民都痛恨他。《人民日报》在发表这条消息时，坚持客观报道，标题是"杜勒斯病死"。另一家全国性的报纸，也作了报道，其标题是"杜勒斯病逝"，一字之差，感情色彩就不一样，结果读者纷纷写信给该报社，批评他们用词不当。

新闻写作，遣词造句要坚持"客观再现"，不要随意动用文学手法。例如，说"屋子里挤满了人"，不能写成"屋子里塞满了人"；说某个人"死了"，不能写成某人"作古"、"谢世"、"远行"、"撒手西去"等。

新闻写作，要少用含混、笼统的词语。例如，像"不久以前"、"最近以来"、"许多"、"难以数计"、"极少"、"广大群众"、"差不多"、"也许"、"可能"一类的词语，要尽可能地避免使用。新闻写作，要少用形容词。外国新闻界是强调"少用形容词"的。他们认为，"形容词太多是危险的"；"只有懒惰而又蹩脚的记者，才会在报道中堆砌形容词"；"要像挑选宝石与情人一样挑选形容词"。1918 年，海明威到堪萨斯城的《明星报》当见习记者，他的上司就告诫他："用动词，写行动，不要形容词，不要评论，要真实可靠"，"要删除不必要的形容词，删去尚有怀疑的段落；不许写'黑色的乌鸦'，不许写'大的悲剧'；诸如'辉煌灿烂的'、'五色缤纷的'、'宏伟的'、'美丽的'等形容词，一个也不要出现。"为什么他们特别强调少用形容词呢？因为形容词往往带有主观色彩，用得太多，有时"大而无当"，有时"缺乏分寸"，容易造成新闻失实。

（四）通俗

新闻报道的对象是个别事实，往往限于某一专业、行业和部门，而报道的受众却是超行业超部门的，要让广大受众读懂报道，语言必须通俗易懂。英国报业之父笛福说："我的写作原则，是假设对五百个不同职业的群众讲话，而使每一个人都听得懂。"他这番话，可视为新闻写作的一条规律。

从事新闻写作，要力求让不同文化层次的读者看得懂，特别是有关专业性、技术性方面的内容，要作通俗易懂的解释、说明。例如，法新社记者报道"我国辽宁省东沟县气象站不仅能作短期、中期和长期预报，而且还能作超长期天气预报"这一新闻事实时，是这样写的：

> 法新社北京2月2日电　绝大多数气象站可以告诉你今天、明天甚至两个星期内是否下雨，然而中国一个县气象站不仅可以做到这一切，还能相当有把握地对今后10年内的气象变化作出预报。

对于一般读者来说，"短期"、"中期"、"长期"、"超长期"天气预报这些术语，是不太熟悉的。经记者这么一转化，这些专业化的名词，也就变得通俗易懂了。

（五）简明

新闻语言要简明，让人一眼就能明白你报道的新闻事实。如果让人东瞧西看，还看不出一个所以然来，那就犯了大忌。试看下面的例子：

> 本报讯　华中工学院从培养九十年代以至二十一世纪需要的新闻人才出发，注意利用本校理、工、文、管各科兼备的优势，力促各学科渗透，开设了一些向学生传授现代科技知识和科学技能的新课程。其中有汽车驾驶，为学生走上工作岗位后领取执照驾驶汽车打下基础。高等数学，为学生进一步学习理、工和管理知识创造条件。计算机及算法语言，传授计算机原理和操作技能，并为将来运用终端机编写、传送新闻打基础。自然科学概论，讲授当代各重要学科的基本知识。对高年级本科生，这个系准备了分组开设的选修课：对经济报道感兴趣的，可以从宏观经济学与微观经济学、商品学、市场学、广告学等十多门经济学课程中选修几门；对科技报道感兴趣的，则可以从科学学、文科物理、科学技术与社会、科学方法论学等科学学课程中选修。这样，学生就可以获得一个报道方面的更多的专业知识。

这是一条消息的导语。在这条长达300多字的导语中，作者不分主次地将新闻事实挤压在一起，而且句式(特别是第一句)显得很繁复，这样的导语，读起来叫人抓不住重点，读到后半截还要回过头来再看看前半截，就不够简明。

对广大读者来说，新闻是一次性"消费品"，绝大多数情况下，大家是"一次过"，不会像读诗读小说那样，坐下来慢慢的、反复的"品尝"。读者在读新闻时，要求"一目了然"，能在最短的时间内，获得尽可能多的信息。这就要求我们写新闻时，尽可能简明一点，能让读者一眼就抓住主要新闻事实。西方新闻界反复强调要"用短句"，"不要用长句"，也就缘于这个道理。

（六）生动

新闻语言还要尽可能地做到生动。

新闻写作中，应尽可能去掉那些陈词滥调，有意识地去掉一些"套路"、"套话"，力争使用一些新鲜的语言。需要说明的是，新闻语言的生动，是不同于文学语言的生动的。新闻语言的"生动"，通常是以朴实无华的语言，去表现事实本身所包含的生动活泼的因素。

试看《基辛格——三面人》中的一段：

> 基辛格夫妇仔细观赏从古墓中出土的文物，中国向导说："墓中的骨头表明，墓主人有不止一个妻子。"还说："中国古代，有的妇女可以有一个以上的丈夫。""一个妻子有几个丈夫吗？"基辛格瞧着妻子说，"我们可不喜欢那个时候！"基辛格夫人大笑起来。

这些句子语言都很朴实，但它们成功地表达出新闻事实本身所具有的活泼因素，所以读起来很生动。

新闻写作，有时也用一些形象化的手法，来解释、说明新闻事实。例如，数年前我国进行人口普查，规模空前。但光说"规模空前"，令人不可捉摸。细写全国各地的普查情况，又不是一篇消息所能担负得了的。一位记者这样写道："光是进行人口统计的人就足以住满一个大城市。7月1日等待着500万人口普查员去完成的任务在规模上是空前的：统计世界上人口最多的国家中的大约10亿人。"这里运用了形象化的手法，但形象化手法的运用，是紧扣新闻事实的，并不包含艺术夸张、艺术渲染的成分。

追求新闻语言的生动时，要特别防止新闻语言的"文学化"。试看下面一条消息的导语：

> 列车开动以前，窗口忽然齐刷刷地伸出双双颤抖的手；"哗啦啦"，五个窗口一下子闪现出五幅大标语："哈密人民亚克西！""再见了，哈密人民！"顿时，站台上一片欢腾，许多旅客跳下车围拢过来。大爷、大娘、姑娘、小伙子含着热泪同为他们精心服务了五个昼夜的哈密人民亲切握手话别。这是因为铁路中断行驶滞留哈密的旅客8月1日晚离开时的一个激动人心的场面。
>
> （《含泪依依话别，盛赞人间温暖》，《新疆日报》1987年8月6日）

这篇导语，作者在追求生动时，就不恰当地使用了一些文学语言。当时旅客伸手，是同时"齐刷刷"地伸出的吗？每双手都在颤抖吗？旅客是怎样"跳"下车来的？他们一个个眼里都含着热泪吗？由于作者不恰当地使用了文学的渲染，读来反而有损于新闻的真实。这是每个初学新闻写作的人都应注意的。

五、新闻采访

（一）新闻采访的含义、特点及类型

采访是为了获得某一信息、某一新闻事实而进行的一种观察、询问、查考。新闻采访不同于其他写作的另一个特殊之处，是它必须在采访的基础上写作。没有采访，就没有新闻写作。采访的成功与否，直接关系到新闻写作的质量。我国著名记者穆青曾指出："写作固然是个重要问题，但同采访比起来，后者是个更为重要的问题。手里没有好的素材，文字再考究，也弄不出好东西的。"老报人、《新民晚报》前社长林放在阐述采访与写作的关系时也说："多年从事新闻工作的同志，都有这样一点体会：如果采访的时间是一，而写作的时间是十，就颠倒了新闻采访和写作的常规。应该是采访的时间是十，写作的时间是一，在写作之前，必须深入采访，下大工夫。"

在取材手段上，采访与调查大体相似。它们都要运用观察、询问和阅读，"问"、"听"、"看"、"记"、"想"是它们的基本环节。但它们的目的有所不同。调查是为了了解情况，研究问题，指导工作实践；采访则是为了捕捉新闻事实，进行信息传播。有时，调查所研究

的问题也带新闻性，采访的事实报道也具有指导性，但从整体上看，前者主要是研究生活中、工作中比较重大、带有普遍性的问题，后者主要着意新闻事实的报道。

采访的种类繁多，与初学者关系密切的，有直接采访、间接采访、谈话采访、观察采访、书面采访等。

直接采访、间接采访是根据采访者与报道对象的关系来划分的。我们要报道某一事物，直接找当事人采访，这是直接采访。直接采访是采访的主要形式。有的时候，报道对象太忙，或是外出，或是去世了，我们不能直接找他本人采访，就找他的领导、同事、亲朋戚友、知情者进行采访，间接地了解有关情况，这是间接采访。间接采访也是很重要的一种采访形式，记者往往把它与直接采访结合起来，以保证采访任务的完成。例如，1977年，一个记者去采访生物学家童第周，正赶上童老很忙，这位记者根本"挤"不进去。第二次去采访，又遇到他接见外宾。于是，记者就去找他的学生、助手、秘书、孩子和党支部书记等，看了他的实验室，通过间接采访，获得了必要的材料。在此之后，他趁童老开会之机，在会场的一个角落，约请童老简要地谈了一些问题，从而顺利地完成了采访任务。

根据采访的方式，我们通常将采访分为"谈话采访"(口头采访)、"观察采访"(目击采访)和"书面采访"。"口头采访"是通过交谈方式进行的采访。口头采访是一种重要的采访方式。它是采访者接近采访对象的第一步，是取得主动性的关键，是打开采访对象心灵的钥匙。绝大多数采访是通过口头采访或主要通过口头采访完成的。"目击采访"主要是现场观察。它可以获得大量的第一手材料和生动的"独家细节"，可以丰富"口头采访"的内容，可以避免采访对象的限制。"目击采访"通常用来补充和丰富"口头采访"，加强报道的现场实感。"目击采访"要注意观察的重点，要注意捕捉现场实感，要善于识别假相。"书面采访"是特殊情况下采取的一种采访方式，它主要通过书信的方式，向采访对象了解某些情况。书面采访要精要，同时还要注意时效性，不要因信件的辗转而耽误了时间。书面采访还可以与电话采访结合起来。

采访要服从新闻报道的需要，因而，它具有相应的四个方面的特点：(1)"快速出击"。新闻报道要讲究时效性，要争分夺秒。反映到采访上来，采访也要快速敏捷。它不能迈着四方步慢慢吞吞，不能跟在人家的后面拾人牙慧，不能把采访的过程拉得过长。它要时时刻刻跑在别人的前头，争分夺秒，反应迅速敏捷。(2)对象广泛复杂。新闻采访的领域涉及方方面面，政治、经济、科技、体育、教育、文化、城市、农村，都有可能涉及。新闻采访的对象更是复杂，不同年龄、不同职业、不同性别、不同经历、不同信仰、不同心理的采访对象都可能遇到，这就要求记者具有广泛的知识，具有广泛的触觉，因时因地地开展采访。(3)"着眼新闻事实"。采访面对纷繁复杂的生活现象，并不是巨细无遗地一一收罗。它所关注的、捕捉的，是新闻事实，以及与新闻事实有关的背景材料。对于采访来说，重要的是"事实"。如果说思想家、理论家、哲学家靠理论说话，文学家靠形象说话，那么，新闻记者靠事实说话。采访的任务，就是把公众欲知的、应知的、具有报道价值的新闻事实，迅速及时地找出来，并迅速及时地报道给公众。记者的采访，就是跟事实打交道。当然，他也会碰到理论，接触到形象，但这一切，都必须归入到事实中来。因此有人说，记者的全部工作，就是通过采访去发现事实，了解事实，选择事实，核对事实，体验事实，追踪事实，最后是报道事实。(4)"具有灵活机动性"。采访还具有灵活机动的性质。今天你采访学校、菜市场，明天说不定就要去机关、机场。这次，你采访个把小时、几十分钟，为的是写一篇几百字的短新闻，下次，说不定为了采写一篇大通讯，花上十天半个月。因为采写的文体不同，采访的深入程度就有所区别。采写消息，只要把基本的新闻事实弄清楚就行了。而通讯、调查报告之类的采访，就要尽可能地深入细致。因及时报道的需要，有的新闻可以等全部材料都采访到手后再写，有的则可随着采访的不断深入而分段报道、跟踪报道。至于具体的采访，则更需要记者采用灵活机动的方法。

以上四个特点不难理解。因"着眼新闻事实"关系到新闻采访中的许多具体操作，多说几句。

对于采访来说，重要的是"事实"。记者的采访，就是跟"事实"打交道。而采访所关注的"事实"，是"新闻事实"。

记者在采访中，心中有杆"秤"、有把"尺"，他时时在运用这杆"秤"、这把"尺"衡量：这构不构成一个"新闻事实"？实际上，这杆"秤"、这把"尺"，就是前面讲的"新闻价值"——记者在采访活动中，就是运用构成新闻价值的六个要素，来衡量取舍材料的。凡是构成新闻价值的，就取；凡是不符合新闻价值的，就舍。

对于初学者来说，在采访中，要特别注意什么是"新闻事实"。我们来看下面的例子：

> 只有几个月的任期了，马上就要离休了。可是，×××，这位早年参加革命的老同志，这位模范的共产党员，依旧保持着高度的组织纪律性，保持着坚定的原则性。他对新班子很支持，还像过去那样认真负责地对待自己分管的行政福利工作……

作者意在报道一位离休的老干部。可是，除了人名，通篇没有"事实"。这就是作者不懂"新闻事实"的缘故。

新闻采写中，事实必须具体，不能抽象、笼统。有经验的记者，是特别注意这一点的。例如，有位初当记者的同志，去采访某厂一位模范工会主席。有人介绍说，他关心职工胜过关心自己，在阴雨天，看到自己房角渗出了水，马上就想到有的工人房子可能会漏水，立刻冒雨查看了二三十家，为解决职工困难，想了不少办法。这位记者感到此事写进通讯里可能很生动，回来就向一位老记者谈了自己的想法。老记者立即告诉他说：这件事根本不能写，因为只是个大框框，根本无法动笔。你再去问问，他是哪一天看到渗水的？出去查看时是白天还是黑夜？有没有刮风？他穿着什么衣服？打伞还是披雨衣？先到了哪一家？又到哪一家？进门是怎么说的？走的是什么路线？具体帮助哪家解决了什么困难？群众有什么样的说法？——只有细致地搞清楚了这些问题，这一材料在写作中才能用。这位老记者的"点拨"，是我们采访的基本思路。如，我们去采访某个先进青年，得到一个事例：他某次带病救出了一个落水妇女，满足于这样一个笼统事例还是不够的。他患的是什么病？偶染小疾还是身患重病？妇女是怎样落水的？是失足落水还是跳河自尽？他是什么时候、什么地点、什么情况下发现有人落水的？救人中有什么情节？救完后有什么反应？等等。只有完整、全面地了解清楚了这件事，才谈得上掌握了"新闻事实"。——当然，在通讯写作和消息写作中，对于事件详细了解的程度是不一样的。对于消息写作来说，它的"用事实说话"，主要是一些过程性材料、综合概括性材料、效果性材料及一些数字，具体事例需要少，而且不能展开，因而在采访中，一般是抓住主要问题，理线索，摸综合性材料。只有个别地方需要一点情景性材料，但也不要过于细腻。而采写通讯，则必须有大量的细致材料，采访时必须挖掘出一个个具体的"小故事"。但对于采访来说，只要条件许可，尽可能深入、细致一些，总是好的。

（二）怎样做好采访工作

做好采访工作，应注意以下几个方面：

1.要善于捕捉新闻线索

新闻写作要依靠新闻采访，新闻采访并不是盲目进行的，它依据一定的新闻线索展开。什么是新闻线索呢？新闻线索是"新闻事实的讯息或信号"。新华社老记者李峰曾指出："新闻线索，是表明哪里有新闻或者可能有新闻的那种片断的情况。"新闻线索有各种各样的表现形态：它可以是一个反映问题的电话，可以是一封家信提到的小事，可以是几句闲话，可以是会议上的议论，可以是街头的怪事，可以是广告上提到的人、事、单位⋯⋯

新闻线索一般都比较简略，它不是确凿的事实，不能当事实用。它只是事物一星半点的"影子"、"迹象"，有待于"顺藤摸瓜"，进一步采访、分析与挖掘。

新闻线索可以给记者指示采访的方向，使之朝着一条有物可寻的途径，去接近所发生的新闻。如果一个记者手里的线索多，选择的余地就大，采访起来也就主动。缺乏线索者，往往"吃了上顿没下顿"，不知下一步迈向何方。

寻找新闻线索，并非捕风捉影。事物产生前的征候，事物产生后的痕迹与影响，是新闻线索的物质基础；人们的见证，自发性的口头传播，非新闻工具化的文字传播（如书信、文件、通报、简报等），是新闻线索的社会基础。发现新闻线索的渠道是多种多样的，如：（1）从各级领导部门来发现线索，如：中央和各级党组织的指示、决议等；各级领导干部的重要讲话、报告、活动等；领导机关的工作总结、简报、通知、通报等；各级机关工作人员的提示等。（2）从各种会议中发现新闻线索，如：会议的通知、决议等议程性文件；参加者的名单、简介及他们在会议中的活动情况等。（3）从各种简报、小报、书刊及其他社会活动信息中发现新闻线索，如：各种简报；大专院校有影响的墙报、壁报；厂矿、院校、地市县等地方报纸和一些电台、电视台的消息、节目；新出版的书刊；新上映的电影、新演出的戏剧；各种广告、海报、台历；各界先进人士、知名人士的活动等。（4）从通讯员、读者来信中发现新闻线索，如：不能刊登的来稿、来信；读者、听众的电话等。（5）从日常的群众接触中捕捉线索，如：社会交往；日常工作与生活；群众传闻与反映等。（6）从编辑部的报道提要和采访任务中获得新闻线索。（7）从采访活动中发现新闻线索。（8）从日常的情况积累中发现新闻线索。

新闻线索虽然只是某个事实的片断或概况，但它的重要作用是不可低估的。它可以给记者指明到哪里去采访、采访什么的大致方向和范围，给记者提供感知、认识整个事物的前提和基础。对于记者来说，若是新闻线索源源不断，则采访活动不断。若是新闻线索干涸，日子就难过。区分一个记者称职与否的标志固然很多，但手头是否能获取和储备较多的新闻线索，是一个重要标志。新闻界常有人这样评价：某某记者是"派工记者"，"脑袋瓜长在编辑部主任头上"，意即这些记者不能主动、及时地获取新闻线索，而是靠编辑部给题目，靠别人给"米"下锅。这样是当不好记者的。美国新闻学家麦尔文·曼切尔曾指出："消息来源是记者生命的血液。"

新闻线索有时自己主动"送"上门来，有时则靠记者自己主动去找。不管哪种情况，都需要记者平时多交朋友，多建立线索渠道，多往上头、下头跑，多动心思去找。不然，"线索"主动送上门，也会从鼻子底下跑掉。

需要注意的是，新闻线索只是新闻事实的简明信息和信号，绝对不是新闻事实本身。有时候，我们顺藤摸瓜，固然可以摸出"大瓜"来。有时候，摸到的只是"小瓜"。有时候，可能"瓜"还没有熟。有时候，由于新闻线索仅是事物的表象或假象，或是自己采访迟了，新闻线索提供的信息、信号已经"变质"，根本摸不出"瓜"来。遇到这种情况，我们应尊重事实，既不"大材小用"、"小材大用"，也不"拔苗助长"。

2. 具有"新闻敏感"

新闻采访需要新闻线索。然而新闻线索的发现、新闻事实的挖掘，都依赖于记者的"新闻敏感"。西方有关新闻学著作，曾讲过这样一个类似新闻启蒙的故事：某报社总编辑给一位年轻记者布置了一次任务："明天有一人举行婚礼，你去采访，写篇报道。"这位记者第二天按时前往，他到了举行婚礼的那个人的家，结果守门人告诉他，婚礼不能举行了，因为新郎偷偷逃跑了。年轻记者听了之后，大为扫兴，他为自己丧失了一次大显身手的机会而遗憾。他回到编辑室向总编辑报告自己未能完成任务的原因，言犹未了，总编辑一拍桌子："你怎么这样糊涂，新郎逃跑了，比起如期举行婚礼，不是更大的新闻吗？你怎么把这个有价值的新闻线索白白放过去了呢？"年轻记者之所以放过了新闻线索，就在于他没有"新闻敏感"。

"新闻敏感"是指记者敏锐感知新闻线索、迅速判断新闻价值的直觉能力。在采访中，具有新闻敏感的记者，几乎用不着想，凭直觉就能在纷繁复杂、浩如烟海的事物中发现新闻线索，判断新闻价值。因此，西方新闻界称"新闻敏感"为"新闻嗅觉"、"新闻鼻"。

"新闻敏感"的作用，主要表现在：(1)能敏锐地发现新闻线索；(2)能迅速判断遇到的事情有没有新闻价值，有多大价值；(3)能不断地挖掘事物的新鲜意义，使报道向纵深发展；(4)能对某些重大新闻事件的出现，作出科学的预见；(5)能在同一类型的诸多事物中，迅速判断出最有价值的新闻事物；(6)能透过一般现象挖掘出新闻事实隐含着的价值。

成功的采访，往往基于记者的新闻敏感。如，闻名全国的典型人物张海迪的事迹，就是记者凭敏感发现的。1981年11月27日，山东引黄济津启闸典礼在东阿县举行，在前往采访的小车上，新华社山东分社记者宋熙文听到同车的《山东画报》摄影记者李霞谈到张海迪的事迹，内心立刻被震动了。等引黄济津启闸放水典礼一完毕，他把报道启闸典礼的稿子托山东电台的记者捎回分社，自己便一头扎到聊城，去追寻有关"玲玲"的故事了。时隔一月，他写的《瘫痪姑娘玲玲的心像一团火》，便在《人民日报》头版头条发了出来。

有了"新闻敏感"，即算在最平常的日常生活中，也能发现有价值的新闻事实。没有新闻敏感，或新闻敏感不强，有时即算身入宝山，也空手而归。例如，1972年，美国前总统尼克松访华前夕，举行了专门的记者招待会。作为美国总统，他在会上第一次使用了"中华人民共和国"的提法，这意味着美国第一次公开承认中华人民共和国，中美关系将有重大转折。在场的多数外国记者，都感到了这一提法的重要意义，抢着奔跑出去发新闻。而在场的某些中国记者，却未能及时捕捉这一重大的新闻事实。

"新闻敏感"对新闻写作来说，是如此重要。那么，怎样培养我们的"新闻敏感"呢？概要言之，有以下几点：(1)吃透党的政策、精神；(2)熟悉实际情况；(3)积累各方面的丰富知识；(4)学会从全局看问题；(5)具有高度的事业心、责任感；(6)随时随地处于采访状态之中。

在新闻敏感中，政治敏感有着十分重要的作用。因为新闻报道要宣传党的路线、方针、政策，并通过新近发生的事实，从思想上引导群众。我们只有熟悉党的政策、精神，才能用政策的尺度去认识和衡量所观察到的一切事物，或把新闻事实提到政策的高度去认识它、判断它，从而写出对实际工作有指导意义的新闻来。如果不学习政策，一点政治敏感也没有，就只能跟在别人后头转。除了学习党的方针政策，吃透"上头"，还要密切联系群众，了解和熟悉人民群众的生活，吃透"下头"。在群众生活中、工作中，存在着什么矛盾，什么问题？哪个最突出？哪个次之？各个问题、矛盾之间有什么联系？已报道到哪一步？群众有何反映？记者只有熟悉了解这些情况，才能在一个新闻事实发生时，迅速与党的政策、精神和全局情况联系起来，从而敏锐地对该事物作出判断。

一个记者，知识广博与否也影响到他的新闻敏感。若是知识广博，就能及时、敏锐地从对方的叙述中判断出哪些是有价值的材料，哪些是没有价值的材料，并能根据对方的谈话，触类旁通，把采访引向深入。若是知识贫乏，人家说这个你不懂，说那个你又摇头，即使遇到有价值的新闻，也会失之交臂。

立足全局，眼力才能强。记者只有立足全局，把具体事实置于全局范围内进行考察、比较，才能把有价值的新闻事实鉴别出来。否则，自己手中掌握的材料不少，总觉得没有什么可报道的。

"新闻敏感"还与事业心、责任感紧密相关。事业心强了，酷爱新闻工作，才能时时处处做有心人，使捕捉新闻事实的"雷达"一刻不停地运转。责任心强了，记者才能像潜水员一样，深潜于生活之中，不辞辛劳，以苦为乐，发现写不完的新闻。如果对工作没有责任感，"做一天和尚撞一天钟"，绝不可能有什么新闻敏感。

随时随地处于采访之中，无论是街巷漫步，还是亲友闲谈，每遇到一件事，都想一想它有没有新闻价值，长此以往，也有助于新闻敏感的提高。

新闻敏感不是天生的，而是后天培养的。我们刚学新闻写作，反应往往比较迟钝。因为我们还不懂规矩、不懂"行情"，缺乏训练。如果在以后的工作中，潜心钻研，自觉训练，"鼻子"自然就灵了。

3. 做好采访准备

采访的成功与否，固然与记者、通讯员的新闻敏感、思想品格、业务素质、工作经验有关。然而，在很大程度上，也取决于是否做了充分的准备。有了准备，才能使我们在采访中思想明确、目标清楚。有了准备，才能使我们有计划有步骤地进行采访，提高工作效率，节约采访时间。有了准备，才能使我们对采访对象胸中有数，提出比较明确而深刻的问题，与采访对象产生共鸣。有了准备，才能使我们在采访中始终抓住关键，紧紧围绕中心，对临时出现的复杂情况应付自如，从而把采访引向成功。例如，1979年12月，世界拳王阿里顺路到北京做一天的访问。在这一天里，他要参观故宫，被邓小平接见，又要返回广州，日程安排得满满的。有位体育记者，经过千方百计的争取，最后得到了阿里坐飞机由北京返回广州的三个小时。应该说，在这样短的时间内，采写一篇通讯，还是有困难的。但是，这位记者准备非常充分。他在《人民日报》资料部的同志的帮助下，从香港等地报刊中查到了一些有关阿里的资料。接着又跑到北京图书馆报刊部，花几天的时间翻阅了东南亚一些国家的华侨报刊。同时，他还找到一本《阿里自传》，从中获得了很多故事性材料。然后，他在深入研究资料的基础上，又写出了详细的采访提纲。由于准备充分，尽管采访时间有限，他还是顺利完成了采访任务，为《新体育》写了长篇通讯《与世界拳王阿里相聚的时刻》。又如，1984 年 5 月 28 日，驾机起义回大陆的李大维在出席全国政协会议期间，会见了中外记者。这一天，他身穿羊毛开衫，戴一副浅色镶边眼镜。有位记者由于准备充分，知道李大维以前从不戴眼镜，于是就问："你现在是不是得了眼病？"李大维笑了，摘下眼镜回答记者说："这副眼镜是相声演员姜昆送我的。姜昆说我的脸型太圆了，戴上这副眼镜能衬托脸型。我本身眼力很好，今天戴上眼镜纯粹是为了美！"这样，引起全场大笑，记者们也笑了。这一事实本身就构成了新闻。我们可以设想一下，如果没有事先的充分准备，记者是决不可能根据现场目睹的情况，提出如此生动而又有含义的问题来的。

采访准备非常重要。那么，采访前要做哪些方面的准备呢？

（1）明确采访目的。每次采访之前，应明确该次采访的目的。否则，记者在采访活动中，会表现得迟钝，或是对事物消极、冷漠，最终导致采访失败。

（2）尽快熟悉和研究采访对象。记者决定采访某个人、某件事、某个单位、某个地方时，事先一定要设法了解自己的采访对象、采访目标。

（3）掌握背景材料。新闻采访要报道新近发生的事实，而任何一个事实的发生都是由一定因素造成的，都有一定的背景。美国记者阿瑟·埃弗雷曾指出："背景知识是每个记者进行准备的一部分。"采访前，需要准备的背景材料是相当广泛的，包括关于所要采访的新闻事实的历史背景、环境性背景、说明性背景、对比性背景等，是否抓紧背景材料的准备，直接关系到采访工作的成败。熟悉和掌握了背景材料，可以帮助记者对所报道的事实有更深刻的理解，从而进一步明确报道思想，选准报道角度，突出重点，还可以使记者在采访中更加准确、精练地提问，更加有针对性地观察。相反，不了解新闻的背景材料，就会使采访变得比较盲目；或是停留在事物表面上，就事论事，无法深入。

（4）努力寻找并分析有关报道资料。当我们接受某项采访任务后，不管是采访人物、事件，或会议，都要注意寻找并分析一下报刊上有没有这方面的报道。如果有了，它是怎样报道的？还有哪些问题值得深入挖掘。只有进行了这种准备，才能避免与别人撞车，才有可能写出新意。

（5）制订切实可行的采访计划和调查纲目。所谓采访计划，指大体的活动步骤、方式，要访问的部门、人员名单及其先后顺序等。所谓调查纲目，指提问的大纲细目。制订计划和纲目，是采访顺利进行的可靠保证，尤其是调查纲目，更显重要。因为采访，总得提问。高质量的提问，是采访成功的基本保证。拟订调查纲目时，要注意基本问题、重要问题，并要考虑提问的策略性。西方记者认为，每采访一分钟，就要准备十分钟的内容，"准备过度胜于准备不足"。美联社记者尤金·莱昂斯有一次采访斯大林，事先有人告诉他，会面时间为两分钟。莱昂斯回忆说："两分钟过去了，我发现斯大林并不着急，而我却没有一个提问的提纲。我在斯大林的办公室里呆了差不多两个小时，但在这种令人兴奋的最佳环境中，我却没提出意义重大的问题，对这一点我永远感到内疚。"采访需要准备，至于准备的详略程度，要根据采访的对象、任务、条件而定。一般说来，动态新闻的采访、时间很急的采访，准备工作可能仓促些。有时记者一边奔赴采访现场，一边在心里准备，更多的是靠自己的知识积累、经验积累。至于一些重大新闻的采访、非事件新闻的采访、通讯的采访、名人要人先进人物先进单位的采访，准备务必充分。被称为"政治访问之母"的意大利名记者奥琳埃娜·法拉奇，每进行一次采访，都要用几个星期作准备。她说："准备工作的紧张程度简直就像学生准备大考一样。"

4.巧于接近采访对象

采访不仅仅是记者一个人的事。采访的成功，还依赖于采访对象的配合。记者怎样"接近"采访对象，赢得他的支持、理解、配合，也是采访工作中的一个重要环节。巧于"接近"采访对象，涉及下面的一些问题：

(1)把握采访的时机。采访既要注意新闻事件的进展，又要考虑采访对象的工作、身体情况。不能强迫别人在工作很忙的时候、身体不好的时候、心情不好的时候，接受你的采访。

(2)注意个人形象。个人形象包括衣着的得体、姿态的得体、言谈的得体。穿着一身笔挺的西装到车间、田头采访，穿着一身工装到政府机关、科研单位去采访，穿着一身鲜亮的衣服去追悼会上采访，一般都不会得体。

一个人，坐要有"坐相"，站要有"站相"。如果"坐没有坐相"，"站没有站相"，"呵欠连天"，"东歪西倒"，又剔牙又剪指甲的，没法让人和你"接近"。

记者的语言应该文明、有礼貌，粗俗的语言，让人倒胃口；文绉绉的，故作高深，也让人反感。

记者面对名人、要人、外宾，不能低三下四，阿谀奉承。见了普通群众，不能眼睛朝上，盛气凌人。名记者邵飘萍曾指出，记者应该"和蔼，使人可亲；庄严，令人尊敬；机警，使人不可欺骗；沉着，给人勤勉、忠厚、可信任之感。"

(3)善于营造谈话的气氛。采访不能像平时拉家常，东拉西扯，漫无边际。也不能像考试，我问你答，气氛紧张。美国新闻学家麦克道格尔说："最好的采访是在一种自然、友好、非正式的气氛中进行。"这种自然、轻松、愉快的气氛，对采访有着重要的作用。成功的记者，往往三言两语，就能营造这样一种良好的谈话气氛。例如，法拉奇在1980年8月21日和23日，先后两次访问邓小平。她最先的谈话，是从祝贺邓小平的生日开始的，邓小平听后，两人有这样一段对话。

邓小平：我的生日？我的生日是明天吗？

法拉奇：不错，邓小平先生，我是从你的传记中知道的。

邓小平：既然你这样说，就算是罢！我从来不知道什么时候是我的生日，就算明天是我的生日，你也不应该祝贺我啊！我已经76岁了，76岁是衰退的年龄啊！

法拉奇：邓小平先生，我父亲也是76岁了。如果我对他说是一个衰退的年龄，他会给我一巴掌的呢！

邓小平：他做得对。你不会这样对你父亲说的，是吗？

法拉奇在采访中，将要涉及许多国际国内重大的政治问题。她没有板着面孔来谈这些严肃的政治话题，而是三言两语，将采访导向轻松、愉快。她的这种方法，是很值得我们学习的。

(4)尊重他人。尊重采访对象，包括尊重他的职业感情，尊重他的劳动，尊重他的谈话，尊重他的时间观念，尊重他的兴趣爱好，尊重他的人格，尊重他的朋友、家人。一位记者曾指出："不管他是谁，是总理，还是明星、作家，他们都是人。如果你很尊重他，对他有兴趣，他一定会有很好的反应的。一个普通的农民和一个皇帝一样。人同人都是一样的，心同心是相连的。"上海《青年报》有位记者去采访一位失足女学生，先后跑了四次。第一次，他是带着好奇的眼光去的，对方什么也没谈。第二次，他虽然改变了眼神，但提问时没注意语气，对方仅说了两句，又闭上了嘴。第三次，记者叫上管理人员，女学生当即表示反感。直到第四次，记者冒着大雨前去采访，并给她带上了两本谈青年修养的书，女学生在感动之余，才打开话匣子，一口气就给记者谈了三个小时。从这个例子，可见尊重人的重要性。

（5）善于架设感情交流的桥梁，疏通采访对象紧张、顾虑、应付、搪塞、奉迎、作假的心理。采访中遇到的对象是各式各样的，有的见多识广，有的涉世不深，有的傲慢，有的拘谨，有的热情，有的冷淡，有的心存顾虑，有的不以为然，有的曲意奉迎，有的随便敷衍，有的穷于应付各种采访而烦躁，有的初见记者而紧张……记者遇到各种情况，要善于疏通采访对象的各种心理，巧搭感情交流的桥梁，几句话一说，就要让采访对象掏出心里话来。

（6）要满怀热情，知难而上。采访是很辛苦的，采访中遇到的困难，常常是意想不到的。有时候，采访对象拒绝、回避采访；有时候，记者云集，你被挤到一边。遇到种种困难，记者必须有迎难而上的精神，克服一切困难去接近采访对象。

5.注意提问技巧

采访中最重要的技巧是提问。有人把提问比作"钻探机"，记者正是通过恰如其分的提问，把现实生活中无比丰富的宝藏从采访对象口中挖出来。

要采访得好，提问一定要好。采访中，怎样提问题？一般要注意以下几个方面：

（1）精心准备问题。成功的采访，其提问一定是精心准备的。美国新闻学教授麦尔文·曼切尔说："大多数场合下，由于人们忙于处理自己的事务而不愿意多谈，只有被记者精心准备的一连串问题，以及记者在访问中根据谈话的发展提出的一连串问题的触动，才进行交谈。"

记者设计问题，一般是根据自己的报道思想、报道意图设计的。这些问题，一般可分为基本问题、引导性问题、尖锐性问题、过渡性问题、开放式问题（大问题）和闭合性问题（小问题）。

基本问题，指有关人员、数量、过程等基本情况的问题。引导性问题，是指记者为了把对方的思想、谈话由一方面转到另一方面而提出的问题。尖锐性问题，是指向问题实质的问题。过渡性问题，是按逻辑和事物顺序组成的问题，它的目的是缓和气氛，逐步把问话推进到尖锐问题上去，不使对方过于震惊。开放性问题，是不要求有一个具体答复，允许对方发挥的问题。闭合性问题，是要求有一个简明答复的问题。

以上是根据问题的性质来分类的。倘若根据内容来设计问题，则可以根据新闻五要素来设计问题；根据事件的前因后果来设计问题；根据事物的多个方面来设计问题；根据大众所关心的热点来设计问题。

设计问题要全面，不要把基本的问题、重要的问题遗漏。

设计问题要精要，不要抓了芝麻丢了西瓜。

设计问题要具体，不要太大，使对方难以回答。

设计问题要精彩，不要机械简单。

提问太简单，太机械，往往掏不出精彩的事实。例如，有一位记者去采访一位美籍华裔花样滑冰运动员。记者问："这是你第一次来中国吧？"对方答："是的。"记者又问："你心情一定很高兴很激动吧?"对方答:"是的。"记者又问:"听说你母亲在中国居住,是吗?"对方答:"是的。"记者再问:"这次回来一定要看看她吧?"对方答:"是的。"像这样的提问,机械、简单,就很难掏出有价值的新闻。

问题提得太大,对方往往不知道怎样回答。如,一位记者去采访周总理的警卫员李建明,刚一坐定,记者劈头就问:"老李,请谈谈周总理给你的印象。"对方沉思了好大一会才答道:"总理好啊好总理!"尽管记者再三要求对方具体谈谈,这位警卫员仍是一个劲地重复:"总理好啊好总理!"最后,这位朴实的警卫员竟双手捂住脸失声痛哭起来。结果,这次采访就以采访者与被采访者哭成一团而告失败。在总结教训的基础上,该记者第二次去采访,就把前次的大问题化成十几个小问题:"为什么说周总理平易近人?""为什么说周总理生活十分俭朴?""为什么说周总理时刻将人民群众的安危装在心里?"等等,然后在采访时请对方通过一个个具体事例加以说明,结果采访十分顺利。

(2)根据实际灵活提问。问题准备好了,还要根据实际灵活提问。

要讲究提问的方式,"正面问"、"侧面探"、"反面激"各有讲究。对于记者熟悉的对象,对于干部、学者、演员、外宾等,提问宜开门见山,过多的寒暄、引导反而会显得多余。对于那些不善言谈、不习惯于记者采访、比较陌生的对象,不妨做些迂回,做些启发、引导,由近而远,由浅而深。对于那些心存顾虑怕谈或自恃高傲不屑谈的采访对象,有时也不妨使用一下"激将法"。

要注意提问的"度":"多问"、"少问"、"详问"、"略问"、"粗谈"、"细谈"、"浅谈"、"深谈",往往决定着采访的深度,心中不能没有"底"。

采访中,记者的神态也是一种"语言",一个眼神,一个细小的动作,都可能参与了交谈。记者要注意"体态语言"。

(3)在谈话过程中,还得积极思考:这个人、这件事的特点是什么?谈话中找到没有?在这些事实中,哪一件是最主要的?它的新闻价值如何?谈清楚了没有?采访对象是否打了"埋伏"?应该抓住哪些新的线索,继续深入下去?得随时根据谈话的进展,发现和提出新的问题。

(4)谈话过程中,还得多观察。因为,观察不仅能保证你获得很多现场细节,而且,它还能帮助你掌握对方心理,灵活机动地提出问题。

6.做好采访笔记

采访笔记是永远不能被录音机之类取代的。有人问《纽约时报》前驻京记者包德甫:"你采访时是否使用录音机?"包德甫回答说:"不用,太麻烦了,整理录音太费时间。我每天采访工作量很大,实在没工夫去整理它,整理一次录音比采访的时间还要多。我就用一个小本子记要点,这样很方便,发稿也快。"

笔记一般有几种形式:"提要"、"直录"、"描写"、"画记"。"提要"一般只记要点,记事件的简要经过。"直录"一般把对方的原话记下来。"描写"像写目击记,把看到、听到的一切用第三人称记下来。"画记"运用草图,把位置、方位、过程、器物以至采访对象的肖像画出来。笔记可以当场记,也可以事后补记。一切需根据条件、采写需要及个人习惯而定。

需要记录的内容一般包括:

(1)采访对象谈的事实。包括经过、情节、人物、处所、时间、器具、数字、细节等。

（2）采访对象谈出的观点，好的语言也应记下来。

（3）记者看到的内容。记者在开始采访的头几分钟里，一般就要把现场和被采访者的特点，迅速地勾画、记录下来。在采访过程中，也要把被采访对象突出的神态、动作、语气及采访中的突发事件记下来。

（4）记者想到的内容。包括有待进一步查核的疑问点，以及想到的新的线索。

写笔记，对于要点、人名、地名、日期、数字等，当场一定要核对准确，事后则须及时整理。因为笔记大多是在匆忙中记写的，时间一久，就难辨认。

六、新闻写作的原则

新闻是对新近发生、发现的有社会意义的事实的报道。从新闻的基本特征出发，新闻采写涉及两条最基本的原则：一是要坚持新闻的真实性；一是要坚持新闻的时新性。如果采写中背离了这两条基本原则，"新闻"也就不复成为新闻。

（一）真实性原则

真实是新闻的生命，是它取信于民、赖以生存的根本。如果报道失实，会对党的新闻事业造成巨大的损害，会造成政治上、经济上的巨大损失，千万马虎大意不得！新闻的真实性具体表现在以下方面：

1. 新闻的基本要素要完全真实

新闻的基本要素包括何时、何地、何人、何事、为何、如何，这些是新闻赖以成立的起码因素，也是使报道走向精确化的初步阶梯，若有半点虚假，就会招致人们对新闻事实的怀疑。例如，昨天发生的事，你就不能挪到今天。张三做的事，你就不能"戴"到李四的头上。长沙发生的事，你就不能挪到武汉。其中任何一个新闻要素产生错误，都将影响到新闻的真实性。

2. 所引用的材料确切无误

新闻中所引用的各种材料，包括数据、史料、背景材料等，都必须确切无误。新闻报道，往往涉及人物、事件、工作、环境等。人物的年龄、职业、肖像、兴趣、爱好、穿戴、语言、动作、心理、经历、事迹、家庭、工作、学习、生活习惯、性格特点等，只要涉及，就一定要真实，不能随意地拔高或贬低。事件的经过、原因、结果、特点、当事人、见证人以及种种细节，只要涉及，务必准确。工作中的问题、成绩、经验、典型事例、具体数据、具体进程，只要涉及，就必须实事求是，既不夸大，也不缩小。一是一，二是二。报道中涉及的环境，也必须经得起事实的检验。

3. 能表现本质真实

看到一条街道整洁，不能说成整个城市整洁。看到某个服务员态度差，不能说成整个商店的服务态度差。看到某人做了一件好事，不能由此就断定他是一个十足的"好人"。看到某人犯了一个错误，也不能由此把他说成十恶不赦。看到有些农民买轿车、买飞机，不能得出"中国农民现在正愁有钱无处花"的结论。不能孤立、静止地看待事物、报道事物。列宁曾说过："在社会现象方面，没有比胡乱抽出一些个别事实和玩弄实例更普遍站不住脚的方法了。罗列一般例子是毫不费劲的，但这是没有任何意义的或者是完全起相反的作用，因为在具体的历史条件下，一切事情都有它个别的情况。如果从事实的全部总和，从事实的联系去掌握事实，那么，事实不仅是'胜于雄辩的东西'而且是证据确凿的东西。如果不是从全部总和,不是从联系中去掌握事实,而是片断的和随便挑出来的,那么事实就只能是一种儿戏,或者甚至连儿戏也不如。"(《列宁全集》第23卷,第279页)

4.评价客观

对人、单位、事件的评价要客观,不能凭主观好恶。

5.不能脱离新闻来源随意发挥

新闻工作中,最忌脱离新闻来源而随意发挥了。例如,20世纪50年代,新华社有一篇关于志愿军英雄黄继光的报道,曾这样描写黄继光牺牲前的那一刹那:

　　　一阵冷雨落在黄继光的脖子上,敌人的机枪仍在嘶叫,他从极度的疼痛中醒来了。他每一次轻微的呼吸都会引起胸膛剧烈的疼痛……黄继光又醒来了,这不是敌人的机枪把他吵醒的,而是为了胜利而战斗的强烈意志把他唤醒……后面坑道里参谋长在望着他,战友们在望着他,祖国人民在望着他,他的母亲也在望着他,马特洛索夫的英雄行为在鼓舞着他……黄继光一跃扑上了敌人的枪眼……

这篇报道在当时产生了很大的影响,但人们对这一段心理描写也提出了质疑:黄继光当时只身炸碉堡,他扑上枪眼就牺牲了,记者是从哪里得知他的这些心理活动的呢?——这就是由于脱离新闻来源随意发挥所带来的失真。

6.新闻报道的语言必须准确,不能满足于"差不多"

例如,新华社1983年3月4日曾播发过一篇报道:《甘肃省人民政府开了四天会没花一分钱》。这篇报道,一听标题就无法叫人相信。一个省政府开了四天会,怎么可能没花一分钱呢?这是不可能的。记者的本意,大概是说没有乱花一分钱,没有多用一分钱。可是行文时没有斟酌,给人造成误会。这就是由于用语不准确而造成的报道失实。

报道真实是非常重要的,但现实中报道失实的情况仍时有发生。造成新闻失实,既有客观方面的原因,也有主观上的原因。造成新闻报道失实主观方面的原因通常有:

(1)对新闻认识糊模,用文学创作的方法写新闻,以致报道失实。

(2)采访不深入、不细致,观察不细致、不准确,或走马观花、蜻蜓点水,或道听途说、偏听偏信,造成新闻报道失实。

(3)思想认识错误。有的同志由于在思想认识上存在一些糊涂、错误的观念,带来了采访、报道工作的失实。

(4)片面追求生动,进行所谓的"合理想象"。

(5)知识不足。新闻报道题材广泛,涉及各条战线、各个行业,如政治、经济、法律、军事、文化、教育、体育、卫生、自然科学等各方面的内容。记者知识不够,对出现在报道中的知识又不懂装懂,自以为是,结果写出来的报道往往出差错。

(6)沽名钓誉,胡编乱造,急功近利,"超前预报"。

(7)报道思想不纯,有意夸大事实,耸人听闻,或恶意的新闻炒作。

(8)写作技能写作作风不过硬。有些同志写新闻,马马虎虎,既不细心核对事实,又书写潦草,错字、别字、漏字、滥用简称、错用标点、用词不当,造成新闻失实。

以上,我们列举了8种造成新闻报道失实的主观方面的原因。这是初学新闻写作的同志所必须注意的。

要保证新闻不失实,办法有两条:一是讲究职业道德,培养严谨认真的工作作风,提高新闻采写的业务水平;一是抓住新闻采访和新闻写作两个基本环节,把差错和失误消灭在萌芽状态之中。

（二）时新性原则

"新闻"姓"新"。时新性是新闻的基本特征，也是新闻采写的原则。新闻的时新性，主要表现在以下三个方面：

1. 报道快

迅速地把新近发生、发现的事实报道出去，最大限度地缩减新闻事实的发生与报道两者之间的时间距离，是新闻报道的重要特征，也是新闻"存活"的重要条件。西方新闻学一般认为，决定新闻价值的首要因素是时效。在他们看来，"新闻是易碎品"，"新闻只有二十四小时的生命"。为了抢新闻，抢到独家新闻，他们可以不择手段，甚至同行之间大打出手。这种做法固然不可取，但其争分夺秒的作风，是值得我们学习的。从新闻信息传递手段的现代化来讲，现在的新闻不是论日子，而是论钟点、争分秒。当前，全国各类报纸几千家，电台、电视台林立，新闻竞争十分激烈，从事新闻写作，也要树立竞争意识，把抓"冒热气"的新闻放在第一位，否则就会发"马后炮"，劳而无功。

2. 事实新

与"快"字紧密相关的是"新"。新闻报道不只是一个时间问题，还有一个报道内容的问题。新闻报道的事实要新。

新闻不是历史。它报道的是新近发生或发现的事，是广大受众想知、欲知或知之甚少的事。它是时代的窗口，是现实生活的追踪。它要求记者到现实生活中去采撷，去捕捉，去开掘。新闻事实就藏在变动变革之中，藏在矛盾斗争之中，藏在人们普遍关心的事物之中，藏在反常超常的事物之中，它需要记者的发现。如果记者所捕捉的事实，是大众不知或知之甚少的事，其负载的信息量就大。如果是大众已知、熟知的事，其信息量就等于零。

3. 角度新

新鲜的事实，给人以新意，给人以启迪，而且，在报道角度上，也不能老一套，千篇一律。记者报道新闻事实的角度，应尽可能地新颖些，给人新颖生动之感。

4. 讲时机

与前面几点密切相关的，是新闻报道的时机性。我们强调"跑步"采写新闻，强调抢"独家新闻"，但也并非一味地强调"快"，一味强调"新"。在强调"快"和"新"的同时，还应注意新闻的时机性。有的新闻，发早了不好，发晚了不行，非要"抢"在"节骨眼"上，才能产生预期的效果。例如，解放前夕，上海约有5000多辆人力车，7000多名人力车工人。新中国成立后，党和政府在发展公共交通建设的同时，有计划地帮助这些穷困的人力车工人分批转业。这项工作持续了五六年，记者始终没有轻易去报道。到了1956年2月25日这天，当上海市交通局把上海最后两辆人力车送给了博物馆时，新华社记者当天就发了电讯稿《上海把最后两辆人力车送交博物馆》，从而在读者中引起了强烈反响。

除了要考虑政治上、策略上以及新闻事实本身的需要外，新闻报道还要及时回答现实生活中、工作中的问题。例如，随着党的中心工作的开展，实际工作中往往会遇到一些问题需要澄清和解决。新闻如果有针对性地、不失时机地进行报道，就会受到广大读者的关注。如果错过了时机，成了"马后炮"、"雨后送伞"，新闻价值就会大打折扣。又如，在一定的时期、阶段，有很多问题往往是广大受众关心的热点、重点，新闻报道如果完全忽视公众的需要，"你弹你的琴，我唱我的调"，射出的箭也就可能"脱靶"。新闻报道上的"时机", 并不完全就是一个时间概念, 它要求"有的放矢"、"注意策略"、"恰到好处", 而这一切, 又是以党的利益、群众的利益为前提, 这也是我们同西方资产阶级新闻的区别之一。

新闻报道要坚持时新性原则。然而, 在新闻报道中, 时新性不强的现象也时有产生。造成新闻时新性不强的主观方面的原因, 主要有以下几种:

(1)时间观念差。在一些记者的观念中, "时间"这个概念似乎没有确立起来, 在他们看来, 报道早报道迟似乎都是一样的。

(2)思想作风差。有些记者, 不是不知道"时间"的重要, 可是思想作风不过硬, 怕苦、怕累, 不愿意"快速出击", "连续作战"。而是"慢三步"、"四平八稳"。"八小时"之外的新闻, 他不闻不问。"八小时"之内的新闻, 也无关痛痒, 能采写到就采写, 采写不到, 或过于"艰苦", 也就算了。没有快速出击的作风, 没有"拼命三郎"的精神。

(3)思想、政策水平不高。一个记者, 能不失时机地"抢"到好新闻, 是与他的政策水平、思想水平紧密相关的。有些记者, 只能从事日常的、一般性的报道, 今天去出席一个会议, 明天去参加一个开业典礼。或者看到别人报道什么, 也就跟着报道什么, 从来不能自己去"找"新闻, 从来"抢"不到重要新闻或"独家新闻", 只能跟在别人后面亦步亦趋。就其实质, 就是政策水平不过硬, 思想水平不过硬, 缺乏自己的头脑和眼光。而他的报道总是比别人慢一步, 比现实差一步。

(4)业务素质不过硬。从事新闻工作, 是要经过系统的专业训练的。有时候, 即算没有机会接受大学新闻专业的系统训练, 自学时, 也应从严要求自己, 对自己进行严格的训练, 以掌握新闻采写的基本技能。不能认为新闻报道没有什么学问。不要认为, 新闻采写是简单的文字操作, 没有什么技术和窍门。其实, 世界上每一种工作, 只要深入钻研, 就会发现其中的技巧、方法很多, 懂得其中的技巧, 也就是掌握了某一项工作。有些新闻工作者, 对新闻写作缺乏必要的训练, 也是造成时效性不强的原因。

"时效"是新闻的重要属性。采写中怎样坚持新闻的时效性原则呢? 择要言之:

(1)树立时效观念, 提高采写效率。当今社会, 向着高速度、高效率发展, 各行各业比以往任何时候都渴求信息。同时, "电子时代"、"信息高速公路", 使信息的传播比以往任何时代都快。新闻记者, 必须树立起高度的时效观念, 争分夺秒, 分秒必争。除了从思想上、作风上强调一个"快"字, 在采写的技能技巧方面, 也应讲究方法、追求效率。例如, 怎样利用现代化的交通工具、通讯工具? 怎样提高采访的效率? 怎样做到文思敏捷, "倚马可待"? 都是记者应该考虑的。

(2)强调抢"独家新闻"。作为一名新闻记者, 应多抢"独家新闻", 能抢独家新闻, 善抢独家新闻。所谓独家新闻, 是指第一个被发现并予以报道的新闻事实。从某种意义上看, 能否抢到独家新闻, 能否经常抢到独家新闻, 是一张报纸有无竞争力、有无特色的具体表现, 也是一个好记者、名记者的具体标志。它是一个记者业务能力、事业心、责任感的综合表现, 也是衡量一位记者是否"合格"、是否"称职"的一个基本标准。特别是在同一地区有几家报纸、电台、电视台的情况下, 抢独家新闻就显得尤为重要。

(3)丰富报道方式, 优化报道手段。一事一报的报道形式, 往往要待事件结束后再作报道。对于那些时间跨度比较大的事件来说, 这种报道方式显得缓慢, 不能满足人们及时了解事件发展的需求。在这种情况下, 记者应采取灵活的策略, 跟踪事件, 按事件发展的阶段做出连续报道。如我国 1987 年大兴安岭发生森林火灾, 火灾从五月中旬持续到六月上旬，前后二十多天。大火牵动着全国上下亿万人民的心，电台、电视台、报纸对整个过程做了及时的、分阶段的连续报道，取得了很好的效果。

有时候，新闻事件来得非常突然，记者为了赢得时间，可就事实的结果先发一个简讯，再通过深入采访，就新闻事实、新闻事件的背景、起因、发展情况、影响范围及各界评述等，做连续深入的报道。如我国选手许艳梅在第 24 届奥运会上夺得女子跳水冠军，新闻媒体当天仅发了则短讯，从第二天起，才陆续报道她的有关情况，赛前赛后赛时的心理状态及各界对此的反应。这种快慢相交、长短结合的做法，也是提高新闻时效性的好方法。

（4）掌握"以新带旧"的技巧。在新闻报道中，有时也会遇到这样的情况：有些重要的新闻事实，在发生时没有及时报道，时间上显得不那么新了，可是事后又感到有必要把它报道出去，怎么办？常用的办法是，运用一个新闻根据或新闻由头，"以新带旧"，将它报道出去。例如，1940 年，周恩来曾给一位民主人士就通邮问题题了词。这位民主人士一直珍藏着。这件事无疑是有价值的，但它还不构成新闻事实。1981 年 4 月，《福建日报》抓住这位民主人士献出题词这一"由头"，才使这一珍贵的新闻素材变成了新闻事实（见 1981 年 4 月 29 日《福建日报》）。

新闻由头，也叫新闻根据，它是将发生比较久的新闻素材变成新闻事实的依据。如果报道中不善于运用新闻由头，写出的消息就会显得陈旧。

新闻由头一般有两个组成部分：一是它的时效性，一是它的价值性——当要把发生比较久的新闻素材变成新闻事实时，首先要找到与之紧密相关的最新发生的事实（如上面所提到的民主人士献出周总理的题词）。其次，这一最新发生的事实，有一定的价值、意义。

第二节　消息的写作

一、消息的含义及特点

（一）消息的含义

消息是对新近发生和发现的、有新闻价值的事实的简明扼要、迅速及时的报道。消息是新闻报道中的主角，是新闻报道中运用得最广泛的报道形式。

作为一种文体，消息是新闻事业发展的产物。

中国古代的"邸报"，上面的文章都是皇帝的诏书谕旨、起居言行、宫廷法令、大臣奏折、官员升调，谈不上是今天所说的消息。明中叶出现的"京报"，内容与"邸报"相似，但偶尔也刊载些"社会新闻"，形式、写法上已初具消息的某些特质。如明熹宗天启六年五月初六（1626 年 5 月 30 日），北京王恭厂火药库爆炸，京报对此详加报道，时间、地点、人物、事件、经过、原因等交代得十分清楚。但这类文章极少，还没有形成独立的新闻文体。

19 世纪初，近代中文报刊诞生。1815 年 8 月 5 日，英国传教士在马六甲创办了《察世俗每月统记传》，这是历史上第一家近代中文报刊。它所刊载的，大多是传教文字。在为数有限的"新闻"中，作者大多运用中国古典散文的表达方式写作，新的写作模式还未见其萌芽、"破土"。之后，随着《申报》、《新闻报》等商业性报刊的创办，新闻信息受到重视，旧的写作模式才开始有所突破，但文体特征还不明显。大约在同一时期，国外消息这一文体，已趋成熟。1861 年 4 月 12 日的《纽约世界报》上，已出现倒金字塔结构的消息。

在中国，消息文体的渐趋成熟，与现代电讯事业密切相关。1881 年 12 月，我国铺设了由天津到上海的有线电报线路。不到一个月，《申报》驻京记者便由天津向上海发回一条专电。之后，新闻专电便逐渐多起来。电报业务的发展，给新闻传送带来了方便。由于当时电报费昂贵，记者写电讯只能字斟句酌，对新闻写作产生了一定影响："叙述＋议论"式的消息便逐渐减少，"议论"与"新闻"分离的趋势日趋明显；新闻专电的出现，成为消息体裁渐趋成熟的一个标志。

在随后的近半个世纪里，报纸上的消息基本上都采用一事一报的方式。一条消息只报道一件事，而且只讲"何事"，不讲"为何"。一条消息仅三言两语。"五四"运动前后，欧风东渐，西方的新闻写作方法被介绍到中国。20 世纪 20 年代，上海的《商报》、《新闻报》，北京的《晨报》，开始运用新闻导语。到了 30 年代，新闻导语已被各报普遍采用。与此同时，开始出现一些"综合消息"、"述评消息"。之后，随着新闻事业的飞速发展，消息的种类也就繁多起来。

（二）消息的种类

消息的种类，纷繁复杂。

（1）根据消息内容的重要性，将其分为硬新闻和软新闻。

硬新闻通常指那些政治性、政策性、指导性、时效性很强，题材严肃，以反映政治、经济、科技等领域中重大情况为主的新闻报道。

软新闻通常指那些人情味较浓、知识性趣味性较强、轻松活泼易于引起读者阅读兴趣，或时效性不太强的新闻。

（2）根据新闻事件是否具有明显的事件形态可分为事件性新闻和非事件性新闻。

事件性新闻具有明显的事件形态，有一个有形的发生、发展、结束的界线，有着明确的起止日期，有一定的事件性，通常是"一事一报"的新闻，它相对完整地报道一个事实，事件具有明确的起止时间；其事件又有突发性和非突发性之分。

非事件性新闻往往超出了一个事实，它涵括了若干事件或状态，有时甚至是对一种倾向、思潮、趋势、现象的报道。它是在许多事实、事件的基础上，经过一定的归纳、分析而"抽象"概括出来的，反映的不是一个有形的事件，也没有明显的起止日期，不具有十分明显的事件性。例如，报道某个地区农业生产变化的新闻，报道某个单位计划生育工作的新闻，报道英雄模范先进事迹的新闻，即这类。非事件性新闻一般包括三种类型的新闻：①报道问题的新闻，如工作通讯等；②报道概貌的新闻，如综合消息、概貌通讯；③报道典型的新闻，如人物通讯、经验消息等。和事件性新闻比较起来，非事件性新闻报道的不是某一个完整的新闻事件，而是综合报道若干个新闻事实或其侧面；它不是报道短期内的事实，而是报道较长时间内的事实；它不是纯客观地报道事实，往往夹叙夹议，有分析有综合。在西方新闻界，他们以前是不承认非事件性新闻的。只是随着新闻事业的发展，他们发现纯事件性新闻的不足，才承认和兴起了"解释性新闻"、"调查性报道"、"深度报道"，肯定了非事件性新闻的存在。在我国，由于比较重视新闻的宣传、指导作用，非事件性新闻得到了充分发展。据李峰在《关于改进非事件性新闻问题》一文统计，新华社在一个半月内播发的 1601 篇新闻中，非事件性新闻就占了 65%；各报二、三版刊登的非事件性新闻所占的比重还要大；像记者或读者来信、调查报告、工作研究、工作通讯、人物通讯、概貌通讯、综合消息、经验消息等，都属非事件性新闻。非事件性新闻所报道的，不是单一、完整的事件，但是，它并非不要"事实"。与此相反，它对"事实"的要求更严。一方面，它要通过采访，了解多点多处的事实，并把它们综合、归纳、概括为综合性的材料。另一方面，它还要注意挖掘具有典型意义的个别事实，做到点面结合。"事件性新闻"以时效性取胜，而"非事件性新闻"往往以深度、广度、"透视性"见长。

（3）根据消息的篇幅分为一句话新闻、简讯、短消息、长消息。

简讯又称"简明消息"、"快讯"、"本日消息"、"昨日消息"、"最后消息"，长可达100字左右，短则是"一句话新闻"。其特点是直接、迅速、扼要，只要报道出新闻事实就行。短消息指500字上下的消息。

短消息具有简讯之长，又较简讯清楚、具体，有时有背景材料的穿插。这种消息是最常用的消息形式，在西方又称"最可读消息"。

长消息指1000字左右的消息。这种形式多用于典型报道或述评消息。也用于报道重要的动态。这种消息有展开的余地，能穿插较多背景，结构上也有变化的余地，表现手法也可多样一些。

（4）根据报道分工的范围可分为经济新闻、科技新闻、军事新闻、外交新闻、文艺新闻、体育新闻、教育新闻等。这种划分，主要是为了揭示不同领域内消息写作的特点。

（5）根据消息报道的内容可分为动态消息、经验消息、综合消息、人物消息、社会消息、专访、特写、述评性消息等。

此外还有种种分类，不一一而论。

（三）消息的特点

消息以叙述新闻事实为主，新闻要素准确而合乎逻辑，行文简明干净，一般按消息特有的结构形式组织材料。必要时有电头、发电时间、记者姓名、新闻来源等。和通讯比较起来，它有以下几个显著特点：

1. 简明扼要

任何消息，都是对新闻事实简明扼要的报道。它不可能像通讯那样，对事实的来龙去脉、详细经过、具体情况，作详尽细致的报道。它对事实的报道，是简明的、扼要的，往往抓住何时、何地、何事、何人、何因、何果等新闻要素，将新闻事实扼要地报道出来。即算有点描写，也只是扣住一两个核心细节，略加点染。试看下面的消息：

肯尼迪遇刺丧命
约翰逊继任美国总统

路透社达拉斯1963年11月22日电　急电：肯尼迪总统今天在这里遭到刺客枪击身死。

总统与夫人同乘一辆车，刺客连发三弹，命中总统头部。总统被紧急送入医院，并经输血，但不久身死。

官方消息说，总统下午1时逝世。

副总统约翰逊将继任总统。

这条消息，非常简要地报道了肯尼迪遇刺身死的事实，其中的细节交代，是紧扣主要新闻事实的，没有任何枝蔓，文字显得干净利落。消息的这一写法，既不同于通讯，也不同于一般的记叙文，这是我们写作中要特别注意的。写作中我们要抓住主要事实，删去一般性的细节，并且用简单扼要的语言将其报道出来。

2. 篇幅短小

消息的句子短、段落短、篇幅短。试看下面的例子：

路透社伦敦 6 月 17 日电　在小行星带的远方一侧，木星附近，哈雷彗星正在疾飞而来，这将是它在太空时代第一次露面。(42 字，包括标点符号，下同)

一批航天器正在陆续从地球起飞，在它到来的时候迎接它。(26 字)

哈雷彗星平均每隔 76 年出现一次。(17 字)

几个世纪以来，彗星一直使人类着迷，有时还使人感到害怕，甚至 20 世纪的人在彗星出现时也有点异样表现。(48 字)

上次 1910 年当哈雷彗星又转回来时，得克萨斯州达拉斯城一个有生意眼光的推销员，由于出售"彗星药丸"而赚了钱，据他说这种药丸可以辟除彗星带来的所谓晦气。(73 字)

哈雷彗星以每小时 74000 公里的速度在飞行，现在离我们大约 70 万公里。(34 字)

从今年十一月起，用双筒望远镜就可以看到它，但是居住在北半球的人也许会感到失望，他们必须有这种心理准备。(51 字)

这颗彗星将在 1986 年 4 月 11 日离地球最近，距离大约 6300 万公里，在 5 月之前一直可以从地球上看到。(50 字)

在南半球可以看得最清楚。(12 字)

但是最壮观的景象将是通过欧洲航天局的"焦托"航天器上安装的摄影装置的镜头拍摄到的。(41 字)

这则消息全文 390 个字，分 10 个自然段，平均每段不足 40 个字。

消息的篇幅短小，与时效性原则紧密相关。最经济的文字，往往容易赢得时间。例如，1979 年 9 月 9 日，毛泽东逝世的消息，我们是下午 4 点广播的；时事社以"毛泽东逝世"5 个字，于 4 点零 5 分发出；美联社以"毛泽东逝世"5 个字，于 4 点零 7 分发出；路透社以 20 个字，于 4 点零 9 分发出；法新社用 113 个字，于 4 点 15 分发出。最短的文字，赢得了时间。

消息的篇幅短小，也与读者需要紧密相关。一般读者，每天花在读报上的时间，不过二三十分钟，且大多是在休息的时候，快速翻阅，篇幅过长的新闻，一般不容易被读者看中。因而，胡乔木同志曾指出："新闻要五分之四是五百字左右的。"

怎样才能把消息写得短小呢？老记者李普曾介绍经验说：

(1)一篇稿子，只谈一件事。如果一次采访涉及两方面的内容，就写成两篇稿子，不要墨守"一次采访，一篇报道"的程式。

(2)如果是有关系的几个问题，可以化整为零，写成系列报道。这样，每篇的篇幅就短了。

(3)忍痛割爱，无关紧要的，单独看再好，也要删掉。

(4)用新闻语言写新闻。新闻语言是简练的。

(5)不要企图一次把话说完。有些话以后还可以再说。

(6)该繁则繁，该简则简。简的地方，惜墨如金。

（7）写得短也是政治水平、业务水平的综合表现，不只是文字功夫，理解得深，才能一语破的。

（《李普同志谈短新闻》，《安徽日报通讯》1982 年第 2 期）

李普同志的经验，很值得我们学习。有些同志写消息，动笔就是二三千字，不合规矩。

3. 用事实说话

新闻的来源是事实。新闻写作要用事实说话。离开了事实，新闻也就失去了根本。

和通讯比较起来，消息尤其要讲究事实说话。如果说，通讯写作中，还能允许一些恰到好处的、必要的议论与抒情的话，消息写作中，最好是把议论、评价、抒情去掉，"纯用"事实说话。

消息特别强调用事实说话，并非不要思想，不要观点。抓住广大群众普遍关心的问题，抓住党的中心工作贯彻执行过程中迫切需要解决的问题，抓住有思想意义、社会意义的新闻事实予以报道，这种报道行为本身就具有思想性、倾向性。但在消息的具体写作中，并不需要把思想、观点直接点出来。胡乔木同志曾指出，新闻"是一种无形的意见。从文字上看去，说话的人，只要客观地、忠实地、朴素地叙述他所见所闻的事实。但是因为每个叙述总是根据着一定的观点，接受事实的读者也就会接受叙述中的观点。"（《人人要学会写新闻》）

不直接说出作者的思想观点，西方新闻界称之为"藏舌头"。"舌头"即指新闻报道中的思想观点。不善于"藏舌头"，效果往往适得其反。《新闻战线》曾刊登过《吴冷西同志谈广播电视新闻》一文。文章指出："现在我们的记者不会写新闻，特别是不会用事实写新闻。"他谈到一个例子：徐州酒厂女工吴继玲，在粉碎葡萄时一只手被机器截断后，在各方面大力协助下，被送到上海抢救。这一事件本身就很感人，足以说明社会主义制度的优越。但记者在报道中偏偏加上一笔："真是社会主义好啊！"吴冷西指出："这是新闻写作的败笔"，违反了用事实说话这一规律。

消息写作，最忌图解领导讲话的精神，最忌图解政策条文，最忌说教，最忌作者站出来直接评论、议论、抒情。应该坚持以事实说话。有时候，如确需点明自己的观点，可以借助背景材料，通过事实的对比、联系，间接表明自己的观点。也可以援用权威的评论，如"此间观察家认为"，"此间消息灵通人士说"，"此间权威人士透露"等等，间接地表明自己的观点。但切忌自己站出来评说、议论、抒情。写作中，应自觉把这类字句删去。

二、消息的结构形态

消息往往按其特有的结构组织材料。

消息结构包括两方面的内容：一是构成消息的各个部件；一是消息结构的形式。

构成消息的部件一般包括"标题"、"消息头"、"导语"、"主体"、"结尾"、"新闻背景"。前五者，具有结构形式上的意义。"新闻背景"只表现出结构内容上的意义，但由于它在消息中有不少特殊的功能，通常也把它放在结构要素中加以讨论。

消息的结构形式，种类繁多，经常采用的有"倒金字塔结构"、"金字塔结构"、"并列式结构"。关于消息构成的各个部件，我们在下面几节讨论。这一节，主要介绍消息的基本结构形式。

（一）倒金字塔结构

倒金字塔结构，是消息写作中最常见的结构形式。这种结构，起源于 19 世纪 60 年代美国南北战争期间。当时，人们渴望迅速获得战争的消息，但由于电讯事业尚不发达，电报经常中断。为了尽可能把新闻中的主要内容抢先发出去，必须把最重要的内容放在消息的最前面，次重要的内容放在稍后的段落里，最次要的内容放在消息的尾部。这种结构方式，很像倒置的金字塔，故有是名。自美联社记者 D·S·奥斯本将这种结构形式固定下来后，这种结构形式一直受到记者、编辑、读者的欢迎。

倒金字塔结构与一般记叙文的结构安排不同，它具有以下的特点：①它不是根据事件发生、发展的时间顺序来安排层次段落，而是按材料的重要性把最重要的事实放在第一段，依材料的重要性依次往后排。②为了突出主要新闻事实，导语部分只突出重要的新闻要素，其他要素在主体部分逐渐补充。③段落划分短小，往往是一两句话一个段落，各段落之间不需要过渡转承，只求其内在联系，往往是这样一种情况：第二段是第一段的具体化或补充，第三段又是第二段的进一步补充，如此相连，逐层具体深化。④一看导语，便可把握这类消息的精华，欲详欲略，可自由掌握。编辑压缩稿件，可从消息的末段倒删上去，虽经大刀阔斧的砍削，也不会伤筋动骨，消息仍然是相对完整的。

倒金字塔结构的优点是：①符合新闻的特点，把最重要的事实摆在第一段，可以避免一般事实掩盖了重要事实。②便于读者阅读，读者如没有时间，只要读了导语，也可以知道消息的主要内容。③便于编辑及时、有效地处理稿件、制作标题和设计版面。它的局限是：①程序固定化、单一化，掌握不好，容易写得呆板、生硬；标题、导语、主体也容易造成重复；②它适用于写时效性强、事件单一的新闻，对某些非事件性新闻，富有故事性或人情味的新闻不太适宜。采用这种结构方式，要注意判断新闻要素和新闻材料的主次轻重，如果弄清了新闻要素和新闻材料的主次轻重，就可以根据其重要程度，依次写下来。

试看下面的消息：

新华社 1982 年 2 月 29 日电　著名的爱国豫剧表演艺术家常香玉今晚和昨晚在北京为中国儿童和少年基金会举行两场义演。

六十岁的常香玉已有五十余年的舞台生活经验。自 1953 年起，就被聘为全国妇联的执委。妇联是中国儿童基金会的发起单位之一。

常香玉高兴地对读者说："我能为老人、孩子做些事很高兴，我所作的贡献是极少的。为我们妇女组织提倡的事尽些义务是我应负的责任。"

新中国成立初，常香玉曾为加强国防用义演的全部收入捐献了一架战斗机。

今晚常香玉演出的"柳河湾"是叙述近年来农村实行经济政策后柳河湾由穷变富的故事。常香玉的精彩表演获得了观众热烈的掌声。

1980 年，文化部、中国戏剧家协会和河南省艺术界举行了为常香玉舞台生活五十年的庆祝活动，并表彰她为发展豫剧作出的贡献。

豫剧在中国的很多地方是仅次于京剧的一个地方剧种。它已有 300 年的历史。

常香玉现在是全国人民代表、中国戏剧家协会副主席、河南省戏剧学校校长。

中国儿童和少年基金会自 1981 年下半年成立以来，已有 21 个文艺团体为基金会举行了 25 场义演。目前已筹集基金近 300 万元，主要是团体和个人的捐献。

这则消息，你可从最后一段删起，直至最前一段，依然把最主要的新闻事实交代出来了。

时至今日，也有人反对"倒金字塔结构"。如，美国记者怀特在其所著的《广播新闻》一书中说："现在流行的倒金字塔式，头重脚轻的新闻写作方法，可能在不久的将来，也将因自己所负分量的过重而颓然倒下去吧！"但是，现在报纸上的消息，大多仍采用这种结构方式。通讯社的新闻稿，则尽可能地采用这种方式。这是因为，通讯社的新闻稿，是供国内外各类报纸、电台选用的。在选择过程中，由于各报纸、电台的编辑人员的政治观点、社会观点、新闻学观点的差异，同一条新闻稿，他们有的全文刊用，有的只用三分之二的内容，有的则编成简讯。通讯社的稿子采用这种结构方式，适应各种新闻机构的选择剪编，不至于把最重要的事实漏掉。不管怎么说，从事新闻写作，应该掌握这种最基本最常用的结构方式。

（二）金字塔结构

金字塔结构是相对于倒金字塔结构说的，它不像倒金字塔结构那样，依据材料的重要性安排结构。它依据事件发展的顺序来写，事件的开头，就是消息的开头；事件的结尾，就是消息的结尾。直到最后一段，才把事情的结果、最重要的材料显示出来。这一类结构中，又有"自然时间顺序结构"、"编年体结构"、"积累兴趣结构"或"悬念性结构"的分别。

"自然时间顺序结构"就是按事件发生的时间、顺序扣住新闻要素来写的，试看日本《读卖新闻》的一则报道：

冻死的孩子重新复活

美国威斯康星州一个名叫麦肯罗的孩子，今年只有两岁半。一月十九日，在家里人没有注意的情况下，他穿着一身睡衣，只身来到零下二十九度严寒的室外。家里人发觉后把他抱回屋里时，麦肯罗的一部分血液已经"冻结"，手脚也都僵硬了。当他被送往医院时，体温已下降到十五点五度。但是，在经过了包括使用心肺泵等先进设备抢救以后，麦肯罗竟然奇迹般地复活了。像这样处于低温状态下的人能够死而复生，在世界上是没有先例的，就是参加抢救麦肯罗的医生也对此感到惊叹不已。

现在，除了他的左手可能会留下由于冻伤后遗症引起的轻度肌肉障碍以外，其他恢复都很正常，估计三四周内，即可恢复健康。

"编年体结构"往往抓住事态发展的关键时刻来叙述有关事实。我们试看法新社报道赫鲁晓夫辞职的一则消息：

法新社巴黎 1964 年 10 月 15 日电　据可靠消息说，赫鲁晓夫已辞去苏共中央书记、苏联部长会议主席两项最高职务。

虽然今年早已出现某些传闻，可是，直到十六时零五分才首次证实此事。当时驻莫斯科的外国共产党记者被告知不要离开收音机，等候"重要消息"。

接着在十六时零九分，法新社驻莫斯科分社注意到，往常在下午出版的《消息报》没有出版。一分钟后，一条电讯谈到了苏共中央领导机构将发生变动的传闻。这时，法新社记者注意到在莫斯科苏共中央委员会所在地前面停了许多黑色轿车。

    大约半小时后，即十六时三十四分，法新社记者注意到赫鲁晓夫没有出席在克里姆林宫为古巴总统多尔蒂科斯举行的午宴。到七时四十七分，莫斯科宣布，《消息报》到明天早晨才出版。

    从十六时五十五分起，情况更惊人了：人们看到赫鲁晓夫的名字从《真理报》上消失了。十七时四十五分，从赫尔辛基传来的消息说，赫鲁晓夫"可能辞去了他在苏联领导机构中担任的职务之一"。十八时零四分，法新社从巴黎发出的电讯证实他已辞去了两个职务。

    虽然赫鲁晓夫下台已经肯定了，可是，这时人们还不知道下台的原因。最后，在十八时四十五分，从莫斯科传来了半正式的消息：赫鲁晓夫辞去了他在党和政府的两个职务。

    四分钟以后，即十八时四十九分，据同一来源的同一人士说，继承者已确定：党的首领是勃列日涅夫，政府首脑是柯西金。

    从那时起，从莫斯科传来了各种各样的传说。十八时五十三分的消息说，接替赫鲁晓夫的决定是在一次中央委员会会议上通过的。赫鲁晓夫参加了这次会议，他谈到了自己的健康状况，提出了辞职。

    稍后不久，即十八时五十五分，法新社驻莫斯科分社宣布，据消息灵通人士说，赫鲁晓夫业已辞职。

"积累兴趣结构"（又称悬念性结构）往往抓住读者急于了解事实结果的心理，抓住事件发生发展的关键性环节，把读者一步一步引向事件的高潮。试看《北京晚报》刊登的一则消息《两名大学生玩命》：

    北京晚报 1 月 24 日报道　1 月 22 日下午 7 时，北大分校物理系 18 岁学生吴某，与 3 名女同学到学校附近的铁道边散步。

    吴对女同学说，国外常有人趴在路轨中间，火车过后安然无恙。

    这时一列火车正巧从西直门方向驶来，吴和一女同学欲亲身一试。他们迎着火车趴在路轨中间。

    火车司机发现后，立即采取紧急制动措施。车头和一节车厢从他们上面驶过之后停了下来。

    女同学从车下爬出，侥幸留下了性命。吴某却没出来。他的颅脑受到严重损伤，已经丧生。

此外，我们在报纸上常看到的"问答式结构"，实际上也是按时间顺序来安排结构的。

金字塔结构，适合于那些故事性较强，以情节取胜的新闻，尤其适合写现场目击记。但它也有自己的局限。它的开头往往不吸引人，消息的精华部分，往往埋没在长篇叙述之中，读者非得读完全文，才能了解事件的真相。在写作实践中，人们常常把倒金字塔结构与金字塔结构结合起来，开头部分用导语交代最重要的事实，导语以后再按事件发生发展的顺序依次展开，构成一种新颖别致的结构。

    （三）并列式结构

    又称双塔式结构。其特点是，作者在导语中交代主要新闻事实后，以后逐段报道的内容，从时间上看，可能是同时发生的；从重要性上看，可能是同等重要的。这种结构常用于下列新闻：一次重要会议同时作出若干重要决定；一个单位对某项工作总结出几条并列的经验；一个重大事件发生后不同单位有不同反映。因而，有人把并列结构又细分为"对比性结构"、"总结式结构"、"提要式结构"等。

除了上面三种消息结构类型外，我们在报纸上还可以看到不少结构比较自由的新闻。这些灵活多样、没有固定格式的消息结构，可以称为自由式结构。

采用合适的结构形式以后，就是写好消息的标题、导语、主体、新闻背景等各部分。

三、消息的标题

(一)消息标题的基本形式

消息标题是消息的眼睛，它概括、提示、评价消息的内容，揭示新闻的本质，吸引读者的阅读兴趣。不管是谁看新闻，总要先看标题。标题的好坏，直接影响消息的新闻价值。新闻标题与一般文章的标题相比，有它的独特之处。一般文章通常只有一个标题，有时再加一个副题。新闻通常采用多行标题，包括主题、引题、副题、提要等，并以不同的字体排出。

主题，又称正题、母题、大标题、主标题，是多行标题中的骨干和核心，用来概括说明新闻中最主要的事实和思想，居于显著位置，往往字体显得特别突出。

引题，又称肩题、眉题。它标在主题前面作前奏，起交代背景、烘托气氛、说明原因、揭示消息内涵和精神实质的作用。

副题，也叫次题、辅题或子题，标在正题下面，常用于补充交代新闻中的次要事实，弥补主标题的不足。

提要(或叫提要题)，又称提示题或纲要题。其作用是将新闻中的核心内容概括出来，起内容提要的作用。一般文字较长。

根据不同的内容和宣传的需要，消息标题大概有四种形式：

(1)由主题、副题、引题、提要题组成。如：

发展和加强中华民族的大团结大统一(引题)

全国政协六届二次会议在京开幕(主题)

邓颖超主持开幕式，李先念、彭真等领导人出席，热烈祝贺大会召开(副题)

邓颖超在讲话中着重阐述了统一战线工作的作风和宣传教育问题，胡子昂作

工作报告(提要题)

(1984 年 5 月 13 日《人民日报》)

这种标题主要用于重大新闻，一般新闻尤其是短新闻不采用。

(2)由主题、副题、引题构成。如：

我考古工作取得新突破(引题)

秦皇安睡两千载，项羽不是盗墓人(主题)

《汉书》有误：掘墓焚陵是讹传　《史记》可信：水银江河在地宫(副题)

(1985 年 3 月 15 日《文汇报》)

(3)由主题、引题构成或由主题、副题构成。如：

卖肉个体户黎少钦立章公告群众(引题)

短秤一两，赔罚一斤(主题)

(1981 年 9 月 1 日《湖南日报》)

蓟县三千货郎向"官商"发起挑战(主题)

农民进入流通领域后,给商品流通带来生机;国营商业面对多种经济成分的竞争,非走改革之路不可(副题)

(1983 年 1 月 19 日《经济参考》)

国家自然科学基金委首次向媒体公布案(引题)

谁搞学术腐败,点名不给面子(主题)

(2002 年 1 月 8 日《羊城晚报》)

救济粮送不到难民手中(引题)

阿富汗饥民在吃草(主题)

2002 年 1 月 10 日《三湘都市报》

(4)只有一行主题。如:

"光棍堂"引来了四只"金凤凰"(主题)

(1979 年 8 月 19 日《天津日报》)

北约野蛮轰炸我驻南使馆(主题)

(1999 年 5 月 9 日《人民日报》)

(二)制作消息标题的要求

制作标题,要注意以下几点:

1.要虚实结合

新闻标题,有虚实之分。"实题"一般扣住新闻事实,点明必要的新闻要素,使人一见就知道这篇消息报道的是什么事情。"虚题"则显得比较抽象、含蓄,一般用以引导、说明、烘托、渲染主题,或侧重说明某个原则、道理、愿望等。单行标题,一般要实标,让读者一看就知道你所要报道的事实。多行标题,则要虚实结合。试看:

几根头发可测癌症(单行标题,实标)

(1988 年 2 月 12 日《解放日报》)

啤酒气足　群众气消(主题,虚标)

南昌啤酒厂接受批评,提高啤酒质量(副题,实标)

(1982 年 1 月 26 日《人民日报》)

在大多数情况下,引题以虚标居多,副题以实标居多,主题可虚可实。如果标题中有两个实标题,则要注意处理好二者的关系:主题是实标题,它标出的是新闻事实的主要内容,副题就要对主题的内容作进一步的补充或进一步具体化。试看下面的例子:

知否? 知否? 应是贱"肥"贵"瘦"(引题,虚标)

爱吃瘦肉者　请您多付钱(主题,实标)

本省十几个县市调整猪肉各品种之间的差价(副题,实标)

(1983 年 9 月 24 日《羊城晚报》)

2. 要准确贴切

一个好的新闻标题, 还要做到准确贴切。准确, 是对"实题"而言的; 贴切, 是对"虚题"而言的。新闻标题中的"实题", 应准确反映消息的主要内容, 不能夸大, 不能缩小, 不能故弄玄虚, 不能耸人听闻。要严格地遵循新闻的真实性原则, 丝丝入扣, 不失分寸。新闻标题中的"虚题", 虽然它比较抽象、含蓄, 不直接点明新闻事实, 但也不是可有可无的。它应恰到好处地引导或说明消息的实质, 加强消息标题的生动性和吸引力。

3. 要简洁工整

消息的标题, 字数不能太多, 语言要简洁。其中, 主题和引题, 多用对称性句式, 要讲究形式的工整。副题虽多用解说性的、散文化的句子, 也应简洁、凝练, 没有冗词冗字。

4. 要新颖、生动

一个好的新闻标题, 不仅要符合新闻事实, 要有好的思想内容, 要简洁工整, 同时, 还要做到新颖、生动。新颖别致的标题, 能给人耳目一新之感, 先声夺人, 吸引读者的注意。生动形象的标题, 其感染力强, 能给人以想象、回味的余地。例如,《光明日报》发表人口问题专家马寅初先生被平反的消息, 题目只有八个字:《批错一人　误增八亿》, 先声夺人, 给人耳目一新之感。又如,《回头浪子帮助浪子回头》这个标题, 也生动形象, 吸引读者的注意。如果标题拟得平庸、一般, 就无法打动读者。新闻标题一出现, 新闻价值就显现。

要拟好新闻标题, 首先要细心研究自己所要写的消息, 弄清它的主要事实, 弄清事实所包含的思想内容。好标题来自于对新闻事实的研究。如果标题不符合所要报道的新闻事实, 再煞费苦心, 也是白搭。

在准确概括新闻事实的前提下, 新闻标题应写得尽可能的"美"一点。"虚实结合"、"简洁工整"、"新颖生动", 都属于"美"的范畴。在保证"准确贴切"的前提下, 为了使标题写得美一点, 可适当采用一些修辞手法。陈德铭先生在《新闻标题之研究》一文中曾指出:"标题是一种艺术。它的写作, 以修辞为重。"这话是很有道理的。在写作中, 我们可适当采用双关、拈连、借代、比喻、呼告、对偶、对比、比拟、重叠、仿拟以及对联、诗词等手法, 将标题拟得美一些。试看下面的一些标题:

郑凤荣一跳惊世界

（1957 年 11 月 19 日《大公报》）

党和国家领导人同首都各界五千多人欢聚一堂迎新春

座上清茶依旧　国家景象常新

（1982 年 1 月 23 日《人民日报》）

东西多了　票证少了

我国城乡市场发生历史性变化

（1984 年 8 月 30 日《北京日报》）

允许"生财有道"　不可"为富不仁"

大东门集贸市场举办有毒有害商品展览

（1980 年 1 月 25 日《湖北日报》）

蚊蝇与臭气齐飞　污水共粪土一色

圆岭市场脏乱不堪入目

（1983 年 3 月 28 日《深圳青年报》）

市民普遍反映"买鱼难"，那么——

鱼都"游"到哪里去了？

二月九日，在小南门码头查获了大批转手倒卖的冰带鱼

（1982 年 2 月 17 日《浙南日报》）

这些标题，在准确概括新闻事实的基础上，巧妙运用一些修辞手法，读起来就显得新颖、生动、形象。

四、消息的导语

（一）导语的含义

消息导语，是"消息"这一体裁特有的概念，是消息区别于其他文体的又一重要特征。

所谓导语，是指消息中以简练而生动的文字介绍新闻事实中最重要的内容，并能引起读者阅读兴趣的开头部分。

一个多世纪以来，消息导语经历了从无到有，从"六要素"到"部分要素"的发展演变。

近代报刊的初创时期，各种新闻体裁还没有完全独立出来，形成自己的一套写作规范。当时的新闻作品，与一般文章是很难区别的。纪实性的报道，大多是按事件的先后时间顺序记录下来，没有什么特殊的结构，也没有导语。在这一类报道中，事件的重点，情节的高潮，往往隐藏在消息的中间；新闻价值大的、最新鲜、最重要的内容，往往淹没在琐琐碎碎的次要内容之中。1844 年，美国油漆匠出身的赛缪尔·莫尔斯发明了电磁电报。1851 年，美联社的前身——港口新闻联合社第一次用电报传递消息，揭开了"电讯新闻"的第一页。1861 年至 1865 年，美国爆发了南北战争，许多报社派记者到战地采访。为了抢发新闻，争取读者，各报都用电报发稿。由于当时的电报技术还不过关，经常出现故障，电讯常常中断。这就迫使记者动脑筋，把新闻最主要的事实塞进报道的开头部分。这样，即使电讯半路上中断，编辑部照样可以把消息发出去。这样，导语的雏形就诞生了。1865 年 4 月 14 日晚，美国南北战争刚刚结束，总统林肯遇刺。当时，港口新闻联合社驻华盛顿记者抢发了这条轰动世界的大新闻。这条新闻很短，只有十二个英语单词："总统今晚在剧院遇刺重伤"。一般认为，它象征着导语写作的开始。1889 年 3 月 30 日，美联社记者约翰·唐宁发了一条长消息，其导语是：

　　萨莫亚·阿庇亚 3 月 30 日电　南太平洋沿岸有史以来最猛烈、破坏性最大的风暴，于 3 月 16 日、17 日横扫萨莫亚群岛。结果有六条战舰和十条其他船只要么被掀到港口附近的珊瑚礁上摔得粉碎，要么被掀到阿庇亚小城的海滩上搁了浅。与此同时，美国和德国的 143 名海军官兵有的葬身珊瑚礁上，有的则在远离家乡万里之外的无名墓地上为自己找到了永远安息的场所。

在这则导语里，何时、何地、何事、何人、为何、如何六要素俱全，从它问世之后，就一直被许多新闻学著作奉为消息导语写作的楷模。19世纪末，美联社总编辑、总经理维尔·E·斯通明确指出：美联社记者所发的每一条新闻里，必须具有这六个要素。这之后，"六要素"的导语形式，逐步得到世界各国新闻工作人员的认可，被认为新闻写作的金科玉律。这状况，一直延续到20世纪二三十年代。

"六要素"俱全的导语，后来被人称为第一代导语，又称"全型导语"。这样的导语，其长处是：具体、完整，看了导语，对整篇报道的主要内容，大体能了解。缺点是：内容太多，主次不分，重点不突出，给读者的第一印象不深。有人讥笑这种导语是"晒衣绳"式的导语：它把所有事实，不分轻重主次，一一系挂在导语这根"绳子"上，给人一种杂乱无章的感觉。随着时代的进步，人们生活节奏的加快，读者要求能以更短的时间、更快的速度知道更多的新闻信息。同时，电讯技术也进步了，不存在电讯中断的困扰了；而广播电视又与报纸展开了竞争。这就迫使新闻界应顺时势，进行改革。于是，从20世纪二三十年代开始，陆续有人提出：不必强行规定消息导语里一定要包括六个要素；可根据每则新闻的特点，从六要素中选取一两个最能激起人们兴趣的要素，突出地写入导语，其余的要素则放到以后的部分去交代。这样做，既可以突出重点，取得先声夺人的效果；同时，由于各人选择新闻要素会有所不同，也便于记者们"八仙过海，各显神通"，写出各式各样的新颖的导语。这些主张，得到记者们响应。第二次世界大战以来，记者们写导语，往往只采用部分要素，用这种方法写的导语，被称为第二代导语，又叫"部分要素式导语"。

第二代导语，要求好中挑好，把最重要、最新鲜、最能引起读者兴趣的内容，突出地写在导语里，使这条导语勾魂摄魄，紧紧抓住读者。由于在导语中仅采用部分要素，这就使第二代导语显得简练、新颖、先声夺人。试比较下面两条消息的导语：

今晚大约9时半，在福特剧场，当总统正同林肯夫人、哈里斯夫人和罗斯本少校同在私人包厢中看戏的时候，有个凶手突然闯进包厢，向总统开了一枪。

（1865年4月15日《纽约先驱报》）

肯尼迪总统今天遭枪击身亡。

（1963年11月22日《纽约时报》）

同是报道总统遇刺，第二条导语采用部分要素突出主要事实，简明扼要，先声夺人，比第一条导语更具魅力。从导语的发展演变我们可以看到，一条优秀的导语，至少包含两个基本的品格：一是能抓住最重要、最新鲜的新闻事实；二是能抓住读者，吸引读者往下看。

自美国南北战争以来，新闻学著作几乎都主张有导语。他们探讨的，不是要不要导语，而是琢磨如何挖空心思地写出优秀的有创造性的导语。美国新闻写作方面的书，其篇章结构的顺序往往是一导语，二结构；或一结构，二导语，然后再讲其他问题。美国的麦尔文·曼切尔在其所著的《新闻报道与写作》第三章"新闻写作"中，关于导语的论述就占了全部篇幅的三分之一。他们往往强调，"导语是记者展示其杰作的橱窗"，"写好导语等于写好消息"，"导语是新闻的生命所在"。

导语之所以受到如此的重视，是因为它在消息中具有重要的作用：

（1）导语能满足读者的新闻需要。读者读新闻，与阅读其他文体的心理状态是不一样的。阅读其他作品，如诗歌、散文、小说等，读者可以容忍"慢慢来"，甚至期待着"慢慢来"。如果一部小说，一开始就把人物的底细、故事的结局告诉读者了，读者会感到索然无味。但对新闻作品，读者的心理期待就不一样了。他要求一目了然，一眼就能抓到主要新闻事实。如果看了开头，还没有看到他想要了解的新闻事实，他就不看了，甚至还会对这类报道感到厌烦。特别是现代，随着生活节奏的加快，人们的工作、学习都很忙，各种新闻媒介提供的信息又多，这种需求就显得更迫切。而消息导语正适应和满足了这种需求。正是从这种意义上讲，人们强调说："导语是新闻的生命所在。"

（2）导语是编辑取舍新闻的准绳。21世纪是信息的时代。每天的新闻，本国的，世界各地的，政治的，经济的，以及科学、文化、教育、体育等等方面的，可以说数不胜数。美国一家报纸的编辑说，他们编辑部每天进稿量是七八千条新闻，其中包括各个通讯社、报纸、新闻社和本报记者采写的新闻。《华盛顿邮报》和《洛杉矶时报》的通讯社每天发稿五万字。美联社每天发稿八万字。我国新华社每天播发中文稿五六万字。数量如此之大的新闻稿，编辑是很难从头到尾逐条细看的。他们往往凭导语取舍。如果导语能引起他的兴趣，他们就进一步审读整条新闻。如果导语没有提供新鲜的东西，不能吸引编辑，编辑也就将你写的消息"枪毙"了。因而，写好导语，对记者本身也是至关重要的。

（3）导语是迫使记者决定新闻重点的催化剂。写导语，必须选择最重要的新闻事实。作者一动笔，就必须考虑这条消息的报道中心，不能把采访所获的事实不分轻重主次地塞进导语。而导语，就像一部交响乐的前奏，一经写下，就决定了整条消息的格调，并决定了消息其他部分是什么样子。美国新闻记者亨利·费厄利曾指出："每个认真研究过导语的新闻记者都懂得，为什么导语必须经过这么多的努力才能完成。导语对于他和对于读者是一样重要的。写作导语能够集中记者的智力，迫使记者决定新闻中什么是重要的，他想强调什么；同时，记者写作导语时就能最终地确定新闻的其余部分是什么样子。"从这个意义上看，导语确实是"显示记者才华的橱窗"，是写好消息的关键。一个平庸的记者，只能写出平淡无味的大路货导语。

（二）导语的类型

导语的种类很多，介绍导语的类型只是为了帮助初学者掌握导语写作的基本形式，而不是制作导语写作的固定格式。

根据不同的标准，可以对导语作不同的分类。目前比较有影响的，除了前面所说的全型导语和部分要素导语外，还有以下两种分类：

1.根据时间的远近点，将导语分为直接导语和延缓导语

新闻报道与新闻事件的发生，往往具有时间差：报道最快的，可能是当即、当天。报道慢的，可能是数日、数周。为了加强新闻报道的时间性，遇到最近发生的事实，就把时间要素突出地写进导语。遇到时隔多日的事实，它仍具有报道的价值，就在导语中回避时间要素，以其他形式开头，因而就有了直接导语和延缓导语的区别。试看下面两则导语：

> 本报苏州1月1日电　今晨零点，专程从日本赶来中国的五百多旅游者，在香烟缭绕的苏州宝山寺屏息聆听了新年的钟声。
>
> （1985年1月1日《文汇报》）

本报讯：四名大学毕业生自愿离职到泉塘村办工厂，三个月试制出四种新产品。这消息一下子传遍了湖南省长沙县望新乡的十里八村。

（1986 年 11 月 14 日《中国青年报》）

第一则消息，报道的是刚刚发生的事，它把时间要素突出地放在导语里，属直接导语。第二则消息所报道的四名大学毕业生自愿离职为村民办厂，是当年 3 月份的事，离报道的时间已经 9 个月了。因此，记者写导语时，有意回避了时间要素，突出强调"三个月试制出四种新产品"，通过"这消息一下子传遍了……十里八村"造成一种气氛，从而引出新闻。至于大学毕业生自愿离职的时间，直到第三自然段才交代，这样的导语，即延缓导语。

一般说来，直接导语表达明确，叙述直接，语言简练，比较容易掌握。它常用来处理时效性比较强的新闻。大量的新闻，特别是日报、通讯社、电台、电视台的新闻，多采用这种导语，因而，它被人称为新闻写作的"载重马车"。

延缓导语的风格与直接导语不同，它或是强调事件结果，或是用一段情节开头，或是引用报道对象的讲话以造成一种气氛。它的主要事实不是一开始就报道出来，往往放在导语的后半部分。这种写法迂回，生动，有创见，给人以轻松、舒展之感。它能寻找一个比较新颖的叙述点，使几天、几周前发生的新闻事实仍具有新鲜感。同时，它更具可读性和趣味性。因此，有些记者对那些可以采用直接导语的新闻，也运用延缓式导语开头。

在实际写作中，晚报常常需要采用延缓式导语。这是因为许多重大新闻，日报、晨报已做了迅速的报道。晚报一般是中午截稿，在仅有的几个小时内，晚报记者很难挖掘出晨报没有报道的新材料，但又不能不对重大新闻作出反应。因而，晚报记者就采用延缓式导语，以便同日报有所区别。另外，新闻杂志、新闻周报以及各类专业报纸，往往也采用延缓式导语写作。因为，它们很难报道当天的新闻，但又不能因为报纸、电台对许多重大新闻已做过报道而采取不予理睬的态度。怎么办？出路只有寻找新的报道角度，以崭新的文字形式把已发生过的重大事件呈现在读者面前。因此，他们往往采用延缓式导语报道重大新闻，把报道的重点放在解释新闻事件、阐述事件意义、提供背景材料上，而不去强调已经发生而妇孺皆知的事件。

写延缓导语，难度比较大，初学者不易掌握。写作中，需特别注意，不能夸张，不能乱用文学表现手法，不能故弄玄虚，不能生拉硬扯、小题大做，并且要尽快告诉读者报道的主要内容。

2.根据表达方式，将导语分为叙述式导语、描写式导语、议论式导语

（1）叙述式导语。与新闻报道客观叙述事实的基本特征相适应，大多数的消息采用叙述式导语。叙述式导语以叙述的方式，简明扼要地报道消息中最主要、最新鲜的事实，它又可分为直叙式、概括式、对比式等。

①直叙式。直叙式导语，往往开门见山，将最有新闻价值的事实告诉给读者。如：

据中新社消息　天津南开大学将从明年起在全国招收具有中国象棋特长的高中毕业生，培养中国象棋大学生。

直叙式导语适合快速报道新闻事实，但写好它并不容易。处理不好，就会平淡无奇，没有吸引力。写这类导语，关键是导语传达的信息量。如果报道的事实显著，为广大读者所普遍关心，就能吸引读者。

②概括式。概括式导语又叫综合性导语，它的特点是对消息的内容加以概括归纳，浓缩

成一两句表现出来。它包举全篇,为读者提供整篇消息的梗概,适合报道那些内容复杂、过程曲折的新闻事实。例如,浙江仙居县百货公司职工在整理仓库时,发现有一大批女带鞋已积压了一年半,后来公司领导曾委托几个供销社代销,并削价出售,结果仍未销出去。1982年初有两个商贩买了 60 双下乡摆地摊,仅 20 分钟就被抢购一空。第二天又带了 900 双去,不到一个钟头就全部卖完。《浙江日报》在报道这件事时,用了一个概括式导语:

　　本报讯　积压在仙居县百货公司两年半的两千双女带鞋,和农民见面后,竟变成了畅销货。

写概括式导语,关键在于概括。它要求准确、生动地概括新闻事件,不能抽象、空洞,胡乱堆砌概念。

③对比式。对比式导语的特点是,在叙述主要新闻事实时,引入与之相关的内容,通过对比、衬托,突出主要新闻事实。如:

　　新华社拉萨 1 月 2 日电　解放前没有一公里公路,在狭窄险道上全靠牦牛、毛驴驮运或人背的西藏,今天已有一万五千八百公里的公路通车。

这种导语,用来对比的材料,往往处理成修辞语,或作背景交代,以突出主要新闻事实。写这类导语,要注意详略轻重,不要喧宾夺主。要力求简洁,尽量不加大导语的篇幅。

(2)描写式导语。描写式导语,往往抓住新闻中的主要事实,或事件发展的高潮,或事物的某一有意义的侧面,或是某个特定的场景,作简洁传神的形象描写,通过描写,造成现场实感,以吸引读者。

描写式导语,也有不同的种类。通常将它分作"目击式"和"特写式"。"目击式"往往强调记者或当事人的亲自所见;"特写式"则不一定,至少在行文中不必特别指出。其实,无论是"目击式"还是"特写式",都离不开记者的现场观察,这种区分并没有多大的意思。还有人将它分为"人物描写式"、"场景描写式",这是根据描写的内容划分的。在写作中,"人"、"物"、"事"、"场景"有时很难分开,它们在写法上也没有明显的特异之处。为简便起见,我们似乎用不着详加区别,只是笼统地把它们看作"描写式"就行了。试看下面的一些导语:

　　路透社 1980 年 6 月 12 日电　美国地质学家报告说,圣海伦斯山的火山口昨晚由于"日潮的吸引",把阵阵灰烬喷向五万英尺的高度。

　　合众国际社 1980 年 6 月 12 日电　圣海伦斯山昨晚爆发,从烟雾笼罩的火山口喷出的巨大蘑菇状黑色烟柱升入天空,高达将近 10 英里。驾驶飞机在火山上空飞行的飞行员说,这次火山爆发看起来就像是原子弹爆炸。

　　一位老婆婆站在茅寨,痴痴地望着一片新居。她在想什么呢?一幅题名《站在茅寨望新居》的摄影作品,为昨天开幕的《人与住房摄影艺术展》定下了一个基本音。

　　　　　　　　　　　　　　　　　　　(1987 年 11 月 13 日《新民晚报》)

　　22 日晚十时许,布加勒斯特华灯初上。"八·二三"体育场四周看台上观众的视线,一齐随着水银灯的光束,投向三级跳远的沙坑。"哗……"一阵阵雷鸣般的掌声，电子记分牌显示出中国运动员邹振先的成绩："17.32 米！"

（1981 年 7 月 27 日《体育报》）

这些导语，涉及的有人、物、景、事件、场景，写法上并没有多大区别。

描写式导语以简洁的描写唤起读者的现场实感，着笔处往往是具有新闻价值的情境。写作中，一是不能为描写而描写；二是要简洁传神，在一般情况下，只能用白描简单勾勒，不能铺陈，不能细描，不能矫饰；三是不能采取文学语言和文学手法，以免破坏新闻的真实性。

（3）议论式导语。新闻报道以客观叙事为主，一般不允许记者在报道中大发议论，但也不排除在叙事过程中画龙点睛式地说理、议论。议论式导语往往采用夹叙夹议的方式，通过极有节制、极有分寸的评论，引出新闻事实，揭示新闻本质，以唤起读者的注意。它有评论式、引语式、设问式三种形式。

①评论式。评论式导语往往在导语中直接评点或评价新闻事实。它或是先下评论后叙事，或是先叙事后评论，或是夹叙夹议。试看下面的例子：

乡下人的进取意识再次暴露了城里人的迟钝——珠江三角洲的乡镇企业家们，已抢在那些吃惯了"大锅饭"的国营企业之前，占领了广东的技术市场。

（1986 年 8 月 27 日《中国青年报》）

美国名将和澳大利亚新秀望着站在领奖台最高层的林莉。这标志着一个时代的结束——中国人在世界游泳锦标赛上仰人鼻息的时代结束了。

（1991 年 1 月 8 日《中国青年报》）

如果说上海市去年已颁发的 10 项政策法规，主要目的是为浦东开发吸引海外资金的话，那么，今天颁布的《上海市鼓励外地投资浦东新区的暂行办法》等 3 项政策法规，无疑标志着浦东开发区这个新生儿睁开了她的第二只眼睛——吸引内资。

（1991 年 9 月 19 日《中国青年报》）

评论式导语，其评论要紧扣新闻事实，不能脱离新闻事实乱发议论。它的评论要少而精，最好是一句，一语中的。

②引语式。引语式就是引用要人、权威或群众的话来开篇。采用引语式通常有两种情况：一是所引的话，本身就是重要新闻；一是借他人之口，来评价、引带新闻事实。试看：

路透社北京 11 月 2 日电　邓小平副主席今天说：中国没有叫台湾投降，而是希望它接受在平等的基础上就中国和平统一的问题进行谈判。

"路上跑的是吉普，四个书记一个屋，没有一个搞特殊，经济年年迈大步。"这是湖北省五峰土家族自治县群众对县委一班人廉洁务实、率民求富的赞誉。五峰县委一班人保持公仆本色，被中共湖北省委树为"党风建设先进集体"。

（1992 年 6 月 5 日《人民日报》）

以上两则导语都以引语开头，其着重点是不一样的。

根据引语引用的方式不同，引语式导语又有直接引语和间接引语之分。直接引语即直接引用原话，间接引语是把别人的原话略加整理引出。直接引语应加引号，以示真实准确。间接引语则不能加引号,但必须符合原意,不能断章取义,不能不负责任地随意歪曲谈话人的意思。

使用引语式导语应谨慎。美国学者威廉·梅茨在《怎样写新闻》一书中曾指出:"一位提供消息的人,决不会有意识地使自己的话构成一则新闻导语;而且也很少有某个人的话,一字不差地加以引用就是一条最好的导语。"我们在使用引语式导语时应做到:所引的话,应精彩、生动,富有新意,能牢牢地抓住读者;所引的话要精练,不能连篇累牍;所引的话要真实,符合原意;所引的话,应和报道主题紧密相关。

③设问式。设问式导语是以设置疑问开头的导语。它以疑问提挈全篇,吸引读者的注意。试看:

> 尽管高科技已使阿波罗号飞船登上月球表面,但人类对自身赖以生存的地球却仍然有着太多的困惑:地球生来就这么大吗?陆地之间怎么会出现宽阔深邃的汪洋大海?造福于人类的油气矿藏又何以分布得如此贫富不均?
>
> （1992 年 3 月 5 日《新华社新闻稿·中国学者提出地球演化新学说》）

> 假如你能在高空将全国 439 个城市汇集眼底,就会发现,勾勒出许多城市界限的,既不是绿化带,也不是公路网,而是一个厚厚的垃圾包围圈。据悉,全国城市垃圾年增长率为 10%,而无害化工厂的年处理率仅为 0.7%,加上农村近年来村镇工业带来的"副产品"——环境污染、水源污染等问题日益严重,整顿治理城乡卫生环境已经刻不容缓。
>
> （1989 年 3 月 22 日《中国青年报》）

> 8 点上班的钟声响过之后,中央国家机关有多少人迟到?
>
> （1987 年 6 月 15 日《新华社新闻稿》）

设问式导语的制作,关键是问题的设计。首先,所设的问题,应紧扣新闻主题;其次,这些问题,应该是读者欲知而未知的问题;其三,设置的问题应难易适当,既不要过于浅显,又不要过于深奥;其四,不要无疑而问。

(三)制作导语的要求

导语在新闻报道中起着重要的作用。如何制作好导语,是每个初学者应该精心研究的。制作导语应注意以下几点:

1.要抓住最重要的新闻事实

一条优秀的导语,必须抓住最重要的新闻事实。写导语,既不能写得空洞无物,也不能把次要的内容、次要的细节塞进导语。怎样抓住最重要的新闻事实呢?一般应从新闻的六要素入手,抓住最有新闻价值的要素。

何时(When)、何地(Where)、何事(What)、何人(Who)、何因(Why)、如何(How),被称为新闻六要素。这六个要素,是把新闻事实弄清楚的最起码的条件,是使报道走向精确的最初步的阶梯。虽然不是每一条新闻都必须具备六要素,但每一条新闻,都包含了其中多种要素。导语写作中,选择好一个或几个最重要的要素,往往是写好导语的前提。美国一本新闻学著作中,曾画了这样一幅插图:一名采访归来的记者,端坐在打字机旁,神态严肃,全神贯注,两只手正按在打字机的键盘上,打字纸已卷在滚筒上;在记者的头部上方，则无规则地排列着六个多角形，好像头冒金星似的，六角形里分别是"When"、"Where"、"Who"、"What"、"Why"、"How"，图下的文字说明是："一条正确的导语未必是最优者，最优秀的导语总是来之不易。"从这幅插图可以看到，处理好新闻要素是写好导语的基础。

一般说来，"何时"、"何事"这两个要素，是最基本的要素。运用"何时"这个要素，必须遵循"最近点"的原则。即，新闻所报道的"何时"要素，通常指新闻事件发展过程中的"某一点"，而不是事件发生、发展及至结束的整段时间；而"这一点"，又离报道时间最近。导语写作中，如果选择的时间要素不是"某一点"而是某一段；或选择的"某一点"不是离报道时间最近的"一点"而是较远的"一点"，新闻就会给人陈旧之感。试看：

本报讯　建国三十年来，商业冷库建设取得了一些成绩。到去年年底，国家用于商业部门"三冷"（冷库、冷藏船、冷藏汽车）建设的投资总额为十二亿元。

（1980 年 4 月 4 日《人民日报》）

本报讯　去年十一月四日，贵州省安顺县举行第七届人民代表大会。四百零二名县人民代表选举县长、副县长。选举结果，不太出名的袁冠宇，以三百零六票当选为副县长。

（1980 年 3 月 21 日《人民日报》）

以上两条导语，由于违反了"最近点"原则，就给人以陈旧之感。

美国新闻学学者希伯特谈到选择新闻的第一个要素——时间时曾指出："我们常说，没有比昨天的报纸更老的东西了。报纸的新闻只有一天的寿命。过了一天，新闻就要加上新的消息加以改写。"在新闻写作中，我们一定要扣住"最近点"。如果所报道的事实时过境迁，则要从新闻事件发展中努力挖掘"今天"的新闻依据。试看下面的导语：

新华社天津 7 月 21 日电　石油部海洋石油勘探局渤海 2 号钻井船于去年十一月二十日凌晨在渤海湾迁移井位的拖船作业途中翻船，死亡 72 人，直接经济损失达 3700 多万元。这是天津市、石油系统建国以来最大的死亡事故，也是世界海洋石油勘探历史上少见的。事故发生后，天津市革委会组成调查组，对渤海 2 号钻井船翻船事故进行了调查，国家经委、国家劳动总局、中华全国总工会等部门均派人参加。今年 4 月 21 日，天津市劳动局就此向市人民检察院提出控告，要求对事故的责任者追究刑事责任。5 月 7 日天津市人民检察院接受了市劳动局提出的控告，已经审查、立案，现正在侦查中。

（1980 年 7 月 24 日《人民日报》）

这条导语，违背了"新近点"的原则，显得有些陈旧。如果扣住"最近点"，则应写成下面的样子：

新华社天津 7 月 21 日电　一件造成人民生命和国家财产巨大损失的钻井船翻沉事故，已经这里的市人民检察院审查、立案，现在侦查中。

这一事故发生在石油部海洋石油勘探局。这个局下属的渤海 2 号钻井船于去年 11 月 25 日凌晨在渤海湾迁移井位的拖船作业途中，不幸翻沉，死亡 72 人，直接经济损失达 3700 多万元。

这是天津市、石油系统建国以来最大的死亡事故，也是世界海洋石油勘探史上少见的。事故发生后，天津市革委会组成调查组调查，国家经委、国家劳动总局、中华全国总工会等部门均派人参加。

今年4月21日，天津市劳动局向市人民检察院提出控告，要求追究事故责任者的刑事责任。

5月7日，天津市人民检察院接受市劳动局提出的控告，经审查后立案……

在导语写作中，如果实在挖掘不到"最近点"、"新闻由头"，则可以考虑写成"延缓型导语"。

"何事"这个要素，一般情况下，比"何时"这个要素更重要一些。这是因为，单独一个"时间"要素，还构不成新闻；而读者打开报纸，迫切需要了解的，是发生了什么事。

处理"何事"这个要素，比较麻烦的是，一条新闻，包含的往往不止一个新闻事实，作者写作中，必须抓住最主要的事实。试看下面的导语：

新华社北京1月8日电　中华人民共和国邮电部七日召开座谈会，畅谈对人大常委会《告台湾同胞书》的感想，积极建议与台湾邮电部门通邮通电。

路透社在转播这条新闻时，做了如下的改写：

据新华社今天报道，北京已建议就恢复台湾与大陆之间通邮通电的业务问题进行商谈。

前一条导语，把"座谈会"作主体事实。后一条导语，把"建议与台湾邮电部门通邮通电"作为主要事实。两相比较，就可以看出，选择主要新闻事实的重要。

虽然说"何时"、"何事"这两个要素比较重要，但并非说，其他要素就可有可无了。事实上，哪一个要素新闻价值最大，是随新闻的内容和背景而变化的。有人曾举例说明：

例一：一场大水淹没了一万亩土地，并使一百人伤亡。记者在报道这条新闻时，必须在新闻中突出伤亡人数(何人要素)，而不是淹没的土地(何事要素)，因为人的价值比物的价值大得多，有时是不可比的，不管物有多大。

例二：报道失窃案的新闻，一般是强调什么东西被盗。但是，下列不同情况需强调不同的要素。如盗窃犯是白天作案，光天化日，令人震惊，新闻应强调何时这个要素。如果盗窃犯本人是公安部门人员，那么，要强调何人这个要素。如果案件发生在政府机关或公安部门，新闻要突出何地要素。如果盗窃犯偷走东西还留下纸条，说是为了维持最低生活所迫，那么，新闻应突出为何这个要素。

新闻中的"何人"要素，常常是某个人，有时也指某一类人，以至企业、单位、团体、国家机关等。新闻中的"人"涉及两种或两种以上时，要注意抓住主体；如果新闻中的"何人"要素是一位著名人物，新闻就写下他的赫赫大名；如果"何人"是读者陌生的，新闻价值不在于他而在于他所做的事，那么，导语中只宜作简单的介绍，而把详尽的身份说明等移到导语以后的段落处理。试看下面的例子：

新华社天津4月27日电　中共天津市液压件厂前党支部书记潘跃先，利用职权，借落实党的政策的机会，对这个厂的一名工程师进行敲诈勒索。为严肃党纪，经中共天津市委批准，开除了潘跃先的党籍。

(1980年4月29日《人民日报》)

这条导语比较理想的写法是：

新华社天津4月27日电　天津一工厂党支部书记利用职权对厂里的一名工

程师敲诈勒索而被开除党籍。

这名天津液压件厂的前支部书记叫潘跃发……

"何地"要素同其他要素相比,虽然不可缺少,但并非特别重要。但读者特别关心新闻事实的地点时,如举行会议、演出、比赛、展销、发现了某一新矿等,就应突出"何地"要素。

"如何"要素,通常指新闻事实的具体情况、具体细节,它一般出现在主体中。有时候,为了加强新闻的现场实感和生动性,制作描写式导语,亦可写入导语中,但切不可巨细无遗。

至于"为何"这个要素,比较复杂。以往,为了抢时间,人们在写作中,往往只抓住"何时"、"何事"、"何人"、"何地"等要素。在现代新闻写作中,由于读者对"为何"的探究心理越来越强烈,人们越来越重视"为何"这个要素。应该说,这个转移是很有意义的。回想以前那些令人难忘的报道,往往是那些经过深入挖掘,回答了"为何"这个要素的新闻。但是,在处理"为何"这个要素时,我们应特别审慎。因为,"何时"、"何事"、"何人"、"何地"这些要素,涉及的往往是事物的现象,比较容易弄清楚。"为何"这个要素,涉及事物的根据,不太容易弄得明白。如果调查不深入,下笔不慎重,就会带来严重的后果。这样说,并不是要大家回避这个要素,而是说,"为何"这个要素,在新闻写作中越来越重要,大家既要"迎难而上",又要慎重。

总之,一条导语,要抓住主要新闻事实,就要选准最具新闻价值的新闻要素。

2. 要讲究可读性

任何文章都需要可读性,但导语要特别讲究可读性。因为导语担负"吸引读者"的重要任务,而它面对的读者,是不同年龄、不同性别、不同职业、不同文化层次的,它的可读性,要适应读者广泛的需求。一则导语,如果不具备可读性,一开篇就给读者设置了一层"文字障碍",读者就无法读下去了。

增强导语的可读性,要注意以下三个方面:

(1)不要将一连串的数字、名词术语、人物头衔、单位名称塞进导语。试看下面的导语:

据新华社哈尔滨12月30日电 黑龙江友谊农场五分场二队又创造了新的农业劳动生产率,今年播种的25000亩粮食和大豆,平均亩产由去年238斤提高到351斤,比去年增长47%,总产达到870600斤。按直接参加田间生产劳动的20个农业工人计算,平均每人生产粮、豆438800斤,比去年每人产粮210000斤的劳动生产率提高一倍多;如果按农业生产全过程总用工计算,每个劳动生产粮、豆208900斤,比去年提高38.1%。全年经营盈利32万元,扣除连队留成和年终职工奖金后,纯上缴利润23.6万。

这则导语,由于堆砌了过多的数字,就令人难以卒读。

导语写作中,不可能完全回避数字。使用数字时,可浓缩,使之简化;可对比,使之明了;可换算,使之接近读者;可形象性地描述,使之生动。不能不加选择、不动心思地全堆上去。涉及名词术语和人物头衔、单位名称时,也应严加选择,不能让读者读了半天,还抓不到新闻事实。

(2)遇到专业性的问题,应尽可能作通俗化的表述。导语写作中,往往遇到专业性的问题。这些专业问题,外行看不懂,记者写作导语时,就要考虑广大读者的接受性,采用通俗化的表述。中国人民大学的赵景云、薄浣培老师,曾向学生提供过一个科技报道的素材:

> 江西婺源的红荷包鲤与云南的源江鲤是国内地理品系的两种较好的鲤鱼。1973 年以来,国家水产总局长江水产研究所引进这两种品种,在湖北江陵县庙湖鱼场进行了红荷包鲤(雌鲤)与源江鲤(雄鲤)的杂交选育试验,获取杂交一代荷源鲤,经全国十几个省、市一百多个单位几年的生产性试养和有关部门的鉴定,被列为我国淡水鱼类的又一新品种。荷源鲤的体型介于双亲之间而略偏母亲,头小体宽背肉厚。其杂交优势突出,增产效果显著,一龄鱼可长到三至四斤,个体生长较之红荷包鲤及普通鲤提高 40% 以上,产量可提高 30% 左右。荷源鲤具有起捕较易,杂食少病,适应性强,肉厚质美的特点,有"肉头鲤"、"肥鲤"之称。目前,荷源鲤已大批生产,并向全国普遍推广。

凭这些技术性较强的材料,你能不能写出一条能够吸引普通读者的导语呢? 能不能写出诸如"享有'肥鲤'之称的淡水鲤新品种荷源鲤正游向全国"这样既简明又形象贴切的导语呢? 据赵、薄两位老师研究,这条新闻导语,起码有十种以上的写法,而无论哪一种写法,无疑都必须考虑它的可读性。

(3)尽可能新颖、形象。新闻的特性决定了每一篇新闻报道在内容上必须"和别人不一样"。但仅仅做到这一点,还是不够的。从表达形式上看,如果因袭别人的套路,落入俗套,写一些陈词滥调,同样可能损害新闻的时新性,让读者腻味。因而,导语写作,也应该独出机杼。与新颖性相关的,是它的形象性。相对于抽象的事物,形象性的表述总是比较容易让人接受。导语写作中,增强语言的形象性,也是增强导语可读性的一个重要手段。试看 1982 年 7 月 1 日新华社播发的报道中国开始人口普查的对外新闻导语:

> 6 月 30 日晚 11 时 41 分,北京医学院第三附属医院一个刚刚落地的八磅重的男婴大声啼哭,用洪亮的声音宣布自己是新中国第三次人口普查中的最年轻的公民之一。他的母亲是一位电视机厂工人。这次普查以今天零时的人口数字计算。

这条导语独辟蹊径,根据生活规律事先进行设计,又依据真实发生的情况写来,读来饶有兴味。如果去掉前面的内容直接写人口普查的事实,那就没有这样生动、吸引人了。再看 1991 年 1 月 26 日《中华工商时报》上的《中国包装业呼唤深层次改革》的导语:

> 如果把现今人民币面值最大的 100 元钞票一张张连起来,沿着中国最长的铁路干线京广线铺开,至少得经过 5 个来回,总额才能达到 140 亿元。来自包装行业的统计数字显示:近几年我国因商品包装不善而造成的经济损失,每年就达这个数字。

这条导语为了突出我国因商品包装不善而造成的经济损失达 140 亿元这个数字,用具体的形象加以说明,读来力重千钧,更能唤起人们对包装业改革的关注。

3. 导语应简短、精练

导语在整个新闻写作中起着非常重要的作用,但并不要写得很长。西方一些专家经过大量的调查研究后建议,导语段落的长度应限定在 35 个词之内。中国的有些学者认为,中国新闻的导语,一般不应超过 50 个字。虽然这些字数的限定不是绝对的,但导语应尽可能地简短、精练,是毫无疑义的。

导语要写得简短、精练,关键是抓住新闻事实的核心,直截了当地交代出来,并把一切空话、套话、废话删除掉。有些导语写得冗长,其毛病就在于言不及义,废话太多;或是把导语当做"筐",什么东西都往里装,什么东西都想在导语中交代清楚,结果是什么也没交代清楚。有人写了这样一条"导语":

> 本报讯　我国外交部今天就阿联驻中国大使馆5月7日交来的阿拉伯联合国外交部4月25日关于答复英国外交部4月24日声明的声明和阿联驻中国大使查卡里亚·阿利德·伊玛姆5月7日同中国外交部副部长×××的谈话照会阿联驻中国大使馆。

这条"导语",啰嗦了半天,无非是说中国外交部今天给阿联驻中国大使馆一个照会。照会的内容没有说,实际上是舍本逐末。像这样的"导语",七缠八绕,不知所云,势必失去读者。

五、消息的主体

(一)主体的含义

导语之后,消息内容的具体展开部分,叫主体。"主体"一词,译自英文 body。body 的原意是身体、躯体、躯干。主体是新闻的主要组成部分,有了它,新闻才显得完美和充实。如果将导语比作人的面目,那么主体是它的躯干。如果将导语比作人的骨骼,那么主体是它的筋肉。正是因为有了"躯干"和"筋肉",一条新闻才显得完美、充实。

主体在消息中具有双重功能:其一,注释导语,使导语中的事实更加清楚,更加详细,以满足读者深入了解新闻事件的要求。其二,补充导语,使导语中没有提到的其他有关新闻主题的事实得以补充,以保证新闻的完备性。

由于新闻主体的功能具有双重性,其"注释"、"补充"两种功能的发挥是比较复杂的:有时是注释、补充功能兼而有之;有时只具备一种功能,或注释,或补充;有时则以某一功能为主,某一功能为辅。试看《东京宣布无条件投降》这条消息:

> 美联社 1945 年 8 月 14 日电　日本投降了!(电头和导语)
>
> 杜鲁门总统今晚七时宣布,日本已无条件投降,造成历史上空前巨大破坏的战争随之结束。盟国陆、海军已停止攻势。(注释导语中的事实,是"何事"要素的展开)总统说,日本是遵照7月26日三强致日本的最后通牒所规定的条款无条件投降的。这项最后通牒,是三强柏林会议期间发出的。(继续注释导语中的事实,是"如何"要素的展开)
>
> 八天以前,日本遭到有史以来第一枚原子弹——一种威力最大的炸弹——的轰炸。两天以前,俄国宣布对日作战。在这种情况下,日本被迫于本星期五宣布接受最后通牒中包括的全部条款,但要求继续保留天皇制。(还是注释导语中的事实,是"为何"要素的展开)次日,美、英、苏、中四国对此作出答复,声称如天皇接受盟军最高司令部的命令,则可继续在位。
>
> 杜鲁门总统今天还宣布,道格拉斯·麦克阿瑟将军已被任命为占领日本的盟军武装部队总司令。
>
> 杜鲁门总统说:"现在正在作出安排,以便尽早举行接受日本投降的正式签字仪式。"

　　他说，英国、俄国和中华民国也将派出高级将领，代表各自的国家在受降书上签字。

　　（以上四段，是补充导语中没有提到的与新闻主题相关的事实）

　　（二）主体的写作要求

　　在倒金字塔结构的消息中，主体的梗概、关键和精华，几乎都在导语中出现了。在这一类消息中，主体实际上是对导语中已披露的新闻要素作进一步的解释、补充。对于非倒金字塔结构的消息来说，主体可以说是全篇的主干，它是由人物、时间、地点、事件经过、原因等要素及新闻背景构成的，是事实过程的有计划的展现。至于没有导语的特殊结构的短消息中，主体就是消息全部的内容。

　　写消息主体，一般有两种形式：一是按照事实发生发展的顺序安排层次，它的好处是可以使读者对事件的来龙去脉有一个鲜明完整的印象；一是根据事物之间的逻辑关系安排层次，这种写法的好处是有助于反映事物之间的内部联系，有助于揭示事物本质。

　　按逻辑关系安排层次，常见的有以下四种形式：①主次关系。即前面所说的倒金字塔结构安排层次的方法，首先叙述最重要的事实，然后再叙述次重要的事实，依次递减。②并列关系。即前面所说并列式结构安排层次的方法，主体中每一个自然段所列举的事实，都为同一个主题服务，它们之间的关系是相对独立的、平等的。③点面关系。即对所报道的事实先作比较全面的概括和说明，然后再列举一些典型事例作佐证，从而使消息全面、深刻地反映事物的本质。④因果关系。即先摆出事实，然后再阐述产生这一事实的原因。

　　写作主体，要注意以下的问题：

　　1. 要注意变换角度，不要重复导语

　　写好主体，一个重要的问题是如何处理好导语与主体之间的关系。我们知道，大多数新闻，都把最重要的事实写入了导语，主体只是对导语中所涉及的事实加以具体化。如果处理不好，主体就可能与导语重复。试看1984年的好新闻《我国选手获得奥运会第一块金牌》：

　　新华社洛杉矶1984年7月29日电　（记者高殿民）中国在奥运会历史上"零的记录"的局面在今天十一时十分（北京时间三十日凌晨二时十分）被中国射击选手许海峰突破。许海峰以五百六十六环的成绩获得男子自选手枪冠军，夺得了本届奥运会的第一块金牌。

　　中国体育代表团副团长陈先在许海峰获得金牌后对新华社记者发表谈话说，这对中国运动员是极大的鼓舞。这是中国在奥运会历史上得到的第一枚金牌，实现了"零"的突破，在中国体育史上具有深远的意义。他表示感谢运动员和教练作出的艰苦努力。

　　许海峰今年二十七岁，是安徽省供销社的职员。他在获得金牌后对新华社记者说，这还不是他最好的成绩，只不过是正常发挥技术。他最好的成绩是五百八十三环。他表示要不骄不躁，继续努力，争取今后取得更大成绩。

　　严介生先生曾评价这篇消息说："导语已写明了许海峰夺得这枚金牌的意义，即：既是中国奥运史上金牌的'零的突破'，又是本届奥运会所有金牌中的第一块。紧接导语的第二自然段，转述陈先副团长谈话时，又把这些意思重述了一遍。这样，读者从标题读起，到第二自然段结束，二百多字中，三次读到'第一块金牌'，两次读到'零的突破'。尽管这些

词语是令人振奋的，但由于是不必要的重复，还是会使读者感到腻烦的。"（《美中不足——评析七十二篇好新闻的疵点》）

写作主体，必须避免与导语重复。避免重复的最好办法，就是不断变换角度，从不同的要素、不同的侧面去注释导语，使导语所披露的新闻事实更详细、更清楚。

2．要注意扣紧主题，不要离题千里

主体既不能重复导语，又不能游离导语，这是一个问题的两个方面。初学者往往感到难以处理：有的写完导语后，感到话已说完了，下面没有什么可说的了。有的写完导语后，感到意犹未尽，把采访到的材料全往主体里堆，从而造成导语的重复、庞杂与臃肿。要避免这种情况，必须扣住消息的主题。消息的主题，就是消息要报道的主要新闻事实。如果导语写得准确，导语实际上就是消息的主题。注释导语，实际上就是从何时、何地、何事、何人、如何、为何等几个方面，对消息导语作进一步的说明。补充导语，实际上就是补充交代与主要新闻事实紧密相关的细节。如果主体中出现的材料无助于人们理解主要的新闻事实，就可视为离题。如果读者读了导语，想进一步了解导语提及的新闻事实，而主体不能满足人们的要求，那么，主体就没起到应有的注释补充作用。成功的消息报道，既要"放得开"，又要"收得拢"。

3．要内容充实

消息必须用事实说话，不能空发议论。主体的写作，也必须内容具体，不能把空泛的议论、抒情塞进消息。试看消息《重过龙年——荒唐！荒唐！》：

　　本报讯　近年来平山县合口乡一些村中流传着"龙年不吉利，重过可消灾"的说法，一些人包饺子、买鞭炮，说是过第二个年。

　　其实，龙年不吉利的说法是毫无科学根据的，根本不存在消灾灭祸之说。重新过年既给生活带来不必要的开支，又搅乱人心耽搁农活，实在得不偿失。

　　"重新过年"之说从城市到乡村传得很神，大多数人只是见别人这样自己也这样，以求平安吉利。我们奉劝人们不要迷信，不要盲从，不要听谣言办这种蠢事。

1988 年，我国有些地区的群众认为"龙年不吉利，重过可消灾"，纷纷"重新过年"。这显然是一种迷信。作者抓住这一事实进行报道，动机是好的，可是具体写作中，消息全是议论、评说，没有具体事实。这样写，就不符合消息写作的要求。其实，抓住"龙年是否不吉利"、"重过年是否可消灾"等问题，请教某一权威，通过具体的新闻事实来澄清人们的视听，效果就要好得多。

4．要波澜起伏，防止罗列事实

消息主体要以具体事实说话，但又要防止罗列事实。如果平铺直叙，简单罗列，读者还是不愿看。

写作消息主体，西方比较推崇"断裂行文法"。所谓"断裂行文"，段落一般短小，相对独立；段落与段落之间一般没有过渡衔接，而是依据材料之间的内在联系；叙述打破时空限制，造成快节奏的跳跃式推进；全文似断实连，形散神聚。这一方法，在前面所列举的消息中，都有体现，读者可细加体会。

六、消息的背景

(一)消息背景的含义

现实生活中,任何事实,都不是孤立存在的。每一事件,都有其发生发展的环境和历史。消息写作中,把这些材料反映出来,就成了消息的背景材料。所谓背景,就是有关新闻事实历史和环境的材料。

背景材料种类繁多,写作中常用到的有阐明意义交代前因的历史背景,有揭示事物真相的事物背景,有提供资料、开阔视野的知识背景,有简单勾勒的地理背景,有介绍人物的人物背景,有用来进行对比的社会背景……为简明起见,一般将背景材料分为三类:

1. 说明性背景材料

说明性背景材料,是用来说明新闻事实产生的原因、条件、环境、政治背景、历史演变以及新闻人物出身、经历、身份、特点的材料。美国新闻学学者麦尔文·曼切尔曾指出:"在新闻写作中,最基本的东西莫过于对任何一个事件、讲话、情况或数据都必须交代其来龙去脉,以确切地反映它。""如果不交代一个事件的来龙去脉,这个事件的意义就不会完整。"

说明性背景材料就是用来交代新闻事实的来龙去脉的。它通过有关背景材料的介绍,使读者全面、准确地了解消息所报道的主要新闻事实。试看新华社 1994 年 11 月 16 日播发的一条消息《评选国花传佳音　牡丹有知傲雪开　洛阳出现百年不遇的奇观》:

> 新华社 11 月 16 日电　河南洛阳近日出现百年不遇奇观。洛阳耐火材料院办公楼前花坛内的一株赵粉牡丹在雪中怒放。
>
> 时值全国评选"国花"步入紧锣密鼓之际,这株已十余年花龄的越冬牡丹似地下有知,在今年第一场瑞雪中盛开。历史上曾有武则天责令百花在冬季开放唯牡丹无视淫威不肯从命的故事。牡丹也确未有过冬季开花的记载。但在争评"国花"的今年,洛阳的牡丹开了先例,不仅耐火材料研究院的这株赵粉牡丹在雪中开放,而且洛阳的东关和邙山已有三株洛阳红在九、十月份开放……

这则消息第一段报道了牡丹雪中开放的事实,第二段则交代了时代背景——牡丹是在全国评选"国花"的高潮中开放的,第三段则交代了有关的历史背景——牡丹雪中开放前所未有,洛阳今年接二连三。这些说明性材料的交代,显然有助于读者全面了解牡丹冒雪开放这一新闻事实,加强了消息的情趣和意味。

2. 注释性背景材料

注释性背景材料即注释、解说有关科学技术、名词术语和物品性能特点方面的材料。例如,1984 年 11 月 6 日新华社电讯《我国最大的受控核聚变实验装置"中国环流器一号"顺利启动》,作者考虑到一般读者难以理解"受控核聚变",便提供了一段注释性背景材料:

> 受控核聚变的研究是当前世界科学技术最大的主攻课题之一。它的任务是根据太阳和其他恒星释放能量的原理,设法将氢弹爆炸这一瞬完成的核聚变现象变成可以控制的过程,从而使它的能量充分被人类所利用。核聚变能源同世界上已有核变能相比,不仅能量大得多,而且更加安全。地球上丰富的氘、锂等,都是极有前途的聚变原料。如果把海水中所含的氘全部用来生产聚变能,最少可以供给人类使用上百亿年。

　　"中国环流器一号"就是从事这项研究的实验装置。……

　　读者由于有了这一段背景材料，就能看懂新闻事实，从而对新闻的意义，也有了进一步的了解。

　　3. 对比性背景材料

　　对比性背景材料就是那些能与新闻事实形成某种对比的材料。在新闻写作中，作者往往通过新闻事实与新闻背景前后、左右、正反的对比，来突出新闻事件的意义，表达某种观点。试看 1985 年 1 月 17 日《北京日报》刊登的《鄱阳湖发现世界上最大的白鹤群》：

　　　　迄今世界上最大的白鹤群在江西鄱阳湖大湖池被发现。

　　　　一支由美国、加拿大、西班牙和瑞典四国鸟类专家组成的考察队，12 日上午到鄱阳湖候鸟保护区大湖池考察时，在丁家山山头，发现了一大片鹤群。鸟类工作者用高倍望远镜反复计数，发现有白鹤 1204 只，其中幼鹤 100 只；此外还发现白枕鹤 1162 只和白头鹤 88 只，是迄今为止世界上最大的一个白鹤群。

　　　　对于这一惊人发现，在场专家兴奋不已，大家互相拥抱，有的高兴得流下泪来。率领考察队的国际鹤类基金会阿基波会长激动地说："目前世界上的白鹤已濒于灭绝，我走了很多国家，从来未见过如此壮观的场面。我要把这个消息告诉全世界，人们会对此发生极大兴趣。"

　　消息最后，作者通过对比性背景材料，把新闻事实不同寻常的意义显示出来。

　　（二）新闻背景的意义

　　前面我们已提到，新闻背景只表现出结构内容上的意义，但一般都把它放在结构要素中加以讨论。之所以这样做，是因为它在消息中具有不可取代的作用。新闻背景的作用，主要表现在以下几个方面：

　　1. 为读者所不熟悉的新闻事实作注释

　　新闻对现实生活的反映是立体的、全方位的，涉及各个地区、各个领域，其中有很多内容，读者未必熟悉。如果记者仅仅报道事实，读者对那些不熟悉的内容，就会出现接受上的障碍。新闻背景材料的运用，首先就在于它能消除读者在接受上的这些障碍。胡乔木同志曾指出："不说新闻的读者和作者多半相隔几千里，几万里甚至几十万里，哪怕只隔几十、几百里，他就和你生活在两个不同的地方。他读你写的新闻，既不会随时翻字典、看地图、查各种参考书，也不会把你过去的作品和其他有关的新闻都找在一起来对读。你可能给他各种麻烦，全靠你写作时像情人一般的细心体贴，防患未然。"（《人人要学会写新闻》）

　　2. 帮助读者理解新闻事实的意义

　　试看下面这段消息导语：

　　　　一位 29 岁的美国留学生今晚在这里主演了中国京剧优秀传统剧目《贵妃醉酒》。京剧是只有中国演员才演得了的一种戏。主角魏莉莎出生在美国的堪萨斯州，现在南京大学学习。

　　这里的主要新闻事实是美国留学生主演中国京剧《贵妃醉酒》，其后的背景材料有两条：中国京剧只有中国人才能演；年青的魏莉莎是一个地道的美国人。由于有了背景材料，主要新闻事实的价值就显现出来了。

3.便于作者表达本人的观点

新闻必须用事实说话,记者一般都不在新闻中直接发表议论,但谁也无法禁止记者通过自己采写的新闻表达自己的立场和观点。因而,记者往往利用背景材料,巧妙地传达出自己的立场观点。试看下面的消息:

> 新华社1981年12月19日电　据阿通社报道,阿尔巴尼亚部长会议主席穆罕默德·谢胡12月18日凌晨自杀身亡。
>
> 这一消息是阿尔巴尼亚党政领导在18日晚发布的一项公报公布的。这项公报说,谢胡是在"精神失常"时自杀的。在这之前,阿通社在12月17日曾发表谢胡16日在地拉那接见罗马尼亚政府贸易代表团的消息。
>
> 谢胡1948年起任阿尔巴尼亚劳动党中央政治局委员,1954年起任阿尔巴尼亚部长会议主席,终年68岁。

这则消息,谢胡"自杀身亡"是新闻事实,谢胡为何"自杀"是读者最为关心的"新闻背后的新闻"。第一个背景材料,是说明性的,引用阿尔巴尼亚党政领导发布的公报,把谢胡"自杀"解释为"精神失常";再下来又引出另一个背景材料,谢胡在前天还接见了外国贸易团。作者把这两个背景材料放在一起,其潜台词是十分明显的:谢胡在前一天还接见了外宾,为什么会突然"精神失常"而自杀了呢?看来,阿尔巴尼亚党政领导所作的解释是值得怀疑的(事实也的确如此,不久,阿通社就改变了说法,说谢胡早就是西方间谍等等)。就这样,作者通过背景材料,巧妙地传达出自己的观点。

4.使新闻的内容充实饱满,富有立体感,并增强新闻的情趣、感染力和说服力

试看美联社记者报道美国副总统布什访华的消息:

> 他下榻在西子湖畔,一片葱翠的山脚下的一所僻静的别墅里,中国领导人有时住在这所别墅里。
>
> 西湖对岸有12世纪的中国将领岳飞的坟墓。那里镌刻的一处碑文写着"还我河山"。这是中国目前对台湾的态度。

这些背景材料的运用,精彩而又恰到好处,确实令读者过目难忘。

(三)怎样运用背景材料

1.背景材料要为主题服务,不能节外生枝,冲淡消息主题

并不是所有的消息都需要新闻背景。一些事实简单明了的短消息,可以不要背景材料。

背景材料是辅助性材料,一般情况下,不宜过多过长,以免喧宾夺主,冲淡了消息主题。但这也不是绝对的。新闻背景是否运用得好,并不取决于字数多少、篇幅长短,关键是看扣住了消息主题没有。有些消息,背景材料占了很大比重,同样不失为好消息。有些消息运用的背景材料并不多,但没有扣住主题,仍然不好。该用背景材料而没用,更是写作上的纰漏。写作中,应该怎样扣住主题使用背景材料呢?试看下面的消息:

> 本报讯　解放三十多年以来,在众多的进口影片中,却没有一部立体故事片。现悉,第一部来自美国的立体宽银幕彩色故事片已经输入。片名为《枪手哈特》。该片正在抓紧译制,不久将在本市东湖等立体电影院上映。
>
> 　　　　　　　　　　　　　　　　　　　　(1985年4月6日《新民晚报》)

这里,作者运用了一个背景材料:"解放三十多年来,在众多的进口影片中,却没有一

部立体故事片。"至于解放以前，进口影片的情况是怎样的呢？美国立体电影的产生和现状是怎样的呢？作者没有涉及。显然，作者这一取舍是恰当的。如果把后面的背景材料塞进消息，反而会冲淡了消息的主题。

扣紧主题，就是要扣住消息所要报道的主要新闻事实，不能扯得太散、太远、舍本逐末。

2.运用背景材料，要为读者着想

著名记者邹韬奋说过："在写作的时候，不要忘记了你的读者"，"这是有志著述的人们最要注意的一个原则。"(《经历》)交代新闻背景也要看读者对象。

一般说来，报道错综复杂的事件，偶然发生和不经常发生的事件，从来没有报道过的新情况、新问题，以及技术性、知识性比较强的问题，如科学学术方面的报道，要考虑读者的接受程度和理解上容易遇到的困难，适当多交代一些背景，以便让读者看得明白。一些妇幼皆知的背景，作者就不必在消息中饶舌。有些新闻背景，在地方报纸的消息中不必交代，在中央一级报纸的新闻里就要有所交代；在国内报道中不必交代，在对外报道中却需交代；在专业性报纸、日报中不需交代，在晚报中必须交代。这也是由读者需要所决定的。作者写作时，必须多为读者着想，看看他们想知道什么，还有什么不清楚、不理解，需要我们利用背景材料作出说明、注释和解释，尽量不要在稿中留下疑问。试看消息《世界八大奇观》：

新华社北京 1982 年 1 月 6 日电　据报道，秦始皇兵马俑受到法国前总理希拉克极高的赞誉。他不久前参观西安秦始皇兵马俑时说："世界上有七大奇迹，现在秦俑的发现，可以说是世界第八大奇迹。"他所说的"七大奇迹"，通常也称"七大奇观"。

世界"七大奇观"指的是：金字塔（埃及境内）；巴比伦（伊拉克巴格达南部）的空中花园；以弗所（土耳其境内）的阿苦密斯神殿；奥林匹亚（希腊境内）的宙斯神像；哈利卡纳苏（土耳其境内）的摩索拉斯陵墓；地中海罗德岛上的阿波罗巨像；亚历山大城（埃及境内）的灯塔。

作者在交代完主要新闻事实之后，用了很大的篇幅来注释世界"七大奇观"，显然，这一背景材料的运用，对一般读者来说是非常必要的。

3.要灵活穿插背景材料

占有起码的背景材料，是完成一篇新闻的必要条件。占有最重要的背景材料，是写一篇好新闻的基本条件。占有最新背景材料，是写独家新闻的基本条件。占有大量的、第一流的、精彩的背景材料，是一个优秀记者的特殊本领。——而最终，要看作者把背景材料怎样安置到消息中去。内行的记者，往往安排得恰到好处，为新闻增添色彩。蹩脚的记者，用得呆板，反而使新闻冗长乏味。

背景材料的运用要因稿制宜。有时候，背景材料很短，短到只有一句甚或几个字。有时候，背景材料占了消息的主要篇幅。背景材料的多与少，要取决于消息的主题和读者需要。

背景在消息中没有固定位置，它可以安排在消息的任何部分。比较常见的安排方式有：

(1)背景先行于标题中。如：

中国猿人第一个头盖骨发现者

裴文中追悼会在京举行

(2)背景安插在导语中。如：

"革命摇篮"成了"汽车摇篮"，不少乘汽车到过江西的人都这样嘲笑这里颠簸不平的公路。为尽快改变公路建设的落后面貌，江西省今日宣布：对全省公路建设和养护实行3年大包干，以达到"1年缓解，3年改观"的目标。

(1988年12月21日《新华社新闻稿·江西省实行公路建设养护大包干》)

(3)背景独立成段，紧接导语之后。

(4)将背景材料化整为零，灵活穿插在整篇消息中。有人形象地称这种方式为"天女散花式"。如《人民日报》1984年9月23日的新闻：

本报讯　记者陈祖甲报道：一幅幅风光绮旎的黄山景致摆在展厅里，是摄影作品？是中国山水画？又是又不是。这是我国摄影艺术家华国璋副教授独创的"摄画"。(导语)

"摄画"是国家科技攻关项目之一，是艺术和科技相结合的产物。(事物背景)据了解，现代的摄影作品，一般只能保存五十到一百年。(社会背景)为了将摄影作品长期保留下来，华国璋运用现代科学技术手段，将摄影艺术作品，印制在宣纸或丝绢上，创立了独特风格的"摄画"。(主体)这种作品至少可以保存几百年，甚至上千年。这不仅开辟了一个艺术新领域，而且为国家珍藏摄影历史文物提供了新的科学技术。(知识背景)

51岁的华国璋副教授现在是安徽省文联专业摄影艺术家。他一生坎坷，曾被错打成"右派"，"文革"中又蹲了四年冤狱。但他有一颗热爱祖国大好河山的赤诚之心，对艺术创作不断追求的执著精神从未泯灭。他"卧明月，伴松涛，登险绝"，多次出入黄山、九华山，拍摄风景。他的大型影册《风景如画》、《黄山奇观》分别于1979年和1980年用中、英、日三种文字出版。(既是人物背景，又是历史背景)

华国璋的"摄画"及其他摄影作品将于9月26日在北京古观象台展出。方毅同志为画展题了词。(结尾)

这条新闻只有四五百字，但背景材料多达两三百字，而且种类较多，事物、社会、知识、人物和历史背景，都用上了。把多种背景材料用在一条新闻里，能使新闻凸现出来，但处理不好，会出现繁杂冗长的弊病。上述新闻由于采取"天女散花"的方法，分散使用不同类型的背景材料，背景材料又和主题材料融为一体，所以读来顺畅自然。

传统的背景安排，是紧接导语之后，用一个自然段集中交代背景，这样所形成的结构是：导语——背景——主体——结尾。这方式多少有些呆板、凝固化。因而，人们现在常常化整为零，将背景灵活穿插在整篇消息中。

(5)以背景段作消息的结尾。新闻背景的灵活穿插，要看主题和读者心理来决定。一般说来，背景材料的位置安排不宜固定化，应多种多样。安排时，要考虑怎样才能对新闻主题的阐述有利，怎样才能做到逻辑上顺理成章，怎样才能做到文字上一气呵成，怎样才能吸引读者和节省笔墨。新闻背景大多是静态的材料，如果挤成一团，大块大块地出现在新闻中，消息往往显得呆板、沉闷。如果切割得太零碎，又会影响行文的贯通。一般说来，凡是安插在导语中的，往往是对比性材料、注释性材料；安插在主体、结尾部分的，往往是说明性材料、注释性材料；独立成段的背景交代，往往用"过去"、"原来"、"早在……之前"等关联词语带出，以揭示事实过程的来龙去脉和必然性。凡穿插性材料，往往只有一两句话，有时甚至只是一些简单的句子成分。穿插性的背景材料，不能太长，太长了会影响阅读效果。

七、消息头和消息结尾

（一）消息头的含义

消息头并不具有写作上的意义，但对于初学者，还是应该理解它的基本含义。

消息头是消息的标志。消息头的形式主要有"讯"和"电"两大类。

"讯"，主要指通过邮寄或书面递交形式向报社传递的新闻报道。报社通过自身的新闻渠道所获得的本埠消息，一般标明"本报讯"。无论是记者还是通讯员为一家报社写稿，在其消息的开头，一般应冠以"本报讯"三字。如果稿件是从外埠寄来的，则应标明发布新闻的时间和地点，如"本报北京7月8日专讯"。

"电"，主要指通过电报、电传或电话等形式向报社传递的新闻报道，又称"电头"。"电头"是由发布新闻单位的名称、发布新闻的地点以及发布新闻的时间所组成，三者缺一不可。如："新华社北京10月8日电"。

消息头的作用主要如下：①消息头是区别于其他文体的标志之一；②消息头与新闻发布单位的声誉紧密联系在一起，它促使新闻发布单位谨慎地对待每一条消息，力求客观、翔实、新颖、生动；③消息头能标明新闻来源，以利读者判断；④消息头是"版权所有"的标志，消息前一旦标明"本报讯"，就表示这条消息是本报独家采集的新闻，其他新闻媒介不得任意转载、抄袭。对于通讯社的电讯稿，报社不能任意增补更改。如有删节，则应在消息头上标明："据××社××地×月×日电"。

（二）消息结尾

"结尾"是文章的收束部分。它有时是文章的最后一句话，有时则是文章的最后一段或最后一个层次。消息结尾，即消息收束部分的句、段。

消息结尾的问题，新闻界有着不同理解。有人认为，消息不存在结尾的问题。因为：在金字塔结构中，事实报道完了，消息也就自然收束了；在倒金字塔结构中，消息的任何一段，都可能成为消息结尾。而有人则把消息结尾强调到很重要的地位，认为舍掉它，"全文就要失色一半！"因而，总结出"自然收缩法"、"卒章见义法"、"别开生面法"、"展示预告法"、"拾遗补缺法"等结尾的方法。

怎样看待消息结尾？

消息有没有结尾？答案是肯定的。

任何文章，只要是一篇完整的文章，都有结尾，消息也不例外。如果说消息可以没有结尾，倒真的叫人难以理解了。

但无疑的，消息的结尾，有它的特殊性。首先，在倒金字塔结构中，消息的任何一个段落，都有可能成为结尾——在这一类消息中，结尾呈开放性。它并不要求穷尽所有的新闻事实，编者和读者都可以根据需要取舍。其次，在金字塔结构中，消息把事件的高潮写出来了，消息也就结束了——在这一类消息中，我们可以看到，消息的结尾，就是事实的结尾，它依附于事实，并不需要另外的议论、抒发。这些都是消息结尾区别于其他文体结尾的特殊之处。从这些特殊之处看，写消息结尾，顺乎自然就行了，并不需要煞费苦心地去构思一个新颖别致的结尾。因此，一位美国记者曾深有体会地说："当你坐在打字机前，眼盯着稿纸，为想一段漂亮的收尾文字而搜索枯肠时，很可能文章的结尾已经写出来了。你在那儿刹住就行了。"

我们再看两则比较特殊的例子：

合众国际社莫斯科 1980 年 1 月 31 日电　莫斯科居民又碰到另一短缺：没有一处地方可找到厕纸。

一名恼恨的莫斯科人星期二说："我们就是到处找不到。店主人只说出现短缺。

存有厕纸的寥寥可数的商店里挤满了人。

有人说："有人暂时裁用纸台布或纸尿片充厕纸，但这些东西现时也用完了。"

一年多来，行之有效的办法是，裁用苏联《真理报》。

塔斯社 1980 年 1 月 10 日电　"救救蛇！"印度动物学家在广播电台和电视台向城乡居民不断发出这不同寻常的呼吁。

去年，大约有两百万条蛇成为猎人们的猎物。

普拉杰什邦、西孟加拉邦、马哈拉施特拉邦、奥里萨邦各部落的人老早就以捕蛇为业。猎捕这种爬行动物是最有利可图的事，因为国际市场上对蛇皮产品的需求在不断增加。因此，近年来蛇的数量在印度急剧减少。蟒蛇有绝迹的危险。

印度政府正采取紧急措施，设法恢复这种动物的数量，其中包括根据保护自然法禁止出口蛇皮。

所以要保护蛇，是由于蛇会消灭有害的啮齿目动物，包括老鼠。据一些专家估计，仅去年一年，印度的国家贮备粮就有百分之十被老鼠吃掉。

通常认为，这两则消息的结尾是必不可少的，有了这个结尾和没有这个结尾，消息大不一样。事实也的确如此。从上面的例子我们可以看出：①所谓倒金字塔结构的消息任何一段都可作结尾，也不是绝对的。对于某些重要的段落，编辑并非能自由取舍。有时候，宁可删舍前面的段落，也不能把重要的、画龙点睛式的段落舍去。②这两则消息的结尾虽说重要，仍然还是依据报道需要顺势而成的，与小说、散文之类的结尾，有很大区别。

因而，对于消息结尾我们所应该强调的是：紧扣消息主题和新闻事实，顺势而成，既不要画蛇添足重复啰嗦，也不要随意简省损害主题。

现在的消息写作更为灵活多样，但从本质和基本规范上说并有脱离我们上面所述，关键是理解和灵活运用。

八、动态消息

(一)动态消息的含义及特点

动态消息是迅速报道现实生活中新事物、新情况、新变化、新成就、新问题、新动向、新气象的新闻。

从内容上看，刚刚发生或正在发生的事物，诸如国内外重大事件，国家领导人的重要活动，突发性事件，各条战线的新发现、新成果、新信息、新动向，群众日常生活和日常工作中涌现的有意义的新鲜事情，都属动态消息报道的范围。

从表现形式上看，动态消息大多为"简明新闻"、"短新闻"，"要闻"、"简讯"、"短讯"、"快讯"、"一句话新闻"、"标题新闻"是其不同的表现形式。

动态消息是各类消息中最活跃，最基本的一种消息类型。报纸上的消息，绝大多数是动态消息。

动态消息报道的是现实生活中最新的事实和变化，集中体现了新闻的特征和优势，它特别强调新闻的时效性，有些重要事件，必须争分夺秒地报道出来，刻不容缓；由于着眼于"动态"的报道，它的表述直接简朴，严格用事实说话；它的篇幅短小，通常是三五百字；由于讲究简明、迅速，通常是一事一报。下面我们试举几则电视新闻以供大家学习：

中国式稀土储备制度在包钢启动

2月10日，包钢稀土(集团)高科技股份有限公司对外公布：内蒙古自治区人民政府批准他们实施稀土原料和产品储备，标志着中国式稀土战略储备制度开始起步。

本台记者张玉超报道：根据方案要求，储备包括三个层面。一是矿石储备，由包钢集团实施。二是稀土精矿储备，由包钢稀土高科技股份有限公司实施。三是镧、铈、镨、钕稀土氧化物储备，由包钢下属子公司国贸公司实施。自治区、包头市分别给予贴息支持。这种以企业为投资主体，政府贴息的储备方式被有关专家称为"中国式"稀土储备。

包钢稀土集团高科技股份有限公司总经理张忠：

(出录音)

"稀土在目前的情况下做到产销平衡还很难，所以现在非常有必要把它存起来。希望用我们的资源优势形成这么一种吸引力，能够把先进技术、特别是终端的先进技术和市场都带进来。"

(音止)

稀土是一种重要的战略资源，广泛应用于电子、机械制造、核工业、新能源、航空航天等尖端科技领域，被誉为"新材料之母"。资料显示，目前世界上每6项发明专利中便有1项和稀土有关。

中国稀土学会副秘书长张安文：

(出录音)

"稀土在高技术的发展现在越来越重要，包括这个风电，包括混合动力车、家用电器现在都是大量的应用我们稀土的各种材料，已经不是过去讲的什么味精、维生素，现在已经成为主菜或者是食粮，现在大家都这么认为了，主料。"

(音止)

目前，我国稀土储量只占世界的1/3左右，而供应量却占世界的90%以上。从1990年到2005年，我国稀土的出口量增长了近10倍，可是平均价格却被压低到初始价格的64%。而本市稀土资源约占我国已探明储量的87%，多年来本市稀土产业一直陷于过度开采、利用率低、产品附加值低的境地。进行稀土战略储备，目的是抑制稀土价格投机，夺回在稀土资源上的话语权，同时借此推动具有高附加值的行业转移到本土。

包钢稀土作为国内稀土行业的龙头企业迈出了稀土储备的第一步，具有里程碑意义，也是国家对稀土资源储备的一种探索和铺垫。

中国稀土学会专家王晓铁：

(出录音)

"第一次提出这种储备概念是包钢稀土提出来的。把国家的重点战略资源由行业内的核心企业承担起这方面责任，利用自己的资金利用自己的这种能力，这是包钢稀土做的工作，这是有中国特点，也是中国特有的。"

(音止)

自治区政府副主席赵双连：

(出录音)

"包钢是替国家在守护着稀土资源。在自治区已经确定的稀土储备制度的基础上积极争取建立国家的稀土储备制度。"

(音止)

国家工业和信息化部原材料司副巡视员王彩凤：

(出录音)

"包钢稀土作为企业在一定意义上它不仅是对企业负责，也是对国家这整个行业发展有这么一个高的姿态。"

(音止)

包头人民广播电台 2010 年 2 月 11 日

这条消息主题重大、时效性强，采访的人物有权威和影响力，且编写稿件，注意谋篇布局，运用每一段音响都简短有力，整篇报道行文流畅、逻辑严谨、广播特色鲜明，听过给人留下很大的思考空间。稀土是国家重要的战略资源，中国稀土资源的储备是一种发展趋势。记者一直持续关注稀土储备方面的动态新闻线索，在内蒙古自治区政府批准包钢稀土(集团)高科技股份公司实施稀土原料产品战略储备的第一时间，迅速联系采访相关专家、企业负责人、政府领导就这一事件发表看法。作为国内稀土行业的龙头企业包钢稀土公司启动稀土战略储备方案，迈出了稀土储备的第一步，具有里程碑意义。记者采写的稿件除了在包头人民广播电台播出外，还第一时间向自治区、中央级媒体投稿刊发取得了重大的社会反响，引起了各相关方面的持续关注。

武钢全面淘汰日本"一米七"硅钢技术

今天(27 日)上午，武钢集团对外宣布，武钢自主研发的低温取向硅钢全面淘汰从日本引进的"一米七"专利技术。

湖北广电总台新闻综合广播，记者刘胜报道：在宣布这一具有历史意义的消息后，武钢硅钢事业部总工程师梁宗仁说：(出录音)"为什么把它全面淘汰呢，因为我们具有自主知识产权的这个产品，不管是从产品的性能上来讲，还是

从生产的成本上来讲，都全面超过了（这个）两次从日本引进的专利。"（录音止）

硅钢是电力、电子和军工不可缺少的重要软磁合金，其生产技术代表着冶金行业最高水平，而取向硅钢则是精品中的精品。此前由于无力自产，我国相关的战略行业一直被国外垄断企业"卡脖子"。

1974年到1978年，武钢从日本新日铁引进硅钢生产线"一米七轧机"，被认为是开改革开放先河的壮举，武钢原总经理黄墨滨回忆：

（出录音）"当时国家曾经花40个亿，引进国际上最现代化的热连轧、冷连轧，还有冷轧硅钢。"（录音止）

40亿，按照当时八亿人计算，相当于全国人民每人掏出5块钱。当年，10万建设大军集结武钢会战"一米七"，这一波澜壮阔的历史，在一代人心目中留下了深深的烙印。4年后，国内首条取向硅钢生产线投产，引发武汉万人空巷。可一名日方技术人员断言：我们走后，"一米七"将变成一堆废铁。武钢高级工程师张国文：

（出录音）"日本专家都撤了，我们各个工种、各个专业都在努力钻研的自己的业务，千方百计保证各个专业设备能够正常运行。"（录音止）

从那时起，一代一代武钢人攻克"一米七"难关，先后获得200多项专利、3项国家发明奖。

1992年，武钢为扩大硅钢产能，再次从日本引进取向硅钢专利。专利的有效期10年，到期后，厂家为保垄断地位，拒绝转让技术。

武钢人另辟蹊径，一改国外高温取向硅钢技术路线，成功研发出低温取向硅钢，能源消耗比日本工艺降低20%以上，检修费用每年节省2000万元。武钢取向硅钢产能由此大幅提升，产品供不应求。今年1到8月，取向硅钢产量突破30万吨，硅钢总量突破120万吨。

梁宗仁：（出录音）"（这）标志着武钢成为全世界硅钢生产产能最大的生产商，我们国家也是成了世界上硅钢生产的强国。"（录音止）

迫于压力，今年3月，日本新日铁调低取向硅钢部分产品报价，从获取垄断利润转向力保市场份额。武钢集团宣布，全年取向硅钢产量将超过40万吨，硅钢总量超过170万吨。在激烈的钢材市场竞争中，武钢利润80%来自硅钢。

湖北广电总台2010年9月27日

这条消息，记者敏锐抓住了武钢淘汰日本"一米七"硅钢技术这一事件背后的重大意义和深远影响，在短短3分多钟时间里，精心谋篇布局，像一篇跌宕起伏、惊心动魄的微型剧。作品紧紧围绕武钢自主创新、自强不息、勇于超越的"精神主线"，以武钢与日本新日铁之间的较量和竞争为"事实主线"，再现了武钢从引进、消化、创新到掌握核心技术、超越、倒逼的全过程。它通过翔实的数据和背景材料告诉人们，只有进行自主创新并掌握核心技术，才能在激烈的市场竞争中取得一席之地。该消息主题重大，角度新、立意好，具有较高新闻价值。武钢是在一次会议中宣布这条重大新闻的，但记者并没有局限于会议现场，而是利用平时跑线时所掌握的资源，迅速行动，采访方方面面的人物，并在所有媒体中率先播发了这条新闻。

再看：

玉树地震：无论你在哪里我都要找到你

王　亮

导语：今天(15号)中午12点，中国国家地震灾害救援队在青海玉树地震灾区一处废墟成功救出了4名幸存者，这是救援队开赴灾区以来最成功的一次救援行动，中央台记者王亮记录了救援全过程。

记者：今天一早呢，中国国家地震救援队是兵分两路来展开救援，现在我跟随其中一个小分队，所处的位置就是玉树县城的有一个叫做西北牛宾馆的位置，这个宾馆现在还没有开始启用，在地震的时候，有一支施工的装潢队伍，(在这里)被掩埋了。现在呢，在半个小时之前，已经听到了里面有微弱的敲击的声音。

搜救队员1：这就是一个楼道？

群众：这是楼道。

搜救队员2：这边一个楼梯？

群众：这边楼梯。

搜救队员1：你听见他那个声音的时候，是在什么时间？

群众：今天听见，昨天我没听见。

搜救队员1：今天什么时候？

群众：今天早上听到了。

记者：刘队长，刚才您看这边情况是……？

搜救队长：现在是有希望，但是营救难度确实是非常大，现在有一线希望就得做努力。

搜救队长：把"蛇眼"、"声波"都拿上来，拿上来然后具体定一下位，他要真有那种敲击声，那一下就听出来。

记者：现在搜救队员开始用声波探测仪，还有蛇眼探测仪，蛇眼探测仪就是一个很长的内窥镜似的摄像设备，伸进去来寻找里边的生命迹象。

【同期声：(指挥搜救犬)坐，坐！嗅！】

搜救队员3：你看这个搜救犬非常激动。

记者：而且很兴奋。

搜救队员3：很兴奋，对对对，里边应该是有生命迹象，否则它不会反复地这么嗅。

搜救队员4：现在我们从两边，这边是打开预制板，然后这边主要是人工清理，最早先接触到下面，看下面到底是什么情况，因为现在我们也看不到下面。

搜救队员4：下面空吗，空隙大吗？

搜救队员2：下面有空隙。

搜救队员4：有空隙，拿凿岩机凿吧，准备上那个凿岩机。对，凿小孔，斜孔。

【同期声：凿岩机凿楼板的声音】

搜救队员4：好，稍微慢一点，下面可能还有幸存者。

搜救队员3：把这个支撑起来。

搜救队员2：它一倒，当做支撑，你一断，"哗"就倒过来了，这正好当个支撑，这个梁。

【同期声：（搜救队员向废墟下喊话）有人吗？好！你们几个人？四个。坚持住啊！】

搜救队员1：大概就在这个位置，慢慢扒，然后千万别整塌了，慢慢来，好吧。

搜救队员5：来来来，慢慢的，拿手捡，记得拿手捡啊，慢慢的。

搜救队员2：你先把上面这一层去掉，知道吧。

【同期声：（搜救队员向废墟下喊话）大哥，大哥，你那时候地震了，往外跑，跑到楼道这儿来了吗？就在你那个屋里边，是吧？你那个屋子是哪间啊？现在我们在这儿敲呢，你听着是不是上方，正上方？（敲击声）你在第几个房间？你在第几个房间？第几个？第一个？第一个房间。你是第几层啊？第一层？第一个房间？好勒！坚持住啊！】

记者：刚才通过您感觉，他们说话的这个力量怎么样？

搜救队员1：他的体质方面应该是非常不错，他喊出的话非常有力，说"四个人"，应该是没问题。

搜救队员1：这个位置往下挖，把这个东西都挖出来之后，幸存者就在一楼一层，就在这个办公室里，有四个人，四个幸存者。好吧，开始，大家。哎，兄弟们，刚才我说的那个，注意安全，一定要记住啊，我一说"撤"，你们就赶紧往安全的那个地点撤，好吧？

【同期声：来来来，上几个人，来，一、二、三！】

记者：我们这个救援的现场非常危险，它是一栋楼，一边是三层，一边是四层，都向中间倾斜，而且整体地破碎。我们是在中间挖了一个洞，一有余震的话，两边的楼就会往中间塌，搜救队员就有可能被埋在里边。我们是把一个矿泉水瓶倒立竖在旁边的这个危楼上面，一旦有动静的话，这个观察员就会让旁边的搜救队员，包括现场的记者，赶快通过逃生通道逃离出来。

【同期声：（搜救队员向废墟下喊话）老哥，我们现在马上就要挖到你们一层了，你们现在的位置是在什么位置？也就是说你这个房间，你是在中间，还是在后头，还是在门口？啊？墙角，对吧？然后你的墙角是前墙角，出门的墙角，对吧？靠近门口，对吗？靠近门口吗？什么……】

搜救队长：好！对啦！就这个位置！上几个比较灵活一点的，现在就要动主体了，随时咱们要逃生的。

搜救队员3：这块一有余震……

搜救队长：对，余震来以后，它属于A字形的……

记者：越接近被困者越难。

搜救队长：越难，对，因为现在就和绣花一样了，真的，关键时候就这样了，就得和绣花一样了。

搜救队长：问他看见亮了没？

搜救队员2：能看见光了吗，好嘞！马上到了！

搜救队长：好嘞，稳住，稳住，安慰两句，安慰两句，你跟他说让他稳住，他有时候激动啊，一见光了，就激动了，一激动血压就升高。

搜救队员2：哎，大哥，你不要着急啊，马上就通了啊！我们是国家救援队的，相信国家救援队马上把你救出去了啊！一会儿你们在里边出来的时候把眼睛闭上，外面的光线特别强。

搜救队长：走，来劲儿了，兄弟们！担架先送上一个来！

搜救队员2：看见他了，看见他了。好嘞！

搜救队员3：马上就要出来了。

搜救队长：余震！闪开！余震！

众人：没事，没事，慢点，慢点，别动了，小心，小心。

众人：哎哟！又余震！

搜救队员：这个余震比较大的啊。

搜救队长：要创造奇迹啊，创造中国救援史的奇迹。

众人：又余震！闪开！闪开！小心啊！不要乱，不要乱！那边山塌方了……

众人：出来了，出来了！担架，担架！好！好！慢点，慢点，把眼睛挡着，眼睛挡着，把眼睛捂上！架起来，架起来，这边，这边，上担架，躺着！好，走，好！好！

众人：下一个，下一个，不要着急，队员不要撤，队员不要动。

记者：现在12点整，第一个被困的群众已经安全从洞口里边爬出来了！现在是12点02分，第二个也已经出来了，他能够自己主动地爬出来，而且还能够站立起来，感觉他的状态很不错。

众人：趴下，趴下，好，不错，不错啊。第三个，第三个。

记者：现在第三个群众已经出来了！现在出来的三个群众都是自己爬出来的，而且他脸上还带着微笑，还能挥手！你太棒了！

众人：别激动，小伙子！慢点，慢点，闭上眼，闭上眼。

记者：现在第四位，第四位已经出来了！

众人：担架，担架，快上担架，第四个。

记者：现在第四位被困的群众也已经救出来了，他的身体状况相对于前三个可能稍微有点差，可能是有一些受伤，现在用一个简易的担架把他固定在上面，现在他已经被成功地抬出了废墟。

今天，五个小时之前，探测到的四个活生生的生命现在已经被全部救出来了！而整个从洞口被抬出来的时间只用了五分钟。尤其是最后，马上还有三分钟就要出口的时候，一次非常强的余震，所有的人都往外撤，我们看到洞口里边拉着被困群众手的这个搜救队员非常勇敢，他心理素质也非常好，他一直呆在里边，一个一个地把里边的四个被困的群众救出来，他可以说是冒着生命危险。现在搜救队员就在我的旁边，我们来让他说两句。

搜救队员6：我们在五个小时内打通了四层楼板，当我的手跟下面幸存者的手握住的那一刻，我的心情特别激动，这就是我们的职责，我为我的工作感到自豪！

　　　　　　　　　玉树紧急救援特别节目，中央人民广播电台2010年4月15日

这是一则动态新闻。地震当天，记者从电台直奔机场，随国家救援队飞赴灾区。抵达

当夜，身着单衣的记者随即在高寒缺氧的恶劣环境中投入报道，彻夜未眠。第二天，记者跟随搜救队员一起爬上倒塌的楼房、钻进废墟洞穴，搜救被掩埋的幸存者，并直播救援过程。废墟上方是两幢主体破碎并向中间倾斜的危楼，救援持续了近5个小时，其间三次发生余震，余震造成砖头塌落和附近山体塌方，采访过程异常危险艰辛。在一处废墟中，发现四名幸存者，并最终全部获救，这在历次地震救援中极其罕见。震后灾区群众了解信息的主渠道是广播，这一"生命的奇迹"经广播报道后，极大鼓舞了灾区群众和各方救援力量。有听众这样说，在最艰难的时候，是广播传递了"大爱的力量"，传递了"生命的信念"。这则消息题材重大，且音响丰富，现场报道流畅，感染力强，是篇多年来难得一见的现场新闻特写。生命的尊严在作品中被大写和升华。现场报道一气呵成，细节捕捉到位，体现了记者驾驭重大新闻现场的深厚功底。

这篇新闻特写由现场音响和现场播报节选而成，全部是现场"原生态"。用声音记录历史，搜救犬的吠叫声、机械破碎楼板的钻击声、搜救队员朝废墟下的喊话、余震发生时现场的紧张气氛……记者冒着生命危险采录到的这些现场音响，记录了历史"那一刻"的惊心动魄与一波三折，也见证了一个"生命的奇迹"。记者在报道中体现出来的职业精神和职业水准，特别是客观的纪实风格，得到广大听众和业内专家的充分肯定。

这节我们有意选了三则电视新闻，希大家仔细揣摩电视新闻的写作特点。电视新闻的写作，实际上还是以报刊新闻为基础的。

（二）动态消息的写作要点

动态消息以写"动"见长。要做到以写"动"见长，关键是善于抓"动态"，敏锐地捕捉最近发生、发现、变动的事实。一般说来，那些重大的事件和活动，如党和国家的重要会议，重要的建设成就，规模巨大的活动，突出的创造发明，重大的突发性事件，还是比较好抓的，一般不会把它们从眼前放过。比较困难的是如何透过日常的生活实际，去发现动态新闻。

如何从比较平常、普通的日常生活中去抓动态新闻呢？

1. 要处理好"大"与"小"的关系

重大的事件和活动，固然是写动态消息的好材料。但重大的事件和活动并不是天天都有的。更多时候，要通过日常生活中的"小事"，来反映时代和社会的变化、发展，这就要求记者处理好"大"与"小"的关系：一方面，要"大局在心"，把握好时代精神；另一方面，要"小处着眼"，善于从日常生活的"小事"中，洞察出时代发展变化的信息。

2. 要处理好"整"与"分"的关系

有经验的记者都懂得，采写动态消息，不能满足于"一事一报"。因为有一些事件，持续的时间比较长，如果等事件结束后再去报道，就迟了一步，反映不出事物的"动态"。这时候，就要采取连续报道的形式，对事件的发展做分段的报道。

各种会议活动往往是采写动态消息的好机会。从会议活动中抓"动态"，也要处理好"整"与"分"的关系。对于那些具有重大政治意义的全国性会议，固然要做比较完整和全面的报道，但也可以采用化整为零的方法，把会议所讨论的内容和作出的决定概括出来，逐一发新闻。如新华社报道党代会、人代会时，就采用这种方法，把领导的讲话，会议的议题，用短新闻的形式，一个一个地加以报道。对于会议中某项重大的决定，还可以单独抽出来，加以突出的报道，如轰动全国的《天安门事件完全是革命行动》，就是从北京市委常委扩大会议诸项决议内容中单独抽出加以突出报道的。对于会议上出现的有新闻价值的事实,还可以跳出会议本身加以突出报道。如1983年10月24日《人民日报》发的《邓小平同志赞扬王崇伦"你抓豆腐呵,抓得好!"》,这件事发生在全国工会十大开幕式上,作者仅将会议本身作为新闻根据一笔带过,通篇突出"赞扬"这一事实,避免了程式化,加强了动感。1984年11月3日《北京日报》发的消息《中国民航将成立五个航空公司》,就是根据庆祝民航成立35周年大会上的一个讲话内容写成的。除对会议主要内容进行报道,还可以瞄着台上台下,会场内外,去捕捉其他一些有价值的动态新闻。

　　3. 要处理好"新"与"旧"的关系

　　动态消息要报道最新的事件和活动,然而,"新"与"旧"总是联系在一起的,没有"旧",就没有"新"。只有通过新旧的对比,才能发现"新"的特征。因而,采写动态消息,还要善于通过新与旧的比较,去抓动态。例如,20世纪50年代初,上海仅剩的两辆人力车被送进了博物馆,这件事孤立看起来并不显眼,其变动性不容易引起人们的注意。但熟悉旧中国的人都清楚地知道,人力车一向被洋人当做落后中国的象征,它集中表现了旧中国落后的交通事业和贫穷的工人生活。新中国成立后不久,这种旧中国遗留下来的落后痕迹被逐渐消除,人力车工人摆脱了沉重负担走向新的生活。最后两辆人力车被送进博物馆,实际上标志着一个旧的阶段的结束。《上海最后两辆人力车进了博物馆》这条消息,正是从新旧的对比中,来表现"动态"的。

　　在动态消息中,比较特殊的写作形式是"简讯"。"简讯"又称"简明新闻",是最简明扼要的新闻体裁,通常只有一二百字甚至少到几十个字,它以简短的文字将新闻事实最简要地、最迅速地报道给读者。它一般不说明事件的详细经过,不交代新闻背景,也没有新闻导语,新闻要素中的"为何"要素,通常略而不提。

　　"简讯"常常用来报道一些重大的突发事件。为了争取时效,这类稿子往往写得很短。这类写得很短,内容又很重要的"简讯"又称为"快讯"。它往往放在报纸显著的位置登出。有些内容比较重要的,编辑往往集结数条,放在"要闻"一类比较醒目的栏目登出。有些内容一般的新闻,也采用简讯的形式进行报道,因为内容不是特别重要,时效性的要求也就不那么严格,编辑往往聚集到一定数量时,以"集纳"的形式刊出。像"国际短波"、"天南地北"、"八面来风"等栏目所发的,即这一类简讯。

　　"简讯"这种报道形式简明扼要,读时一目了然,很受读者欢迎。它可以扩大报道面,以较少的篇幅反映多方面的情况;而它与大、中型稿件配合发表时,也能活跃版面。

　　在这种短小的报道形式中,近些年又出现一种称为"一句话新闻"的品种,即用一句话,把新闻事实介绍出来。这类消息,虽然很短,但却重要,报纸往往用大字标题在一版显要的位置登出来。写"一句话新闻",要字斟句酌,做到把最有新闻价值的内容高度简要地表达出来。

九、综合消息

(一)综合消息的含义及特点

　　综合消息是综合反映带全局性的情况、动向、成就、问题的消息。它报道的,不是某一个具体的事件和活动,而是某一个方面、某一个范围、某一个部门带全局性的情况。它不是一地一事的报道,而是由不同时间、不同地点若干不同的事实组成,所以,也叫"组织性新闻"。综合消息报道的范围广，是对"面"、对"全局"的综合性报道。根据其报道的内容，有"横向综合"和"纵向综合"之分。

"横向综合"的综合消息，报道的事件、情况、成就、问题，大多是新近发生和发现的，时间跨度不大。在具体写法上，可按范围写，如报道某项中心工作在全省范围内开展，可先介绍总的情况，然后分别有重点地介绍省内各个地区的有关情况。可按类别写，如报道群众对某一重大政治事件或某一重大决定的反响，可按不同阶层及其代表人物的具体反应进行综合报道。可按问题来写，如报道某个地区人民生活水平提高、购买力增长的全貌，可以从衣食住行和文化生活等方面来进行综合报道。像 1984 年 8 月 19 日新华社发的电讯《我国人民副食消费量大幅度增加》，就是就城乡人民在食用油、猪肉、禽、蛋、菜等方面的消费量来进行综合报道的。

"纵向结合"的综合消息，报道的是一个时期以来带全局性的情况、成就、问题，一般具有一个较长的时间跨度。它要把新闻事实的前因后果、来龙去脉、发展变化反映出来。在具体写法上，可按因果关系来写，在报道某一方面的情况时，同时分析其原因；可按问题来写，把报道的内容归并为几个方面，逐层深入地叙述；可按事情发生发展的过程来写，对情况作阶段性的叙述。

综合消息着眼于"面"，报道的是"面"上的事实。除了围绕突发性事件组织的综合消息，它的时效性一般不如动态消息强。它一般是记者在较长时间内搜集材料，对某个问题进行观察、分析、研究后写成的，无论材料搜集还是主题提炼，都有一个过程。

由于综合消息的时效性不及动态消息，它所报道的非一时一地的事实，常常涉及不同时间、不同地点和不同单位，因而，在综合消息中，"时间"、"地点"这两个新闻要素并不具有特别重要的意义。事实的典型、新颖，是决定综合消息新闻价值的重要因素。作者必须精选点上、面上的材料，通过对众多事实的分析、综合，揭示事物发展的本质和规律，提出新观点、新见解、新问题，并掌握好报道的时机。

综合消息在表达上比较灵活，它往往根据表达内容的需要灵活运用多种表达方式，不排除必要的议论，也不强调非得把最重要的内容写在最前面，可视写作需要灵活掌握。试看下面消息：

平潭大开发　共筑两岸人民美好家园
一批促进两岸往来的基础设施项目昨日开工建设

本报讯（记者兰锋　王凤山）　平潭距离台湾新竹 68 海里。昨日，在这个祖国大陆离台湾本岛最近的地方，有两个交通基础设施项目开工。通过这两个点，大陆与台湾岛的时空距离将大大缩短，两岸人民共筑美好家园的愿景又近了一步。

一个是福州至平潭铁路。这是规划中的北京至台北铁路在大陆的最末端，未来将从这里通过两岸海底隧道直达台湾。

另一个是海峡高速客滚码头。码头投入营运后，将争取开辟对台高速客滚航线。届时从平潭到基隆 3.5 个小时，到新竹仅 1.5 个小时。

作为海西战略的重要突破口，平潭开放开发牵动着方方面面。福建省把推进平潭开放开发作为加快建设海峡西岸经济区的重要抓手，提出要积极探索"共同规划、共同开发、共同管理、共同经营、共同受益"的两岸合作新模式，努力打造两岸人民共同家园。

美好家园需要两岸携手共筑。一年多来，平潭基础设施建设全面推进，开放开发环境不断优化。今年5月，福建经贸代表团赴台发布了推动平潭开放开发十项政策，岛内外各界积极响应。台湾一批重要工商企业、行业团体、高等院校纷纷组团前来考察。台湾远雄集团和世贸集团的"海峡如意城"、台湾协力集团的微电子产业园等项目先后落地开建。平潭还与台湾新竹市政府、新竹观光旅游协会、物流协会等达成了合作意向。台湾四大工程顾问公司共同组成平潭开发投资筹备小组，将在打造平潭智慧岛、信息岛、低碳经济岛等方面进行合作。此外，新加坡金鹰集团等海内外企业也纷至沓来。

昨日，由台湾协力集团等投资57亿元的协力科技产业园同时开工；台湾世新大学、台湾东森集团与福建师范大学等合作的福建海峡学院正式签约。

在开工现场，来自台湾投资方的福建海峡高速客滚航运公司总经理叶华陶表示："未来平潭—台湾航线的开通，对福建乃至两岸航运来说是一次革命，它将推动两岸交流合作向更高层次迈进。"

"平潭是一片创业热土，等基础设施完善后，这里将成为两岸交流的重要纽带。"协力科技产业园光导体项目总经理陈孟邦说，近来不少台湾朋友打电话向他了解平潭发展情况，并表示了考察投资的浓厚意愿。

就在22日落幕的第六次"陈江会"上，又一批两岸合作协议签署，跨越台湾海峡的交流合作更加热络。平潭这块大陆距离台湾最近的热土，将更加引人注目。人们期待，平潭真正成为两岸人民共同构筑的美好家园。

(《福建日报》2010年12月26日)

平潭开放开发，是海峡西岸经济区建设的重大项目之一，是党中央、国务院的决策。文章站在促进祖国统一的高度，选取平潭拉近两岸距离这一角度，从具有代表意义的铁路、港口两个基础设施项目切入，既阐述了平潭开发的重大意义，又描绘了当前建设的火热场景；既体现了大陆同胞全力以赴促进两岸交流，又反映了台湾民众对平潭建设的热烈呼应，说明祖国统一乃人心所向、大势所趋。

再看下则：

珠三角民企老板百亿巨资砸向"低碳产业"

本报讯记者马勇、彭纪宁报道　国际金融危机后，敢为天下先的珠三角民企老板厌旧贪新，纷纷抛弃陶瓷、纺织、有色金属等传统行业，迷恋上光伏、风能、电子信息等低碳产业。据不完全统计，去年以来，珠三角民企投资低碳产业的资金已超百亿元，投资额首次超过传统产业。省经信委有关人士认为，在产业结构调整的大潮下，珠三角民企又一次走在市场前面，成为广东低碳经济的"先锋"力量。

昨天，广东昭信集团董事长梁凤仪一见到记者就高兴地说，他们自主研制的半导体照明芯片设备即将投产。梁凤仪曾是佛山有名的鞋业大王，金融危机一来，一双鞋赚不到一元钱。一气之下，梁凤仪把鞋厂关了，改行搞LED照明。

没想到，一年赚了几千万，成了 LED 大王。

　　记者走马珠三角发现，像梁凤仪这样"厌旧贪新"的民企老板不胜枚举。佛山南庄陶瓷第一人关润尧一年之内关闭属下 11 家陶瓷厂，发展全省最大的环保商品城；南海"塑料罐大王"罗意自急流勇退，转行当了风力发电的"行业干将"；东莞"机电大王"沈剑山摇身一变，成了当地最大的可再生能源开发商。

　　这些昔日"洗脚上田"的农民企业家，谈起低碳产业滔滔不绝。他们最青睐的是半导体照明、OLED、太阳能等行业，仅佛山，规模以上光电企业超过 250 家，总产值 200 多亿元。

　　投资低碳产业，珠三角民企老板毫不手软，项目动辄过亿元，如三水的薄膜太阳能项目，总投资达 50 亿元；顺德的彩虹 OLED 项目，前期投入就达 5000 万元。

　　在民企的冲锋陷阵下，广东低碳产业迅猛发展。粗略估算，目前广东低碳产业总产值约 6600 亿元，占全省工业总产值的 9%；工业增加值 1250 亿元，占全省的 8.2%。

　　最近，省经信委制定了一份《广东省新兴产业发展研究报告》，把新能源、电子信息产业、生物医药和新材料等四大低碳新兴领域作为产业结构升级的突破点。

　　省经信委一位负责人说，预计未来 5 到 10 年，低碳新兴产业将以每年 20% 以上的速度高速增长，成为广东工业经济的主要增长点和国民经济的重要支柱。

（《羊城晚报》2010 年 3 月 22 日）

这则消息不足千字，摘取大量生动活泼事例，运用新闻由头和背景，较好剪裁了新闻事实，以点带面，行文简洁，层次分明，思想深刻，反映了广东经济结构调整大潮下的市场新变化。

（二）综合消息的写作要点

综合消息往往围绕一个主题，综合一个地区、一条战线在一定时期内发生的一些事实和情况进行报道，读者可以通过它纵观广阔空间中事物发展的规律，一览波澜壮阔的事物态势，从而获得对全局比较清楚的认识。同时，它是宣传形势、阐明政策、介绍全貌和推动中心工作不可缺少的一种报道形式。采写综合消息的要点是：

1. 要全局在心

综合消息报道的是带全局性的情况、动向、成就、问题，如果对"全局"、对"面"上的情况不熟悉、不敏感、不关心，"只见树木，不见森林"，是绝对写不好综合消息的。

采写综合消息，要关注全局性的问题，要对某一方面有着充分而又全面的了解。不仅要了解全局的新动向、新信息，而且还要对事物的发展、事物的历史，有着充分的了解。

2. 要善于分析综合事物，发现事物的主要方面和本质特征

综合消息涉及的头绪多，报道的范围广，事实不是发生在一个单位，时间也不尽相同。这就要求作者全面掌握材料后，站在全局的高度来分析、综合材料，把握事物的主要方面和本质，抓住全面性的情况、问题、成就或动向。如果不善于综合、分析材料，只是把现象、事例简单地拼凑在一起，就写不好综合消息。

3.要善于运用"点"上和"面"上的材料

写综合消息,还要善于使用"点"上和"面"上的材料。一篇好的综合消息,既要有"面"上的材料,又要有"点"上的材料。因为有了"面"上的材料,才能使读者了解全貌,把握整体;有了"点"上的材料,才会使读者感到深入、具体;"点面结合",才能加强综合消息的深度和广度。

十、经验消息

(一)经验消息的含义及特点

经验消息是通过反映贯彻执行党的方针政策某一方面的典型经验或成功做法,以指导面上工作的新闻报道,又称典型消息。经验消息突出的特点是它的针对性和指导性。经验消息写的不是突发性事件,不像动态消息那样强调新闻的时间性和事实的动态感,而强调新闻的针对性。它要求针对面上还没有解决的问题,在点上寻找新的经验以指导面上的工作。它要求在叙述事实的基础上,通过分析综合,归纳出经验性的东西来,对现实工作有指导意义。

在具体写法上,经验消息偏重于交代情况,介绍做法,反映变化与效果,比较注意提供背景材料,让读者感受到产生经验的条件,篇幅一般比其他消息要长些。

经验消息既可以总结某一系统、某一地区的先进经验,也可以报道某一单位、某一方面的成功经验。试看下面的消息:

先挖渠后放水　扶上马送一程

武钢体制改革静悄悄收实效,顺利剥离七万职工劳动生产率大幅度提高

人民日报武汉 1 月 11 日电　一场静悄悄的革命,使武钢劳动生产率大幅度提高。去年在钢、铁产量提高 6.12%、6.68% 的情况下,人均产钢由 40 吨提高到 93 吨,销售收入增长 30.6%,利税增长 34.4%。

名为"精干主体,分离非钢铁生产部门"的管理体制改革,发轫于 1992 年 8 月。到目前已有 7 万多名职工告别"钢铁饭",闯荡国内外市场。武钢原有职工 12 万名,年产钢铁 500 余万吨,人均仅有 40 多吨,大大低于国际先进水平。以这样的劳动生产率进入国际市场无疑没有竞争力。旧的管理体制,企业办社会,大而全、小而全,导致人力、设备、技术资源大量闲置,企业内部成本高于市场成本,自己生产的矿石,每吨比进口矿贵 60 元。

按照现代企业制度要求,武钢决策者们大胆决策,把占职工总数 60% 的辅助部门与钢铁生产部门相分离,进行生产要素重组。先后组建矿业公司、设备制造公司等 8 个公司。这些新建企业以承包形式确立与武钢的利益关系,变行政隶属关系为经济、资产纽带关系。以后将逐步发展成武钢集团的分公司或子公司,既面向武钢,实行专业化协作,又面向社会,搞多种经营,自负盈亏,自我发展。在剥离辅助部门的同时,武钢去年又对公司直属机关和主体厂进行优化劳动组合,精简富余人员,分流出 5543 人。剥离、分流以后,直接从事钢铁生产和管理的人员减为 5 万多人。

改革管理体制重组生产要素,既减轻了主体厂的沉重包袱和压力,又放活了

辅助厂，极大地解放了生产力。建筑公司承担了国内外的工程项目，向利比亚、乌克兰等冶金企业输出劳务、技术，把竞争的触角伸向国际市场，产值比上年增长53%，劳动生产率增长38%。由公司机关和主体分流人员组成的兴达公司，到目前已安置了富余人员2500名，获利逾千万元。

武钢剥离、分流7万多名职工，没有引起大的波动，主要是：在步骤上循序渐进，减缓了改革的冲击力度。在政策上予以扶持，搞软着陆，不搞急刹车，扶上马送一程；在人员安置上"先挖渠后放水"，公司先后确定了12条分流渠道，让分流人员都得到妥善安排。同时做强有力的思想政治工作，全体职工用自己的实际行动支持改革、参与改革。

(《人民日报》1994年1月12日)

这则消息比较单纯，介绍的是一个单位在某一方面的成功做法。经验消息报道的应该是通过实践检验证明是真正成熟的经验，并且是具有普遍指导意义的经验。

(二)经验消息的写作要点

1. 要注意选择具有新闻价值的经验

经验消息报道的是经验，但不是一切经验都可以写成经验消息。那些一般化的经验，是不能写成经验消息的，只有那些新鲜的，能给人以启迪，对读者具有普遍指导意义的经验，才能写成经验消息。

采写经验消息，要注意经验的新颖性、创造性，不能将一般化的经验写成经验消息。

采写经验消息，要注意经验的针对性，要能够解决当前亟待解决的迫切问题和关键性问题，满足现实需要。

采写经验消息，要注意经验的普遍意义，要多从政治思想的角度选择题材，要从政策思想、工作作风、基本工作方法上去总结经验，不要只抓那些技术性、业务性的具体措施、具体做法，陷入业务技术的圈子。因为经验消息的指导性和普遍意义，主要体现在政治上、思想上。

2. 要实事求是地总结经验

采写经验消息，必须运用马克思主义唯物辩证法，对具体情况作出具体分析，对所报道经验作出正确的、实事求是的估价，防止片面性，更不能夸大、拔高。同时，还要交代清楚这些经验产生的具体环境和主客观条件，恰当地说明它的适应性和局限性，以免带来盲目搬用的弊病。不能孤立地宣传某一经验，不能把经验绝对化，更不能把局部的经验当做普遍经验来宣传。任何夸大和失真，都是不允许的。

3. 要用事实来说明经验

消息要用事实来说话。经验消息也应用事实来说话。要用事实去阐述经验，把经验寓于事实的叙述之中。

介绍经验时，不能缺少事实。只有用事实阐述经验，通过事实提出问题和解决问题，才能使读者看到经验之所在，并领悟到这些消息何以是先进的，并从中受到启发。

经验消息是在报道事实的基础上报道"经验"的。有时，也把"经验"概括为条文。如果这样，也一定要以具体事实作依托、作说明。如果脱离具体事实来介绍经验，就不是"经验消息"了。

4.要尽可能地采用生动活泼的形式报道经验

采写经验消息要防止一二三四罗列条文,要防止议论和观点多于事实,同时还要尽可能地做到生动活泼。要避免写成呆板冗长的总结材料。

十一、人物消息

（一）人物消息的含义及特点

人物消息是以消息形式报道新闻人物,反映某个特定人物思想和事迹的新闻体裁。

有关人物的新闻报道,形式多种多样。除人物消息以外,还有人物通讯、人物专访、人物特写、报告文学等。人物消息不是缩短了的人物通讯,也不是微型的报告文学,它有自己的特点:

1.人物消息有很强的新闻性

人物消息所写的人物,必须是具有新闻价值的人物。它强调题材的新闻性。写人物"以新为主",突出新近发生的有关新闻事件,把过去有关的内容当背景来处理。

2.篇幅短小,叙事单一

人物消息的篇幅不长,它通常是五六百字左右。它写人物,不面面俱到。它不像人物通讯那样,比较详细、具体、全面地报道一个人物的事迹和他的成长过程,而是抓住新闻人物具有新闻价值的某一片断加以突出报道。

（二）人物消息的写作要点

1.写人物消息要有新闻事件

人物消息中的主角,应该是有时代气息的新闻人物,应该是当前具有宣传报道价值,能对读者产生影响,人们关心和熟悉的,或是广大读者欲知、应知而未知的人物。他们可以是有杰出贡献的,人们普遍关注的人物,也可以是新涌现出来的,为社会作出显著成绩的人物。他们可以是有着广泛社会影响的知名人士,也可以是并不怎么知名的人物。

人物是人物消息报道的主要对象,但并不是所有的人物都能成为人物消息的主角。写人物消息必须有新闻事件,也就是说,只有人物创造的业绩、从事的活动具有新闻价值能够成为新闻时,才能写成人物消息。

一般说来,写人物消息,要有以下的一些契机和根据:

当某个人在工作中作出了较大成绩或有了发明创造的时候;

当某个人因其英雄事迹被领导机关授予荣誉称号的时候;

当老模范有了新成绩、新事迹的时候;

当一个人的行为、事迹能够有力推动当前工作,能紧密配合形势宣传,符合当前报道需要的时候;

当一个人的思想风貌体现了一种时代精神,值得提倡和仿效的时候;

当一个人坚持做好事,在平凡的工作岗位上出色地为人民服务达到一定年限的时候;

当某些知名人士的最新动态受到人们关注的时候;

当某条战线上的有代表性的人物,其事迹能为人们喜闻乐道,并能配合一定的节日、纪念活动进行宣传的时候;

当某个有影响的事件中涌现出受人注意的新人物,或出现了具有广泛社会意义的新人新事的时候。

从上可以看到，事实的新近变动，同样是写人物消息的根据。人物消息一定要有新闻事件。如果摘编有关单位现成的先进人物的事迹材料，如果缺乏新近发生的骨干事例，如果所讲的是一些陈年老账，如果所写的是一些空泛的赞美和评价，是构不成人物消息的。人物消息如果反映不出人物现在的事迹，必然缺乏新闻味而不成其为新闻。

2. 写人物消息要"以事显人"

写人物消息不能求全求细，面面俱到；不能"从头说起"，表现很长的时间跨度；不能脱离新闻事实，空泛地评价、议论。写人物消息，只能截选最新鲜、最有特色、最具感染力的片断，以事显人。

3. 正确运用人物消息

写人物消息，还涉及正确运用人物消息的问题。

人物消息是一种便捷、迅速而有效地报道人物的新闻手段。它不必像人物通讯那样要有较多的生动具体的情节和细节，只要突出人物事迹的主要方面，表现形式也直截了当。它的特点是时效性强，报道迅速，能紧贴时代迅速报道先进模范人物和新闻人物。但它也有局限，它一般不适宜揭示先进模范人物的成长过程，不能多侧面全方位地表现先进模范人物。在生动细致和感染力方面，也有略逊于人物通讯之处。这就要求我们量体裁衣，因稿制宜。一般情况下，如果是重大典型，题材内容丰富，故事性较强，情节生动活泼，可写成人物通讯。如果新闻性较强，新闻价值突出，具有很强的现实针对性，可写成人物消息。另外，遇到重大典型，也可以先写人物消息，把先进人物报道出去，然后再做其他方式的连续报道。像过去一些家喻户晓的先进模范人物，如刘胡兰、董存瑞、黄继光、向秀丽、雷锋、王进喜等，他们的名字和先进事迹，首先都是以人物消息的形式见报，然后再做其他形式的报道的。

十二、社会消息

(一)社会消息的含义及特点

根据消息报道的范围，可以把消息分为政治消息、经济消息、科技消息、外事消息、体育消息、文教消息、社会消息等。所谓社会消息，是相对政治、经济、科技、外事、教育、文体卫等消息而言的，指的是那些反映社会活动、社会事件、社会问题、个人品德行为以及人们关心的自然现象的报道。

西方把新闻分为"软新闻"（Soft News）和"硬新闻"（Hard News）。"硬新闻"，通常指题材较为严肃，着重于思想性、指导性、政治性，以反映政治、经济、科技等领域中重大情况的新闻报道。"软新闻"则指那些人情味较浓，轻松活泼，易于引起读者阅读兴趣或时效性不太强的报道。社会消息属于"软新闻"。

社会消息不受行业限制，报道面极广。它可以报道现实生活中各种异常的社会现象和自然现象；可以报道社会各阶层的人情冷暖，悲欢离合；可以报道社会生活中的新风尚、新道德、好人好事；可以报道现实生活中诸如失火失盗、撞车凶杀等天灾人祸；可以披露社会上种种假恶丑现象和不良行为；可以报道各地的风土人情，奇观异景。一句话，它可以深入人们生活中的各个空间，侧重于报道社会上和自然界中各种与人们生活紧密相关的，能激起读者某种情趣和感情的题材。

社会消息报道的虽然不一定是人们现实生活中的重大题材，但它贴近普通百姓的生活，有情有趣，能反映世态炎凉、人世沧桑，具有人情味，新奇性、趣味性、民间性强，传通性大，为人们所喜闻乐见。

社会消息的题材，往往带有两栖性。同一个新闻事件，由于我们处理的角度不同，往往可以写成政治新闻，或科技新闻、经济新闻、社会新闻。如，有一位叫玛萨的美国妇女，在广州旅游时突发心脏病，心脏停止跳动。与她一起旅游的同伴认为她没救了，临回国前请宾馆、医院协助美国领事馆办理她的后事。玛萨的女儿闻讯从美国赶来奔丧。万没想到，玛萨经过南方医院50多个小时的抢救，竟复活了。她的女儿含着热泪感谢中国医生救活了她的母亲。这件事，若着重写中国医生的医疗水平，则成了一篇科技报道；若侧重写玛萨的死而复活，则成了社会消息。又如，上海第二附属新华医院的医务人员曾成功地为一对双胎联体女婴做分离手术，若侧重从科技成就这一角度报道，则成了科技新闻；若当成奇闻异事来报道，则成了社会新闻。

从题材上看，社会消息不及政治新闻、经济新闻、科技新闻、文教体育新闻，但并不说明这一类消息不重要。社会消息贴近普通读者的生活，具有人情味、趣味性，它对于丰富和活跃版面，满足读者多方面的阅读需要，正确引导时尚风俗，提倡新道德新风尚，以至反映时代特点，表现社会生活气息，同样是十分重要的。

报刊社会新闻，产生于19世纪30年代"大众化报纸"盛行时期。它最初以色情、凶杀材料居多。后来由于新闻伦理的倡导和新闻报道面的扩展，逐步有所改善。就思想内容而言，社会新闻大体上可分为三大类：第一类是能反映时代特点和社会生活气息的社会新闻。这是社会新闻中的上乘之作，如20世纪50年代的《"梁山伯"结婚了》，60年代的《鄂伦春族的第一名大学生》，70年代的《"光棍堂"引来四只"金凤凰"》，80年代的《钢琴入农家初奏致富曲》等，都在一定程度上反映出时代的特点，并具有浓郁的社会生活气息。第二类社会新闻，虽说不具备时代特点，但却能引导人们奋发向上，或给人以启迪。这类社会新闻，既包括那些歌颂真善美、鞭挞假恶丑的新闻，也包括那些报道奇特自然现象的新闻。第三类是那些等而下之的社会新闻，专门宣扬一些黄色或低级趣味的内容。这类社会新闻是正派记者不屑于写的。我们这里讲的社会新闻，指的是前两类社会新闻，试看下面例文：

104 岁老人游台湾

李海彬

（导语）眼下，大陆居民赴台游热度不减。5月3日至11日，咱们河南省有一位104岁的老人到台湾旅游，受到了台湾民众的欢迎，可是引起了不小的轰动。

（配音）瞧，这位老人就是要去台湾旅游的王张氏，今年已经104岁了。带队的导游说，104岁的老人王张氏是河南赴台旅游年龄最大的游客，创下了河南一个纪录。

那么，老人为何要到台湾旅游呢？原来啊，王张氏是河南夏邑人，以前一直生活在河南农村的她，很少出过远门。如今，国家富强了，生活好了，儿女们把她从农村接到城里，安享幸福晚年生活。虽然年龄过百，王张氏眼不花，耳不聋，身体非常硬朗，孝顺的儿孙们经常陪她到全国各地旅游，从此，老人就爱上了旅游。尤其是2008年，老人游过香港、澳门后精神更加愉悦。在许昌、郑州工作的儿女们决定，2010 年，再陪老人到台湾旅游。

在宝岛台湾，王张氏老人在儿孙的陪伴下，尽情游览宝岛的美丽风景。从台北，到高雄，从美丽的日月潭，到著名的太鲁阁，老人的足迹踏遍了宝岛的山山水水，留下一个个美好瞬间。

每到一处，104 岁的王张氏老人都受到台湾民众热烈的欢迎和热情的服务。有着尊老敬老传统的邵族同胞，用极富民族特色的舞蹈，迎接王张氏老人一行，特意为老人送上了自制的鹿茸酒。台湾同胞也竞相和寿星合影留念，献上美好的祝福。

（同期声）

台湾居民：听说您今年高寿，来分您的福气，祝福您，祝福您。

台湾导游：有生之年能到台湾来，这是（台湾）大家的福气，大家的运气。

（配音）尊老敬老，海峡两岸，人同此理，心同此情。中华民族这一传统美德，也成为跨越海峡、凝聚两岸同胞一家亲的精神所在。为了让老人吃得可口，餐厅专门熬出又香又软的大米粥；在花莲，当地企业家把装有礼物的红包敬献给老人；在台北，百岁老人逛商场时，商场主管特意把象征着尊贵的红花戴在了老人胸前；台湾同胞无不对这位来自中国大陆的 104 岁老人表达敬意。

和台湾同胞一样，来自全国各地的赴台大陆游客也向百岁老人表达美好祝愿。今年 79 岁的李光启、任云青来自河南中牟，为了让百岁老人开心，已经当上了爷爷奶奶的他们，像孩子一样在老人面前唱歌。

（同期声）

赴台河南游客李光启：给她唱首歌，让她心里也高兴高兴。

（配音）5 月 9 日，恰逢母亲节。在母亲节，104 岁高龄的老人逛台北故宫博物院，自然吸引了当地媒体高度重视，闻讯赶来的媒体记者团团围住老人采访，引起了不小的轰动。

（同期声）

问你来到台湾感觉好不好？好。

高兴不高兴？高兴。

台湾媒体记者：很有意义，因为一百多岁的老人家，可以到台湾来，儿女又这么孝顺，觉得很有意义，所以我们会来采访她。

台湾媒体记者：谢谢王老太太，给台湾一次机会，愿意在台湾过母亲节，我们也感觉很荣幸。

零距离记者报道

（许昌电视台 2010 年 5 月 11 日）

作品通过 104 岁老人到台湾旅游，真实记录了百岁老人王张氏在宝岛台湾旅游期间引起的强烈反响：台湾同胞竞相和老人合影留念、表达祝福，来自中国大陆的赴台游客也对百岁老人表达出深深敬意。通过这一新闻典型，生动地反映出尊老敬老这一中华民族传统美德，成为跨越海峡、凝聚两岸同胞一家亲的精神所在。该作品以小见大，主题重大，画面优美，编辑流畅。在 104 岁老人赴台旅游 8 天的时间里，记者全程跟踪采访，记录下百岁老人在台湾旅游的全过程，亲身感受到了台湾同胞对百岁老人的深深敬意和美好祝福。

记者用心抓拍生动的画面,留意抓取感人的亮点,记录鲜活的新闻事件,拍摄了7个多小时400多分钟的素材。经过提炼主题,反复选择,精心编辑出该近4分钟的新闻作品。

(二)社会消息的写作要点

1. 采写社会消息要"眼睛向下",身手敏捷

社会消息的传播性强,这就要求我们采写时,要身手敏捷,捷足先登,一定要抢在读者未知真相之前发表报道,以满足读者的"新闻欲"。社会消息的民间性强,这就要求我们"眼睛向下",深入社会底层进行采访。

采写社会消息不能靠传统的采访路线与采访方式。社会新闻往往湮没于生活的海洋中,车站、码头、公园、体育场所等人群聚集之地,往往有社会新闻可找;消防队、治安联防队、街道居委会、市场管理所、派出所、拘留所,往往是出社会新闻的地方;医院的急诊室、商店、公共汽车、茶楼酒馆等与人们衣食住行紧密相关之处,也是采写社会消息的好处所。只要是有心人,总能发现社会新闻。

2. 采写社会新闻不能一味追奇逐怪,要注意思想性和科学性

社会新闻往往具有一定的趣味性。采写社会新闻,要注意发挥事实本身所蕴含的情趣、趣味,但也不能一味地追奇逐怪,片面渲染事物的怪异离奇。例如,写犯罪案件,不能渲染其恐怖残忍的场景;写迷信活动,不能没有是非标准;对一些低级趣味的东西,不能没有分析批判;对于自然变异、珍闻中一些群众不理解的内容,不能没有必要的资料说明。写社会新闻,要注意引导读者关心整个社会与时代,培养读者健康的审美情操,并尽可能地避免报道可能带来的副作用。

十三、述评消息

(一)述评消息的含义及特点

述评消息又称新闻述评,它也是消息中较为特别的一种类型。一般的消息,纯用事实说话,不要作者站出来发议论。述评消息则是一种边述边评、夹叙夹议的消息体式。它一面报道国内外重大新闻事件或具有普遍意义的新闻事实,一面结合形势、动向,对新闻事实进行分析和评论,揭示其本质意义,指明其发展趋势,以指导现实斗争和工作实际。它是兼报道和评论二者于一身的新闻体裁。

述评消息肩负着报道事实的任务,这使它不同于一般的评论。由于报道事实的同时还要作一些评论,这使它又不同于一般的消息。由于它能够对新闻事实、是非曲直作直接的评论,因而它是极有力的一种新闻宣传形式。现实生活中,当形势的发展或工作进程处于某个关键时刻时,当某一重大事件告一段落时,当某些现象或问题值得注意时,记者往往运用述评消息这种形式,及时地对事件进行评述,以帮助读者加深对新闻事件的认识,并从中得出正确的结论。试看下面的述评:

政府"拍脑袋"决策　好事也难办好

黎　辉

广州市政府昨晚(6日)紧急叫停刚刚实行了一周的"亚运公共交通全民免费"政策,取而代之的是向市民发放现金交通补贴,补贴的标准是户籍家庭及居住半年以上外来家庭每户150元,集体户口每人50元。

朝令夕改，政府的决策显得儿戏，无形中暴露了现在政府运作中的一大软肋：决策缺乏科学的程序，即便是给老百姓谋福利的好事，也不一定能把好事办好。

在免费政策实行的第一天，广州市交委主任冼伟雄曾高调宣称广州将创造一项史无前例的纪录：【（录音）无论是在国内或者国际上，举办这么大规模的运动会的盛事，一个城市敢于提出来，公共交通免费，我感觉到目前好像还没看到一个城市。】

但没有多少人知道，这项"创举"来源于领导的追求"创意"和"大胆"决策。

据知情人透露，广州市政府当初要各部门提交"亚运公交优惠礼包"的设想，没有一个部门提出"免费"的方案，提议最多的是参照北京奥运和上海世博的做法，发放交通补贴或降价。但这些提议被一位领导批评为不够创意和大胆而被否决。领导"免费"的设想提出后，地铁公司经过反复论证，还是担心承受不了增长的客流，但这种担心并不能左右领导的"大胆"决策。

回想起免费坐地铁一周的经历，很多市民觉得不可思议。

（录音）（市民欧阳先生）我想引用那几天坐地铁的一个老太婆说的话。她说，免费好是好，但是真的出了问题就不得了，好几次真的就差点从楼梯那被推下去，基本上是这样子。

（录音）（市民陈先生）坐车都不用钱了，好像进入了共产主义一样，但是地铁的人流实在是太大了，排队的时候都要排两三次或者是要等一刻钟甚至一刻钟以上才可以进到地铁里去坐车，对上下班就不方便。

现实面前，广州市相关政府部门不得不承认之前的政策存在失误，广州市交委副主任颉亚林：（录音）公交和地铁客流高达1700多万每天，地铁的客流创下了历史新高，大大超过了地铁运输的能力，对安全、秩序造成了比较严重的影响，也对市民上下班出行造成了极大的不便。

但不少市民对此不依不饶，市民王先生：（录音）既然给大家说是有免费乘坐公交免费乘坐地铁，大家都挺高兴，到了现在说是安全原因（要取消）。在制定政策之前就应该考虑这些问题了，而不是到了现在一个星期以后说，免费取消，我觉得太儿戏了，这样搞法。

为什么好事办坏了？广州市政协委员韩志鹏一针见血：（录音）这本来是一项民心工程，但很多地方政府做民心工程的时候，反正我是感觉有种恩赐、有种赐予的意思，这个东西我给你的，没有经过民主决策，也没有经过科学决策，完全没有听求民意就这么出台了。现在怕出事，就来个朝令夕改。这种随意性会给社会带来很大的困扰。

从番禺垃圾焚烧场选址等公共事件来看，广州市政府已经努力在一些决策上做到科学民主。但民主建设的进程显然还很漫长。在这次惠民的好事上，政府就犯了"拍脑袋出政策"的错误，就算在后来的纠错过程中也是如此。

作为纠错措施出台的《发放交通现金补贴方案》，同样受到不少质疑。

市民陈小姐：（录音）每户150块钱，那我一户有6个人，每天都要坐车，那怎么算呢？对不对？这样就觉得不合理嘛。

《补贴方案》昨晚9点在广州政务中心公布,昨晚6点一场匆忙的"征求意见会"在广州市交委召开,与会的大多数人大代表、政协委员、市民代表都提出能不能直接降低公交票价或为羊城通充值,以减少群众麻烦和行政成本。但征求意见会结束还不到一个小时,补贴方案就正式公布,方案内容一字未改,各方的意见和建议都成了走过场的声音。

广州市政协委员韩志鹏指出,政府再次犯了"拍脑袋决策"的错误:(录音)现在已经是资讯社会了,都"地球村"了,是吧,政府在出这项政策的时候,为什么不征求一下大家意见呢?比如说,交通补贴发多少、怎么发,上个网甚至是发个微博,如果这些问题事关老百姓利益的话,一个钟头,就会有成千上万的市民响应。

垃圾处理等影响公众利益的事,政府已经能做到事前征求民意,需要进一步明确的是,惠民的好事也需要科学决策。但在部分官员的脑子里,公共交通全民免费也好、现金补贴也罢,反正是政府给老百姓的,我政府爱怎么给就怎么给。

广州市交委副主任颉亚林已经代表政府部门为之前的政策不当公开向市民道歉:(录音)我在这里对市民造成的不便表示歉意,希望市民给予谅解!

知错能改,显示出政府应有的勇气和魄力,但对现代政治文明来说,这还远远不够。现代社会的基石是法治,权力只有在完善的监督下才能发挥良好的作用。政府如果还不能够明确和恪守"凡是涉及公众利益的事情必须征求民意"这个原则,不把好现代社会中政府必须走的"程序关",好事就不一定能办好。政府"拍脑袋决策"这种瞎折腾不仅会造成社会资源和财富的巨大浪费,还极大地影响着政府形象,进而危及到社会运行秩序。

(广东人民广播电台2010年11月7日)

这篇述评题材重大,主题深刻鲜明。广州亚运公交地铁全免费,是引起全国轰动的一件大事。免费被紧急叫停后,包括新华社在内的多家媒体都就此发表了评论。作为"跑线"记者,了解到的情况更全面、深入,从而揭示出与众不同的深刻主题:政府办惠民的好事,也不能拍脑袋出政策。稿件层层推进,最后突现主题。人物语言个性鲜明,录音精彩。稿件中有政府部门官员承认此前政策存在失误的录音,有市民看法、有政协委员的点评等等,广播特色鲜明。稿件发人深省,显示出主流媒体的魄力与威力。广州亚运会给人留下深刻印象,而公交地铁全民免费这件事更让人记忆尤深,文章深刻地揭示了问题的本质。

述评消息对读者、对作者,都是有益的一种报道形式。在读者,他们不仅需要了解新闻事实,而且,他们还想知道这一事实的真正含义,还想听听记者对这一事实的见解;在作者,当他对某一事实有了深切的了解时,并且形成了自己独到的见解时,也希望把自己对事物的看法告诉读者,并影响读者对事实的态度。

述评消息从内容上区分,大致可以分为形势述评、事态述评、工作述评、思想述评。形势述评以政治、经济、军事形势为主要评述内容,包括对某个地区、某个时期、某条战线、某个领域的形势述评。它着眼于形势的变动和转折,着眼于群众普遍关心和需要引起注意的某一形势,通过述评,展望发展的前景,指明发展的趋向,揭示发展的规律,帮助读者开阔视野,提高对事物的认识能力。事态述评以评述国内外新近发生的重要事件或带有普遍意义的新闻事实,记者在报道事态的同时分析事态的原因、性质、意义、趋向等,表明自己的认识、观点。工作述评以反映和评价实际工作中带普遍性的、亟待解决的问题为主要内容，它依据所报道的事实，评述某项工作的经验和存在的问题，或提出新的意见和建议，以推动和促进工作的顺利进展。思想述评抓住现实生活中那些带普遍性的思想情况，从实际材料中提出问题、分析问题，以帮助读者明辨是非、澄清思想。

（二）述评消息的写作要点

1．要注意消息的针对性和指导性

述评新闻不仅要告诉读者某一新闻信息，更要给读者以思想上的启迪和工作上的指导。这就需要有的放矢。记者要善于抓住那些政治上重要的、群众关心的、生活中普遍存在和迫切需要解决的问题，用事实作出回答，并用精辟的议论去启发读者。

2．透过现象看本质，高屋建瓴地评论新闻事实

在现实生活中，记者之所以采用述评新闻这一形式，是因为群众对某一新闻事实存在着某些模糊认识，或是新闻事实中包含有必须提启读者注意的普遍意义，这就需要记者在报道新闻事实的同时，能够透过现象看本质，高屋建瓴而又"一针见血"地评论新闻事实。这些议论，既高屋建瓴，又"一针见血"，都恰到好处地指出了新闻事实的含义及意义。这正是写述评新闻所要致力的地方。

3．叙议结合，不脱离新闻事实

述评消息兼报道和评论于一身，它往往夹叙夹议，叙议结合。精辟的议论，使事实显得更为醒目；而新鲜的事实，又使议论显得精彩有力。但这并不意味着在述评消息中，"叙"与"议"可以等量齐观，平分秋色。在述评消息中，"叙"是第一位的，"议"是第二位的。作者必须在叙事的基础上，在报道新闻事实的基础上"议"。作者所发的议论，仅仅是为了帮助读者更好地理解新闻事实。作者的"议"，是从新闻事实中引发出来的，同时又很好地说明了新闻事实。如果脱离新闻事实去发议论，就不叫述评消息了。

第三节　通讯的写作

一、通讯的含义及特点

（一）通讯的含义

通讯是一种比较详细深入地报道客观事物和情况的新闻体裁。它以叙述描写为主要表达方式，迅速、具体、生动地报道有新闻意义的人物、事件和情况。外国没有"通讯"这一文种，只有与此相类似的"特稿"。

中国的通讯产生于电讯事业之前。当时的记者、通讯员向报社传递外埠新闻，一般采用书信的方式。因此，这一类报道，最初被称为"某地通信"或"某国通信"。有了电讯事业之后，由于电报费昂贵，电讯稿只能字斟句酌，三言两语，在这种情况下，驻外埠的记者在发完电报后，有时还另外著文，详述事件始末，通过邮政寄往报社。报社一般冠以"通信"之名以发表。这类文章，在报道新闻事实时，虽不及电讯快，但比电讯详细，也受读者欢迎，因而逐渐发展成一种与消息相互补充的独立文体。后来电讯事业发展了，记者发通讯稿也通过电讯，到了20世纪20年代，"通信"正名为"通讯"，并沿用至今。

据新闻学史料记载，1870年我国著名报人王韬出游西方国家，目睹普法战争情况，写了《普法观战记》，后又赴日本，写了《扶桑游记》，文章叙事详细，文笔生动，令人大开眼界，可以说是中国最早的通讯。辛亥革命后，著名记者黄远生任《申报》驻京记者，1912 年为上海报纸写了"北京通信"168 篇，这些政治通讯影响很大，正式奠定了通讯这一文体的地位。到了 20 世纪 30 年代，有人开始对通讯做理论上的研究。如，邹韬奋主编的《生活周刊》第 8 卷第 40 期上(1933 年 10 月 7 日)，刊登了一篇《怎样写作地方通讯》的文章，就比较完整地提出了通讯写作上的要求：

　　　"可以用作通讯材料的，第一必须这事项是某地特殊的。第二必须是对于一般人有兴味的，完全干枯的公文式的报告，不能算作通信。第三必须是描写现状的，凡是叙述过去的事实，除非是为了说明现状的起源，都是不需要的。"

　　　"最重要的是深入社会底层，和各种人物接触，实际体验生活，方能采取有价值的通讯材料。"

　　　"文体必须力求简短，通常每篇以二三千字为适宜。"

　　早期的通讯，品种较为单一，以纪实性的通讯与旅游考察通讯居多，人物通讯极少。到了 20 世纪 40 年代，解放区报刊上出现了大量的人物通讯和一些事件通讯。这与解放区报纸的读者对象有关。解放区报纸的读者主要是农村的干部群众和来自农村的部队指战员，他们喜欢通俗、有人物、有情节的报道形式。20 世纪 50 年代，随着党的中心工作的转移，经济建设的展开，工作通讯这一特殊的报道形式产生并得以发展，而以往的旅游考察通讯逐渐演变为能展示社会面貌的概貌通讯。20 世纪 70 年代末，工作通讯进一步发展，又出现了"采访札记"、"记者见闻"等新的表现形式。此后，专访的勃兴，也突破了人物通讯固有的模式，展示出新的活力。

　　通讯的类型，在划分上比消息要简单一些，通常根据报道的对象，将通讯分为人物通讯、事件通讯、概貌通讯、工作通讯、集纳通讯、新闻小故事、专访。此外常提及的还有速写、侧记、巡礼、见闻、散记、采访札记、记者来信，但它们并不具备稳定的、与人物通讯、事件通讯、概貌通讯、工作通讯等相对应的文体特征，大多可归并到相应的通讯类型中去。

　　通讯与消息是两个相辅相成的文体，消息的时效性强，简明扼要；通讯详细深入，时效性不像消息那么严格。同一题材的消息、通讯，有时同时见报，有时先发消息后发通讯。从这个意义上看，通讯可以说是消息内容的扩充。试看下面的例文：

神州健儿又一次实现零的突破

庄泳勇夺奥运会游泳银牌

　　本报汉城 9 月 19 日专电(特派记者郑文杰)　今天中午 12 时 8 分，16 岁的中国选手庄泳在第 24 届奥运会女子 100 米自由泳决赛中，为中国夺得了有史以来的第一枚奥运会游泳奖牌。这也是中国游泳选手在世界性比赛中夺得的第一枚奖牌。

　　庄泳以 55 秒 47 的成绩获得银牌，比夺得金牌的民主德国名将、世界纪录保持者克·奥托仅慢 0.54 秒。这是庄泳在昨天该项目的预赛之后第二次改写由她本人保持的亚洲最好成绩。

　　庄泳今天与奥托等名将同池比赛，表现甚佳。出发时，庄泳曾受观众席上突然发出口哨声的干扰而耽搁了时间，在转身时处于第 5 位，但在后 50 米，她接连超过了 3 名对手，终于第二个到达终点。

　　在四年前洛杉矶奥运会上，许海峰在射击项目上为中国取得了历史上第一块金牌，为中华民族实现了零的突破。今天，16 岁的中国女选手庄泳获得了 100 米自由泳决赛的银牌，在世界游泳金榜上第一次题上了中国的名字，也是一个零的突破！在汉城采访的一些中国记者说，庄泳的银牌比金牌重。

（《南方日报》1988 年 9 月 20 日）

中国姑娘登上了奥运会游泳奖台

——记庄泳勇夺女子 100 米自由泳银牌

本报特约记者　夏浩然

　　一池碧水，浪花翻滚。中国姑娘庄泳凭实力第一次在奥运会游泳决赛中夺得一块奖牌。

　　100 米自由泳决赛开始了。庄泳镇静地走到了第 3 泳道起跳点。在她身旁的是身高马大的泳坛名将民主德国的奥托。枪声一响，庄泳似乎迟疑了一下。当她用力一蹬入水时，已经落后。她奋力追赶，前 50 米转身时，她排名第 5。

　　八条泳道浪花翻动，个个都力争上游，打头的是奥托，随后是法国名将皮斯卡。在这紧要关头，显示出庄泳的冲击力，她甩掉了民主德国和匈牙利选手，在 20 余米之处，皮斯卡也落在后面，她几乎在和世界冠军奥托并驾齐驱。馆内喊声四起，气氛炽热。人们都在看着，是哪位姑娘紧逼世界冠军，是庄泳！电子计分牌上亮出奥托的成绩是 54 秒 93，庄泳是 55 秒 46 名列第 2，庄泳再次打破了她昨天在预赛中创造的 100 米自由泳亚洲最好成绩。徘徊许久的中国游泳运动，经过努力已经登上了奥运会的奖台，正如奥托赛后回答记者的提问时所说，我原以为这块金牌非我莫属，没想到中国人追得我这么紧。我为她们的进步感到高兴。庄泳也说：我信心十足，遗憾的是起跳稍慢，不然就会夺得这块金牌。赛后，记者见到庄泳，彼此有了如下对话：

　　记者：祝贺你取得银牌。

　　庄泳：谢谢。

　　记者：不好意思问你多大年龄啦。

　　庄泳：我 16 岁。

　　记者：你怎么爱上游泳的？

　　庄泳：我从小爱玩，特别是游泳，身体也壮，又赶上好时候。上学那时，正好国家体委委托上海攻克"科学选材"的课题，我被他们看上了，9 岁就被科研小组建立了我逐年成长、训练的技术档案，13 岁时，又得到民主德国著名教练克劳斯和马斯特的科学训练和指导，所以进步很快。

　　记者：你取得过什么好成绩？

　　庄泳：调我到国家队时，我的成绩只列全国 12 名，第六届全运会前，很少有人知道我，但在全运会 100 米自由泳赛中，我战胜了夺标呼声很高的夏福杰，取得冠军，并且打破了亚洲纪录。今年 4 月举行的亚洲锦标赛上我又以 56 秒 78 打破亚洲纪录。再有就是昨天奥运会预赛，我游出 55 秒 84，今天是 55 秒 47。

　　记者：今天看你跳慢了些，为什么？

庄泳：别提了，真后悔。我还以为旁边的美国选手要抢跳，我准备听回枪，谁想到……

记者：是否有些紧张？

庄泳：是有些紧张，和世界冠军奥托一起赛，人家最好成绩是 54 秒 73。我算老几，还从来没有突破过 56 秒。但我赛前感觉很好，信心很足。我心中只是想拼不过你，也吓你一跳。

记者：你想过没有要拿冠军，或破世界纪录？

庄泳：想拿什么，不现实，只是想拼命游。至于破世界纪录，没想过，我现在离世界纪录还太远了，可能是我奋斗有目标吧。

（《光明日报》1988 年 9 月 20 日）

第一篇是消息，第二篇是通讯，虽然是报道同一题材，它们在内容的详略上是不同的。通讯比消息报道得详细些。人们在现实生活中，除了了解新闻事实的概况，有时还要了解新闻事实发生发展的详细情况，这个任务一般由通讯来完成。

消息和通讯也有相互独立不可取代的一面。有些消息的材料，只能写成消息，不能写成通讯；有些通讯的材料，只能写成通讯，不能写成消息。消息和通讯，对自己的题材有着特定的要求。一般说来，消息的取材比较广泛，比较强调时新性。通讯的取材严格，它比较强调重要性。只有那些比较重要的，人们普遍关心而又有一定思想意义的材料，才能写成通讯。通讯对时效性的要求没有消息那么严格，它的时效性主要体现在题材的针对性方面。

倘若细加对比，消息和通讯的不同之处在于：从题材上说，消息选材范围广泛，通讯一般只报道人们普遍关心的具有较强现实意义的材料；从内容上看，消息只作简明、扼要的报道，通讯不但要告诉读者发生了什么，还要将事情的来龙去脉交代清楚；从结构形式上看，消息通常要遵守一定的格式，按照导语、主体、背景、结尾等几个部分来写，通讯往往依据对象的不同特点，采用灵活多样的结构形式；从表达方式上看，消息以叙述为主，较少运用描写、议论、抒情，通讯则可以综合运用各种表达方式；从语言上看，消息要求简洁明了，通讯则要求生动、形象；从时效上看，消息要争分夺秒，耽误了时间就会丧失新闻的价值，通讯相对而言没有要求那么严格。

（二）通讯的特点

通讯的特点，可概括如下：

1. 报道详细、深入

这是它有别于消息的一个显著特点。一般说来，消息报道事实比较概括、简要，通讯报道事实比较详细、深入。通讯报道新闻人物、新闻事件和情况时，一般要交代事情的来龙去脉、发展过程；对一些重要的环节和情景，一般要做一些具体的描写，不能"粗陈梗概"。对于新闻事实的意义及其产生的原因，要作深入的开掘，不能浅尝辄止；对于主要事实以及与主要事实相关的一些内容要作适当的延伸和扩展，从而使内容显得丰富、深入。

当然，这里讲的"详细"、"深入"，是相对消息而言的，并不是事无巨细，无所不包，更不是千文一面，规格一律。它要根据既定的报道意图、客观事物的具体情况以及不同类型通讯的特点，灵活掌握。但是，不管怎样，它总是要比消息来得详细、具体一些，不然，与消息就没有区别。

2. 注重思想意义

消息也要讲思想性，但消息取材的范围比较广泛，只要是新近发生、发现的事实，都在它的报道范围之内。有些消息，更多的是报道一种信息。通讯的取材严格得多，它一般只报道那些人们普遍关心的、有现实意义的题材，一般性的、社会意义不大的题材，通常不在它的报道之列。

通讯写作特别讲究主题的开掘。通讯的主题，应该是"政治上重要的，为大众所注意的，涉及最迫切问题"的主题。通讯的主题要有时代精神，要抓住工作中带方向性的问题，要能够及时回答现实生活中亟须解决的问题，要具有普遍意义，能对广大群众的思想产生影响。

通讯写作时，要将报道对象本身的特点与现实斗争的需要结合起来，既要考虑报道对象本身具有哪些个性特征，哪些本质特征、典型意义，哪些时代精神，又要考虑现实斗争中哪些是广大群众最为关心的，要在反复的比照、研究中，找到现实斗争和材料本身的契合点，提炼出针对性比较强的、重大的主题。

通讯写作，作者的思想、倾向、观点必须是鲜明的，一目了然的，对就是对，错就是错，作者在报道时可以站出来说话，直接表明自己的观点、看法，不像消息只能用事实说话，必须把自己的思想、观点隐含在事实之下。这些，都表现了通讯思想性强的特点。

3. 生动形象，具有感染力

消息是简明扼要的，通讯往往是生动、形象的。消息是认识性文体，它的主要功能是传达信息。通讯在传达信息的同时，还给读者一定的感染力。

通讯往往根据具体内容，灵活运用叙述、描写、议论、抒情等多种表达方式。生动的叙述、必要的描写、精当的议论、真挚的抒情，使通讯显得灵活、生动。形象化地写人、叙事，往往使人能够"看"到人物，"看"到环境，"看"到事件的进程，"看"到某一地区的景物、风貌。

情节常常是通讯内容的组成部分。通讯善于通过典型情节表现人物、体现主题。著名记者谈到通讯写作时曾指出："通讯与新闻（消息）不同，新闻强调用事实说话，而通讯除了事实以外，还要有情节，有镜头，有联想。"（《采写通讯的几点体会》）一些脍炙人口的通讯，之所以能在读者中留下深刻的印象，引起强烈的反响，原因当然是多方面的，但通讯中能有不少生动而典型的情节，不能不说是一个重要原因。

通讯的结构灵活自由，不拘一格。它可以按时间顺序、事物发展顺序、作者的认识发展顺序来写，可以按事件性质、类别或空间变换来写，可以以时间为经，以空间或事物类别、方面为纬来写，形成纵横交错的格局。通讯结构可以突出一个"活"字，通过巧妙的结构安排，加强通讯的可读性。

通讯的语言明快、流畅、生动、形象，具有一定的文采。这些，都表现了通讯生动、形象、具有感染力的特点。

通讯具有生动性，不过，在强调通讯的生动性时，我们不能忘记它的新闻性。有些同志看到有些通讯写得情节曲折，事实生动，其表现手法又与文学作品有某些类似，就以为写通讯也可以像文学创作那样虚构情节，塑造典型，真真假假，添油加醋。这种认识是错误的。通讯是一种新闻体裁，它所报道的，必须是生活中发生的真实的事实，决不能有任何虚构、失真。

有些同志看到通讯的语言比较生动，就运用文学语言来写通讯，这其实也是不妥的。通讯的语言生动、形象，但不能像文学语言那样肆意渲染，极尽华美。概而言之，通讯的语言，应通俗、明快、流畅、生动，而又不损伤报道的真实性。

二、人物通讯

(一)人物通讯的含义

人物通讯是以报道人物为主的通讯。

人物通讯报道的对象主要是那些能体现时代精神的先进人物、先进集体。

宣传先进是我们社会主义新闻媒体的一项重要任务。在有关先进人物的宣传报道中，人物通讯一直占有十分突出的地位。像我们熟悉的一些先进人物，如黄继光、雷锋、焦裕禄、王进喜、蒋筑英、张海迪、孔繁森、南京路上好八连等，都是通过通讯报道宣传开的。一些优秀的人物通讯在广大群众中曾引起强烈的反响，产生不可估量的教育和鼓舞作用。

人物通讯也不排除对一些有争议的人物、转变中的人物，甚至对一些反面典型作报道。像20世纪80年代的《步鑫生的上下内外观》、《龙虎的觉醒》、《"酒霸"李振华》等，即这一类报道。报道有争议的人物，或反面典型，也要扣住群众关心的热点，符合现实工作的需要。

通讯写人物，有两种写法：一是对人物一生，或某一个阶段，或某一个方面，作比较全面的报道，这样的人物通讯，人物活动和事件发展的时间跨度大，空间转换比较多，所用的材料比较多，一般情况下篇幅也比较长。像《共产主义战士——雷锋》、《县委书记的好榜样——焦裕禄》、《生命的支柱——张海迪之歌》，即这一类通讯。还有一种写法是，不对人物作全面的报道，而是抓住某个特定的情景，寥寥数笔，把人物的精神、特点写出来；或是对人物的精神、特点，作一些侧面的报道。这一类通讯，通常又被称为"速写"或"侧记"。

"速写"又称素描，它以简括的文笔，快速地将富有特征的场景、人物、事件勾勒出来，以报道给读者。

"侧记"不去表现人物的全貌、全过程，而是抓住事物的某一个侧面来表现事物。比如说，采写一位围棋大师，可以不直接写他的打谱、征战，而是通过他生活中其他方面的一些内容，来表现他精湛的棋艺及对围棋艺术的追求。采写一位书法大师，也不必正面写他如何挥毫泼墨，而是通过他生活中其他一些花絮，来报道他的书法追求及其成就。

以前谈人物通讯，比较注重的是那些"全景式"的报道先进人物事迹或成长的"大"通讯，对于那些反映人物某一"瞬间"、某一侧面的通讯，谈得不多。其实，前一类型的通讯固然重要，后一类通讯也不可少。

说到这里，我们还要附带说一句，所谓"速写"、"侧记"，主要是就手法而言的，而任何一种手法，并非规定了只能在哪一类通讯中才能使用。"速写"、"侧记"固然可以用来写人物通讯，当然也可以用来写事件通讯、概貌通讯，读者可触类旁通。例：

信义兄弟接力送薪

为了哥哥的遗愿弟弟代兄发工钱

本报讯(记者舒均楚田)　2月10日凌晨，南兰高速上发生重大车祸。谁也没想到，这起车祸却牵出一个感天动地的故事：为抢在大雪封路前给已回汉的民工发工钱，武汉市黄陂区建筑商孙水林连夜从天津驾车回家，一家五口不幸在车祸中遇难。为替哥哥完成遗愿，弟弟孙东林在大年三十前一天，将33.6万元工钱发到60多名民工手上。

现年50岁的孙水林在北京做工程，2月9日，孙水林从北京工地回到天津，原定与暂住在天津的家人和弟弟孙东林聚一天再回武汉，但他查看天气预报了解到，此后几天，天津至武汉沿线的高速公路，部分地区可能因雨雪封路。他决定赶在封路前，赶回武汉，给民工发放工钱。春节前发放工钱，是他对民工的承诺。而此时，先期回汉的民工也正渴盼着孙水林回来。

当晚，孙水林提取26万元现金，带着妻子和三个儿女出发了。次日凌晨，他驾车驶至南兰高速开封县陇海铁路桥段时，由于路面结冰，发生重大车祸，20多辆车追尾，孙水林一家五口遇难。

2月10日早上，孙东林打电话回家，发现哥哥仍未到家。预感不妙的孙东林开车沿途查找，结果在河南兰考县人民医院太平间发现了哥哥及家人的遗体。

由于哥哥的后事处理尚需时日，沉浸在巨大悲痛中的孙东林和家人商量决定，先替哥哥完成遗愿。除夕前一天，孙东林拿出哥哥遗留在事故车中的26万元，又从银行提取自己的6.6万元，加上母亲拿出的1万元养老钱，发放到了60多名民工手上。

"哥哥离世后，账单多已不在，我也不知道该给每个民工发多少钱。我们让民工们凭着良心领工钱，大家说多少钱，我们就给多少钱！"孙东林说。

20多年前，孙水林就开始到外地打工，现已成为家乡有名的建筑商，如今每年跟着他打工的民工，高峰时达200多人。

"真没想到啊，老板遭遇车祸后，工钱还能照样结回来！"昨日，曾跟着孙水林做活的工人宋国清动情地对记者说。

新年不欠旧年薪　今生不欠来生债

张泉　舒均　陈世昌

我们家这个年是过不成了，但不能让跟哥干了十几年的工友们也过不好年，让人家骂我们兄弟不地道！

——孙东林

孙水林在天津、北京均有住处，他完全可以在外地过年，为何要冒险上路，在大雪来临前，携带巨额现金，千里迢迢寒夜驱车往家赶？哥哥一家五口不幸遭遇车祸遇难后，弟弟孙东林又为何在亲人尸骨未寒之际，强忍悲痛代兄发放农民工工钱？

这一切，只因兄弟俩20年里共同信守的一个不变的承诺：新年不欠旧年薪，今生不欠来生债。每年大年三十之前，一定要结清所有工钱。

贫寒之家走出打工兄弟

虽然已是黄陂区泡桐街小有名气的建筑商，孙水林、孙东林兄弟俩的房子，在街上并不显眼，甚至有些寒酸。这栋两层的民房是兄弟俩在外打工 10 多年后，于 1990 年前后所盖。在此之前，兄弟俩及年迈的父母等一家多口人，一直挤住在乡下的两间土坯平房里。

孙水林初中毕业后，因家境贫寒辍学。遵从父亲的安排，他学了一门木匠手艺，年仅十几岁就在外干起了木匠活。在弟弟孙东林的印象中，家里因为吃不饱饭，曾搬过两次家：一次是在他 5 岁时，一家人从黄陂老家搬到了黄石阳新县，听说在那里，只要肯干活就能填饱肚子；另一次是在他 10 多岁时，一家人又迁徙到盘龙城。直到哥哥靠木匠手艺撑起一家人的生计，他们才最终回黄陂区泡桐街老家，盖了两间土坯平房，安定下来。

"我哥哥和嫂子就是在那两间土房子里结的婚。"孙东林说。

作为穷人家的孩子，孙东林也很早就尝到了打工的艰辛。13 岁那年他正上初中。暑假期间，孙东林央求哥哥带他到三阳路一家建筑工地干活，想挣点下学期的学费。整整干了 11 天，却没有拿到一分钱的工钱，这种记忆让他刻骨铭心。

哥哥孙水林话不多，很少提及类似的遭遇。在孙东林初中毕业跟随哥哥打工后，他才明白，打工要不到工钱是常有的事，只是哥哥不说而已。

二十年坚持不拖欠工钱

1989 年前后，已在建筑工地打工多年的孙水林，在朋友的建议下，带着弟弟孙东林，渐渐地拉起一支建筑队伍，开始在河南、北京等地承包一些装修工程。凭着自己的口碑，这支队伍由最初的十几名老乡发展到今天，最高峰时达 200 余人。手下的农民工不仅有来自家乡湖北的，还有许多来自河南河北内蒙古等地的。

"后来我们兄弟俩分开单干时，哥哥总是跟我说，如果农民工跟你辛辛苦苦干了一年，你还拖欠他们的工钱，明年谁还会跟你干呢？这样，你手上的人就会越来越少，最后可能一个都不剩，最后只有你替别人打工的份。所以，这 20 多年来，我们兄弟俩无论多么困难，也决不会拖欠农民工一分钱。这是我们兄弟一条不成文的约定。"孙东林说。

多次拿出积蓄垫付工资

在弟弟的记忆里，哥哥拿出积蓄垫付工钱的事，不下十余次。

1993 年，恰逢亚洲金融危机。年底，孙水林在北京多个工地的工程款都要不到钱，他四处筹措款项未果，最后把自己的所有积蓄都拿出来，先行给农民工垫付了工钱。

上世纪 90 年代，孙水林在北京平谷县承包一所学校的工程。他带领 40 多名工人加班加点两个月，终于在新学期开学前完工，但 6 万余元工钱对方却一直不给。无奈之下，孙水林从家里拿出刚攒的一点积蓄，支付了工钱。后来，孙水林将对方告上法庭，法院判对方支付 6.5 万元。这笔钱至今仍未到位。

2002 年前后，孙水林在武汉承包了一项 4000 平方米的装修工程，连设备带材料共投入 95 万元，对方时至今日仍欠 58 万元。当年的工钱，孙水林是向弟弟借了 7 万余元支付的。"在那么困难的情况下，我哥也没欠一分钱工钱。"孙东林说。

工钱结算决不拖到初一

"还是那句话，新年不欠旧年账，今生不欠来生债。外地农民工回家过春节前，我们就将他们的工钱先全部结清。离我们老家近的农民工，部分没结算的尾款，我们就赶在大年三十前回家。腊月二十九，把家乡的农民工兄弟喊到家来结算，决不拖到正月初一。"孙东林说。

为了安全，以前兄弟俩都是带着银行卡，回到家乡再从银行取现。前年腊月二十八，孙东林到银行排了几个小时的队，结果轮到他时银行要下班，无法大额取现。第二天，孙东林一大早就赶到黄陂区街上的银行排队，中午时分终于取到钱。这天，兄弟俩一直忙到次日凌晨，总算把所有的工钱结清。

今年春节前，兄弟俩吸取去年的教训，决定直接带现金回家结算。

大年三十前举办清欠宴

每年结算工钱的时候，也是家中最热闹的时候。几十名工人挤得满满当当，兄弟俩买来酒肉，大摆宴席，招待前来拿工钱的老乡们。20 年来，每年腊月二十九，接到电话没接到电话的农民工，都会如约来到兄弟俩家，清欠宴如期举行，最后在欢闹中散去。

对于这种做法，孙水林幸免于难的二女儿孙云曾有怨言，"太吵闹"。昨天，女孩眼里闪动着泪花说："现在我很怀念，今后再也不会有那样的场景。"

暴风雪来临前连夜启程

正是兄弟俩 20 年来坚守的这一承诺，让孙水林赶上了 2 月 10 日（去年腊月二十七）凌晨南兰高速上的那起重大车祸。

去年 12 月，北京建筑工地。外地农民工结清一年的工钱后陆续返乡，只有家乡来的几十人约 30 万元的尾款没有结。

由于工程款难收，工地放假后，孙水林一直留在北京催款。2 月 4 日左右，只收到 11 万元工程款的孙水林给弟媳打电话："今年的账不好收，你给我准备一些钱。"

2 月 9 日，孙水林从北京回到天津的暂住处，原本打算隔一天再走。吃过晚饭，孙水林来到相隔不远的弟弟孙东林家。

"我上次给你打电话借的钱，你准备好没有？"一进门，孙水林就问弟媳。

"10 万够不够？"

"不够，你给我 15 万吧。"

弟媳正做晚饭，孙水林就到网上查看天气预报，结果发现从天津回汉的沿途即将出现雨雪天气。

说话间，弟弟孙东林回来了。孙水林说："我今晚就得走，不然明后天大雪封路，就走不成了。"

"明天一早走不行吗?"孙东林有些担心。

"不行，我得赶回去把工人的工钱结了，账我都算好了。"

见哥哥已经决定，孙东林没再劝阻，让妻子拿出15万元现金。孙水林将这15万元和自己筹措的11万现金打包，放到后备箱，回家接上家人，在夜色中出发了。

这一次如同往年一样的出发，竟成兄弟俩的永诀。

15 小时驱车返乡替兄还愿

第二天一早，孙东林得知哥嫂一家仍未到家，拨打他们的电话一直无人接听。略感不祥的他沿途驾车寻找。

一天一夜冒着风雪沿途苦寻，孙东林2月11日上午在兰考县人民医院找到了哥嫂一家人的遗体。他眼前一黑，顿时倒在地上。醒来后，孙东林号啕大哭。

哭过，抹干泪水，他和随行的亲友在各个停车场查找哥哥的事故车，从撞烂的小轿车后备箱里取出保藏完好的26万元现金。

"取出钱的一刹那，要替哥哥结清工钱的想法就闪现在我脑海里。"孙东林说，"哥哥今生不欠人一分钱，不能让他欠下来生债。"

时间紧迫，已经30多个小时没合眼的孙东林动身往家赶。15个小时马不停蹄，2月12日上午(腊月二十九)，孙东林一路风雪中赶回了黄陂泡桐老家。

近家情怯。孙东林让姐姐帮忙封锁消息，设法暂时瞒着父母。

然而，善意的谎言没能瞒住真相。孙东林一边安慰父母，一边把自己的想法告诉了姐姐。姐姐开始有些反对："等年后哥哥的后事处理完再说吧。"

孙东林晓之以理："我们家这个年是过不成了，但不能让跟哥干了十几年的工友们也过不好年，让人家骂我们兄弟不地道! 在大年三十前，一定要把工钱结清。这是咱家20年来的规矩。"

腊月二十九这天，跟随兄弟俩打工的农民工数十人，从早上七点到晚上八点半，钱账两清。

"2009年，我们兄弟俩发放工钱300多万，春节前结清的是部分尾款。现在我可以站在我家楼上，向所有的人说，我们兄弟俩不欠别人一分钱!"孙东林泪流满面。

信义无声动神州

叶茂林　萧颢　黄士峰

初春渐暖。

从2月9日那个突发意外的寒夜算起，信义大哥孙水林离去已经二十多天了，但一位仁商风雪中赶路的身影依然清晰，人们的思念与感动久久萦绕心头，挥之不去。

在这个风雪交加的春节，信义兄弟接力送薪的悲壮举动，带给了大江南北融融的暖意。

在魂兮归来的日子，我们饱含泪水与敬意，写下这篇文字。为信义兄弟，也为像信义兄弟一样，隐藏于芸芸众生的角落，却在生命中默默坚守的人们。

我们感动于信义的坚守，也感受着信义的伟力。

这是于悲伤中被偶然发现的感动，事实上，它早就深深地植根于兄弟俩的生命中。

回家的决定，是在看完天气预报后，一瞬间作出的。

刚刚从外面回到天津租住处的弟弟孙东林有些担心地说："哥，天这么晚了，你明天一早走不行吗？"

面对弟弟的劝阻，孙水林没有犹豫："不行，如果明后天大雪封路就回不去了，家乡的兄弟们还等着我赶回去发工资呢。"

赶在大年三十前给农民工发工资，是孙水林作出寒夜出发决定的唯一理由，也是兄弟俩20年坚守的一个不成文的约定。孙东林没有再说什么。

而再次见到哥哥，已是两天后的上午。孙水林静静地躺在河南省兰考县人民医院冰冷的太平间里。太平间外，大雪飞扬，积雪厚达10余厘米。一场车祸，让他30多年漂泊打工的步履永远停在了回家的路上，也让兄弟二人生死相隔。

手足情深。孙东林久难自抑，泪洒如雨。悲痛之余，闪现在他脑中的第一个念头就是：取出哥哥遗留在事故车里的26万元现金，赶回家把钱发给农民工，替哥哥完成遗愿。

"哥哥虽然没有来得及跟我说，但看着他静静地躺在那里，这个念头就从我的头脑中蹦了出来，就仿佛我哥当面告诉我一样。"孙东林说。

腊月二十九，接到电话的60多名农民工陆续来到孙家。"孙老板人都不在了，我们哪还能要这工钱？"领钱时，工人们满怀歉疚。

"这本来就是你们的血汗钱，我哥在要给，不在了更要给。"孙东林硬是把钱塞到了农民工手中。

钱账两清，孙东林如释重负。三天三夜的连轴转，他终于不负兄长无言的重托，让大哥清清白白地去了天堂。

"信义兄弟接力送薪"的感人故事，在黄陂区泡桐街孙家所在的小小弄堂悄然上演，不为更多人知。直到一个多星期后的2月20日，孙东林给本报打来电话，反映哥哥及家人在这起车祸中的不幸遭遇，我们才在采访中，偶然发现了这份久违的感动。

"对我和我哥来说，这是再平常不过的事，年年都是如此，我从来也没觉得这是多么了不得的事。"时至今日，孙东林依然这么认为。

20年来对信义的点滴坚守，时间与岁月的执著，
让普通的沙子也拥有了珍珠般的璀璨

翻开孙水林、孙东林的人生日历，我们发现，每一页都平凡如同海滩上的细沙，朴实无华。而经过20年来对信义的点滴坚守，时间与岁月的执著，让普通的沙子也拥有了珍珠般的璀璨。

时间退回到 30 年前。几天没有找到活干的孙水林，徘徊在一家小餐馆的门前。这时，他遇到了在餐馆用餐的同乡刘爱国。

刘爱国主动上前问道："小伙子，你是不是肚子饿了？"孙水林点点头。

"那就跟我们一块吃一点吧。"刘爱国花 2 毛钱，添了一碗饭，饥肠辘辘的孙水林埋头吃了个精光。

一年后，已学成木匠手艺的孙水林，提着两瓶酒找到刘爱国的家，花 4 天为刘爱国打了一套桌椅家具。此后的每年春节，孙水林都会拎着两瓶好酒，大老远地来到刘爱国家给他拜年。这一拜，就没断过。

"苟富贵，勿相忘。"无言的承诺，不仅是对刘爱国，还有 20 多年前传授木匠手艺的师傅，一起包过工程的老同学，平常帮忙照顾过老母亲的街坊邻居……

1989 年，当时还是普通农民工的孙水林，在一帮农民工兄弟的帮助下，接下了一个别人撂下的半拉子工程，由此赚取了他人生中的第一桶金。这个故事，他常挂嘴边："如果没有当初那些兄弟，哪有我孙水林的今天？"

20 多年来，兄弟俩也有过多次讨薪难的经历，时至今日，仍有几家单位或个人拖欠着不少的工程款。兄弟俩没有受到失信者的影响，反而对打工者的艰辛有了更深的体会。他们始终坚守"新年不欠旧年薪，今生不欠来生债"的约定。

在北京，顺义大龙顺发建筑工程公司的会计蔡智斌说："十多年来，唯独不见有人投诉孙水林拖欠工钱。"在天津，华冶建设公司天津东丽分公司党委书记汪柏琼说："孙东林在我们公司六七年来，从没听说过拖欠工人工资的情况。"

在内蒙古，在河南河北，民工们说："每年回家过春节前，孙老板不仅结清工钱，还给报销路费。"在家乡湖北，他的农民工兄弟们说："孩子上学有困难的，都可先支取工钱，我们生病治疗，不仅不克扣工钱，孙老板还请专人护理。"

还有那么多曾经共事过的人，脸上写满悲伤与惋惜，惦念着他们口中的"孙老板"的好。这是对兄弟俩 20 年坚守诚信的最好回报。

信义兄弟如久旱的雨露，在这个干涸的季节，随春风滋润大地

这是一个干涸的季节，北方大旱，大地龟裂；南方，长江出现极低水位，汉江几要断航。

这个干涸的季节，对雨水的渴求，如同这个时代，对诚信的需要一样强烈。

2 月 21 日，本报在全国率先报道湖北黄陂"信义兄弟接力送薪"的感人故事后，《人民日报》、新华社、中央电视台等数十家主流媒体迅速跟进采访报道；新浪、搜狐、新华网等各大网站亦迅速转发本报报道，网友热议和赞誉如潮。短短几天内，"信义兄弟"即成网络热词。

23 日，新华社播发长篇通讯《今生不欠来生债》；中央电视台《新闻联播》先后三次聚焦信义兄弟，并配发评论，称信义兄弟"精神大于天，责任比金贵"。《共同关注》、《24 小时》、《新闻 1＋1》、《新闻 30 分》等多档品牌新闻栏目，高密度聚焦孙氏兄弟传承诚信的故事。

24 日，省总工会追授孙水林湖北"五一劳动奖章"，授予孙东林湖北"五一劳动奖章"。

27 日，省委书记罗清泉，省委副书记、省长李鸿忠分别作出重要批示，称信义兄弟是时代楷模、美德丰碑。

3 月 1 日，湖北省文明委授予孙氏兄弟"道德模范特别奖"。

……

短短 10 余天，信义兄弟的事迹和精神，随春风迅速吹遍大地，感动了大江南北。

中科院院士、华中理工大学原校长、教育专家杨叔子说："胡锦涛总书记提出树立社会主义荣辱观，'以诚实守信为荣，以见利忘义为耻'，孙氏信义兄弟感人之举正是这一精神的具体体现。"

传承信义，是对生者最大的褒奖，对死者最好的铭记和缅怀

一捧骨灰，一张遗像，漂泊的游子叶落归根。黄陂万人空巷，迎接英灵的回归。

20 年坚守"不欠薪"的承诺，并用生命践行诺言。对这样一位逝者，眼泪不是最好的缅怀。

巨大悲痛中不忘哥哥遗愿，生死接力，义送工钱。对这样一位生者，荣誉不是最大的褒奖。

唯有传颂和传承他们一生为之坚守的、最为珍贵的信念，才能让逝者得以安息，让生者得以慰藉。

在哥哥遇难后，他在第一时间想到的就是替哥哥完成遗愿；在太平间里，一家人祭拜亲人，孙东林当场立誓，要带着农民工兄弟们继续干！在哥哥的告别仪式上，孙东林泪满眼眶："哥，你放心，你的工人，我会当自己的工人一样对待，永远不会拖欠他们一分钱。"

女儿孙云说，将来要像爸爸那样，做一个诚实守信的人。

湖北省建筑业协会发出学习信义兄弟的倡议；各级党委政府领导批示，要大力弘扬信义兄弟诚信精神；还有千千万万人通过各种方式表达对信义兄弟的尊敬和赞誉——我们从中感受到了诚信的伟力，也看到了实实在在传承诚信的行动。

春天是一个播种希望的季节，信义兄弟在这个春天播下的诚信种子，正在中华大地吐蕊发芽。

湖北"信义兄弟"的感人事迹和崇高精神，体现了社会诉求，彰显了时代主流，有力弘扬了社会主义核心价值观，深刻、生动而极具典型性。采访过程中，记者通过深入挖掘，发现兄弟两人接力送薪的感人故事，经反复研究，对这一事件蕴含的精神、文化内涵，进行深度挖掘，提炼出"信义兄弟"这一时代主题。先后用 100 多个显要版面，刊发消息、特写、通讯、评论等新闻报道 216 条（幅），对"信义兄弟、接力送薪"这一重大时代典型进行全方位报道。"信义兄弟"报道引起《人民日报》、新华社、中央电视台等数十家国内外重要媒体以及人民网、新华网、新浪网、搜狐网、腾讯网等大型网站的跟进报道，成为 2010 年全国媒体报道最为集中、最为打动人心的典型事件和典型人物。

如何写好人物通讯，是新闻工作者必须认真研究的，下面我们引一篇采写经验，供大家学习。

一篇通讯与一部电视连续剧

——《继母情》让千万人流泪探因

杜树人

1994年12月16日,《人民日报》和《人民日报·海外版》各发了一个版的通讯,题目分别是《继母情》和《圣洁的母爱》。后来,由国家计生委和中央电视台投资,一部名为《我心中的故事》5集电视连续剧诞生了,先后在辽宁电视台和中央电视台播出。

15年过去了,常常有人问这篇通讯为什么如此感人,为什么使那么多的人流泪,为什么历久而弥香?

一滴水变成一条河

中国有一句俗话:一滴水可以见太阳。这告诉我们,不要轻视一滴水的作用,通过它,可以看见偌大的太阳;通过它,可以看到灿烂的阳光。在采访中,也要重视每一滴水。谁轻视了一滴水,谁就可能看不见比一滴水大得多的东西。

两篇通讯写的是同一个人——沈阳军区某炮兵团原副团长陈道修的第二任妻子杨秀珍。她嫁到陈家后不久,不幸从天而降,丈夫陈道修患癌症去世。杨秀珍一个肩膀担当母亲,一个肩膀担当父亲,把四个孩子相继送进了大学校园。这个继母,用真挚和坚毅演绎了一个令千万人流泪的故事,这个故事成为20世纪末中国最动人的故事之一。

在采访杨秀珍和她的母亲及她的四个孩子时,我耐心地捕捉着每一滴水,每一颗流星,每一个闪电,甚至是每一个不清晰的痕迹。一天,杨秀珍讲了这样一个故事:孩子们在放学回来的路上,偷偷地捡垃圾。除夕夜,她在丈夫的遗像面前流泪。一回头,看见几个孩子一齐跪在地上,大儿子陈刚手里托着一条围巾,流着泪说,这是我们用捡破烂换来的钱买的。采访完这一段,已是晚上11点了。回到宿舍,我在看采访本时,觉得有一处没问清楚:那条围巾是什么颜色?第二天晚饭后,我又来到杨秀珍家。这一次提出的第一个问题是:孩子们给你买的围巾是什么颜色的?杨秀珍告诉我是蛋黄色的。接着就了解别的情况。20天的采访结束后,回到沈阳。在反复琢磨采访的故事时,我发现有一个地方采访不细:为什么买的围巾是蛋黄色的,而不是红色的或者是咖啡色的?找了个空儿,我给杨秀珍打电话,提出了这个问题。杨秀珍说,她也不清楚,她没有问过孩子们,也许是孩子们喜欢这种颜色吧。末了,她说,这是大儿子的主意。你可以打电话问问。可是,一连几天给陈刚打电话,家里和办公室都没人接。问他的同事,也说不知道。没办法,星期天,我坐了三个小时的火车,来到陈刚当兵的部队。没想到,这条蛋黄色围巾背后有那么多的故事:"继母嫁给爸爸那天,就戴着一条蛋黄色的围巾。我们想让继母每看到它时,就想起爸爸,就想到那温馨的时刻……"听了陈刚的话,我很感动,觉得这一趟没有白来。在写这一段时,我是这样描绘的:"三十晚上,我做了八个菜,也拿出了酒,全家人痛痛快快吃一顿。饭后,按着风俗,我把四双新袜子拿了出来,叫孩子们换上。尔后又给他们里里外外都换成了新的。这时，大儿子陈刚双手托着一条蛋黄色的围巾，说，妈，这是我们用捡破烂换来的钱买的……"

许多读者给我打电话说，你写的《继母情》，最打动我的就是四个孩子在放学的路上捡破烂，卖了后给继母买蛋黄色围巾那一幕。读者哪里知道，为了写好这一段，我下了多少工夫啊！到底值不值呢？效果就是答案。总之一句话，要采访到"非常之事"，就要下"非常之功"。

让"听众"帮助你选择

写长篇通讯和打一场战役有相同之处：都需要做充分的准备。打仗准备不细，非吃败仗不可；写通讯准备不细，也非失败不可。都做哪些准备？我在写《继母情》时，做了这样一些准备：

把故事讲给身边人听，看身边人的反应。能让身边人听后流泪的，而且流泪者十之八九，就是生动的故事。身边人听后，没有多大反应的，转眼之间什么都记不起来了，这是没有任何价值的故事。能让身边人思考良久的，则可能是能给人深刻启迪的故事。我在写《继母情》之前，把所有的故事讲给家人、同事、朋友听。我发现，有的故事，谁听了都悲伤，这就是痛楚的故事，比如，杨秀珍嫁到陈家不久，丈夫患癌症住院，两个人泪眼对泪眼的那一段故事；有的故事，有人听了几遍都眼泪汪汪，我断定这是最感人的故事，比如，杨秀珍吃锅巴那一段故事；有的故事，谁听了都喜上眉梢，这就是令人惊喜的故事，比如，四个孩子都考上大学的那一段故事。这样，讲来讲去，"听众"就帮助你选择了要写的故事。

看艺术作品，从中找到可以借鉴的东西。我曾经看过一部台湾的电影《妈妈再爱我一次》，让我流了不少眼泪。看这部电影，我有三个发现：一是要想打动人，必须善于运用铺垫；二是好的作品，要在矛盾冲突中发展；还有就是，大凡精品都有几次高潮。在写《继母情》时，我把这部电影的主题歌作为结尾："世上只有妈妈好，有妈的孩子像块宝……"收到了意想不到的效果。

翻了不少小说和报告文学，找夫妻生离死别的情节。终于，找到了一个可以借鉴的情节：丈夫患癌症住院，妻子到医院侍候，整天以泪洗面。两个人的对话，写得非常精彩。我反复琢磨，为什么人家能写得如此生动？思来想去，找到了窍门。在写作时，我借鉴了这种方法。

一定要有漂亮故事

写长篇通讯，一定要有漂亮的故事。有人问我什么是漂亮的故事？我给出了三个标准：一个是独一无二的故事；一个是震撼人心的故事；一个是愈品愈香的故事。

所谓独一无二的故事，就是没有见过、没有听过的故事。比如说，杨秀珍在新婚之夜，搂两岁的儿子睡一宿的故事，就是独一无二的。

所谓震撼人心的故事，就是连听几次都让人动容的故事。在写《继母情》时，我用了这样一个故事：一天晚上，天擦黑了，几个上学的孩子还没有回来。杨秀珍出门去找，发现几个孩子在垃圾堆旁。她严厉地训斥了孩子。除夕之夜，几个孩子给杨秀珍跪下了，大儿子手里拿着一条围巾，说这是用拣垃圾换来的钱买的。这个故事是非常感人的，不仅天下无二，而且震撼人心。

所谓愈品愈香的故事，就是愈琢磨愈有味道的故事。我在写《继母情》时，用了这样一个故事：杨秀珍嫁到陈家后，半年了，几个孩子都不管她叫妈。一次，最小的儿子病了，杨秀珍请假在医院侍候了一个星期。病好出院那天，杨秀珍背着小儿子回到家中。刚把小儿子放到床上，她就晕倒在地上了。几个孩子见此情景，被感动了，哭着叫起了妈妈。这一段可以说越品越香。

漂亮故事的标准不止这三条，但至少应具备这三条。通讯是新闻作品，新闻作品第一个标准是"新鲜"。故事不新，不可能让人记住。其实，让人记住也有三种境界：一种是心里有了反应，在记忆的仓库里划下了一条痕迹；一种是心灵受到震撼，在大脑里打下了深深的烙印；还有一种是，和你的血液融为一体，成为你生命的一部分。第三种是最高境界，而能达到这种境界的，必须是独一无二的、震撼人心的、愈品愈香的故事。

大弦小弦错杂弹

一马平川不是好作品，只有一个高潮称不上"上上之作"。那么，有几个高潮才符合佳作的要求呢？高潮愈多愈好，至少要有两个高潮。作品的高潮是有力的撞击。撞击一次，难以打开人的心扉；不断地撞击，才能使人心动情动。我在写《继母情》时，共用了三次大高潮三次小高潮。三次大高潮是：小儿子陈强有病住院；大儿子陈刚的回忆；杨秀珍老妈妈的回忆。三次小高潮是：洞房花烛夜；公公留下的遗言；春节大团圆。第三个小高潮过后，大幕戛然落下了，让人回味无穷。这是一种好莱坞式的大团圆的结局。这是符合读者的心理需求的。前面之悲，为了后面之欢；前面之离，为了后面之合；前面之阴，为了后面之阳；前面之缺，为了后面之圆。读者看到最后，长长地舒了一口气：命运本该如此。正所谓：你是什么命运，取决于你对于命运的态度！

泪水变成了墨水

写作的最高境界是什么？或者说，写作的最大享受是什么？我觉得，是作者同稿子里的主人公互动。或者说，是与稿子里的主人公融为一体，同呼吸，同思索，同忧伤，同快乐。有了主人公的感受，找到了主人公的感觉，就会写出漂亮的稿子。

在写《继母情》时，有几段把自己给"丢了"：忽而变成了杨秀珍的丈夫，忽而变成了杨秀珍，忽而变成了杨秀珍的大儿子，忽而变成了杨秀珍的女儿。这种感觉其实就是到了忘我的境界。那是夜深人静的时候，妻子和儿子都进入了梦乡。桌上的表"嗒嗒"地响着，好像在催我："快点写吧，都十二点啦！"此时，我正在写副团长陈道修得了癌症住院，对杨秀珍交代后事那一段。为了找到陈道修的感觉，我进屋站在妻子和儿子的床前，仔细打量熟睡的妻儿。心里做着假设：我现在要化作一缕青烟了，留下那么多的遗憾，应该是什么心情呢？妻子应该是什么心情呢？原本一个温暖的家，忽然失去了顶梁柱，那肯定是大厦将倾，流泪眼对流泪眼，悲伤人对悲伤人……忽然，妻子醒了，用疑惑的目光望着我。我说，我在找陈道修临终时的感觉。妻子笑着说，你真是疯了，哪有你这样写东西的？明天你再问问杨秀珍，不就明白了嘛！第二天，我给杨秀珍打电话。她说，陈道修临走时，忽然来了一点精神，要和我说话。说完，把眼睛闭上了，眼角淌出了一颗大大的泪珠。我已经三天没合眼了，不知是晕过去了还是太困了，影影绰绰中，看到老陈在叫我，秀珍，我走啦，四个孩子都托付给你啦！说完，变成了一缕青烟。我急忙大喊，老陈，别走，别扔下我啊！这时，听到一片哭声，我醒过来了，大女儿说，妈呀，爸爸已经走了。

听了杨秀珍的叙述，我知道自己应该怎么写了。到了晚上九点多钟，我又回到那张小饭桌上，开始写作。不到十分钟，就进入了角色。我的大脑里好像有一个能变换角色的开关，想当什么角色，一拧开关，就变成了什么角色。一会儿，我变成了杨秀珍，眼里流出了泪水，一个劲儿地安慰陈道修；一会儿，我又变成了陈道修，看着妻子的泪眼，挤出一点笑容，叫她不要哭……就这样，我一边变换角色一边写。等我从字里行间走出来时，发现，稿纸上点点滴滴都是泪。这篇稿子的编者、人民日报社国内部原副主任尹品端说："这一段写得最精彩！"

功到自然成

进入改稿阶段。从5月到12月，改了六个多月。我是从这样几个方面下手改的：

在改大标题上下工夫。我起的第一个大标题是：伟大的继母。改了几十个，最后听了另一位作者的意见，确定为：圣洁继母爱。《前进报》、《人民日报·海外版》等几家报纸用的是这个题目，《人民日报》改成了《继母情》。直到十几年后，我对这几个标题仍不满意，因为它称不上是独一无二的标题。

在改小标题上下工夫。改了几个月后，确定了这样四个小标题："洞房花烛夜，她既当新娘又当妈妈。可是，一声'妈妈'她足足等了半年"；"不幸突从天降。沉重的纤绳上荡着一首歌：真情像梅花一样，在最冷的时候开放"；"柔弱的肩膀最刚强，浓浓情愫吐哺着一代风流：四个孩子四个大学生"；"岁月不负善良人。母亲把芳香捧给孩子，孩子把幸福送给母亲。"我印象最深的是当时正流行《一剪梅》，其中有这样一句："真情像梅花开过，冷冷冰雪不能掩没，就在最冷枝头绽放，看见春天走向你我。"这句歌词给了我启发，灵感突从天降，于是有了第二段的小标题。这个小标题是我最满意的。

在改故事情节上下工夫。比如，写丈夫临终前的那一段，最初就写了五句，太简单了，没有描绘出死别的痛楚。后来，我改成了这样一段："仿佛命运专爱捉弄柔弱的人似的，这一家人刚刚从不幸的泥潭里拔出来，却又陷进了痛苦的漩涡中。秀珍受了重重的一击，这一击简直是致命的：老陈患了食道癌，晚期。秀珍不敢相信自己的眼睛和耳朵，她觉得这是一场噩梦，一个谣传，一个谎报的消息。然而理智却残酷地告诉她这是真的……"这样，稿子改了一百多遍，一次比一次感人。这篇稿子的编者、人民日报原国内部副主任尹品端给我打电话说："你知道你的稿子为什么发一个版吗？一篇自发来稿，能发《人民日报》一个版，这在我们报社是不多见的。我开始看你的稿子时被深深吸引。再往下看，眼泪一个劲儿往下掉。一万多字，我看了一个多小时，眼泪流了一个多小时。因此，我马上给总编辑写了报告，建议刊发整版。"

改稿子，应该有标准。我在改《继母情》时，确立了三个标准：改到自己满意为止；改到采访对象满意为止；改到读者满意为止。这三个标准很高，不易达到。可是，功到自然成。达不到目标，说明工夫还没有下到家。

（原载《新闻战线》2010 年第 01 期，作者系沈阳军区前进报社副社长）

这篇论文，标题独特，读者扫一眼，就想知道"一篇通讯"与"一部电视连续剧"的关系。作者总结出写好人物通讯的几个要素：如，动笔之前进行"试讲"，和"读者"一起选择故事，走进主人公的内心世界，找寻主人公的感受，等等。论据有力，语言浅显。作者以自己采访撰写过程中所获得的经验为支撑，令人信服。看这篇论文就像在浏览故事，能在轻松自然中获得观点。作者所谈的经验，值得我们学习。

（二）人物通讯的写作要点

1. 要体现时代特征

人物通讯不同于人物传记。人物通讯有新闻性，它报道的人物，要有时代感，能反映时代的精神和面貌。著名记者穆青曾指出："能否高瞻远瞩地提炼出能够反映时代特征的主题，并且从这个高度来表现英雄人物的革命精神和思想风貌，就成为决定人物通讯成败、优劣的关键。"（《谈谈人物通讯采写中的几个问题》）

怎样从时代特征的高度来表现人物呢？人物身上的时代特征并非记者外加的，而是时代留在人物身上的烙印。这就要求记者在采写人物时，努力去挖掘人物身上那些最能体现时代特征的方面，并努力加以表现。我们在写作中，一方面是要努力挖掘人物身上最能体现时代特征的方面，另一方面还要抓住现实生活中人们普遍关心的问题、迫切需要解决的问题，来选择典型、报道典型，使通讯具有强烈的时代气息。

2. 要写出人物的特点、人物的思想基础和思想境界

人物通讯的关键是写人。如何把人物写活，是人物通讯的重要任务。要把人物写活，首先要抓住人物的特点。一般而言，人物的特点越鲜明，人物的形象就越生动。名记者田流曾指出："报道一个劳动模范，他做了很多事情，特别是那些老劳模，事迹更多，我们总不能把他的事迹都写进去呀……我们应该研究这位劳模和别的劳模有什么不同，一定要找出这个'不同'来，有了这个'不同'，那些最能表现这个劳模本质的材料、事迹，就站到前列来了，那些别的劳模都会做、都要做的事迹、材料——对我们要报道的这个劳模来说是次要的事迹、材料，就容易被区别开来，就容易被淘汰了。这样，我们虽然只写他一两件事，反而更能表现这个劳模的特点，使这个劳模更生动形象地站立在读者面前。相反，如果抓不住特点，把一大堆材料、事迹堆上去，写出来的文章，既不是这个劳模，也不是那个劳模，而是一个人的名字加上一大堆事件，是不会感人的。"

抓住人物的特点，同时还要把人物放到具体的环境、具体的情境中去。写人物，不能回避矛盾——包括外部的矛盾和人物自身的矛盾。穆青同志曾指出："人物通讯要写得深刻，必须在充分展开的矛盾冲突中表现人物。"沧海横流，方显英雄本色。只有充分地显示矛盾，才能揭示先进人物的力量之所在。郭梅尼等人在《生命的支柱——张海迪之歌》中，写到张海迪想自杀。这一点看起来与"生活的强者"相抵牾，然而，作者认识到，从张海迪思想的成长来看，无疑是一个重要的关节点，反映了她怎样经受住了困难和挫折的考验，更加懂得活着的意义。同时，对于广大青年树立正确的人生观，尤其是对于一些在困境和逆境中的青年，有着重大的教育意义。于是，作者用了四分之一的篇幅，予以突出表现。

要写出人物的特点，还要精选典型的情节和细节。写人物，不能贴标签，不能纯由记者发议论，要通过典型事例和细节使人物"站"起来。典型的情节和细节，是通讯的血肉，没有典型材料，无论如何都不能把人写活。

写人物，要挖掘人物的思想基础和思想境界。人物通讯不仅要写出人物的事迹，还要写出他的思想境界、精神面貌。没有思想，人物的言行就是无源之水、无本之木，我们的通讯就会成为"记事簿"、"工作日志"，达不到教育人、感染人的目的。

3. 写好关键的情节和细节

人物通讯是比较讲究情节的展开和细节的描绘的。但它的情节和细节描写是不同于小说的。小说的情节和细节描写是"文学化"的，有时极尽腾挪渲染之能事。通讯的情节和细节描写是"纪实性"的，比较简明，它不能像小说那样渲染、夸张、奇巧。小说的情节和细节描写几乎是"通篇性"的，从头到尾都是情节和细节的展开。通讯则不能那样，它的情节常常是相对独立的几个事件。写人物通讯，如果没有关键的情节和细节描写，肯定读者印象不深，人物活不起来。如果没掌握好分寸，像写小说那样去展开情节和细节描写，也不行。

三、事件通讯

（一）事件通讯的含义

事件通讯是以报道事件为主要内容的通讯。它要求记者选择某一典型的新闻事件，全面、客观地反映其始末，形象、具体地描绘其细节，集中、深刻地揭示其主题，给读者以较强的思想教育与启迪。

事件通讯报道的题材十分广泛，其报道的对象往往涉及政治、经济、军事、科技、外事、公安、司法、体育、社会生活等各个方面。就其题材的性质和作用而言，通常可以分为三类：一类以歌颂、表扬为宗旨，通过典型的新闻事实的报道，体现时代主旋律，表现社会新风尚；一类以批评、揭露为目的，通过揭露生活和工作中的弊端，催人猛醒，驱邪扶正；还有一类是介于表扬、歌颂与批评、揭露之间的，它通过报道某些内涵较为丰富的事件，揭示生活中存在的问题、矛盾、热点，评说其意义，起到活跃思想、启迪思维的作用。

事件通讯以记事为主，它一般有一个中心事件，其他事件都围绕这一中心事件展开。它报道事件一般都比较详细，能全面、客观地介绍事件的来龙去脉与发展过程，具体、形象地描绘其细节，即使篇幅短小，也要求把事件叙述清楚，使读者对整个事件有比较完整清晰的印象。

事件通讯以写事为主。它一般没有贯穿全文的中心人物，人物随事件的发展而逐次出现。事件通讯虽然以写事为主，但并非见事不见人。它要求在记叙事实中充分揭示有关人物行动的思想依据，以显示事件的社会意义。

（二）事件通讯的写作要点

1. 闻风而动，采写迅速

事件通讯报道的是现实生活中具有典型意义的新闻事件。这些事件，有很多是突发性的,需要作者闻风而动,快速采写。倘若动作迟缓,作风拖拉,新闻事件的时效性一过,报道就成了明日黄花。

2. 写好关键性的场面、细节,写好事件的高潮

事件通讯要再现事件始末,给读者一个完整的印象,通常是按事件发展的线索来写的。对于线索比较单一的事件,它往往按事件发展的顺序,采用纵式结构来写。对于线索比较复杂、头绪比较多的事件,它往往以时间为"经",空间变换为"纬",采用纵横交错的结构方式来写。有时候,为了充分揭示事件产生的原因,它又以因果关系来组织全文。如《不该发生的悲剧——对朱毓芬提拔以后服毒身亡事件的调查和思考》,便是以"错误的指责"、"有意的刁难和无形的压力"、"怪论的伤害和政治上的排斥"、"悲剧的导火线"等为标题,来交代事件的来龙去脉、前因后果的。

事件通讯写事,不能事无巨细从头到尾——写来。那样写,势必写成一本"流水账"。如果抓住对事件起重要作用的几个关键场面、片断,就能"窥一斑而见全豹",使读者产生深刻的印象。如,《人民日报》1985 年 7 月 19 日发的《一路春风》,就是抓住送伤员上车、买车票、断手保存、养护、入院、转车、转院、手术等几个关键来写的,就避免了平铺直叙、没有重点的毛病。

写事件,还要注意写好事件的高潮。有经验的记者都懂得,高潮是矛盾的焦点,是人物思想和行为的闪光之处。写事件,没有高潮,既不能反映事件发展的规律,充分显示事件的本质意义,也不能使事件生动起来。因此,他们在写作中,总是调动一切手段,尽可能地写好事件的高潮。

3. 在记事的同时,努力写好几个关键性的人物

记事是离不开写人的,因为事是人干的。事件通讯涉及的人物,往往不是一个两个,而是三个五个,甚至更多。事件通讯不应该忘记其中任何一个人物,但又不必,也不可能把每一个人物都写进通讯。处理的办法是,集中笔力写好几个关键的人物,把其他人物推到背景上去表现。对于关键性的人物,也不要平分秋色,而应根据其在事件中所起的作用和主题表达的需要,有详有略。事件通讯毕竟是以事为主,以事件发展来结构作品的。所以,在写人时,只能围绕事件写人,不能脱离事件去表现人物;只能在事件发展中去表现人物,不能中断事件的发展线索静止地表现人物。写人物时,不能像人物通讯那样,对人物作详细的刻画,而要简笔勾勒,否则就会影响叙事的质量。

[例文]

为了一千一百七十六名旅客的安全

李艳   巨跃先   李海静

在石亭江滔滔的洪水之上,仅用 15 分钟,脱线列车上 1176 名旅客就安全转移完毕,没有一名伤亡。这一壮举,创造了中国铁路旅客紧急疏散的奇迹。

8 月 20 日 13 时 40 分,K6 次列车载着这群创造奇迹的人——西安铁路局西安客运段 K165 次列车第二包乘组 43 名(有 3 人在四川)英雄回家了!

一下车,凯旋的英雄们就被鲜花、掌声和咔嚓嚓的镜头所包围。

俗话说,男儿有泪不轻弹。可是,接过西安铁路局局长汪亚平递上来的鲜花,K165 次列车副车长张亮抑制不住内心的激动,眼含热泪。面对亲人,面对同

事，43 名包乘组成员个个眼圈通红，似乎有无尽的话想要倾诉。

"你们是功臣，是英雄，防止了一起重大事故的发生！"听到汪亚平局长亲切的话语，乘务员孙红梅的眼泪"涮"地就淌下来，怎么都止不住。抹抹泪水，她说："回想起来很后怕，真怕见不上大家了，但是，我们又特别骄傲，因为，所有的乘客都安全转移了。"

15 分钟，到底是怎样一个与死神搏斗的瞬间？

8 月 19 日，四川德阳大雨如注。

15 时左右，西安开往昆明的 K165 次列车驾驶员曹继敏从德阳火车站刚刚开出七八分钟，驶上石亭江大桥。上桥的一瞬间，他发觉车身左右晃动，就下意识地拉了刹车。

"我下意识地刹车，采取紧急停车措施，根本没时间考虑。"曹继敏说，当时车速在 85 公里/小时左右。刹车过程中，车厢仍在剧烈运动，直到车身完全停了下来，车头已经过了桥的断裂处，15、16 两节车厢悬吊在河面之上，车头和车身已经分开了，列车机车后 5～17 位车辆脱线。车厢里，1176 名旅客和乘务人员都感到了剧烈的晃动。

此时，是 15 时 15 分左右。

广播员许莹回忆，当时，在 8 号车厢的广播室里，忽然像发生了地震一样，列车左右摇晃，小小的广播室里，磁带、光碟霎时从高处撒落下来，猝不及防的她，右侧脸颊重重磕在了广播设备上，很快，就肿了起来。

"怎么回事？"许莹和大多数旅客一样，吓得脸色煞白。

16 号车厢的乘务员周小茹说，当时，车厢内一片混乱。女乘客的尖叫声连成一片，男乘客则寻找小铁锤等重物，企图砸破玻璃逃生。更有人，情急之下，用拳头不住地捶打玻璃……

此时，惊魂未定的许莹突然发现，副车长张亮气喘吁吁地跑向广播室："许师傅，出事了，火车出轨了，赶快给咱们的人通知，把硬座车厢的旅客安全疏散，告诉大家不要惊慌。"

原来，列车停下来之后，曹继敏随即用无线电通知列车长王巧芬。列车长王巧芬镇定指挥，大家按照平时进行多次的防洪演练，迅即进入实战状态，一场争分夺秒的列车生死大转移就此展开。

许莹平复一下自己的情绪，用平静的语调开始播音："各车厢乘务员请注意……"听到广播，旅客们被从无限惊恐中"拽"了回来，大家知道了列车的状况，也知道列车员会帮助自己疏散，稍稍有些镇定。

接到疏散旅客的命令，46 名乘务人员迅速行动起来。

此时，列车长王巧芬火速组织各岗位列车工作人员按照应急预案，从列车尾部引导旅客有序向列车前部转移，同时联系副车长张亮带领正在间休的其他列车工作人员全部投入工作。随后，王巧芬立即赶到情况最为危急的 16 号车厢，一边同车厢列车员组织旅客转移，一边与西安客运段安全生产指挥中心联系，通报险情。

作为整列火车的"重灾区"，15、16 号车厢当时悬吊在河面上，"命悬一线"。

据 16 号车厢乘务员周小茹介绍，当时，由于车厢正好处在桥梁断裂处，她眼看着江水离自己越来越近，发出像怪兽一样的咆哮，同时，桥面则离自己越来越远。看到车长王巧芬来到车厢，她好像有了"主心骨"，一边克服自己的恐惧，一边组织旅客向车尾的 18 号车厢转移。

正在转移旅客的 17 号车厢列车员赵俊鹏也明显感到列车在下沉。他一边安慰旅客不要惊慌，一边迅速观察列车停靠位置，发现车厢前端已经悬空。于是，他果断打开与 18 号车厢即邮政车连接的端门，组织旅客从 18 车厢有序下车。在紧急撤离时，赵俊鹏发现 16 号车厢端门也打不开，此时列车正在快速下沉！他使出浑身力气，和车上旅客一起撬开端门，终于将 16 号车厢旅客转移到邮政车，两个车厢的旅客全部得到安全转移。

9 号车厢的乘务员孙红梅是第一次碰上这么大的事故。列车晃一下，她的心就紧一下。他们软卧车厢共有 36 名乘客，其中，最小的才两个月大。为了保证孩子的安全，在拥挤的乘客中，她用双臂保护着孩子和母亲，将他们一直送到安全地带才返回。

就这样，列车乘务员一边安慰旅客，稳定旅客情绪，一边搀扶着年老和年幼旅客，帮助他们将行李抢运下车。

乘客疏散完毕，孙红梅又返回车厢，确认没有一名乘客时，才下车。此时，空荡荡的车厢只剩下她一人。

作为最后一名从列车上撤离的人，孙红梅下来才两三分钟，整个大桥就被洪水冲击得摇晃起来，桥墩轰然倒下，15、16 两节悬吊在河面上的车厢也落入了河中，凶猛的河水将车厢冲出了 200 多米远。

15 分钟！从列车发生险情到旅客全部转移，在西安铁路局列车工作人员的快速应对下，仅仅 15 分钟，列车上全部旅客被转移到安全地带，确保了无一旅客伤亡和财产损失！

(《陕西日报》2010 年 8 月 21 日)

在滔滔洪水之上，用 15 分钟把 1000 多名旅客安全转移，这事件本身就是个奇迹。作为一篇反映突发事件的通讯，作品真实完整地展现了 K165 次列车乘务人员临危不惧、临危不乱展开生死大营救的生动场面。稿件篇幅不长，但紧凑细致，一气呵成，现场感强烈，吸引读者。在中央电视台举办的《感动中国》2010 年度人物评选活动中，K165 次列车乘务组被授予特别奖。

四、新闻小故事

(一)新闻小故事的含义

新闻事件可大可小，如果报道的是比较大的事件，即一般意义上所说的事件通讯；如果报道的新闻事件比较小，故事情节又比较生动，人们一般称新闻小故事。新闻故事是一种篇幅短小、故事性强的事件通讯。其特点：一是短小，它不要求多方面地反映事物的全貌或刻画完整的人物形象，一般只截取一个场面、一个片断、一个情节，落笔入题，写得非常集中；二是情节单纯而生动；三是能以小见大，寓意深刻。这类短小活泼的事件通讯，早为人们喜闻乐见，也是初学者比较容易掌握的一种通讯。

（二）新闻小故事的写作要点

写新闻小故事，一是要有高度的新闻敏感，能从日常生活中捕捉到有新闻价值的题材；二是要以小见大，写出积极的意义；三是要严守新闻真实，不可随意虚构加工，不要一听到"故事"二字就把它与文学写作混同起来。试看下面例文：

[例文一]

商业部长买鞋上当记

新华社记者 陈芸

商业部长胡平买了双皮鞋，穿上脚不到 24 小时，后跟就掉了一块。这件事最近在商业部机关大楼里广为流传，成为人们痛斥伪劣商品的话题。

7 月 12 日下午，胡平在湖北省调查研究，逛了逛武汉百货商场。在皮鞋柜台前，胡平看中了一双带网眼的棕色牛皮鞋，试了一双，号不合适；又试了一双，正好！于是付款 49.5 元，买下了这双鞋，并当场穿上新鞋，继续参观。

之后，胡平穿着这双鞋走访了粮库、肉联厂和服装学院，13 日下午回到北京，谁知到家一脱鞋，就发现右脚一只鞋的后跟已掉了一块。翻过来、调过去，细看才发现这双鞋既没有商标，也没标明产地和生产厂家，只是鞋底上有"上海"两个字。

17 日，在 11 城市一商局长会议上，胡平不点名地讲了这件事，又深有感触地说，劣质产品泛滥，太可恶了。这个问题，生产者有责任，商业企业进货把关不严，也有责任。

会后，武汉市商委的同志主动向胡平要回了那双鞋。经查：鞋底是上海的，鞋是武汉制作的。

21 日，轻工业部部长曾宪林约见胡平，听说胡平买了双"一日鞋"，便说："鞋的质量问题是当前消费者反映最强烈的问题，轻工部已打算专门举办一个假冒伪劣鞋的展览会。"

胡平当即表示："我支持，如果你搞这个展览会，我希望我买的那双鞋也能作为一个展品，曝曝光。"

如今，胡平已经穿上了武汉百货商场为他换的新鞋，可是他的心情并没有轻松。他说："我是一个部长，买了劣质鞋能及时退换。但要是普通消费者呢？"

（新华社北京 1990 年 9 月 11 日电）

[例文二]

侗家厕旁议实事

人民日报记者 艾笑

3 月柳州，龙潭湖畔，小雨渐渐。广西壮族自治区副主席李振潜与卫生部部长陈敏章信步走近山坡上的一幢侗家"竹楼"。

竹楼墙上有副对联，上联是"男女有别来此行方便需认清去向"；下联是"大小均可入内得轻松请注意卫生"；横批"轻松山房"。

两人都笑了，原来这是公厕。身兼全国爱卫会副主任的陈敏章说："这对联写得风趣。不知'内容'怎样？进去看看。"进至厕内，陈敏章连声称道。认为它清洁，处理污水得当，地方政府为少数民族办了很好的实事，既解决了实际问题，又有远见。

陈敏章还说，厕所问题不是小事。肠道传染病的发生和流行，与粪便、污水的处理极有关系。有些沿海经济发展很快的地区，群众富裕后盖了很漂亮的新房，但却不考虑配套建上个厕所，连外观也很不相称。有的渔村大兴土木盖了很气派的龙王庙，却不能集资盖个厕所。卫生习惯的建立虽不是一朝一夕的事，但像柳州从教育、引导、支持入手解决卫生习惯问题，就值得提倡。

(《人民日报》1991 年 4 月 2 日)

五、概貌通讯

(一)概貌通讯的含义

概貌通讯是着重描绘社会变化、时代风尚及风土人情的通讯报道，有时又称风貌通讯。它在写法上类似于游记散文，但它不是散文，它主要着眼于新闻事实。它可以报道一个地区、一条战线、一个单位发展变化的新气息、新面貌，可以介绍祖国风光、地方物产、人情风俗，也可以反映异国的社会现状和风俗人情，以促进国际交流。

概貌通讯是由旅途通讯发展而来的。早期的旅途通讯，如周恩来的《旅欧通信》，邹韬奋的《萍踪寄语》、《萍踪忆语》，范长江的《中国的西北角》、《塞上行》、《西线风云》等，大都以客观的笔调，描绘作者的旅途见闻和所思所感。这类通讯在中国现代历史的发展中是起过非常重要的作用的。随着时代的发展，这类通讯的新闻性和时代性不断得到加强，发展成了反映社会新貌的概貌通讯。同时，其表现形式也愈加丰富，报刊上常见的"见闻"、"巡礼"、"散记"、"侧记"、"纪行"、"掠影"、"拾零"、"纪游"等，大都属概貌通讯。

根据其表现形式，我们可以把概貌通讯分为四类，即见闻类、巡礼类、散记类、侧记类。

见闻类概貌通讯通常包括见闻、见闻录、参观记、访问记、杂记等。记者到某地某单位采访，边走边看，把采访中的所见所闻写出来，报道给读者，这就是"见闻"。见闻比较强调客观性，意在通过客观的介绍，以反映某地的社会情况、社会风貌。它一般以记者的行踪为线索。作者很少作直接评价。但所见所闻，要写得广泛些，多样化些，要充满新鲜感。

巡礼类概貌通讯通常包括巡礼、纪行、掠影、拾零、拾趣、拾萃、一瞥等。记者到某地，边走边看，把采访中所见所闻所感写出来，报道给读者，这就是"巡礼"。巡礼一般也以作者的行踪为线索。它写的材料，大多比较零散，作者一般以"巡游"为线索，把分散的材料组织成篇。写巡礼，要注意观察，要写出现场感、动感、自己的感受。

散记类概貌通讯。记者到一个地方或一个单位，把留在头脑中印象最深的一些人物、事件、景物记下来，连缀成文，就是"散记"。散记所记录的风土人情、社会风貌，不一定是最本质的，但对大众来说一定是新鲜的、新颖的。散记取材广泛，表现形式灵活多样，有些像散文，但有新闻性。它在篇幅上，一般都超过巡礼和见闻。

侧记类概貌通讯，通常包括侧记、纪实等。一个事物及其发展，往往包含多方面的内容，不去反映事物的全貌、全过程，而是抓住其中一个或几个片断，来表现全貌、全过程，这就是侧记。侧记适应于报道一些重大活动或重要事物。

概貌通讯是以写"地"为主的通讯。记者跟随领导人巡视，出国访问，或参加一些节会，常常用到这一文种。

在写作上，概貌通讯往往以点面结合的手法，写出事物的全貌；以衬托对比的手法，写出事物的风貌；用缘物寄情的方法，抒发作者的情怀，突出事物的意义。

概貌通讯是常写的新闻体裁，一般依据情况而灵活处理。如果主题重大，就成了主题通讯，如任伟本 2010 年 11 月 5 日发表于《解放日报》、《文汇报》、《新民晚报》三报头版的《上海世博会纪略》。这篇通讯虽着眼报道上海世博会的盛况，但又不仅仅报道盛况，其"和平发展的生动演绎"、"融入世界坚持发展"、"共同为未来发展思考"、"付出艰辛收获科学"，满腔激情地追记了"成功、精彩、难忘"的上海世博会盛况，高屋建瓴、大气磅礴地赞颂了成功办博的中华智慧，纵论了以仁为本、以德为上、以和为先的中华文化，充分肯定科学发展引领的办博方向，总结了以人为本、倡导变革、融入世界、坚持发展的成功经验，高度概括内涵广博的世博精神。报道融新闻综述、新闻评论于一炉，极富思想性和前瞻性，有极强现实针对性，回应外界疑虑，呼应了国人期盼，四篇纪略文章及时总结了上海世博经验，大力传扬了上海世博精神，及时、正确回答了读者关心的后世博上海发展问题，以其前瞻的思想、敏锐的洞察、充沛的情感、艺术的表达在全国传媒业界引起热烈反响，显示了上海主流媒体牢牢把握正确舆论导向，不断提高舆论引领能力的水准。

（二）概貌通讯的写作要点

1. 抓住特征，点面结合

概貌通讯要对事物作整体化的介绍，使读者对其概貌有一个整体的了解。写"概貌"时，要注意发掘对象的特点，选取典型事例，把局部与整体、点与面有机地结合起来，使读者既能了解报道对象的全貌，也能看到报道对象的细微之处，以形成立体化的认识。

2. 开掘深入，着力写"变"

写概貌通讯，不仅要介绍某些自然风物、风土人情，而且要通过自然风物、风土人情的介绍，引导人们来认识事物的本质，反映时代精神和时代前进的步伐。

概貌通讯的思想深度，与它能反映出事物的变化有着密切的关系。从某种意义上说，概貌通讯的新闻价值就在于一个"变"字上。因此，我们写概貌通讯，要着力写出事物的变化，通过"变"字，来表现时代的风貌与气息。

3. 缘物寄情，富于情趣

概貌通讯以叙事为主，也可以议论抒情。作者应尽可能地进入角色，做到物我交融，融真情于知识趣味和叙述描写之中。

写概貌通讯，还要注意占有材料，对该地区该单位的基本情况，如地理的、经济的、政治的、军事的以及人口、面积、特点、历史沿革、主要变化、典型数字、具体事例，准备重点描写的片断、镜头，有关的知识、传闻、诗词、典故，都要尽可能地了解清楚，写起来才能信手拈来，内容丰富、生动活泼。

六、工作通讯的写作

（一）工作通讯的含义

工作通讯是通过报道和分析当前实际工作中的经验、问题、教训等，从中找出规律性的东西，以指导、推动实际工作的通讯形式。

　　工作通讯这类报道形式，可以通过报道各种生动、典型的事例，介绍各个地区、各个单位在某项工作中的一些先进经验和做法，以推动和指导其他地区其他单位的工作；可以批评和揭露实际工作中存在的一些带普遍性的、亟待解决的问题，分析这些问题的严重性及症结之所在，思索解决问题的可能性、可行性；还可以对新形势下面临的一些新情况、新课题进行探讨和研究，努力寻找理解这些问题、解决这些问题的思路。在这类报道中，作者不仅要告诉读者发生了什么事件，社会上有什么信息，还要宣传党的方针、政策，交流经验，树立榜样，以指导实际工作。

　　工作通讯往往将指导性和新闻性结合在一起，夹叙夹议，展开分析，具有一定的理论色彩，具有一定的思想深度。但它不同于一般的工作总结。工作总结内容比较全面，事情经过、前因后果、经验教训、成绩问题往往都要总结到。工作通讯则要抓特点，抓那些对实际工作最有针对性的内容。工作总结一般立足于本单位，并不要考虑普遍的指导意义。工作通讯要立足全局，以点促面。工作总结并不要考虑新闻性，工作通讯要以新闻事实作依据，要依托事实发表意见，且常有现场采访的活动，带有明显的新闻报道性质。另外，它在语言上，也要比总结生动、具体。

　　工作通讯是紧密联系实际工作，直接影响实际工作的通讯。它在报道工作新成绩新经验新情况新问题的同时，形式上也在不断发展。近年来，工作通讯又演化出"工作研究"、"采访札记"、"记者来信"等形式。这些形式与传统意义上的工作通讯既有相同之处，也有不同之地。

　　工作研究的显著特点是侧重于对所报道的事实进行研究和探讨，记者往往对占有的事实材料采用叙议结合方法探求事物的本质和规律。

　　采访札记是记者择要记录采访中所见所闻所感的一种形式，既然是"札记"，写法上就比较自由，不拘一格。它可以记载一些值得注意的现象、问题，可以抒发自己的观感、认识。它一般能让读者看到记者的采访活动、采访过程，往往有现场的描写和叙述，现场感比较强。但与主题无关或意义不大的过程和活动不写。

　　记者来信是记者以书信的形式来反映情况、发表意见的。它主要用来反映记者深入实际调查研究后所获得的观感。比起"札记"，它的内容更集中、简单一些。

　　试看下文：

竹子让生活更美好

崔书文　　刘惠兰　　亢舒

　　在上海世博会采访，我们惊讶地发现，有9个场馆的建筑材料主要采用了竹子。印度馆巨大的穹顶完全是用竹子为"梁"撑起来的；德中同行之家8米高的两层建筑，几乎完全是用竹竿和竹板材建造的；在国际组织联合馆内，专设了一个竹藤馆，整个展馆的设计挑战人们对竹子的传统认知；此外，在休闲区，有以"竹"命名的餐厅，有完全用竹子建造的花店，世博园黄浦江边长达3.6公里的栈道，完全用竹子铺设……竹子在世博会上大放异彩。

　　为什么？带着这样的疑问，我们开始了采访的旅程。

　　我们逐渐发现，我们原来对竹子了解很少，对竹材误解太深。

　　我们需要重新认识竹子。

竹子是环保材料

为什么世博会上流行"竹元素"？德中同行之家的设计师马库思·海因斯多夫给出的答案是，用竹子做建筑材料可以表达绿色、环保、可持续发展的理念，符合当今的世界潮流。

竹子是绿色的，这是常识。可使用竹子怎么会和环保、可持续发展挂钩？在有"中国竹子之乡"美誉的浙江省安吉县采访，置身于竹海之中我们才知道，竹子有独特的属性，是大自然赐予人类的一份特殊礼物。

竹子属多年生木本植物，木质化程度高，但外形、结构和草类很相似，因而有"似木非木，似草非草"的评价。竹子具有一次造林成功，即可年年出笋、年年成林、年年砍伐，永续利用而不破坏生态环境的特点。竹子生长速度快，成材周期短，竹林长成后必须及时砍伐。像毛竹，5年即可成材砍伐，立竹时间过长将导致自行枯萎死亡；像丛生竹，生长周期更短，第三年的竹子即可全部砍伐。

竹林对于生态保护功劳巨大。据研究，毛竹林固碳能力很强，是杉木林的1.46倍、阔叶林的1.33倍；一棵毛竹可固土6立方米，固土能力是松树的1.6倍、杉木林的1.2倍；竹林的涵养水源能力很强，1公顷竹林可蓄水1000吨；同等面积的竹林较树木可多释放35%的氧气。

另外，竹子是地球上最有生命力的植物之一，对生长环境要求不高。竹子大多生长在山区等不适宜粮食作物生长的地方，即使大量种植也不会过度占用耕地。

我们明白了一个道理：竹子和树木相比，使用竹子更加有利于保护环境。

对竹产品还需多些了解

目前竹产品中最大宗的是竹地板。竹地板最大销售市场在国外。我国竹地板60%用于出口，主要是美国，然后是欧洲各国，再后是澳大利亚。

采访中我们一再追问，为什么国外消费者那么喜欢竹地板？得到的答复几乎一样：发达国家的消费者环保意识强，在竹地板和木地板之间，更愿意选择对环境更友好的竹地板。

我们再追问，为什么国内竹地板市场不太好？得到的答复不尽相同，但有一点一样：国内一些消费者对竹产品存在误解。

张齐生，中国工程院院士，专门从事竹材工业化利用研究。他一直呼吁，应该改变消费者的消费观念，消除对竹产品的误解。

误解之一：竹地板易发霉、虫蛀、开裂。千百年来，竹子的使用曾长期停留在原竹利用和手工编织农具、用具等初级利用阶段，给人们留下的印象是容易发霉、虫蛀、开裂。但现在，情况完全变了，张齐生院士说："目前竹地板加工技术已十分成熟。"竹地板在北方地区使用也没有问题，竹地板大量出口欧洲、北美，也能适应那里的气候条件。因此，选择竹地板还是木地板，应该完全是个人爱好，就像青菜萝卜各有所好一样。

误解之二：竹产品是低档货。和木材制品相比，人们容易认为竹材制品档次低，不名贵，摆不上台面。但实际上，随着技术进步，竹材完全可以造出高档产品。

在上海世博会江西展馆，我们看到了一款竹制仿红木家具。这款家具吸引了不少人。一位老者在对这款家具细细看、细细摸了之后，肯定地说，这家具就是红木的，不会是竹子的。我们向他讲解，这的确是用竹材制作的，他最后信了。然后我们问他，会买吗？他回答得很干脆，"不会，因为竹制的一定会裂。"从这个例子，可见人们对竹产品误解之深。

误解不止这些。消除误解需要一个过程。消除误解的一个最好的办法，或许就是我们在生活中更多地知道、看到、用到竹产品。看看这几个案例：西班牙首都马德里国际机场23万平方米的天花板是用竹制品做的；耐克德国公司和IBM欧洲公司办公楼用的是竹地板；奔驰、宝马汽车的内装饰件也选用了竹产品。

误解消除之后，得出的结论是：在许多领域，竹材制品完全可以替代木材制品，即可以"以竹代木"。

竹产业有多重要

不过，张齐生院士对这个说法并不完全满意。他的观点是，竹材还有自身的独特优势，还有胜过木材的地方。他认为要两句话同时说，一是"以竹代木"，二是"以竹胜木"。

在采访中，我们一直在询问、在思考，放在加快经济发展方式转变的大背景下，倡导加快发展竹产业，究竟有怎样的战略意义？我们归纳了四个方面。

第一，有利于农村经济发展和农民增收。竹产业的源头是竹林。竹子是竹产业的基础原材料。我国竹类资源分布广泛，主要生长在山区。竹林属于非耕地资源，充分利用好竹林，有利于提高土地利用率，缓解南方地区人多地少的土地资源压力。加快发展竹子加工产业，有利于培育新的农村经济增长点，吸纳农村富余劳动力，缓解农村社会就业压力。目前，竹产业已经成为许多竹产区的支柱产业，是农民增收致富的主要来源。

第二，有利于保护生态。我国竹类资源丰富，是森林资源的重要组成部分，素有"中国第二森林资源"的美称。按目前的生产工艺，100根毛竹可生产1立方米竹板材，折合1.5立方米木材，"以竹代木"前景十分广阔。加快发展竹产业，对增加森林资源、改善生态环境有着十分重要的作用。在加快我国林业现代化的进程中，竹产业大有可为。

第三，有利于引导人们增强环保意识。我国有着悠久的爱竹、种竹、养竹、赏竹的文化传统，"宁可食无肉，不可居无竹"就是其真实写照。加快发展竹产业，可以弘扬竹文化，引导人们增强环保意识。环保意识的提升，影响十分深远。

第四，有利于巩固我国竹产业在国际市场上的竞争优势。我国竹产业发展水平居世界第一位，竹林面积、竹材产量都居世界第一。毛竹集中成片分布，性能最优良，利用价值最高。毛竹约90%的资源量在我国，这为我国竹材工业化利用提供了得天独厚的优势。竹产业是我国林业中最具有国际竞争力的朝阳产业。加快发展竹产业，有利于巩固我国竹产业在国际市场上的竞争优势，为促进人与自然和谐发展作出贡献。

我们高兴地了解到，近年来我国竹产业发展势头强劲，成效显著。竹林资源进一步扩大，竹产业效益进一步提高，竹子加工利用水平上了一个新台阶，竹林资源的多种效益得到开发，竹产业科技水平和研发力量进一步加强。竹子作为一个小物种，正在催生一个大产业。竹产业正在从原来的传统产业转变为一个前景光明的新兴产业。可以预见，竹产品将逐渐进入千家万户。

加快经济发展方式转变，积极调整产业结构，有的产业要压、要限制发展，有的产业要上、要鼓励发展。毫无疑问，竹产业应该列入鼓励发展的范围，应该有大发展。

竹产业必须要做的事

我国竹产业已经进入快速发展的新时期，竹产业发展面临难得的历史机遇。那么，我国竹产业将怎样发展？

现在看来，有几件事必须要做，而且要做好。

第一，加快自主创新与科技进步。我国被誉为"竹子王国"，竹产业科研水平居于世界领先地位，我国竹产业完全有条件、有能力而且也必须走自主创新的道路。这方面我们已经取得了不小的成就，竹板材、竹炭、竹饮料、竹纤维、竹编织等产品的推广，极大地拓展了竹产业的发展空间。说到底，科技进步是推动竹产业快速发展的最重要的推动力量。

第二，大力培植龙头企业，提高行业的集中度。竹产业中小企业众多，产值过亿元的企业屈指可数，缺少大企业、知名企业。以竹地板行业为例，现在前10名企业的市场份额仅占行业总额的20%，而成熟行业的前10名企业的市场份额通常占到行业总额的70%，这说明竹地板行业远未成熟。竹产业的健康、快速发展，需要大企业、知名企业去推动和引领。一个新动向是，嗅觉敏锐的风险投资基金已经瞄上了竹产业。复星集团、万向集团已经参股浙江永裕竹业股份有限公司，竹产业没有一家上市公司的现状将会改变。

第三，重视中小径竹、丛生竹的开发利用，促进竹产业协调发展。我国毛竹的培育、经营历史悠久，开发利用水平高，而丰富的中小径竹、丛生竹发展滞后，优势远未发挥出来。随着市场需求的变化和笋、竹加工业的发展，中小径竹、丛生竹资源利用领域不断拓展。特别是西部地区，适生的优良中小径竹、丛生竹种类繁多，开发潜力巨大，应该大力发展。这也是西部地区竹产业发展的重点所在、特色所在。

第四，加强行业发展规划和政策扶持。应该对竹产业发展有一个战略定位。从战略的高度，制订全国性竹产业发展规划，研究竹产业发展扶持政策。目前的情况是，缺乏全国性竹产业发展规划，竹产业标准化体系建设刚刚起步，对于竹材制品替代木材制品等战略性和方向性问题研究不够，消费者对竹材制品认知度有待提升。

在采访竹产业的每一天，我们都十分兴奋。我们觉得发现了一个值得宣传推广的新产业。我们希望大家了解竹子，喜欢竹产品，使用竹产品，因为我们深深地相信：竹子会让人类的生活更加美好。

(《经济日报》2010 年 7 月 8 日)

　　文章以上海世博会有 9 个场馆的建筑材料主要采用竹子为切入口，以独特的视角、深度的解析、通俗的表现手法揭示了"重新认识竹产业"的重大现实意义，很好地表达了"从竹产业看转变发展方式"的重大主题。

　　再看下篇：

为人民管城市！
——济南城管构建"人民满意城管品牌"的探索与实践

李海燕　　晁明春　　黄露玲

　　"城管来了！"一声吆喝，街头小贩望风而逃，过往市民侧目而视——这是不少城市常见的镜头。而在济南，却别有一番气象：你占道经营，我微笑劝离，并帮助寻找经营场所；你撒漏渣土，我主动上门共谋解决办法；你嫌洒水车喷溅，我对喷头进行技术改造……

　　济南城市管理的新气象，始于今年 1 月的政府机构改革，由原来的市容环卫局、城管执法局和建委的部分职能合并组建的济南市城管执法局，成为新的"城市管家"。

　　济南城管系统从自身找不足，从群众不满意的地方改起，树立"为人民管理城市"的理念，探索城市管理的规律，改进城市管理的方法，实现了城市与市民和谐共处以及城市环境的不断提升，叫响了城市管理的"济南品牌"。

一堆渣土引发的波澜

　　今年 1 月中旬，一夜之间，济南一条次干道倒上了大堆渣土。市民打电话举报，市领导打电话询问。刚刚上任的济南市城管局党委书记、局长宋永祥火速派员了解情况。

　　城管队员很快查明了肇事的某建设单位。按惯例，无非就是教育、罚款。然而，这次却出现了"意外"。城管局两名分管副局长带领两名处长上门，主动为建设单位提供渣土处置服务：工地出入口没有硬化，城管队员帮着挥锹垫土；渣土运输车缺手续，帮着联系主管部门，现场办公；渣土车不干净，拿起水管帮着冲洗。最后，工地人员实在看不下去了，主动表示："我们保证渣土车今后不再洒漏。"

　　这简单的一堆渣土，在济南城管系统引发一场波澜：城管和市民是不是"天敌"，一定要冲突？是不是一定要等到百姓投诉了才处理？特别是全国许多地方的城管都处在执法困惑、冲突不断、城管人员被"妖魔化"的情况下，城管的权力从哪里来，怎么用？城管又靠什么取得市民的理解、信任和支持？

　　2 月 7 日，挂牌成立仅 23 天的城管局系统内，一场以"构建人民满意的城管品牌"为主题的解放思想大讨论迅速展开。在一次次的争论、碰撞中，济南城管的思路逐步清晰：城管手中的权力是人民给的，要弄清主体，不能"为城市管人民"，而要"为人民管城市"。城管工作千难万难，只要与老百姓心贴心、心连心就不难。干好城管工作，最根本的一条就是以人为本，服务民生。

通过大讨论，"为人民管城市"理念被分解细化为对城市管理中主动与被动、多数与少数、大家与小家、正人与正己、定量与定性、治标与治本、疏解与硬堵、过程与结果、内因与外因、素质与形象等十大辩证关系的思考。最终，他们确立了自己的目标：从降低群众对城管工作不满意度，到基本满意，再到非常满意，三年三大步，实现城市环境的洁、靓、谐，争取在城市管理中创出市民满意的"济南品牌"。

2月8日，解放思想大讨论会后第二天，市城管局城肥二处工作人员吕素泉带领3位同事，花了两个小时，免费为一栋老居民楼抽净化粪池并将冒溢的地方修好，楼内一位白发苍苍的老太太激动得当场要给他下跪。"我们不过是做了该做的一件小事。"吕素泉感叹。不久，城管局宣布，今后市财政每年投入至少500万元对全市开放式小区4万栋居民楼的6万多个化粪池免费清理，并给它们建立"健康档案"，定期"体检"。

现在，每当城管部门的清疏车开进居民小区，都会受到居民欢迎，一些居民还买来西瓜、矿泉水送给清理人员。

化堵为疏的"地图思路"

今年夏天，对来自章丘市黄河乡、已经在省城卖了五年西瓜的李大爷来说，是做生意最畅快的时光。

他说：终于可以堂堂正正地在路边卖西瓜了。

往年夏天，近郊瓜农往往会形成一支庞大的"游击队"，与城管队员反复上演追逃大戏。城管队员追得累，辛苦耕种的瓜农跑得苦，市民买瓜不便又要骂。

事情真的无解？今年西瓜上市前，城管局开了三次党委会，就近郊西瓜产量和居民购买习惯调研。一个多月后，一张"西瓜地图"诞生了，图上标明了455个临时卖瓜点，大都集中在主次干道两侧，瓜农免费申请，卖瓜时设置明显标志，只需遵守市容、交通管理规定，瓜摊可一直摆到10月底。

"西瓜地图"被媒体誉为最甜美的创意，也成为济南城管转变管理机制的一个契机。此后，济南城管又相继公布了293个自行车维修点组成的修车地图，并正在完善和制定早点地图、买菜地图……这种化堵为疏的"地图思路"让城市的管理者变身为服务者，从业者和居民各得所需，在和谐有序中实现了城市功能的优化。

城管的职责没变，但看问题的角度变了，执法方式变了，结果也就变了。"城市管理应该靠服务解决70%的问题，靠管理解决20%的问题，靠执法只能解决10%的问题。城管的工作顺序应该是服务、管理和执法。"宋永祥说。

市民投票选出四首洒水曲

城管无大事，管的无非是保洁摆摊。但民生无小事，把一件一件小事做好了，实质上就是做好了科学发展这件大事。

济南城管的机制创新，正是从小事开始的。就拿洒水来说，市民觉得洒水车的提示音刺耳，城管局便联合媒体，让市民自己投票，最终《泉水叮咚》等四首乐曲成为济南 157 辆洒水车的洒水曲；市民投诉洒水车在上班早高峰时容易造成交通堵塞且经常喷溅到行人和车辆，城管局便将洒水作业时间调整至夜间凌晨，还把洒水车的"鸭子嘴"朝向进行了改造，压低了角度，确保不会喷到行人、车辆。

推广《道路保洁计量制度及标准》，10 平方米人行道保洁尘土不超过 25 克，并实现绿化带、树上、房屋顶部等立体保洁；道路保洁与清理小广告捆绑作业，让'城市牛皮癣'年底前在济南基本消失；整治占道经营路段包干到人……小事里也有规范化和标准化，扫马路要像抹自家桌子一样，打扫公共厕所要像打扫自家卫生间一样，这就叫为民服务无止境。

随着城市化进程加快，城管工作不断面临新情况、新问题。

济南城管在每位城管人心中树立起"出了门就是上班"的责任意识，承诺的百件实事、日常管理分解到每名局长、处长，每位城管工作者身上，一周一调度，两周一讲评，一月一通报，还建立了工作问责制。

济南城管完善了数字化城管体系建设，推行网格化管理方式。记者在济南市数字化城市管理中心看到，街面上每位城管队员的位置，每处市政设施的运转状态，都能随时显现在大屏幕上。类似井盖子坏了这样的情况，再不用等市民投诉，巡视的城管队员几点几分发现的，几点几分报修的，几点几分修复的，修复后什么状态，一一记录在案。

为人民管城市，最终要让人民参与到城市管理中来。10 月 10 日，济南市首批 20 名百姓义务城管监督员上岗。一个人人皆城管的氛围正在美丽泉城形成。

(《大众日报》2010 年 12 月 7 日)

"为城市管理人民"，是城市管理中多年存在的普遍现象，社会矛盾突出，恶性事件时有发生。文章从济南市更新城市管理理念、探索城市管理规律、创新城市管理办法的探索入手，进行采访，围绕"一堆渣土引发的波澜"、"化堵为疏的'地图思路'"、"市民投票选出四首洒水曲"等事件，生动、具体、令人信服地报道了济南的经验和做法，把这一"人民满意的城管"品牌推向社会，读来很有启发。

(二)工作通讯的写作要点

1. 深入实际，抓准问题

工作通讯既然是一种直接反映和指导实际工作的新闻体裁，那么是否有现实针对性，就是它成败、优劣的关键。写工作通讯，首先要深入实际，找问题、抓问题。要善于发现同人民生活息息相关的题材；要善于发现与党的中心工作紧密相关的题材；要善于抓住那些对实际工作有指导意义的题材。

2. 把握全局，写出深度

一篇工作通讯发表后，对实际工作影响的大小，很大程度取决于这篇通讯的主题是否深刻，是否具有普遍意义，取决于作者是否大胆地、有预见性地提出了对全局有影响的新鲜问题，这就要求我们写工作通讯时，对实际工作有充分的了解，对全局有充分的了解，对党的路线、方针、政策、中心工作有着准确的理解，能从党的方针、政策的高度，能从全局的高度，对具体材料作出具体分析，提炼出具有普遍指导意义的主题，以指导面上的工作。

3. 尽可能地生动一点

工作通讯是谈经验、谈问题的，比起人物通讯、事件通讯、概貌通讯，题材的生动性差一些。如果在写作上不注意生动性，就可能给人沉闷乏味之感。老记者刘衡曾深有感慨地说："工作通讯、经验介绍，不容易写好，常常写得干巴、枯燥、业务性、技术性太强，大部分读者不爱看。"要加强生动性，首先要注意选材。要选择群众普遍关注的题材，要注意选择典型、生动的材料。另外，在表述时，可选用多种形式，如写成见闻式、日记式、对话式等；可适当穿插一些背景材料；可适当展开一些描写。在分析问题时，也可以灵活一些，可采用夹叙夹议的方式，可引用权威或群众的一些看法，使文字显得更活泼一些。

七、主题通讯

（一）主题通讯的含义

主题通讯是非常具有特色的一种通讯，现正处于发展中。它的采写往往突破一人、一事、一地的限制，根据某一主题的需要，把许多看似无关而性质相同的材料巧妙地组织在一篇通讯之中。它的特点在于选取若干具体生动的新闻事实，以阐明某一深刻的、新鲜的道理，它虽然着重于说理，但由于这种说理是以新闻事实为基础的，具有明显的报道性质而不同于一般的论说文。它也述说许多人物和事件，但又不同于写人、写事的通讯，其目的在于说明事理。20 世纪 60 年代所出现的《一厘钱精神》，就是这类通讯的代表。有时，编辑将表现同一主题的几篇通讯集结在一起，配写一个共同的序文，冠以标题，作为一篇完整的通讯发表，这种"集纳式"的通讯，也被认为是主题通讯的一种。进入新时期以来，这种主题通讯有了新的发展，记者往往抓住现实生活中人们比较关注的新闻事实、问题，深入采访，写成专题性的报道，形成一种深受人们喜爱的通讯样式，像中央电视台的"新闻调查"、"焦点访谈"，即这类通讯。报刊通常冠以"特稿"、"专稿"发表。作为一种正在发展中的通讯样式，它的写法灵活多样，但多从人们普遍关注的主题出发，是一种侧重焦点、侧重深度的报道。

（二）主题通讯的写作要点

主题通讯的写作，关键在于选准主题，写出深度；结构上则多依据采访和认识的不断深入来安排。试看下面例文：

<h3 style="text-align:center">在历史灾难中实现历史进步（简版）</h3>

——2010 年中国自然灾害警示录

新华社记者

一只白色的圆形钟表静静地躺在泥淖中，时针停在了 23 时 40 分。

8 月 7 日深夜，甘肃舟曲。一场特大山洪泥石流横冲而下，顷刻间，1000 多个鲜活的生命永远逝去。

这一刻，距青海玉树大地震 115 天。

2010 年的中国，经受了历史罕见自然灾害的挑战：西南大部旱魃逞凶、多条江河洪浪翻滚、东南沿海台风肆虐、西北高原震情又起、山区峡谷泥石流穿村毁城……

灾难考验中国。在党和政府的领导下，全国人民紧急应战，风雨同舟，以惊人的勇气和力量，夺取了一次次救灾斗争的重大胜利。

灾难警醒中国。自然灾害过去是、现在是、将来仍会是中华民族的心腹大患,我们需要有比世界上任何一个民族更多的忧患意识。

正如胡锦涛总书记 2008 年在全国抗震救灾表彰大会上所说:"一个善于从自然灾害中总结和汲取经验教训的民族,必定是日益坚强和不可战胜的!"

我们在灾难中失去的一切,一定要在历史的进步中得到补偿。

灾情反映国情

——中华民族五千年文明史,也是一部与自然灾害抗争史。发生在 2010 年的一系列特大自然灾害警示我们,忧患意识必须贯穿始终

这是一份今年以来发生在中国的重大自然灾害清单:

干旱:全国有 25 个省份遭受重旱。

洪涝:全国七大流域暴雨洪水都达到下本世纪以来的极值。地质灾害是去年同期的近 10 倍。

地震:11 个省份遭受地震灾害。

台风:5 场台风先后在我国登陆。

……

一连串沉重的数字刺激着人们的神经,一个个难解的困惑挥之不去:灾害为何这样与中国如影随形?

中国人民大学教授郑功成介绍:自古以来,中国是一个多灾之邦。从公元前 206 年到公元 1949 年的 2155 年间,中国发生的大水灾有 1092 次,较大的旱灾有 1056 次,几近年年成灾。

"中国地处东亚季风区的特殊地理位置,旱涝已成常事;地势从海拔 8000 多米到海平面有着三大台阶的跨越,地质灾害易发,地震多发。"中国科学院-清华大学国情研究中心主任胡鞍钢说。

今年的自然灾害,有其特殊原因。极端气候事件突发多发导致水灾严重,旱涝急转、震后山体破碎造成泥石流并发。但专家们也捕捉到一个新苗头——"我国面临的自然灾害的风险正在上升,可能正在进入一个自然灾害频发的时期。"国家减灾委专家委员会副主任史培军说。

自然灾害用频率发出警告:快速发展与资源环境承载力、人与自然的矛盾日益凸显。

而不少人尚不清醒:抢占河道,挤占行洪道,随意填埋河湖水面扩大城市规模,无序开山凿石挖矿修路……

灾情,折射我们的国情。不思考中国的灾情,就无法全面把握中国的国情。不重视中国的灾情,我们就会为发展付出更加高昂的代价。

多灾未必多难

——自然灾害是不可避免的,但是减少灾害损失是大有作为的。我们要学会防灾而不仅仅是抗灾,加强减灾而不仅仅是救灾,这就是人类面对自然灾害的科学态度

"舟曲之殇能否避免?"舟曲灾害发生后,一位网友发问。

一周之后，四川绵竹的清平乡回答了这个问题。

8月12日16时33分，清平乡接到预警信息：未来48小时内有暴雨天气。

当晚，暴雨如注。全乡115个地质灾害隐患点早已进入全天候监测状态，每一条水沟边、悬崖处，都盯着一双警惕的眼睛。

临近午夜，监控点传回消息，随时有发生地质灾害的可能。一级预案启动了。待命的38名工作人员拉响警报，用扩音器喊话，村民们顺着演练过的逃生路线快跑。

13日凌晨，600多万立方米的泥石流，从山谷倾泻而下，袭击了人去楼空的清平乡——5400多名群众早已安全转移。

我们想到了近来发生的山洪泥石流等灾难。如果灾难发生前，就启动预警机制；如果暴雨如注时，就有忠于职守的警惕眼睛盯着山崖沟谷……

灾害的频发，让人们投入更多思考——大难并不一定是大灾的必然结果。

今年地质灾害频繁发生，但2001年至今投入20亿元在三峡库区建立监测网络，迄今已连续7年实现地质灾害零伤亡。

然而，现实中，要全面设"防"并不容易。

许多防灾减灾专家担心这样一种现象，一些地方"重救灾轻防灾"，认为应急"做好了有政绩"，但在防灾方面却抱有侥幸心理，不肯投入。

看看这样一组数据吧：向县级以上有关部门报送水雨情信息的水文监测站平均8座水库轮不到1个；江河流域平均每1万平方公里只有3.3个水文站……

再看一看另外一组数据：1949年至2009年，中央和地方共计安排投资1.2万亿元用于水利基础设施建设，全国防洪减灾直接经济效益累计达3.93万亿元。

胡鞍钢说，减灾意味着增产，减少自然灾害的损失量，就等于增加国内生产总值。

我们要舍得花现在的钱，买未来的安全。

困境孕育出路

——我们既不能做自然的奴隶，也不要做自然的主人，应该是自然的朋友，走出一条人与自然和谐相处的科学发展之路

站在舟曲月圆村后的翠峰山上远眺，风在耳边细细簌簌地吹着，像是翠峰山的悲鸣。

废墟上，一定会有人想起，人与自然那个永恒的命题！

在中华民族上下五千年的漫长岁月里，我们的先民，有过太多惊心动魄、战天斗地的历史传说，最终是达致"天人合一"——人们在一次次执著与失败中思考着与自然的关系：尊重自然，方能与自然和谐共进。

这种思考，让大禹治水"疏"而不"堵"，让李冰父子"分洪减灾，引水灌田"，使贾让治水"不与水争地"……

然而，当人们迈开步伐在自然中求生存、谋发展的过程中，总有"蜀山兀，阿房出"的放肆，也增添了人多地少时的无奈，一旦人们忽视了自然规律，自然便还人以颜色。

舟曲，就属于这后一种的无奈。

2平方公里，4万余人！

灾难发生后，人们才惊讶地发现，舟曲这个西部山中小城聚集了如此多的人口。

人口大量集聚，迫使我们不断地向自然伸手。对自然无度开发则换来自然的无情报复。

舟曲的无奈，其实正是中国现代化进程中面临困境的一个缩影。

按照中国自然资源承载力的研究，合理的人口承载力为9.5亿人，实际人口数字显然大大超出极限！

近百处主要江河流域的国家级蓄滞洪区中，居住着1600万人！

24万处地质灾害隐患点，影响着3500多万人！

在这种任何其他国家都没有遇到的困境和无奈中，在频发的自然灾害面前，如何让步履匆匆的发展脚步与自然环境相协调，显然是我们必须思考的重大课题。

1998年，中国暴发了长江流域特大洪水。那是一次大自然与人类之间的严肃对话，我们读懂了大自然的不满。

洪水退后，退耕还林、封山育林、退垸还湖……一个个政策陆续推出、快速实施。

科学发展观提出统筹人与自然和谐发展，生态文明在十七大写进党章，实现了我们认识人与自然关系的重大突破。

中国城市规划设计研究院总规划师王凯曾两赴舟曲，他有了更多的思考：城镇布局要充分考虑山形、坡度、水系等环境因素，以及多种自然灾害风险。

洪水过后，全国防总办公室常务副主任张志彤思虑更深：防洪问题，就是人与水争地的结果。我们要从控制洪水向管理洪水转变。管理，就是要给洪水以出路。

让人类更好地适应自然、让自然更好地造福人类。这是我们新的课题，新的使命。

"我希望每一个人能够拥有保护环境的意识，我们只有一个地球，千千万万的生灵依靠她繁衍生息，请大家保护环境……"

舟曲月圆村城关一小四年级学生姚倩，在这次泥石流中不幸失踪。但她遗留下作文中的这句话，发人深省。

多难兴邦

——灾难塑造了中华民族的独特性格和顽强意志。面对新的挑战，在科学发展观指引下，历史灾难必将以历史的进步为补偿

那是一双明亮的大眼睛，紧紧盯着黑板，饱含着求知的渴望。

9月1日，开学的日子。在位于兰州的甘肃省银行学校，异地安置的舟曲一中高三藏族学生高干让卓曼正在上新学期第一课。

随着那令人心碎的时刻在时间长河里渐渐远去，留在人们心中的悲伤化作了

希望，化作了力量，化作继续前行的帆和桨。

"多难兴邦者，涉庶事之艰而知敕慎也。"唐代陆贽《论叙迁幸之由状》中的这句话，对多难兴邦作出了令人警醒的阐释。

然而，人类发展的历史告诉我们，兴邦还是衰邦，取决于一个民族血液里流淌的坚强，取决于她在灾难前显示的智慧，取决于她在逆境中迸发的力量。

站在历史的路口回望，你会看到，大禹在洪水滔天中"身执耒臿，以为民先"的身影；沉寂的月光下，张衡在地动仪前紧锁的眉头……

战国时期，有了李冰父子的引江分流，凿岩筑坝，成就了都江堰造福百姓的不朽之作；

北宋年间，有了刘彝的潜心规划，精心布局，创造了赣州"福寿沟"泽被后世的千年传奇。

而今天的三峡工程便是这不朽与传奇的延续。今年长江虽然遭遇最大每秒7万立方米的洪峰，由于三峡工程调蓄削减，大坝下游居民处之泰然。

……

中国人正是在自然灾害的磨难中创造了灿烂的中华文明。

站在历史的路口回望，你会看到，漫漫黄沙将几大古老文明淹没的过程，而中华文明却始终一脉相承，生生不息。

多难兴邦，特殊的地理环境造就了我们文化的特质，融入中华民族的血液之中，造就了特殊的民族文明、性格和信念。

全国政协常委、中央党校原副校长李君如说，一系列的自然灾害启示我们，发展，本质就是要坚持科学发展。不坚持科学发展，就会付出巨大的成本，发展就无法持续。

坚持科学发展，就要坚持以人为本，要让我们今天的奋斗，化为后代"乘凉的绿荫"。

坚持科学发展，就必须统筹人与自然的关系，决不能为了盲目的"政绩"牺牲我们赖以生存的环境。

坚持科学发展，就要以科技创新为内在动力，把黄沙变为绿原，把水害变为水利，把人类的每一分努力变为幸福生活。

恩格斯说："没有哪一次巨大的历史灾难，不是以历史的进步为补偿的。"

多难兴邦，给了我们饱含忧患的意识、悲壮奋进的力量；

多难兴邦，给了我们不屈不挠的精神、聪慧睿智的思想。

艰难困苦，玉汝于成。中华文明在一次又一次灾难的洗礼中，生生不息，永远向前，必将在迎接一次又一次挑战中创造新的辉煌。

这，就是历史辩证法给予我们的启迪！

执笔：赵承、陈芳、张旭东

（新华社北京9月9日电）

2010年，可谓是灾难多发的一年，地震、泥石流、极端天气……灾害缘何多发？多灾是否一定多难？多难如何兴邦？……面对公众困惑，新华社推出了中国自然灾害警示录这篇重磅力作，运用历史和自然辩证法，从"灾情与国情""防灾与抗灾""人与自然"等关系透视，认知现实，反思历史，引导人们理性、科学、辩证地认识人与自然、应对自然灾害，具有极强的新闻性和思辨性。总编辑精心策划，执笔记者先后奔赴舟曲、汶川等多个灾难地区深入调研，不畏艰险，深入采访了 30 多位国内一流的灾害研究专家及官员，在吃透数十万字材料的基础上，用历史眼光、传神笔法、全球视野，透彻分析了抗击自然灾害所带来的启迪。这是一篇充满爱国主义情怀、民族忧患意识、深刻觉悟的经典佳作，时间将凸显这一作品超越时空的魅力。中央媒体评价其"填补了国内诸多媒体对自然灾害深入思考报道的空白，是一篇全面展现、阐述人与自然关系的'教科书'。"

八、专访

（一）专访的含义

专访是 20 世纪 80 年代新兴起的一种新闻品种。它是从通讯里派生出来的，是新闻不断向前发展的产物，又叫访问记。它是在特定的背景下，记者对具有一定的新闻性和代表性的人物、地区、单位或重大事件进行专门访问的纪实。

专访是一种比较特殊的通讯体裁：一方面，它与一般通讯有共同之处，比较详细生动地报道新闻事物；另一方面，又有着它的特殊之处，这个特殊之处就表现在一个"专"字上。它是记者带一个比较明确的、专门的目的，对事先选定的有关人员进行专门采访，然后实录采访对象的谈话，穿插一些现场实况和背景材料写成的。专访采用第一人称写作，内容具体单一，也不需要曲折的情节。被访的对象一般是典型人物、突出事件和影响特别大的单位。在报纸杂志上发表往往有明显的标志，一般注明"本报专访"、"专访"或在副标题之前写明"访×××"。有人认为，专访是与消息、通讯并列的一种新闻体裁。事实上，专访与通讯有着分割不断的诸多联系，把它划为像消息、通讯一样的一个大类，目前条件还不够成熟。

专访离不开对特定人物的采访。有人据此就将其视为人物专访。其实，专访虽然离不开对特定人物的访问，但不见得就非得报道被采访者本身。它通过对人物的专访，可以报道某一人物，也可以报道某一单位，可以报道某一件事，也可以回答广大读者所迫切关心的某一问题。因此，我们不宜对专访作狭义的理解，把它等同于人物专访。

专访可分为人物专访、事件专访、单位专访、问题专访。

人物专访是以人物为主要对象的专访，它所关注的是具有新闻价值的人物，对象大多是当今社会的焦点人物、政界要人、社会名流，有成就有贡献的科学家、专家、学者，有造诣的文学家和艺术家、影视和歌坛明星以及各行各业的新秀等。较多的情况下，人物专访的报道对象就是它的采访对象。

事件专访是以事件为主要对象的专访。它往往选取现实生活中不同凡响或曾在历史上产生过重大影响的事件为主要对象。事件专访重在介绍某一新闻事件或历史事件，作者专门访问某一事件的当事人或知情者，由他们介绍这一事件的有关情况。如《光明日报》1988年 9 月 3 日发表的《沉重的思考——对于一位女研究生被骗案的追踪采访》，记者紧密围绕研究生小 A 这桩被骗案，专门采访了阴险狠毒的骗子李敏、强奸犯宫长恩以及受骗者小A，从而深刻说明了"在改革、开放、建设社会主义商品新秩序过程中，文明战胜愚昧、生机战胜腐朽的任务是多么长期、艰苦！"这样的事件专访，抓住人们普遍关注的新闻事件，具体展示事件的内幕，剖析事件发生的原因，并把当事人的谈吐、灵魂揭示出来，发人深省，给人教益，受到了广大读者的欢迎。

单位专访是以单位为主要对象的专访。它往往选取具有轰动效应，取得重要成绩的机关、事业学校作为专访的对象，侧重点既不是人，也不是事，而是整个单位。它着重介绍某地、某单位的新面貌，如《夜访石壕村》(1989年2月5日《光明日报》)，写的是伟大诗人杜甫当年夜宿过的石壕村而今脱贫致富的新面貌。中国新闻社北京1984年4月19日发的电讯稿《初访新航天城》，作者报道了在航天城的所见所闻，展现了一幅科学和艺术统一的美景，描绘出中国宇宙空间技术的未来。这类专访，和我们前面说的概貌通讯差不多。

问题专访是以解答问题为主的专访，通常是就人们迫切关心、亟待解决的某一问题，访问有关的专家、学者、领导人或权威人士，请他们对这一问题作出解释和解答，以帮助读者了解问题、认识问题、解决问题。如1994年9月2日《经济日报》发表的《莫把市场经济庸俗化——北京大学经济学教授胡代光访谈录》，就是请采访对象谈如何理解"市场经济"的有关问题，以纠正社会上的一些错误认识。问题专访以分析问题解决问题为重心，但为了表明采访对象的权威性和他在这一问题上所具有的发言权，也可以适当地介绍一下人物的身份，他在这一问题上的研究成果，以加强文章的说服力。

专访具有以下几个特点：

1. 专题性

专访的内容大多是人们普遍关注的热门话题和敏感话题，一般说来，发现聚焦点是专访写作的起点，切入具有特定时代精神的主题是专访取得成功的关键。

2. 现场性

专访一般具备人物、现场、记者三个要素，记者本人要出现在报道之中。

专访一般采用第一人称写作，文中常常表现记者对人物的采访、提问、交谈、讨论和场景，再现现场的气氛、环境、人物神态，因而具有强烈的现场感。如《访中国工程院院士袁隆平》(见《湘声报》2001年5月11日)，文章一开头就写道："荔枝沟湖南杂交水稻中心。三栋简单的住房，厨房的烟囱冒着炊烟，高大的椰树在海风中摇曳，白天的太阳总是十分耀眼，蓝天如洗，三月里的人们都已穿着夏装。一看便是热带的风光。"这一段对袁院士工作的杂交水稻中心的描写就给读者以强烈的现场感。

3. 透视性

专访主要是采访者和被采访者之间的对话，也有的只有被采访者的自述，那是为了缩短篇幅，记者有意删除的。话题往往围绕一个中心，记者在访问之前已做了充分的准备，主动权掌握在记者手里，被访的对象来不及多加考虑，语言也没有任何粉饰、打扮和伪装，一切都在不经意中，一切都在鲜明的对比中凸现，因而读者觉得谈话的内容特别真实，再加上老练的记者的质疑和探究，留在读者心目中的许多东西也将释然。

(二)专访的写作

1. 抓住时机、明确目的、选准对象

专访很讲究新闻性和现实针对性："五一"前夕访劳模；比赛盛事访明星；科技代表大会召开访科学家；人大开会访人大代表；遇到重大的历史纪念日访当事人；遇到重大的社会事件访知情者；遇到社会普遍关注的问题访权威人士……1982年9月15日下午，邓小平为纪念冯玉祥将军百年诞辰，接见了冯玉祥的子女，《羊城晚报》记者抓住这一时机，当天就发了采访冯玉祥女儿冯达理的专访。1988年7月，艺术大师刘海粟第十次登上黄山，

《光明日报》记者以此为由头,就写了专访《黄山白发看争高——访艺术大师刘海粟》。成功的专访,往往不失时机,闻风而动,师出有名。如果错过了时机,专访的新闻价值就可能削弱,激不起读者的兴趣。专访,还要突出一个"专"字,不能全面铺开,面面俱到。专访的突破口一般都比较小。记者采写专访时,往往将问题集中到某一点上,以突出最有新闻价值的内容,因而,决定写专访,就必须明确自己的目的,明确自己的采写中心:是用专访来回答广大群众迫切关心的问题,还是用专访来宣扬某些人物的先进事迹?是用专访来纪念伟人、名人、人们心中有难忘记忆的人,还是用专访来宣传某项新成果、新发明,或介绍新观点、新知识?……心中一定要有底,要目的明确。

确立自己的目的,必须集中,不能包罗万象,不要试图作"全景"、"全程"性的报道。要突出"专题性",集中在"一点"上,同时还要考虑现实的针对性。脱离了社会普遍的关注和需要,专访就不会成功。选好专题,专访的"专"字就有了基础。

写专访还要选好专访的访问对象。选好专访的采访对象,是一篇专访是否成功的关键。西方的一些记者提出,专访的对象必须是"一位富有魅力的人物",或是"从事有趣的职业的人"、"具有引起争论观点的人"。我国新闻界一般认为,应选择新闻人物、英雄人物、权威人士。具体说来,应选择重大新闻事件中,人民群众普遍关注的人物,值得歌颂的人物;要选择为祖国争得荣誉的人物;要选择在平凡工作岗位上做出了不平凡事迹的人物;要选择具有最新动态的知名人物;要选择那些富有情趣的新人新事,如小画家、小书法家、民间老艺人、驯虎女郎等在某方面取得成绩或很有特色的人物;要选择那些有新闻性的人物。

2. 注重谈话纪实,加强现场实感

专访之所以又称访问记,是因为它主要写采访的情况、谈话的过程、现场的情景。专访很大程度上就是访谈录。要突出"访"字,就要注重谈话纪实。如,《访中国工程院院士、省政协副主席袁隆平》,就是围绕袁院士过去研究杂交水稻,现在研究杂交水稻,搞隆平股票上市,以及今后的打算等问题一步步展开的。写专访,记者往往根据自己设计的问题提问,一个问题一个部分,如《中国新闻周刊》的记者王军的人物专访《伏明霞专访:我不在乎别人怎么说》就是这种结构形式。自悉尼奥运会后,伏明霞成了人们关注的焦点,而围绕伏明霞的争议也层出不穷,事情的真相究竟如何?伏明霞怎样看待这些关于自己的报道?针对这些问题,作者写了这篇人物专访。文章分成四个部分,每个部分解决一个问题。第一部分的小标题是"脏裤子事件——'我很内疚,这是我的错'";第二部分的小标题是"摇头丸事件——'你炒你的吧!'";第三部分的小标题是"'我不做运动员,谁也不认识我'";第四部分的小标题是"'我想过一种简单的生活'"。

专访写访谈,一般有对话体、独白体以及叙述体三种形式。对话体就是一问一答的形式,记者是提问者,被采访对象是回答者,一问一答贯穿整个作品。人物专访大多是这种形式。独白体则删去了记者的提问,只有被采访对象独自侃侃而谈。例如,2001 年第 13 期《读报参考》上的《倪萍甜蜜的家庭生活》就是这种形式,全文都是倪萍的自述。还有一种是采用第三人称的写法,是一种转述体的形式。例如,1997 年第 10 期《读报参考》上的《访中央电视台节目主持人——徐俐》就是这种形式。

谈话纪实要保留谈话的本来风格,体现采访对象的个性特点。采访对象谈话,各有各的个性:有的庄重严肃,有的幽默风趣,有的热情洋溢,有的细腻委婉……保留谈话风格

的同时，还可以做些简要而传神的描述。

专访还要注意记叙采访情景，再现访问现场。采访中的某些情景，往往是谈话的触媒；采访中有些实物，往往能表现人物的风貌，甚至引出一段动人的故事。写专访，要注意现场实景，注意谈话情景，把读者引向谈话现场，使读者如见其人、如闻其声。

3. 要处理好记者在专访中的地位和作用

这也是专访在写作上的特点。

专访要访。不仅要有被访问对象，还要有访问者——记者的形象。有访有谈，专访就有了生活气息、现场实感。同时，专访中有了记者，读者就能看出访问者与被访问者的感情交流，获得真切感和亲切感。有时，记者的从旁介绍，也非常重要。如《名门之女——洪晃》（《读报参考》2000 年第 12 期）开头的引子是这样写的："洪晃出身名门。外祖父是著名的爱国民主人士。母亲章含之是位出色的女外交官，曾写下轰动一时的《我与乔冠华》一书。洪晃就是这本书中的'妞妞'。"对于洪晃，读者不是非常熟悉，通过记者这一介绍，读者自然而然进入文章的内容。又如，《专访中国首富村村长吴仁宝》（《读报参考》2000 年第 15 期），作者开头这样写道："2000 年，一个江南小村的销售收入突破 340 个亿，村里最穷的一位村民，个人财产也达到了 30 多万元。每天，平均有 1 万人在这个村参观，每年的参观人数更要以百万计。这就是有'中国第一村'之称的华西村，在村里当了 39 年的掌门人叫吴仁宝。"由作者出面介绍吴仁宝的突出成就，就给专访带来了一种不同寻常色彩。再如《杨澜访谈实录》，作者一开始就提供了一段背景："去年 11 月美国知名财经杂志《福布斯》第二次为中国内地的 50 名首富排定了座次，在前年（1999 年），如果你有 600 万美元，就能进入《福布斯》中国内地前 50 名；而今年，这个行情涨到了 4200 万美元。与上次的排行相比，2000 年有 30 名新人进入了前 50 名。其中引人注目的是三个女性。44 岁的方小文和其丈夫林灼辉排在了第 22 位。主要的经营项目为农业养殖，按公司 1999 年资产计算，财富为 1.2 亿美元。33 岁的张璨和丈夫阎俊杰紧随其后，名列这个排行榜的第 23 位。他们创建的达因集团在 1994 年成为康柏在亚洲最大的分销商。此后集团业务多元化，涉足房地产、化妆品等行业。1999 年销售额达 2.4 亿美元。这些骄人的业绩使得两人的资产总额达到了 1.2 亿美元。31 岁的杨澜及其丈夫吴征所持有的港交所上市公司股份为 6400 万美元，排在第 38 位。他们所创建的阳光影视公司下属阳光卫视于 2000 年 8 月开播，杨澜在阳光影视公司任公司董事局主席。"这一段背景资料较长，但对于这次采访杨澜的原因和目的做了详细的说明，就为读者的阅读做了一个有力的铺垫。当然，记者在文中也可以不出场。究竟出不出场？什么时候出场？怎么出场？出场多少次？都是很有讲究的，作者应根据主题的需要，灵活掌握。

第四节　新闻评论的写作

一、新闻评论的含义、特点、作用及形式

（一）新闻评论的含义

新闻评论是用夹叙夹议的手法，对新闻事实或带有倾向性的问题进行评论，以判断是非、表明态度的新闻文体。它是现代各种新闻舆论工具所普遍运用的社论、评论员文章、

短评、编者按、专栏评论等文章的总称。

新闻文体分两大类:一类是新闻报道文体,一类是新闻评论文体。前者以报道新闻事实为主;后者以讲道理为主,它通过对新闻事实的评价和分析,直接表明编辑部或作者的思想、观点,反映舆论和引导舆论,从而影响读者的思想和行动。一张报纸,新闻报道是主体,是基础;新闻评论是旗帜,是灵魂。它们在统一的思想指导下,相互配合协同作战,正确而及时地宣传马克思主义、毛泽东思想,宣传党的路线、方针、政策,教育群众,指导工作,打击敌人。从新闻事业的发展来看,新闻评论不仅在报纸上已成为一种不可或缺的重要体裁,在通讯社、广播、电视以及一些新闻性的杂志中,也得到了广泛的运用。

新闻评论在形式和内容上都不同于新闻报道,它之所以产生、存在和发展,是因为人们不仅需要通过新闻媒体了解新闻事实本身,也需要通过新闻媒体了解新闻事实的意义、其产生的原因及发展方向。从这个意义上来说,新闻评论表达的是作者特定的认识——对具体新闻事件的认识。

新闻评论表达人们对新闻事件的判断、对由新闻所引发的各类社会问题的思考。一篇好的新闻评论,既反映作者认识问题、把握新闻的能力,也反映其通过大众传播媒介有效率地表达观点的能力。这样一种能力,是每个新闻工作者应具备的,也应该是现代公民素质的一部分。

新闻评论还有另一个重要功能,就是帮助人们通过新闻媒体对于公共事务进行意见交流——这些意见交流,往往由新闻报道而促发。从这种意义上说,新闻评论的重要性,不仅在于它是一个属于"新闻"的文体,而且在于它是人们进行思想交流的重要工具。在现代社会,新闻话题本身是人们观念冲突和意见交流最经常的媒介。所以,我们应该更开阔地认识和理解新闻评论,它在"意见表达"的本质上,与别的意见表达方式并无根本的不同。只是新闻事件这个议论对象和新闻媒体这个传播渠道,使新闻评论这种意见表达和传播方式可能比其他的方式产生更强的效果。也可以说,新闻评论在这个层面上的特性,其实是意见表达的各种文本的共性。

新闻评论与其他评论一样,由论点、论据、论证三要素组成,具有政策性、针对性和准确性;它在有限的篇幅中,靠独特的见解吸引读者,主要面向广大群众。

(二)新闻评论的特点

1. 鲜明的政治性

从近代报刊产生以来,无论中外报刊,它们的新闻评论都代表一定阶级、政党或政治集团的利益,服务于当时的政治斗争、思想斗争,都具有政治性。不管他们口头怎样说,这种特点,总是会通过不同的方式表现出来。无产阶级政党的报刊和它的新闻评论,是党和人民的喉舌,它代表着党和人民群众的利益,有着鲜明的立场和态度。

新闻评论的政治性,首先表现在它总是针对那些具有政治意义的问题发言。总是围绕着重大的政治问题以及在贯彻执行党的中心工作过程中产生的各种思想问题,进行实事求是的具体分析,从而阐明党的立场和主张。

新闻评论总是要努力挖掘新闻事实本身所具有的政治思想意义。那些具体的业务技术问题、学术问题,一般情况下不是它评论的对象。但是,如果这些问题涉及政治思想问题,或是在目前具有重要的政治意义,那就成了它的评论内容。

2. 强烈的新闻性

新闻评论必须具有新闻性，否则就不成其为新闻评论了。

新闻评论总是针对当前最有新闻价值的事件发言。那些为重要新闻配写的评论，在时效性上要求是很高的，常常需要与新闻同时发出，晚一天也不行。有些评论，不是为某一新闻事件配写的，而是针对现实生活中某一问题、某一思想倾向写的，它也有时效上的要求，要不失时机发在关键点上。还有一些纪念历史人物和历史事件的评论，也要结合当前形势，提出实际生活中迫切需要解决的问题。

新闻评论的新闻性，不是一个单纯的时间概念，它还必须紧跟时代前进的脚步，追踪社会生活的进程，扣紧人们思想的脉搏，及时地提出和解决现实生活中的问题。否则，它就可能成为"明日黄花"，或无的放矢。

3. 广泛的群众性

新闻评论的群众性首先表现在它的内容是广大群众最关心和最感兴趣的，是同人民群众的利益密切相关而又能反映人民群众的要求和呼声的。它应该代表人民群众的利益，维护人民群众的利益。对于那些有利于人民群众的事，它应该满腔热情地支持；对于那些有损于人民群众的事，它必须旗帜鲜明地反对。它应该时时刻刻为了人民群众的利益"鼓"与"呼"。

新闻评论不仅在内容上要准确而及时地宣传党的路线、方针、政策，反映人民群众的呼声和要求，而且在表达形式上也应生动活泼，为广大人民群众所喜闻乐见，"使读者感到可读、可信、可亲，真正成为他们的益友和知音。"

新闻评论的群众性，还表现在许多读者自觉而积极地参与了新闻评论的写作。现在报纸上经常见到的"读者论坛"、"群众论坛"、"大家谈"、"群言录"、"群言堂"等专栏，发表的大多是群众的来稿。《人民日报》深受读者欢迎的专栏"今日谈"，许多文章都是来自记者、编辑以外的群众来稿；《北京晚报》的专栏"百家言"，从 1980 年 2 月到 1985 年 7 月，发表评论近千篇，稿件来自祖国各地。这种群众参与的广泛性，也是新闻评论的特点。

4. 明确的指导性

新闻评论的社会功能从根本上说是一种舆论导向。不管是有关重大政治原则的评论，还是关于日常工作、日常生活的评论，也不管是关于哪个领域哪个部门的评论，它总要帮助读者澄清一些认识上的模糊问题，提醒读者注意实践中一些被忽略的问题，或是给读者提供一些认识问题、解决问题的思路和办法，其指导性是非常明确的。

评论的指导性强不强，并不在于它是否用了很多指令性的词句，如"必须如何如何"、"应该怎样怎样"之类，而在于它讲的道理是否正确，是否透彻，是否符合实际，是否有的放矢。新闻评论尽管很多时候都在代表党和政府讲话，但它毕竟不同于党和政府的文件、指示，它必须针对新闻事实发言，分析、评论新闻事实时，应该对具体事物作具体分析，应该符合社会科学和自然科学的规律，符合党的现行政策。如果脱离实际，"假、大、空"，不仅会影响实际工作的进行，还会影响群众对党的政策的看法，影响党在群众中的威信。

新闻评论是社会各界对新近发生的新闻事件所发表的言论的总称。新闻和评论，构成了报纸两大文体。新闻评论是认识与意见表达的文本，是新闻体裁中重要的一类。它表达人们对新闻事件的判断、由新闻引发的各类社会问题的思考。新闻评论是一种写作形式、一种传播力量，也是一种社会存在。它以传播意见性信息为主要目的和手段。一篇好的新闻评论,既反映作者认识问题、把握新闻的能力,也反映其通过大众传播媒介有效率地表达观点的能力。这样一种能力,是一个新闻工作者应具备的,也是现代公民素质的一部分。

(三)新闻评论的作用

1. 引导作用

运用马克思主义的立场、观点、方法,对现实生活中的新闻事实和重要问题作出分析,旗帜鲜明地表彰先进,针砭时弊,帮助群众明辨是非,区分先进和落后、正确和错误;为群众解疑释惑;指明方向,使人们正确认识当前的形势。

2. 监督作用

以正面宣传为主,坚持正确的舆论导向。新闻评论在舆论监督中处于一种显要的地位,在弘扬先进思想和精神的同时,还要不断揭露和抨击各种腐败现象和不正之风,对不正之风和腐败现象形成强大的舆论压力。

3. 表态作用

代表一定的机构、组织,对当前重要问题和事件的态度、观点、看法。可以指导受众的意见走向、行为走向。形成社会性的舆论压力,发挥引导和监督的作用。

4. 深化作用

通过新闻评论的方式,对新闻事件发表看法、表明态度、指出症结、提出希望和看法,引导社会认识。通过对事实的分析,从思想、政策、理论高度提出问题、分析问题和解决问题,而不应局限于就事论事。启发和帮助群众掌握科学分析的方法。

(四)新闻评论的形式

新闻界前辈邵华泽先生认为,最常用的几种新闻评论的形式为:

(1)以中央和上级指示为内容写评论。这种评论能起到传达上级指示精神的作用,是报纸上很常见的评论样式。而写这类评论,一要吃透精神,二要上下结合。

(2)配合中心任务和重大决策写的指导性评论。这要求作者要注意任务明确,道理要讲清。

(3)针对一种错误倾向、错误思想或者是模糊观点来写的评论。写这种评论,则需问题要抓准,说理要透彻。

(4)为突出新闻、通讯的思想性为其配发的评论。也就是在对问题做了事实的回答之后,再给予理论的、思想的回答。这要求作者写作时,一要结合紧密,二要画龙点睛。

(5)总结推广先进经验的评论。

(6)有关节日、纪念日以及重大活动的新闻评论。

(7)对敌进行论战的批驳式的评论。

(8)对某个问题进行理论阐述的评论。这则要求作者,射箭要对靶,道理要讲透。

新闻评论最初体现在报纸上,随着网络时代的到来,网络新闻评论逐渐成为影响人们生活和大众舆论的重要载体。近年来,以《人民日报》为代表的新闻评论,越来越贴近读者,其写作上出现的新气象,着实值得我们认真学习。

二、新闻评论的种类

根据不同标准,可以对新闻评论作不同的分类。通常根据新闻评论的表现形式,将其分为社论、评论员文章、短评、编者按、专栏小言论。

（一）社论

社论是代表编辑部就某一重大问题发表意见的权威性评论。党的机关报发表的社论，是代表它所属的机关的。按我们现行的新闻工作的有关规定，社论发表前必须送请同级党委机关指定的专门机构或负责人审批。社论的观点，如果不是同级党委提出来的，至少也得到了同级党委的同意，它反映了同级党委的意见。在报刊所有言论中，社论最具权威，最有影响，是新闻评论中的"重型武器"。邓拓在《关于报纸的社论》一文中曾明确指出："社论是表明报纸的政治面目的旗帜，报纸必须有了社论才具有完全的政治价值。"这一论述，表明了报刊社论的重要地位。

社论的主要任务是根据当前的国内外形势，围绕党和国家的中心任务，结合实际，阐明政策，发出号召，澄清是非，以引导舆论、指导实践。由于它代表同级党委发言，因而具有一定的权威性和较强的政策性。

社论的内容一般是针对当前的重大事件、重大典型或重大问题表明报社编辑部的立场、态度和意见，提出解决问题的指导思想和措施，指明任务和方法，因而具有鲜明的针对性和指导性，有时甚至还具有某种指令性，有的重要社论实际上成为党的重要文献。因此，对社论质量的要求特别严格。

社论可分成不同的类型。

美国新闻学者莫特在《新闻学概论》一书中曾把社论分为十类：①提供情报的社论；②说明作用的社论；③有解释作用的社论；④争辩性的社论；⑤督促行动的社论；⑥突击任务的社论；⑦说服性的社论；⑧评价的社论；⑨宣布政策的社论；⑩供给文娱的社论。这样分类比较细，但显得繁琐、重复。在我国，有关社论的分类没有统一的标准。

有人根据社论的内容，将其分为五类：①政治性社论。这类社论着重从政治上、理论上阐明党的有关路线、方针、政策，分析形势，指明任务。②时事性社论。这类社论往往是关于重要节日、纪念日、国内外重大政治事件，以及送往迎来外交礼节性活动的。③务虚性社论。这类社论往往针对地方和有关部门在执行党的方针、政策过程中对全局有重大意义的问题，如思想问题、作风问题、工作方法和思想方法问题发言，以释疑解惑，扶正祛邪。④务实性社论，又称工作社论或业务社论。这类社论是总结、指导、督促实际工作和生产业务活动的。⑤论战性社论。是就重大政治问题展开论战的。

社论的写作要求比较严，通常是由领导同志亲自动笔写作，或是在集体研究的基础上写成的。以《人民日报》的做法为例，一些重要社论，编辑部事先要研究和审定社论选题的内容纲要，并将它送党中央有关领导同志审阅，经审阅批示修改同意后，要由社论作者写成初稿并打印几份在内部传阅修改或根据需要请外部的专家阅正，最后交总编辑定稿，必要时还要送中央负责同志定稿。整个过程贯穿了集思广益、集体研究、认真修改的严肃负责精神。在这过程中，总编辑有责任对社论作最后的审定，看它理论上是否正确，是否符合马克思主义的基本原理，在政策上有无错误，是否符合党的决议、指示的精神以及实际做法；看它逻辑上是否严密，论证方法是否得当；在语言上是否准确、鲜明、生动，是否合乎分寸；等等。

[例文]

决定现代化命运的重大抉择

——论加快经济发展方式转变

任仲平

(一)2010年,本世纪进入第二个十年。

中国的现代化,又到了一个攸关未来的路口。

"在经历了近百年的外族羞辱、入侵、战争以及难以名状的事件后,中国人正准备拥抱久盼的梦想,那就是国家的现代化"。当世界以慨叹的目光,打量这个追赶者60余年砥砺奋发的身影,"1949—2049"这一中国现代化的时间表,也进入了攻坚克难的"后半程"。靠什么保证现代化的持续性?靠什么续写"前半程"的辉煌与光荣?中国必须做出抉择。

"实现未来经济发展目标,关键要在加快转变经济发展方式、完善社会主义市场经济体制方面取得重大进展"。党的十七大,新的远见开始凝聚。

"转变经济发展方式已刻不容缓",一场国际金融危机使传统发展方式"软肋"尽显。2009年底中央经济工作会议,新的任务迫在眉睫。

加快经济发展方式转变,"关系改革开放和社会主义现代化建设全局",是"深入贯彻落实科学发展观的重要目标和战略举措"。2010年初胡锦涛总书记在省部级主要领导干部专题研讨班发表重要讲话,新的认识飞跃升华。

加快经济发展方式转变,这个时代的命题、发展的课题、现实的难题,在过去一年以前所未有的峻切,期待我们的破解之道。这一年,我们不仅有发展速度的V型反转,更有发展方式的切实突破。国际舆论敏感地指出,"这个以接近10%的速度飞翔了30年的国家,在关注GDP增速的同时,开始更加关注GDP的构成和质量"。

多一些历史眼光的人还发现,如同当年从计划经济体制向社会主义市场经济体制转轨的步伐,无比艰难却无比坚定;今天,这个发展中大国转变经济发展方式的步履,同样艰难也同样坚决。

若干年后人们会看到,来自经济领域的这场深刻变革,是决定中国现代化命运的又一次重要抉择。

(二)这一抉择,始于科学发展的时代要求,源于不变不行的现实忧患。

"金融危机引发的'传染病'使众多西方发达国家纷纷倒下,中国也面临'失去免疫力'的危险。假如没有大规模政府投资拉动,2009年中国经济增长的低点可能会降至1%左右。"

为什么会这样?

与发达国家金融体系陷入泥沼,危机从金融领域蔓延到实体经济领域不同,中国的金融业健康稳定,对实体经济的"造血"功能毫发未损,为什么我们也在这场冠名"金融"的危机中受到严重冲击?

问题出在经济发展方式上。

长期以来,我国经济增长高度依赖国际市场,外贸依存度从改革开放之初的

9.7%上升到目前的60%，远高于世界平均水平。如此之高的外贸依存度，带来与国际市场"同此凉热"的高风险度。一旦危机席卷全球、外部需求急剧下滑，拉动中国经济的三驾马车就必然因为出口的自由落体式滑落而失去平衡。

长期以来，我国企业自主创新能力不足，缺乏核心技术，缺乏自主知识产权，更多依靠廉价劳动力的比较优势和资源能源的大量投入来赚取国际产业链低端的微薄利润。"世界工厂"的光环，掩不住90%的出口商品是贴牌产品的尴尬。在巨浪滔天的金融海啸里，这些没有自己"头脑"和"心脏"的贴牌企业更容易"沉没"。

重国际市场、轻国内需求，重低成本优势、轻自主创新能力，重物质投入、轻资源环境，重财富增长、轻社会福利水平提高，这就是我们长期形成的传统发展方式。这样的发展方式不够注重结构的优化、效益的增加、过程的可持续和成果的共享，难以实现质与量的统一、快与好的统一、物与人的统一、人与自然的统一。这样的发展方式与国际金融危机"双碰头"，自然会产生强烈的共振效应。"虽然金融风暴没有正面冲击中国，但'发展方式病'的存在，还是使这个庞然大物趔趄了一下"。

"国际金融危机形成的倒逼机制，客观上为我国加快经济发展方式转变提供了难得机遇"，党中央果敢科学的判断，坚定了人们以变革促转型、从危机看生机的决心。穿越漫天怒吼的金融风暴，加快转变发展方式的时代命题，开始酝酿初现形态的"质变"，预示着中国现代化历程上的重要转折。

（三）自18世纪下半叶，蒸汽机吐着白气推开现代化大门以来，人类文明发生了深刻的嬗变。

在现代化进程的大舞台上，新老大国次第亮相，演绎了各具特色的发展篇章，这当中有一条堪称规律的结论：一个国家要保持充满活力、持续向上的发展态势，关键是让经济发展方式始终与时俱进，找到符合时代潮流、契合自身发展阶段的现代化路径。

近300年的世界现代化史，就是一部发展方式的更新史。正是依靠工业革命，转向工业立国，才使英国这个孤悬一隅的小岛，孕育了超凡的能量，成为跨越两个世纪世界发展的领头羊。正是重视科技发明、信奉"专利制度就是将利益的燃料添加到天才之火上"，才使美国这个原本照搬欧洲技术的学生，成为一个具有自主创新能力的国家，抓住机遇跃居世界第一经济强国，并以不断创新的方式增强综合国力、巩固超级大国的地位。

与之形成鲜明对照的是，上世纪七八十年代，拉美经济高速起飞，但由于未能在收入分配等经济社会协调发展方面及时转型，其人均收入长期阻隔在6000美元的"玻璃穹幕"中，掉进了"拉美陷阱"。同一时期，日本和韩国的工业化高速推进，却忽视了工业经济向知识经济的转型，企业发展仍以政府为主导，致使一个个"超大企业"缺乏创新活力，技术多停留在模仿层面，陷入了"日韩困境"。

没有一劳永逸的现代化，也就没有一成不变的发展方式。在发展方式这个问题上，不变则罔，不进则退，这条两百多年来锤炼的历史经验，已经成为世界各国推进现代化的国家理念。

国际金融危机波澜未平，一场争夺未来发展制高点的"竞赛"就已悄然涌动：美国将研发投入提高到 GDP 的 3%，创下历史最高水平；英国着眼发展低碳经济、数字经济，"构建英国未来"；欧盟宣布投资 1050 亿欧元发展绿色经济；俄罗斯提出开发纳米和核能技术……人们清楚地知道，这样的结构调整、技术创新和产业升级是世界经济进入新一轮增长周期的前奏，它们将在很大程度上影响"后危机时代"的国家力量对比，重构全球的经济政治版图。

此时此刻，中国加快经济发展方式转变，不仅符合世界经济发展方式变革的一般规律，更关系到我们在未来发展中能否拥有新的引擎，在未来竞争中能否获得新的优势，在现代化路途上能否取得新的成就。

（四）新中国成立前的 200 年，中国是世界现代化进程的落伍者。现代化之于中国，有梦却无路。是新中国的诞生，使中国人的梦想有了清晰的"时间表"：用 100 年时间基本实现现代化。

60 年过去了。从中国人用的火柴、煤油都姓"洋"，到不少人离开"中国制造"就将失去舒适的生活，中国实现了从农业社会向工业化中期阶段的历史跨越。欧美发达国家用了将近 300 年，才使 10 亿左右人口进入工业社会；中国仅用了 60 年，就将 13 亿人带入工业社会，演绎了人类发展史上的传奇。

今天，进入现代化的"下半场"，构成中国经济快速发展模式的诸多要素条件、内外环境、增长动力与机制都发生了重要变化。如果保持原有发展方式不转变，未来 40 年我们将走上一条怎样的道路？

这是一条外向发展难以持续的"风险之路"。"危险往往在危机结束之后"，国际金融危机渐行渐远，培育新的经济增长点却有待时日，全球经济可能进入相对低速增长期；发达国家居民储蓄率将有所上升、消费率继续下降，国际市场需求短期内甚至会相对收缩。那种过度依赖外向型经济、"大进大出"的传统发展方式，不仅会加大风险，而且在未来难以持续。只有将经济发展更多建立在扩大内需的基础上，才能在国际风云变幻中始终立于不败之地。

这是一条资源环境难以支撑的"负重之路"。中国的人均资源能源拥有量低于世界平均水平，但消耗量却远远高于世界平均水平。这种"暴饮暴食"型的发展方式，不仅我们自己的国情不允许，全球的资源容量也难以承载。另一方面，我们正以历史上最脆弱的生态环境，负担历史上最大规模的经济活动。如果沿袭原有的发展方式，"碳排放"将成为无法飘散的忧虑，不仅会成为制约经济发展的瓶颈，也不利于中国对环保这一人类共同责任的主动担当。

这是一条国际竞争力难以提升的"低端之路"。国际产业分工有条"U"型曲线，一端是高利润的研发、设计、标准制定等，另一端是高利润的品牌、销售和服务，中间是低利润的加工生产。如果不能形成以技术进步为基础的新竞争优势，中国将长期停留在"U"型曲线的中间段，徘徊在国际产业链的中低端。随着土地、能源、人工等要素成本的上升，随着老龄化社会的到来，我们所依赖的低成本"比较优势"也将不复存在。

这是一条人的福利难以增长的"物本之路"。按照经济学的"激励相容"理论，最好的制度安排是使人们追求个人利益的行为，正好与社会实现价值最大化的目标相吻合。当今时代，百姓热切盼望共享改革发展成果、解决收入分配问题；盼望公平化、绿色化、国民福利最大化的经济发展方式。转变以单纯物质增长为核心内容的传统经济发展方式，让人民从发展中分享红利、满足人的全面发展需求，是继续发展的重要动力。

中科院最近发布的一份报告认为，中国在通往现代化的道路上，将遇到资源环境压力、发展不均衡等挑战，如果按照发达国家现代化的现有"历史经验"走下去，中国在本世纪末晋级发达国家的概率仅为4%。

环顾全球，曾经成功启动现代化进程的国家不少，但真正能够推动现代化进程持续不断进行下去并最终获得成功的国家并不多。不少国家在迈入现代化进程后，最初的发展势头相当不错，但后来却出现停滞，甚至发生逆转，关键原因就是没有及时对发展方式作出调整。

飞速发展30多年之后，中国走到了这样的关口。党中央提出加快转变经济发展方式，正是基于对历史经验和现实挑战的深刻洞察——

"加快经济发展方式转变是适应全球需求结构重大变化、增强我国经济抵御国际市场风险能力的必然要求，是提高可持续发展能力的必然要求，是在后国际金融危机时期国际竞争中抢占制高点、争创新优势的必然要求，是实现国民收入分配合理化、促进社会和谐稳定的必然要求，是适应实现全面建设小康社会奋斗目标新要求、满足人民群众过上更好生活的新的期待的必然要求。"

（五）命运不关乎机会，而关乎对机会的把握和选择。20世纪以来，中国曾有两次决定现代化命运的重要转型。

60年前新中国的成立，完成了由半殖民地半封建社会到新民主主义社会的历史性转变，彻底扫清了中国走向现代化的制度障碍，为当代中国一切发展进步奠定了根本政治前提和制度基础。社会制度转型，这是决定中国现代化命运的第一次重大抉择。

30年前，我们以"摸着石头过河"的勇气、"杀出一条血路"的决心，拉开了改革开放的恢弘巨幕，开始了从计划经济体制到市场经济体制的转变，使我们这个曾占据人类文明中心地位的古老民族，在落后世界现代化进程一个多世纪后，赶上了现代化的最新浪潮。经济体制转轨，这是决定中国现代化命运的第二次重大抉择。

今天，从新世纪新阶段我国经济社会发展面临的新形势、新任务、新特点出发，在科学发展观指导下，我们又提出了加快转变经济发展方式的时代命题，并以国家整体发展方式的转型，推动中国经济社会科学发展的历史性变革。发展方式转变，这是决定中国现代化命运的又一次重大抉择。

社会制度转型，经济体制转轨，发展方式转变。三次变革，处于不同历史时期，源于不同历史环境，反映了我们党引领中国发展进步能力的不断提高、对社会主义现代化建设规律认识的不断深化。如果说第一次"政治制度"抉择，打下了中国现代化的制度基础，创造了新中国60年国强民富的辉煌成就；第二次"经济体制"抉择，激活了中国现代化的动力源泉，带来了改革开放30年的飞速发展；那么这次"发展方式"抉择，将确定中国现代化的正确路径，奠定未来中国全面协调可持续的发展格局。

发展经济学理论认为,经济发展方式并非仅仅涉及经济增长,它同时涉及环境保护、可持续发展、消费行为、文化、人与人的关系等各个方面。转变经济发展方式,看起来是经济领域的一场变革,实质上"关系改革开放和社会主义现代化建设全局"。在我们党总体战略布局中,"加快推进经济结构调整,加快推进产业结构调整,加快推进自主创新,加快推进农业发展方式转变,加快推进生态文明建设,加快推进经济社会协调发展,加快发展文化产业,加快推进对外经济发展方式转变",这8个"加快"关涉经济、社会、文化各方面,深刻体现了经济发展方式转变的全局性战略意义。

(六)机遇稍纵即逝。

转变发展方式是现代化进入一定阶段后各国普遍面临的挑战。成功应对这个挑战,就能保持现代化的连续性,否则,发展代价会越来越大、空间会越来越小、道路会越来越艰难。

自20世纪80年代起,党中央就提出要从粗放经营为主逐步转上集约经营为主的轨道。进入新世纪,党中央进一步提出了科学发展观和促进国民经济又好又快发展的战略思想,党的十七大更明确提出了"转变经济发展方式"的战略任务。

同时我们应当看到,多年来推进转变经济发展方式虽有一定成效,但经济发展总体上仍呈粗放状态。"GDP崇拜"在一些地方仍驱之不散,重速度轻效益、重国际市场轻国内需求、重财富增长轻民生投入的现象还在一些领域存在。特别是当前,转变的步伐更明显落后于国际国内经济发展形势,与抓紧解决经济运行中突出矛盾的要求不相适应,与有效应对国际经济风险挑战的要求不相适应,与实现科学发展的要求不相适应。

转变经济发展方式"久推难转"、"转而不快",充分反映了转变的艰巨性。

在片面追求增长速度的体制机制下,那些经济总量大、增长速度快的地区,自然会受到某种激励,尽管这些地区发展效益、质量并不显著,甚至环境污染严重;

在价格形成机制不能真正反映资源稀缺程度和环境代价的背景下,企业总是能够轻易获得廉价生产要素并赚取高额利润,自然不会去想办法转变经济发展方式;

在以发展速度和规模论成败的干部考核评价体系下,一些地方表面上把转变经济发展方式摆得再高,也有可能还是紧盯速度,"好"让位于"快"。

没有体制的突破,就难以实现经济发展方式的根本性转变。每一个具体的转变,都要面对深刻的利益调整,也可能会带来新的矛盾问题,甚至暂时看不到明显的成效。加快转变,既是一场攻坚战,也是一场持久战,关键在于扎扎实实地贯彻科学发展观,出路在于坚定不移地推进改革开放。以改革推动经济发展方式的根本转变,经历化蛹成蝶的阵痛之后,我们将获得更加广阔的发展舞台。

(七)人类历史上堪称历史时代的时期,是那些具有贯通的主题、出现巨大历史变化的时期。1949年以后的中国无疑是这样的时期,这60年,新中国全面铺陈了现代化这一时代主题,并以中国共产党人与时俱进的改革创新,亿万中国人万众一心的激情演绎，将这个主题书写成举世瞩目的国家传奇。

2010 年初，一家外国媒体刊登的一篇文章这样评述："置身中国，我现在比任何时候更加确信，当历史学家回顾 21 世纪头十年的时候，他们会认为最重要的事件不是经济大衰退，而是中国的绿色大跃进"。托马斯·弗里德曼，这个善于捕捉时代变化的观察家，在中国现代化路程上看到了什么？

每一次重大的危机，往往带来调整的机遇；每一次抓住机遇的变革，都会酝酿造影响深远的变局。

不为任何风险所惧，不为任何干扰所惑，我们一定能在深化改革中实现经济发展方式转变的历史新跨越。

紧紧抓住机遇，承担起历史的使命，我们将在现代化的历程中创造更加辉煌的中国时代。

评论准确体现了中央精神，为统一思想、深化认识、推动科学发展、加快经济发展方式转变营造了良好的舆论氛围。该评论在由中华全国新闻工作者协会主办的第 21 届中国新闻奖评选中，获特别奖。

(二)评论员文章

评论员文章属于中型社论，介于短论与社论之间，反映了编辑部的观点和倾向。除特殊情况，一般无须送审，这使它的权威性仅次于社论，而时效性又高于社论。

评论员文章包括本报评论员文章、本报特约评论员文章、编辑部文章。本报评论员文章有署名的和不署名的。署名不署名，根据需要而定。本报特约评论员文章是评论员文章的一种特殊形式，主要请有关党政机关或理论学术机构的负责干部、专家，以及其他一些学有专长的人士撰写，就当前重大理论问题、思想问题、政策问题发表独到的见解。这类文章，其规格比本报评论员文章要高一些。冠上"特约"二字，意在强调作者的身份。谈到特别重要的问题，希望引起受众特别的重视，则用编辑部文章。

评论员文章一般从某一角度某一侧面对某一问题进行直截了当的剖析，所评问题的面比社论要宽泛些，既可以谈十分重大的问题，也可以谈不十分重大的问题。评论员文章除了一部分以独立形式发表外，大多数情况下是依托有关典型、配合重要报道、结合形势任务而发，运用上比较自由。评论员文章具有社论的性质和要求，虽然它的规格不如社论，但重要的、写得好的评论员文章，客观上起着同社论同样的作用。例如，1986 年 4 月 18 日公布《中华人民共和国义务教育法》时，《光明日报》配写了社论《提高全民族素质的根本大法》，《人民日报》则写了评论员文章《中国教育史上的一件大事》，实际上就起了社论的作用。至于评论国际方面新闻事件的评论员文章，它常常是代表党和政府发表对外政策、方针、意见和表示态度的一种重要评论形式，比评论国内问题的评论员文章更具权威性。

报刊评论员文章是新闻评论中常用的一种文体，是仅次于社论的重要评论。规格介于社论和短评之间。它是报刊、通讯社、广播电台常用的属于中型的重头评论，具有重要的导向和喉舌的作用。它与社论没有严格的界限，必要时可升格为社论。在实际运用中，它总是和社论、短评等评论文体相互依存，协同合作，取长补短，各显其能，以充分发挥其宣传、指导、启迪和鼓动的社会功能。如《人民日报》2012 年 4 月 5 日评论员文章：

满怀信心迎接党的十八大

乘着全国两会的春风，中国大地涌动着科学发展、稳中求进的热潮。大江南北忙春耕，各级干部走基层，调整结构转方式，体制创新促发展，破解难题惠民生。不负大好春光，抓住历史机遇，广大干部群众正以昂扬向上的精神状态，各地各部门正以真抓实干的积极行动，意气风发地书写各项事业发展新图景。

今年是实施"十二五"规划承上启下的重要一年，是党的十八大召开之年。在全面建设小康社会的关键时期和深化改革开放、加快转变经济发展方式的攻坚时期，党的十八大将对党和国家各项事业作出全面部署，进一步明确今后一个时期的发展目标和宏伟蓝图。在这样的大背景下，两会确定了今年经济社会发展的各项工作，确定了深化改革的重点任务，激励着我们满怀信心努力奋斗，以实际行动迎接党的十八大。

当前，改革发展呈现出活力迸发、蓬勃兴旺的良好态势。从城市到农村，从海港到边疆，从工厂到矿区，调结构转方式迎难而上，形成转型发展新热潮；惠民举措频频推出，力推民生工作再上新台阶；重点领域改革稳妥推进，破解难题迎来新契机；城乡统筹力度不断加大，推动城镇化进程进入新阶段；政府主导与社会协同有机结合，大力构建社会管理新格局；文化事业建设与文化产业发展风生水起，社会风气和人民精神面貌展现新气象……各地各部门牢牢把握稳中求进的工作总基调，努力在加快转变经济发展方式上取得新进展、在深化改革开放上取得新突破、在改善民生上取得新成效，巩固和发展了"十二五"开局良好势头。

在肯定成绩的同时，我们也必须清醒地看到，正如中央一再强调的，今年国际政治经济环境依然复杂多变，国内经济社会发展也面临新情况、新变化。在这样的形势下，更加要求我们坚定信心、聚精会神、攻坚克难、开拓前进，着力解决经济社会发展中的突出矛盾和问题，努力实现经济社会发展预期目标。

以优异的成绩迎接党的十八大，我们充满了信心与底气。跻身世界第二大经济体，城镇化率突破50%，初步建立世界上第一个覆盖10多亿人的全民医保体系，城乡实行免费义务教育，许多困难家庭住上了梦寐以求的保障房……近年来我国经济社会发展的一系列历史性成就，是新中国成立60多年来尤其是改革开放30多年来奠定了良好物质基础和体制条件的结果，是社会主义制度优势不断彰显、中国特色社会主义道路活力不断释放的结果，是以胡锦涛同志为总书记的党中央科学决策、励精图治，全党全国各族人民齐心协力、团结奋斗的结果。把握历史和现实，思考现象与实质，不难得出这样一个基本判断：中国全面实现小康社会的目标指日可待，中国实现现代化的趋势已经不可逆转，中国特色社会主义事业的前景无限光明，中华民族正昂首行进在近代以来梦寐以求的伟大复兴之路上。

以优异的成绩迎接党的十八大，我们更加需要沉着与实干。改革开放30多年来，我们党之所以能够不断团结带领全国各族人民，经受住各种困难风险的考验，不断开创事业发展新局面，最宝贵的经验就是坚决排除各种阻力干扰，坚定不移地做好自己的事情。当前，国际竞争态势逼人奋发，改革发展形势令人鼓舞，人民群众期待催人进取。历史机遇稍纵即逝，事业发展不进则退。在这关键时刻，更加要求我们与以胡锦涛同志为总书记的党中央保持高度一致，把注意力和精力集中到改革发展上来。更加要求我们立足本职坚守岗位，把自己的工作做好，把分内的职责尽到，切实做好经济社会各项工作，心无旁骛解决改革发展稳定的重点难点问题，推动经济建设、政治建设、文化建设、社会建设以及生态文明建设协调发展，谱写科学发展、社会和谐的新篇章。

潮起海天阔，扬帆正当时。回望新世纪以来社会主义中国奋斗崛起的伟大历程，党中央带领亿万中国人民上下同心、众志成城、团结奋斗，推进了国家实力前所未有的增强，促进了社会民生前所未有的改善，成就了社会主义中国前所未有的辉煌。展望未来，机遇和挑战犹存，信心与勇气同在，只要我们继续凝心聚力、乘势而上，就一定能为中国发展迈向新高度打下坚实基础，创造新的更加伟大的成就。让我们更加紧密地团结在以胡锦涛同志为总书记的党中央周围，统一思想、团结奋斗、扎实工作，以优异成绩迎接党的十八大胜利召开。

这篇评论员文章见报后，在各地干部群众中引起强烈反响。大家认为，文章全面反映了当前全国各地活力迸发、蓬勃兴旺的良好态势，生动展现了广大干部群众昂扬向上、奋发有为的精神状态，真切表达了各族人民团结和谐、科学发展的共同愿望，与前几天发表的另两篇评论员文章《集中精力把两会精神贯彻好》、《牢牢把握稳中求进的总基调》上下贯通，构成了一个整体，对于提振精神、凝聚力量、坚定信心，起着十分积极的推动作用。大家纷纷表示，一定要统一思想，满怀信心，稳中求进，全面推进改革开放和社会主义现代化建设。

（三）短评

从某种意义上说，短评就是短的评论员文章。它内容单一，分析扼要，篇幅短小，常常配合新闻报道就现实和实际工作的某一个方面的问题，代表编辑部发言。它在题目、评述范围、篇幅、规格方面，比社论要轻便灵活，是新闻评论中的"轻骑兵"。它往往抓住新闻内容中需要引起读者注意的问题，做画龙点睛的阐发。它往往配合新闻报道发表，对报道有一定的依附性。它的篇幅短小，一般是三五百字，内容、结构、行文的语气都很集中，既不铺陈论据，也不做全面的论述，而是抓住"某一点"，撮其要义，就事论理，简约成文。

试看下文：

"要想见局长，先过密码门"的危险昭示

三亚综合执法局局长办公区被两道门隔开，群众感叹见领导难；该局称此举为保证局领导安全和正常办公。想找领导，一道带密码的玻璃门挡住去路；改走楼梯吧，楼梯出口同样安装了一道铁门。连日来，许多三亚市民纷纷反映，他们到三亚市综合执法局想找局长等领导时，均遇到这样的尴尬事。

（2010 年 4 月 28 日《现代快报》）

"要想见局长，先过密码门"，这幕令人难以置信的荒诞剧，却在现实中真实上演，将权力的微妙心态刻画得淋漓尽致。可以说，重重阻隔的门，见证了权

力的高高在上，权力的居高临下，是对民众的轻蔑俯视，将民众拒之门外，意即将民意拒之门外。

其实，"要想见局长，先过密码门"，表面上看十分孤绝和另类，但实际上它背后藏匿着一个共性或者一种共识，即不少官员脱离和极端厌恶民众，不愿意和民众平等交流，更不要说与民众打成一片了。

"政府楼越盖越高，装饰越来越豪华，保卫越来越森严，无形中却和人民的距离越来越远，老百姓见政府官员越来越难。"在今年两会上，有全国人大代表曾如此总结。实际上，该人大代表所描述的这种现象，确实存在于不少地方。这种现象的背后说明一个基本的事实，即一些地方政府并不是致力于打造服务型政府。诚然，正如该人大代表所称：服务型政府首先要尊重人民，要从制度层面上解决和人民的沟通问题。我们一直说，党和政府与群众如鱼水之情、血肉联系，如果老百姓连政府官员都见不到，何谈血肉联系？

密切联系群众是党的三大优良作风之一，为人津津乐道的"民为邦本，本固邦宁"，彰显的正是民本思维。民众是国家的基石，国家的基石要巩固，惟有密切联系群众，恪守为民之责，善谋为民之策，多办利民之事，国家才能安宁，否则便潜伏危机。党的十五届六中全会指出："加强和改进党的作风建设，核心问题是保持党同人民群众的血肉联系。马克思主义执政党的最大危险，就是脱离群众。"但是，遍观周围，不少官员对此置若罔闻。

居庙堂之高而不思民意，处江湖之远而不察民情，这样的官员委实不少。可以说，一旦拒民众于大门之外，就既无法真正了解民意、无以洞悉民思民想，也无法从民意中汲取力量，无法集中民智、凝聚民心。

事实上，老百姓上访或者求见官员，起码表明他们信任政府、信任官员，希图通过温和的方式化解积怨和解决难题。官员只有加以重视，积极接见，才能顺遂民意，赢得民众理解，捍卫政府公信力。否则容易引发民众对政府的不满或绝望情绪，从而使小事变大、大事变炸。中纪委原书记吴官正，在日前出版的《民贵泰山》一书中说："要善待上访群众，群众有事不找我们，问题就严重了。"这句话颇有深意，富有现实价值。

日前，大连市通报，鉴于庄河市长孙明对居民到庄河市政府集体上访事件处置失当，责令其辞去市委副书记、市长职务。"市长被跪倒"一时引发热议，应该说这是对官员的一种警醒，但"要想见局长，先过密码门"告诉我们，这些官员并未引以为鉴，依然故我。

总之，"要想见局长，先过密码门"是危险的，它昭示了一些官员是多么高高在上，是多么不恤民情、不懂民苦、不知民暖。对民众关上门，就是对民意关上门，就是透支政府公信力，就是意图使小事变大、大事变炸。多次邀请基层代表到中南海的温总理说："我曾经说过，中南海的大门是向人民开的。实际上，这句话的含义就是政府的权力是人民赋予的，一切属于人民，一切为了人民，是我们的宗旨。"这句话值得官员们体味体味了。

(《南方都市报》2010 年 4 月 29 日)

这是一篇以小见大，反映政府有些部门"门难进，脸难看，事难办"的典型报道。在越来越多的政府机关拆围墙、公布领导手机号码等提倡"开门办公"的情况下，海南三亚市综合行政执法局反其道而行之，让群众要想见局长，先过密码门，人为割裂领导与群众间沟通，既增加群众对立情绪，也不符合消防要求。文章采写条理清楚，不仅有市民反映、记者实地查看，而且有部门负责人回应以及群众质疑等。

试看广播评论：

新农村建设岂能让贫困农民失房又失地

张吉昌　刘乐明

天天盼着新农村建设，没想到真搞了新农村建设，却是拆了房子又丢了宅基地。9月5号，新余市渝水区鹄山乡前山村部分村民向记者反映，在新农村建设中，他们被村里强行拆去房屋。如今一些家庭困难的村民不仅建不起新房，还失去了自家的宅基地。当地新农村建设为何出现这样的状况，新农村建设如何不再违背农民意愿搞大拆大建？请听江西台记者张吉昌、刘乐明采写的新闻广角：《新农村建设岂能让贫困农民失房又失地》。

在新余市渝水区鹄山乡前山村村头，记者看到，一块两个足球场大的宅基地上，一片狼藉。一台推土机正停在断壁残垣下，砖瓦随地可见。当地村民告诉记者，现在这里正在平整土地。村里已经向村民进行了招投标，下个月就要在这动工建房。

（出录音）记者："什么时候开始招标？"

村民："想盖的人现在已经写了申请。"（止）

据村民们介绍，这里原本有上百间上个世纪七八十年代盖的平房。今年年初，村里强行拆除了这些房屋。

（出录音）记者："是说什么原因拆掉你们的房子呢？"

村民："就是说建设新农村。"（止）

不少村民表示，他们是愿意搞新农村建设的，但是没想到，天天盼来的新农村建设，竟然是村里要强行拆旧房，统一建新房。

（出录音）村民："我三个房子都是很好的。"

记者："什么房子？"

村民："全部都是砖的。"

记者："他们是怎么拆的？"

村民一："强行拆的。"

村民二："全部都是强行（拆的）。"（止）

看到有记者来采访，一些村民拿出了他们的集体土地使用证证明他们对房屋的所有权。在村民黄海红的农村宅基地使用证上，记者看到，这本由国土资源部印制、2004年7月发放的使用证上写着，用途：住宅；使用面积：103.9平方米等字样。

（出录音）记者："这个拆房子有没有开村民大会呀？"

村民："没有，没有开村民大会。"（止）

在与村民的交谈中，记者了解到，拆房后，村里对被拆房屋的村民并没有妥善安置。

(出录音)村民:"我现在住别人的房子。"

记者:"家里几口人?"

村民:"家里四口人。"

记者:"挤在邻居家不是好挤?"

村民:"好挤呀,住二十个平方。"(止)

更让失去房屋的村民没有想到的是,在招投标获得建新房资格前,他们要先向村里支付一笔上万元的费用。

(出录音)村民:"四千块钱是押金、保证金呀。就是说你按照那个规划图来做。然后七千块钱就是说,我们批地基的话,也要钱的。里面怎么操作的我们都不知道。"

记者:"你们不是不心甘情愿地交这七千块钱。"

村民:"我认为不应当,你拆的时候补个几百千把块钱给人家,盖的时候呢,收人家七千多块钱,哪有这种道理。"(止)

村民建房为何要向村里交纳七千块钱的批地费,前山村村干部黄毛子解释说,新农村建设上面拨下来十六万元资金,而他们拆房以及基础设施建设预计达到三十多万元。目前村委会经费紧张,所以差额部分要由村民承担。

(出录音)"现在村里的钱都不够,哪里有钱来付呢。"(止)

由于批地基以及后期建房所需费用较高,一些失去房屋的村民表示,他们盖不起新房。

(出录音)记者:"你申请了吗?"

村民:"没有。"

记者:"为什么呢?"

村民:"盖不起呀。拿啥子钱盖呀。"

记者:"拆了房子,你还盖得起来吗?"

村民:"好难盖。我们种田的人。现在建房子要钱,买这个地基要钱。"(止)

没钱,意味着一些贫困村民将无法通过招投标竞得宅基地,更谈不上建新房了。那么,这部分村民将如何安置?前山村驻点乡干部黄绍赋向记者表示,对建不起房的村民,乡里将尽快想办法妥善安置。

(出录音)"我们后面留了一排平房呀,就是到时,我们村里看看把这些房子拿下来,给他们安置。"(止)

在采访中,记者发现,这种在新农村建设中不考虑当地实际和自身经济能力,又违背群众意愿大拆大建的做法在当地时有发生。新余市渝水区新农办一位不愿透露姓名的干部甚至表示,不拆房建房,新农村建设就难以推进。

(出录音)"周边的乡镇他们村庄都是这样的。可能有些老表不愿拆,但是你不可能考虑到你个人的利益呀。要把村庄整治,一般都是这种系统的运作,要不然拆不下来呀。新农村建设可以把这个村庄整治好,为什么不做呢?"(止)

2010年中央一号文件明确规定:"农村宅基地和村庄整理后节约的土地,仍属农民集体所有。"农村基层组织和干部无权随意整理农民的宅基地,拆除村庄,强迫农民集中居住。然而，前山村在新农村建设中，打着改革创新、为农村发展长远规划的旗号，违背农民意愿强拆强建，让"不差钱"的村民为新农村建设"掏腰包"，让部分"差钱"的困难群众丢房又失地，甚至排除出"新农村"之外。省新农村建设领导小组办公室万元方表示，这种新农村建设的做法显然不妥。

（出录音）"新农村建设来讲我们是不提倡大拆大建的，因为就靠新农村建设这点钱也不够。我们现在规定首要的就是要求它改水改厕改路，这几项用下来就差不多了。至于做其他的项目，我们文件说得很清楚，都是要开村民大会的，村民决议通过的事才能做。"（止）

省社科院农村经济研究所副所长尹小健认为，新农村建设是一项系统工程，涉及农村经济条件、乡村民主政治建设、精神文明建设等各个方面，村容村貌位列其中，但绝不是全部。不能把新农村建设等同于新村建设。

（出录音）"建设一个好的居住环境只是建设新农村建设的一项内容，要量力而行。它把新村建设摆在了一个非常突出的位置，因而增加了农民负担。这个就是没有做到科学发展、和谐发展。"（止）

各位听众，农民需要什么样的新农村建设？新余市渝水区鹄山乡前山村的新农村建设让部分村民丢房又失地，显然不是他们所需要的。这一结局在我省虽只是个别现象，但是它反映出的却是一些地方在新农村建设中注重面子工程、急功近利、冒进式发展的心态延续和加深，这一思想心态不根除，违背群众意愿，超越贫困农民承受能力的"大包大揽"、"大拆大建"之风就不能刹住，侵犯农民合法权益的情况就还会出现。对此，在新农村建设中，农村基层组织和干部应该站在维护群众利益、维护农村和谐稳定的高度，真正以农民为主体，更多地考虑贫困农民的承受能力，使新农村建设方式更加人性化、理性化。只有这样，新农村建设才会顺利推进，真正让广大群众满意。

（江西人民广播电台 2010 年 9 月 9 日）

建设新农村的主体是"农民"。然而不尊重农民意愿，加重群众负担的现象，在一些地方时有发生。江西省新余市渝水区个别基层在新农村建设中为弥补资金缺口，让"不差钱"的村民为新农村建设"掏腰包"，使部分"差钱"的困难群众丢房又失地，甚至排除在新农村之外。农民盼来的新农村建设，竟让自己无家可归。作品巧妙利用这种强烈的反差谋篇布局，对村民失房又失地的现象进行了深刻剖析，以辛辣的笔触批评了一些地方在新农村建设中不顾实际，搞面子工程、政绩工程的恶果。接到新闻报料后，作者以独到的新闻敏感，对一些地方在新农村建设中的错误做法高度关注。在实地调查中，作者克服种种困难，采访到关键人物。作品以事实说话，理性分析，客观评论，具有非常强的现实针对性。此稿播发后国内多家媒体进行了转载，引起社会广泛关注，更引起了社会对新农村建设中此类问题的深思，起到很好的舆论引导的作用。

（四）专栏评论

专栏评论是 20 世纪 70 年代末 80 年代初随着新闻改革客观形势而兴起的一种评论形式，它发表在报纸开辟的言论专栏里，个人署名，内容广泛，形式活泼，篇幅在三五百字之间。如《人民日报》的"今日谈"，《光明日报》的"大家谈"，《工人日报》的"小论坛"，《南方日报》的"三言两语"，《羊城晚报》的"街谈巷议"等，发的即这一类评论。

专栏评论名目繁多。凡属大家普遍关心的问题，凡属在实际生活中需要引起重视的问题，都是选题议论的范围。它议论的内容十分广泛，大至经济体制改革、反对不正之风、建设社会主义物质文明和精神文明，小至个人衣食住行方面的见闻随感，都可以三言两语、事理融合地加以议论。

专栏评论的内容广泛，形式活泼，谈的往往是一点、一滴、一斑、一叶，但却能够由点见面，由滴水见太阳。以小见大是它的显著特点。

在新闻评论各种体裁中，像社论、评论员文章、短评、编者按语，一般都是编辑部的编辑、评论员执笔撰写的，代表编辑部或同级党委发言，直接体现了编辑部的观点和态度。而专栏评论则有所不同，它是以个人名义发表的，并不直接代表编辑部发言。专栏评论一般对外开放，欢迎读者自由投稿，由编辑部择优选用。

"不提新思路"也是一种思路

端木青

前天，广东省副省长万庆良走马上任广州市市长，主持召开了市政府全体会议。他强调："今年市政府的工作就是抓落实。大家不用等待、不用观望……我没有新口号、新思路，就是抓落实。今年是市政府的落实年。"

(4 月 20 日《羊城晚报》)

读罢这则新闻，多少有点让人意外。新市长上任，人们自然有所期待。俗话说"新官上任三把火"。大凡"新官"，不管你是镇长，还是市长，上任伊始，通常总会提出一些"新口号"、"新思路"，或拿出一整套新的管理方式，以显示自己的"雷厉风行"和"开拓创新"。但新市长万庆良却反复强调，他"没有新口号、新思路"。但细一想，"不提新口号、新思路"，其实也是一种思路。

这让我想起了西汉初年的曹参，想起了"萧规曹随"。史载，西汉开国名相萧何病重时，孝惠帝亲自去探视，并问萧何道："将来谁何以代替你做丞相呢？"萧何毫不犹豫回答说曹参是最佳人选。萧何与曹参都是汉高祖刘邦的同乡，当初微贱时关系很好，后来他们都成了西汉数一数二的开国功臣。萧何做了汉丞相后，曹参只做了刘邦长子齐王刘肥的相国。这样萧何与曹参之间就有了一些隔阂。可萧何临终前以大局为重不计前嫌极力推荐了曹参。曹参做了汉朝丞相后认为萧何制定的法令制度非常明确，就尽职尽责遵从既定的法令而无所变更。曹参这种清静无为处理政事的做法非常合乎当时国家的准则，老百姓在遭受了秦朝的严刑酷法后，曹参给了他们休养生息的机会，所以天下百姓都称赞曹参的美德。

然而，在今天，有些"新官"却偏偏不是这样，他们每到一处，板凳还没坐热，情况不明、人员不熟、事情未做，就热衷于"三把火"，一味求新出新，标新立异，喊"新口号"，提"新思路"，买"新桌子"，坐"新车子"，任"新中层"……诸如此类，林林总总，不一而足。还有些"新官"一天一个"新点子"，两天一个"新办法"，三天一个"新思路"，层出不穷，乐此不疲，弄得底下人穷于应付，疲惫不堪，结果不是"中途夭折"，就是"半途而废"，甚至"阻碍重重浪滔天"，导致不稳定局面的出现。

　　实际上，当下不缺施政思路，重要的是如何将思路转化为现实，新市长万庆良反复强调的关键词"抓落实"便尤显重要。抓落实，就是"干"字当头，就是要干一件事成一件事，不图虚名，不做虚功，只求实效。实质上，抓落实也是对"新官"事业心、责任心、领导能力、工作勇气和激情的一种综合考量。一个地方干得怎么样，不是看你口号喊得多么响亮，而是要看你各项目标任务落没落到实处，落实得细不细致，是不是取得了理想的成效。做表面文章不是抓落实，一般号召也不是抓落实，高高在上更不是抓落实。我们要想让目标落到实处，必须要有精益求精的钻劲、争创一流的拼劲、不达目的誓不罢休的韧劲。当前，要把"危机"当做"转机"，在应对挑战中前行，在克服困难中推进，把那些表面看起来不可能或困难重重的事情，通过抓落实，让它变成美好的现实。

　　从这里我们可以看出，新市长万庆良的可贵之处在于：只要前任官员的规章制度还很实用就可以毫不更改地遵从，政府不应因主要领导的变更而发生过大的变化，以保持政府重要决策和工作的连续性和顺利推进。

　　今天，那些热衷于新官上任三把火的官员们，对于新市长万庆良处理政事的做法，不知有何感想？

（《南通日报》2010 年 4 月 26 日）

　　作者单刀直入，对新官上任"三把火"的种种现象做了层层剖析，并旗帜鲜明地阐述新市长万庆良理性处理政事做法的深刻意义，用"萧规曹随"典故，启迪人们对如何保持政府重要决策的连续性做深入思考。这篇文章针对性强，读者关注度高，分析问题一针见血，鞭辟入里，褒贬适度，谐谑相宜，显示了作者独特的艺术个性。

　　（五）编者按语

　　编者按语是一种依附于新闻报道或文稿的新闻评论。某一新闻稿发表时，有关编辑在它的前面、中间或后面写些简短的言论，对新闻中值得肯定的东西加以赞扬，点明其深刻的、带有普遍性的意义；对错误的、有害的思想和行为加以否定、批判，指出应从中吸取什么教训，这就是编者按语。

　　根据按语的位置，可以把编者按语分成三种基本类型：文前按语、文中按语和编后。

　　文前按语是加在文稿前的按语。在三种按语形式中，它的地位最重要。它冠于文前，片言居要，显得郑重其事；在字号运用上，或用楷体排出，或用比正文大一号的字体排出，显出重要的地位；在行文上，它提纲挈领，言简意赅，用论断性的语言，直接、鲜明地提出论断，不必复述所依附的新闻材料，也毋须展开论证。

　　文中按语是渗透到新闻报道中的按语。它插入文中，附在某一句、某一段的后面，用括号标出，有感即发，有疑即注，有错就批，直截了当，灵活醒目，于字里行间，表明编辑部的立场、观点和态度，增强新闻报道的思想性和鲜明性。如，《中国青年报》1984 年 11 月 29 日曾发表一篇小通讯，内容是写河南西峡县一位 15 岁的姑娘叶少云同一位年近 30 岁的陈某恋爱订婚，后来，男方怕女方变心，要求立即结婚，而女方则嫌男方年龄大，对他感情逐渐冷淡，要求父亲退回彩礼。遭到父亲回绝后，叶少云先自杀未遂，后从家出走。被陈某之妹发现后，拉回陈家。叶趁陈家不注意，用鼠药拌面给陈某烙馍吃，致使陈某中毒。陈虽未死，叶以杀人未遂罪被捕。编者于文中加插了两段按语，一处是叶父主持订婚的时候：

（按：糊涂爹娘！糊涂干部！十五岁少女早恋，非但不加引导，反而主持订婚，悲剧自此始矣。）

另一处，"叶少云跪在父亲脚下哭求：'爹，我不愿意，就退了吧。'她父亲叹口气说：'订了婚，就成了人家的人，这是你的命。你就嫁鸡随鸡，嫁狗随狗吧。'"

（按：这是哪朝哪代的回声？叶父助女早恋在先，受人彩礼于后，如今又用陈腐观念和绳索捆着女儿往火坑里送。酿成悲剧，断送其女，其咎难辞。）

这篇通讯，报道了一件因早恋轻率订婚，以致造成一起家庭悲剧的事实经过。在叙事过程中，多处涉及当事人的错误言行，但又不便在报道中直接批评。这个缺陷由编者在文中插入按语，巧妙地得到弥补。这两则按语，一针见血地揭示了酿成悲剧的原因，并对叶父的错误做法作了针锋相对的批评，增强了报道的鲜明性和思想性。

相较而言，文中按语比文前按语和编后更加便捷、简练、灵活，也更便于直接发挥按语的批注、辨正、点拨作用。如果运用得当，就好像编者、作者和读者在一起谈心。听到对方某句话，有感慨，随即插上一句，接着又谈下去。这样做既沟通了编者、读者与作者的思想，使读者有平易、亲切之感，又增强了新闻报道的党性、思想性。

编后又称"编后小议"、"编者附记"、"编辑后记"、"编余"，它附在文后，旨在深化稿件的主题或报道思想。是编辑对新闻稿件有感而发的一种抒情、联想和议论性的文字，写法上接近随感、短评，可以抒情，可以议论，必要时也可作些适当的论证，可以加标题。上至方针大计下至凡人新事，都可通过编后进行议论、评价、建议和提醒。

在新闻评论诸文体中，按语不是独立的评论文体，它总是依附于报道或有关文字材料发表见解。这就意味着报道本身也就是按语立论的基础、立论的论据。写按语不要简单地去重复报道本身所提供的事实和见解，也毋须展开具体的论证，直截了当地发表意见和主张就行了。要善于依托个别事实，启迪一般，指导一般。按语虽短，反对什么，赞成什么，态度必须鲜明，毫不吞吞吐吐，但又不能简单生硬。按语虽以编者的名义出现，但要体现编辑部的立场，体现党性，行文语气要和报纸身份一致，不宜随意发表个人的并非深思熟虑的意见和见解，也不能简单、武断、盛气凌人。

三、新闻评论的选题

选题就是选择、确定评论的问题。评论的问题选准了，选好了，评论的写作就有了基础。如果问题没抓好、没抓准，评论写出来，意义就不大，甚或没有什么意义。

新闻评论选题，要看问题是否具有评论价值和宣传报道价值。所谓评论价值，就是某件事、某个问题，值得一评，其中蕴含了值得阐发的、对受众有启示的、重要而新鲜的观点。蕴含了这种思想观点，就叫有评论价值；没有蕴含这种思想观点，就叫没有评论价值。当然，任何报刊对评论价值的确立，都是以其所代表的阶级、集团的政治目标、政治思想、政治利益为标准的。对于我们无产阶级的报刊来说，所谓评论价值，就是政治上重大的，为广大群众所关心的，具有现实迫切性的问题。比如说当前，我们党正领导全国人民进行各方面的改革，创造社会主义的物质文明和精神文明，为建设具有中国特色的社会主义，为实现四个现代化的宏伟目标而奋斗，这就是一个政治上重大的、为广大群众所关心的、具有现实迫切性的问题，它应该成为我们选题的出发点和落脚点。

新闻评论的选题还必须具有宣传报道价值。具体说来：①它必须针对新闻事实而发；

②它具有现实适宜性，就是说，这个问题在当时可以宣传、能够宣传、应该宣传。如果这个问题在当时当地不适宜在报纸上公开宣传，或不宜以新闻评论的形式宣传，就不能作为新闻评论的选题；③具有广泛的群众性。也就是说，通过对某个问题的评论，能够揭示出人们共同的理想和愿望，具有强大的启发性和鼓动性。如果问题和绝大多数群众的关系不大，虽然具有评论性，也不宜作新闻评论的选题。

以上，是从总的方面来说的。具体一点讲，确定选题，要注意抓以下几个方面的问题：

（1）要抓政治上重要的问题。政治上重要的问题，就是涉及路线、方针、政策的问题，涉及全局、影响到全局的问题。一般情况下，这个问题就是党的中心工作，比如十一届三中全会以后一段时间，解放思想，推行农业生产责任制，就是当时政治上重要的问题，就是关系到全局、影响到全局的问题。

（2）要抓那些群众最关心和最担心的问题。我们的记者、通讯员，经常在基层听到干部、群众的种种呼声、种种议论，这些呼声和议论，是干部和群众思想跳动的脉搏，往往表达了群众最关心、最担心的问题。这些问题，不少可作新闻评论的选题。

（3）要抓党的方针政策在贯彻落实中的难点和焦点。我们党制定的每一项方针政策，在贯彻落实中不可能总是一帆风顺的，总会遇到这样或那样的阻力，总要遇到这样或那样的矛盾和问题。这些阻力、矛盾、问题，就是贯彻某项方针、政策的难点和焦点，往往是新闻评论的好选题。

（4）要抓具有现实针对性的问题。

以上是新闻评论选题的四个方面的问题，这些问题从何而来呢？一是来自上面，一是来自下面。

来自上面，也就是根据上级指示精神找论题。具体包括：①党中央和国务院最新的重要决定、决议、指示，以及阐述党的方针、政策、工作任务、工作方法的客观需要；②党和政府的中心任务、重要的工作部署、重要的会议、重大的活动；③重要节日、纪念日的纪念活动，以及国内外重大的政治事件；④外交和国际斗争的需要；⑤从党和政府各级主管部门接触所了解到的情况和意见。

来自下面，也就是根据现实生活选题。具体包括：①新近发生的正反两方面具有典型性的新闻事实，包括重大典型的报道；②广大读者的来信来访以及记者在采访过程中所了解到的当前群众的呼声、疑惑、建议、意见、要求；③记者所迫切感觉到的有关生活、工作、思想等方面迫切需要解决的矛盾、问题；④有关社会生活中的陋习、不良倾向、不良社会风气等。

根据上级领导指示精神选题和根据下面生活实际选题，这两者既紧密相关又各有特点。就其统一的方面来看，来自社会实际生活的选题，如果不结合党的中心工作，不结合形势任务，不结合思想倾向，就容易就事论事；同时，来自党政机关领导方面的选题如果不注意联系群众的思想、工作实践，也只能简单地转达中央提出的要求，不可能写出有血有肉的好文章。但是，直接贯彻上级指示精神的评论和反映社会生活实际的评论，毕竟还是有区别的，一个自上而下，一个自下而上，选题立意的思路是不一样的。一般说来，对上级的指示精神，编辑部了解得快，了解得具体，他们有写作上的优势。而对于下面的情况，通讯员和一般的作者，有自己的优势。如，《人民日报》"今日谈"1982年曾发过一篇《看灾成灾》的文章，作者是湖北省南漳县的一个宣传干部。他在工作中发现，许多领导到该县灾区看望,许多部门也派人去调查受灾情况。这本来是一件好事,但由于某些人工作作风不扎实,并未给灾区人民办多少好事,反而给灾区的干部群众增加了负担。于是,便写了《看灾成灾》。像这样的题目,如果没有切身的体会,如果不身临其境,是抓不到的。因此,我们初学新闻评论,可以从自己的所见所闻写起,逐步扩大自己的选题范围。如,2012年2月23日《人民日报》刊发了评论《宁要微词不要危机》,许多媒体以《改革有风险,不改革党就会有危险》为题作了转发。以下这篇评论的选题,就很有现实针对性:

　　自1978年至今,中国的改革已如舟至中流,有了更开阔的行进空间,也面临着"中流击水、浪遏飞舟"的挑战。

　　发展起来的问题、公平正义的焦虑、路径锁定的忧叹……在邓小平南方谈话20周年、党的十八大即将召开之际,人们对改革的普遍关切,标注着30多年来以开放为先导的改革进入了新的历史方位。

　　冲破思想藩篱、触动现实利益,改革从一开始就挑战着既定格局,也无可避免地伴随着"不同声音"。无论当年的联产承包、物价闯关、工资闯关,还是今天的官员财产公示、垄断行业改革、事业单位改革,改革总是在争议乃至非议中前行。

　　所不同的是,从"摸着石头过河"到"改革顶层设计",从经济领域到社会政治领域,改革越是向前推进,所触及的矛盾就越深,涉及的利益就越复杂,碰到的阻力也就越大。用一句通俗的话来讲,容易的都改得差不多了,剩下的全是难啃的"硬骨头",不能回避也无法回避。

　　改革就会招惹是非,改革就是"自找麻烦",改革也很难十全十美。三十多年后,身处深水区和攻坚期,无论方案多么周密、智慧多么高超,改革总会引起一些非议:既得利益者会用优势话语权阻碍改革,媒体公众会带着挑剔目光审视改革,一些人甚至还会以乌托邦思维苛求改革。对于改革者来说,认真听取民意,又不为流言所动,既需要智慧和审慎,更要有勇气与担当。

　　在改革进程中,可怕的不是反对声音的出现,而是一出现不同声音,改革就戛然而止。现实中,或是囿于既得利益的阻力,或是担心不可掌控的风险,或是陷入"不稳定幻象",在一些人那里,改革的"渐进"逐渐退化为"不进","积极稳妥"往往变成了"稳妥"有余而"积极"不足。这些年来,一些地方改革久议不决,一些部门改革决而难行,一些领域改革行而难破,莫不与此有关。

　　然而,"改革有风险,但不改革党就会有危险"。纵观世界一些大党大国的衰落,一个根本原因就是只有修修补补的机巧,没有大刀阔斧的魄力,最终因改革停滞而走入死胡同。对于当前各地各部门千头万绪的改革来说,面对"躲不开、绕不过"的体制机制障碍,如果怕这怕那、越趄不前,抱着"多一事不如少一事"的消极态度,甚至将问题矛盾击鼓传花,固然可以求得一时轻松、周全某些利益,但只能把问题拖延成历史问题,让危机跑在了改革前面,最终引发更多矛盾、酿成更大危机,甚至落入所谓"转型期陷阱"。

　　小平同志在20多年前就曾告诫:"不要怕冒一点风险。我们已经形成了一种能力,承担风险的能力","改革开放越前进,承担和抵抗风险的能力就越强。我们处理问题,要完全没有风险不可能,冒点风险不怕"。事实上,从改革开放之初的崩溃边缘，到南方谈话前的历史徘徊，我们党正是着眼于国家和人民的未来，以"天变不足畏，祖宗不足法，人言不足恤"的改革精神，敢于抓住主要矛盾、勇于直面风险考验，才能化危为机，推动改革开放巨轮劈波斩浪，让中国成为了世界第二大经济体。

宁要微词，不要危机；宁要"不完美"的改革，不要不改革的危机。一个长期执政的大党，尤其要时刻警惕短期行为损害执政根基，防止局部利益左右发展方向，力避消极懈怠延误改革时机，所思所虑不独是当前社会的发展稳定，更有党和国家事业的长治久安。面对全新的改革历史方位，当以"不畏浮云遮望眼"的宽广视野，以无私无畏的责任担当，按照胡锦涛总书记所要求的，"不失时机地推进重要领域和关键环节改革"，"继续推进经济体制、政治体制、文化体制、社会体制改革创新"。如此，我们就一定能把风险化解在当下，让发展乘势而上，为党和国家赢得一个光明的未来。

这篇文章的选题，就有很强的现实意义，读后令人耳目一新，精神为之一振。改革开放30多年，不可否认取得了辉煌成就，但也不应忌讳积累下来的问题。容易的问题，都改得差不多了。剩下的问题，全是难啃的骨头。而这些"硬骨头"，非啃下来不可。否则，改革就会半途而废，使党面临巨大风险。这篇文章，有不少精彩话语振聋发聩，如其中有这样一句话，"改革有风险，但不改革党就会有危险"，应最能引起我们的共鸣和思考了。一个风险，一个危险，都有一个"险"字，实实在在地说出了当前改革面临的难题，谁也绕不开。文章谈到，改革就会招惹是非，就是"自找麻烦"，改革也难十全十美。三十多年后，身处深水区和攻坚期，无论方案多么周密、智慧多么高超，改革总会引起一些非议：既得利益者会用优势话语权阻碍改革，媒体公众会带着挑剔目光审视改革，一些人甚至还会以乌托邦思维苛求改革。对于改革者来说，认真听取民意，又不为流言所动，既需要智慧和审慎，更要有勇气与担当。

四、新闻评论的立论

选好了"题"，只是确定了自己要讨论的问题，要评论的对象。对这个问题、这个评论对象发表什么意见呢？这就涉及立论。所谓立论，也就是确立自己的论点。确立论点，要从以下几个方面努力：

（一）要有的放矢

新闻评论，最忌讳的是讲空话，放空炮。如果一篇评论与广大读者的思想、生活毫无关系，纵然是"妙笔生花"，群众也懒得看。所谓有的放矢，就是要有明确的针对性。一篇评论，或褒或贬，或批评或赞扬，或论辩或析理，要有明确的对象——或是针对某一具体的对象，或是针对某一个错误的认识，或是针对某一个具有争议的问题，或是针对某一带倾向性的社会现象，以表明自己的观点，提出解决问题的办法。同时，作者所针对的人、事、现象、问题，还要与广大群众的利益密切相关。

（二）要新颖深刻

任何文章都要有新意，老生常谈谁也不爱看。然而，新闻评论更要讲新意，因为它姓"新"。没有新意，新闻评论也就没有生命力。

新闻评论的立论、论断应有新见解。新颖的见解，一下就能锲入读者的心灵。如，获第七届全国好新闻评选一等奖的评论《"对策"也可当镜子》(1985 年 6 月 4 日《新华日报》),就是一个例子。"上有政策,下有对策",是一种不正之风。一个时期,报刊上抨击这股歪风的文章不少,但极少涉及政策本身的原因,而这,恰恰是一个具有现实针对性的问题。《"对策"也可当镜子》一文指出:有人搞"对策",固然是由于这些人作风不正,组织纪律涣散;但另一方面,政策本身某些不完善之处,也是下面搞"对策"的一个客观条件。作为领导部门和决策机构,应当注意研究下面的"对策",从中总结经验教训,以不断完善政策。像这样道人之所未道,及时而敏锐地发现问题,正是新闻评论写作所需要的。

一般情况下,新闻评论立论应有新的由头。毋庸讳言,在评论工作的具体实践中,有些论题可以说是老生常谈。像工作作风、思想修养、领导方法等等,经常需要做文章,又很容易一般化。就拿开会来说吧,提倡少开会、开短会一类的文章,可以说已经写得很多了,可是这个矛盾时有发生。要写类似的文章,就非得寻找新的由头。除了找由头性事件,恰当变换立论角度,也是使评论获得新意的办法之一。

(三)要着眼全局

在新闻评论诸文体中,除了一些重要的社论、评论员文章,绝大多数的评论,"口子"都开得比较小,往往是就某一个具体事实、具体问题发言的。新闻评论的"口子"开得小,但却要立足全局,站得高,看得远,洞察形势,预见未来,对全局有指导意义。有位作者谈过这方面的体会。他说,选题要根据党的路线、方针、政策,抓住现实生活中有普遍意义的问题进行分析、评论。选定某一点、某一侧面作为立论的突破口后,不就事论事,把问题引向全局。

(四)要准确无误

新闻评论的立论,还要做到准确无误。准确无误,首先是立论有根有据,能言之凿凿,以理服人,而不是凭着主观想象、一时热情,随意发挥。评论实践告诉我们,凡是有影响、经得起时间考验的评论,总是辛勤调查的结果。另外,新闻评论的论断、提法、观点,还要正确,要符合现实情况,符合党的路线、方针、政策,符合常情常理,防止片面、偏激、主观、武断。如果观点不准确,写出的评论其影响肯定也不会好的。写新闻评论同样要讲新闻的真实性,如果自己援引、评论的新闻事实有失误,也就不能以理服人。有些同学学写新闻评论,简单复述一下评论的事实,一些细节就走了样,有的甚至拟个标题,就犯了新闻失实的错误,如果这样,即使自己的观点是正确的,也不能真正地"立"起来。

如:

食品安全就该"人命关官"

12 月 20 日,全国人大常委会审议的刑法修正案(八)草案,新增了食品安全监管渎职犯罪,修改了食品安全犯罪的刑罚条件,负有食品安全监管职责的国家机关工作人员要担刑责,后果特别严重的要处五年以上十年以下刑期。在岁末年初这个节点上,这一消息无疑让正担心假日食品安全的百姓拍手叫好,食品安全不仅"人命关天",更该"人命关官"。

食品安全一直都是群众非常关心的问题,尤其是今年以来,豇豆残留农药、牛奶含三聚氰胺、地沟油进餐桌、火锅底料满是化学剂、蘑菇漂白、葡萄酒勾兑等食品安全事件层出不穷,老百姓用跑不赢 CPI 的微薄收入购买食品,但最终却付出了身心俱损的代价，这何其让人心寒。早在今年全国"两会"期间，关于食品安全的议题就引起了广泛关注，很多代表并为此纷纷建言献策，但依然未能阻止后来一系列食品安全事件的发生。

痛定思痛，为何食品安全事件屡禁不止？纵观多起食品安全事件发现，问题很大程度上出在"禁"的方式上。最近曝光的多起食品安全事件中，大多都是由媒体曝光后，监管部门才介入调查。虽然事故发生后，各级有关部门都行动迅速，查禁措施也十分得力，但如果缺乏有效的事前监管，总是在付出沉重的代价后才突击行动，这种"闻灾方重视，亡羊才补牢"的监管方式，早已让群众对监管部门失去了信心。

关于食品安全，慨叹"人命关天"是没用的，关键还是要"人命关官"。为什么食品安全监管总是屡屡失手，究其原因，不难发现，就是失职的成本太低了。现成的监管要大有作为，首先要厘清基本的权责利关系。

目前，法律对食品生产、经营等人员明确了刑事处罚，但对监管人员失之于宽。2009 年 6 月 1 日起施行的《食品安全法》，对重大食品安全事故中相关监管人员，只是规定了行政问责，而不是更严厉的刑事惩罚。也许正因如此，不少监管人员避重就轻，对食品安全问题睁一只眼闭一只眼，出了食品安全事件，除了生产和销售的相关人员被惩处外，负有直接监管之责的国家机关工作人员往往逃脱刑罚，即便被免职也只是走过场。

因此，此次刑法修正案草案新增了食品安全监管渎职犯罪，明确渎于职守的监管人员将要承担刑责，将"人命关天"与"人命关官"结合起来，无疑是令人十分期待的。但是，话又说回来，只有法律得到真正执行，将问责刑罚落到实处，群众心头之虑的食品安全也才会有保障。

（《梧州日报》2010 年 12 月 29 日）

2010 年 12 月 20 日，刑法修正案草案新增"食品安全监管渎职犯罪"。作者敏锐抓住这个亮点，结合当前时有发生的食品安全事件，经归纳提炼写成初稿，后经多次修改完善方为最终见报稿。文章以此为由头，从当前屡禁不止的食品安全事件入手，就"食品安全不仅'人命关天'更该'人命关官'"展开行文，观点独到、层次分明、论证充分，一针见血地切中了食品安全监管的要害，旗帜鲜明地肯定了新增法规的积极意义，有效警示了食品安全监管人员，同时让群众更坚信国家对维护食品安全的决心，读后让人拍手称快。

五、新闻评论的论理

选题、立论之后，接下来是动笔论述、说理。新闻评论的说理，比起一般议论文，有些特殊之处，初学者特别要注意以下几个方面：

（一）基于新闻事实

新闻评论总是基于新闻事实、针对新闻事实的。考察一下新闻评论与新闻报道的关系，写作实践中大致呈现三种情况：①新闻评论与新闻报道同时配发。评论与报道在时间上同时发出，在内容上紧密相关，有人称之为"协奏式评论"。②评论独自发出，不配发报道，但评论自身引述了自己所要评论的新闻事实，有人称之为"自拉自唱式的评论"。③评论独自发出，不配报道，评论本身也不引述某一具体新闻事实，而是独立地阐明某一观点，宣传某一主张，或批评某一观点，抨击某一丑恶现象。它常用来宣传党和政府新近发出的指示，新近制定的政策。如党的十二大闭幕之后，《人民日报》陆续发表了社论或评论：《为全国开创社会主义现代化建设的新局面而奋斗》、《建立更加符合我国情况的计划管理体制》、《第一件大事》、《回答一个问题——翻两番为什么是能够实现的的》、《开创新局面要有什么样的精神状态》、《十个方面的根据——为什么说现在是建国以来最好的历史时期之一》。这类评论，有人称之为"独奏式的评论"。

有的新闻评论与当日报纸上发表的新闻有直接关系，有的没有直接关系，但与前一时期发表的新闻有关系；或与许多未见报的新闻有关系；或与当前人们的思想、工作、生活有很大关系，它都具有新闻性。它都必须基于新闻，忠实于新闻事实。作者论理，必须从事实出发，阐述事实本身所蕴含的道理，而不是外加的、游离的。作者在论理时，倘需复述有关的新闻事实，也必须忠实于新闻事实，不损伤新闻的真实性。

写新闻评论，既要基于新闻事实，忠实于新闻事实，又不能只是重复新闻事实，它既要源于新闻，又要高于新闻。如果评论只是重复新闻报道(配源)，没有提供新的内容，就不能给读者以新的启迪。

试看下文：

善待民工才能够缓解民工荒

袁奇翔　王掌　甘洋

春节以后，一场始料未及的"民工荒"波及浙江乃至我国沿海地区，并继续在各地发酵、蔓延。企业招不到足够工人，部分生产线停开；一些老板开着小轿车，到车站"抢人"……农民工，似乎一下子变得紧俏起来。

温州中小型企业发展促进会会长周德文，每天都在为当地招工难发愁担忧：

(出录音)在未来2到3年，温州用工缺口大致有70万，所以这是成了一个突出的矛盾，也是成了制约温州民营企业，中小企业健康发展一个重要的因素。(录音止)

企业招不到人的原因何在呢？原本岗位上的农民工又去了哪里呢？

在杭州劳动力市场，原来在杭州"阿普科技"开卡车的安徽人余飞刚刚辞职，想找个条件优厚的新工作。

(出录音)我才拿1800块钱还吃自己，大家住在一起的高低铺，就是简铺，甚至我们现在用那么点电费都是自己出的。始终没给我加工资，像我们驾驶员，一个安全奖你都没有，所以说我才不干了嘛。(录音止)

来自四川南充的蔡熙也辞掉了城里的工作。

(出录音)搞10个小时以上，星期天什么都没有，人就跟机器一样的。我们那个车间，烧气焊，搞得乌烟瘴气，连排气扇都没有。(录音止)

据浙江省社科院最新调查：最近5年，在浙江的农民工，绝大部分年收入只有1万多一点，并且大都每周工作6天，每天工作10小时。

数以亿计的农民工为中国经济发展作出了巨大贡献，可他们却得不到应有的回报。低廉的收入、狭小的蜗居；年年追薪年年欠；医疗和保障无处可寻；身份得不到认同，被看作边缘人……

来自河南商丘的祝令坤，谈起打工的遭遇，心有不平。

（出录音）我们跟杭州市民，干的是一样的工种，户口不一样，工资要差很多的，这一点太不公平了。（录音止）

来自山东枣庄的农民工陈文强，在杭州打工5年，眼下，就面临这样的难题，他不得不考虑辞掉城里的工作。

（出录音）现在根本没有能力在这边落户嘛，工资只够你吃、喝，房子那么贵，连婚也结不起。将来小孩送回家去，当留守儿童喽，在杭州，没地方上学啊，就是有地方上，什么借读费啊，学费也出不起的。（录音止）

省社科院社会学所副所长杨建华教授认为，"民工荒"的背后，萌发着农民工尊严和维权意识的觉醒，昭示了中国廉价劳动力时代已经结束。

（出录音）目前的用工荒、招工难，真正的荒、真正的难，还是我们农民工的社会权利荒，难就难在我们的农民工的合理的相应的社会权利没有得到基本的保障。所以对这次用工荒，对我们相应的地方政府，相应的企业都是一个警醒。我们如何来善待农民工？（录音止）

面对民工荒，不少企业已经意识到问题所在，纷纷采取措施，"留人留心"。萧山翔盛集团为30多位回族员工开设专门的回族餐厅；浙江德圣龙窗帘有限公司年终给老员工发放忠诚奖；义乌市一帆日用品有限公司趁着春节假期，专门对员工宿舍进行改造和翻新，配备新的家电；诸暨东伟集团联系学校，为民工子女集体报名入学入园。

在一些用工稳定的企业，工资稳步增长、配备夫妻房、开放娱乐室、帮民工解决子女入学等，已经成为企业"留人留心"的举措，成效明显。民工们过年回家，企业更是"迎来送往"。如果能够这般善待民工，何愁民工离弃企业而去？

中国的社会经济变革与发展，必然伴随着大量农民走向大大小小的城市，这些年来，二代农民工越来越多地走进城市，他们跟肩挑手提蛇皮袋的父辈相比，文化程度更高，维权意识更强，找工作越来越挑剔，对报酬和生活条件的要求越来越高。

此外，这批"新生代农民工"群体，很少愿意留在农村，更渴望融入城市，更加注重自身发展，更加渴望得到尊重。然而，想要成为"新城市人"的障碍实在是太多。一方面他们要面对僵化的户籍制度、城市高昂的房价和高生活成本，另一方面他们又要接受自身缺乏必要的生产技能、缺少城市生活知识、在劳动力市场缺乏竞争力的事实。

毋庸讳言，农民工不尽如人意的生存状态，是造成"民工荒"的直接原因。现实表明，要缓解"民工荒"，企业和社会必须告别劳动力低成本，不断提升农民工生存质量，实行制度创新，让农民工沉淀下来，成为城市的主人。浙江省社科院社会学所副所长杨建华教授说：

（出录音）我们提出大力推进新型城市化，而新型的城市化首先要化人。你要农民工真正跨进城市，应该降低门槛，提供制度安排，让他们愿意或者留在这个城市工作就业、生活，融入到城市。如果真这样子，就不太会出现每年都会出现的招工难、用工荒。（录音止）

　　想要留得住人，留得久人，善待民工的同时，还要把重点放在民工身上，需要社会注重对他们可持续发展的培养，让农民工真正融入城市。浙江省劳动和社会保障研究院院长陈诗达说：

　　（出录音）从未来经济发展方式转变，从工业化、城市化发展角度出发，我们共同来推动农民工职业技能开发行动。通过几年下来，使他们无论在教育文化、技能方面都有大的提高，很多农民工真正能够融入城市。（录音止）

（浙江广电集团浙江之声 2010 年 3 月 24 日）

　　这篇评论抓住了"民工荒"当下以及未来几年的这一社会热点问题进行分析，提出了以人为本、善待民工、缓解民工荒的做法，具有现实借鉴意义。为完成这一重大选题，记者分别深入诸暨、温州、杭州等地的企业、劳动力市场，采访了大量农民工、企业主，还采访了一批从事农民工研究的专家、学者，请他们从理论、实践等方面，剖析、论述发生民工荒的深层次原因，以及缓解民工荒的思路，使报道更具说服力，更具理论、思辨色彩。本报道相比同时期其他报道，视角更为广阔、立意更为深远，并提出了"方法论"，反映出这是经过大量调研采访后的作品具有前瞻性，在应对民工荒时给企业提出了有效方法，如今不少企业也正是因为做到了这一点才留住了人。写作手法上，报道从小角度切入，从小人物入手，情真意切，让普通百姓从心底里真正"听"进去。报道不仅揭露了"民工荒"这一阵痛的表象，更提出解决阵痛的"方法"——以人为本，善待民工。

　　"源于新闻，高于新闻"是写好配论的一个基本问题。怎样实现这个要求，需要在实践中边摸索边总结。有人编了这样两句话："一、配源详者配论略，配源略者配论详；二、配论与配源要联系而不拘泥，展开而不扯远。"细想想，这话是有道理的。

　　配论高于配源，要注意高得适度、高得合情合理、高得合乎事物内部的规律，不能扯得太远，更不能高得悖于情理、悖于事物内部的规律。如果那样，就不是高于配源，而是脱离配源了。

　　写新闻评论，不能脱离新闻事实空泛地去讲道理，也不能就事论事。必须从个别新闻事实，引发具有普遍意义的命题。

　　新闻评论说理是比较"实在"的。它的说服力、感染力，往往是通过它所评论的新闻事实而得以显现的，"以实论虚"、"就实论虚"往往是它论理的基本方式。如果脱离新闻事实去发议论，或是就事论事地评点一下是非，都不可能获得如此显豁的效果。

　　（二）要防止片面性、绝对化，坚持具体问题具体分析

　　新闻评论的篇幅比较短小。它往往"大处着眼，小处入手"，从重大的社会问题中选取能反映事物本质的某一点或某一个侧面作评论的"突破口"。它的论理简洁、扼要，既不铺陈论据，也不作周详的论证推理，而是撮其要义，简约行文。因其篇幅短小，简约行文，集中笔力论述某一点而不全面铺开，因此，特别要防止片面性、绝对化。

　　不能把复杂的矛盾简单化。不能说好就绝对的好，说坏就绝对的坏。不能孤立、静止地看待事物，片面地强调某一点，而忽视了事物的其他方面。不能感情用事，混淆了不同性质的矛盾，或失去了论断的分寸。新闻评论篇幅短小，论述简约，它更需要"以理服人"，把理"说在点子上"。如果论理时主观、片面，就没办法叫读者信服。防止片面性和绝对化最好的办法是具体问题具体分析，把事物放到具体的历史条件下加以论述。

（三）要深入浅出，生动活泼

新闻评论对读者没有强制性和约束性。它要以事实说话，以理服人，以情动人，以自身的活泼因素、生动因素去吸引人、感染人、说服人。如果一篇评论不讲道理，或道理讲得不好，或是板着面孔教训人，或是故作高深，呆板乏味，群众不爱看也不爱听，那能起什么作用呢？

写评论，要能够"深入浅出"。深入浅出，既涉及内容，也涉及文风。要把问题谈深刻，首先是自己对所评论的事物有充分的研究和深刻的理解。只有自己理解得深刻，才能讲得深刻。其次，自己理解深刻了，还要把深刻的思想内容和通俗的论述结合起来，讲得浅近易懂，不要故作高深，不要把读者当"阿斗"，板着面孔训人。要把读者当朋友。要了解读者，熟悉读者，掌握他们的特点与需要，学会用他们所熟悉的实际事物和表达方式说理。

评论的语言还应写得生动活泼。不要空话、套话连篇。不要晦涩艰深，不要矫揉造作，不要装腔作势。应通俗易懂，情理兼备。在论述说理的过程中，可适当穿插一些形象把道理讲活。可多用一些生活中的、活在群众口头的语言，要有真情实感，要朴素精练而不失活泼。如：

娱乐，别忘了文化品位
胡光凡

当今，"快乐"已成为一种最畅销的消费文化产品，生产"快乐"的文化产业如日中天，娱"风"乐"雨"日益弥漫于我国的荧屏、银幕、歌厅、网吧、各种晚会以至节日庆典，成为人民生活中须臾不可离的一种流行文化。

有人说得好：我们在强调提升国家文化软实力的时候，不能把诸多为大众提供娱乐的流行文化产品从视野中划出去，而是应当把它们划进来。在今天人民大众的文化权益受到充分尊重的时代背景下，我们已不能再以远离大众的审美需求为前提，以放弃文化的消费市场为代价来完成"艺术圣殿"的营造。从满足人们休闲、消遣和审美的需要看，大众娱乐（俗）和高雅艺术（雅）之间的界限并不是那么泾渭分明而又一成不变的。人们知道，早在19世纪美国的艺苑，莎士比亚剧作既是高雅的戏剧艺术，也是充满世俗性的歌舞杂耍。在中外艺术史上，又有多少往日"曲低和众"的"下里巴人"，随着时空条件的转换和推移，后来都成了雅俗共赏的"阳春白雪"？！

谁也离不开娱乐，谁也不能反对娱乐。但我又始终认为，娱乐仍然有文野、高低之分，即具有不同的品位。从美学和心理学的角度分析，娱乐的内在结构包含三个层次，它们构成娱乐完整的文化内涵。

首先，娱乐意味着游戏，它源自人们与生俱来的游戏心态，是一种自我宣泄的方式。那种由于感官刺激和情绪宣泄而产生的快感，属于较低层次的娱乐。其次，娱乐具有益智的意义，它可以激活人们的想象力，满足人们的好奇心和求知欲，增长人们的知识、技能和智慧。那种足以开启人的心智、健全人的体魄的娱乐，已属于高层次的娱乐。最后，娱乐具有审美享受和美育的意义，这是它的更高层次的内涵。这样的娱乐追求高尚的情调和思想，可以让人的娱乐本性在审美中获得升华。换句话说,高品位的娱乐不只是让人快活,也不是让人在这种快活中沉醉,而是以游戏和审美为桥梁,通过潜移默化,使人的本性中那些美好的东西释放出来,从而点燃人的希望和理想的火炬,让人们在人生旅途的漫长而艰难的跋涉中,获得勇气和力量,找到心灵慰藉、补偿、休憩的"家园"。

由此可见,感性的直观形象(形式、技术、包装等)只是娱乐的外在形态和表现手段,文化内涵(特别是其核心的价值观)才是娱乐的灵魂。具有不同的思想文化内涵和外在表现形态的娱乐活动(节目),也就有着不同的品位。正是在这个意义上,如果说真、善、美的统一是艺术的最高标准的话,那么,它也应当是娱乐的最高境界。

放眼今日的电视荧屏和歌厅、剧院等娱乐场所,那种文化内涵浅薄、品位不高和缺乏创意的现象,在许多娱乐节目中都或多或少地存在,可谓司空见惯;而真正达到思想性艺术性观赏性有机统一的高品位的娱乐文化精品,却较为少见。尤有甚者,一些庸俗、低俗、媚俗的文化垃圾,总是打着娱乐的幌子,变换各种花招,不时出现在人们的眼前,污染文化环境,败坏社会风气。这种现象告诉我们,大众文化在坚持娱乐性的同时,如何以社会主义核心价值观和先进文化理念为指导,努力提升各种娱乐活动(节目)的文化品位,并力求创造出更多一些为广大群众喜闻乐见的娱乐文化的精品力作,是当前一个亟待重视和解决的问题。同时提醒我们,要时刻警惕市场化操作对娱乐活动文化品位的侵蚀,在任何情况下,都要坚持把社会效益放在首位,远离"三俗"之风。

人民大众呼唤高品位的娱乐!这是他们不断提高的精神文化需求所决定的,也是社会主义文化艺术的性质和任务所决定的。马克思说得好:"艺术对象创造出懂得艺术和能够欣赏美的大众——任何其他产品也都是这样。"包括大众娱乐产品在内的精神文化生产,从根本上决定、支配着精神文化消费的走向。

媒体和艺术家的神圣使命是,不断增强自己的责任感和精品意识,用优秀的产品(作品)去引导、提高、改造、拓展和丰富广大受众的审美视野、艺术素养、欣赏趣味和人格情操,从而培养、造就出能够理解、接受和欣赏更高品位的精神文化产品(包括娱乐产品)的大众,而不是反其道而行之,充当少数人不健康的消费趣味的应声虫和代言人。

(《湖南日报》2010 年 11 月 23 日)

现在流行文化占有很大的市场,它在带给我们快乐的同时负面影响也日益显现。编辑为此约了有关方面的专家就这个问题进行论述性的解读。文章见报后社会反响强烈,不少网站转载。许多读者还特地打电话到本报编辑部谈感受,认为文章针对性强,既说出了人们普遍的忧思,又提出了解决的方法,令人警醒,给人启发。

再看下面这篇网络评论:

从犀利哥事件看网络媒体的责任与良知

李广华

只因他是个流浪汉、乞丐,就有人以此做文章,极尽其能事来恶搞,分析他的发型像什么,分析他的手提袋是什么店淘来的,分析他的裤带是什么品牌等等，完全是拿一个弱者开玩笑。

在当今的互联网中，部分网民习惯于把注意力集中到那些猎奇、低俗、炒作的非正常事件上，究其原因有多种，但和当下我们社会的多元，一些人价值观偏离、道德缺失、泛娱乐化倾向不无直接关系。像芙蓉姐姐、凤姐走红等怪现象就是佐证。网友"NB"就提出：如此炒作势必会影响尚无辨别能力的青少年。网友"xj168"在留言中说："我们的网络如果继续任由这种变态的心理泛滥，炒作些无聊的事，必将毒害更多的人。"

由于网络的特殊性，现在很多事件往往从网上开始刊出并炒作，甚至是越炒越红，论坛、博客、视频等跟进，不辨是非地追求人气和点击量，一些媒体完全丧失了自己的责任和良知，将个别怪诞、荒唐的事件大肆渲染，混淆视听，愚弄网民网友。

犀利哥事件也给我们敲响了警钟：媒体在遇到类似的事件中应该保持冷静，担当起自己的责任和良知，不应助推畸形心态的泛滥。一个健康的媒体环境，离不开媒体自身所担当起来的责任，它包括正面引导，肩负责任，鞭笞丑恶，弘扬正气，创建和谐。

（宁波网）

2010 年 2 月下旬，网友上传了宁波街头的一个流浪汉的照片，短短几天内，这位被称为"犀利哥"的流浪汉，迅速走红网络，不仅红遍国内，在港台、国外也迅速蹿红，成为人们议论的热点。然而，这个经网友包装、加工、恶搞、能"伤"人眼球的"犀利哥"，本身却是个有些智障的流浪汉。事件发生后，宁波网迅速组织网评员发表评论进行正面引导，2月 28 日，宁波网首页刊发了时评《从犀利哥事件看网络媒体的责任和良知》，对犀利哥事件进行了冷静的分析和反思，及时指出这种现象反映的是蔑视生命和不尊重弱势群体的不良心态，需要立即刹车，有力地引导网民来关心和帮助弱势群体。宁波网刊发关于"犀利哥"的正面报道以及评论后，在社会各界引起了强烈的反响，许多网友改变了原有的嘲讽心态，改为同情帮助。宁波天一论坛迅速发起"帮助犀利哥寻找家人"的活动，众多网民热情参与帮助，宁波救助站也对犀利哥进行了救助和治疗，在社会各界人士的帮助下，3 月 7日犀利哥终于回到家乡与亲人团聚。

第五节　学习提示与练习

一、学习提示

本章讲的新闻写作，主要是报刊新闻，有了这个基础，电视新闻的写作也就能够变通了。在大学新闻专业中，"新闻原理"、"新闻采访"、"消息通讯"、"新闻评论"等方面的内容，是作为专业课或选修课逐一开出的。考虑到中文专业学生学习的特点和需要，本编将这些内容浓缩、集中在一起阐述，以期对新闻写作有一个基本的、全面的了解。如进一步发展，可在此基础上进一步深造。

本编第一章是重点中的重点。对这章所讲的新闻价值、新闻主题、新闻语言、新闻采访、新闻写作的原则，应透彻理解，全面掌握。以下诸章，消息、通讯、新闻评论是重点。

学习新闻写作，首先要从消息写作入手，消息写作是记者的基本功，初学者首先要从概述入手，掌握消息的基本结构形态，掌握标题、导语、主体的制作，懂得运用新闻背景，然后是熟悉常用消息种类。掌握消息写作之后，则要进一步了解通讯，从事新闻工作，如果只知道写消息，肯定是不能胜任的。通讯写作，则要透彻理解消息和通讯的异同，准确把握通讯取材和表达方面的特点，然后进入常见通讯种类的写作。掌握通讯写作之后，学习新闻评论的写作，则是进一步的提高。大家知道，在新闻单位，能写评论的都是业务骨干，如有志于新闻写作，应对自己有更高的要求。写新闻评论，则应从短评、编者按、专栏评论入手。

学习新闻写作，要掌握新闻原理及有关的常识，明白规矩。对于中文专业的学生来说，不要把新闻写作混同于文学写作。要多读一些新闻作品，包括新闻史上留下的经典以及当下的报刊。当代报刊应多关注正规的大报，不可把一些不规范的小报作为自己学习的"榜样"。另外，自己平时要动手写一写新闻。

二、思考

根据学习提示，将本编重点找出来并自己整理，学习中如有不明白的地方，提出来请教老师。

1. 试述新闻敏感与新闻价值之间的关系。
2. 试述新闻语言的基本特点并将其与文学语言作比较。
3. 试述消息语言与通讯语言的异同，并举例比较。
4. 试述新闻评论的论理与一般议论文论理有何不同。
5. 试述自己学习新闻写作的难点是什么，你是如何解决的。

三、练习

1. 下面是某晚报一条消息的导语，请据此拟一个双行标题。

　　　最近，平果县人民法院太平乡法庭受理了一起令人啼笑皆非的"离婚案"。这对结婚已达五年之久的小夫妻，至今双方年龄均未达到法定婚龄，女的 19 岁，男的仅 17 岁。更让人难以置信的是，"丈夫"如今仍在读小学。

2. 从报刊上找出五条你认为写得最好的消息导语，并说明理由。

3. 从报刊上找出动态消息、综合消息、经验消息、人物消息、述评消息各一条，分析其标题的拟制，导语的类型、优劣，结构的安排，背景材料的运用。

4. 查阅某一报刊一个月内所发的社会消息，并对其所发的社会消息作出自己的评价。

5. 找一篇可以改写为消息的通讯，将它改写为消息。

6. 采写一条消息。

7. 采访学校领导、社团负责人或某位知名学者，写一篇专访。

8. 从报上找一篇报道，为它配写一个短评，或加编者按。

第四章　经济文书

【教学提示】经济文书与我们的关系越来越密切，特别是大学毕业后进入企业，运用这种文书的机会会更多一些。了解和掌握经济文书的写作，是时代对我们提出的要求。经济文书种类繁多，有的过于专业，有的过于简单。一般同学比较容易切入的是合同、广告、市场调查、策划文书。学习经济文书的写作，可从这些文体入手，适当涉猎经济学方面的一些知识。

第一节　经济文书写作概述

一、经济文书的含义及特点

经济文书是运用于经济活动、服务于经济目的的应用文体。它的特点与经济活动规律密切相关。写作学界有财经写作、经贸写作的提法，其实都属经济文书的写作。

经济文书的写作对象，是经济活动。在写作上除遵循实用文写作的基本规律外，还应考虑经济活动的规律性。

经济文书的特点主要有：（1）现实性。经济文书直接针对经济活动需要而制作，因此具有相当强的现实性。制作经济文书，必须对经济活动的现状进行周密翔实的考察，在全面了解情况的基础上解决实际问题。（2）实效性。经济活动是以获得效益为出发点的，经济文书的写作，要时时扣住效益做文章，在内容安排上要考虑实效，在形式的布局上要一目了然，在文字表达上要简洁明确，让读者能准确地了解作者的意图，从而使经济活动顺利进行。（3）精确性。经济活动中，特别注重文字表达的准确。在经济文书的写作中，比一般应用文更注重措辞的精确，以免造成不必要的损失。如合同措辞，模棱两可的文字时常是造成经济纠纷的根源，在写作中，应注重文字推敲。（4）可行性。经济文书有非常强的实用性，注重成文后的可实施性。因此，在经济文书的构思中，对文章内容是否能在经济活动中顺利实施，应有整体把握。（6）专业性。经济活动有一定的专业性，在经济文书的写作中必须对经济规律有一定认识，对经济名词术语有一定的了解，表达上使用业界人士惯用的语言和体例，措辞严谨、大方。

二、经济文书的种类

按经济活动的内容，可把经济文书分为七种：

（1）制度类经济文书，包括章程、员工手册、守则、制度、条例、办法等。

（2）企划类经济文书，包括各种经济活动策划、营销策划、广告策划、形象策划等。

（3）报告类经济文书，包括市场调查报告、经济活动分析报告、市场预测报告、可行性研究报告、审计报告、纳税检查报告、资产评估报告等。

（4）契据类经济文书，包括合同和协议书以及各种借据、凭单等。

（5）广告类经济文书，主要指各类商品和企业形象广告。

（6）招标类经济文书，包括招标书、招标邀请通知书、招标章程、投标申请书、标书、中标通知书等一系列文书。

（7）信息类经济文书，主要是各类经济信息报道，如经济消息、经济通讯等。

以上经济文书均指国内通用的经济文书；涉外经济文书的写法按约定的国际惯例，本书不讨论。

三、经济文书的写作要求

经济文书是服务于经济活动目的的。因此，具有一定的针对性和专业色彩。与一般事务文书相比，在写作上，它有自己的追求：

（一）内容务实严密，讲究效率

经济文书是为实用目的服务的，必须适应商品经济讲求实效的要求。在内容上，一方面，应尽量考虑到各个环节和可能发生的情况，预先设计好对策和方法；另一方面，不能空谈理论，必须落到实处，使每一个具体情况都有章可循，有法可依。

经济文书的写作中，往往要考虑人、物、资金的配置问题，这些直接关系到经济活动能否顺利进行。这就要求经济文书的作者不仅是个文字工作者，而且是该项经济活动的策划者、组织者，应当有全局的、宏观的视角。在构思时，经济文书也绝不像一般文章用合理的形式表达观点就可以了，必须高屋建瓴地统摄整个经济活动的始终。从资金的来源、调配、预算、决算，到人员的分配、物质的使用、时间和地点的选择等等，都必须严密地考虑和部署。

（二）行文格式整齐，专业规范

经济文书是应用文的一类，有其特有的固定的写作规律，模式化是其结构上的特色。格式是为了提高经济文书行文与阅文效率而存在的，在经济文书的写作格式上一般不需要另辟蹊径，别出心裁。制度有制度的格式，合同有合同的格式，不遵循各类经济文书特定的格式要求，是无法获得合法认同的。

经济文书还具有较强的专业性。这就要求经济文书的作者必须掌握一定的经济专业常识。如果对一些经济概念、名词都不熟悉不了解，就不可能准确传达信息和表达观点。如写金融方面的文书，经常会接触到诸如风险投资、印花税、牛市、基金、净资产收益率等名词，而写广告方面的文书，你可能会遇到诉求、定位、编码等名词。了解和掌握一些经济学知识，对于经济文书的写作是非常必要的。

（三）语言客观准确，平实庄重

经济文书做到"辞达意而已"就可以了。经济文书的语言尤其要强调准确，尽量减少歧义的发生。经济文书特别讲究炼词造句，不是把词句锤炼得优美动人，而是把词句推敲得滴水不漏，毫无破绽。某一个词语的疏忽，表意不明确，都可能造成重大的经济损失和不可设想的后果。所以，经济文书的语言要经得起实际运用的考验，经得起推敲。

读者一般是出于公务或实用目的阅读经济文书的，因此，没必要也不应该在文书中充斥主观个人色彩和感情因素。面向大众谈公事是经济文书作者必须具备的写作心态。语言上追求客观而准确的表达，态度上追求平实庄重，彬彬有礼，不卑不亢。

第二节 合同的写作

契据类经济文书是双方或多方共同协议订立的有关买卖、抵押、租赁、转让等关系的文书，包括合同、协议书等。协议书的内容比合同单纯，使用较宽泛，合同则受合同法的严格制约，使用更严谨。本节主要介绍合同的写作。

一、合同概述

按《中华人民共和国合同法》(1999 年 3 月 15 日第九届全国人民代表大会第二次会议通过)规定：合同是平等主体的自然人、法人、其他组织之间设立、变更、终止民事权利义务关系的协议。由此可见，合同是为实现一定经济目的，明确相互权利义务关系的协议。

合同的种类很多。按内容分有：买卖合同，供用电、气、水、热力合同，赠与合同，借款合同，租赁合同，融资租赁合同，承揽合同，建设工程合同，运输合同，技术合同，保管合同，仓储合同，委托合同，行纪合同和居间合同，著作权合同等。根据合同的法律特征，合同还可分为以下类型：

(1)有名合同与无名合同。有名合同指有法律明文规定并赋予一定名称的合同，也叫典型合同。如合同法上规定的赠与合同、借款合同、租赁合同、融资租赁合同等都是有名合同。无名合同是法律上没有明文规定的合同。有名合同适用法律专门规定；无名合同根据合同法第 124 条规定，可参照法律关于有名合同的最相类似规定。

(2)要式合同与不要式合同。根据合同法规定，当事人订立合同，可以采取口头、书面或其他形式。要式合同是法律规定或当事人约定具备特定形式的合同，如书面合同。不要式合同多为口头或其他形式的合同。未采用书面形式，合同并非一定无效，只要当事人一方已经履行了主要义务，对方又接受的，该合同也视为成立。

(3)单务合同与双务合同。单务合同是指合同关系中一方只承担义务，另一方只享受权利的合同，如赠与合同、借用合同等。双务合同是指双方当事人互有债权、互负债务的合同，如买卖合同、运输合同、承揽合同等。在双务合同中，当事人的权利义务互相对应，互为对价。基于权利义务相对应的这一特点，双务合同具有特殊的效力：一是双务合同一方不能履行时，他方享有解除权；二是法律赋予双务合同当事人在合同履行中以抗辩权。单务合同则不具备上述效力。

(4)主合同与从合同。主合同指不依赖其他合同而能独立存在的合同。从合同指必须以其他合同的存在才能成立的合同，如抵押合同、保证合同等。主合同变更或消灭，从合同原则上也变更或消灭，而从合同的变更或消灭原则上并不影响主合同的效力。

(5)格式条款合同与非格式条款合同。格式条款，又称标准条款、标准合同、定式合同或附合合同，指当事人为了重复使用而预先拟定，并在订立合同时未与对方协商的条款。这种合同广泛应用于民用运输、电信、保险、邮政及水、电、煤气供应等行业。格式条款合同具有简化缔约程序、节约交易成本的好处，但也有内容容易显失公平的弊端。因此，法律上对格式条款有特殊的规范约束，如果格式条款有显失公平的现象，该条款无效；如对格式条款的理解有争议，应作出不利于提供格式条款一方的解释。

(6)一时性合同与继续性合同。一时性合同指一次给付，合同内容就实现的合同，如买卖、承揽、赠与等合同。继续性合同指合同内容不是一次给付即可完结,而是继续履行的合同,如租赁、借用、仓储等合同。

(7)为自己利益订立的合同与为第三人利益订立的合同。为自己利益订立的合同,是指订约当事人自己享有合同权利和直接取得利益的合同。为第三人利益订立的合同,就是指订约的当事人一方不得为自己,而是为第三人设定权利,使其获得利益的合同。人身保险或财产保险的投保人指明受益人的保险合同,就是典型的为第三人利益而订立的合同。

合同有特定的法律特征:

(1)合同是一种民事法律行为。合同的目的就是建立一定的法律关系,合同一经签订、公证后,就意味着双方具有由此产生的权利义务关系。合同的制定,必须符合法律要求;一经签订,就受到法律保护。当事人的义务要受法律监督,不履行或不完全履行合同要承担法律责任。

(2)合同是当事人意思表示一致的法律行为。合同这种反映双方或多方当事人为达到特定经济目的和法律后果的共同一致的特征,是它区别于其他法律行为的基本标志。合同必须是各方当事人协商一致,都同意认可、没有分歧的产物。

(3)合同当事人的法律地位平等。合同是当事人各方在平等自愿的基础上产生的民事法律行为。在合同关系中,当事人无论是法人还是公民,或是上下级机关,无论其地位高低,其法律地位都是平等的,任何一方不能把意愿强加给他方,否则,合同无效。

二、合同的写作

合同订立的程序是指当事人之间对合同内容进行磋商,取得一致意见的过程,一般要经历两个阶段:要约和承诺。在实务中,合同的写作程序与合同的订立程序几乎是同步进行的,要约和承诺阶段可以视为合同文本写作的草拟阶段。

要约又称发盘、发价和报价,是希望和他人订立合同的意思表示,要约的内容包括订立合同的愿望、合同的主要条款、要求答复的期限。承诺又称收盘或回盘,是指受要约人在规定的期限内对要约人提出的主要条款表示完全同意。

当要约和承诺这两个法律行为完成,则合同内容已协商一致,合同文本处于定稿阶段。合同文本内容定稿之后,经当事人双方在合同书上签名和盖章之后便能生效。这是对绝大多数的一般书面合同而言,而特殊书面形式合同除了当事人的签名和盖章,还须经国家有关机关认可,公证、鉴证、批准、登记之后方能生效。

合同的内容必须全面具体,必须预计到未来履行时会遇到的种种情况,预先在合同条款中作出预防和限制,以免为以后的执行留下漏洞和后患。如某大饭店与某国公司签订了一份房屋租赁合同,合同标的写的是"将饭店八层全层包租给某国公司"。结果某国公司住进饭店后占用了第八层的全部房间,包括开水房、服务员值班室、休息室等。第八层的服务员只得在楼道内值班,连个坐的地方也没有。如果在制定合同时,就能预先考虑到这些方面,并予以事先规定,对"全层"的含义作出更明确的表述,就不会出现这样的纠纷了。

合同的语言必须高度准确,多使用限制性词语,语意简洁明确,没有歧义。合同的用词必须高度准确,即明确每一个词所表示的确切含义,包括词的范围、程度深浅、分量轻重以及与其他近义词的区别等。合同的语言须多推敲,准确表达双方的意思,避免歧义,真正达到双方意思表示一致的效果。如某运输公司与某承包人签订的运输承包合同规定:

"承包人每月向运输公司上缴纯利润 2000 元。"这里的纯利润该如何理解？一种解释是：纯利润＝总收入－税金－职工基本工资；一种解释是：纯利润＝总收入－成本－税金。由于双方理解不一，就发生了争议和纠纷，影响了合同的执行。合同应采用规范的书面语表达，一般不用方言词和口语词。同一农产品，各地有不同的叫法，如黑木耳，北方多叫做"木耳"，南方有些地方叫做"云耳"；红薯，有的地方叫"白薯"，有的地方叫"地瓜"。因此，在称呼上，必须统一为最普遍最通用的名称，必要时还应加上详细说明。多用限制性词语，使语意明确。限制性词语，主要是一些副词、介词及其短语，也包括名词、形容词及其短语。如"必须"、"之内"、"包括"、"除……"、"为止"、"尚未"、"已经"等词语，可对事物的性状予以一定的规定，使合同语意更加周密严谨，增加合同的准确性。

写合同必须采用一定模式。合同格式的模式化，是为了保证合同的法律权威和保证合同的有效履行而产生的。合同的格式有表格式和条款式两种。这里主要介绍条款式合同的写法。

条款式合同一般由四个部分构成：首部、正文、尾部、附件。

（1）首部。此项内容是确定当事人、确定合同权利与义务承担者的主要依据。由标题、当事人基本情况及合同签订时间、地点构成。

标题，也就是合同名称，一般写明合同性质即可，如"买卖合同"、"借款合同"等。也可在性质和文种外加上内容提示，如"房屋租赁合同"，将"租赁合同"明确为"房屋租赁"。

当事人基本情况及合同签订时间、地点，位于标题之下，正文之上。要标明"订立合同单位"或"订立合同人"，分别写上合同当事人双方的单位全称或个人姓名。为了行文简便，再标明简称一方为"甲方"（或买方、需方），另一方为"乙方"（或卖方，供方）。如果有第三方，可成为"丙方"。但不能用"你方"、"我方"、"他方"这样的简称，以免引起混乱和误解。当事人名称之下，应写明其联系方式和固定地址。

（2）正文。合同正文主要由反映内容要素的主要条款构成。合同正文必须准确地规定下列要素：

①标的。标的是合同当事人权利及义务共同指向的对象，也就是当事人要求实现的目的。不同种类的合同标的也不同。借款合同，标的是货币；货物运输合同，标的是某种劳务活动；购销合同，标的是某种产品；著作权合同，标的是智力成果。合同必须借标的的存在而存在。

②数量和质量。数量是以数字和计量单位衡量标的的尺度。除了数字要具体、准确外，还要说明采用何种计量单位和计算方法。有些产品数量较难做到十分精确，则应规定交货数量允许的超欠幅度、合理的磅差、正负尾数和途耗等。

质量是检验标的内在素质和外观形态优劣的标志。产品质量的技术要求，包括物理（或机械）性能、化学性能、使用特性、耗能指标、工艺要求、卫生和安全要求等。凡是有法定标准可依据的，要指出遵循的是国家标准、部颁标准还是地方或企业标准；没有法定标准可依据的，要明确双方协议的具体标准以及检验方法。

数量和质量是标的的重要描述，如果光有标的，而对其数量与质量等方面不作严格具体的规定，就会造成重大损失。如一则苹果买卖合同，标的仅写"红富士"苹果，没有关于标的物大小、成熟度、外观要求的具体限定词，货到后，买方一看，苹果不仅小而且疤痕多，品相很不好，但欲诉无据，只得自认倒霉。

③价款或者报酬。这是标的的代价，即合同中的一方用货币形式付给另一方的代价。价款指为取得对方产品而支付的代价；报酬也称酬金，指为获得对方的劳务或智力成果所支付的代价。两者合称价金。合同中，必须明确规定标的价金数额、计算标准以及支付方式。国内经济关系，除法律另有规定之外，必须用人民币计算和支付；同外商签订的，要规定以人民币或外币形式计算支付。

④履行期限、地点和方式。履行期限是指交付标的和支付价金的时间界限。期限规定得越具体明确越有利于当事人各方安排生产、组织收购或完成其他特定的任务。不能订无限期的或没有明确期限的经济合同。

履行地点指合同双方交、提标的的地方。地点一定要有明确具体的规定，因为它涉及履行期限、费用负担问题。

履行方式是指支付标的的手段(工具)，对是供方送货、需方自提还是委托交通运输部门托运，以及运输工具等，都必须有明确的规定。

⑤违约责任。违约责任又称"罚则"，是对不按合同规定履行义务的制裁措施。合同的核心问题是法律责任，明确违约责任对于维护法律严肃性、督促当事人信守合同义务，具有重要意义。违约责任应是对合同双方的要求，对一方要求而对另一方没有要求，是违背公平原则的。

违约的经济制裁措施主要是过错方给对方支付违约金、赔偿金和承担由于违约而多支出的运费、仓储费用等。

⑥解决争议的方法。如果合同的履行过程中发生了争议，双方将采取什么手段解决，是仲裁还是诉讼，对仲裁机关和诉讼的管辖法院也应做相应的规定和说明。

(3)尾部。即合同的落款，包括署名、日期和附项。

署名在正文下方，由双方当事人单位签名、盖章。如果需要双方或多方主管机关或鉴证机关审批，需写上主管机关、鉴证机关的名称并加盖印章。数额较大、周期较长的合同，还要有司法部门公证机关审查盖章。

日期，以签订合同的日期为准。

附项，指合同当事人的地址、邮政编码、电话号码、电报挂号、电传、图文传真、银行账号等。这部分内容标于日期下面。它既是当事人具备法人资格的佐证，又便于互相联系。

(4)附件。附件主要是对合同标的条款或有关条款的说明性材料及相关证明材料。如技术性较强的商品买卖合同，需要用附件或附图形式详细说明标的的全部情况。合同附件是合同的共同组织部分，同样具有法律效力。

第三节　广告的写作

一、广告的含义

广告是一种向公众介绍商品、服务或文娱体育节目的宣传方式。广告有广义和狭义之分。广义的广告，包括非经济广告和经济广告。非经济广告，是指不以盈利为目的的广告，如政党、机关、团体、单位乃至个人的宣言、告白、启事、声明以及公益广告等。狭义的广告，即经济广告，又称商业广告，指以盈利为目的的广告。它是为适应经济活动的需要，由广告主付出一定的费用，通过各种传播媒介，向社会广泛而公开地传播经济信息的一种有效宣传方式。我们这里讲的是狭义的广告。

广告是商品经济的产物。它伴随着人类社会商品交换的出现而产生，又伴随着商品生产和商品交换的发展而日趋兴旺。在我国，自改革开放以来，随着社会主义市场经济的发展，经济广告也日益兴旺发达，水平不断提高，已渗透到人们生活的各个角落，成了传播各种经济信息的重要载体，成了联系工业和商业、生产经营者和消费者的纽带，成了促进生产、指导消费、扩大流通、活跃经济的有力手段，成了一个国家和地区经济发展和精神文明的象征，成了商品或企业起死回生、再创生命新周期的重要工具。经济广告，作为市场经济活动中的佼佼者，生存于社会，依附于社会，活跃于社会，服务于社会，贡献于社会，甚至可以创造潮流，激励竞争，有效地影响、改变着人们的消费观念和生活方式。

经济广告的种类繁多，可从不同的角度、按不同的标准进行分类：按内容分，有商品广告、劳务广告、企业广告、观念广告、公关广告等；按媒体分，有报纸广告、杂志广告、广播广告、电视广告、邮递广告、路牌广告、招贴广告、交通广告、灯光广告、赛场广告等；按表现方式分，有感性诉求广告和理性诉求广告；按广告生命周期分，有开拓期广告、竞争期广告、维持期广告；按文稿体式分，有简介体广告、格式体广告、消息体广告、对话体广告、自述体广告、书信体广告、诗歌体广告、散文体广告、戏剧体广告、相声体广告、快板体广告、童话体广告、寓言体广告、日记体广告、书证体广告、献辞体广告等。

初学者往往将广告等同于广告口号，其实，广告口号只是广告写作中一个内容。学写广告一般要从广告策划开始，再落实到广告文案的写作。

二、广告策划的含义

任何一项活动都离不开策划，广告也是这样。广告活动的成功与否，在很大程度上取决于广告展开前的策划工作是否周密准确。所以要确保理想的广告效果，就必须首先做好广告策划。一份完整的广告策划一般应包括如下内容：

（1）引言。简要说明制定本策划书的缘由，企业的概况，企业的处境或面临的问题，希望通过策划能解决问题。或者简单揭示策划的总体构想，使客户未深入审阅策划书之前，能有个大概的了解。

（2）市场分析。市场分析主要包括三个方面的内容：①背景资料：与被策划产品有关的市场情况；②目前同类产品情况：目前国内市场中进口、国产的同类产品的几种主要牌号，几种主要牌号的知名度与美誉度如何；③同类产品的竞争状况：可分为国内市场与国际市场分析。

（3）产品分析。主要分析被策划产品有哪些优越性及不利因素。可分为：①产品特点：具体分析产品的工艺、成分、用途、性能、生命周期状况；②产品优劣比较：同国内及进口的同类产品进行比较。

（4）销售分析。销售是市场营销的重要组成部分，透彻地了解同类产品的销售状况，将为广告促销工作提供重要的依据。销售状况分析有下列内容：①地域分析：同类产品销售的地域分布与地点；②竞争对手销售状况：分析主要竞争对手的销售手法与策略；③优劣比较：通过分析比较，找好本策划产品最有利的销售网络与重点地区。

(5)企业目标。企业目标分为短期和长期两种。短期目标以一年为度，可具体定出增加销售或提高知名度的百分比。长期目标是三至五年，广告策划中提到企业目标，可以说明广告策划是怎样支持市场营销计划，并帮助达到销售和盈利目标的。

(6)企业市场战略。为了实现企业的经营目标，企业在总市场战略上必须采取全方位的策略，这些包括：①战略诉求点：如何提高产品知名度和市场占有率；产品宣传中是以事实诉求为主还是以情感诉求为主；②产品定位，可以选择高档、中档、低档定位中的一种；③销售对象：分析产品的主要购买对象，越具体越好。包括人口因素各方面，如年龄、性别、收入、文化程度、职业、家庭结构等，说明他们的需求特征和心理特征，以及生活方式和消费方式等；④包装策略：包装的基调、标准色，包装材料的质量，包装物的传播，设计重点(文字、标志、色彩)等；⑤零售网点战略：零售网点的设立与分布是促销的重要手段，广告应配合零销网点策略扩大宣传影响。

(7)阻碍分析。根据上面对市场、产品、销售、企业目标、市场战略等的研究分析，已可以顺理成章地找出本企业产品在市场销售中的"难"点。排除这些阻碍，就是下一步广告战略与策略的主要目的。

(8)广告战略。①竞争广告宣传分析，分析主要竞争对手的广告诉求点、广告表现形式、广告口号、广告攻势的强弱等；②广告目标，依据前面企业经营目标，确定广告在提高知名度、美誉度、市场占有率方面应达到的目标；③广告对象，依据销售分析和定位研究，可大略计算出广告对象的人数或户数，并根据数量、人口因素、心理因素等说明这一部分人为什么是广告的最好对象；④广告创意，确定广告总体的表现构思。如广告口号，使用的模特儿、象征物、广告的诉求点或突出表现某种观念、倾向等；⑤广告创作策略，即向目标市场传播什么内容。按照电视、报刊、广播、POP等不同媒介的情况，分别提出有特色的、能准确传递信息的创作意图。

(9)公关战略。公关活动旨在树立良好的企业形象和声誉，沟通企业与公众的关系，增进消费者对企业的好感。公关战略要与广告战略密切配合，通过举办一系列具有社会影响力的活动达到上述目的。

(10)媒介战略。根据广告的目标与对象，选择效果最佳的媒介来将广告信息送达广告对象。包括：①媒介的选择与组合：以哪种媒介为主，哪些媒介为辅；②媒介使用的地区：配合产品的营销需要进行，分重点与非重点地区；③媒介的频率：在一年中可分为重点期和保持期，每种媒介每周或每月使用的次数安排；④媒介的位置、版面：电台、电视台选择哪一种传播时机最好，报刊选择什么日期、版面等；⑤媒介预算分配：对组合媒介所需的费用进行预算。

(11)广告预算及分配。必须把年度内的所有广告费用列入。包括：①调研、策划费；②广告制作费；③媒介使用费；④促销费、管理费；⑤机动费等。

(12)广告统一设计。根据上述各项综合要求，分别设计出报纸、杂志、广播、电视、POP广告的设计稿或脚本，为年度内广告制作的统一设计提供参考或依据。

(13)广告效果预测。预计广告策划可以达到的目标或效果反馈、检测的方法。

三、广告宣传的含义

广告策划做好了之后，企业一般要在一定的时段内展开广告宣传活动。这时，一般要对宣传活动的内容、步骤等做一个整体规划。与之相对应的是活动策划书或实施方案。一份完整的广告宣传方案，一般应包括以下的内容：①客户名称；②承办单位；③活动时间、地点；④活动目标；⑤广告定位；⑥广告主题词；⑦广告宣传活动组合：媒体宣传，户外广告；⑧促销活动组合；⑨广告效果分析；⑩经费预算等。

四、广告文案

（一）广告文案的含义

广告宣传活动的内容和形式是多种多样的，如促销、开奖、传单、商品展销等，都是宣传活动的一个有机构成部分，但其中最直接、最常用的是广告文案。广告文案也叫广告文稿。

广告一般是由文案和图像两部分组成的。广义的广告文案，涵盖了整个广告创意设计的全部内容，包括意义、字句、图像及其排列等；狭义的广告文案，仅指广告作品内的语言文字部分，不包括图像、色彩、布局等非语言文字部分。

通常讲广告文案的写作，是狭义的，即通过一定的媒体向公众介绍和推销商品、报告服务内容的文字，我们习惯称之为广告。一般说来，广告文案具有以下特点：

（1）诱导性。广告文案必须以达到吸引受众注意为目的，如果一则广告引不起受众注意，就是一则无效的广告。因此，在文案的设计上，必须讲究生动，刺激受众的兴趣，使人们关注它。

（2）强调性。引起受众的兴趣后，还必须加深受众的印象，深入受众的意识，从而影响受众的购买行为。在文案中，可采取变化字体、强调视觉效果、标小标题、反复、加大分量等手段，强化受众的印象。

（3）简明性。广告一般都要受到篇幅、版面或时间、空间的限制，人们生活繁忙，不愿意见到冗长乏味的广告。因此，广告文案的表达应简短扼要，鲜明单一。每个广告只宣传一个重点概念，大而全的广告，反而造成重点不突出，令人印象模糊的不良效果。

（4）独特性。广告文案必须有独创性，不能人云亦云。

（5）语言形象生动，通俗上口。

（二）广告文案的构成

广告文案一般由四个要素组成：标题、正文、附文、标语。

1. 标题

标题就像是一个广告在拥挤的大街上跟观众打招呼，如果你不能让别人在第一眼就产生好感或好奇心，又怎能使人家停下来，听你说话呢？当你站在一大堆叫嚣着的广告当中，第一步要做的就是抓住消费者的眼睛。

标题是一篇文案的灵魂。标题在日本广告界又叫"佳句"，可见它需要高超的表现技巧。它是正文的高度浓缩，来自正文又高于正文。对标题的要求是必须要"出位"，与众不同，能一下抓住消费者的视线，引发其共鸣，并且被取代性不高。有时由于标题过于"出位"，需要副标题加以解释说明。也就是说，副标题必须担负起标题与正文之间的"桥梁"角色，起到引见正文推出主角的作用。标题和副标题之间的关系，可以说是虚和实的关系，标题可以海阔天空翻新出奇，副标题则应循规蹈矩，随时纠偏。制作标题的基本要求是：

（1）反映商品。标题要能揭示出与商品之间的联系，让人们一见标题就能联想到商品。当你的产品消费群有着非常明确的界定时，标题还可起到过滤观众的作用，把那些看了也不会买的人过滤出去，把可能购买的人留下来读内文。因此，标题要尽量反映产品利益点，吸引目标消费群。比如说治心脏病的药品，你就得让那些有心脏病的人们从标题就能一眼看明白这是他们所需要的东西，再去读这则广告，这样达成购买率才会高。如果从标题上根本看不出是在卖心脏病药，很多有心脏病或对心脏病药品感兴趣的人（病人家属、朋友）被放跑了，却引来一大堆对该药品不感兴趣的读者，即使他们耐心极好地看完了整个广告，也不可能掏腰包买来试试。

（2）精练醒目。标题要精练清晰，让人一目了然。精练指措词造句的精练；清晰指语意表达的清晰。要选择产品最重要的一个特点，并用最精练的话来表达它。"不要脸的时代过去了，水平衡洁面乳"，就非常地通俗、口语化，如果换成斯斯文文的一句"不注重容貌的时代过去了，水平衡洁面乳"，就失掉了精练和其令人吃惊的效果。

（3）单纯有趣。如痔疮广告："留下你的十块钱，也留下你的痔疮"，突出了便宜有效，十块钱就搞定。这种药肯定还会有许多别的好处可以说，比如说无副作用、疗效快、使用方便等等，但便宜有效是最重要的，所以标题中只说了这一点。千万别胡子、眉毛一起抓，到头来什么也抓不着。

（4）独创易记。人们总是对不同寻常、有个性的东西感兴趣、好奇，没有个性的标题，往往取代性较高，容易被人忘记。现在中央电视台新闻联播节目后，有几个不同商品的广告都是"××的感觉真好"，雷同的广告标题或标语，根本没有特点，给人的感觉如同耳旁风，当然无法留下印象。这样的广告就是无效的，也是失败的。"留下你的十块钱，也留下你的痔疮"就是一句非常有个性的话，如果把它换成"请付给我十块钱，保管治好你的痔疮"，意思虽然一模一样，但却不知平淡了多少倍。

2. 正文

正文是广告的本体，是广告文案中商品信息含量最大的地方。正文的写法没有定式，但无论怎样写，都必须交代清楚三点：一是商品的特色；二是购买这一商品将给人们带来的各种利益；三是减弱对方心中的反感。行文应多用短句，表达单纯明快，语言通俗易懂。

很多时候，并不是每一篇广告文案都"五脏俱全"，在实际操作中如何组织取舍，视需要而定，文案的长短形式亦不拘一格。对于需要详细介绍的产品，如房产、汽车、保险、电器等，文案尽可以满页满页地铺，越详细越朴素越好。因为想买此类产品的消费者必定希望多了解产品，所以不必担心消费者的耐心够不够，倒是对广告的内容够不够充分翔实需要多费点心思。而对于一些本身就比较简单、与同类产品差异又不大的产品，如饮料、服装等，更讲究的是文案的诱惑力。

3. 标语

标语也即口号。文案中常会设计一些广告标语。标语是用一句概括产品特色或企业精神的话，要求醒目精练、朗朗上口。一条优秀的广告标语，不仅可以强化广告文案的宣传主题，而且能够促发公众相互传诵，进一步扩大广告的影响范围。如"杉杉西服，不要太潇洒！"（杉杉西服）"味道好极了！"（雀巢咖啡）"人生百年，难忘湘泉"（湘泉酒），"让我们做得更好"（PHLIPS 电器），前两者是宣传商品，后两者是宣传企业形象，都通俗上口，简洁精练。

标语的制作要标新立异,不落俗套。一般人习惯于文字语言思维和具象思维,广告制作者则要多练习形象思维和抽象思维。如果有一张待定标题的图片,画面是一辆高速行驶的红旗轿车,拖着光影,用"风驰电掣的红旗轿车"、"将一切远远地抛在后面,红旗轿车",这样的标题只能打上六十分。而换一种思维方式,也可以突出红旗轿车的速度:"听,风也给红旗轿车让路",却令人耳目一新,印象深刻。

4. 附文

广告附文以说明联系方式为基本内容,它是经济广告的构成部分,不可缺少。为便于公众联系,广告附文一般应写明组织名称、地址、邮政编码、电报挂号、电话号码、联系人等。有的广告因内容不同,还应在附文里突出某些事项,如商品展销广告附文要突出展销日期,优惠销售可突出价格,等等。

(二)广告文案的写作

广告是广告主通过有偿取得的、可以控制的宣传媒介和形式,它通过产品、服务和观念的社会化、群体化传播,以影响公众、促成整体营销计划。制作广告,要遵守法律制约、行业规范。广告制作受到三个方面的制约:一是伦理。主要体现为两点:禁止虚假、夸大的表现,遵守公平竞争的规则,不得为抬高自己而贬低别人。二是行业和媒体的自我制约。维护行业信誉,是广告业得以长久发展,达到良性循环的基本因素。三是法律制约。我国1995年2月1日起开始执行《中华人民共和国广告法》,广告制作人员必须熟悉广告法,在不违反法律的前提下设计制作广告,否则将负相应的法律责任。

广告活动的流程如下:

研究产品商品属性、市场状况、广告目标等→确立广告概念→设定广告主题→表现主题

从上可见,广告制作必须建立在熟悉广告对象、确立广告概念的基础上,通过对广告对象的准确把握来设定广告主题,最后用文案、图像、声音等形式,将广告概念正确地表达出来。下面就广告文案制作的基本步骤来讲述其制作。

1. 概念定位

概念定位是广告文案制作中非常关键的一环,如果不重视概念定位,则可能前功尽弃,劳而无功。所谓广告概念,是指依据广告产品的属性、市场竞争状况、广告目标等作出的广告表现的基本方针,它要统筹广告的表现点、广告目标人群、市场、广告背景、广告媒体、媒介特点。概念定位可从以下六个方面调研考虑:

(1)商品信息。在制作广告文案时,必须找准这个商品的诉求点,只有透彻了解了商品的属性、长处与短处,才能使广告表现上的卖点明晰,才能确定宣传重点。因此,应充分研究客户提供的企业及产品资料,了解他们的研发意图、名称由来、技术特征等。

(2)消费者信息。创作策略的第一要素就是目标受众,即广告能够到达的目标消费群。因为人的年龄、身份、教育程度、生活形态等等的不同,导致对产品的认知角度也不同,所以广告表现手法也绝不相同。所以创作之前,首先要找到目标消费群,再来研究如何对他们"下手"。

所谓目标消费群就是有可能使用或购买产品的人群。我们必须先确定产品适用于什么年龄范围、什么消费层次、什么欣赏品位的人,即谁是产品的使用者。而产品的购买者就是掏钱买东西的人。在某些情况下,购买者和使用者不一致,这时就要判断出该讨好的是

购买者还是使用者，或是两者兼顾。这主要取决于他们在消费行为中各自起到了什么作用。如婴儿纸尿布，消费过程中，婴儿是无法参与意见的，我们要说服的是购买者——大人；而儿童玩具的选择权和决定权在孩子手里，大人只是执行者，我们要说服的是使用者——儿童；再如高档首饰，使用者是女人，而购买者和决策者可以是男人，也可以是女人，因此就得"两面说服"。

明确了"谁"是目标视听众，接下来就是观察他们的行为，研究他们的思维。观察行为可以借助于各种调查得到一些数据资料，但数据只能作为参考，只能呈现一些表面的行为动作，却无法深入地描述导致行为的内在思维意识。要剖析人的思维意识，就得钻进消费者的脑子，透过事物的表面看本质。例如，同是彩票广告，面对不同的人群就应有不同的应对策略。在某居民小区的农贸市场旁的彩票投注站，其广告是："害怕小钱失去，便失致富机遇。常来投上几注，迟早有缘变富。"这是鼓动家庭主妇、老头老太太们把买菜剩下的零钱拿来碰碰运气。对于已经富起来的人来说，那样的彩票广告就很难吸引人了。因此，一个高尚住宅区的彩票广告写道："十万刚刚起步，百万才能算富，要想富上加富，赶快进来投注。"用彩票大奖金额的巨大，来诱发富人想"富上加富"的购买动机。而在一个有成百上千户个体经营户的大商场内，用这样的彩票广告则比较好："百般生意，苦挣薄利，惟有博彩，一夜致富。"这"一夜致富"对"苦挣薄利"的小商贩来说，可谓是击中要害。在某旅游景点附近，则悬挂这样的广告："仁心施善教，慈悲济苦贫。冥感财神到，赐福博爱人。""一注爱心，一次机会，一中大奖，一生受惠！"这两则广告，突出了买福利彩票"献爱心"的一面。可以想象，众多善男信女在宝殿虔诚地上过香后，路过这里看到这则广告，肯定会动心买上几注，把自己刚刚从菩萨那里带来的福气和慈悲用买彩票的形式体现出来。

从上可见，广告的设计制作必须有的放矢，目的明确。这就要求创作人员必须具备极强的观察能力和分析能力。只有在日常生活中用放大镜观察每个族群的每个细节，才能在创作时得心应手，游刃有余。比如去超市买东西时，留心观察三四十岁的妇女与二十几岁的小伙子在购买不同商品时有何区别之处。在书店买书时，会发现现在的父母总是让孩子自己选购喜欢的书籍，而不再以大人的眼光去判定书的好坏。创作人员必须善于跟各种人沟通，把他们的思维根源挖掘出来。当你耐着性子跟邻家的三姑六婆聊天时，说不定会大吃一惊地发现，她们的做法之所以令你不能接受，是因为她们的想法跟你太不一样了。思想主导行为，其实她们有她们的道理。所以千万不能用自己的思想去衡量别人的行为，而应尽量去迎合他们的思维来制作广告文案。

明确"谁"是目标受众，接下来就要研究作为市场先锋的意见领袖是哪些人，用户的购买动机是什么。是产品的质量？还是价格、便利性或品牌忠诚度？消费者最关心的问题是什么？主要应针对哪些人群进行主力宣传？这类人比较感兴趣的说服技巧是什么？用哪种媒介作为宣传手段更适合他们？比如说百事可乐的定位就是"年轻一代的选择"，所以它的广告气氛都是非常轻松、现代感的，体现年轻人的生活方式。如果哪一天变得很悠闲、古朴，那可能是百事可乐的销售对象换成老年人了。

（3）市场信息。研究产品目标市场。比如，广告商在做木地板广告时，考虑该产品的产地和主攻市场在福建，而福建是个非常潮湿的沿海省份，于是广告人员就区别于众多品牌大力宣传的"德国原产"、"欧洲技术"（市场调查显示，消费者在购买地板时并不崇洋媚外），喊出了"福建人自己的地板最了解福建的气候，用自己的地板最称心"的口号，放弃了原本打算宣传的"德国技术生产制造"。

（4）广告信息。同类产品的广告是如何表现的？了解其他同类广告，既可以学习借鉴别人的经验，启发自己的创作，也可以避免别人的失败教训，避开他们已经走过的路创出自己的特色。以"娃哈哈"和"乐百氏"的纯净水之战为例："娃哈哈"以轻松、浪漫的口吻唱出了"我的眼里只有你"，把年轻人一见钟情的纯真情感挥洒得淋漓尽致。此时，"乐百氏"如果跟在后面走感性路线，即便再温柔、再纯情、再浪漫，也很难冲出"娃哈哈"的封锁线，突出自己的个性。于是"乐百氏"打起了"纯净"牌，以深蓝色背景烘托出一颗晶莹剔透的水滴经"二十七层过滤"的全过程，画面单纯、诉求直观，给人以宁静、清爽、纯洁之感，看了这个广告，仿佛喝了一口"乐百氏"纯净水。

（5）媒体信息。"熟悉媒体"，就是熟悉战斗的武器。要分析哪种讯息的传递方法最适合本商品。因为接触各类媒体的人们的社会地位、接触方式、习惯并不一样，因此要根据受众来选择合适的媒体。比如针对农村用户的广告，最好的媒体是广播和电视，而不是报纸和网络；针对司机或司乘人员的广告，应以广播为媒介，因为他们跟广播打交道的时间最多；而 IT 业的广告，因为其用户一般都是计算机工作人员，就可以用网络为广告媒介。

（6）媒介特征。不同媒体的广告表现侧重点不一样。电视广告价格较高，单位作用时间较短，以声音画面为主，因此多注重广告口号的强调；报纸广告价格较低，单位作用时间长，以文字作用为主，因此多注重广告正文的反复申说；广播广告以声音传播为主，文案设计上就要注重广告语言的音韵美，以加深受众的印象。

2.选择主题

确定广告概念后，接下来就是选择能明白表达广告概念的主题。

广告主题应紧跟其概念定位的思路来表现。

广告文案一般较短，但也存在一个"主旨提炼"的问题。如，一种商品要出售，要告诉消费者的内容很多，诸如商品的名称、规格、性质、功用、主要原料、制作方法、效果、价格、制造者的经历、声誉、市场供求情况、同类竞争商品的状况、售后服务的情况、消费者的反应等，都在告诉之列，但撰写广告词时不能面面俱到，一则广告只宜突出某个方面的内容才能给消费者以难忘的印象。这就存在一个提炼主旨的问题。

确立广告主旨，通常要从以下四个方面出发：

（1）从商品本身特点出发。有的要在性质、功能上做文章，有的要在制造工艺上下工夫，商品不同，其说明的重点就应有别。

（2）从商品的发展阶段出发。一种商品，往往要经历"创牌"、"竞争"、"保誉"三个阶段。"创牌"阶段，要着重宣传商品的特长、用途，引起可能消费者的注意，使之产生购买欲；"竞争"阶段，应侧重介绍商品与同类产品相较所具有的优点、长处；"保誉"阶段，要着重介绍用户的好评，权威机构的评定，宣传它的老牌、可靠，或从宏观方面宣传企业理念，传达企业文化等，让消费者通过对企业的了解，强化其对企业的信任感和好印象，培养其品牌忠诚度，如可口可乐、SONY 电器等广告。

（3）从消费者的消费心理出发。消费者的心理，涉及诸多内容，主要是他的需求心理，有的重在价廉物美，有的重在豪华攀比；有的重在灵巧方便，有的重在功能齐全；有的重在款式美观，有的重在信誉程度……做广告，应充分考虑商品本身的特点及消费者的心理。如曾在电视上热播的"步步高"无绳电话广告，演示一个焦急等待女朋友电话的小伙子在家等电话的情景，由于装了无绳电话，他可以预先知道是不是女朋友来的。这正迎合了现实生活中人们的需要，广告令人印象深刻。又如脑白金广告，强调"送礼要送脑白金"的观念，使受众在送礼时首先考虑的就是脑白金。

（4）从广告的基本手段出发。广告有报刊广告、广播广告、电视广告、交通广告、户外广告、橱窗广告、陈列广告、灯光广告、音响广告、路牌广告、招贴广告、商标广告、模型广告等，各类广告使用的手段、载体、形式不同，其主旨的提炼也就有了区别。

广告主题必须找准，表现上重点突出，单一鲜明。如果什么都想表现，就什么也表现不好。如下面这则富康轿车发动机专用机油广告：

女司机：嗄，干吗呢？车子又坏了。

男司机：甭提了，我用的机油三天两头堵油路，一下两天雨，这车就没法开了。

女司机：咦！你开富康车，为什么不用富康专用机油？

男司机：富康车还有专用机油吗？

女司机：对，它是神龙公司从茂名采购的一种用进口基础油和添加剂合成的专为富康车设计的发动机润滑油。

男司机：那它有什么功用呢？

女司机：它能有效消除高温积炭和低温油泥，保持发动机清洁，减少磨损，延长发动机寿命，还能在温度摄氏零下25度至40度之间常年使用呢？

男司机：那可好，赶明儿，我也使用富康专用油。

这则广告虽然每天在广播中播出三次，几乎所有的出租车司机都收听到了这一广告，平均每名出租车司机每天能收听到一次广告，但从广告的影响力来看效果却很差：大多数司机都坦言，收听广告后对富康专用油的好感并无增加，表示自己将不会改变对发动机机油的消费习惯，只有少数司机表示今后将关注富康专用机油的促销活动。为什么会失败呢？其原因就是没有找准广告宣传的主题。这则广告中列出的几项产品优点，如能"消除高温积炭和低温油泥，保持发动机清洁，减少磨损，延长发动机寿命"，几乎所有品牌的机油都具有这些功能，广告产品如此没有个性及独特优点，司机们听了当然留不下什么深刻印象，更不可能打动他们。

3. 确定广告的说服逻辑

确定广告主题后我们就要着手说服受众了。

广告文案的说服逻辑主要有理性诉求与感性诉求。要说服人既可诉诸理性，又可诉诸感性。

理性诉求也就是强销，它以晓之以理的形式，直接要求受众接受。如这样的广告词：

拼图的乐趣不仅仅在于拼的过程，和您的朋友拼，和您的家人拼，和您的恋人拼，增进感情，提高智力，共度快乐时光！拼好后镶在框里，挂在客厅或卧室的墙上，既和谐，又美观，更增添一份成就感。

感性诉求是软销，它以动之以情的形式，带着感情暗示劝说受众接受，间接说明商品的好处，使观众不知不觉地信服和产生好感。如这样的广告词：

家的布置最能体现出主人的品位，不一定豪华，但一定要有特色。一盏好的灯在客厅里能起到点缀作用。这款灯融工艺品于一身，图案新颖，既有西方味道很浓的抽象画，也有古色古香的佛像图；既有生动活泼的生肖，也有温馨的红叶；

　　既可以挂在墙上作壁灯，也可以放在桌面上做装饰，晚上开着还可以做夜灯。它由防火塑料制造，不变形，不掉色，不易划花，小两口，在这么柔和的灯光下，边看电视边聊天，别提多轻松多浪漫了。

　　理性诉求直接，感性诉求间接，究竟广告采取哪种方法效果好，则必须考虑广告内容、媒体特性，以及文化、生活习惯等因素，或综合运用。

　　4. 确定广告的表现手法

　　广告的表现手法异常丰富：有的直接表现商品，有的间接推介商品；有的借重名人明星，有的强调品牌本身；有的借助生活情景，有的却喜欢反常展示；有的一面提示，是只显示宣传对象的长处，有的却双面提示，同时告知宣传对象的短处，或其他竞争企业的长处；有的直截了当，有的则委婉温和；有的运用故事情节，有的采用歌曲形式……一切在于灵活运用，总的原则是出奇制胜。

　　5. 精心撰写广告词

　　广告词又叫广告标语、广告口号，是用以宣传组织形象、商品与服务特色、在组织的各类广告中长期使用的独立性的简短语句。

　　(1)广告词与广告标题的联系和区别。广告词与广告标题都是以精练的文字概括广告对象的特点，揭示广告的主旨，宣传组织与商品，且都处于引人注目的地位，它们同处于一则广告之中。

　　有的广告就把广告词当做广告标题，因而容易误认为广告词等同于广告标题，其实二者是有区别的：

　　首先是性质不同。广告标题是对一则广告内容的概括与主旨的揭示，它是广告文稿必不可少的结构构成部分。广告词是组织形象与商品特色的标志，它可以脱离广告文稿而独立存在。

　　其次是作用不同。广告标题应通过对广告对象的说明或暗示，诱导阅读者阅读正文。广告词则是通过对组织、商品或劳务特色的反复宣传，促使阅读者牢记并形成一种观念，而阅读者逐步形成的这种观念无形中将成为购买商品与接受服务的指南。

　　第三是写法不同。广告标题强调对一则广告内容的概括与广告对象的标示，可以是一个完整的句子，也可以是词组或词语。广告词可以单独使用，必须是一个完整的句子，表达出明确而完整的意思。

　　第四是用法不同。广告标题依附于广告，具有短效性，一般说来，一则广告一个标题。广告词则具有长期性，它可在相当长的时期内反复使用在不同媒体的广告上，甚至在版面上的位置也十分灵活。

　　(2)广告词的写作要求。广告词作为企业形象的标志之一，是提高企业与商品知名度、美誉度的重要手段。一些优秀的广告词与企业、与商品相伴终生，家喻户晓，历久不衰，成为企业不可估量的一笔无形资产。因而国内外许多著名厂商对广告词的重视，几乎到了无以复加的程度。

　　广告词的根本目的是要通过反复宣传，使受众形成一种观念，亦即对于该企业该商品稳固的良好印象。因此，撰写广告词时要求：

　　首先，要易懂好记，让阅读者一看就懂，过目不忘。为此，用语要通俗、精练、简短、生动、合辙押韵、琅琅上口，如"长城电扇，电扇长城"（长城牌电风扇广告词）、"海鸥表，中国计时之宝"(海鸥牌手表广告词)。

其次,要独具个性。在内容上要突出企业与商品特色,在形式上要有奇特的构思与惊人的用语。只有这样,才能让受众于汪洋大海般的广告中记住"这一个"广告,留下深刻的印象。如"滴滴香浓,意犹未尽"(麦氏咖啡广告词)、"臭名远扬,誉飘万里"(某臭豆腐广告词)、"先天不足,后天可补"(增长乐广告词)。

第三,要有鼓动性。应以巧妙的构思,诱导受众接受广告宣传,形成良好印象与消费行动。如"中原之行哪里去,郑州亚细亚"(郑州亚细亚商场广告词)、"只要你有时间坐下,我们就能给你健康"(松下电子按摩椅广告词)。

第四,要含蕴。优秀的广告词反复使用而不厌其烦,长期使用而历久不衰,其永久的魅力来自广告词丰富的内涵,或富于哲理,或情趣盎然。如"人类失去联想,世界将会怎样"(联想计算机广告词)、"车到山前必有路,有路必有丰田车"(日本丰田汽车广告词)、"清凉世界何时来? 待到菊花开"(菊花牌电风扇广告词)。

(3)广告词的写法。广告词的常用写法有:

①赞扬式。即以直接表明或间接暗示的方式,颂扬商品的优良与服务的特色,以诱发阅读者购买商品或接受服务的兴趣与行动。例如:"一枝在手,满室皆香"(一枝香牌卫生香广告词)。该广告词突出了产品香味浓郁的特点,以一当十,颂扬了产品质量,树立了产品形象。又如:"中意电器,人人中意"(中意电器广告词)。该广告词以汉语词汇的多义与意蕴的深厚为显著特色,一语双关,独具匠心,从消费者的反映赞扬了产品的优良。

②鼓动式。即用富于鼓动性和号召力的语言,动员、敦促受众去购买或接受服务。如:"请喝可口可乐吧"(可口可乐公司广告词)、"让母亲重温年青的梦"(伊桑化妆品广告词)。前者直接召唤,其鼓动性显而易见;后者抓住那些即将告别青春或业已告别青春的妇女挽留青春的心理,含蓄地表达了该化妆品的使用效果,其鼓动性暗含其中。

③情感式。即以富于人情味的语句打动人的心,激起阅读者的感情活动,从而诱发其购买商品或接受服务的兴趣。如:"找一天,我们温习浪漫"(台北市首都大饭店广告词)。该广告词只字不提饭店的优质服务与幽雅环境,而留给人一个广大的想象空间,给人以美好的联想。广告意旨的表达极其含蓄,却有着极大的吸引力与召唤力。又如:"让妻子从繁忙家务中解脱出来,这是每个丈夫的职责"(荷花牌洗衣机广告词)。这则广告词直白通俗,看似平淡,因为充满了夫妻情爱,给人以好感。

④幽默式。即以诙谐的手法与风趣的语句引入发笑,让阅读者在轻松愉快的情境下不知不觉接受广告的宣传。如:"聪明不必绝顶"(美加净生发灵广告词)、"天仙电扇,吹出来的名牌"(天仙牌电扇广告词)。前者巧妙拆用成语,富于强烈的幽默味,给人留下深刻印象,含蓄地表达了产品的疗效和对患者的关心与奉劝。后者巧用"吹"字,乍看似有贬义,细想却是实话,寓庄于谐,诙谐地道出了实实在在的道理。

广告词用语言文字传达广告概念,必须制作得形象生动,通俗上口,令人愉悦又便于记忆。应多用短句,音色明亮悦耳,句式整齐优美,表达明确有力。可通过比喻、夸张、反语、反复、省略、谐音、双关、歇后语、警句等修辞手段,吸引受众的注意力和引起他们的好感,加深他们对广告内容的印象。

[例文]

九牧王广告文案策划书

前　言

九牧王企业概况：公司创建于 1989 年 10 月，总部位于泉州市经济开发区，公司一直致力于中高档男士系列服饰的开发生产，产品又以款式优雅、品种丰富、用料考究、做工精细、品质超群著称，其中以"JONE|ONE 九牧王"西裤素有"中国西裤第一品牌"的美誉，业界公认的西裤专家，2000 年～2004 年连续获得西裤同行业销量第一。

第一部分　市场分析

一、营销环境分析

1. 企业市场营销环境中宏观的制约因素

企业目标市场所处区域的宏观经济形势：服装业普遍认为，加入 WTO 后，关税的不断下降，中国服装品牌整合期开始缩短。综观全国服装行业，东部及沿海地区近年来借助资源优势和开放意识发展可谓迅猛，企业和品牌纷纷走向全国，而西部地区的服装企业和品牌发展相对滞后，这是行业的现状。但对于西部区域消费经济来说，其增长速度却基本与全国水平保持一致，原因不言而喻，西部地区巨大的市场为以时尚为渗透力的服装消费提供了广阔的空间。事实上，这些东部及沿海地区的知名服装品牌对一类城市的争夺的同时，从来就没有放松对二三类城市的渗透。可以说，二三类城市不但是中低档品牌实施"农村包围城市"战略的重要根据地，也是高档品牌获取利益的最后堡垒。业内专家分析指出，服装品牌在二三类城市的竞争和发展将经过一个比在一类城市更为激烈和复杂的过程。

2004 年的服装行业整体保持着良好的发展势头，市场表面上似乎波澜不惊，实则竞争较往年更为激烈，各个分支暗流涌动，新老品牌都在暗中角力，新一轮的竞争趋势渐露端倪，原有的市场格局正被逐渐打破。据海关统计，2004 年纺织品进口总量达到 176 亿磅（相当未加工纤维）最高纪录，较 2003 年增加 9.36 亿（6%）。2004 年纺织品出口也增至 50 亿磅，较 2003 年提高 2.18 亿磅（5%）。因此，2004 年贸易逆差创 126 亿磅纪录，相比之下，2003 年为 119 亿磅，2002 年为 105 亿磅。棉花占逆差的 56%（71 亿磅），人造纤维占 33%，毛纺织品占 3%，丝和麻占 8%。2004 年，中国男装市场在整体销量增幅不大的情况下，销售额依然有较大的增长。目前中国男装市场国产品牌领先优势逐步显现，国外高级男装品牌纷纷加大对中国市场的投资力度，市场竞争激烈。2005 年以后，随着国内外市场环境的变化，男装品牌化的程度将成为其能否保持生命力的关键。休闲风格的男装在未来几年内将继续呈上升之势。在政府各项政策落实的推动下，农村市场将为男装消费带来新的市场空间。企业之间竞争由产品竞争过渡到品牌竞争。中国服装协会于 3 月 30 日发布的《2004 年以及 2005 年的中国服装产业的趋势》显示，2004 年中国服装行业整体盈利能力继续呈现下降势头，亏损面继续扩大，亏损企业的亏损额也有明显的上升。

我国居民收入的地区分类表（略）。

2.市场营销环境中的微观制约因素

消费者和全国各地的经销商眼中,九牧王这个品牌和企业在数字之外,更应该是一个充满惊讶的感叹号、绵延无限的省略号;又或者对于服装行业和经销商来说,九牧王是一首恢弘大气的交响乐,对于消费者来说则是一首浪漫温馨的小夜曲。

"九牧王挽救了中国大型百货的裤柜!"九牧王苏州的经销商邹经理如是说。

"我的一个朋友让我老公去新疆赚钱,赚到了钱后回来开九牧王的专卖店。"九牧王绍兴的经销商王女士如是说。

"在我们那,有一句很俗的话叫做'穿裤就穿九牧王'!"一位东北的消费者如是说。

"九牧王的裤型非常适合中国人的体型,可以说,九牧王订立了中国西裤的标准!"一位服装行业的领导如是说。

透过以上各行各业人士的话不难看出,在消费市场上,通过15年艰苦卓绝的创业发展,九牧王西裤作为一种产品已经深深地渗入到普通消费者的生活里,而作为一个品牌,九牧王更是渗入到意义和象征的领域。九牧王拥有相当优秀的经销商,是因为我们一直把经销商看成公司的一分子、营销团队的重要力量。我们的经销商从产品开发到销售政策、从广告宣传到终端形象,都与公司高层一起共同探讨,有充分的参与权利。让经销商在经济上得到丰厚回报的同时,我们更注重让经销商融入九牧王的企业文化中,融入品牌建设之中,渐渐成为真正的"九牧王人"。我们目前较大的经销商全部是长期合作,共同发展,都与九牧王合作超过了十年。有了这样的基础,经销商的忠诚度自然极高,也能够达成互惠互利的双赢局面。另外,九牧王全国大大小小的经销点、旗舰店都有为总部搜集人体数据进行信息反馈的任务。目前,九牧王已经拥有了800万条人体曲线的数据库。九牧王的成功,关键做到:第一,店铺、货架等终端营销硬件免费提供设计及装修指导。第二,公司定期与供应商、零售商举行座谈会、交流会、洽谈会等双向沟通大会,共同把握市场动向。第三,公司为消费者提供各种优惠、方便措施,并时常与他们举行互动活动,如:节假日的问候,生辰的温馨祝福等。九牧王为终端提供的上述一系列活动,是因为它深知终端服务是一场没有终点的马拉松比赛。公司把终端服务系统当做一项终端亲情关系,始终向终端奉献一颗温暖的服务心。

3.市场概况

从全国各地的分市场来看,九牧王在各地依然贯穿了其在全国的良好表现,一直独占鳌头。根据对全国重点大型零售企业各种服装销售的监测资料显示,和去年同期相比,2004年西裤销量保持增长。华北地区,九牧王再度夺冠,市场综合占有率为9.3%,金利宝从第八跃至第二,普顿稳居第三;东北地区,九牧王蝉联地区冠军,市场综合占有率仍在10%以上,伯斯特市场综合占有率从上月的5.29%升至8.12%,地区亚军的位置更加稳固;华东地区,九牧王和虎都稳居榜首两强,市场综合占有率均有增长,九牧王继续向10%靠近;中南地区,九牧王位居第一,市场综合占有率领先其他品牌4.7个百分点以上;西北地区,九牧王市场综合占有率较上月提高7%以上,牢牢占据版首位置,威明从上月第七升至第二，市场综合占有率超过 10%，虎都退居第三。

4.营销环境分析总结

随着我国 GDP 的持续增长，国内服装市场必将出现持续繁荣的景象。近几年来，国内市场服装产品已成为消费热点，城镇居民衣着消费需求一直保持平稳增长，2002 年，我国城镇居民人均衣着消费达 821.72 元，同比增长 8.80%，年均服装消费量约 45 亿件左右，衣着类零售额占社会消费品零售总额的比重一般保持在 10% 左右。凭借我国近 13 亿人口的国内市场作依托，我国服装企业现已占有 13% 左右的国际纺织品服装市场份额。

据统计，我国人均纤维消费量为 6.6 千克左右，远低于 7.5 千克的世界平均水平。我国《纺织工业"十五"规划》中指出，到 2005 年，我国人均纤维消费量将达到 7.4 千克，纺织品服装出口创汇将由 2000 年的 520 亿美元提高到 2005 年的 700～750 亿美元。由此看来，未来几年我国纺织服装行业市场潜力巨大。九牧王在技术装备和工艺水平方面已基本达到了国际先进水平，开始大量采用世界上较先进的工艺设备，如处于世界先进水平的计算机辅助设计系统 CAD、CAM 自动裁床、铱滕自动吊挂流水线、杜克普自动缝制设备、Brother 牌裁剪设备及无浆工艺、无别针环保工艺包装、服装虚拟图形系统、立体整烫机、服装面料自动监测评价系统等，实现了与国际市场的充分接轨。同时，在高档产品上也大量采用世界一流的高档面料，提高了产品技术含量和附加值。

（1）总体竞争状况。从国际市场看，随着全球纺织服装行业贸易额逐年大幅增长，国际服装市场竞争也日趋激烈，竞争的焦点已由数量、价格竞争转向深加工、新技术、高附加值竞争。发达国家及新兴工业化国家充分利用高新技术对服装行业进行改造，在高档服装产品市场具有很强的竞争力。亚洲地区充分发挥在原辅材料和劳动力等方面的优势，积极抢占国际市场。近十年来，亚洲地区服装出口年均增速比全球高出 6.8 个百分点，显示出亚洲地区在全球服装市场仍然具有较强的市场竞争力。目前，全球服装出口额最大的国家和地区分别为中国、中国香港、意大利、墨西哥、美国，出口增幅最快的国家是印尼，其次是中国和墨西哥，我国在国际服装市场占有比较重要的地位。

在我国，服装行业是国民经济的传统产业，由于行业自身特点，国内从事服装生产的企业较多。据统计，截至 2001 年，我国年销售规模 500 万以上的服装生产企业就已达 4.4 万家。其中，民营企业占 53%、集体企业占 26%、三资企业占 19%、国有企业占 2%，民营企业已在我国服装行业中占据主导地位，成为中国服装业的主力军，且这种地位在逐步加强。从整体来看，我国服装企业规模小，工艺、技术和装备落后，初、粗加工生产能力过剩，中低档产品市场竞争尤其激烈。

（2）有利因素。

①政策支持。改革开放二十多年来，我国服装业发展迅速，服装产品生产数量、出口数量、出口创汇均位居世界第一，已成为世界第一大服装生产国和出口国，同时，解决了大量劳动力就业问题。因此，服装行业属于国家鼓励发展的行业。原国家经贸委国经贸行业〔2002〕716 号《关于公布〈工业行业近期发展导向〉的通知》中，明确指出了十五期间我国服装业的发展方向。

②成本低廉。服装成本主要由面、辅料与劳动力成本构成。在我国，面、辅料与劳动力供给量相当丰富，成本低廉。低档纺织品面、辅料的价格一般在 5～15 元/平方米，高档纺织品面、辅料也只需几十元每平方米，最高价格才上百元每平方米；而在国际市场同档次的纺织品面辅料是国内市场的 2～3 倍。在服装产品成本构成中，劳动力成本占有较大的比重。与发达国家相比，我国劳动力成本极其低廉。

③城乡居民购买力提高。近年来我国城乡居民收入水平不断提高，消费水平不断升级。城镇居民消费水平平均每年增长 6%，农民消费水平平均每年增长 5%，一部分经济较发达的地区已进入较高的消费层次。据统计，我国高档名牌服装的消费者约占城市人口总数的 6.1%（全国约 2000 万人），中高档服装的消费者约占城市人口的 60% 和农村人口的 20%（全国约 3.8～4 亿人）。城乡居民购买力的进一步提高，给服装行业带来了巨大的发展空间。

④加入 WTO 为服装企业带来了更加广阔的市场。加入 WTO 后，国内消费市场和投资领域对外进一步开放，对竞争力较弱的企业会产生一定的冲击。但从总体上来看有利于改善我国服装出口的市场环境，出口的增加将带动国内服装行业向好发展。同时我国可以按照纺织品和服装协议（ATC 协议），争取纺织品服装贸易自由化带来的贸易利益；而且，贸易领域的开放有利于我国服装企业直接进入国外的商业采购系统，进一步扩大服装出口。

（3）不利因素：

①行业竞争不规范。我国服装行业门槛较低，生产企业众多，且大多数企业规模较小、产品档次和质量较低、营销能力和产品开发能力有限，低水平重复建设严重，中低档产品生产能力过剩，部分产品开始出现滞销积压。为了维持生存和发展，许多中小企业抄袭、模仿名牌企业和市场流行的产品设计，并采取让价不让市场的方式，这些不规范行为在加剧行业内市场竞争的同时，影响了行业整体水平的提高。

②品牌意识淡薄，创新能力不强。尽管我国部分服装企业已开始重视品牌建设，并逐步加大产品设计与开发力度，但从整体来看，我国服装企业的品牌意识及推广能力不够强，产品设计与创新能力不够高，研发投入相对不足，行业跟风模仿比较普遍，少数企业甚至盗用知名品牌，这些严重制约我国服装行业上档次上水平。

③国外服装品牌冲击。中国加入 WTO 以后，国外服装品牌开始大举进入中国大陆市场：一是从东北三省、青岛登陆的日韩服装；二是从广东登陆的东南亚国家的知名品牌；三是从上海、北京登陆的欧美跨国公司品牌。虽然国外品牌服装进入国内市场受到文化、营销网络等因素制约，但凭借其资金、市场、品牌及信息等优势，全面进入中国市场已是大势所趋，将给中国服装企业造成一定冲击。

④出口市场面临日益加剧的竞争压力。近年来，越南、泰国、马来西亚、印度等周边国家纺织业发展很快，出口增长迅速，墨西哥、加拿大等国在我国服装主要出口市场的美国的份额也在逐步扩大，国际市场竞争日趋激烈。与竞争对手

相比，我国纺织服装业具有 20 世纪 90 年代先进水平的设备仅占 35% 左右，而印度、巴基斯坦等国已达 50%，生产设备明显落后；同时，与东南亚国家相比，我国服装业具备的劳动力成本优势已大大降低，对我国作为世界重要的纺织品生产和出口大国的地位造成越来越大的影响。

本公司的行业地位与竞争优势：

九牧王（中国）有限公司被泉州市人民政府评为："泉州市劳动用工规范管理先进企业"。又一项充满人文气息的奖项走进了琳琅满目的九牧王荣誉展厅，这也充分肯定了九牧王"以人为本"的管理思想。公司创业 16 个春秋，坚持走现代企业体制发展路，坚持"以人为本"的管理思想，坚持塑造企业文化和打造品牌齐头并重，尊重员工、重视员工的福利建设，把九牧王建设成为"员工的温馨大家园，成才的校园和展示自我的舞台"。公司倡导的"牧心者牧天下"核心文化、关爱员工、奉献社会的精神以及"以人为本"的管理思想，一直受到业界知名人士的好评，更是成为一些高校经典的课堂案例。

重点问题：

服装行业同质化非常严重，品牌之路是大势所趋，以及如何引导其利用的行业规律有序并建立可靠的市场保障机制。

二、消费者分析

随着人们生活水平的不断提高，服装消费已逐渐成为消费热点，据预测，我国服装消费呈现如下趋势：

（1）穿着趋向休闲化、多样化、个性化、时尚化和品牌化。目前，休闲服装在欧美已越来越普遍，追求自然、回归自然已越来越明显地体现在男女服装中。休闲服的使用范围日益扩大已渗入正装领域，即使在英国、日本，这些穿着观念转为正统的国度，休闲服消费也逐渐成为流行趋势。我国居民选购衣着也从过去的讲求朴素、大方、实惠，转向逆求自然、舒适、浪漫，体现人们不同的文化层次和气质。

（2）我国居民需求档次提高，未来将以中低档需求为主，高档需求也将占据一定份额，部分消费者档次明显提高，消费差距继续拉大。在品牌需求方面，中高档品牌增长迅速，将打破由少数品牌竞争的格局。

（3）随着纺织新材料的、染整新技术的发展，未来服装产品将朝功能型服装、环保型服装方向发展。

（4）目前我国农村人均收入服装购买力还很低，随着农民收入水平提高和消费结构的变化，农村服装市场也存在较大发展空间。

现有消费者分析：

记者在采访了众多西裤消费者后发现，大部分消费者对于九牧王西裤评价都有共通的一条：九牧王西裤的裤型好，适合中国人，无论穿多久都不会变形。可以说，就是这么多年以来，九牧王在西裤裤型和品质上的良好口碑使九牧王在众多西裤品牌的角逐中稳居第一的位置，九牧王对于中国人西裤标准与制定，得到众多消费者的认可。

消费者分析总结:

现有消费者:中等及中等以上生活水平的城市居民。

潜在消费者:广大农民。

目标消费者:大多数城市居民。

三、产品分析

1.产品特征分析

产品性能:适合东方文化内涵和人体结构,展示九牧王品牌新时代男士追求时尚和精致生活导向性的新观念、新主张,展现出自然、平和、健康、休闲的风格。

产品材质:采用"重磅麻纱王"的特色面料,坠性佳。

产品质量:中国最具权威的服装检测中心不约而同地使用了九牧王的检测标准。裤类产品入仓质量考评在95分以上。

产品价格:产品价格在200～500元不等。

产品工艺:巨资先后从日本、德国、韩国、意大利、中国台湾引进性能生产设备,计算机辅助设备CAD/CAM等系统广泛应用,提高生产效率和质量水平。拥有800多条国际先进西裤、休闲裤生产流水线,以及6条西裤生产线,5000多台套国际全自动电脑生产设备,年产裤类产品近600万件。九牧王西裤的件用针分别为:锁边10462针,凤眼330针,打枣500针,拉枣500针,拉平800针,针钮160针,总计23000针。产品还保持减少污染、绿色生产原则。

外观包装:产品多以自然本色的土黄、深蓝等为主色调,外观从容、简约、典雅,包装大方、潇洒。

产品优势:抛弃了后现代主义的保守与浮华,大胆注入了新的概念元素,裁剪分割突破常规,用非常轻松的方式表现所谓"正式穿着"的全新主义。设计风格简约中尽透出几分华贵,无懈可击的裁剪,糅合欧美时尚精髓,充分考虑了东方文化内涵和人体结构。采用的面料超轻超薄,手感细腻,坠性极佳。

2.产品生命周期分析

引入期:1989年公司创建,开始投入信息型广告,致力于中高档男士系列服饰的开始生产,主要为西裤。

成长期:由信息型转入个性诉求型,突出产品的大方优雅、高贵与智慧,增加了艺术含量。

成熟期:采用坠性极佳的"重磅麻纱王"面料,打造产品的特性。

衰退期:产品品牌延伸,由单一的西裤产品发展为休闲男装、休闲裤等。

3.产品品牌形象分析

公司以西裤为核心,以西服和男士休闲装为两翼的发展战略,给产品以从容、简约、典雅、大方的气质。

4.产品定位

根据产品自身特点,定位30～45岁中年青年男士,以成功男士、白领阶层为主的目标市场,大力发展产品的艺术气息。

四、企业和竞争对手的竞争状况分析

1. 企业在竞争中的地位

在国内同类产品中，九牧王一直处于领先地位。九牧王市场占有率23.4%，占市场份额的25.6%；市场覆盖率为21.9%，西裤行业前十名市场占有率总和30%，九牧王占17%。

九牧王西裤素有"中国西裤第一品牌"的美誉，是业界公认的"西裤专家"，2000年至2001年连续获得全国西裤同行业销量第一，获得多项荣誉"中国十大公众认知商标"、"中国十大最具影响力品牌"等。

2. 企业的竞争对手

九牧王、虎都、雅戈尔是中国西裤知名品牌，相对于其他同类品牌，虎都，雅戈尔是其最强的竞争对手。（略）

3. 企业与竞争对手的比较

（略）

五、企业与竞争对手广告分析

1. 企业和竞争对手以往广告活动概况

（略）

2. 企业和竞争对手以往的广告目标市场策略

（略）

3. 企业和竞争对手以往的广告诉求策略

（略）

4. 企业和竞争对手以往广告表现策略

（略）

5. 企业和竞争对手以往的广告效果

（略）

6. 总结

总体来说，各大西裤品牌企业主要以专卖店为主要销售渠道，所以POP广告是必不可少的广告形式，而POP广告多以成功男士或男模身着西裤的形象出现，可有一句广告语或者没有广告语，但品牌标志和品牌的中文或者英文名称必定以显眼的字体出现在显眼的位置。电视广告形式多以理性诉求表现，例如工艺的精湛，引进的先进设备及制作工艺，以制作适合中国人自己的西裤为切入点。各大企业也均参加了各种规模不等的服装展览会以发布新产品或巩固品牌形象。企业基本上都制作了自己的网站，以便于宣传展示自己的各类产品。

第二部分　广告策略

一、广告的目标

1. 总体目标

通过广告宣传活动，使九牧王为更多的人所接受、认知，令九牧王成为西裤的代名词，让人们对企业提出的目标形成一种心理定势："西裤＝九牧王"，分得较大的市场份额。

2. 根据市场情况可以达到的目标

(1) 大多数受众提及西裤，第一个想到的品牌是"九牧王"。

(2) "九牧王"仍要保持市场占有率第一名的地位。

(3) "九牧王"引领西裤的潮流。

3. 广告目标的表达

本次广告活动为两年，通过广告宣传，调整营销策略，力争"九牧王"由市场占有率的17%上升到20%以上，使"九牧王"品牌接受度达25%～35%。

二、目标市场策略

1. 企业原来市场观点的分析与评价

(1) 公司："让九牧王的产品向地球的每个角落延伸"的目标。企业在2000年就做到了全行业市场占有率的第一，在这种情况下，企业又将目标投向了国际市场，一方面利用自己的海外关系，将九牧王的产品打出去。另一方面独家代理国际服装企业，并和企业联盟。

(2) 市场细分：目标消费者从人口变量、心理变量等分析消费群体。

① 人口变量。

A. 年龄。

22～30岁的男性，因为事业刚起步，需要一身体面的衣服，为工作所需，面试的影响，九牧王服饰为他们造就了品位，和体现精明能干的印象，这层是次要对象。

30～45岁的男性，事业有成，白领阶层生意往来很多，这时要注意外貌印象，购买能力强，本层为最大的消费群。

45～60岁的男性，这个层次的大都为高级主管和经理，需出席各种场合，显现自己的身份，提高自己的品位，为次要对象。

60岁以上男性，因人而异，其需要性减少，所以本层次不予计入。

B. 收入：

月薪千元以上。

C. 职业和教育：

白领阶层受过高等教育。

② 心理变量：（略）。

③ 社会阶层：白领阶层，成功男士。

④ 个性特点：展示自己气质与社会地位，追求文化气息与时尚休闲。

2. 企业目标市场策略

企业有能力在细分市场上进一步营销，而且企业在这个市场上的发展有助于提高企业品牌形象，提高企业产品档次，实现企业的营销目标。

三、产品定位策略

1. 对企业以往的定位策略的分析与评价

（略）

2. 产品定位策略

在突出其品质时空、品牌个性这一方面上，突出从容，但西裤品牌不是休闲装，对于职业男士要从风度、成功这个角度认识，侧面支持成功、稳重、有形的概念。

四、广告诉求策略

1. 广告的诉求对象

以 30～45 岁男性为主要对象，以 20～30 岁及 45～46 岁男性为次要对象。

2. 广告的诉求重点

保持消费者对九牧王西裤以及企业的好感度，信任度；以本产品不同于其他产品的优势提高消费者的指名购买率。

3. 诉求方法策略

(1) 要给顾客明确的承诺：5600 人的共同努力，造就了一条……。九牧王西裤的件用针分别为：锁边 10462 针、缝制针……、凤眼 330 针、打枣 500 针、拉枣 500 针、拉平 800 针、针钮 160 针，总计 23000 针，引进德国先进生产设备，这些给了顾客明确的质量承诺。

(2) 可信度：说明贴近生活的可信度，较高的情感价值。

(3) 可信的理性诉求：做工的精细完美，质量、面料、裤型带来的好处再加上高档次西裤给人带来的尊严感以及从众的炫耀心理，以对个性风格的追求为切入点，两者有效结合共同塑造该品牌西裤在人们心中的地位，以及指定购买率。

五、广告表现策略

1. 广告主题策略

本次广告策划的目标主体是普通居民，他们对于衣服的消费观念不讲求花式，讲求实用，即买即穿，除部分季节服装外，其他服装要求季节性不能太强，以减轻消费，在服装价格上能适度接受价格偏高的产品。

针对以上消费特点，我们在广告中可以突出以下特点：①西服的多样化；②西服的实用性；③西服的品质质量；④西服的价格定位。

2. 广告创意策略

主标题：这个时代男人不需要换衣服

副标题：衣橱中的革命

文案内容：

频繁的更换服饰是女人所热衷的一项运动，男人对此曾颇有微词，并试图与之抗衡，但如今男人甘愿放弃这项权利，因为他们不再需要换衣服。

镜头一：一名身材伟岸的男士，身着九牧王西服，正在出席一场贸易洽谈。

镜头二：这名男士除去上衣，在高尔夫球场上做出漂亮一击。

镜头三：在一幢豪华别墅中吃烛光晚餐，与女士围坐。

镜头四：男士在海岸边展开双臂，享受阳光，拥抱大海。

广告语：随时随地，随心所欲，九牧王。

六、媒介策略

1. 对广告媒介策略的总体表述

广告媒介是把广告信息从广告主体传达给受众的传播渠道，广告媒介对于广告的作用决定了广告信息所能到达的顾客群及其传播效果，消费者对各个媒体广告的关注度、信任度和影响力。

2004 年 8 月媒介调查表

媒介			
关注度/%			
信任度/%			
影响力/%			
……			

2. 媒介类型

视觉媒介有报纸、杂志、书籍、路牌、实物；听觉媒介有广播、电话、宣传车等；视听两用媒介有电视、电影、网络等，消费者直接从这些媒体中接受消费信息。

3. 媒介选择

(1)针对消费者对媒介的接受及信任度，以电视这一媒介作为主要广告媒介，可以在电视台某些知名栏目及企业的名称作为栏目冠名广告，如正大综艺等。

(2)九牧王服饰的目标群体是成功男士，在现今信息时代，成功男士每天的商业活动都离不开电脑、网络，通过网络媒体可以建立与消费者的直接沟通渠道，提高消费者的忠诚度，增加产品的购买量，避免消费者的流失，并且还可以提高消费者自发的口头传播效率。

(3)根据杂志媒介的特性，它的色彩冲击力强，适合做说明性广告，读者注目率及传阅率高，在高收入家庭中，妇女的时间比较自由，生活舒适，所以有时间研究服饰，对自己丈夫的服饰也会留意，成为一定程度的信息传播者。

4. 媒介的组合策略

产品广告以电视广告为主，网络广告和杂志广告为辅，使广告发挥到"1＋1＞2"的最佳效果，并且在投放时使电视对品牌外观的感性诉求、网络与杂志对产品质量功能和特性的理性诉求达到互补效果。

同时可以展开形式多样的活动：与国内外相关行业专家、政府机构、认证机构、知名企业合作，举办有针对性的技术交流研讨会和学术讲座、新闻发布会、新产品推介会等相关活动。

5. 广告发布时机策略

城市观众电视收视的黄金时间每晚可分为两个时段：19：00～21：30，第二段为21：30～23：30，每周周末及全年的几个重大节日期间更是黄金时间，在黄金时段两头各安排七条信息为佳，每组中的头条和尾条广告效果最佳，将广告旺市放在春秋两季，服装穿着灵活性大的季节，在19：00～21：30 投放广告，周日投放。

6. 广告发布频率策略

在19：00～21：30 广告播放两次最佳，在21：30～23：30 广告播放两次，次数太少就无法产生预期效果，次数太多则不仅浪费广告费，而且还会产生相反的作用，引起消费者的厌烦情绪。从消费者的行为改变来看，在一个购买周期中，消费者看到两次广告，而更换品牌的频率最高。

第三部分　广告计划

一、广告目标

让消费者迅速地记住并爱上九牧王，使九牧王成为中国西裤第一品牌；突出其品质及文化内涵，使产品及企业形象真正深入人心，实现九牧王的产品向地球的每个角落延伸的目标。

二、广告时间

二月份投入广告，避开竞争对手，第一季度在央视做广告宣传，三月份加大宣传量，广告时间截止到11月底。广告活动持续两年。

三、广告的目标市场

①22~30岁的男性。（略）

②30~45岁的男性。（略）

③45~60岁的男性。（略）

④60岁以上男性本层次不计入。（略）

四、广告的诉求对象

25~60岁的成功男士，诉求重点为30~45岁的成功男士以及他们的女朋友、妻子。

五、广告表现

1. 广告主题：心所至，天地从容。

2. 广告创意：（参见第二部分第五）

3. 各媒介的广告表现

（1）电视媒介：广告主旨以其感性诉求为策略，以品牌认知为广告目标，采用15秒左右的广告时间。

（2）网络媒介：以旗帜广告为主。

（3）杂志媒介：常规杂志广告内页整版。

4. 各媒介广告的制作要求

突出产品质量，体现品牌文化内涵，感性诉求为重点，引起受众共鸣。

六、广告发布计划

1. 广告发布的媒介：

（1）电视；

（2）财经杂志；

（3）网络；

（4）POP。

2. 各媒介的广告规格：

（1）电视：15秒电视广告片，赞助有奖智力竞赛，栏目冠名。

（2）杂志：整版内页。

（3）POP广告：

①路牌广告：2×1.5米。

②招贴广告：店外3×2米；店内2×1.5米、0.3×0.2米、0.7×0.5米三种

规格。

(4)网络：旗帜(BANNER)广告。

3.广告媒介发布排期表：

媒介	电视	杂志	网络
月份			
播放时间			
重点播放时间			
……			

七、其他活动计划

1.促销活动计划

节假日进行大型促销，在提升促销员的着装形象的同时，对购买者赠送必要的演示工具。利用POP广告加大现场交易的可能性，加大购买意识。三月初举办新一年新款西裤发布会、西裤展销会，举行品牌时装表演，拉动各地区批发商批发……

(选自网易网，文字略有改动)

"柜机，还是选科龙"
——科龙立柜式空调器广告文案

宁静省电，始终不变

科龙柜机秉承分体机和窗机宁静省电的一贯风格，采用进口名牌压缩机，先进的增效节能设计，以高能效比和低噪音指标表现过人，更宁静更省电，始终是科龙。

中文显示，易读易认

科龙柜机控制器采用全中文直接显示，易读易操作。

自动运转，操作简单

采用全自动运转方式，你只需轻触开关，科龙柜机将自动根据开机时的室内温度，自动设定温度、风量和风向，简简单单全自动。

定时功能，随您预约

在0.5~12小时内，可任意设定，预约开机(关机)时间和室内温度。当你外出而归时，自动开启的科龙柜机恰到好处地将室温调到你所设定的理想温度，怡神时刻，随时预约。

厂方安装，更有保障

科龙空调由设在全国各地的安装点为您上门免费安装(窗机除外)，且全部安装技师均由厂方在技术、服务、待遇等方面进行直接管理，自己人做自己事，当然更负责任。所以说，科龙坚持厂方安装，用户更有保障。

科龙空调　质量取胜

广东科龙电器股份有限公司

广东省顺德市容奇镇港路8号

总机：(0765)6628338

传真：(0765)6621260

电挂：0393

邮政编码：528303

松下"爱妻号"洗衣机"3·15"平面广告文案

标题：嫁出门的女儿不是泼出去的水。

副标题：您家的松下"爱妻号"乖吗？

正文：

父母对女儿的爱，无穷无尽，无始无终；

就像杭州松下对松下"爱妻号"的关怀，

从她出生、成长，到"出嫁"，始终如一，永远不变。

如果您使用松下"爱妻号"觉得好，请告诉您的朋友；

如果您对松下"爱妻号"有什么意见和希望，请告诉我们。

第四节　营销策划书的写作

在企业的经济活动中，常常会有一些产品推广活动、演出活动、展销活动、大型会议等。这些活动在开始之前，须有详细的策划以保障预期目标的实现和活动的顺利开展。策划既有别于一般计划，又不同于设计方案，是二者的综合，是一种综合性和可行性都很强的经济文书。一般根据策划内容将其分为活动策划、形象策划、营销策划等，下面主要讲营销策划书的写作，希望大家能举一反三。

一、营销策划书的含义

营销策划书是企业根据市场变化和企业自身实力，对企业进行整体规划的计划性书面材料。策划书没有一成不变的格式，它要依据产品或营销活动的不同要求来写作。从营销策划的一般规律看，其中有些要素是共同的。例如：

一、分析营销机会

1. 管理营销信息与衡量市场需求

(1)营销情报与调研

(2)预测概述和需求衡量

2. 评估营销环境

(1)分析宏观环境的需要和趋势

(2)对主要宏观环境因素的辨认和反应(包括人文统计环境、经济环境、自然环境、技术环境、政治法律环境、社会文化环境)

3.分析消费者市场和购买行为

(1)消费者购买行为模式

(2)影响消费者购买行为的主要因素(包括文化因素、社会因素、个人因素、心理因素等)

(3)购买过程(包括参与购买的角色,购买行为,购买决策中的各阶段)

4.分析团购市场与团购购买行为(包括团购市场与消费市场的对比,团购购买过程的参与者,机构与政府市场)

5.分析行业与竞争者

(1)识别公司竞争者(行业竞争观念,市场竞争观念)

(2)辨别竞争对手的战略

(3)判定竞争者的目标

(4)评估竞争者的优势与劣势

(5)评估竞争者的反应模式

(6)选择竞争者以便进攻和回避

(7)在顾客导向和竞争者导向中进行平衡

6.确定细分市场和选择目标市场

(1)确定细分市场的层次、模式、程序(细分消费者市场的基础,细分业务市场的基础,有效细分的要求)

(2)目标市场的选定(评估细分市场,选择细分市场)

二、开发营销战略

1.营销差异化与定位

(1)产品差异化、服务差异化、渠道差异化、形象差异化

(2)开发定位战略(推出多少差异,推出哪种差异)

(3)传播公司的定位

2.开发新产品

(1)新产品开发的挑战(包括外部环境分析、机会与威胁分析)

(2)有效的组织安排,架构设计

(3)管理新产品开发过程(包括营销战略发展、商业分析、市场测试、商品化)

3.管理生命周期战略

(1)产品生命周期(包括需求、技术生命周期,产品生命周期的各个阶段)

(2)产品生命周期中的营销战略(引入阶段、成长阶段、成熟阶段、衰退阶段,产品生命周期概念的归纳和评论)

4.自身定位(为市场领先者、挑战者、追随者和补缺者设计营销战略)

(1)市场领先者战略(包括扩大总市场,保护市场份额与扩大市场份额)

(2)市场挑战者战略(确定战略目标和竞争对手,选择一个进攻战略,选择特定的进攻战略)

（3）市场追随者战略

（4）市场补缺者战略

5. 设计和管理全球营销战略

（1）关于是否进入国际市场的决策

（2）关于进入哪些市场的决策

（3）关于如何进入该市场的决策（包括直接出口，间接出口，许可证贸易，合资企业直接投资，国际化进程）

（4）关于营销方案的决策

三、确定营销方案

1. 管理产品线、品牌和包装

（1）产品线组合决策

（2）产品线决策（包括产品线分析、产品线长度、产品线现代化、产品线特色化、产品线削减）

（3）品牌决策

（4）包装和标签决策

2. 设计定价策略与方案

（1）制定价格（包括选择定价目标，确定需求，估算成本，分析竞争者成本、价格和提供物、选择定价法，选定最终价格）

（2）修订价格（地理定价，价格折扣和折让，促销定价，差别定价，产品组合定价）

3. 选择和管理营销渠道

（1）渠道设计决策

（2）渠道管理决策

（3）渠道动态

（4）渠道的合作、冲突和竞争

4. 设计和管理整合营销传播（开发有效传播，包括确定目标受众、确定传播目标、设计信息、选择传播渠道、编制总促销预算、管理和协调整合营销传播）

5. 管理广告、销售促进和公共关系

（1）开发和管理广告计划（包括确定广告目标、广告预算决策、广告信息选择、媒体决策、评价广告效果）

（2）销售促进

（3）公共关系

6. 管理销售队伍

（1）销售队伍的设计（包括销售队伍目标、销售队伍战略、销售队伍结构、销售队伍规模、销售队伍报酬）

（2）销售队伍管理（包括招聘和挑选销售代表、销售代表培训、销售代表的监督、销售代表的激励、销售代表的评价）

四、策划营销管理

1. 营销组织（营销部门的演进，组织营销部门的方法，营销部门与其他部门

的关系，建立全公司营销导向的战略)

　　2. 营销执行监控(以保证营销的有效性)

　　3. 控制营销活动(年度计划控制，盈利能力控制，效率控制)

　　4. 根据营销部门的信息来进行战略控制

二、营销策划书的写作

（一）营销策划书编制原则

为提高策划书撰写的准确性与科学性，首先应把握其编制的几个主要原则：

1. 逻辑思维原则

策划的目的在于解决企业营销中的问题，按照逻辑性思维的构思来编制策划书。首先是设定情况，交代策划背景，分析产品市场现状，再把策划中心目的全盘托出；其次进行具体策划内容详细阐述；三是明确提出解决问题的对策。

2. 简洁朴实原则

要注意突出重点，抓住企业营销中所要解决的核心问题，深入分析，提出可行性的相应对策，针对性强，具有实际操作指导意义。

3. 可操作原则

编制的策划书是要用于指导营销活动的，其指导性涉及营销活动中的每个人的工作及各环节关系的处理，因此其可操作性非常重要。不能操作的方案，创意再好也无任何价值。不易于操作也必然要耗费大量人、财、物，管理复杂、显效低。

4. 创意新颖原则

要求策划的"点子"(创意)新、内容新、表现手法也要新，给人以全新的感受。新颖的创意是策划书的核心内容。

（二）确定公司的主要方针政策

在拟定策划方案之前，策划者必须与公司最高领导层就公司未来经营方针与策略进行深入细致的沟通，以确定公司的主要方针政策。双方一般要研讨下面的细节：

（1）确定目标市场与产品定位。

（2）销售目标是扩大市场占有率还是追求利润。

（3）制定价格政策。

（4）确定销售方式。

（5）广告表现与广告预算。

（6）促销活动的重点与原则。

（7）公关活动的重点与原则。

（三）在市场调查的基础上制订产品的推广计划

在营销策划案中，市场调查是非常重要的。因为从市场调查所获得的市场资料与情报，是拟定营销策划案的重要依据。推广计划包括目标、策略、细部计划等三大部分。

1. 目标

策划书必须明确地表示，为了实现整个营销策划案的销售目标，所希望达到的推广活动的目标。一般可分为长期目标、中期目标与短期目标。

2．策略

确定推广计划的目标之后，接下来要拟定实现该目标的策略。推广计划的策略包括广告宣传策略、分销渠道运用策略、促销价格策略、公关活动策略等四大项。

（1）广告宣传策略：针对产品定位与目标消费群，决定方针表现的主题，利用报纸、杂志、电视、广播、传单、户外广告等。要选择何种媒体？各占多少比例？广告的视听率与接触率有多少？使产品的特色与卖点深入人心。

（2）分销渠道策略：当前的分销渠道的种类很多，企业要根据需要和可能选择适合自己的渠道进行分销，一般可分为：经销商和终端两大块，另有中间代理商等形式。在选择中我们遵循的主要原则是"有的放矢"，充分利用公司的有限的资源和力量。

（3）促销价格策略：促销的对象，促销活动的种种方式，以及采取各种促销活动所希望达成的效果是什么。

（4）公关活动策略：公关的对象，公关活动的种种方式，以及举办各种公关活动所希望达到的目的是什么。

3．细部计划

详细说明实施每一种策略所进行的细节。

（1）广告表现计划：报纸与杂志广告稿的设计（标题、文字、图案），电视广告的创意脚本、广播稿等。

（2）媒体运用计划：选择大众化还是专业化的报纸与杂志，还有刊登日期与版面大小等；电视与广播广告选择的节目时段与次数。另外，也要考虑 CRP（总视听率）与 CPM（广告信息传达到每千人平均之成本）。

（3）促销活动计划：包括商品购买陈列、展览、示范、抽奖、赠送样品、品尝会、折扣等。

（4）公关活动计划：包括股东会、发布公司消息稿、公司内部刊物、员工联谊会、爱心活动、同传播媒体的联系等。

（四）销售管理计划

假如把营销策划案看成是一种陆海空联合作战的话，销售目标便是登陆的目的。市场调查计划是负责提供情报，推广计划是海空军掩护，而销售管理计划是陆军行动了。在情报的有效支援与强大海空军的掩护下，仍须领先陆军的攻城掠地，才能获得决定性的胜利。因此，销售管理计划的重要性不言而喻。销售管理计划包括销售主管和职员、销售计划、推销员的挑选与训练、激励推销员、推销员的薪酬制度（工资与奖金）等。

（五）财务损益预估

任何营销策划案所希望实现的销售目标，实际上就是要实现利润，而损益预估就是要在事前预估该产品的税前利润。只要把该产品的预期销售总额减去销售成本、营销费用（经销费用加管理费用）、推广费用后，即可获得该产品的税前利润。

（六）方案的可行性与可操作性分析

这是对该方案的落实政策的进一步过程，从某种意义上来说，它是计划执行的"前哨站"。一方面，对整个方案的可行性与操作性进行必要的事前分析；另一方面，对事后的执行进行必要的监督工作的铺垫。这也是决定方案最后是否通过的重要衡量标准之一。

[例文]

厦门小灵通市场营销策划书

一、厦门小灵通市场营销的意义及制定本企划的目的

1.厦门小灵通(PAS)市场营销的意义

之所以将这一条列于篇首专门论述,是想突出明确这样一个观点:厦门小灵通的市场营销绝不仅仅是厦门电信的一个普通项目的市场营销。因为,较之公司的其他项目,其市场营销对于公司具有特殊的意义和影响。主要表现在:

(1)小灵通是厦门电信与移动、联通争夺厦门地区市场份额的有效竞争手段。厦门是全国四大通信市场之一,竞争环境极为激烈,目前全国的所有电信运营商均在厦门开办业务,电信市场已经全面放开。在小灵通开通之前,厦门电信一直处于被动防守的局面,有了小灵通之后,厦门电信不但有了与移动、联通争夺厦门地区市场份额的有效竞争手段,而且还可以为有线能力暂时不能到达地区的用户提供中国电信的贴心服务。

(2)小灵通市场的推广符合厦门电信"抓住中端用户、带动低端用户、争夺高端用户"的营销策略。这个营销策略首先符合了成电对目标客户群的定位;其次中端用户多为小灵通、GSM手机的双机用户,有GSM作为小灵通手机的辅助和补充,对小灵通网络运行质量要求相对较低;另外,也是最关键的一点,中端用户为移动通信带来的收入占总收入的一半以上,移动运营商不容易推出较低的资费打价格战。

2.制定本计划的目的

厦门市小灵通市场营销的上述重要意义,要求我们必须对此有较为清醒的认识,把它作为重点项目来抓。应该看到这是一个涉及产、供、销各部门各环节相互配合的综合性工作,有赖于正确的调度协调,有赖于各方面的积极协作。制定本计划就是想求得公司各级领导的重视和支持以及各部门各环节的共识,明确面对这项工作,我们所应该采取的策略和具体措施,以便于统一思想,协调行动,共同完成好这项具有重要意义的工作。

二、当前营销状况分析

分析当前的营销状况,有助于我们对当前的市场状况、产品状况、竞争状况及宏观环境,有一个清醒的认识,为制定相应的营销策略,采取正确的营销手段提供依据和参考。

1.竞争状况分析

(1)竞争产品分析。小灵通以其低廉的价格优势迅速提高了电信市场占有率,对厦门移动和联通的市场占有构成强烈冲击,使移动与联通近期产生系列动作:11月17日,四川移动大众卡新版强势登陆,次日(即18日),联通推出"风行卡超越版"跟进,均为月租23元包接听所有来电,主叫网内0.2元/分钟,主叫网外0.3元/分钟。这两种卡将"准单向收费"又向前推进了一步,对小灵通发展构成强势威胁。

现将大众卡、风行卡、小灵通的资费及功能等比较如下:

（略）

比较上表后可发现，新版大众卡和风行卡均为月租 23 元，直逼小灵通的月租 20 元。风行卡还可全国漫游，大众卡虽然和小灵通一样，只能在大厦门（即 20 个区县市）范围内用，但大众卡的号段是 138，其网络质量毋庸置疑，这比起小灵通的信号不好的口碑来，可是一大优势。还有比较重要的短信功能，小灵通只能在电信网内发，即只能发给小灵通或电信座机，还必须受到终端支持的限制。

（2）竞争对手的传播进攻手段。预计竞争产品在其将小灵通作为真正的对手后，还会采取更进一步的传播进攻手段。

A. 利用 GSMGPRS，CDMA1X 技术来攻击 PHS 技术的落后，例如使用范围的对比，享受的增值服务对比，接通率对比等。

B. 利用 GSMGPRS，CDMA1X 产品目前是市场热点的优势，通过对"大"和"超"的炒作，让公众冷落"小灵通"。

C. 把两种产品的资费降到一定程度，来混淆"小灵通"的资费优势。

（3）竞争对手的营销进攻手段。

A. 利用传统渠道封杀小灵通，移动是销售商最大利益的提供者，而联通拥有 CDMA，都可以以此要挟销售商。

B. 做话务量的争夺战。当对手真正认识到小灵通的本质，它永远不可能取代"移动电话"，不会对 GSM 的用户数产生威胁时，就会停止对"大"和"超"的推广。专心至致地来做增加客户使用 GSM 量的工作，其工作核心只有两点："让使用 GSM 的客户只使用 GSM，让使用 GSM 的客户使用更多的 GSM 产品"。预计对手认识到这一点的速度会很快，因为他们会发现自己的"大"或"超"只吸引自己的老客户，本质上不能扼制"小灵通"的用户增长。

C. 其他手段，比如移动目前已经将移动手机转移"小灵通"的呼叫转移费用调至 0.20 元／分钟。这限制了客户将 GSM 网络和 PHS 的搭配使用。

综合对手对"小灵通"的有效竞争策略，为以下三点：

a. 告诉公众 PHS 技术落后性，公开挑明技术缺陷；

b. 推出系列鼓励客户使用 GSMGPRS、CDMA1X 网络的营销手段，如促销、广告、基本通话和增值服务的捆绑，让客户习惯使用 GSM；

c. 为小灵通设置障碍，如渠道封杀设置销售障碍，呼叫转移限制设置使用障碍。

2. 产品状况（"小灵通"分析）

（1）产品分析。

A. 在众多特性之中，只有资费能成为卖点，同样的通话情况，小灵通节省更多。

B. 根据公众的生活习惯，"小灵通"无法取代 GSM，只能和 GSM 产品配合使用。

C. PHS 技术具有先进的数据传输功能，在目前终端无法配合的情况下，如果能开出"小灵通"和普通 PC 相连上网的功能，有利于改变小灵通在公众面前技术落后的形象。

（2）技术支撑。实现丰富的业务需要有强大的、开放的增值业务平台作为支持，作为国内最大的小灵通设备制造商 UT 斯达康公司在 VAS 产品设计的时候，广泛地借鉴了业界主要的无线上网浏览技术，结合小灵通本身独特的技术特性，以 UT 斯达康多年在无线网络、增值业务平台、高端手机方面的研发经验，开发出了独特的 VAS 系统，为消费者提供了端到端的无线上网解决方案。

3. 目标客户分析

由于移动、联通连续的价格战，提前挖掘了潜在客户储备，每年度完全的新增客户的量非常小，再根据小灵通的产品特性，准确的小灵通主要目标客户群定位如下：

"在城市内生活工作的 GSM 网络现有客户"

根据客户的职业特性，小灵通的目标客户可以划分出几个群体出来：

（1）公费客户。即行政、事业单位或大中型企业享受一定费用报销的群体，特征如下：

A. 单位报销额远低于实际手机费额，自己每月至少承担 50 元以上手机费用。

B. 单位可能为其解决部分或全部小灵通手机购买费用。

C. 都是单位的中高层人员。

D. 80% 的工作、生活事务在城内完成。

（2）个体工商业主。这部分客户大部分话务都为工作支出，但自己承担费用，特征如下：

A. 业务范围仅在城市内。

B. 为工作会产生大量的通话，如互通商情、客户联系等。

C. 通信工具需要一定的流动性。

这部分客户虽然分散，但是数量非常巨大，甚至超过公费客户。

（3）零散客户。零散客户包括的客户种类非常多，如年轻的打工仔、行政事业企业单位的普通上班族、家庭妇女、退休人员等。但还是有以下特征：

A. 工作生活稳定，都在城市内。

B. 需要低资费的通信工具；或者通话量大，需要控制通信成本。

三、机会与问题分析

1. 小灵通的优势分析

（1）话费便宜：一般而言，PAS 的通话费大约比 GSM 系统便宜约 50% ~ 60%，可以省下许多开支，和市内电话比起来费率也只高了一点点，就算上网上很久，账单也贵不到哪去，而且测试期间还免费。

（2）待机时间长：PAS 手机的待机时间长达 700 小时，连续通话时间可达 6 ~8 小时，不必频繁为手机充电，就算你很长舌的尽情聊天或者用 PAS 上网，也根本不必担心电力不足的问题。

（3）输速度快：手机可直接上网，还可利用 PAS 专属之 PCMCIACARD、USB 传输线等相关设备，根据个人需要连接笔记型计算机或 PDA，通过 PAS 手机联机享受高速率无线上网的快感。与目前 GSM 行动电话的 9.6K 相比，差别真的非常大，更令人兴奋的是，未来还要推出 128K 的传输服务。

(4)低电磁波：PAS 手机的发射功率只有 10 毫瓦，是 GSM 的 1/60 至 1/100，在医院里都可以使用 PAS，不必担心干扰精密仪器。若基于健康的考量，长时间使用行动电话通话，PAS 绝对是最佳的选择。

(5)速率移动：移数通采用日本 DDI－pocket 及 Astel 的"无缝式"手机，就算在时速 100 公里的状态下，通话根本不是问题。

(6)通话音质佳：相较于 GSM 行动电话将 64K 的语音压缩至 9.6K 导致失真较为严重，PAS 只将语音压缩至 32K，通话音质较佳，与市内电话通话品质相差无几。

(7)位功能强：PAS 分布较密的发射基站，提供您定位追踪服务及所在地信息查询，只要您的手机在开机状态且位于服务区域内，年幼子女及老年人的行踪将可以随时掌握，提供您贴心的生活保障，当然如果您担心隐私权的问题，这项服务可以随当时需要选择是否采行。

(8)片铃声随心传：PAS 高传输速率的优势，可以让你传送喜欢的图片、音乐铃声及影音邮件，丰富你的行动通讯生活。

(9)眼之所见随意转发：PAS 的转发功能尤其强大，通过 PAS 上网所见的一切均可随意转发，新闻、图片、铃声，好多好玩的东东，可随时让您的朋友知道。

(10)服务内容多：除了基本的语音服务之外，还有许多贴心的个人服务例如来电显示、发话隐藏、指定转接、话中插接、限制通话、语音信箱、简讯服务等等。此外，PAS 还提供手机收发电子邮件、无线上网的服务，以及无线办公室通讯服务。未来将陆续推出更炫更棒的加值服务，敬请期待。以在网络覆盖区域内携带使用，用户可以随时拨打本地网电话和国际国内长途电话，是市话的有效延伸和补充。

2.劣势分析

(1)形象缺乏感召力，缺乏形象联想，客户不能产生使用联想，也很难有购买冲动。

(2)产品包装粗糙，卡通小灵通和"小灵通"标准字都缺乏细节，给人产品低档的不良印象。

(3)传播点散乱，"座机价格"、"时尚"、"健康"之间没有主次，受众记忆也杂乱不清。

(4)宣传策略没有针对性，导致不该接收信息的接收了，该接收信息的信息传播不充分，没有集中火力对目标客户猛攻。

(5)没有对公众明确"小灵通"的产品概念，导致受众将小灵通和 GSM 电话作比较，分析出太多的缺点，而引起客户的排斥。应该明确小灵通是"移动市话"而不是"移动电话"，不是取代 GSM 而是和 GSM 配合使用。

(6)主要卖点"资费便宜"传播不清，受众缺乏感性认识，许多公众认为 GSM 已经非常便宜，小灵通也不会便宜到什么地步。而传播语"座机价格"也容易和口语中的手机月租(座机费)混淆。

(7)通信行业作为潮流行业,小灵通形象缺乏时代感和潮流性。

四、营销战略

1.产品策略

(1)VI设计。原有"卡通小灵通"和标准字设计粗糙,让人感觉产品落后,主要色彩——绿色没有视觉冲击力。但由于公众已有深刻记忆,因此新VI必须和其有延续性。

A.VI设计要点:

a.采用原来的卡通造型和标准字形。

b.对卡通和标准字的组合进行调整,视觉上更协调,图案更精致。

c.改变主要色彩,运用流行色彩,以赋予VI的潮流感。

B.VI运用规范:

a.每次使用VI时必须同时使用"品牌形象传播语"。

b.必须在运用VI时添加"移动市话"字样。

(2)品牌形象定位。

A.目标:将客户消费心理和产品特点结合,提升出具有感召力的品牌形象,并赋予产品潮流感和时代感。

B.形象定位:

a.将小灵通的资费优势作为主要传播特点。

b.目标客户的消费心理:

在消费的问题上,公众一般按照自己的支付能力来考虑该买什么价格的产品,而不是逮着便宜的买。GSM资费降到一定程度后,客户认为自己每月的话费能承受,因此不考虑换成小灵通。

在支配自己的收入上,公众变得不再节俭,相反的产生很多消费欲望,来满足物质和精神的需求。把工资存入银行的人少了,消费的人多了。

(3)品牌形象传播。

A.必须按照VI运用规范使用VI。

B.不论是书面表达还是口头表达,都在前面加上"移动市话"四字。

C.不论是销售或是宣传推荐小灵通时,都要提醒客户自己大部分时间都在城市内活动(即便客户没有意识到),而不是直接推荐。

D.不论是销售还是广告宣传,不回避甚至主动承认"小灵通"不能取代GSM,或者直面引导客户应该将小灵通和GSM手机搭配使用。

2.针对不同目标市场的差异化营销策略

对"高校族"的学生相应调低价格,可降低裸机价格或免收入网费。由于电信业务具有二次消费的特点,通信行业的价值主要靠向客户出售通话时间即声音传送事件创造出来的。降低第一次收费完全可以看做是为推销通话而使用的促销费用。而且因此而带来的资金超前筹措,可以用来提高业务质量,吸引客户多用常用无线市话,对于降低成本费,提高生产效率是有益的。

对"时尚族"应该抓住无线市话具备"时尚性"这个特点。差异化营销策略应该抓住"时尚族"的心理特征,力求做到"新"、"变"。如:针对无线市话辐射小的优越性可召开新闻发布会、学术专家专题讨论会，提前把"绿色环保"的概念引入手机市场。相信这一策略在"时尚族"中是较易见效的。他们接受新事物较快，对前卫思想尤感兴趣，而且注重生活的品质。"变"是指营销策略不能固守模式，一成不变。如：顾客对机壳颜色有进一步的需求，犹豫不决选择何种色彩的无线市话的情况也时常出现。针对以上情况，厂家在增加机壳颜色的同时，在营销策略上应该求"变"，开展"给无线市话换彩衣"的活动。基本设想为：某款热销机型价款提高百元左右，用户便可拥有数种色彩机壳。在不同时候、不同场合、不同心情、不同衣着情况下，给无线市话穿上缤纷的彩衣。

对"工薪族"，产品价格和服务质量是营销策略不可忽视的两大支柱。无线市话在众多移动电话中产品档次并不高。拥有它可以说并不代表什么身份和地位。它的单项收费和"移动市话"两项是吸引"工薪族"的重要原因。无线市话在价格方面仍有向下变动的幅度。考虑到价格普遍下调会影响老顾客的利益和对无线市话信誉的负面影响。可考虑借助特定的销售活动，在特别的日子降价销售。产品质量包括硬件方面和软件方面。目前的症结在于在网络覆盖、通话质量上商家应花大力气攻克技术难关。此外，软件方面也是不容忽视的部分。

针对"流动族"活动范围不定，安装固定电话有诸多不便与不经济因素等特点，宣传导向应突出无线市话采用无线接入技术，能方便实现移动通话的优点。结合其具体情况有针对性地开展营销活动，如：在集贸市场等非固定商业区，组织专业销售人员进行上门服务，方便个体商贩。同时利用商业区人员集中、流动性大等特点进行产品推广。对于临时电话用户等只需短期使用者，可开展租赁服务。

3. 价格策略

无线市话在厦门市场开发初期主要采用快速渗透策略。厦门电信以颇高的促销费用和较低的价格推出无线市话，试图用最快的速度打入目标市场，取得尽可能大的市场占有率。如今市场占有率已初具规模，我们建议其定价策略也应转变为缓慢渗透策略（亦称双低策略，即以低促销费用和低价格推出新产品），因为目前广大市民对无线市话已有相当的了解，可能也已有众多的潜在竞争者准备加入竞争，此时低价利于市场迅速接受新产品，一方面可以排斥其他竞争者进入该市场，另一方面低的促销费用可以降低成本，从而实现更多利润，或者将节省的宣传费用让利给消费者，从而实现价格优势。具体价格策略如下：

（1）月租20元，小灵通头3分钟只需0.22元，之后每分钟0.11元；真正的单向收费，与普通手机相比话费至少可以省3倍。

（2）使用小灵通17909拨打长途，享受IP通话费5折优惠，更省钱。

（3）使用灵通伴侣业务，呼叫移动手机时，移动终端和小灵通同时振铃，用户可选择接听任一终端。小灵通接听来话不要钱。

4. 销售渠道

通过市场调查报告分析可知，对于大部分消费者而言，电信局营业厅仍然是最重要的销售渠道（占83.2%）。在电信局营业厅可进一步增设无线市话（"小灵通"）销售专柜，注意销售人员的形象，提高服务质量，并开设无线市话

("小灵通")不同机型的展览和说明专栏,让消费者(现有的或潜在的)在电信局营业厅就可以对其进一步加深了解,从而激发他们的需求。但电信营业厅数量毕竟有限,为了方便顾客的购买,适当增加代办网点,建议开发下列销售渠道:

(1)高校代销。应当看到:遍布全国各地的大、中专院校是一个巨大的潜在通信用品的销售市场,这部分消费者的消费特征前面已做了详细地分析。

(2)邮政局代办。邮政具有"点多、线长、面广"的特点,相对于电信局所而言,邮政局所的分布更加广泛,从繁华都市到偏远城镇无所不在。长期以来,邮政一直由国家垄断经营,在广大消费者心目中有良好的信誉,而且邮政和电信分营不久,在普通市民眼中,"邮"与"电"仍是一个整体概念,由邮政局代销更易于老百姓接受。从合作双方来看也具有合作的经验与基础,因而"邮"与"电"联手开拓通信市场具有很强的可行性。

(3)通信用品商店。近年来,随着我国通信事业的发展,各种通信用品商店纷纷涌现,各大商场也出现了通信用品专柜。可充分利用它们进行无线市话"小灵通"的销售,具体可参考高校的代销形式,也可采用包销的形式,以一定价格给各销售商回扣折让,由其具体负责销售,并利用他们发放一些广告宣传材料,及时反馈信息,处理用户问题。

5.广告宣传

(1)目标受众接受媒体分析。

A.公费受众亲近媒体:

a.《厦门商报》、《华西都市报》、《厦门晚报》等主流报纸。

b.回家较晚,一般看晚10点以后电视节目。

c.较高档的酒店、茶楼。

B.潮流个性化目标受众亲近媒体。潮流个性化客户的目标受众活动户外化,或者根本就没有电视,也不是经常看到报纸,故其媒体特点具有户外化的特征。

a.城市内的户外媒体类;

b.《厦门商报》、《华西都市报》的零售购买;

c.酒吧、咖啡馆、迪厅、网吧、商场等场地。

C.保守性目标受众亲近媒体:

a.家庭订阅报纸《厦门商报》、《华西都市报》等;

b.本地电视台的影视类节目。

(2)在线传播。充分利用现有资源及市场调研服务商所提供的资源,从而促进小灵通品牌知名度和登录用户数量的提高。具体措施如下:

A.主流中文搜索引擎的全面注册:搜狐、雅虎中文、新浪、网易、搜房等。在中文搜索引擎的注册过程中,应该尽量把各个产品类别及服务项目分开注册,以提高点击机会。

B.定期在相关的电子公告牌、社区留言板和新闻组中传播最新发展动态和新服务的介绍。当公司有新产品或新活动推出时,主动向主流新闻网站提交新闻内容,并确保发布,可以选择的网站有:搜狐、新浪、网易、中国电信网等,以利用互联网上的免费和常规列名场所提高网站的被链接机会，而尤其是搜索引擎的注册将是创造流量的重要工具之一，这项工作的目标是每天为网站带来平均至少 100 名以上的访问者，估计其中会有 20 位左右的潜在客户。其评估方法为：在网站服务器上设置链接页面跟踪程序，用以分析来源页面的比例，找到最有效的链接点。这些数据应该保存在在线传播的负责人那里。

C. 网络广告的投放。其目的是为网站创造流量和用户注册，同时提升公司品牌在潜在客户心目中的记忆度和忠诚度，网络广告的设计应当符合公司视觉识别的规范，尺寸不宜单调，以符合需求为原则。在制作技术上应当在科学选择的基础上求新求异。投放人员应当做好广告效果的跟踪和报告，以便正确指导以后的媒体选择工作。具体计划由……具体提供。但应当覆盖以下种类的网络媒体：

网络媒体种类形式预算(半年)；

大型商业网站常年连接；

广告网络网幅广告；

流量高，但未成规模的网站小尺寸广告。

(3)传统媒体，公共关系，活动。

A. 商业广告。全面展开市场推广活动，使用平面印刷媒体，参加各种展示、展览会和新闻发布活动，同时可以考虑运用电视媒体，来达到提升小灵通的知名度和美誉度的目的。

报纸杂志：《厦门商报》、《华西都市报》等。

电视：厦门电视台财经频道。

户外：公交 BUS(主要是市内公交线)，出租车。

B. 与传统媒体的合作。与传统媒体的合作主要是抓住他们的高端客户内容、稿源和其他方面的需求，从而找到合作的结合点。

C. 活动。

a. 成立招待会、合作厂商和产品发布等一系列主题活动(待议)。

b. 展示会，以现场展示产品和服务为基本核心。

(选自范文网，作者舒国华)

第五节　报告类经济文书的写作

报告类经济文书，按内容可分为市场调查报告、可行性研究报告、经济活动分析报告、审计报告、评估报告等。报告是一种汇报性文体，报告类经济文书都要求就某一经济活动中的问题进行深入细致地调查分析研究，然后把调查研究得来的情况真实地表述出来，为领导部门提供决策的依据和参考。

可行性研究报告和市场调查报告在实际工作中应用非常广泛，我们以这两例为典型介绍报告类经济文书的写作，希望能起到举一反三的效果。

一、可行性研究报告

(一)可行性研究报告的含义

可行性研究报告是对拟建的项目、拟改造的项目或科学研究实验项目,进行多方周密调查、分析、论证该项目可行性和有效性的一种书面报告。它要求对该项目的技术政策、技术方案、技术措施、工程规模等进行全面的技术论证和经济评价,从而确定其可行性;并确定一个"技术上合理,经济上合算"的最佳方案和最佳时机,为该项目的决策和实施提供充分的科学根据。

可行性研究报告的作用主要是为项目决策提供依据:一可为本单位对该项目的决策提供依据;二可为主管部门或上级单位对该项目的审批提供依据;三可为银行或其他金融机构对该项目的投资提供决策依据。

可行性研究报告在经济建设中有着重要地位。1983年2月,国家计委颁布了《关于建设项目可行性研究的试行管理办法》,规定了可行性研究工作的基本原则、程序、内容及审查方法;并规定一切大中型项目和重要建设工程项目在编报设计计划书之前,都必须进行可行性研究,未经可行性研究的项目,上级领导不予批准。此后,可行性研究报告的运用范围不断扩展,单项的科学实验、技术开发、经营管理、重大技术经济政策,以及某种资源或某个地区、部门、单位的规划等等,都可以进行可行性研究,写出相应的可行性研究报告。

(二)可行性研究报告的分类

可行性研究报告有一般项目可行性研究报告和大中型项目可行性研究报告之分。由于我们下面着重介绍的是一般项目可行性研究报告的写法,在这里我们只对大中型项目可行性研究报告作简单的介绍。

一般项目可行性研究报告,也就是一般性的小项目的可行性研究报告,包括规模小、投资少的新建、扩建项目,牵涉面不大的常规性技术改造项目,单项科学实验,某个方面的经营管理改革等。这类可行性研究报告,论证的项目较小,内容也比较集中单一,技术论证和经济评价较为简单,涉及面不广,引用数据不多,报告一经主管部门或上级单位批准,便可作为编制设计任务书或技术改造方案、经营管理改革方案的依据。

而大中型可行性研究报告,主要是指规模大、投资多的新建扩建项目,涉及面广、工程浩大的技术改造项目,重大科学实验,全局性经营管理改革等。这类报告,项目内容繁多,技术论证和经济评价复杂,涉及多种行业,专业要求很高。因此,参加大中型可行性研究的人员,必须包括多方面的专家或专业人士,执笔写作报告的人员也必须懂得相关业务知识。

大中型可行性研究报告,程序也十分繁琐。一般要经过三个阶段,每个阶段都要写出相应的可行性研究报告。按研究步骤,又分为三种:机会研究报告、预可性研究报告和最终可行性研究报告。

机会研究又叫"投资机会鉴定",是可行性研究的最初阶段,主要任务是为建设项目的投资方向进行鉴定,确定项目是否成立。它以总的估计为主,而不是详细的分析。

预可性研究报告又叫"初步可行性研究报告"。其主要任务有二:一是决定是否需要进行下一步可行性研究;二是确定有哪些关键问题需要进行辅佐性的专题研究。

最终可行性研究报告，又叫"详细可行性研究报告"，一般直接称"可行性研究报告"。它必须分析和说明与建设项目有关的关键要素（如厂址选择、工艺技术、设备类型等）以及达到目标的多种可能方案，阐明并选择较优或更优方案，论证可能实现的程度或令人满意的程度，作出肯定或否定的结论性建议。

（三）可行性研究报告的特点

与其他报告类文书相比，可行性研究报告具有预测性、论证性、系统性的特点：

1. 预测性

可行性研究，实质上是一种预测行为，是对尚未开展的工程项目的未来效益的评估和预测，因此，要从实际出发，按经济规律办事。不应该凭着主观愿望，为了某项工程能上马，只讲有利因素不讲不利因素，得出预期的结论。由于在对经济效益的论证过程中，所使用的数据，大部分都是来自预测和估算，与将来的实际情况会有相当大的出入，要考虑此因素给拟建项目带来的潜在风险，重视不确定性分析研究。

2. 论证性

与调查报告的重描述相比，可行性研究报告更注重论证。可行性研究报告是一种技术经济论证报告，它提供的不应是简单的预测结果，而应是科学、严密的论证过程。项目是否可行，该不该上，选择什么方案为佳，都应有令人信服的论证。要叫人信服，就要有理有据，有数据分析，有比较证明。

3. 系统性

每一个建设项目，都是多种因素紧密关联的系统。可行性研究，必须用系统的眼光、系统的方法来探求这个系统内在的各个组成部分之间、外在的各种因素之间的种种联系和影响，切不可做片面和孤立的分析。

（四）可行性研究报告的写法

可行性研究报告一般都是单独编制成册，它的一般格式包括：①封面；②摘要；③目录；④图表目录；⑤术语表；⑥前言（或总论）；⑦正文；⑧结论或建议；⑨参考文献；⑩附件。这是最完备的格式。当然，在具体运用中，并不是每份可行性研究报告都必须具备这些内容，可以酌情删减某些次要内容。

一般来说，可行性研究报告应包括标题、正文、落款以及附件等部分。

1. 标题

可行性研究报告的标题通常有两种形式：规范式和简略式。

规范式标题：编写单位＋项目名称＋文种。如《湖南建设银行关于新建长沙市光明区居民点的可行性研究报告》。

简略式标题：可省略编写单位，文种也可以简化，只突出项目名称。如《关于扩建西湖高科技开发区的可行性报告》。

2. 正文

正文部分包含前言、主体和结论三部分。

（1）前言，也称为总论或总说明。这一部分应概要说明研究项目的总体情况：项目内容、背景和依据、意义，以及实施单位的简要情况等。如《长安机床厂关于开发新产品 Y 系列电机壳流水线的可行性研究报告》的前言部分的纲要：

一、总说明

（一）项目提出的依据

1、2（略）

（二）实施本项目的重要意义

（三）可行性研究的范围

（2）主体，这是可行性研究报告的重点部分。一般包括项目的技术评价、经济评价、方案比较等三方面的主要内容。

（3）结论，归纳全文，得出可行性或非可行性的结论。也可提出建议，如投资少、建设快、成本低、利润大、效果好的建设方案等。

3. 落款

包括单位名称、公章和日期。

4. 附件

注明附加说明的文字材料，如设计图表、设计图纸、明细清单以及篇幅较大的专题性文字材料等等。

［例文］

乌龟繁养加工系列研究与开发可行性研究报告

编制单位：常德市建设项目咨询中心汉寿办事处

项目承办单位：湖南汉寿京龙特种水产开发总公司

编制负责人：刘××

主编：刘××　许××

审定：杨××

联系电话：0736－28627××

传真：0736－28627××

目录

　　3. 设备及设施

　　4. 主要技术措施

　　五、主要工程数量

　　六、投资估算与资金筹措

　　1. 投资估算

　　2. 资金筹措

　　七、经济效益分析及评估

一、概　论

1. 基本情况

　　汉寿县地处湖南省北部，洞庭湖之滨，控扼湘西北水陆交通要冲，古称"西楚唇齿，云贵门户"。全县总面积2034平方公里，其中可耕地130万亩，水面90万亩（其中可养殖水面40万亩）。全县总人口78万人，其中农业人口68.5万人，占87.82%，是个农业大县，农业的基础地位很强。1999年全县工农业总产值39.74亿元，其中农业产值占41.75%，水产产值（含特种水产）又占农业总产值的34.4%。改革开放以来，县委、县政府在调整农村产业结构中，坚持"面向市场，发挥优势，抓住'特'字，致富在水"的战略决策，在品种选择上变"高产战略"为"高价战略"，高举"中国甲鱼之乡"这个品牌，主攻了中华鳖、乌龟的人工繁养及其加工难关。以中华鳖、乌龟为主的特种水产养殖始于70年代初，90年代进入了一个全新的发展阶段。目前，全县有特种水产养殖专业户2.1万户，其中乌龟繁养专业户100多户，养殖面积达1200多亩，拥有存塘亲龟1.5万公斤，年产稚龟30万只，可产商品龟4万公斤，预计今年乌龟产值可达2500万元，占全县特种水产产值2.11亿元的11.85%，占全县渔业总产值的6.1%。

　　2. 承办单位基本情况及1999年经营情况

　　（1）承办单位基本情况：该项目具体实施单位为湖南省汉寿县京龙特种水产开发总公司。该公司始创于1995年，是由国家财政部投资扶持而建的，是由原汉寿县水产科学研究所（创办于1964年8月）转变成的融科、工、贸、产、加、销于一体的龙头企业。该公司目前主要从事中华鳖、乌龟的人工繁育，以中华鳖、乌龟为主的名贵水生经济动物的快速养殖及其产品深度加工的开发与研究。公司拥有固定资产1200万元，有高标准精养鱼池500亩，有温室、温棚面积10000平方米，有以中华鳖、乌龟等名贵动物为主要原料的产品加工厂一座，年生产能力达30吨。现存塘亲鳖7.5万公斤，年产稚鳖250万只以上；存塘亲龟2500公斤，年产稚龟5万只以上。存塘亲龟2500公斤，年产稚龟5万只以上。公司有员工212人，其中工人128人。

　　（2）公司成立以来的经营情况：公司成立以来，凭借技术力量强的优势，严密地组织和管理，生产经营形势很好。1999年，公司共生产稚鳖238万只，商品鳖240.8赋，生产稚龟4.6万只，商品龟9.8日吨。创总产值5465.2万元，实现销售收入5094.2万元。

3. 项目提出的条件

(1)有优越的适合乌龟为主的特种水产开发与研究的自然条件。汉寿县有沅、澧两水从西向东贯穿县境,还有七条支流与沅水相连。有90万亩水面,其中可养水面达40万亩。县境属中亚热带向北亚热带过渡的季风湿润气候。境内湖泊、河汊星罗棋布,水体效应、气候特征明显。全年四季分明,雨量充沛,日照时数多,无霜期长。同时水资源丰富,全县人均拥有地表水250万立方米,且水质符合GB11607的要求,是发展水产养殖尤其是名特水产养殖最适宜的环境。

(2)有完善的基础设施以利于以乌龟等为主的名贵水产的开发。该项目实施基地位于县城南郊,距县城三公里,1851省道擦身而过,且与319国道、长常高速公路及石长铁路首尾相连,交通十分便利。基地基础设施齐全,水利排灌设施完备,水源充足,水质清新,无污染源;电力、通讯设备均设有专线。

(3)有可靠的技术力量和一支素质较高能从事乌龟的人工繁养及其加工的研究与开发的队伍。公司拥有从事名贵动物繁养、加工的熟练技术人员88人,其中高、中级技术人员15人,技术力量雄厚。公司基地作为"全国甲鱼之乡"的汉寿县的甲鱼产业的生产、科研示范基地,早在20世纪70年代中期就已与湖南师范大学生物系以刘筠院士为主的科研小组协作,开始了对乌龟的生殖生理、人工繁育理论的探索与研究,已具有了比较系统的理论基础和实践操作技术,同时掌握了乌龟快速养殖技术,能够在一年之内将稚龟养成个体均重达400克以上的商品龟,特别是在龟的性别控制上已达国际水平。

90年代以来,公司又与湖南中医药研究院合作,研制出了"三王精"、"三王二仙"口服液,该口服液已通过省药政局组织的"生产前"专家评审,一致认为处方组成合理,疗效显著,制备工艺先进,原材料资源丰富,投资规模不大,市场行情看好。

(4)进行乌龟繁养加工的研究与开发有十分明显的经济效益。从近两年小区实践证明,每亩亲龟池每年可养种龟250公斤,产稚龟5000只,创产值15万元,实现利税12万元;每亩食用龟每年可创产值20万元,实现利税12万元,其深度加工产品的效益则更为明显。因而乌龟的产品效益是目前农副产品中经济效益最好的品种。

4. 项目提出的依据

(1)项目实施的必要性。在全国甲鱼养殖产业趋于成熟的同时,乌龟的人工繁育热潮又悄然兴起。由于乌龟在自然条件下生长缓慢,繁殖率又低,加之人为滥捕乱杀,自然资源正逐年减少,已濒临灭绝。而随着人们生活水平的提高,市场对乌龟的需求量增大,导致供求矛盾相当突出,因而其售价直涨不跌。因此,在洞庭湖区具有传统特种水产产业的汉寿县建成乌龟繁育基地就显得十分必要,既能创出湖南的水产品名牌,推动全省乌龟养殖与深加工产业的系列开发,又能满足国内外市场的需求,对带动汉寿经济具有十分重要的意义。

(2)该项目的提出符合国家产业政策和2010年发展规划纲要。从全国宏观经济运行态势和国家产业政策对照来看,国家提出的"十五"计划,和2010年发展规划纲要中，农业仍摆在基础地位，水产养殖业是农业的一个重要组成部分，而特种水产养殖又是最活跃、最有潜力的产业，国家产业政策支持。

（3）省、市、县领导和专家高度重视。副省长庞道沐亲自批示："此项目具有较好价值和开发前景，请省农办、省科委给予支持"。中国科学院工程院院士、湖南师大生物系刘筠教授也高度评价道："龟是我国久盛不衰的名贵药材。关于龟的人工繁殖、养殖和性别控制，湖南师范大学生命科学院同汉寿县科委已协作研究多年，产业化开发的技术已基本成熟，即将进入产业开发，具有明显的应用前景。建议由汉寿县承担此项目。"常德市养殖业领导小组和汉寿县委、县政府主要领导高度重视，召开专题现场办公会议，决定以京龙公司为龙头，在近期内把汉寿县建成全国最大的乌龟养殖基地县和产业化龙头，首创"中国乌龟之乡"。

二、市场预测及原料供应

1. 市场预测

乌龟全身都是宝。它是集营养滋补、健身防癌、延年益寿的食用、药用、观赏及教学科研为一体的名贵经济动物。龟肉、龟卵味道极其鲜美，蛋白质含量也很高。"龟身五花肉"即指龟肉有牛、羊、猪、鸡、鱼等五种动物的营养和味道，特别是以龟肉等为主要原料配制而成的各种龟肉羹，已成为现时宴席上的高级名肴之一；龟甲、龟板为传统的名贵药材，它富含骨胶原、蛋白质、钙、磷、脂类和多种酶。据中医临床证实，它具有滋阴、补血及止血的作用，主要用于虚劳发热、咳嗽上气、阴虚血热、咯血、吐血、便血、肝肾阴虚、月经闭止等症；乌龟的寿命在动物界名列前茅，自古以来就被当做长寿的吉祥动物。《庄子·秋水篇》中说："吾闻楚有神龟，死(时)已三千岁矣。"因此，龟一直为我国人民所喜爱，日本人更甚，是一种祝寿礼品和观赏动物，另外在教学科研上也有独特的价值。

当前，随着对乌龟营养价值研究的深入，其药用与保健功能的开发，产品深加工的兴起，乌龟的用途将越来越广泛。加之乌龟在自然条件下生长缓慢，繁殖率低，自然资源逐年减少，供求矛盾严重失衡，致使其市场价格一直上扬，每公斤乌龟由1994年的80元上涨到目前的300元。其产品的经济效益非常明显，对比中华鳖，已充分显示出后来居上的强劲势头，其开发前景和市场前景广阔深远。同时，以龟鳖为主要原料制作而成的"三王精"、"三王二仙"口服液自投产后，市场行情看好。从国际市场来看，东南亚及西欧各国，对中国传统中医药十分推崇，尤其是这些国家的华人中市场更广阔。从同类产品比较来看，沈阳飞龙集团生产的"延生护宝液"，现在国内每年销1亿瓶，产值达19亿元，在国际上尤其是港澳、东南亚地区销售额达1亿美元。"三王精"、"三王二仙"口服液药理、药效都要好于"延生护宝液"，达到"延生护宝液"一样的销售效果是完全有可能的。再与浙江圣达牌中华鳖精相比，"三王精"、"三王二仙"的组成更先进科学，功能与作用更大，前者是一种营养食品，后者既有营养食品又有保健药品，可进各家医院的药房，销售市场更广泛。加之采用了低温冷浸、渗滤新技术，药中无防腐剂。无色素、纯天然保健药品，市场行情比中华鳖精更好。在此基础上，我们正根据市场行情，计划二期开发龟肉羹、龟鞭酒和龟板胶。这样仅加工一项达到一亿元的产值，也是有可能的。特别是解决了千家万户农民养龟销售的后顾之忧，使"公司＋农户"真正联为一体，并且保证了产业化后的产品出路。因此，该项目所开发的产品市场是可靠的，且具有很强的竞争能力。

2. 原料供应

本项目所需主要原料乌龟、中华鳖，县内可以完全供给，无需异地采购。

三、建设规模及产品方案

1. 建设规模

根据公司的现有条件，考虑到资金来源及投资效益等因素，初步拟定第一期建设规模为：

亲龟池 200 亩；

亲本引进 50000 公斤；

商品龟池 250 亩；

温室、温棚 10000 平方米；

年生产"三王精"、"三王二仙"口服液 100 万盒，每月生产 8400 盒。

2. 产品方案

根据建设规模，每年的产品为：

①稚龟 100 万只。

②商品龟 102600 公斤。

③亲龟 5000 公斤。

④"三王精"、"三王二仙"口服液 100 万盒

四、生产工艺流程、生产设备与主要技术参数

1. 生产工艺流程

(1)乌龟快速养殖流程。根据乌龟的生物学原理及其生殖、生理特性，以及我公司现有养殖条件，确定其生产流程为：(略)。

(2)"三王精"、"三王二仙"口服液生产工艺已被省卫生厅批准，投入生产，批准文号(95)湘食卫准字(生)第 028 号、(95)湘药审健字第 47 号。

2. 主要技术参数选择

主要技术参数选择如下。其他产品的技术参数属该公司独家试验结果，暂不公开。

(1)放养密度：

亲龟(池塘)250 公斤/亩；

稚龟(温棚、温室)30 只/平方米；

幼龟(池塘)1200 只/亩。

(2)亲本雌雄比：以雌∶雄为 7∶1 为宜。

(3)综合饵料系数(以动物饲料和配合饲料相搭配)：5%。

(4)年生长指标：亲龟年增重 10%，商品龟 0.4 公斤/年·只。

(5)亲龟产卵数：28 只/年·公斤。

(6)受精率：80%。

(7)孵化率：90%。

(8)亲龟产稚龟数:20 只/年·公斤。

(9)养殖成活率,分两个阶段,即:稚龟至幼龟阶段90%,幼龟至成龟阶段95%。

(10)养殖水深(池塘):1.2~1.5 米。

3.设备及设施

(1)加温设备:选用无压热水锅炉。

(2)"三王精"、"三王二仙"产品设备:参照五。主要数量9~18。

(3)其他设施:如防盗、防逃围墙、哨所,以及温棚、温室,进、排水管,均自行设计,自选材料,自行安装、调试。

4.主要技术措施

(1)提高"三率"。

①选择最适合年龄和最适当体重的亲龟,亲龟要求6龄以上、个大、体壮,体重要求雌龟在500克以上,雄龟在200克以上,并保证最佳营养饵料的投喂,创造最适合的生态环境,以保证雌龟的产卵率。

②确定最佳的雌、雄配养比例,以雌雄之比7:1为宜,创造良好、幽静的交配环境和不受污染的水源,提高受精率。

③按时收集卵子,认真鉴别受精卵,控制孵化沙温及其湿度,同时应保证通气。防震及防止敌害和注意卫生,以提高孵化率。

(2)提高成龟年生长量及单位面积产量的措施:

①保证最佳生长水温,不让休眠,增加生长时间;

②选择最佳饵料,以鲜活鱼和人工配合饲料交替搭配投喂较宜,并做到"四定",以保证乌龟充分生长的营养要求;

③加强龟病的防治及养殖水质的调节管理,定期使用药物预防,做到"无病失防,有病早治",以提高养殖成活率。

五、主要工程数量

(1)养殖面积:亲龟池200 亩;自控温室、温棚10000 平方米;高标准商品龟养殖池250 亩。

(2)土方工程:20000 平方米。

(3)新增围墙:7000 平方米。

(4)哨所:6 座(36 平方米/座)。

(5)引种:50000 公斤。

(6)保温、加温设备1 套。

(7)锅炉11 台。

(8)化验室及化验仪器2 套。

(9)加工厂房改造1 座。

(10)高压反应釜3 吨。

(11)多功能提取器3 吨。

(12)真空浓缩器3 吨。

(13)溶媒回收器1.5 吨。

（14）软盘式灌封机 1 台。

（15）冷藏罐 1.5 吨。

（16）配料桶 1.5 吨。

（17）高温灭菌器 3 台。

（18）质检车间设备 1 套。

六、投资估算与资金筹措

（一）投资估算

投资总额为 4385 万元，其中：

（1）基建投资 395 万元；

（2）引进亲本投资 2800 万元；

（3）仪器、设备及运输工具 200 万元；

（4）其他工程费 590 万元；

（5）生产流动资金 400 万元。

（二）资金筹措

向省政府申请农业高新技术扶持资金拨款 500 万元，委托贷款 1500 万元，公司自筹 1385 万元，向农业发展银行汉寿支行申请贷款 1000 万元。

七、经济效益分析及评估

（一）产品生产销售成本

（1）稚龟、商品龟生产销售成本为 4060.7 万元。

（2）"三王精"、"三王二仙"口服液生产销售成本为 2479 万元。详见附表 2。

两项合计为 6539.7 万元。

（二）销售收入、税金、利润及风险测算

1. 以现行市场价格计算

（1）销售收入 9978 万元，其中：

①商品龟销售价格及收入：

稚（幼）龟 70 万只 ×30 元/只 =2100 万元

商品龟 10.26 万公斤 ×300 元/公斤 =3078 万元

②"三王精"、"三王二仙"口服液售价及收入。详见附表 3。

100 万盒 ×48 元/盒 =4800 万元

总计销售收入为 9978 万元。

（2）税金：特产税以税率 8% 计算征收，应缴纳 798.2 万元。

（3）实现利润：销售收入 9978 万元 − 总成本 6539.7 万元 − 税收 798.2 万元 − 基本折旧费 100 万元 =2540.1 万元。即投产后 2 年可偿还全部贷款投资。

2. 若因市场波动，按目前最低市场价格 50% 计算

（1）销售收入 8252 万元。其中：①商品龟销售收入：3452 万元稚（幼）龟 20 元/只 ×70 万只 =1400 万元；②商品龟销售收入：200 元/公斤 ×10.26 万公斤 =2052 万元；③"三王精"、"三王二仙"口服液售价及收入：100 万盒 ×48 元/盒 =4800 万元。

（2）税金。

特产税以税率8%计算征收，应缴纳660.2万元。

实现利润投产后第一年可实现利润为：$8252 - 6539.7 - 660.2 - 100 = 952.1$ 万元。即投产后4.6年可偿还全部贷款投资。

通过上述预算与风险测算，可见，本项目的实施不但可以挽救乌龟于濒临绝迹危险的境地，对保持生态平衡具有重大的生态效益，而且无论在市场高峰时或低潮时均可获得显著的经济效益和社会效益，项目投资的风险完全可以承受，符合21世纪农业高新技术范畴，实属可行。

本例为一般项目可行性研究报告。标题由项目名称＋文种构成，正文主要分为两大部分：第一部分即概论部分，介绍了项目的基本情况、实施依据与目的等；第二至七部分是主体部分，论证了乌龟繁养加工系列研究与开发项目的客观必要性和现实可行性，作者先通过对市场调查情况的反映，说明建立这一项目是必要的；然后从技术和经济两个方面论证其可行性，运用了翔实的数据材料进行分析说明。最后一段，对全文进行归纳总结，得出项目可行的结论。分析客观具体，论证充实有力，语言简明准确。可行性论证，不能只在文字上下工夫，它要建立在科学论证的基础之上。

二、市场调查报告

（一）市场调查报告的含义

市场调查是以市场为对象的调查研究活动。它主要是搜集、整理、分析和研究市场环境和市场情况资料，从而了解市场、认识市场、获取市场信息。市场调查报告是在市场调查的基础上写成的分析报告，是经济部门和企业单位进行市场预测、制定政策、作出经营决策、拟定计划的重要依据。调查报告可以公开发表在报刊媒体上，也可以进行内部交流，它所反映的事实具有一定的新闻性，因此也被视为新闻文体的一种。

市场调查报告必须经过市场调查、拟写研究报告两个主要阶段。没有调查，就没有研究；没有调查研究，就写不出报告。市场调查报告的主要材料来源于市场调查，科学客观的市场调查是写作调查报告的第一步，也是至关重要的一步。

（二）市场调查

1.调查对象

市场调查的对象可以概括为五个字：产、供、销、购、后。即商品的生产情况、供应情况、销售情况、购买力情况和售后服务情况。产、供、销、购、后是现代商品流通过程中必经的五个环节。市场调查可分为全面市场调查和单项市场调查。全面市场调查即对这五个环节的调查；单项市场调查则只针对其中一个环节进行调查。

2.调查方式

按调查对象的范围大小，我们通常把调查分为普遍调查和非普遍调查两大类。普遍调查和非普遍调查，是调查的两种最基本的方式。

（1）普遍调查。即对调查对象总体内所有单位无一例外进行调查。这是了解某一个问题全面情况的最可靠的方式，可以获得系统、完整、多项目的数据和资料，获得的信息最准确最权威。但工作量大，难度高，一般多用于重大项目，如工业普查、国有资产普查等。

（2）非普遍调查。即对调查对象总体中一部分单位所进行的调查。根据选择"一部分单位"的标准、方法、和数量，非普遍调查又可分为下列四种：

①典型调查：是在一定的调查总体范围里，选择有代表性的典型样本为对象进行调查。这是一种解剖麻雀的方式。它的特点是范围小、单位少，能够对被调查的对象做深入、细致的了解，同时又节省人力、物力和时间，能以较小的代价获取较大的利益。但是，由于典型样本是根据调查者主观判断决定的，所以难免带有某种程度的主观性。在对总体情况了解得不够的情况下，往往难以选好典型，这样就难免对调查结果的准确性产生一定影响。因此，在使用典型调查时，应尽可能在对调查对象总体情况有大致了解的基础上进行。比如要对湖南省商场上半年的零售情况进行调查，可选取大型商场 3 个、中型商场 3 个、大型超市 3 个为典型样本，而不必每个商场都调查一番，调查得出的结果也能比较客观地反映实际情况。

②重点调查：是在一定的调查总体范围里，选取重点样本为对象进行调查。重点样本是指统计总体中各单位所共同具有的特征，因此重点调查的样本虽然为数不多，在数量上却占整个调查总体的绝大多数比重。通过重点样本的调查，可以对总体有个基本的了解。我们的调查如果只是为了掌握基本情况，可以采取这种比较简便的形式。重点调查的关键是准确恰当地选取重点样本。如何选取重点样本呢？一般采取系统分析、综合比较的方法，选择对总体能起主要或决定作用的因素。如对国有纺织行业不景气的调查，就是选取了"不景气"的原因作为重点样本进行调查。

③个别调查：是对某个特殊单位进行的全面、深入调查。由于调查对象单一，调查必须讲究深度和广度。如对某个先进典型单位或对某个落后典型单位的调查，都属于个别调查。个别调查应注意挖掘现象背后的本质原因，总结经验教训，提供给人们理性的思考。如《透视脑白金的营销策略》(《销售与市场》2001 年第 10 期)，就是对脑白金产品的营销策略展开的个别调查。

④抽样调查：是在一定的总体调查范围里，抽出部分样本作为调查对象进行调查。抽样调查，可以进行大规模调查，它是非普遍调查方式中用来推算全面情况的最完善、最科学的方式。它有三个特点：一是样本按随机原则抽取，不加任何选择；二是抽取的全部样本，用来代表总体，而不是以个别样本代表总体；三是抽样误差和总体各单位之间的差异程度成正比，和抽样数目成反比。即样本差异越大，抽样误差越大；抽样数目越大，抽样误差越小。当然，怎样选择调查对象，以何种方式进行调查要根据调查的内容、对象、时间、条件等来决定，不能一律采取某种方式来进行。

3.调查方法

(1)观察访问。观察与访问是一种亲自获得第一手资料的调查方式。调查者亲自深入调查对象中，主动与调查对象接触，亲身体察实际情况。这种方式适合单一、小规模的调查。在调查前，应拟好详细的调查提纲，有的放矢地深入一线，得到自己想搜集的情况资料。

(2)问卷调查。问卷调查是一种书面调查的方式，以问卷形式提出若干固定问题来询问调查对象。问卷的设计一般多采用客观题的形式，便于调查对象回答和选择，也有利于统计结果。问卷的设计还要注意科学性，与调查目的的紧密结合，问题设计应简明清楚，不致引起歧义或令被调查者无从作答。除客观题外，也可配合少量主观题，让调查对象畅谈自己的看法。由于问卷调查可避免调查者与被调查者之间的直接接触，可减少被调查者的疑虑，表达出自己的真实想法和实际情况。特别是现在有了电子计算机等先进的统计手段，提高了问卷调查的效率，有利于节省时间，节约开支。而且问卷调查可通过邮件、网络等方式进行，不受时间地点的限制，是大型调查的常用有效方式。

（3）实验调查。实验调查是在事先确定调查的问题中，选择影响这些问题的诸多因素中的一个或几个因素，将其置于一定的条件下，进行小规模实验的方法。如在推行某种经销方法前，可先通过试点进行小规模的实验，对实验结果进行分析研究，再决定是否应该大规模推广；要改变某种产品的生产工艺、质量、包装设计、价格、广告等，也可以预先进行小规模的实验，调查用户和有关人员的反映，预测产品未来销售的潜力和趋势，然后决定这种产品的生产规模和产量。我国常见的展销、试销、试用、品尝、演示等都属于这种调查法。

（三）写作格式

市场调查报告的写法和一般的调查报告类似，分为标题、前言、主体、结尾等几个部分。

1. 标题

调查报告标题的写法主要有三种。在报刊上发表的调查报告，标题下可直接署名。内部交流的调查报告，署名可在标题下，也可在文尾。

一种是公文式，即调查者＋调查对象＋文种，如《湖南省交通厅关于我省私人轿车消费情况的调查报告》，通常情况也可省略调查者，只标明调查对象和文种，如《长沙市小食品质量调查报告》。

另一种是文章式，可撮其要旨，也可提出问题，可单行也可双行，灵活多样，不拘一格。

还有一种是新闻式。刊发于报刊上的调查报告，也是一种新闻体裁，因此，在标题的制作上和消息的标题制作要求相近。要求鲜明醒目，能抓住读者的注意力。如果采取双行标题的形式，一般正题揭示主题，副题指明调查的地点、内容或范围，起限定作用。

2. 导语

导语也称前言、引言，即调查报告的开头部分。导语部分一般简要介绍调查的背景、意义、目的，或交代调查的时间地点、对象范围、方式方法等。导语要求以叙述说明为主，简短概括，洗练清楚。

3. 主体

调查报告的主体一般包括三个层次：情况、分析、建议。

情况部分，主要是对调查情况的描述和说明。应将调查获得的材料归纳整理后，条分缕析为几个方面来表述。这样可以使情况不显凌乱，容易总结出规律性的东西。如《保健品消费：南北显著差异》这份市场调查中，将情况归纳为两点：一是"南北保健品市场的种类需求明显不一"；二是"南北保健品市场的消费者各异"。

分析或预测部分，是全篇的核心所在。这一部分是通过对调查得来的基本情况的分析研究，针对调查的目的写出结论；或是根据资料情况，预测市场未来的发展、变化趋势，准确地反映和揭示市场经济规律。分析可紧跟每条情况描述之后，也可另外列专项分析。

建议或措施部分，是市场调查报告的落脚点，是进行市场调查的目的所在。这一部分，应结合企业现实情况与调查结果一起综合分析量度，有针对性地提出建议或措施，来指导现实和未来工作。

在主体的结构安排上，一般有三种写法：

一是纵式结构，按照事物发生、发展的先后顺序安排材料，叙述事物，阐明观点。这种结构适用于单一对象的调查，如《"梅花鹿"—"飞鹤"—"飞鸽"——长春自行车厂走技术管理联合之路调查》，写长春自行车厂进行技术改造的过程，就是按照自然顺序组织材料的。二是横式机构，根据内容的特点和事物的性质，以问题为序，并列组织材料，逐一论述，最后从总的方面集中说明一个中心思想。如例文《保健品消费：南北显著差异》，就是使用的这种横式结构。三是纵横式结构。这种结构兼有纵、横两式的结构特点，是一种纵横交错式结构。有的以纵式为主，横式为辅；有的以横式为主，纵式为辅。

4.结尾

调查报告的结尾，可要可不要。一般说来，凡写有导言的市场调查报告，一般都应照应开头，写个结尾，起归纳、收束的作用；或重申论点，加深认识。但有的调查报告比较简短，且言尽意止，就不必画蛇添足了。

[例文]

保健品消费：南北显著差异

夸克市场研究公司

作为20世纪末最热闹的市场——保健品市场，夸克(中国)顾问市场研究服务有限公司在几大板块保健中，一直致力于消费者的症状、态度、需求、行为的研究。经过深入的调查发现，我国城镇人均用于保健品的支出年增长率在70%左右，全国保健品城市的市场容量超过300亿元。可见保健品市场仍具有巨大的发展潜力。在2000年5月夸克对全国较发达的沿海地区17个大、中、小三类城市的保健品、药品市场进行了一次基础调查。超过12000个样本的调查结果显示：以北京、济南为代表的北方市场和以广州、福州为代表的南方市场都是保健品发展较为成熟的市场，平均有70%的消费者在过去一年内购买过保健品。就人均年消费金额来说，北京的消费金额最高接近700元/年，济南、福州、广州的人均消费额在500元/年左右。且这两大市场的市场总额都较大，尤其是北京市场的总额更是超过10亿元。由此可见北方的北京、济南，南方的广州、福州都是南北典型的保健品测试市场。

值得关注的是，在此次研究中发现：由于南北方消费者对保健品的消费形态存在较大的差异，导致南北方保健品市场的需求存在较大的差异。下面仅撷选其中两点说明保健品消费的南北差异。

南北保健品市场的种类需求明显不一

调查结果显示：南北消费者对保健品的需求存在很大的差异性，对不同种类的需求明显不同。南方(以广州、福州为代表，下同)消费者较为重视个人形象问题，对于治疗青春痘、暗疮、色斑等具有美容功能的保健品及补血类保健品的需求较大；而北方(以北京、济南为代表，下同)消费者则对补脑、补钙类保健品及调节血压、血脂类保健品需求较大。对于调节肠胃类保健品方面南方以治疗肠胃不适、食欲不振的产品为主，北方则以治疗便秘的产品为主。从消费者在过去一年内购买过的保健品的比例上可以反映出这一差异性。

形成这种差异的主要原因与两地的地理环境及饮食习惯有关。南方由于接近赤道，日照时间长，因此皮肤容易产生暗疮、色斑等问题；且南方天气潮湿闷热，易使人食欲不振。加上饮食清淡且以精细粮食为主，造成蛋白质摄入量不足，较易患贫血、消化不良等症状，因此对于去痘、去斑等美容养颜类保健品、补血类保健品及调理肠胃类保健品的需求较大。而北方天气干燥、温差变化大，饮食方面喜欢大鱼大肉等高脂肪食物，较易患有便秘、高血压、高血脂类疾病，因此治疗便秘、调节血压血脂类保健品在该地区的需求较大，同时北方地区消费者向来有补充钙质的生活习惯，故补钙产品在北方的市场容量也较南方大。

南北保健品市场的消费者各异

（一）消费年龄两级化差别明显

通过调查我们发现：40～59岁的消费者是北方保健品的主要消费人群，而南方保健品的主要消费群则以18～29岁的年轻人为主。产生南北方消费两极差异的主要原因是：两地消费者对保健品的认知不同及两地的饮食文化存在差异。北方消费者认为保健品是以治疗和增强体质为主的产品，认为年轻人身体好，精力旺盛，不需要服用保健品；而年纪较大的人，身体各项机能容易出现问题。需要服用这类产品进行治疗，同时提高抵抗能力，增强体质，加上北方消费者性格豪爽，喜欢效力强、见效快的产品。因此，北方消费者喜欢服用各类功效较强的产品，如鹿茸、人参、虎骨等产品。而南方消费者认为保健品主要起保持身体健康的作用，由于向来就有日常进补的习惯，因此喜欢在日常饮食中加以进补，特别是中老年人认为保健品不是真材实料的产品，对产品持怀疑态度。青年人由于工作繁忙，对日常饮食无暇顾及，因此只有通过服用保健品来达到保健的目的。且南方消费者认为保健应是慢慢巩固和加强身体的抵抗能力，认为"急、快"的进补反而会对身体有害，故南方市场以一些效力温和的产品如洋参、乌鸡、珍珠等产品为主。

（二）南北方消费者对各类保健品的消费年龄差异大

从消费者购买较多的养颜类、调理肠胃类、补钙类和补血类四类保健品的购买年龄分布来看，南北各类保健品的消费群也有较大的差异。其中补钙类保健品市场的南北差异最为明显：南方市场一半以上的消费者为不到30岁的青年消费者，而北方市场则以40～59岁的中年消费者为主。回顾目前的补钙产品市场是中老年补钙产品或儿童补钙产品的天下。而专门针对年轻人补钙的市场目前还是空白，因此钙产品生产厂家不妨考虑这部分市场。就养颜类保健品市场而言，北方养颜类保健品的消费者群比南方大，消费者除了青年女性外，还包括50岁左右处于更年期的中年女性。而现在的养颜类保健品广告主要针对青年女性而忽视了中年女性，只有太太口服液的"静心系列"是明确针对处于更年期的女性的产品，这也使太太口服液占领了大部分中年养颜类保健品市场。

综上所述，由于中国国土辽阔，人口众多，各地区的消费者由于受地理文化、经济水平、生活习惯等方面的影响，在消费形态方面必然存在着较大的差异性。从实务营销的角度来看，夸克认为营销的核心是产品概念，产品概念来源于消费者的消费习惯和态度，因此对消费者的了解是制定有效营销策略的基础。所以无论何种产品，在产品推广的前期，都应选择部分区域市场进行测试。把握消费者对产品的评价及消费态度等方面，了解各区域消费者的消费形态的差异，在此基础上制定和调整产品的营销策略。尤其是较易受消费形态影响且见效较慢的保健品，更有必要去充分了解各地消费者的消费习惯和态度，才能制定出最有效的市场策略。例如，如果要推出一种针对青年女性的补钙产品，则可选择南方市场为其测试市场；若要推出一种治疗便秘的保健品，则可选择北方城市为其测试城市。

——摘自《销售与市场》2001 年第 7 期

这篇市场调查报告由于在杂志上公开发表，具有新闻性质，标题也采用新闻标题的形式，鲜明醒目地点出了调查的结论：保健品市场存在显著的南北差异。结构简明，分为三部分：前言、主体和结尾。前言部分介绍了调查作者，概述了调查范围、调查目的、方式等。主体部分分两个层次阐述了保健品市场南北差异的两个典型特点，先是描述情况，然后是分析原因。结尾部分总结归纳全文，得出结论，提出建议。这篇调查报告，归纳概括情况较为准确，分析有理有据合情合理，结论也就具有相当强的说服力。市场调查报告在现实生活中越来越重要，除了掌握必要的调查能力和文字写作能力，还要懂得有关的专业知识。

第六节　学习提示与练习

一、学习提示

随着知识经济时代的到来，经济文书的写作与我们的关系越来越密切，特别是毕业以后进入企业，运用这类写作的机会会更多一些，了解和掌握经济文书的写作，也是时代对我们提出的要求。

这部分的内容，对中文专业的学生来说相对陌生一些。学习本编可从最基本的文体，如广告、市场调查、活动策划书入手，并适当涉猎一些经济学方面的知识。

二、练习

(一)思考

1.经济文书的写作要求是什么？

2.员工手册应包含哪些主要内容？

3.活动策划书应包括哪些内容？

4.可行性研究报告与市场调查报告的区别是什么？

5.市场调查报告的主体部分应包含哪些内容？

6.合同的正文必须包含哪些条款？

7.招标书和投标书的写法有什么不同？

8. 广告文案的写作要求是什么？

9. 如何理解广告文案构思上的"以人为本，量体裁衣"？

10. 广告的概念定位应考虑哪些因素？

11. 广告的说服逻辑方式有哪些？

12. 广告标题的制作要求是什么？

（二）自己动手

1. 策划一项活动，写一份活动策划书。

2. 针对校园消费，选一个感兴趣的题目，做一次问卷调查，写一份市场调查报告。

3. 某单位租用你单位宿舍一栋，期限 2 年，租金 10 万元/年，拟写一份房屋租赁合同。

4. 按照标书的写法，设计一份表格式标书。

5. 就你喜欢的某一商品，写一份报纸广告文案。

6. 找一则广告，分析点评。

7. 就学校附近商场的销售情况做一次调查，并将你调查的结论反映给商场经理。

第五章　法律文书

【**教学提示**】　虽遇到诉讼，绝大多数的情况下我们要请律师。但懂得基本法律文书的写作，还是很有必要。诉讼文书的写作，事实陈述要准确、确凿，运用法律条文要得当。大学一年级一般都开有《法律基础》的课程，课程也涉及常用法律文书的写作。学习中可结合该课程的学习，了解诉讼文书的写作要点，并动手做些练习。

第一节　法律文书简介

一、法律文书的含义

法律文书的概念，学界的看法并不统一，主要有两种代表性说法。

一种认为，法律文书就是司法文书。如中央广播电视大学出版社出版的高瑞卿主编的《应用写作》中，认为"法律文书是司法机关在行使法律职能时所使用的各种文件的通称"。教育科学出版社出版的路德庆主编的《应用写作学教程》、武汉大学出版社出版的汪东发著的《现代秘书写作》中，都把司法文书等同于法律文书。"司法文书既包括国家执法机构或法律授权的专门组织依法制定的法律文书，也包括诉讼当事人按照法律程序所递交的诉讼文书。"

另一种看法以珠海出版社出版的乔美丽编著的《法律文书写作》为代表，认为"法律文书是指一切在法律上有效的或具有法律意义的文件、文书、公文的总称"。法律文书的外延包括了法律制度本身："所谓规范性的法律文书是指国家有关权力机关按照职权所制定并正式颁布要求人们普遍遵守的行为规则，它包括宪法、法律、法规，其中包括国家立法、地方立法及各企事业单位内部规范的各项管理制度。所谓非规范性法律文书是指国家司法等机关在其职权范围内制作的有关办理刑事、民事、经济纠纷等案件和非诉讼案件的各种文书。"

这两种看法都存在着一定的弊病。首先，司法文书不等于法律文书。所谓司法，就是执法，只有国家执法机关才具有司法权，因此，用司法文书来定义法律文书，外延太小，不足以包涵律师事务所和公民个人使用的法律性文书。其次，法律不等于法律文书。把法律制度本身，甚至把"各企事业单位内部规范的各项管理制度"都纳入法律文书的范围，外延又过宽，缺乏严谨性。法律是由立法机关制定，由国家政权保证执行的行为规范，不能算是法律文书，它只是构成法律文书性质的一个主要因素；如果把各企事业单位内部实行的章程、条例、守则等也作为法律文书，那按照法律文书的强制性特点，法律就会有滥用的危险。因此，这两种定义都是不太科学的。

我们认为，法律文书应指在处理各种法律事务的过程中，使用的具备法律效力或法律意义的文书。既包括司法机关使用的文书，也包括法律授权的专门组织如律师、公证、仲裁等机构使用的文书，以及公民个人处理法律事务如提起诉讼所使用的文书。

二、法律文书的特点

（一）法制性

法律文书的灵魂是法律，它的制作、执行，都必须以法律为准绳。司法机关制定的法律文书，都带有很强的强制性，一经生效，则不能任意违反，非经法定程序不得变更和撤销。诉讼当事人所写的诉讼书状，具备一定的法律意义，是依法保护诉讼当事人的合法权利的依据。司法文书不仅是实施法律的必要工具，实现法律职能的重要手段，也是法律活动的忠实记录。

（二）规范性

法律文书是一种高度程式化的文书，在形式及内容要素上都有严格的要求和规范，而且使用上也有较强的规范性。这是由法律文书的实用目的决定的。模式化的格式，一方面体现了法律的权威性，另一方面也有利于办事人员提高效率。司法机关的法律文书，很多是印刷好的格式，只要填写内容就可以了。

（三）系统性

司法部门是个严密的执法系统，各部门各司其职，互为监督。公安、检察、法院之间，相互制约。根据文书制作机关、案件性质、诉讼阶段的不同，制作和使用的法律文书自成系统，统一在"法律文书"这一大系统下，各子系统内部的各种文书之间及子系统之间都存在一种密切的承接关系。

法律文书受法律程序、制文单位、受文对象的直接制约，因此，写作法律文书，必须分清该法律事务属于哪一个职能管理系统管辖，处于哪一个法律阶段，才能选对文种。公安机关的职责是维护社会治安，主管案件侦查和治安事件的裁定，因此它使用的主要文书与治安案件有关，如立案报告、提请批捕书、起诉书、通缉令、治安裁定书等。检察机关的职责是对严重危害社会的犯罪行为依法提起公诉、监督执法部门即公安机关和法院的工作，因此它经常使用的文书主要有起诉书（对罪犯提起公诉）、抗诉书（对法院裁决提出异议）等。人民法院的职责是调解民事争端、判决和裁定民事纠纷与犯罪刑罚，因此它常使用的文书是判决书、裁定书、民事调解书等。律师作为诉讼代理人，职责是与司法部门直接打交道，替当事人处理诉讼事宜，他们使用的文书都在诉讼的各个阶段，如起诉、上诉、申诉阶段使用的一系列诉状，接到原告诉状后在开庭前作出的答辩状，法庭辩论时使用的代理词、辩护词等。

同是起诉，公安机关用"起诉意见书"，检察机关用"起诉书"，而诉讼当事人则用"起诉状"。同为诉讼当事人，提起民事诉讼时，应该用"民事诉状"；提起刑事诉讼时，要用"刑事自诉状"或"刑事附带民事诉状"。不同的诉讼阶段，使用的诉状又不一样。"起诉意见书"、"起诉书"、"起诉状"分别是诉讼初始阶段法院、检察院、诉讼当事人使用的文书，用以提起诉讼。如原告、被告不服法院的一审判决、裁定，要求更高一级法院撤销或变更一审判决时，提起上诉，则用"上诉状"。对已发生法律效力的判决、裁定不服，请求检察院复查纠正时，则使用"申诉状"。制作法律文书，必须充分了解法律部门的责权利的关系，了解法律程序，切不可任意为之。

三、法律文书的种类

法律文书按照不同的分类标准，可以有很多不同的种类。

按作者不同可分为：（1）公安机关专用法律文书，如提请批捕书、起诉意见书、立案报告等；（2）检察机关专用法律文书，如起诉书、抗诉书等；（3）法院专用法律文书，如判决书、民事调解书等；（4）律师专用法律文书，如各类诉状、答辩状、代理词、辩护词等；（5）狱政机关专用法律文书，如提请减刑、假释意见书等；（6）公证机关专用法律文书，如公证书、仲裁裁决书等。

按文种性质不同，可分为：（1）报告文书，如立案报告、破案报告、结案报告等；（2）诉讼文书，如诉状、代理词等；（3）裁判文书，如判决书、裁定书、民事调解书等；（4）笔录，如询问笔录、讯问笔录等；（5）公证文书，如公证书、仲裁调解书等。

按处理问题的途径或方式不同，可分为诉讼类法律文书、非诉讼类法律文书。诉讼类法律文书又可按诉讼性质不同分为民事诉讼法律文书、刑事诉讼法律文书、行政诉讼法律文书。

法律文书一览表

制作主体	公安机关			检察机关		法院			律师			
文种	立案报告	提请批捕书	起诉意见书	起诉书	抗诉书	判决书	民事调解书	裁定书	诉状	代理词/辩护词	答辩状	再审申请书

四、法律文书写作的要求

（一）熟悉法律文书的表达方式

法律文书在表达方式上一般体现为叙述、说明和议论相结合。在事实部分，一般采用叙述，以顺序为主；在当事人基本情况部分，采用说明方式；在理由部分，采用论证方式，要求证据确凿，法律依据有力。

（二）理解法律文书的写作原则

法律文书的写作原则体现为两条，可用一句话概括：以事实为依据，以法律为准绳。

以事实为依据，主要包含两层意思：一是指法律文书所根据的事实必须以真实确凿为前提，决不能弄虚作假，歪曲事实。另一层意思是指要尊重客观现实，无论是当事人的请求还是执法机关作出的决定。

以法律为准绳，是由法律文书的法制性决定的。法律文书的制作必须依法进行，主要体现为以下五个方面：第一，文书的制作主体应合法。如刑事上诉状的制作，只有当事人或者他们的法定代理人可以独立行使这项权利，不需要取得他人同意。其他诉讼参与人，即被告人的辩护人和近亲属提出上诉，制作上诉状，必须经过被告人的同意，否则就不合法。第二，适用对象要合法。比如，人民法院处理行政纠纷案件，就不能使用调解书；公安机关对犯罪嫌疑人只能使用起诉意见书，而不能使用起诉书。第三，制作程序要合法。我国刑事诉讼法、民事诉讼法、行政诉讼法以及其他法律、法规都具体规定了诉讼活动的程序，制作法律文书时，应严格遵守法定程序。第四，制作内容要合法。法律文书的材料，必须包含法律依据等内容。第五，制作时间要合法。上诉的有效期是接到一审判决书的10日之内，在判决生效后的两年内，如对判决、裁定不服，可要求法院再审；而过了再审的两年期限后，就只能提起申诉了。

（三）掌握法律文书的写作格式

法律文书是一种规范性和模式化很强的应用文体，有其固定的格式。与一般文章写作比起来，它更像是"制作"。法律文书的格式往往是约定俗成的，只要把不同的内容倒入相同的模子就可以了，因此掌握好它的写作格式，就可以举一反三，触类旁通。法律文书的写作不能像一般文章一样追求标新立异，而应循规蹈矩，按部就班。

法律文书的写作格式一般为三段式，即首部、正文和尾部。一般首部说明目的，正文讲明事由，尾部交代送达机关和署名、日期等。

（四）把握法律文书的语体特征

法律文书具有较强的专业性，在写作时，应严格区分法律术语的内涵与外延，不能随意使用。如"违法"与"犯罪"，"不起诉"和"免予起诉"，"无罪释放"和"免于刑罚"，看上去差不多，实际上有着本质的不同。前者都表示无罪，后者均表示有罪，这涉及罪与非罪的界限问题，含糊不得。

法律文书要体现法律的严肃性，其用语必须规范。如在民事起诉状中，应统一称原告方当事人为"原告"，而不能一会儿用"原告"，一会儿用"我"。在民事起诉状与刑事自诉状中，对双方当事人的称呼也不一样。前者称"原告"、"被告"，后者称"自诉人"、"被告人"，不能混为一谈。

法律文书要求事实清楚，证据确凿，法理依据明确，在用语上特别讲究准确严密。如一审判决书的结尾："如不服本判决，可在接到判决书的第二日起10日内，通过本院或者直接向××省××市中级人民法院提出上诉。书面上诉的应交上诉状正本一份，副本两份。""第二日起10日内"就是一个非常准确的时间概念。

法律文书是一种公务文书，体现法律的威严，在文字中切忌夹杂主观情感的流露，语言表达应态度鲜明，客观冷静。如果在诉状中出现"天哪，我冤枉！求人民政府给我个公道！"这样的话语，既情绪化又口语化，不符合法律文书的语体色彩。

第二节　诉状的写作

法律文书种类很多，但专业性很强，一般都是司法机关和从事法律专业的组织和个人使用，公民大多数情况下较少接触。我们根据实际情况，仅选择大家平时可能接触比较多的文种——诉状来介绍。法律文书写作格式高度模式化，诉状是一个典型，通过对诉状的学习，大家可以对法律文书的整体写作规律有一个大概的了解。

一、诉状概述

诉状，专指诉讼当事人或代理人向法院提交的诉讼书面请求，要求维护自身合法权利，行使法律赋予的诉讼权。司法机关以执法者身份提出的诉讼请求不在此列。虽然公安机关可以向检察机关、检察机关有权向法院提出诉讼请求，但它们使用的文种有专门的称呼，前者叫起诉意见书，后者叫起诉书。而且，诉状与司法机关使用的诉讼文书在起诉范围上也不一样。公民可以起诉的范围为民事、行政和法律公诉之外的刑事自诉案件；司法机关起诉的都是重大的、即使受害人没有起诉，国家也会提起公诉的刑事案件。

根据不同标准,诉状可分为多种:

(1)按提起诉讼者不同,可分为公诉状和自诉状。公诉是不须受害人提起,国家司法机关也会提起、追究的案件诉讼请求。自诉是在公诉范围之外的刑事案件的受害者向法院提出的诉讼请求。在这个意义上,除刑事自诉状外,民事诉状、行政诉状也属于自诉状。公诉案件一般追究的是以下十种罪行:①危害国家安全罪;②危害公共安全罪;③破坏社会主义市场经济秩序罪;④侵犯公民人身权利、民主权利罪;⑤侵犯财产罪;⑥妨害社会管理秩序罪;⑦危害国防利益罪;⑧贪污贿赂罪;⑨渎职罪;⑩军人违反职责罪。

(2)按诉讼的不同程序阶段分,可分为起诉状、上诉状和申诉状。"起诉状"是诉讼初始阶段诉讼当事人使用的文书,用以提起诉讼。如原告、被告不服法院的一审判决、裁定,提起上诉,要求更高一级法院撤销或变更一审判决时,则用"上诉状"。对已发生法律效力的判决、裁定不服,超过 2 年再审申请时效,请求法院复查纠正时,则使用"申诉状"。

(3)按适用法律的性质分,可分为民事诉状、刑事自诉状、刑事附带民事诉状。民事诉状依据的是《民事诉讼法》;行政诉状依据的是《行政诉讼法》,量刑较轻,主要是要求经济赔偿;刑事自诉状、刑事附带民事诉状依据的是《刑事诉讼法》,量刑较重,主要是要求被告人受到法律制裁,如强制失去人身自由,甚至生命等。刑事附带民事诉状是指在要求追究被告人的刑事责任的同时追究其民事责任。也就是在受到法律制裁的同时进行一定的经济赔偿。要注意的是,民事诉讼不得附带刑事诉讼的请求。也就是说,只有刑事附带民事诉状,没有民事附带刑事诉状。

《中华人民共和国民事诉讼法》第 108 条规定,法院受理民事诉讼必须同时具备四个条件:①原告必须与本案有直接的利害关系;②有明确的被告;③有具体的诉讼请求和事实、理由;④属于人民法院受理的范围和受诉人民法院管辖。

《中华人民共和国刑事诉讼法》规定,自诉案件的范围,不能超出以下八种案件:①拒不执行人民法院判决、裁定案;②侮辱、诽谤案;③原被告清楚,因果关系明确,不需要侦察的轻微伤害案;④破坏军婚案;⑤重婚案;⑥暴力干涉他人婚姻自由案;⑦虐待案;⑧遗弃案。

按《中华人民共和国行政诉讼法》的规定,提起行政诉讼的条件与民事诉讼大致相同。对被告的行为,大致可以从以下三方面提起诉讼:①被告不履行或拖延履行法定职责;②行政处罚不公允;③滥用职权,其行政行为法律依据不足甚至触犯法律的行为。

诉讼文书一览表

程序	起诉阶段						上诉阶段				申诉阶段		
文种	起诉意见书	起诉书	起诉状				抗诉书	上诉状			申诉状		
			民事起诉状	刑事自诉状	刑事附带民事诉状	行政起诉状		民事上诉状	刑事上诉状	行政上诉状	民事申诉状	刑事申诉状	行政申诉状
制作主体	公安机关	检察机关	个人	个人	个人	行政机关	检察机关	个人	个人	行政机关	个人	个人	行政机关
送交对象	检察院	法院	法院				上一级法院				法院		

　　诉讼文书非常复杂，使用何种文体来进行诉讼，必须弄清楚法院的审理程序。以下我们将诉讼过程列一个示意图：

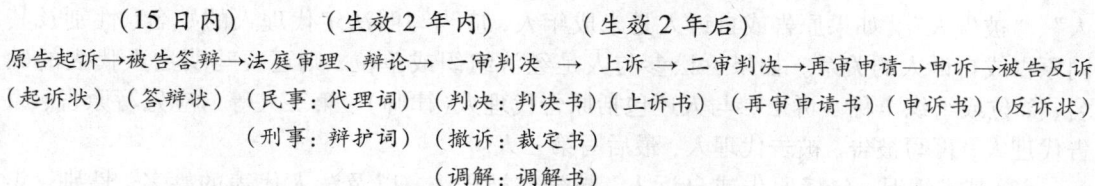

　　　　（15 日内）　　　　　（生效 2 年内）　　　　　（生效 2 年后）

原告起诉→被告答辩→法庭审理、辩论→ 一审判决 → 上诉 → 二审判决→再审申请→申诉→被告反诉

（起诉状）　（答辩状）　（民事：代理词）　（判决：判决书）（上诉书）　（再审申请书）（申诉书）（反诉状）

　　　　　　（刑事：辩护词）　（撤诉：裁定书）

　　　　　　　　　　　　（调解：调解书）

　　在起诉阶段，首先由原告方向所属地区法院提交起诉状。起诉状分为民事起诉状、刑事自诉状、刑事附带民事起诉状、行政起诉状四种。人民法院应当在立案 5 日内将起诉状副本发送被告，被告提出答辩状的，人民法院应当在收到之日起 15 日内将答辩状副本发送原告。被告不提出答辩状的，不影响人民法院审理。这时，被告方可根据原告方的诉讼请求与事由作出回答，进行辩驳，写作答辩状。答辩状有民事答辩状、刑事答辩状、行政答辩状三种。如果被告方认为原告人对所诉的同一事实负有相应的法律责任，也可以提出反诉，请求人民法院适用同一诉讼程序与原告人的起诉合并审理，并追究原告人相应的法律责任，这时写作的有民事反诉状、刑事反诉状。

　　法庭辩论阶段，民事诉讼代理人为被告所做的法庭演讲，称为代理词；刑事诉讼代理人为被告人所做的法庭演讲，称为辩护词。法庭就双方提供的事实，依法进行宣判，此时为一审判决书。法院还可以对案件审理和执行过程中的程序问题和部分实体问题，作出书面处理决定，这时使用的文书为裁定书，有刑事裁定书、民事裁定书、行政裁定书，在民事诉讼中，诉讼双方可在法院的主持下，自愿达成协议，此时为民事调解书。

　　上诉阶段，如果诉讼方对一审判决或裁定不服，可向上一级人民法院提起上诉，有民事上诉状、刑事上诉状、行政上诉状等文种。根据《民事诉讼法》第 147 条之规定：当事人不服地方人民法院第一审判决的，有权在判决书送达之日起 15 日内向上一级人民法院提起上诉。当事人不服地方人民法院第一审裁定的，有权在裁定书送达之日起 10 日内向上一级人民法院提起上诉。行政诉讼的上诉期限与民事诉讼相同。《刑事诉讼法》规定：当事人不服一审判决的，可在接到判决书的第二日起 10 日内向上一级法院提起上诉。超过以上上诉期限，上诉无效。二审判决一般为终审判决。

　　判决、裁定已经生效的 2 年内，如果当事人认为判决、裁定有错误，确有新的足够的证据，当事人的请求符合法律规定的再审条件，还可以向法院请求再审，这时就需要写作民事再审申请书。

　　在申诉阶段，如果判决、裁定已经生效，超过了 2 年的再审申请时效，当事人仍对发生法律效力的判决裁定不服，可向人民法院提出要求变更或撤销原判决和裁定，这时写作的文书就是申诉书，有民事申诉书、刑事申诉书、行政申诉书等。

二、诉状的写法

　　诉状一般由三个部分构成：首部、正文、尾部。

　　（一）首部

　　首部包括文书名称、诉讼参与人的称谓及基本情况。

　　（1）文书名称：要体现诉讼的法律性质，一般直接以民事起诉状、刑事自诉状、刑事附带民事起诉状和行政起诉状命名。

　　(2)诉讼参与人的称谓：民事、行政起诉状为"原告"、"被告"，刑事自诉状为"自诉人"、"被告人"。如果原告或自诉人是未成年人，应当写明法定代理人的姓名、性别及其同原告或自诉人的关系。如果诉讼参与人是经济组织或单位，则还要写明法人代表的姓名、单位或组织全称。诉讼参与人还包括原告代理人(律师)、第三人等。应先写原告、原告代理人，再写被告、被告代理人，最后写第三人。

　　(3)基本情况，包括原告或自诉人、被告或被告人，以及法人代表的姓名、性别、年龄、民族、职业、工作单位、家庭住址、邮编等。

　　(二)正文

　　正文是起诉状的主体部分，一般包括三方面的内容，即诉讼请求、事实和理由、证据和证据来源。

　　(1)诉讼请求：即具体写明原告或自诉人请求人民法院依法解决的有关具体事项。如要求赔偿、履行合同、判决离婚等。

　　(2)事实与理由：这是主体的核心，主要是以事实为依据、以法律为准绳来论证诉讼请求的合理合法性。"事实与理由"，是法院审查和决定是否受理的依据，也是解决双方民事争议的前提，要求如实写清事实，讲清提出起诉事项的理由和依据。

　　叙说事实，应明确几项主要内容：原告与被告之间的关系，民事争议或刑事案件的发生发展的整个过程，案件的焦点、中心问题及实质。叙述事实应按时间顺序进行，注意突出关键性的主要情节，不要涉及与本案无关的问题。如"恶言相加"的"恶言"，在"伤害案"中与构成伤害罪的犯罪行为相比，显然是非重要事实；而在抗拒判决、裁定案中，则可能构成重要事实。在一人多次一罪、一人多次多罪、多人多次一罪，或多人多次多罪的案件叙说中，应突出主罪，可打破时间的自然顺序，以先主后从、先重后轻的次序展开叙述，使事实的叙述有条不紊、主次分明。

　　论证理由，应首先证明事实的真实性；其次，说明原告提出的理由是有法律依据的。具体的写法是：援引适用的法律条文来支持，说明原告或自诉人为什么要提起诉讼，从而认定被告或被告人违法或犯罪的法律性质，明确其应承担的法律责任。举证要有力，说理要中肯，援引法律条文要恰当、无误，论证理由要严谨、周密，使结论建立在有理有据、合理合法的基础上，以求达到令人信服的效果。

　　(3)证据和证据来源：要提供能证明诉讼事实的确凿无误的证据，如证人、证言、证物，明确证据来源，并肯定证据的可靠程度。

　　诉状的正文，多占行标明"诉讼请求"(或起诉事项)、"事实与理由"、"证据"等。其中"诉讼请求"有多项时，应直接分项列写。正文结束时常以惯用句式再表提起诉讼，如"为此，特向你院提起诉讼，请求依法判决"。

　　(三)尾部

　　尾部的一般内容是：送达法院名称、起诉人签名或盖章、起诉时间及附项。

　　送达法院名称，是在正文末行下另起行，空两格写"此致"，再另起一行顶格写"×××法院"。

　　具名盖章及时间，同一般文书的落款。

　　附项，标注在起诉时间以下，占行顶格标写"附项"(或附注)二字，另起一行左空两格依次写明副本份数、证物件数及清单等。

[例文]

民事起诉状

原告：郭××，36 岁，汉族，××地区电信局职工。

被告：××地区电信局。

法定代表人：肖××，××地区电信局局长

诉讼请求：

1. 依法判令被告继续履行与原告签订的劳动合同。

2. 支付给原告自 1999 年 6 月份起的工资、奖金及其他费用，并赔偿损失。

3. 诉讼费由被告方承担。

事实及理由：

一、被告解除与原告的劳动合同其行为严重违法。

1996 年 3 月 25 日，原告与被告签订了一份无固定期限的劳动合同，合同签订后原告严格按照约定的条款，按时上下班，严格遵守企业规章制度，从未出现旷工、脱岗之现象，几年来原告为被告方在工作中做出较大的贡献。

1999 年 6 月 25 日，原告突然收到被告方一份《关于郭××违规违纪问题的处理意见》，其中列举了四条令人啼笑皆非无法接受的无理要求。

原告在收到处理意见后，立即书面提出异议，被告方没有答复，于 1999 年 7 月 29 日，以滨电信〔1999〕100 号文件通知解除与原告的劳动合同（见通知），并在通知中适用《劳动法》第二十五条，《邮电企业劳动合同暂行规定》第十七条、第三十三条的规定，认为原告严重违反劳动纪律和企业规章制度。原告认为，自与被告签订劳动合同以来爱岗敬业，在规定的岗位上履行自己的职责，从没有迟到早退旷工误工一次，更没有做违反法律法规的事情。不知被告方所讲的纪律是什么纪律，所讲的法律法规是哪些，被告始终没能拿出一份事实材料。原告认为，被告无故解除与原告的劳动合同，停发原告人的工资、奖金及其他费用，属违约行为，应当承担违约责任和赔偿责任。

二、××地区劳动争议仲裁委员会滨地劳仲裁字〔2000〕第 1 号的裁决书是错误的。

1999 年 9 月 21 日原告与被告因解除劳动合同争议一案诉至××地区劳动争议仲裁委员会，该委员会于 2000 年元月 14 日，以滨地劳仲裁字〔2000〕第 1 号仲裁裁决书对该争议作出裁决，维持了被告以滨电信字〔1999〕100 号作出的《关于与郭××解除劳动合同的通知》的决定，原告认为，原裁决书是错误的，且没有法律根据。主要表现在以下几个方面：

第一，原裁决书认定："申诉人 1999 年 5 月 15 日在××地区工商局注册成立××大顺信息产业有限责任公司并担任法定代表人。其公司经营范围与被诉人 1998 年 1 月 1 日在××地区工商局注册登记的山东××鑫桥通讯有限责任公司的经营范围部分相同，被诉人制止企业在职职工开办并经营与本企业经营业务相同的公司的做法是正确的。"以上裁决的错误首先表现在主体上错误，本案被告为

××地区电信局，而非山东××鑫桥通讯有限责任公司；其二，没有哪一个法律法规规定，××鑫桥通讯有限责任公司经营的业务，××大顺信息产业有限责任公司就不能经营；其三，原告与被告也是就此业务签订专线租用合同的。原裁决的草率裁决严重地混淆了是非。

第二，原裁决书认定："申诉人参股成立有限责任公司并担任董事法人代表，且被聘为总经理，不属于利用科学技术为其他单位提供服务，而是开办企业并从事企业全面经营管理的行为。"原告认为，原裁决认定的事实实属片面。国办发〔1998〕4号《国务院办公厅转发国家科委关于科技人员业余兼职若干问题的意见的通知》第一条规定，科技人员在完成本职工作的前提下，可以在其他单位业余兼职，从事技术开发、技术转让、技术咨询和技术服务等利用科学技术为经济建设服务的工作。原告业余时间颇多，成立××大顺信息产业有限责任公司，利用自己掌握的科学技术从事互联网信息服务，促进经济建设，完全符合国务院文件精神，国家政策允许"兼职"和"第二职业"并没有禁止兼法人代表及总经理的规定，而原裁决则认为，不属于利用科学技术为其他单位服务，用"其他单位"偷换了"经济建设"的概念实属对什么叫"科学技术"这个概念的不了解。自1999年5月15日成立××大顺信息产业有限责任公司以来，原告一直在这个公司业余兼职，由于成立公司时投入的股份大而被推选为该企业法人代表。这在市场经济下是理所当然的。而且，在劳动争议仲裁裁决前，根据被告的意见也答应了被告要求，辞去法人代表和总经理的职务。为此，原告认为，原告之行为符合国务院的有关规定，也符合国家的现行政策。原裁决认定事实错误。

第三，原裁决书认定："被诉人依照国家法律法规制定的《××地区邮电局全面实行劳动合同制实施细则》第十四条规定：职工在同一时期，只和一个用人单位签订劳动合同，建立劳动关系。"原告认为，原审裁决认定被告是依照法律规定制定的实施细则，被告到底是根据哪条法律规定制定的实施细则？这"细则"符合哪条法律和法规，原裁决明显偏袒被告一方，况且，原告是在业余时间从事第二职业而不是擅自离职和另一单位建立签订劳动合同的劳动关系。

综上所述，原告认为被告无视《劳动法》的有关规定，在"处理意见"中，乱扣帽子、强加罪名和无理要求，单方解除与原告的劳动合同，侵犯了原告的合法利益，应承担违约和赔偿责任。根据法律规定，特具状贵院，望依法判令被告继续履行劳动合同，公开纠正错误，赔礼道歉，并支付原告自1999年6月份至今的工资、资金及其他费用，赔偿原告因此而遭受的损失，以维护原告的合法权益。

　　此致
××地区中级人民法院

　　　　　　　　　　　　　　　　　　　　具状人：郭××
　　　　　　　　　　　　　　　　　　　　二○○○年元月二十六日

这篇民事起诉状的首部交代了诉讼当事人基本情况。正文部分，首先分条提出了诉讼请求，简洁明确。然后提出了事实和理由，事实陈述非常清楚，突出了焦点问题：一方面，原告认为自己是在完成本职工作前提下，进行兼职工作和从事第二职业，是国家政策允许且大力提倡的，没有违反劳动合同，被告应负违约责任，继续履行劳动合同。另一方面，原告认为，原裁决书认为原告参股成立公司并兼总经理之职是严重违纪行为，是与另一单位建立了劳动关系，发展私营经济冲击国营企业，国家难以繁荣昌盛，应当与其解除合同，其理由不成立。理由论述充实有力，援引了国家多项劳动法的法规政策条文，具有很强的说服力。

惟嫌不足的是，诉状中多次提到的《关于郭××违规违纪问题的处理意见》、××地区劳动争议仲裁委员会滨地劳仲裁字〔2000〕第1号的裁决书等都是本案的重要证据，却没有在附件中标识出来，不利于法院的审理工作。

上诉状、申诉状的写法和起诉状大同小异，格式基本相同。

上诉状的诉讼参与人，一般称"上诉人"和"被上诉人"。其正文开头，会用这样的惯用句式引起下文："上诉人因××一案，不服××法院×年×月第×号判决（或裁定），现提出上诉。"正文部分由上诉请求和上诉理由两部分构成。

反诉状的诉讼参与人，一般称"反诉人"和"被反诉人"。其正文开头，会用这样的惯用句式引起下文："反诉人就××一案，对被反诉人提起反诉。"正文部分的写法与起诉状相同，把"起诉请求"改为"反诉请求"即可。

申诉状的诉讼参与人，一般称"申诉人"。其正文开头，会用这样的惯用句式引起下文："申诉人因××一案，不服××法院×年×月第×号判决（或裁定），提出申诉。"其他写法同起诉书。

第三节　学习提示与练习

一、学习提示

法律文书写作，陈述事实要准确、确凿，运用法律条文要得当，要懂得基本的法律常识。大学都开有《法律基础》课程，学习中可结合该课程的学习，了解法律文书写作的基本知识和特点，并适当做些练习。

二、练习

（一）判断正误

1.抗诉书只能在法院使用。（　　）

2.公安机关使用的法律文书有立案报告、提请批捕书和起诉意见书。（　　）

3.检察机关可以使用判决书。（　　）

4.对已产生法律效力的判决、裁定不服，请求复查纠正的书面请求是上诉状。（　　）

5.诉讼当事人、被告人（原告、被告）不服法院的第一判决、裁定，要求更高一级法院撤销或变更判决、裁定而提出的书面请求是申诉状。（　　）

6.民事、行政起诉状的诉讼参与人称谓应是"原告"与"被告"；刑事自诉状应为"自诉人"、"被告人"。（　　）

（二）简答

1.什么叫法律文书？

2.法律文书的写作要求是什么？

3.诉状有哪些种类？它们各自的作用是什么？

4.上诉状与申诉状有什么不同？

5.怎样理解法律文书的系统性？

(三)自己动手

　　解放初期，某甲与某乙平均出资购买房屋一所计六间。因故，房屋一直由某乙居住。现在某甲的两个儿子长大成人，因长子结婚没有房子，所以要求依法享受属于自己的住房所有权。但某乙以原房已彻底翻修，翻修时某甲并未出资分文为由，拒不承认某甲对该房享有所有权。现某甲请你为其代书一份民事起诉状(甲乙的身份概况，请你虚拟)，并提供下列证据：

　　①当初房契上房主的名字有某甲(房契现存于某乙处)；

　　②当初二人合资购买房屋时，曾签订过《协议书》一式两份，甲、乙各存一份。

第六章　申论

【教学提示】　申论不是文体，而是国家机关公务员录用考试的科目。当代大学生，很多人都希望了解申论有关知识；另外，申论这种考试形式对学生的分析、概括、论证、表达能力，确实是个很好的综合训练。所以，我们特增设此编以供同学学习。

第一节　何谓申论

申论第一次进入国家机关公务员录用考试是 2000 年。当时公务员录用笔试，由《公共基础知识》、《行政职业能力倾向测验》和"申论"三部分构成，其"申论"是新增的。

当时增考申论，是公务员录用考试的一种尝试。在市场经济条件下，国家公务人员比以往更需搜集、分析信息资料，研究、解决实际问题的能力，而通常的写作考试模式，很难体现考生这方面的真实水平。根据机关工作需要，申论旨在对考生阅读能力、写作能力及分析、解决实际问题能力进行综合考查。经实践检验和专家学者的详细论证，这种考试符合录用公务员的实际需要，可有效考查考生的基本知识、专业知识、管理知识、相关知识以及综合分析能力、文字表达能力等综合素质、综合能力。国家人事部决定，考录公务员，申论为考试内容之一。

这种考试定名"申论"，有其特定内涵。就答题形式来看，不限于写一篇文章，它还要求考生准确理解考题所提供的材料，从中发现问题，给出解决问题的对策和方案。就文章的内容来说，它要求考生写的不是一般的议论文，而是一篇策论。它考查的，不仅是考生的阅读、理解和表达能力，同时还要考查考生发现、解决实际问题的能力，是对考生综合素质、综合能力的一种考查。

第二节　申论考试的命题

一、申论试卷的构成

一份申论试卷主要由注意事项、所给资料、申论要求三部分构成，这三个部分都是不可忽视的。

（一）注意事项

"注意事项"印在试卷最前，是对考生的提醒，没读试题，你就得注意："申论考试与传统作文考试不同，是对分析驾驭资料的能力与对表达能力并重的考试"。这句话明明白白写在试卷上，但还是被有些考生忽视了。特别是有些考生，写作能力比较强，经常在报刊发表文章，认为参加申论考试没什么问题，结果一上场，发现完全不同于作文考试，就匆匆忙忙败下阵来——连考试的性质和特点都没弄明白，怎么能考得好呢？所以，准备参加申论考试,一定要明白考试的特殊性。

试卷的主体部分是阅读资料,"阅读资料要用 40 分钟,回答用 110 分钟。"这当然不是绝对的。有的考生可能快点,有的考生可能慢点,但必须在这个大致范围内。试卷之所以提出这种建议,肯定是有它的实验依据的。因此,准备申论考试,练习阶段就应掐着表控制好答卷时间。有些考生不以为然,认为自己没问题,结果,不是没读懂资料匆匆作答,就是阅读花费时间太多没时间答题,考试成绩不理想。

"注意事项"提醒考生要"依次作答"。申论考试不同于一般考试。一般的考试,我们可从容易的做起、从会做的题目开始,把难做、不会做的题目留到后面。申论考试却不允许这种情况,它必须依次答题,如果第一题没答好,就急急忙忙答第二题,容易一步步地错下去。

以上三点并不关涉我们的水平,但对申论考试来说却非常重要。如果不重视,就会直接影响到我们的考试。所以,每次考试,我们都要认真读试题前的"注意事项"。

(二)所给资料

申论考试一般给出几千字的文字资料,并要求考生依据资料依次作答,所给资料有如下特点:

(1)申论所提供的资料一般不是现成的完整的文章,大致在 10 ~ 12 段文字资料之间,字数在一般在 4500 字左右,有时甚至多达 8000 字左右;

(2)申论所给出的资料范围涉及非常广,内容涵盖政治、经济、法律、教育等社会问题的诸多方面,从这个意义上说,考生事先押题基本不可能;

(3)在题目设计上,所给资料一般是考生生活、工作中经常接触到,或是社会中的热点问题,既不会偏文科,也不会偏理科,没学科、性别上的歧视;

(4)申论所给材料,可能根据段落或层次,依次标记顺序号码,也可能不标记顺序,或议论,或记叙,或倾向于认同,或倾向于对立,比较纷繁,对考生的分析判断能力、抽象概括能力是一个比较大的考验;

(5)申论通过资料所反映的问题或已有定论,或尚无定论,或存在争议,主要是让考生自己进行判断分析,做出结论,考查考生分析、判断问题的能力;

(6)背景资料涉及面广,内容复杂,但重点突出,考生务必拿出足够的时间(一般 40分钟左右)认真阅读给定资料。

历年申论考试的材料由文字、数字、图表组合而成,信息复杂、庞大;涉及社会生活的方方面面,选择的都是社会热点、焦点,目的是为了引导考生关注改革,关注国家大事,并善于运用所学知识分析、研究、解决问题。所以,考试之前考生必须加强自己的阅读能力,能在规定时间内完成资料阅读。如不从这一前提出发,就难取得优异的成绩。

(三)申论要求

"申论要求"是试卷所出的试题。最初的试卷,是由三个比较稳定的试题构成的:

第一题,要求考生用 200 字左右的篇幅概括资料所反映的主要内容或主要问题。试卷所提供的资料是数千字,却要求你用 200 字的篇幅概括资料所反映的主要内容。要完成这道题,一定得把资料读全、读懂,并能够把资料所反映的主要内容找出来,用概括的文字表达出来,才能完成这个题目。

第二题,要求考生在概括资料的基础上,就资料所反映的主要问题,从政府制定政策的角度，提出对策。很明显，这是对考生解决问题的能力的考察。

第三题，要求考生在提出对策的基础上，自己寻找一个角度，展开论证，写一篇1000字左右的文章。但这种文章不同于一般文章：其一，它不能脱离申论所给的资料；其二，它不是个性写作，要求你站在行政人员的角度来思考论证问题；其三，它要求你自己选择一个角度进行论证，这不仅是对你文字表达能力、分析解决问题的能力是一种考验，同时还要考察你的政策水平。所以我们说，申论要求考生所写的不是一般的议论文，而是涵盖了作文和策论两个方面。

申论所出的三个题目，是环环相扣的，完成不好第一个题目就无法完成第二道题，完成不了第二道题，就完成不了第三道题。

二、申论命题的特点

申论考试比一般的作文考试出题更灵活，考生需结合背景资料作出判断和归纳，注重的是考生运用知识解决实际问题的能力，主要有以下特点：

（一）考试形式的灵活性

申论考试基本上由概括、方案、议论三部分组成，考前用不着考生死记硬背，却非常便于考察考生的综合素质与解决实际问题的能力。近年来"申论"的题型虽然有所变化，但考核点并没有变。

（二）考试内容的普遍性

申论考试所给出的资料范围极其广泛，内容涵盖政治、经济、法律、教育等社会问题的诸多方面，从这个意义上说，考生事先押题基本上不可能。它所给出的资料涉及范围非常广，但又会让每个考生都有话可说。

（三）考查目标的针对性

申论考试形式的灵活多样，内容广泛，但考生大可不必为此发愁。因为申论考查的目标是明确的，针对性很强，即主要考察考生阅读、分析、概括、解决问题的能力，体现在题目中主要是分析、概括、论述这三个方面。

第三节　申论考试的关键环节

申论考试是由四个关键环节所构成的。

一、阅读

阅读理解给定资料是申论考试最基础的环节。这个环节虽不能用文字直接在答卷上反映出来，却是完成其他三个环节的前提条件，并且在时序上居于首位，不容滞后。

申论最初所给的资料不是一篇完整的文章，而是一些片断，其中包含了主要信息、次要信息、干扰性信息。我们平时读的都是一些完整的文章，很少接触这类阅读，如不做一些专题训练，就很难胜任。这对我们的阅读能力、理解能力是一种考验。如果习惯了字斟句酌的阅读，不会快速阅读，就会感到时间不够用。申论所给的资料，头绪纷繁，就像一团乱麻，如果抓不住主要情况、主要问题，就无从答题。所以，如何快速阅读理解申论所给的资料，对考生来说是第一道关口。过不了第一关，就无法完成后面的试题。

二、概括

这是"申论"考试的第二道关口，试卷要求考生读通读懂所给资料后，概括出所给资料反映的主要内容，如果概括得不准确或不全面，下面的程序也就难以进行了。

概括所给资料反映的主要内容，考查的是考生的概括能力、发现问题的能力。这道题对考生来说是非常重要的。我们曾统计过考生每题得分情况，发现一个规律：第三题的论证，除了文章写得特别好和写得特别差的考生，大家得分差不多；第二题提出对策，考生得分情况也差不多；第一题的得分，就相差比较大了，答得差的，通常得 4~6 分，答得好的，得分常在 17~18 分，相差 10 分甚至 10 分以上。从某种意义上说，是这道题的得分决定了考生这一年的考试。所以，考生一定要高度重视这一环节，在概括上下足工夫。

三、对策

概括资料所反映的主要内容后，试卷接着要求考生针对问题提出对策，考查的是考生解决问题的能力。它给考生提供了充分发挥的自由空间，考生可以根据各自的知识、阅历，对同一问题各抒己见。需要注意的是，在这一环节中，必须结合给定资料所涉及的范围和条件才可能提出切实可行的对策和方案，不能凭空虚构。提出的对策，必须针对资料所反映的问题，必须合情合理合法，必须有可操作性，必须能解决问题，必须分清轻重缓急。对于没有行政经验的考生来说，须经过一定训练。

四、论证

进行论证是申论考试最后一个环节，在一定意义上，它是申论的真正开始。它要求应试者充分利用所给资料，切中主要问题，阐明、论证自己对给定资料所反映的主要问题的基本看法以及解决问题的方案。论证部分通常要求写一篇 1200 字左右的议论文，这里有三个问题特别值得考生注意：第一，考卷要求你自选角度，选什么样的角度，是最能表现你的水平的。你要从行政管理出发，站在一个比较高的角度作深入阐述、论证，真正有利于某项工作的开展；第二，试卷要求写一篇议论文，但这篇议论文不同于一般的议论文，它要求你从行政管理的角度立论，着重于政策和策略的阐述，涵盖了作文和策论两个方面；第三，它要求写一篇 1000 字~1200 字的文章，篇幅不同，往往带来了构思上的变化。一般的考生，习惯了写 800 字左右的文章，要求写 1000 多字的文章时，不容易把握，因此，也要做些特定的训练。

尽管"申论"考试出题比较简单，考前也用不着考生死记硬背，但有些考生考试，仍不够理想。经调查分析，原因主要有以下几个方面：(1)有的考生对"申论"考试的基本环节掌握得不好，在"阅读所给材料"时舍不得花工夫，匆匆读完材料，重要词句、段落、中心还没弄清，就急着下笔，阅读所花时间远低于考题所建议的时间；(2)有些考生写作基本功不过硬，即使面对比较熟悉的材料，心中有话也不知如何着笔；(3)有的考生对所提"对策"进行论证时，往往出现重点不突出、逻辑混乱、表述不清或简单重复对策部分的问题。

第四节　怎样准备申论考试

如何准备申论考试？根据我们的经验，现提几点建议：

一、明确申论考试的特定要求

申论考试有着它特定的要求。不明了它的特定要求，仓促上阵，成绩肯定不会理想。考前，最好是买一本编得比较好的申论教材看一看，对申论考试有一个基本了解。

市面上的申论教材大都编得比较好，找一本适合自己学习的就行了。有的考生，一买就是三四套教材，没必要，不要说看都看不过来，东看一句西看一句，不系统，也不利于学习。

找到适合教材后，最好是参加辅导班，听听老师讲讲。教材毕竟是教材，编得再详细，也是有限的。听老师讲讲，可以更具体、更深入。如果辅导班的老师有一定的命题经验和阅卷经验，考生会少走许多弯路，收益会更大。

二、认真阅读历年真题

历年真题是我们准备任何一门考试都要好好研读的资料，参加申论考试也是这样，只有认真读一些、做一些、研究一些真题，才会考好。

（一）读历年真题的好处

一是可以把抽象的介绍化为具体的感觉。教材上写的，老师讲的，都属他人转述，都还没有转化为你的具体感觉。譬如教材上说，申论所给资料一般是应试人员生活、工作中经常接触到，或是社会中的热点问题；不会偏文科，也会不偏理科，没有学科和性别上的歧视；它不是一篇完整的文章，而是一些片断，其中包含了主要信息、将要信息、干扰性信息——教材上这么说了，但究竟是个什么样子，只有通过历年真题的阅读，才会形成具体的感觉，才知道申论考试究竟考一些什么东西，才知道自己的难点在什么地方。

二是可以训练我们的资料性阅读。考生平时接触的多是一些完整的文章，很少接触一些片断性的资料阅读，也很少限定时间读这么多字的资料。猛一上考场，就不适应。如果多读一些申论真题，积累一些阅读经验，在老师的点拨下，就能获得较大提高。

三是可以丰富我们的解题思路。认真阅读申论历年试卷，可以熟悉各种社会热点，了解各类试卷类型，丰富我们的解题思路。

四是从中了解公务员考试的基本趋势和走向。每一套真题都是"考试要求"的最好体现，通过研读真题，我们才能从中把握考试的难度，如果把历年的申论试卷看一遍，就可以明了申论考试的命题趋势。

有的考生上辅导班，希望老师指定一个范围，预习更明确一些。这想法可以理解，但实际中却是行不通的。如果老师参加了命题，他怎么可能把自己的命题拿出来讲呢？何况，申论考试所给定的资料范围涉及非常广，内容涵盖政治、经济、法律、教育等社会问题的诸多方面，从这层意思上讲，任何人的预测都是不可靠的。万一老师做了一个预测，可考试的内容却不在这个预测之内进行，怎么办呢？要通过申论考试，最可靠的办法，就是去除侥幸心理，扎扎实实做起，在通读教材和听了老师辅导课后，认真研读历年申论试卷。

（二）近年申论考试的趋势

近年来的申论考试，呈以下趋势：

（1）背景资料字数增多，内容由最初的单一向复杂、综合转变。

从最近几年的申论试卷看，背景资料的字数增多，阅读难度增大，内容由最初的单一内容向复杂、综合内容转变。如，前几年的申论考试，基本上都是围绕单一的事件展开。但最近几年申论所给材料就不一样了，近几年申论试卷所给的内容，已从最初的单一内容逐步向复杂的综合内容转变。由于内容上的综合性越来越强，所以对材料阅读理解的要求也越来越高。不单是看一遍就能了解，答题时一定要按照规定时间把材料认真看两到三遍，才能为答题做好一个基础。

（2）试题设计更加灵活多变。最近几年在试题的设计上，更加灵活多变。如2005年给的是5个选项，2006年给的是6个选项，要求大家对给出选项的内容与材料当中进行比较，哪些与材料当中一致，哪些不一致，并说明为什么不一致。这一部分的试题难度，还是比较大。为什么呢？因为首先得知道，解决这个问题的方法有哪些，然后从给出的方法当中作出判断，哪个是对的，哪个是错的，还要说明原因。必须在充分理解资料的基础上才能进行。如2006年第一题，"假如你是一位新入职的公务员，请用不超过500字的篇幅概述与D部长谈话的主要内容，以供领导审阅"。往年的归纳概述都是在150字到200字，这一次要求是500字，而D部长的谈话内容有8千字，要求概括为500字，没一定概括能力，是很难做到的，对归纳概括能力的要求更高。命题倾向更突出。从国家公务员申论考试2005年到2009年最后一道作文题来看，基本上都属于命题作文。如2005年第三题，"请评解决我国农村、农民问题的两种思路问题，写一篇800到1000字的文章"，这就是一个典型的命题作文，让你评解决我国农村、农民的两种思路。2006年的作文题，"在我国妥善应对突发公共事件是政府面临的重大问题，请你就我国政府如何提高应对公共突发事件的能力写一篇文章，谈谈自己的看法"，虽要求自拟标题，但是范围限制了，就是让你谈如何提高政府对突发公共事件的应对能力。

（3）行政管理能力考核已不是单纯考查考生解决某些现实问题的能力，同时还考查考生对重要理论和大政方针的理解与运用能力。申论主要通过应试者对给定材料的分析、概括、提炼、加工，测查应试者解决实际问题的能力，以及阅读理解能力、综合分析能力、提出和解决问题能力以及文字表达能力。考试大纲虽然规定了考试目的是考查五种能力，实际考试中已拓展为七种能力，增加了对时事政治运用能力和行政管理能力的考查。五种能力是基本功，时事政治运用能力和行政管理能力是命题新的出发点。时事政治运用能力考查的是考生对社会现象和重大时事问题的关注度；考查考生对党和政府路线、方针、政策及重大理论的掌握程度和应用解决实际问题能力。行政管理能力考核已不是单纯考查考生解决某些现实问题的能力，而是同时考查考生对重要理论和大政方针的理解与运用能力。如：国家2005年公务员申论考试，通过农村农民问题，考查考生对"三农"政策的理解和运用；国家2006年公务员申论考试，通过"公共安全"问题，考查考生对科学发展观、和谐社会的理解和运用；国家2007年公务员申论考试，通过"非法侵占农民土地"问题考查考生对以人为本、科学发展、和谐社会的理解和运用。我们在复习中要特别注意加深对科学发展观、和谐社会的理解。对于"科学发展观"，应重点理解"以人为本"、"全面协调"、"可持续"；对于"和谐社会"，应重点理解"城乡和谐"、"区域和谐"和"人与人之间的和谐"。

这些都说明，行政管理能力考核，已不是单纯的考查考生解决某些现实问题的能力，同时还要考查考生对重要理论和大政方针的理解与运用能力。

三、有选择地做练习

申论考试用不着死记硬背，但考前有选择性地做些练习是非常必要的。目前，市场上有许多模拟试卷，这些模拟试卷有的出得好有的则不怎么样。有经验的老师都知道，要出一套真正意义上的申论试卷，不花十天半个月是很难出得来的，而模拟试卷大多是一些急就章，没有相应的难度、深度，有的甚至不规范。如果去做一些不规范的模拟试卷，容易误导我们。所以，做练习，要注意以下几点：临考前做适量的练习，借此可以了解考试试题的总体设计、考试时间的安排，把握做题的速度，并且熟悉、掌握各类题型的答题角度与答题技巧，到考试现场才不致手忙脚乱，影响临场发挥。做考过的试卷，有的考生觉得没意思。其实，如认真去做，就容易体会试题的难度和深度，掌握解题的一些基本方法。历年考过的试题，网上公布了许多参考答案，这些参考答案有的正确，有的不准确，我们可不去管它，按照规范去做题，总是不错的。

申论试题主要体现在"概括"、"对策"、"论证"三个方面，每个题都有一些基本的解题方法，这些方法听起来不复杂，但要真正掌握并不容易。做题时，要从解题方法上一个一个过关，不要一味地贪多务得。

每次申论考试，多数考生都感觉不错，但得高分者寥寥无几，五十多分是常见成绩，在地市级公务员招录考试中，能得七十多分就很不错了。为什么得分情况并不理想？据我们了解，还是基本功不过关，猜题押题的多，背范文的多，对基本题型研究的少。

四、适当掌握时政热点

由于申论所给资料，是考生生活、工作中经常接触到或是社会中的热点问题，许多考生准备考试，总是将比较多的精力花在时政热点上。我们曾看到，许多考生，买了很多资料，一本一本地背。其实，他忘了一个前提，申论考试是用不着死记硬背的。准备申论，我们应将主要精力花在基本题型的解答上，在此基础上适当掌握一些时政热点。

申论考试所给的材料多取自社会热点。社会热点包括了理论热点、改革难点、社会焦点。理论热点是指指导党和国家工作的路线、方针、政策。目前理论热点主要有：构建和谐社会、科学发展观、建设社会主义新农村等。这些理论热点不会直接考，但包含的具体内容是必考的，它是我们是分析问题、解决问题、论述问题的前提和基础。改革难点是指党和政府需要解决的社会、政治、经济问题。当前改革难点有：教育体制改革、医疗体制改革、政府机构改革、就业等。社会焦点是指一个时期（阶段）社会各界比较关注的、应引起党和政府重视和解决的社会、政治、经济问题。目前的社会焦点比较多，主要有：党风建设问题、反腐倡廉问题、环境保护问题、"三农"问题、农民工问题、食品安全问题、教育公平问题、突发性事故问题、城市治理问题、交通拥堵问题、职业道德问题、商业贿赂问题、教育改革问题、医疗改革问题、文化遗产保护（如端午节被韩国注册）、问责制问题，再加上当年发生的一些重大事件。这些问题，在各类辅导资料上都可以看得到，本章仅就如何准备社会热点的问题做了一些方法论上的提示，并摘编了一些重要的社会热点。

（一）认真审题与灵活变通

每年考试之前，专家们往往搜集整理了很多社会热点，但这是就比较大的类别而言，申论取材，决不会简单地对号入座，往往是从具体情况入手。试看 2006—2008 年三年全国各地的命题：

2008 年：北京，行业协会自律问题；上海，科学发展观与政府绩效评估问题；天津，公共安全问题；广东，突发公共危机的社会救助问题；江苏，产业结构升级问题；浙江，全面建设小康社会问题；江西，政府及公务员廉洁的问题；陕西，行业不正之风的问题；重庆，老龄人口社会保障问题；安徽，手机短信文化问题；山东，受助者感恩问题。

2007 年：北京，价格听证问题；上海，公务员职业道德、公德与传统私德之间关系的问题；江苏，社会救助问题；浙江，文化建设与经济发展的问题；江西，水土污染及用水安全问题；贵州，非物质文化遗产保护的问题；重庆，政府机关能源节约与浪费问题；江西，生态环境保护方面的问题；广东，农村文化建设问题；山东，个人网络募捐问题；河北：无偿献血的问题；广西：经济发展快速与公共安全基础薄弱的问题。

2006 年：北京，文化遗产保护问题；上海，新录用公务员下基层实习的问题；天津，建设节约型社会问题；浙江，公平与效率的问题；江苏，将传统节日与弘扬民族文化结合的问题；福建，我国自愿服务的现状及趋势的问题；广东，手机垃圾短信问题；山西、四川，经济适用房建设管理问题；江西，企业缺乏自主创新的问题；山东：通过证人作证制度、见义勇为保护制度切入社会主义荣辱观的问题；安徽，高校滥收费问题；重庆，高校滥排名问题；新疆，利用废铁炼制的地条钢大批量非法生产并被广泛使用到一些工程项目中的问题；吉林，户籍制度改革问题；黑龙江：城市垃圾处理收费的问题。

这些试卷都是从具体材料切入社会热点的，如 2008 年湖南申论考试，考的是农民工养老保险的问题，该题立足于"十七大"及其关注点——民生问题，却是从弱势群体农民工出题。

考题不仅从具体情境切入，有时会多角度综合，如 2006 年湖南考的是"禁与限"，这个材料不仅涉及安全与环境保护问题，同时也涉及建设服务型政府问题，建设社会主义和谐社会的问题，听证会的问题。这时，考生既不能简单地对号入座，也不能不分轻重主次，需要根据考题的要求，懂得灵活变通，具体问题具体分析。

更多时候，考题是"大中取小"，只考某个问题的某一方面。如 2006 年湖南省录用国家公务员"申论"试卷，它从党的十六届五中全会提出推进社会主义新农村建设的历史任务入手，讲到了建设新农村的二十字的要求，最后落脚到如何发展生产、提高农民收入。粗心的考生读了材料以后，便认为讲的是如何建设新农村的问题，其实，党中央提出的建设社会主义新农村内容是非常广的，有五个方面的要求，而发展生产、提高农民收入只是内容之一，是中心任务，但不是全部内容。有些考生未能抓住发展农村生产力、提高农民收入这个主题，围绕建设新农村泛泛地做文章，使这部分答题得分不高。因此，我们准备参加申论考试，要关注热点；考试时，则要认真审题，灵活变通。

（二）关注热点，要注意了解国家政策导向

关注社会热点，可定期读《人民日报》和《中国改革报》上的文章，定期浏览《新华网》和《人民网》上的文章，参看有关网站的辅导文章。这里要防止一个误区：就是过分关注热点，什么都想装到自己脑袋里。其实，了解一些基本的、重要的热点，也就差不多了。了解自己不太熟悉的一些热点，也就行了。甚至猜题，完全没有必要。申论往往会给考生将近10页的材料，该知道的，材料都会告诉考生，考生只需要从材料里提炼出和当今政策导向相符合的观点，整合成自己的观点就行了。

申论考试，有一点非常明确，即每份试卷都有一个需要考生解决的行政问题，它要求考生把自己放在履行公职的环境中，以公务员的身份来思考问题和回答问题，并模拟国家机关处理这些问题时所持的立场、观点、态度、方法、措施等来处理。因此，了解热点，要把重点放在国家相关政策导向上，防止答题时出现与国家政策相悖的原则性错误。

（三）关注热点，要与提高政策理论水平相结合

前面已介绍，申论关于行政管理能力的考核，已不是单纯考查考生解决某些现实问题的能力，同时还要考查考生对重要理论和大政方针的理解与运用能力。如：国家2005年公务员申论考试，通过农村农民问题考查考生对"三农"政策的理解和运用；国家2006年公务员申论考试，通过"公共安全"问题考查考生对科学发展观、和谐社会的理解和运用；国家2007年公务员申论考试，通过"非法侵占农民土地"问题考查考生对以人为本、科学发展、和谐社会的理解和运用。我们在复习中要特别注意加深对科学发展观、和谐社会的理解。对于"科学发展观"，应重点理解"以人为本"、"全面协调"、"可持续"；对于"和谐社会"，应重点理解"城乡和谐"、"区域和谐"和"人与人之间的和谐"。

考生必须注意这些方面的变化，在关心时事热点的同时，还应注意提高自己的政策理论水平。

建议大家多翻翻《半月谈》。这本刊物是中宣部委托新华社主办的一本综合性、"集半月于一日"的重要党刊，其发行量和影响力一直雄踞中国时政期刊之首，被誉为"中华第一刊"。《半月谈》具有语言朴实简练、内容贴近社会生活又和国家政策紧密相连的特点，因此《半月谈》中对社会热点话题的剖析，对大家复习申论有很大的帮助，很多老师都将其看作参加申论考试的必备资料。其中"半月评论"中的文章，大都可以作为申论范文来进行借鉴和模仿。如果《半月谈》不易买到，大家可以登录新华网的半月谈频道阅读电子版。不过读其中的文章，要注意行文风格上的区别，"半月评论"中的文章，大都以个人的语气行文，而申论的论证，要求考生以公务员的身份来回答问题，并模拟国家机关的行文风格和表达方式。

还推荐大家读读《理论热点面对面》。《理论热点面对面》是中宣部一套系列通俗理论读物，从2003年开始推出。这本书就每年广大干部群众普遍关心的重点难点和热点问题，通过通俗且准确的语言进行了深入浅出的回答，观点准确，说理透彻，具有很强的针对性和说服力，自推出以来广受欢迎。此书也是我们进行申论复习的一本极好的参考资料。

此外，大家还要关注党和政府的重要文献。如2007年召开的十七大和2008年召开的"两会"，都对我们党和政府在新时期下今后工作的指导思想和发展方向作了深入的解读，并对科学发展观、和谐社会等重要思想都进行了详细阐述。比如，我们对十七大报告和政府工作报告有一定的了解，就能从根本上对党和政府的大政方针有所认识，提高对当前最受关注问题的了解。

据有关数据，申论考得比较好的多数是学法律、政治的一些考生。学法律、政治的考生在政治、政策的把握上有一定优势，而学中文的写作能力可能强一点，但对申论的政治精神的把握却稍逊一筹。有时，其文学思维、文学语言甚至会有损于申论写作。所以，我

们还要加强政治理论上的一些基本修养，多读读党和政府的重要文献。此外，就是练习写作。笔头生疏是做文章的大忌，应督促自己就一些热点问题多写几篇文章。

第五节　怎样审读资料

阅读资料是申论考试最基础的环节，准备申论考试首先要过好阅读关。为了保证真正"读懂"资料，做训练时要把握时间，每次以 30 分钟为宜，因申论考试看似时间宽裕实则很紧，多留一点时间作答会从容一点。做训练时最好选择最近两三年的真题，因其字数和难度符合考试实际。阅读资料时，最初用的时间可能会长点，慢慢就会快起来。

一、端正阅读心态

初读申论试卷，一大堆的资料摆在那里，会感到毫无头绪，无所适从。这时，千万不要烦，要调整自己的心态，控制好自己的情绪。面对大多数的试卷，你不妨设想，一大群人涌到了你的办公室，向你反映情况，大家你一言我一语，各说各的，但听来听去，你还是会听明白，大家反映了一个什么情况，需要你解决什么问题。申论试卷总是隐含了一个需要你着手解决的行政问题，需要你去了解基本情况，抓住问题。

还有一类试卷，可设想自己是机关秘书，一大堆资料堆在你面前，你得加工、整理，向上级汇报。

二、加强信息筛选意识

申论考试的材料虽然宠大杂乱，但并不是每个字、每个词、每个信息都有用，其中可能包含着许多迷惑信息、多余信息。因此，我们要在整体把握的基础上对材料信息进行筛选，否则很容易陷入误区。

考生要明确，要搜集的是行政管理方面的信息。

所谓"行政管理信息"，也就是在你的职权范围之内你必须管的，也就是"基本情况 + 主要问题"。

"申论"考试主要考查应试者对给定资料的阅读理解能力、分析归纳概括能力、提出和解决问题能力以及文字表达水平，其中又是以提出和解决问题为核心的。所以，大部分的申论试卷总是隐含了一个需要你着手解决的行政问题。你要发现这个问题就需要去了解情况，只有了解了情况才能抓住主要问题，只有发现了问题才能提出正确对策。

三、先看题目再读资料使目标明确

老师通常会告诉你，要先读懂资料，再做题目。这自然是对的，但考试阅读量大，有时先看题目再读资料，也能收到较好效果。当你面对一堆资料荡然无绪时，不妨试试这个办法。

四、明确资料组接的结构

申论所给资料有两种排列方式：一是分辑排出；一是将所有信息糅杂于一体，不分段落。无论采用哪种方式，它都是按一定规则组合的：

（1）总述之后各说各的——不同的部门，不同的单位，不同的专家，不同的当事人，各自表述着不同的反应、认识、意见，各有各的理由，并有迷惑信息夹杂其中——需要考生判断；

（2）各材料之间跳跃性很大——这些跳跃性的材料或是同类性质，或是不同性质的——需要考生概括；

（3）涉及国外一些信息，或是参考背景，或是迷惑信息——需要考生甄别；

（4）资料涉及面广，内容复杂，往往围绕中心旁逸出去，但重点突出——需要考生时时不忘中心问题。

这样说比较抽象，试举湖南 2005 年申论试卷加以说明。

2003 年 9 月开始的粮食价格涨价问题，引起全社会的广泛关注。以下材料摘自国内各媒体的相关报道和评论。

（这是总述。总述往往是资料的中心，这年的中心就是从 2003 年 9 月开始的粮食涨价引起全社会的广泛关注，需要你站在行政管理的角度来认识、处理这一问题。）

（一）上海某大学的年轻老师彭辉最近买菜时隐隐觉得肉和鸡蛋比以前贵了。但并不常买菜的她也没怎么往心里去，直到有一天她听广播的时候才知道是物价上涨了。"米、肉、鸡蛋即使涨价了，每个月也就多开支两三百元，不觉得什么。"她说，"我现在最大的压力是这套房子每月 3300 元的还贷，差不多要贴进去一个人的收入。"

（这是说农副产品涨价并未对居民生活产生很大影响）

（二）根据国家统计局 2003 年的统计，上海的食品价格是全国最高的，其中面粉、大米和猪肉的价格在包括北京、重庆等在内的十大城市中都排名第一。另据人民银行上海分行的调查，近一成九的上海市民认为目前物价过高，这一比例为近两年来最高。

（这是说农副产品涨价引起了社会广泛关注）

（三）2003 年 9 月 13 日，国家统计局公布：8 月份，全国居民消费价格总水平比去年同月上涨 5.3%，涨幅与 7 月份持平。食品价格比去年同月上涨 13.9%，是当月价格上涨的主要因素；非食品价格仅上涨 1.0%，消费品价格上涨 6.3%，服务项目价格上涨 2.0%，食品价格中，粮食价格上涨 31.8%，油脂价格上涨 22.5%，肉禽及其制品价格上涨 23.5%，鲜蛋价格上涨 30.3%，水产品价格上涨 15.6%，鲜菜价格上涨 5.8%。1－8 月，居民消费价格总水平比去年同期上涨 4.0%，8 月份居民消费价格指数（CPI，即通常所说的物价指数）已经连续 3 个月迫近管理层的加息底线 5.31%，5.31% 是目前中国一年期贷款的基准利率，如果 CPI 等于 5.31% 的话，理论上意味着贷款成本为零，专家认为这是不正常的，此前，央行也多次表示，CPI 超过 5% 是决定是否升息的一个重要指标。

（这是权威部门统计：由此带来的影响已连续 3 个月迫近银行加息底线，是说农副产品涨价值得领导重视，其中所说加息，是迷惑信息，因为试题并不要求你讨论加息的问题）

（四）退休工人杨桂对是否加息的讨论一无所知，她只知道，现在 1 万元存一年，利息才 198 元。扣掉利息税后，到手的才 150 多元，实际上，现在把钱存到银行并不划算。因为今年上半年的平均物价上涨幅度是 3.6%，最近三个月的平均物价上涨幅度是 5.2%。而人民币 1 年期存款税后利率已连续 9 个月为负。
(这是迷惑信息,因为试题并不要求你讨论加息问题)

(五)中国社会科学院金融研究所金融研究室主任易宪容表示,这个二十多年前推出的 CPI 的构成没有包含居民特别是城市居民的最大消费支出——购房,而仅仅把它作为一种投资来统计。现在 CPI 的算法,是从老百姓日常消费的包括食品、服装、水电、交通、西药、房租、耐用消费品等八大类商品中选出一个商品组合,然后通过加权算出每年购买同样大小所将花费的涨跌幅度,其中粮食的权重为 1/3。专家普遍认为,粮食价格的上涨是拉动这轮 CPI 上升的最主要因素。"房价不下来,其他(商品的价格)还会上去。所以没有比加息更好的工具了。"易宪容说,他的意思是,加息之后的购房贷款利率也会提高,由于居民买房主要依靠贷款,所以居民的购房需求将得到抑制,而需求下去了,房价就会回落。"如果加息,对那些中低收入的老百姓来说肯定是好消息。"易宪容说,"因为银行利息提高了,同时物价也很可能会下降。"
(这是迷惑信息,因试题并不要求你讨论加息问题)

(六)物价的上涨并没有打击居民的消费欲望和消费热情。据广州市城调队 2003 年 7 月 27 日发布的信息显示,上半年广州市出现了多年未见的消费支出增幅大于收入增幅的现象,居民在文化娱乐、旅游、住房及汽车等大宗消费上呈现大幅增长。上半年市区房屋交易面积和交易金额分别增长 34.6% 和 41.8%;居民人均购车支出增长 3.6 倍,每百户家庭的汽车拥有量达 4 辆,增长七成。同时,以手机、电脑为代表的家庭信息现代化程度也越来越高。这充分说明,人们的收入高了,钱包鼓了,支出的愿望强烈了;同时,对未来的担忧心理在消减,而这一切的背景,就是整个经济的协调健康发展。
(这是说农副产品涨价并未打击居民的消费欲望和消费热情)

(七)一方面,物价上涨反映了我国经济运行存在结构性投资增长过快、货币信贷过多,经济冷热并存和经济关系不协调等问题提醒政府进行调控发送它使我国经济从商品滞销、物价低迷、利润微薄等呆滞状态中走出来,所以,2003 年经济发展速度比去年更高,企业经济效益普遍提高,就业机会也增加了。以粮食为主的农副产品大幅涨价,不但刺激了农业生产,增加了农民收入,而且调整了城乡分配关系,缩小了工农商品价格剪刀差。另一方面,物价上涨主要是一定程度上影响了人民生活水平提高,且使人们的利益关系不正常变动。物价上涨,有利于债务人,不利于债权人;有利于雇主,不利于工人;有利于政府,不利于公众。农民虽因农产品结构上涨而增加了货币收入,但又因为生产资料和食品涨价而抵消了增加的收入。据测算,当前农村消费价格水平每上升一个百分点,每个农民年均消费多支出 16 元。按 8 月份消费物价指数农村上涨 6.1% 计算,每年每人就多支出 100 多元。
(这是从正反两个方面谈农副产品涨价的影响)

(八)上海社科院部门经济研究所副所长杨建文认为,"此轮物价上涨幅度不会很大,更不会导致通货膨胀。从总量上看,现在供求关系的基本面总体平衡,现在的问题是结构性的问题,而非总量问题。如果光是物价上涨,说明需求上来了，而这正是多年来我们孜孜以求的东西，是好事啊。但事情没有这么简单。比如，现在不是冬天，为什么蔬菜价格上涨？主要因为运输成本太高，这与高速公路整治超载有很大的关系。再比如，北方的水，沿海的电，都很紧张，按照市场规律，应该调整价格。但在目前情况下集中调整，就要考虑社会承受力。"他担心的是，消费价格指数上升，央行加息压力就很大，如果加息，必然出现连锁反应，企业的融资成本、生产成本必然增加，而企业运行不佳，必然影响老百姓生活水平，整个经济发展就受影响。

（这也是从正反两个方面谈农副产品涨价的影响）

（九）中国商业联合会对外联络工作委员会会长王德厚在2003年9月16日全国"菜篮子"放心工程研讨会组委会的发布会上说，近些年农产品卖难和价格持续下跌，对城市居民节省食品消费支出是有好处的，却影响了农民的收入增长。据统计，全国农民人均纯收入的增长速度，1996年至2000年分别为：9％、4.6％、4.3％、3.8％、1.9％，2001年出现恢复性增长，也仅仅为5％，2002年为4.6％。"特别值得注意的是，在农民收入构成中，如扣除劳务收入，来自第一产业在农民收入中的比重呈逐年下降趋势。这与多年来农产品价格持续低迷密切相关。"他说，由于农民收入增长缓慢，城乡居民收入差距由1978年的2.4：1、1985年的1.7：1，扩大到2002年的3.1：1。"如考虑到供水供电、交通通讯、文教卫生、社会保障等公共产品分配上的差别，城乡居民收入差距有人估计实际上达到6：1以上。"

（这是谈农副产品涨价对农民收入的影响）

（十）广州市物价局局长沈志超在接受记者采访时表示："相对于世界上许多地方来说，中国农副产品价格一直是偏低的。目前部分农副产品的价格上升，可以说是价格合理回归，对于促进农业生产、增加农民收入来说是好事；对于城镇居民也不能说是坏事。"前几年的物价下降实际上已经影响到老百姓的生活。首先，农副产品价格偏低受损较大的是农民，这意味着农民生产同样的产品、进行同样的生产，收入却大幅度下降了。其次，如果农民的收入下降，他们的购买力偏低，生产、销售受影响，就会波及城市的就业职工，如果就业紧张的状况越来越严重，就会使更多的人受到影响。

（这是谈农副产品涨价对农民收入及就业的影响）

（十一）广州市统计局昨日发布最新的统计数据表明，今年1—8月，全市职工平均工资为19048元，比上年同期增长9.9‰，而8月份粮食类价格同比上涨了16.4％，肉禽及制品类价格则上涨13.1％，面对工资涨幅跟不上基本生活消费品涨幅的情况，市统计局综合处的统计专家提醒政府相关部门要注意保障低收入者的生活。

（这是谈农副产品涨价对低收入者生活的影响）

（十二）国家粮油信息中心监测，由于农业结构调整和产量的降低，我国粮食已经连续3年生产不足需求，今年继续呈现降低趋势，市场供求关系正由过去的供大于求向供求基本平衡转化。在此过程中，市场价格发生波动属于正常现象。农业部部长杜青林表示，中国近期出现的物价上涨现象不是因为短缺，而是正常的市场调节。他说,这一轮粮价上涨只增长10‰到20‰,是正常的波动范围。中国的粮价已经连续6年负增长,近期的粮价是恢复性增长。

(这是讲粮食价格上涨仍在正常波动范围之内)

(十三)粮油价格上涨反映的是供求关系的变化。专家分析,导致粮食价格上涨的原因主要有三:

一是粮食减产。从1995年开始,我国连续4年粮食丰收,出现了阶段性的供过于求的局面。近年来耕地面积不断减少,并逐年减产,今年更是出现了三大谷物(小麦、粗粮、稻谷)同时减产的局面。专家预测今年粮食总产量现度减产已成定局。

二是国家退耕还林还草、农业种植结构调整等因素的影响,加之自然灾害等原因,导致粮食产量逐年下降。

三是国际市场粮价大幅上涨。去年加拿大、美国、澳大利亚粮食大幅度减产后,小麦价格猛涨。今年欧洲粮食也严重减产,世界粮农组织再次调低世界粮食库存,创30年来的最低纪录。来自美国地球政策研究所的研究表明,由于气候变暖、地下水下降的影响,美国、加拿大等主要产粮区难以在短期内提高产量,这些都影响到中国国内粮油加工企业的成本。

(这是讲粮食价格上涨价的主要原因)

从基本问题开始,然后引出不同阶层、不同部门、不同专家、不同角度的反应和认识,这是申论资料的基本组接方式。这年的资料,命题者就是围绕粮食价格涨价伸展开去,要求考生应对农副产品价格上涨对社会经济和人民生活的影响提出相关政策性建议或意见,中间尽管有许多迷惑性信息,但中心始终是突出的。如果心中装有资料组接的结构,就不会被它所迷惑。

五、掌握以关键句为目标的阅读技巧

试卷建议考生用40分钟读资料,很多考生认为,就是要求一字一句去细读资料,其实这是种误解。读资料,最好是把粗读与细读结合起来,掌握以关键句为目标的阅读技巧。所谓"关键句",也就是表达中心意思的句子。把材料中的关键句子找出来,基本上就把资料掌握了。试看2004年的全国卷:

(1)上汽集团总裁日前在上海对记者说,中国作为世界上最大的潜在市场,应该有一个很强的汽车工业与之匹配,应该建立一些大规模的汽车工业集团。他指出,中国缺乏具有国际竞争力企业的一个重要原因,在于过去政策的制定往往是哪家困难帮哪家,体现的是扶弱以抗强,结果没有强。百余家整车厂,只能是"山中无老虎,猴子称大王"。要成为汽车强国,必须建设汽车大企业、大集团。他强调,中国汽车工业的时间不多了,我们要用"扶强联弱"的办法,用最短的时间,整治目前汽车工业差、乱的局面。他希望国家能够支持汽车大企业、大集团,以最少的投入来建立具有国际竞争力的汽车企业。

(2)某商报对汽车的市场前景分析如下:载货汽车需求量将增长,但市场份额将有所下降。轿车、客车,尤其是微型客车的需求量将有较大增长,市场份额将进一步提高。以城镇为中心,公款购买、公务使用的第一层次市场会逐步缩小；以企事业单位公款购置商务用车的第二消费层次市场需求会保持相对稳定或略有下降；以富裕阶层为中心的私人购买和使用的第三层次市场发展势头良好，将成为吸纳汽车增长量的主体。随着国家有关鼓励私人购车政策出台，预计个人购车比例将逐年快速增长。西部地区对中重型货车、各种专用汽车、矿用车和大中型客车的需求将明显增加。农村汽车市场对轻、微型客货车需求会有较大增长。

（3）上海某报记者："上海一大怪，汽车没有行人快"——20世纪90年代初之上海"怪现状"如今似有卷土重来之势。今日大上海，又见行路难。扎堆的车流如蜗牛爬行。高峰期间，市中心区高架道路上蜗行的车辆密密匝匝，远远望去就像个大停车场。一日，记者乘上703路公交车，走走停停，从莲花路到上海体育馆，区区不足10公里，竟然走了一个半小时。

（4）上海某报记者：20世纪90年代以来，上海的道路长度和道路面积分别增长了108%和142%，修建了地铁、高架路、跨江大桥、越江隧道等许多道路基础设施，中心城区初步形成现代交通网络，但同期的机动车总量却增长了470%以上。市民的感觉是路越修越多，车越来越堵。最近几年，上海将投资500亿元，增设高架路内环匝道，拓宽地面交通要道，新建越江隧道和中环线，从根本上缓解中心城区的道路拥堵状况，与此同时将大力发展智能交通系统。但人们担心，明天会不会还是继续拥堵。10多年前的"出行难"是上海进入三个"三年大变样"的前期发生的，是城市大发展前的一段"阵痛期"。而今，上海又再次进入了一个"阵痛期"。

（5）广西某报记者：随着南宁私家车的增多，汽车投诉也不断上升。在3·15消费者权益保护日当天，记者就接到几位汽车消费者的投诉电话。有的反映，一些新的热销车型有加价销售的现象；有的反映，买了保险，一旦出了问题，真正索赔时手续非常复杂；有的反映，遇着节假日办理上牌入户不方便。一姓刘出租车司机向记者反映，南宁汽车维修市场比较混乱。不同维修厂的配件和维修价格相差比较大。私家车主白先生对入户、年检时强制性收取的过路过桥费等诸多项目和强制小轿车12年报废表示不理解。私家车主李先生认为，汽车商家应在售前、售中、售后为消费者提供一个良好的消费环境，让消费者买得放心，用得开心。

（6）原国家经贸委发布的汽车工业"十五"（2000年至2005年）规划：到2005年，汽车工业增加值将达1300亿元，占国内生产总值的百分之一。其中，轿车的发展速度将大大高于汽车工业的平均增长率。为此，中国政府将致力于汽车工业的战略重组，优化资源配置，培育出两到三家主业突出、核心能力强、拥有自主知识产权、具有较强国际竞争力的大型企业集团。同时，中国政府将积极发展售价八万元左右的经济型轿车。这种车型排量在1.3L以下，百公里油耗量达到国内先进水平，能满足中国家庭的需要。此外，中国将大力推进发展汽车工业的相关环境。据权威人士预计，到2005年，中国公路里程将增加至160万公里，其中高速公路2.5万公里。各地还将加大发展城市基础设施的建设，增加停车场地等交通配套设施。

(7)某报刊载某司机意见：市政建设就像等待大手术的病人，谁知道明天哪条路又要开膛破肚？听说全市目前有14项在建重大工程，道路施工工地遍布中心城区和周围主要地区，对车辆通行影响很大。有时车开到交叉路口，主干道的交通全被施工工地阻断，一堵就能堵上好几个钟头。

(8)一位接受采访的民警说：如果说道路工程建设是以一时堵车换来长期便捷交通的"短痛"，那么种种与交通文明不相协调的陋习则是更让人难以忍受的"长痛"。顺畅的交通环境是人车和谐，各行其道。大城市交通网络本来就密集狭窄，私车投放量增大以后，道路发展又跟不上车辆增长，再加上市民乱穿马路、骑车抢道等不文明行为比比皆是，严重阻碍了排堵保畅的效率。

(9)当发达国家的人们开始过上"轮子上的生活"时，也曾面临或正在面临堵车的烦恼。对此，国外不同城市各自祭起种种招数：

纽约——私车一律停郊外。到纽约曼哈顿的上班族，是从家里开车到市郊地铁站或火车站，换乘地铁或火车进入市区，然后在市内乘公共汽车、地铁或出租车去上班、办事。曼哈顿的许多街道，只有持特殊牌照的车辆才能停车上下货和上下客，其他车辆不得停放。

华盛顿——不仅工商人士不能驾私车进入，联邦政府官员也不得驾车出入华盛顿。官员们大多不住在华盛顿市内，而是住在与华盛顿特区相邻的一个州的小镇上。如果他们每天开几十公里车到华盛顿上班，通向华盛顿的几十条公路都会堵车。为此，联邦政府拟定用公交工具接送代替个人开车的计划。为了使官员们接受这种做法，政府答应在非上下班时间，谁要是有急事回家可由公交系统提供免费出租车乘坐。

巴黎——由于私家车急剧发展，到上个世纪70年代初，巴黎的城市交通几近瘫痪。于是，法国政府开始下大力气重点优先发展公共交通。如今，巴黎设置了480多条全天或部分时间禁止其他车辆使用的公共汽车专用道。对于小汽车，巴黎市政府规定，每逢无风日，采用分单双号车牌形式来限制轿车进城。

东京——东京人的家用汽车平日伏在车库里，上下班人们还是乘地铁。一则是因为乘地铁才能准时上下班，二则是公司里只有总经理和董事长才有车位。

伦敦——政府发出交通白皮书公告市民，为了限制轿车数量，减少堵车和空气污染，从2000年起提高停车费用，同时城市内原有的各大公司、公共场所的免费停车场一律改为收费停车场。

(10)相关参考数据：在五种日常交通方式中，单就运行效率而言，小汽车最低，甚至不如步行效率。譬如在3.7米宽的车道上，小汽车每小时最多能运载3600人通行；公共汽车在半饱和状态下，每小时可运载6万人，是小汽车的17倍；而半饱和的火车每小时可运载4.2万人，是小汽车的12倍。一条公路快车道可以轻松地容纳两条自行车道，每小时可通行1.06万辆自行车，是小汽车的3倍；即便是步行，一条快车道宽的道路上，每小时也可通过6300个步行者，是小汽车的1.7倍。不仅如此，小汽车运送每位乘客所需的交通面积是自行车的4倍，是有轨电车的20倍，是地铁的6倍至12倍，是步行的40倍。

(11)某汽车发展研究室主任说，中国的汽车消费过于保守，持币待购现象严重，这种巨大的消费潜能将在不久的将来转化为消费功能而突然释放出来。这样，汽车消费就会进入一个"爆发期"，大量的汽车进入家庭。这种情况在日本和韩国都曾出现过。他说，世界上平均1000人拥有6辆汽车，而中国平均每1000人拥有0.6辆汽车，只有世界平均水平的10%，而中国各类商品总的消费能力约占世界水平的80%。与之相比，目前汽车消费能力与中国实际国力明显不符。他还认为，国内汽车业的许多问题并没有得到解决，加入WTO之后，进口车将对国产车形成很大冲击，但出现大批量汽车进口也不太可能，因为那样会导致进出口贸易失衡。

（12）原国家机械工业局某同志接受记者采访时说，从中长期看，"入世"以后，我国的轿车产业面临巨大挑战：缺乏完整的轿车开发能力和自主的品牌，薄弱的零部件制造体系，汽车产业服务体系十分落后。他认为，我国的轿车价格与国际初步接轨，需要6年左右，而完全接轨需要10年时间。目前我们的一些主导汽车产品在现行市场环境中还是具有优势的，因此，我们要利用"入世"后对幼稚工业的"保护期"，进一步加大力度，开放市场。汽车产业还需加强管理、降低成本，特别是汽车零部件的成本。从政府引导消费来看，要清理、减少不合理的税费，鼓励百姓的汽车消费。

（13）据中国汽车工业协会统计，去年1～7月，汽车全行业完成工业总产值3723.82亿元，同比增长29.44%；产品销售收入3598.88亿元，同比增长31.05%；利润总额211.90亿元，同比增长51.14%。主要经济指标增长幅度都比较大，实现了增产增收。1～7月，16家重点汽车企业（集团）完成工业总产值2036.4亿元，同比增长33.66%；产品销售收入1843.1亿元，同比增长29.36%；利润总额113.71亿元，同比增长46.38%，利润总额的增长超过产值和销售收入的增长，均取得了良好的经济效益。汽车产业作为国民经济支柱产业的地位也越来越突出。据悉，去年8月份交通运输设备制造行业对工业增长的贡献率首次跃升至40个工业行业之首。以汽车制造为主的交通运输设备制造业取代电子信息通信业，已成为名副其实的领头羊。

（14）有的专家认为，就功能定位而言，城市道路应分六个层次，即城际高速路、沟通城郊与城市主干道的快速路、城市主干道、次干道、支路以及生活区道路，可行车速从每小时120公里到10公里不等。但上海、北京、广州等大城市，道路的功能定位都不甚明了。道路功能不清导致行车错位的病根不除，增加再多的交警去排堵也无济于事。有的专家认为，导致城市出行难还有技术方面的原因。动静态交通相互争夺空间，道路资源利用率低下。目前，国内几乎所有的大城市都有停车难的问题，因市区停车不便产生的临时停车占道现象十分普遍，致使在行车辆遇阻或减速。在上海，由于主干道的交叉口开得太多，车辆运行时速经常会由40公里锐减至20公里左右。加之行人、自行车违章穿道、绿化景观挤占道路等因素，最终使得这个大型城市的道路使用效率只相当于世界平均水平的1/3到1/2。

我们把上则资料中的关键句抽出来：

1. 中国作为世界上最大的潜在市场，应该有一个很强的汽车工业与之匹配，应该建立一些大规模的汽车工业集团。我们要用"扶强联弱"的办法,用最短的时间,整治目前汽车工业差、乱的局面。他希望国家能够支持汽车大企业、大集团,以最少的投入来建立具有国际竞争力的汽车企业。(说的是市场潜力、发展前景和措施)

2. 以富裕阶层为中心的私人购买和使用的第三层次市场发展势头良好,将成为吸纳汽车增长量的主体。(说的是开发市场)

3. 今日大上海,又见行路难。(说的是交通环境)

4. 10多年前的"出行难"是上海进入三个"三年大变样"的前期发生的,是城市大发展前的一段"阵痛期"。而今,上海又再次进入了一个"阵痛期"。(说的是交通环境)

5. 汽车商家应在售前、售中、售后为消费者提供一个良好的消费环境,让消费者买得放心,用得开心。(说的是服务)

6. 中国政府将致力于汽车工业的战略重组,优化资源配置,培育出两到三家主业突出、核心能力强、拥有自主知识产权、具有较强国际竞争力的大型企业集团。此外,中国将大力推进发展汽车工业的相关环境。(说的是国策)

7. 市政建设就像等待大手术的病人。(说的是市政建设缺乏统一长久规划)

8. 那么种种与交通文明不相协调的陋习则是更让人难以忍受的"长痛"。(说的是交通文明)

9. 面临或正在面临堵车的烦恼。对此,国外不同城市各自祭起种种招数。(这是提供参考)

10. 在五种日常交通方式中,单就运行效率而言,小汽车最低。(这是提供参考)

11. 中国的汽车消费过于保守,持币待购现象严重,这种巨大的消费潜能将在不久的将来转化为消费功能而突然释放出来。(这是说未来市场)

12. 从中长期看,"入世"以后,我国的轿车产业面临巨大挑战:缺乏完整的轿车开发能力和自主的品牌,薄弱的零部件制造体系,汽车产业服务体系十分落后。我们要利用"入世"后对幼稚工业的"保护期",进一步加大力度,开放市场。汽车产业还需加强管理、降低成本,特别是汽车零部件的成本。从政府引导消费来看,要清理、减少不合理的税费,鼓励百姓的汽车消费。(这是说目前的不足)

13. 以汽车制造为主的交通运输设备制造业取代电子信息通信业,已成为名副其实的领头羊。(这是说地位)

14. 就功能定位而言,城市道路应分六个层次,道路功能不清导致行车错位的病根不除。(这是说道路建设)

试题要求分析"我国汽车工业的现状和发展趋势",我们只需把这些关键句按要求重新组织一遍,就行了:申论考试要求考生从材料这些"半成品"中提炼信息并加以整理,这是最基本的方法之一。

需要注意的是,阅读中,如果感到自己对资料的结构没有把握,对关键句没有把握,则要根据需要重读。

六、理清事情的来龙去脉

申论阅读涉及很多材料，如何从总体上把握这些材料，并分析得出这些材料要说明的中心问题，是申论考试的关键。要完成这个关键的前提，是从整体上把握材料。只有全面掌握了材料，才可能全面概括材料，挖掘材料主旨，制定全面、有针对性、可行性的对策，进而进行论证。所以说，整体把握是阅读理解的基础，也是申论考试的基础。

从整体上去把握资料的方法有以下两种：

（一）依据资料组接的方式把握信息主体

试看 2006 年的湖南卷：

材料1："禁"还是"限"？这似乎仍然是个问题。在已决定对烟花爆竹适度开放的北京，人们还在谨慎权衡，精神快乐与安全环保谁更重要，如何才能鱼与熊掌兼得。

北京市人大法制委员会 9 月 14 日在此间召开燃放烟花爆竹立法听证会。虽然所安排的听证事项是《北京市烟花爆竹安全管理条例（草案）》中关于限放地点和时间两个具体问题，但是，来自编辑、律师、职员、学生等各行各业的 16 位陈述人所关注的范围却远远超越于此，旷日持久的"禁"与"限"之争再次激烈展开。有一点可以明确的是，对立双方所关心的问题高度一致：解禁后的北京应如何保证安全与环保。

听证会上，虽然陈述人之间的观点交锋激烈，但是无论"主禁派"还是"主限派"，几乎所有的人都承认，随着时代和社会环境发生的巨变，燃放烟花爆竹的行为已不再仅仅是个人记忆中温馨美好的快乐之梦，而成为一个伴随着诸多现实困扰的公共问题。

首先，北京成为一个人口密集、资源紧张的超大城市，公共安全成为最无法忽视的问题。公司职员魏京民说，从 1993 年至今，北京的城市环境发生了很大变化，人口、车辆不断增加，犯罪时有发生，火灾的隐患更多，大家可以想象，当爆竹像炸雷一般地炸开，将造成多么可怕的危险和污染。

其次，由于缺乏法律规范，能量与日俱增的爆竹，越来越令人感到恐惧。今年 66 岁的退休工人王崇礼说，他从 20 世纪 50 年代起就在北京过春节，回忆大人小孩一起在四合院放爆竹的情景历历在目。但当时几乎所有的人都放小鞭小炮，很少见到伤人的事故。但今非昔比，有些能量大的爆竹甚至能赶得上炸药。

听证的具体事项包括以下两个内容：《草案》中关于"本市五环路以内的地区为限制燃放烟花爆竹地区，五环路以外的地区允许燃放烟花爆竹"的规定；《草案》中关于"在限制燃放烟花爆竹地区，每年农历除夕至正月十六，允许燃放烟花爆竹"的规定。

有趣的是，出于对现实利益的平衡考虑，在政府趋向宽大的法规面前，七成以上的陈述人都提出：允许燃放的地区范围可以再小点，允许燃放的时间可以再短点。

职员李全利说，《草案》中对限放区以五环路为界的规定不全面。因为，现在北五环以外的居民也很密集，建议可将此条改为在本市五环路以内，以及居住稠密区等都规定为限放区。

　　律师黄海说,《草案》关于时间的限制过于粗糙,没有考虑到老年人和体弱多病人的休息权,建议将其进一步进行细化。比如考虑中国人有守夜的习惯,除夕可以 24 小时燃放,正月初一至十六则规定 21 点至 24 点禁放。

　　还有多位陈述人建议,应由政府出面,在节日期间组织专人统一进行燃放,减少个人的随意行为,以此减少安全隐患。

　　听证会前,北京市政府以及人大有关部门通过座谈会、民意调查、网上公开征集意见等多种形式广泛听取民意,并在媒体上进行了充分报道。由此,人们明显感受到一种变化,那便是各种观点不再是对立的,更是趋向交叉甚至融合。

　　(材料 1 提示了材料所反映的主要问题)

　　材料 2:国家行政学院教授汪玉凯认为,北京市对于上述两个十分具体、且人们普遍关注的法律项进行听证,是非常有必要的,并值得赞许的。他说,这可以使人们与即将出台的新法进行充分听证既是听取民意的过程,也是民意消化和接受法律的过程。在进行公开、透明、广泛的意见征集后,政府降低了决策风险,百姓也提高了对新法的认识,有利于未来现实的执行。2005 年春节,北京市民又可以"爆竹声中辞旧岁"了——这是 13 年来的第一次。9 月 9 日北京市人大常委会表决通过的《北京市烟花爆竹安全管理规定》,取消实行 13 年之久的禁放令,改全面禁放为局部限放。种种迹象显示京城"禁改限",很可能产生"多米诺骨牌"效应。人们不会忘记,1993 年年底,正是在北京下达"放令"后,全国数百个城市闻风而动,纷纷设定燃放禁区。10 多年来,共有上海、广州、武汉、西安 282 个城市禁放烟花爆竹。无疑"放炮年"的到来是尊重民意、顺应民心之举。即使是反对解禁也不得不承认"禁改限"具备广泛的民意基础。据社情民意调查中心统计,86.3% 的北京市民赞成放开对燃放烟花爆竹的限制,其中 92.4% 赞成在春节期间燃放烟花爆竹。北京市政府法制办主任周继东也表示,修订禁放规定主要是因为近年来群众关于解禁的呼声越来越高,春节期间"顶风放炮"的现象逐渐增加。但是,在为立法者尊重民意叫好的同时,有关人士提醒,不要忘记当年的"禁放令"在当时也是"顺应民心之举"。

　　"千万别忘了,当年我们是因为什么而禁放的。"北京退休干部沈有海说,"与 10 多年前相比,许多情况已经改变。但也有些东西是不会变的,包括当年禁放的一个重要理由:燃放爆竹所带来的人身伤害和财产损失。"

　　(材料 2 汪教授对听证会肯定,是迷惑性信息;其他是担心和善意的提醒,是对材料 1 的补充)

　　材料 3:2005 年春节期间,仅北京就因燃放烟花爆竹 551 人受伤,发生火灾多起。来自国家环境监测部门的信息显示,春节期间全国各地大气污染综合指数也多呈上升趋势,一些城市的大气质量连续多日为重度污染、中度污染。而环保专家分析,"罪魁祸首"便是大面积、集中地燃放烟花爆竹后生成二氧化硫气体。

　　23 岁的媒体从业者王林认为,虽然市民支持"禁改限"者居多,但依据以人为本的原则,要求安宁生活的权利应大于娱乐权,不能简单以"民意多寡"论高下。爆竹声会对老、幼、病、弱人士的健康造成损害,有关部门也应该关注这些"少数派"的利益。不论是赞成者还是反对者，都不得不考虑13年前"禁放"立法者已经考虑过的问题：面对烟花爆竹，城市如何保证安全与宁静？

（材料3表现的是人们的担心和善意的提醒，是对材料1的补充）

材料4： 一位市民在北京市政府网站"首都之窗"上留言，希望政府认真考虑几个问题：解禁后易发生安全事故；空气污染和噪声污染必然会增加；影响市区交通，增加交通管理、消防设施和人工成本。前车之鉴就在眼前。2005年春节，河南郑州先于北京解禁。结果，从农历腊月郑州急救中心每天接到多起求助电话，其中燃放烟花鞭炮致伤占2%～3%，甚至儿童被爆竹炸死。来自有关部门的反馈称，北京市公安机关正在制定关于对违反烟花爆竹燃放规定现象的有奖举发，质监局正在起草准予燃放的烟花爆竹品种和规格，而安全生产局正在起草关于烟花爆竹专营的办法，立法能够反映民意民情，当然是好事。但是，良法必须落实到位，必须有相关部门的严格监督，一些市民担心，管理的不到位将会造成诸多问题。毕竟，烟花爆竹所带来的污染、火灾等现实威胁，会因为"禁改限"而改变。

（材料4是"禁改限"之后政府部门应着手解决的问题）

材料5： 在过去"禁放"的×年中，很多人确实感到被禁掉爆竹声的年越过越没劲。于是，不辞辛劳跑到郊外去过瘾，另有少数胆大者则不惜为放鞭炮而甘冒违法被逮之险。这样冒险偷放的爆竹声，至少笔者每年都能听到不止一起。而申奥成功那天晚上，欢庆的鞭炮就更是理直气壮地响到了凌晨3点。这尽管同样是"违法"的，却表明，在中国人心中，确实没有什么方式比燃放鞭炮更能表达愉悦情绪、渲染喜庆气氛的了，爆竹声很大程度上就是人们发自内心的欢呼声。

因此，北京市政府顺应多数人的意愿，在充分听证的基础上将"禁放"条例改为"限放"条例，不仅是对中国传统民俗的尊重，也是对民众精神需求的尊重。

然而，在充分肯定"禁改限"积极意义的同时，也必须指出的是，"限放"绝不是全面开放、有鼓励多"放"的意思，"放"的时间、地点都是有限制的，对此，除了老百姓应该明白外，还需要政府有关管理部门认真依法把好"限放"的关。可从去年12月1日新条例实施后的情况看，这个关能否切实把好，可能还真不是一件好打包票的事情。有事实为证，自元旦以来，笔者居住的小区附近就已没了任何限制，不分白天晚上总时不时就响起一阵"噼啪"声，却从未见有管理者、执法者来干涉。

这多少有些令人担心。如果因管理不到位，光指望老百姓"自律"，最终"限放"之"限"变得如同虚设，那不仅法规的严肃性将直接受到挑战，由此引发的安全事故也恐有上升之虞。这无疑是任何人都不愿意看到的后果。从这一点来说，与"禁放"相比，"限放"将更考验政府的管理和服务能力，从对烟花爆竹市场的管理到对违"限"放炮者的处罚，从消防安全保障到燃放遗留物的及时清理，哪个环节都马虎不得。这样才能真正将一件顺应多数民意的好事办得让人满意。在"禁改限"后的第一个春节，政府能交出一份让市民满意的答卷吗？

（材料5是对"禁改限"的肯定与要求）

材料6： 新年将近，与烟花爆竹生产、运输、销售、存储相关的地区、部门和单位都在紧锣密鼓地做着准备。同时也有几则信息让人心惊：今年1月至11月，全国发生烟花爆竹伤亡事故87起，死亡187人。而国家质检总局最近对全国十个省、自治区的监督抽查表明，近五成烟花爆竹存在质量安全隐患。这些情况向人们发出警示：烟花爆竹生产经营和消费中的安全问题须高度重视，防止一些地方"禁放"改为"限放"后，因麻痹大意导致事故增多，让节日的欢乐成为悲剧。

（材料6是讲安全隐患）

材料7：应该明确的是，燃放烟花爆竹是一件有利有弊的事情。也确实是牺牲了一部分人的利益去满足另一些人的愿望。如果该限的限不住，就难免弊大于利，给居民生活和城市环境带来更不利的影响。因此，"禁改限"措施还将继续经受考验。

（材料7是讲监督的重要性）

从一个基本问题开始，然后引出不同阶层、不同部门、不同专家、不同角度的反映和认识，是申论资料的基本组接方式。一般说来，所给第一段资料通常提示了资料所反映的主要问题；第二段以下，一般会援引权威机构、专家、普通群众、行政部门的不同看法，其中既包含了不同看法，又包含了迷惑性信息，去复核时，我们紧扣第一段所提示的主要问题就能排除"干扰"。

(二)依据主题句之间的关系把握信息总体

上面的资料，我们也可将其中一些重要的句子抽出来：

在充分听证的基础上将"禁放"条例改为"限放"条例，不仅是对中国传统民俗的尊重，也是对民众精神需求的尊重。

"禁改限"措施还将继续经受考验。

解禁后的北京应如何保证安全与环保。

允许燃放的地区范围可以再小点，允许燃放的时间可以再短点。

考虑到老年人和体弱多病人的休息权，建议将其进一步进行细化。比如考虑中国人有守夜的习惯，除夕可以24小时燃放，正月初一至十六则规定21点至24点禁放。

由于缺乏法律规范，能量与日俱增的爆竹，越来越令人感到恐惧。

应由政府出面，在节日期间组织专人统一进行燃放，减少个人的随意行为，以此减少安全隐患。

希望政府认真考虑几个问题：解禁后易发生安全事故；空气污染和噪声污染必然会增加；影响市区交通，增加交通管理、消防设施和人工成本。

这些情况向人们发出警示：烟花爆竹生产经营和消费中的安全问题须高度重视，防止一些地方"禁放"改为"限放"后，因麻痹大意导致事故增多，让节日的欢乐成为悲剧。

与"禁放"相比，"限放"将更考验政府的管理和服务能力，从对烟花爆竹市场的管理到对违"限"放炮者的处罚，从消防安全保障到燃放遗留物的及时清理，哪个环节都马虎不得。

在"禁改限"后的第一个春节，政府能交出一份让市民满意的答卷吗？

这些关键句实际上是围绕着"禁改限"的各个方面来说的：

"限放"将更考验政府的管理和服务能力。（说的是政府部门应高度重视）

应保证安全与环保。（说的是政府部门应下大气力解决的问题）

允许燃放的地区范围可以再小点，允许燃放的时间可以再短点。考虑到老年人和体弱多病人的休息权，建议将其进一步进行细化。应由政府出面，在节日期间组织专人统一进行燃放，减少个人的随意行为，以此减少安全隐患。（说的是在燃放时间、地点、方式上，还没统一）

希望政府认真考虑几个问题：解禁后易发生安全事故；空气污染和噪声污染必然会增加；影响市区交通，增加交通管理、消防设施和人工成本。烟花爆竹生产经营和消费中的安全问题须高度重视。（说的是政府部门应监督管理的具体问题）

这些材料涉及解决问题的各个方面，把这些方面理清楚，也就从整体上把握材料了。

申论所提供的资料，表面比较纷繁复杂，各资料之间肯定有着内在的联系。考生在阅读资料时，可以从平时工作实际出发，把精力主要集中到有用信息的筛选、搜集、整理上，注意删除资料中的迷惑信息、多余信息。审读时如果注意各资料之间的内在联系，把握思路，就比较容易掌握资料的内容。

在资料审读中，最好先整体浏览，把考试提供的资料从头到尾浏览一次，看看这些资料涉及的事情和问题是什么方面的，要谈论一个什么主题。明确主题后，再审读一段一段的资料，把握每则具体内容。当我们一段一段审读完材料之后，再浏览一下资料，整体把握原材料，找出原材料的隐含信息，以求从整体上准确把握每段资料。

材料是给了我们许多段文字，读到后面容易忘了前面。阅读时拿铅笔标注一下，第一段反应什么问题，第二段反映什么问题，读完后，主线也就出来了，思路也比较明确。这样减少了难度，也节省了时间。记号、批注，可直接写在试卷上，也可用考试纸另写。这办法简便有效。

第六节　如何概括基本情况

申论考试要求在准确理解资料的基础上准确概括资料内容和主要问题。申论考试所给资料约有 5000 字，10～12 段，概括文字只能是 150～200 字。因此，进入概括阶段，在准确理解资料基本内容的基础上应注意以下几点：

（1）能概括资料的主要内容，没有疏漏；

（2）真实原有资料，内容上不失真；

（3）文字精练，达到"申论"要求的字数；

（4）从具体操作上看，它的内容概括应包括基本情况和主要问题两个方面。

怎样概括基本情况呢？

一、以叙述的基本要素把材料串起来

资料一般有两种基本类型，或是由某一具体事件引发的，或是普遍关注的现象，概括时可考虑基本叙述要素：什么事件，什么时间，什么地点，什么原因，什么结果，当时情形怎样，把基本情况串起来。

二、概括要全面、准确

内容上应没有疏漏。应注意寻找材料内容的同质点或异质点,提供的材料如包含了对立观点、情况的方面,就需要进行求同辨异,通过寻找和把握这些材料或材料中这些内容的同质点或异质点,以把握整个材料所反映的主要情况。我们可先概括各层含义,再把意思相同的部分合并起来。以2005年中央、国家机关申论考试为例,概括出材料中关于解决我国农村农民问题的两种不同思路。

第一层(1)缓解和消除贫困仍然是中国今后一项长期的历史任务。我国于2001年5月召开中央扶贫开发工作会议,正式颁布了《中国农村扶贫开发纲要(2001—2010年)》。

第二层(2~9、13)帮助农村农民发展生产、进一步转变政府职能,推进农村市场经济体制的建立和完善制度,为农民增收创造良好的制度环境。

第三层(10、11、12)鼓励和扶持农村地区劳务输出,完善农民工的社会保障体系,统筹城乡经济发展。

在这个基础上,我们就可以概括了:

农民问题是中国发展的首要问题,针对解决农民问题,缩减城乡差距,目前存在两种不同思路:第一,以国家扶持为主,完善制度,为农民增收创造良好的制度环境,帮助农村农民发展生产,进一步转变政府职能,推进农村市场经济体制的建立和完善。第二,鼓励和扶持农村地区劳务输出,完善农民工社会保障体系,统筹城乡经济发展。

第七节　怎样发现问题

前面说到,在概括资料的时候,要把基本情况和基本问题概括进去。我们继续这个话题,讲怎样发现问题。

申论考试涉及的资料,肯定会含有问题。这些问题是试卷已确定的,不能由考生自由选择。

一、发现什么样的问题

申论考试所涉及的问题,一般说来,具有以下的特点:

(一)问题具有社会性

一般说来,申论考试所涉及的问题,是当前社会普遍关心的一些热点问题。选择这些普遍的社会问题来考试,不仅可以使来自不同专业的考生都能够适应,有东西可以写,而且与他们录取以后的工作内容相关。所以,考生平时要关心社会,关心时事,多思考社会问题。如果积累丰富,留心和分析的问题比较多,考试起来也会得心应手。

(二)问题研究具有行政性

一般说来,申论考试所涉及的问题,肯定与行政管理有关。申论考查考生研究问题与解决问题的能力,不同于学术研究能力的考查。学术研究是专门领域的研究,要求有深入的专业知识。申论考查考生研究问题与解决问题的能力,针对的是行政管理,它注重的是知识和能力的广泛性和普遍性，是具有行政性的研究。目前，许多专业修养比较强的硕士、博士也参加申论考试。对于他们，有研究问题的习惯和方法，这是优势。但是，他们不能局限在自己狭小的专业领域，必须开拓自己的视野，广泛关注新闻媒体传播的各种社会热点问题，尤其是一些新闻综合评论信息。在研究目标上要更加面对各种不同具体情况的现实因地制宜，不能做太多的科学假设，更不能进行幻想。

（三）问题研究身份具有定位性

申论考试一般给考生设定了虚拟的行政职务作为研究者的身份。考生要以试卷给自己设定的角色定位的身份，思考问题，组织文字，发表言论。

（四）问题研究具有时限性

研究问题是需要时间的。可是申论考试要求在非常有限的时间内，完成问题研究和语言表达，所以要充分估计时间和合理支配时间。如果阅读时间太少，可能使整个考试建立在空虚的基础上。如果写作的时间太少，就可能前功尽弃。

二、怎样发现问题

（一）不忘定位

申论考试，试卷给考生设定了虚拟的行政职务作为研究者的身份，比如要求考生用"省政府调研室工作人员的身份"提出解决问题的方案，考生就要把自己当做一个普通的政府工作人员，而不是有独立解决问题权力的领导或者决策人员。考生提出的方案，要能提供领导或决策者参考。

（二）要学会从全局着想

申论所讲的行政管理，处理的不是一般的事务，要由小事想到大事，由局部想到全局，抓住事关全局的行政管理问题。

（三）要抓住主要问题

申论所提供的材料，往往比较具体，涉及的情况比较多。概括时，必须舍弃那些起陪衬作用的次要信息；在几个主要问题中，仍然要找到最重要的问题。

（四）要善于追索有关事物的本质或原因

追问事物产生的原因，通过材料中的提示或对材料的分析，找到了材料中有关事物产生或成败的原因、根源。有些材料，表面在说这个事情，其实在说那个事情，这时，寻找问题的实质更加要重视。

（五）联想类推，发现问题的重要性

有的问题初看是问题，但经过分析，不断追索问题的过程和根源，就会发现它不是问题，只是一个问题的局部，或问题的一个次要方面，甚至是一个没有价值的方面。

有些问题，初看不怎么重要，但如果能把它作为典型，进行联想和类推，从身边扩展到大范围，从局部看到全局，就能从小事情发现大问题，从小道理领悟到大道理。

（六）抓住关键材料，提高发现问题的速度

要在限定时间内很好完成上面工作，还要善于抓住材料中的关键词语和句子。如果材料比较多，还可以分步骤进行概括，使结论越来越简单，又不出现遗漏。

三、概括的基本题型

综合概括、专项概括与概述。

（一）综合概括

所谓综合概括，也就是对所给资料作全面概括。像全国卷 2000 年、2001 年、2002 年，湖南卷 2003 年、2004 年、2005 年、2006 年、2007 年、2008 年，都是这类题型。这类题，试卷往往要求考生概括资料所反映的"主要内容"或"主要问题"。

在辅导中，有的考生往往弄不清"主要内容"和"主要问题"的区别。其实，这个题，无论考卷怎么出，都包括了基本情况和主要问题两方面的内容。

为什么这么说呢？因为向领导反映情况，不可能只谈情况不谈问题，也不可能只谈问题不说情况，只有把情况和问题都讲出来才比较全面。从某种意义上说，答这类题，只有把基本情况和主要问题这两个方面考虑进去，才是最保险的。

遇到这类题目，我们可以用什么人物、什么事件、什么时间、什么地点、什么原因、什么结果、什么问题这几个要素，把基本内容串起来。我们如果用这几个要素来串联，就把基本内容交代清楚了。

试看 2005 年湖南考生的一份答卷：

　　2003 年 9 月开始的粮食价格上涨，引起全社会的广泛关注（什么事情）。专家分析，导致粮食价格上涨的原因主要有三：一是粮食减产，二是国家退耕还林还草、农业种植结构调整等因素的影响，三是国际市场粮价大幅上涨（什么原因）。粮食价格上涨仍然属正常范围，它增加了农民收入，没有打击居民的消费欲望和消费热情，但物价指数已经连续 3 个月迫近管理层的加息底线 5.31%（什么结果）。政府部门应稳定物价，加强市场监管，注意保障低收入者的生活，并加强粮食生产（什么问题）。

从上面答卷可以看到，由于考生将叙述的基本要素交代清楚了，也就将基本内容概括出来了。当然，并不是任何时候都要用到这几个要素。如果有些要素是人所共知的，如果题目有特定要求，有些要素也可以省略。

（二）专项概括

所谓"专项概括"，指的是试卷要求考生针对某方面内容或某些材料的概括。像全国卷2004 年，要求考生根据给定资料概述我国近年来农村扶贫开发工作的基本方针政策。2005年，要求考生用简练的语言概括 D 部长的谈话。2006 年，要求考生根据"给定资料 1、2"的内容，整理一份供有关负责同志参阅的材料。根据"给定资料 7"提到的"持续土地利用管理"的问题，结合"给定资料 3～7"，谈谈对"持续土地利用管理"应从哪些方面评价。湖南卷 2005 年要求考生归纳参会人员所提出在建设社会主义新农村过程中政府面临的困难。2006 年要求考生根据材料概述"禁改限"政策的制定和实施过程中，政府应该面临的主要问题。这些都属专项概括。专项概括，无论要求概括的是某方面内容还是某段资料的内容，都属典型的"对号入座"，考生只要根据题目要求，把相关的关键句找出来，然后依据其逻辑性，把答案写出来就行了。如试卷要求用简练的语言概括 D 部长的谈话，我们可以从材料当中提炼出以下三个方面：

第一个方面，突发公共事件的表现和这个问题的重要性。它的表现在开头当中就已经点出，包括自然界，也包括社会事件，它的重要性涉及安全、稳定、发展等方面。

第二个方面，要提炼产生问题的原因。产生问题的原因分表层原因和深层原因。表层原因有以下这样几点：（1）预防机制不够得力；（2）法制不够健全；（3）各种关系没有理顺；

（4）工作人员的素质问题。深层原因也有四点：（1）人与自然的关系；（2）不同利益集团之间的关系；（3）经济发展与社会发展间的关系；（4）安全、发展、稳定之间的关系。这四个关系归结起来就是关于科学发展观的问题，没有处理好这四种关系，根本原因就是没有理解和落实。可以参看 2004 年 2 月 21 日温家宝关于科学发展观的讲话内容。

第三个方面，对策。对策包括根本对策和具体措施，根本对策就是树立和落实科学发展观，处理好人与自然、人与人、不同利益群体间和经济发展与社会发展之间的关系。具体来说，有以下几点具体措施：（1）提高工作人员的素质和能力；（2）建立全国性的预警机制；（3）要协调各部门的关系；（4）法律法规；（5）我国对社会主义市场经济的制度建设是防止突发公共事件的根本措施。

这些要点在材料中都有，在阅读中，把这些要点都勾出来，让它们对号入座就行了。

专项概括看起来简单，答题时应特别小心，认真审题。如 2006 年的湖南卷，要求考生根据材料，概述"禁改限"政策的制定和实施过程中，政府应该面对的主要问题。题目讲的是"制定和实施过程中"，考虑答案时，就包括"制定"和"实施"两个方面，不要漏了一个方面。

（三）概述

2004 年的全国卷，第一题，"认真阅读给定资料，概述我国汽车工业的现状和发展趋势"。这里出现了"概述"这个概念，"概括"与"概述"虽一字之差，但是其中的能力却有很大的不同。因为概括一般来讲是 150 字至 200 字，但是概述一次就要求用近 1000 字，字数上的变化比较多，由此可以看出，大家对这个材料的综合加工能力要比较强，也就是要有层次、有条理，写成一篇针对材料实际的综合性的表述。其中要注意分析。阅读时，我们首先要把这些要点都抽出来，然后加以分析，再根据需要，按条理写下来就行了。

第八节 怎样提出对策

明确基本情况和要解决的主要问题后，接下来就要思考对策提出方案了。

一、对策的基本要求

严格地说，"对策"这道题是没"唯一正确"的答案的，因不同领导解决问题的思路和方法会不同，所以，这题的评分只有评分原则，没有标准答案，考生尽可依据自己知识、阅历各抒己见，只要有针对性和可操作性，能真正解决问题，合情合理合法就行。对策的要求可从以下几个方面来理解：

（1）对策必须符合材料给定的角色。要明白所要处理的不是一般的事务，并能模拟"政府官员"或所给的其他角色的身份。

（2）提出的对策有针对性，必须针对资料所反映的具体情况、主要问题，重点突出，主次分明，不可眉毛胡子一把抓。

（3）对策有可行性，合情、合理、合法。如不符合国家的法律法规，党的方针、路线、政策，社会伦理道德规范，没有现实价值，就不能作为对策。

（4）有可操作性。所谓可操作性对策：一是问题要有明确的"归口"，有直接解决问题的政府部门或职能机构去处理与落实；二是要有解决这些问题的具体步骤、办法；三是要考虑解决问题的时效性与必备条件。不能顺利实施，就不能作为对策。

二、提对策的基本方法

进一步明确问题，仍然重要。问题不明确，既影响我们概括，也会影响我们提出对策。

申论考试所涉及的问题肯定与行政管理有关。一般说来，专业性很强、争议性很强的问题，一般不会考，它针对的是行政管理，所以不在考卷所设定的职权范围之内的不要管。如，你不能要求外国人怎样怎样。假定你是某市某方面的负责人，其他市、其他部门的问题，也不要你管。你面对的是你管理权限之内的问题。你要处理的，不是一般事务，而是涉及全局的问题。问题具有现实性，是当前行政管理迫切需要解决的问题，或根本性的问题，你作为一级行政部门，不能不管，而且要在一定时段内处理好。一般来说，在所有问题中，常常有一个是最主要的，解决了这一个，其他就迎刃而解了。

明确了问题后，下一步就是分析问题产生的原因。任何事物的变化都有其产生的原因，执果溯因，有助于找到解决问题的方法。以下面材料为例：

(1)邮政行业存在"霸王条款"。

(2)房产、保险行业存在"霸王条款"。

(3)商场存在"霸王条款"。

(4)消费者遭遇"霸王条款"，绝大多数都选择了"委曲求全"。

(5)给"霸王条款"下定义。

(6)列举某市商家企业订立的"霸王条款"。

(7)消费者协会投诉部主任马世群认为，"霸王条款"侵害了消费者的合法权益。

(8)商家为追逐利益，制定"霸王条款"，其根本原因是垄断。

(9)以手机市场为例，说明市场缺乏竞争性是"霸王条款"产生的原因。

(10)"霸王条款"主要存在于具有垄断性质，或占有独特地位的行业。

(11)对"霸王条款"，消费者完全可提起诉讼。目前，我国在这方面存在法律滞后问题。

我们对材料作逐层分析：

材料(1)～(3)列举社会存在的"霸王条款"现象。

材料(4)消费者遭遇"霸王条款"绝大多数都选择了"委曲求全"。

材料(5)～(7)总结"霸王条款"的表现和危害。

材料(8)～(11)分析"霸王条款"产生的原因。

理清材料之间的关系后，可作如下概括：材料通过列举邮政行业、房产、保险和商场为追逐利益制定"霸王条款"的现象，反映出这些行业由于具有垄断性质，或占有独特地位，或存在法律滞后等原因，使得消费者即使能够认识到受到了不公平对待，但除了不发生消费行为，并没有能力、没有有效的办法去打击商家的这种行为。

再分析问题产生的原因：

一个问题的产生，往往是多方面的原因导致的，分析时要兼顾各方面因素。如上面的分析就考虑到了霸王合同的制定者、"委曲求全"消费者、政府管理部门、我国市场经济体制、相应的法律法规等。如果局限于某个因素，分析就可能不全面。

```
┌─────────────────────────────┐
│   某些行业存在"霸王条款"      │
└─────────────────────────────┘
              │ 为什么
              ▼
┌─────────────────────────────┐
│ 企业为追求利益，侵占消费者利益 │
└─────────────────────────────┘
              │ 为什么（能够得逞）
              ▼
┌─────────────────────────────────┐
│ 行业占据垄断地位；消费者缺乏维权意识 │
└─────────────────────────────────┘
              │ 为什么（可以垄断）
              ▼
┌─────────────────────────────────┐
│ 相应的法律法规不健全；政府监管不完善 │
└─────────────────────────────────┘
              │ 为什么
              ▼
┌─────────────────────────────┐
│     我国市场经济不完善         │
└─────────────────────────────┘
```

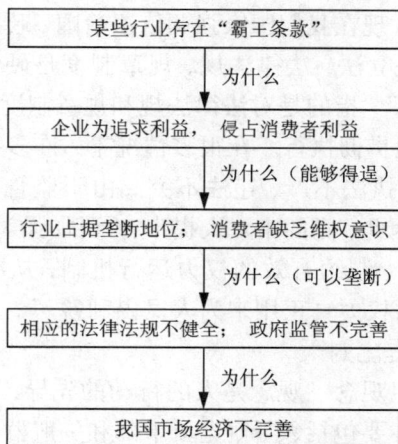

一个问题的产生往往缘于很多原因，这些原因有的处于表层，有的处于深层，分析时不能浅尝辄止，要逐层深入分析。像上面所说的霸王合同，从表层看，是商家的趋利，进一步分析，就会发现，这与行业的垄断地位、法律法规不健全、管理部门监督、消费者的维权意识紧密相关。有时，在原因的背后还有产生原因的原因。考生只停留于一个层面，就不能把问题论透。因此，遇到这种情况，应该一层一层地追究下去，直到找到根本原因。

分析原因时要注意抓住主要原因即矛盾的主要方面进行分析。事物的主要矛盾方面决定了事物的性质，抓住事物的主要矛盾，才能抓住事物的本质，才能找到材料反映的主要问题，因为体现主要矛盾的事物，才是问题的根本原因。因此，分析原因，提出对策，要抓住事物的主要矛盾，才能抓住问题的本质，才可能提出真正能够解决问题的方案。

再就是对症下药找对策。对症下药，我们可从以下四个对策着手。所谓对症下药找对策，也就是针对产生这些现象的原因找对策。

（一）从行政管理方面提出对策

大部分的问题首先要考虑采取什么样的行政手段来解决。

什么是行政手段？也就是采用下命令的方式去解决问题。行政手段包括了指令、决定、部署、规定、奖惩、问责、调控、协调等手段，考生可根据具体情况而采用。如：有些公共突发事件，是我们人为的因素破坏或保护不力导致的。那么，此类问题要从源头解决。应当采取保护、预防，进行长期的规划，坚持科学发展。行政手段具有直接针对性，它要直接针对需要解决的问题；具有强制性，它具有令行禁止的特点，你不执行，就要处罚你。

从行政管理方面提对策，还包括管理者本身和管理本身，如：行政人员管理不科学、责任不明确、行政能力不强、思想觉悟低、抵制诱惑的能力差，为谋求眼前利益无视长远发展，或存在失职渎职不作为行为。

从行政管理方面提对策，应抓住产生问题的环节，完善管理，杜绝产生问题的原因，既治标又治本。

（二）从法律制度方面提出对策

任何法律并不是一开始就是天衣无缝的，而是在人类社会活动实践中不断完善和修订的。那么对于由于法律不健全、有漏洞，法律修订滞后或是由于调控、监管不力造成的问题，就应从现实意义角度出发来解决问题。从现实情况看，很多问题都源于法律法规和规章制度的不健全或执行不力。现在我们国家强调依法治国，政府更多的还要从法律的角度考虑如何解决社会问题：一是立法，法律法规、规章制度是硬性的规定，依靠权力强制执行。二是执法。所谓的"执法"，指的是对法律法规和规章制度的贯彻落实。有了好的法律法规和规章制度，就要坚决地贯彻执行。在很多情况下，许多社会问题的出现不是因为无法可依，而是因为有法不依、执法不严、违法不究。由于监管不到位，法律法规往往在执行过程中出现走形的情况。因此，党的十六大提出："要加强对权力的制约和监督，建立结构合理、配置科学、程序严密、制约有效的权力运行机制，从决策到执行等环节加强对权力的监督，保证把人民赋予的权力真正用来为人民谋利益。"

（三）从教育和宣传方面提出对策

教育主要是转变人的思想观念。观念是人的行动的先导，只有解决了观念，人们才会想到去解决它。教育的对象主要包括领导、党员干部和一般群众。一个组织中的领袖和权威在团队中具有不可替代的灵魂作用。领袖和权威对事件的态度对于事件的解决具有重大的推动或阻碍作用。在我国，政府中主要领导，尤其是一把手，对于某件事情的关注程度更是直接关系到此事解决的速度。温总理为农民工讨薪，以及由此产生的"清欠风暴"就是最好的例证。实际上，这样的例子不胜枚举。因此，在任何时候，解决某项具体问题或某重大社会问题，领导重视都是基本的前提和基础。同时，"思想是源头"，解决问题不但需要领导重视，更需要组织中所有人对该问题提高认识，密切关注。像安全教育，就是这样。

媒体和舆论蕴含了无穷力量。媒体不但可以创造巨大的经济效益，而且可以创造巨大的社会效益。如非典发生时，没有《南方周末》关于钟南山院士坦承非典真相的报道，非典造成的后果可能更加难以想象；如果没有《共同关注》栏目对多名贫困大学生的关注，可能就没有今年这么浓烈的关注贫困大学生、帮助贫困大学生的社会氛围。因此，要想使某个社会问题尽快地被解决，迅速地引起整个社会的注意力，除了依靠媒体，依靠各种形式的宣传之外，可能别无他法。党和政府历来也非常重视宣传工作，力求牢牢地把握大众媒体和宣传工具的主动权。党和政府充分利用媒体传播面广、迅速及时、强大的影响力来宣传自己的宗旨、方针，通过媒体营造强大的舆论氛围，以便于统一群众思想，提高认识，从而有利于迅速推动工作。

（四）从其他方面挖掘对策

除了以上三个方面，还应该根据具体情况，深入思考，挖掘其他有效的对策。如电子垃圾的问题，如果只是把它当做消极事物，思考对策时，思路就受到局限。事物总有两面性，电子垃圾同样如此，经过回收处理，它可能又有很大的价值，如开拓新的就业途径等。如果从这个方面着眼，提出加强回收工作的对策，思路就会开阔一些。再如，当前城乡差距、区域差距、环境污染、社会保障等热点问题产生的一个重要原因，就是投入不足。对于环境治理、节约能源等一些具体的、不可抗拒的技术性问题来说，依靠技术层面的具体措施就是必不可少的了。

三、提对策须注意的几个问题

（一）顺序

对策应严格按照从重要到次要的内在规律排列并在段落排列上予以体现。

问题有轻有重，有缓有急，如果是急性事件，提出对策是由近到远、先标后本、由微观到宏观；如果是慢性事件，提出对策的思路是由远到近、治标先治本、先宏观再微观。另外，所提出的对策不能出现重复、交叉或相互矛盾。

（二）具体

很多考生也能提出几条对策，但提出对策之后，便没话说了，显得干巴巴的。有的甚至简单罗列从几个方面提对策，没有具体内容。提对策要具体一些，空洞的对策或语言在阅卷老师眼中是不行的，要防止只提对策而无具体措施的简单条文式行文。提出对策之后要提出更为具体的措施，从而使每一个方面的内容显得饱满和充实。

（三）多少

总是有考生问，提几条对策就够了？阅卷中我们也看到，很多考生不论需要不需要，一写就是十几条，好像写得越多越好似的。对策的多少要根据具体情况而定，不是可以主观臆断的。2003 年之后，全国卷"对策"这道题出题更为灵活，有时要求写成完整的文章，其对策的写法与上面相同，不过在具体措施上写得更为具体而已。

第九节　怎样确立论点进行论证

论证是申论最后一个环节，从某种意义上说，这才是名副其实的"申论"。论证要求考生充分利用所给资料，切中主要问题进行论证，一个人的认识水平、政策水平、文字表达能力，都将在这个环节得到全面展示。申论测试中，考生普遍感到棘手的就是这个问题了。

论证是考生非常关心的一个问题。论证的关键是依据申论的要求作文。可以学习范文，但不可简单地背几篇范文去应付考试。很多考生对申论写作没信心，盲目背范文，希望能套上去。等拿到题目，遇到自己不熟悉的话题，就傻眼了，觉得没准备好；遇到自己背过的话题，拼命地拿范文去套，往往得分不高。

应该说，适当揣摩、学习一些范文是非常必要的，但全盘照抄就没有必要了。为什么呢？任何一篇范文都不可能紧扣要写题目的材料。脱离材料，在评卷老师看来就没了得分点。

论证要求考生在透彻理解资料的基础上，针对材料，阐发自己的观点和见解——实际上，即依据所给资料，写一篇侧重讨论方针、政策、对策的议论文。议论文有论点、论据、论证三要素，它以议论、叙述、说明为主要表达方式，通常按"提出问题"、"分析问题"、"解决问题"的三段式展开，要求论证严密、论点集中、语言通顺。这是议论文写作的常识。写"申论"，首先要遵循这些规范，你如果试图在文章中追求生动的描写，就不符合议论文的规范了。但"论证"不仅要遵循议论文的写作规范，还有它的特殊要求。

一、申论写作的特殊要求

（一）写作目标的针对性

写申论，不能脱离所给材料，它要针对材料所体现的特定的现实问题进行可操作的实在的思考和议论，阐述自己的对策。论证最后要落实到问题的解决上来。

　　(二)写作要求的限制性

　　申论写作虽然要求考生自选角度、自定题目进行论证，但它并不是一种个性化写作。它是一种虚拟性的公务行为，要求考生模拟国家机关处理问题时所持的立场、观点、态度、方法、措施等来论述，把自己放在履行公职的环境中，以公务员的身份来思考问题和回答问题并模拟国家机关的行文风格和表达方式。如果考生不能站在政府部门或工作人员的位置考虑问题，不能以理性的方式提出相应的对策或意见，而是采用高考作文的思维方式作答，写成表达个人思想感情的杂文、随笔，就不符合要求了。

　　(三)论证的现实性

　　申论所提供的材料为社会热点，而这些热点不是单纯的社会问题，而是与政府的职能划分和职能发挥有着重要的关系，如2003年的安全生产问题，2004年的汽车发展现状、发展趋势与城市交通拥挤问题，2005年的"三农"问题，2006年的应对突发公共事件问题，2007年的农村土地被征用问题等，都与政府职能相关，政府部门必须解决这些问题，而解决的手段，就是以出台相关的措施和办法为主。因此，"申论"取材不会像一般议论文那样古今中外，旁征博引，主要篇幅是就给定资料所体现的问题展开分析，所分析的问题的重要性、严重性、必要性或所论证解决的问题的原则、措施、对策都要与现实工作密切相关，目的是解决现实生活中的这些问题。一些应试者把它写成了单纯讲道理的议论文，这是不符合要求的。

二、申论的得分点

　　申论总的要求是：主题正确、集中，材料充实，能够很好地联系实际，论证条理清楚，语言通畅。除了一般的评分标准(如，没有拟题目，扣2分；字体端正、美观，卷面整洁的，加1分；字迹潦草，卷面不整洁的，扣1分；3个错别字扣1分，重复出现的按一个计算；标点错误较多或模糊的，扣1分；字数不足要求的，每少50个字扣1分)，其得分点主要表现在以下方面：

　　(一)论点明确、集中

　　一篇好的议论文必须有一个集中、鲜明的主题，论题明确了，后面的文章才好做。申论考试中要解决的问题都是由给定材料限定的，在拟定题目论证分析时，必须充分利用给定的材料，紧紧抓住主题或主要问题，突出主旨进行论证，而不可天马行空，任意挥洒。考生在确定论题时，必须明确：

　　(1)自己是以某一职位的公务人员的身份在论证问题。

　　(2)自己所要论证的问题是资料给定的。

　　(3)给定资料在锁定论证主题时，已限定了考生的基本态度和主导倾向。

　　(4)论述的目的在于解决问题而不是空发议论。

　　(5)主题集中而不分散。论题不集中不鲜明难以进行集中而有力的论说。

　　(二)措施有力、得当

　　这里所说的"措施有力、得当"，主要是指考生在论述自己提出的观点时，所提方针和对策必须具有极强的针对性、可行性。写申论，考生往往感到难以进行有力的论说。其实，正如一些专家所指出的，申论的重点不在于"论"而在于"申"，从这层意义上说，在很大的程度上，文章主体是由考生所提措施来支撑和体现的。这一部分如没写好，势必影响考生得分。

（三）结构严谨

结构严谨、逻辑清晰，是议论文的基本要求。对于公务员的考核来说，尤为重要，因为说话写文章，都要讲逻辑、有条理。所以，我们在谋篇布局的时候，首先要确定中心思想与材料之间、整体与部分之间、部分与部分之间的内在逻辑联系，精心安排好各部分、各要素在整个结构中的位置。在整篇文章中，存在着部分与整体的关系，有的部分是提出问题，有的部分是分析问题，有的部分是解决问题，各自所起的作用是不同的；在部分与部分的关系上，有的属于并列关系，有的属于递进关系，有的属于因果关系，有的属于转折关系，它们相互之间的逻辑联系也是不同的。谋篇布局，就是要根据文章各部分的地位和作用，合理地确定它们在整体结构中的位置，把材料组织得严密周详，无懈可击。

（四）文字流畅

申论材料通常涉及某一个或某几个特定的社会问题或社会现象，要求考生能够准确理解材料所反映的主要内容，全面分析问题所涉及的各个方面，并能在把握材料主旨和精神的基础上，形成并提出自己的观点、思路或解决方案，并用文字准确流畅地表达出来。

（五）书写工整

有经验的老师都知道，书写是否清楚，卷面是否整洁，直接影响到作文评分。考试时，审题要认真，想好了再落笔，不可以写了一半，感觉思路错了，涂了重写。不管你字好还是字差，一定要工整。

三、怎样寻找论证的角度

（一）论证的基本题型

论证部分有两种基本题型：一是自命题作文，二是命题作文。

所谓"自命题作文"，是指申论要求考生根据给定资料所反映的内容或问题，用800～1200字篇幅，自选角度，自拟题目进行论述。这种题型，主要见于2003年以前的全国卷，以及目前大部分的省市卷，如湖南、浙江、广西、云南、安徽、天津、湖北、新疆、河北等，都采用了这种题型。自命题作文，一般要求"自选角度"，"自拟标题"，"可全面论证，也可就某一方面重点论证"，自由度比较大。全国卷自2004年以后，基本上采取了命题作文的形式。2007年命题，要求以"命脉"为题，写一篇关于土地问题的文章。这个命题对部分考生可能有点难度，因为"命脉"这个题目带有寓意，强调的是土地的重要性。如果看不懂，也不要紧，因为题目提醒你，"写一篇关于土地问题的文章"，"参考给定资料，自选角度，提出问题，解决问题"。当年考的是农村土地流失的问题，只要紧扣资料，按照论证的基本模式写就行了。

2008年针对不同的考生出了两个作文题："从'怒江水电开发'说开去"这个题，实际上是要求你从个别到一般，从行政管理的角度谈如何处理"人与自然的关系"；"人与自然"这个题目，并不是要你写成纯论理的文章，仍然要你结合现实工作实际进行论证。从上面的介绍可以看到：无论是自命题还是命题，它们都是一种虚拟公务行为，要求模拟国家机关处理问题时所持的立场、观点、态度、方法、措施等来论述，把自己放在履行公职的环境中，以公务员的身份来思考问题和回答问题，并模拟国家机关的行文风格和表达方式。它们都可以全面论证，也可就某一方面重点论证。

(二)对策与论证的关系

申论第一题要求考生概括资料所反映的基本情况和主要问题；第二题要求考生针对主要问题提出对策；第三题要求考生在对策的基础上进行论证。考生每每问，这与对策是什么关系？是不是可以把对策挪下来，写详细点就行了？

论证不能简单重复前面的决策方案。除了从某个方面进行论证也可以选择全面论证。如2007年国家卷要求考生以"命脉"为题，我们可这样构思：

标题：命脉

第一部分：提出论题。(概引资料，略作分析，提出论点)

近年来，随着我国城市化进程加快，大量农民集体用地被国家征用，农民利益得不到保障，引发农民上访，甚至对抗事件。土地征用不仅关系农民集体的切身利益，也是关乎整个社会经济稳定健康发展的大事。该问题能否妥善解决，直接影响农民生活、农村发展、农业稳定。坚持可持续发展，应用法律手段规范农地征用用途，以市场为导向，完善农地征用补偿政策，建立一套完备的农地征用体系是眼前的当务之急。

第二部分：分析问题(分析问题产生的原因)

1. 土地资源不能得到合理有效的利用，土地价值难以有效发挥。

2. 土地征用补偿标准不合理，单纯从短期来考虑农民以后的生活保障问题，忽略了农民对土地所拥有的土地发展权。

3. 农地征用程序不规范，应运用法律手段规范征地制度。

第三部分：解决问题(提出解决问题的对策)

1. 从法律上对公共利益的范围作出明确界定，从而限制土地征用权，提高土地征用的效率。

2. 确立合理的补偿标准。

3. 完善耕地征用程序。

……

第四部分：结尾(收束全文)

从上面的分析可以看到，"申论"的论证，与前两个环节紧密相关又有所区别：它的写作建立在前两个基础之上但又不是前两个环节的翻版，它要在前两个环节的基础上，自选角度，"申而论之"，展开分析问题与解决问题的论证。一般说来，题目太大，就难进行集中的议论。如"试论建设社会主义新农村"、"建设社会主义新农村的若干问题"、"对建设新农村的思考"、"大力建设新农村"、"做好建设新农村这篇大文章"等，且不说这些标题未能抓住如何发展农村生产力、提高农民收入这样一个主要问题，就从题目之大，也不是一篇千来字的小议论文能够论得清楚的。其结果是写来写去，基本上成了申论第二个问题几条"对策"的文字扩张，不过把"面条"拉长了点而已，这样就很难写出有新意、有说服力的议论文。一般说来，选择什么样的角度，最能看出考生的水平了。同样的情况，同样的问题，摆在我们面前，有的考生能高屋建瓴地看待问题，抓住事物本质，抓住矛盾的关键；有的考生只能就事论事，简单地扩写对策，不能上升到全局来认识。

无论是全面论证还是就某方面重点论证，要具体情况具体对待。一般情况下，要选择最有现实意义的，最有利于自己发挥的角度。这里试分析一下湖南省2006年公务员录用考试申论的给定资料，就发现可供论说的题材确实很多：

例一：棉农谭运能、农民陈安国的发言，是农民兄弟对建设新农村必须坚持以发展农村生产力为中心的呼喊，可以以"建设新农村必须以发展农村生产力为中心"为题进行论述。

例二：刘处长举的"样板村"的例子说明，"发展农村生产力一定要实实在在"，或者"要力戒形式主义"，或者"绝不能搞花拳绣腿"等。

例三：从张秘书长的发言中可以认识到："发展农村生产力应从农村的实际出发"。

例四：从郭副主任发言中可得出：发展农村生产力，应以提高农业综合能力为重点，或者工业反哺农业，城市带动农村等。

例五：从李县长的发言中可得出：发展村级经济是建设新农村的重要支柱。

例六：从黄乡长发言中可得出：关键是拓宽农民增收途径，或者应切实落实国家的惠农政策，或者应提高农业抵御市场风险的能力，或者应提高农业抵御自然灾害的能力，或者应大力提高农民的素质，等等。

例七：从郑博士的发言可得出：必须建立国家对农业的长效投入机制。

例八：从陈教授的发言可得出：国家投入应考虑产出，或者要"输血"与"造血"并重等。

例九：从刘教授的发言可得出：必须建立农村公共财政体系，乡村治理结构必须改革和完善，必须提高农业组织化程度等。

例十：从郑博士的发言可得出：韩国"新村运动"的经验值得借鉴。

例十一：从郭副主任的发言可得出："村企互动"是一种有益的探索。

例十二：从陈教授的发言可得出："城乡一体化"是我国在新农村建设中的一种有益尝试，"城乡一体化"必须从实际出发，建设新农村要有中国特色，等等。

以上是最简略的分析，实际上，给定资料提供的论题是大量的、丰富的。只要认真阅读，仔细琢磨，就可以列出许多可供论说的题目。

再以2008年广东卷申论试题为例，考查的主题是"社会救助"方面的，联系了刚刚发生的南方地区雪灾，共有九个材料：

材料一 我国每年有6000万灾民需要救助，2000万城市人口生活在最低保障线下，还有7500万农村绝对贫困人口和低收入人口，及600万残疾人需要救助。近年来每年因为自然灾害，事故灾害，社会突发事件有200万人受灾，经济损失6500亿，占GDP的6%。

2008年春节，一场大范围的雨雪横扫半个中国，对经济社会发展产生了严重影响。我国政府迅速展开了救援行动。

救灾过程检验了政府处理公共事件应急能力和组织、协调能力，各部门积极救灾，使雪灾损失降到最低。

材料二 从整体上看，这次雪灾政策应对还是及时有效的，主要有以下几股力量起到作用：一是政府，二是军警，三是企业，各方力量共同作用救助雪灾，使影响降到最低。但有很多值得反思的地方，例如各方力量的联动机制。

社会组织是一支不可或缺的力量。但现实中从媒体上却看到以下标题:"房地产企业集体失声"、"汽车业保持沉默"、"保险业作用消失",以及公益组织、社会机构行动缓慢。而不少企业也表示,并不是不想捐赠,而是找不到相应的渠道;而不少社会公益、慈善组织也表达捐助或爱心行动却找不到政府相应的部门。表示今后政府能建立一个较好的联动机制:一是要有一个相互协调的联动机制;二是希望有一个信息发布机制。

材料三　目前,老百姓遇到灾害往往依靠人们良心发现而进行的有限施舍,而当有大量灾民出现时,更高层次的应急救助才会启动,政府部门开始援手。因此,民间救助令人感动但是非常脆弱,从根本上来讲民间救助行动无法律法规进行规范和保护。

材料四　社会救助与社会工作应该相互结合。政府应该对社会救助人员进行社会工作培训也是十分重要的,另外由于灾害中人们心理承受能力变弱,专业心理咨询人员等专业人员需求量加大。

材料五　1月25日,广州出发列车由于南方电网瘫痪,大规模停运,军警、卫生、医疗等部门进入紧急状态。在此同时,民间组织和民间人士也开始出动。1月27日,越秀义工协会号召该区义工积极行动起来。1月28日,一封公开信发表到广州市青年志愿者网站上,将志愿者进行统一部署。其实大部分义工被安排到一些比较轻松的岗位上,只有少数身体素质较好、纪律性强的义工安排到一线。也出现了部分义工不服从管理的情况。(这一段主要介绍义工工作的不易和不被群众理解,义工的辛酸和无奈,义工社会地位低、不被管理层重视)民政部门没有很好发挥或说是限制了义工的作用,对社会各界的爱心行动要求苛刻。在救援行动中信息发布不够。有人认为民政局人员也有难处,她们工作也很辛苦,还有人认为义工队伍管理松散。不同义工组织之间差别水平较大。义工组织重数量不重质量。

材料六　在我国,抗灾救灾政府承担主要责任,民间互助少,而西方发达国家却不是这样。日本神户地震中,政府只到第三天才组织力量赶到现场,而民间组织在第一时间就赶到救灾第一线。

材料七　从我国社会救助资金来看,政府公共财政投入占绝大多数。而国外企业捐赠却占很大比重,国外的税收等政策鼓励企业捐助,减免税。我国没有相关制度。而且中国企业家担心捐助会被认为树大招风。部分捐助被政府领导随意挪用,送不到最需要的人手中。公信力问题。

材料八　南方地区防寒意识不强,抵抗力差。

材料九　今年在寒流中,许多人固执出行,滞留时不知自救和互救,很被动。在发达国家,从小学就开设专门课程,在灾害中如何自救和互救。

试题要求考生以"提高社会救助水平的对策"为题,写一篇800字左右的策论型文章。当然我们可以按一般的思路组织文章,如:

(1)我国政府应该成立专门的部门统一受理和承办各项社会救助的事务,同时健全组织网络,构建社会救助服务平台,加强对义工及义工组织的规范引导。

(2)完善和建立社会救助资金的保障机制。通过发行福利彩票等多种活动形式筹集公益资金,整合民间救助资源,加强社会捐赠归口管理,大力发展慈善事业,不断拓宽救助资金筹集渠道。对社会救助资金要实行专户管理,确保资金落实到每一位救助对象。

(3)推行"阳光救助",建立健全公开透明的考核评估机制,强化对社会救助工作的监督。将救助政策、程序、对象对社会公开,设立举报信箱,公布举报电话,接受群众监督。依托金融网点,对救助资金实行社会化发放,实行严密的财务审计制度。

(4)建立快速、有效及透明的信息发布机制,同时畅通社会捐助的渠道,使社会救助的物资及资金能迅速到位。

(5)完善国家有关社会捐助的法律法规,对社会捐助行为进行规范和保护。同时出台相关鼓励企业及个人进行社会捐助的税收减免政策,营造有利的社会氛围。

(6)在各大中小学开设专门的教育课程,并充分运用报纸、广播、电视等媒体,以及标语、橱窗、墙报、简报等多种形式进行宣传教育,增加社会大众的自救意识,使大众学会如何进行"自救"和"互救"。

专家们指出,关于"提高社会救助水平"的其他细节对策还有很多,考生在写作过程中关键是要扣紧材料的主题,有条理地提出自己解决对策即可。如:

(1)完善社会救助保障体系。完善社会救助工作联席会制度,创新社会救助管理体制,建立民政、公安、城管、卫生四位一体联合救助管理模式,形成政府统一协调、民政归口管理、部门联动配合、街乡组织实施、社会参与互助的运行机制。

(2)建立社会救助信息平台。建立覆盖全区各街乡、各救助职能部门的数字化社会救助体系,实现全面掌握救助信息、精细配置救助资源、快速回应困难群体救助需求、科学评价救助效果。

(3)发展慈善救助事业。规范社会捐赠工作,形成区、街(乡)、社区三级接收捐赠工作网络,搭建爱心家园、慈善分会、结对帮扶、社会救助协会等基层救助平台,发挥各类社会团体、民间组织的作用,形成社会救助的整体合力。

(4)提高应急和救灾能力。健全综合防灾减灾体系,完善救灾捐赠与救灾物资储备制度、灾害应急管理制度、经常性救灾捐赠制度,建立备灾备急预警、预案系统和应急机制,提高应对突发事件的反应能力。

(5)构筑"以基本生活救助为基础,专项救助为辅助,社会互助为补充"的城乡社会救助体系。通过健全"社会保障系统",夯实城乡社会救助工作的基础,充分发挥低保的主渠道救助作用。

(6)健全领导机制,实行主要领导要亲自抓,分管领导专门抓,并将城乡社会救助工作纳入政府目标考核内容。

(7)健全协调管理机制。民政部门管理、协调,财政部门配合工会、共青团、妇联、残联等群众组织及有关社团组织积极参与。加强基层机构和队伍建设。加快以民政为主导、以镇为重点、以村(居)委会为基础的社会救助工作网络建设步伐。加强社会救助工作人员的培训,定期组织考核。

(8)加快信息化建设。保证信息畅通、及时、准确。民政部门开设社会救助热线,为需要救助的困难群体提供服务。

(9)强化目标考核和监督机制。将城乡救助工作列入考核和督查重点。加强纪律监督、审计监督、群众监督和舆论监督力度,建立健全城乡社会救助的审批公示制度。对不能有效履行职责或不按规定履行职责的部门和单位,实行责任追究。对积极参与城乡社会救助工作,做出突出成绩的个人和单位,给予表彰奖励。

(10)精心组织,深入发动,广泛动员社会各界积极参与爱心捐助活动,倡导有固定工资收入的城镇干部职工每年捐出一定的收入,帮助困难群众,引导好、保护好各级各部门各单位和广大干部群众参与爱心捐助工作的积极性。

(11)为确保捐助资金真正用于那些最需要帮助的困难群众,有关部门应该在深入调查研究的基础上,确定捐助资金的发放标准和发放范围,严格做到对象准确,使用得当。

(12)完善机制,规范运作,确保捐助资金管理使用让群众放心满意。捐助资金是社会各界的无私奉献,管好、用好每一分钱,事关爱心捐助工作的生命力。一方面,有关部门应制定严格的工作程序,出具统一收据,逐笔登记存档。另一方面,注重加强资金监管。制定《捐助资金管理使用办法》,在各级民政部门设立捐助资金账户,专人专账管理,确保专款专用。对爱心捐助资金的募集和使用情况,每半年通过报纸、网站向社会公布,每年由审计、监察、财政等部门分别对救助资金的管理使用情况进行专项检查和审计,增强资金管理使用的透明度,以此赢得群众的信任和支持。

(13)各级政府要转变发展观念,积极调整公共财政的支出结构,将更多的资金投入到公共服务领域,更加关注民生,体现以人为本,使社会保险和社会救助水平的提高与财政增长水平相一致,真正让人民群众共享发展成果。

专家们指出,围绕"社会救助"这个话题还可延伸:

(1)"社会救助"这一话题涉及目前我国传统政绩观的改变。

(2)"社会救助"这一话题涉及"我国慈善事业发展滞后问题"。

(3)"社会救助"这一话题涉及"政务公开"问题。

(4)"社会救助"这一话题涉及"社会保障"的完善问题。

一般而论,论题不能太大,如果论题太大,就会泛泛而论,说理就不会深刻,就没有说服力;口子开得小,小中见大,论证便于集中。考生应在认真阅读给定资料的基础上,抓住自己感受最深、有话可说的一个问题进行论证。

四、立意

选好角度之后便是立意。你选择好角度后,还要提出你的看法和观点,这就是立意。试看下面的例文:

既要"引进来"，也要"走出去"
——评解决我国农村农民问题的两种思路

改革开放以来，我国的经济处于飞速发展的阶段，国民收入大幅增加，人民群众的生活水平有了很大的提高。但在这段时期中，我国经济建设的重点是集中在城市，但却相对忽视了农村的发展。而如今国家的发展已到了一个新的高度，农村问题尤其是农民增收困难的问题已经成为一个很重要的发展课题摆在了我们面前。对于如何解决我国农村农民问题，现在主要有两种思路：一是加快农村自身发展，二是鼓励农民外出就业，利用城市发展来解决农村问题。究竟哪种思路更符合我们国家的利益呢？

对此，笔者认为应该辩证看待这个问题。首先我们要看到，对于长远来说，加快农村自身发展才是最好的思路。因为从哲学的观点看，"农村自身发展"是内因，而"利用城市发展来解决农村问题"是外因。从内因着手才能从根本上解决农民增收困难的问题。但对于目前来说，城市的经济实力相对农村要雄厚许多，利用城市的经济优势来带动农村的发展，其实对于农村是很有利的，因为相对独立地去加快"农村自身发展"，结合城市的优势可以大大加快农村自身发展的速度，缩短发展的过程。从这个角度来看，城市的带动作用作为外部因素，也不可忽视。因此，笔者认为，对于我国农村农民问题的解决思路应该是既要"引进来"，也要"走出去"。即两种思路应该结合起来，发挥两种思路各自的优势，避免两种思路所存在的各种局限性。

让我们先谈"引进来"这个思路吧。首先就是要把城市的资金引入农村，加快农村基础设施的建设。这里笔者要强调一点，引进投资不能以牺牲环境为代价、掠夺资源为目的。但目前的矛盾是农村最吸引投资者的就是丰富的资源和廉价的劳动力，但我们从长远的角度看，却不能允许投资者做掠夺式的投资，但没有巨大利润吸引，又很难有大量的投资。笔者认为这是"引进来"这种思路的其中一个局限性。其次是引入城市的技术，但关键是农村的人口素质相对城市要低许多，普及技术的难度要大于城市，这是另一个局限性。再次是引入城市的先进理念，尤其是管理理念，但农村数千年的传统理念一定会与新的理念产生冲突，这个过程能成为一个平稳的过渡期吗？这就是第三个局限性。

再谈"走出去"这个思路。首先的问题是城市能容纳那么多的外来人口吗？教育、住房、社会保障等一系列问题很快就会摆在我们面前。其次的问题是农民出去了还会回来吗？是让出去的农民成为城市人口，还是用户籍制度"强迫"回归？这又是个两难的抉择。再次，在城市的快速发展的过程中，进城的农民要扮演什么角色？基础的纯劳动力工作吗？这样的话，农民进城只能获得资金，很难在技术和理念上大幅提高，这又违背了我们的想法，我们要农民获得的不仅仅是资金而已，而是能带给农民和农村更大价值的技术和理念。但显然，"走出去"这个思路很难做到，因为没有给农民一个缓冲的空间，把未经培训的农民与城市的固有劳动者直接放在一起竞争，当然农民就很难获得高技术含量的工作岗位，那么从事基础的纯劳动力工作似乎就变成没有选择的选择。让农民"走出去"如果只能获得很少的一点东西，甚至只局限于"给家里寄点钱"，但留给城市的教育、住房、社会保障等问题又是如此之多的话,我们是否要重新审视这种思路呢?

综上所述,笔者认为两种思路的优势是明显的,"引进来"有利于农村的长远发展,"走出去"更加符合现在的国情。但两种思路的局限性又是如此地不可忽视。因此,对两种思路进行统筹兼顾,取长补短才是解决这一问题的出路所在。

提炼主题,必须符合国家机关处理问题时所持的立场、观点、态度、方法,不能自行其是,更不能违背党的路线、方针、政策。同时,所提对策必须具有极强的针对性、可行性。因为从某种意义上说,文章主体在很大的程度上就是由考生所提措施来支撑和体现的。

前面我们反复讲到,"申论"虽然要求考生自选角度、自定题目进行论证,但它并不是一种个性化写作。它是一种虚拟公务行为,要求模拟国家机关处理问题时所持的立场、观点、态度、方法、措施等来论述,把自己放在履行公职的环境中,以公务员的身份来思考问题和回答问题。写作要解决的问题,是由给定材料限定的,在拟定题目论证分析时,必须充分利用给定的材料,紧紧抓住主题或主要问题,突出主旨进行论证,而不可以天马行空,任意挥洒,也不可偏激、片面。

五、怎样安排申论的结构

很多考生都有体会,要写论证时,先要列出提纲,也就是安排好文章的结构。

列出提纲,一是可以控制字数,二是可以杜绝边写边想的坏习惯。边写边想,容易导致思路前后不一,结构零散,待发现问题时不易进行修改。另外,考生受高考作文影响,习惯了写800字左右的文章,而申论通常要求写1200字左右,如果不列一个提纲,心中没底。

议论文的结构不如记叙文那样多样,这是议论文的说理性和严肃性所决定的。论文重在摆事实、讲道理,与之相应,结构相对凝重、严整。一般的议论文,结构并不复杂,通常可分为三个部分:

开头部分——提出问题;

中间部分——分析问题;

结尾部分——解决问题。

申论写作也同样如此。布局谋篇应注意什么呢?

(一)拟制提纲应注意的事项

1.论题要明确、集中

文章要论述什么问题? 这是论题。是准备论述问题的重要性,分析问题产生的原因,提出解决的对策;还是准备重点论某一对策;或是谈怎样认识这一问题? 首先得明确自己的论题,不能把这些思路夹杂在一起。你最好是能用一句话,把自己的论题讲清楚。把自己要论述的论题定了,你的思路就要依据论题展开,先说什么,后说什么,再说什么,依据什么问题展开,如果没有一条行文的线索,游离自己的论题,东拉西扯,整篇文章也就会松散无序。

2.要分清主次、详略

层次安排要有轻重缓急、大小主次,哪个在前,哪个在后,有条不紊。同时,要注意前后之间的连贯性,或承接,或转折,或并列,既要反映事理所固有的联系,也要反映逻辑规律的要求。论证或全面展开,或重点谈某一措施,都可能涉及一点、两点、三点,一个方面、两个方面、三个方面,这就是文章的分论点。所有的分论点,都要统一到中心论点上去，不能出现游离。各分论点之间，不能出现交叉、重叠、纠缠，不能出现疏漏和残缺。各分论点的安排，不能出现主次倒置。如写措施，把次要的写在前面，把重要的写在后面，文章就不耐看了。层次要清楚，每个层次须具有相对独立的、完整的意思，它的内容必须是清楚的、确定的。同时，层次之间不得重复，不得矛盾。如果出现重复，层次的界限就会模糊起来。如果层次之间出现矛盾，所阐述的思想便不可信或模糊不清。

3.要精选材料

论述既要讲道理，又要摆事实，事实与道理紧密相连，互相支持，内容上才谈得上充实。"申论"取材不会像一般议论文那样古今中外，旁征博引，它的事实材料主要来自于给定资料，理论材料可以从给定资料中来，也可从中引发。一般说来，基本情况、基本问题、问题的重要性、问题产生的原因，从给定的材料中都能找得到，比较难的是谈对策。考生谈对策，往往一句话两句话就交代了，无法展开，这时，不妨把思路打开，谈对策可以有总体上的思路，也可列举切实可行的手段或措施，包括落实的步骤、原则和具体事项。这些都属选材范围，考生如果谈得太泛，内容就会显得空泛。

4.认真检查

提纲拟定之后，要认真检查，看自己的观点是否正确，主次是否得当，各分论点之间是否有重复和交叉，思路是否有疏漏。

（二）文章的基本结构模板

怎样安排结构？这里给大家提供一个文章基本结构图。

×　×　×　×　×　×　×　×

（标题）

一、提出问题（开头部分）100～150 字左右 （一）概述基本情况，提出问题。 （二）强调问题的重要性，以引起领导的高度重视。
二、分析问题（正文部分）250 字左右 分析问题产生的原因。
三、解决问题（正文部分）200 字左右 论证对策一：包括具体对策，为什么要这样做，由哪些部门负责，应怎样落实，应达到什么要求。
四、解决问题（正文部分）200 字左右 论证对策二：包括具体对策，为什么要这样做，由哪些部门负责，应怎样落实，达到什么要求。
五、解决问题（正文部分）200 字左右 论证对策三：包括具体对策，为什么要这样做，由哪些部门负责，应怎样落实，达到什么要求。
六、总结全文（结尾部分）100 字左右

看下面的例文：

转变经济发展方式不放松

加快转变经济发展方式，是党的十七大作出的紧迫而重大的战略部署。最近召开的党的十七届二中全会又把着力转变经济发展方式作为落实十七大精神、努力实现经济又好又快发展的根本措施加以强调，可见其紧迫性和意义非同一般。（提出问题）

强调转变发展方式之所以如此紧迫，首先是因为目前的经济发展方式有"毛病"。在我国经济发展过程中，不仅过去长期患下的高投入、高消耗、高污染、低效率的老"毛病"依然相当严重，而且伴随经济的高速增长而逐渐发作的不协调、不平衡、不和谐、不安全的新"毛病"也日益严重。其次是这种粗放而失衡的经济发展模式全面遭遇环境承载能力下降、自然资源严重不足、国际贸易摩擦加剧、社会冲突增加等生态环境、贸易环境和社会环境恶化的阻碍。因此，经济发展方式非转不可。（强调意义）

客观地说，过去我国经济发展患的这些老"毛病"，跟过去我们经济发展水平不高、技术水平低下、经济总量小、经济社会长期"紧运行"和人们对资源与生态环境问题的忽视有关系。在一个温饱问题还没有根本解决的人口大国，不可能不要高速度，在技术水平不高、环境意识不强的情况下也不可能不靠高投入、高消耗进而也难免高污染。但是，随着我国经济的持续快速发展和国家经济总量的扩大，中国进入了经济宽裕和全面建设小康社会的新阶段，这些老"毛病"就必须要改了。

遗憾的是，尽管我们在转变发展方式上也做过不少努力，也取得了一些成就，但通过高投入、高消耗、高污染来换取高增长的发展惯性依然严重，从思想上忽视经济增长质量、忽视生态环境成本的倾向还相当严重，经济增长过度依赖投资、出口，过度依赖工业特别是重化工业发展，过度依赖物质投入的问题还十分突出。从投入和消耗来看，投入大、消耗多仍是当今中国经济增长的主要特征。例如，2006 年我国 GDP 总量占世界经济总量的 5.5%，而消耗的资源总量却达到了 15% 以上。特别是由于我们自主创新能力不强，缺乏核心技术，缺乏自主知识产权，缺少世界名牌，我们不得不更多地依靠廉价劳动力和大量低价开发自然资源甚至严重的环境污染来换取微薄的加工利润，进而成为任发达国家"剥削和无理指责"的低端产品"加工厂"。美国《商业周刊》和国际品牌公司 2006 年公布的全球 100 个著名品牌中，美国拥有 50 个，欧洲拥有 38 个，亚洲占有 11 个，而我国却没有一个。我国彩电、手机、台式计算机、DVD 等产品的产量均居世界第一，但芯片大都依赖进口。我们不得不把每部手机售价的 20%、计算机售价的 30%、数控机床售价的 20%~40% 支付给国外的专利商。这种粗放式发展必然与我国人均资源严重短缺的资源状况相冲突，严重影响我国经济的可持续发展能力。

不仅如此，在经济粗放、快速发展过程所产生的一、二、三产业之间，经济与社会之间的不协调，城乡之间、区域之间发展的不平衡，人与自然的不和谐，以及过度依赖国际市场和国际资源而带来的经济不安全等新问题交织进来以后，我们就更需要马上"就医治疗"，自觉加快转变经济发展方式。（分析原因）

转变发展方式，说到底就是要在科学发展观的指导下，针对现有经济发展方式中存在的问题，真正实现经济增长由依靠投资、出口拉动向依靠消费、投资、出口协调拉动转变，由主要依靠第二产业带动向依靠第一、第二、第三产业协同带动转变，由主要依靠增加物质消耗向主要依靠科技进步、劳动者素质提高、管理创新转变。（提出总的对策）

要实现这"三个转变"，最重要的是要抓住"四个关键"：（论述措施）

一是要提高自主创新能力，提高技术进步对经济增长的贡献力。自主创新能力低下，缺乏拥有自主知识产权的关键技术和知名品牌是制约产业结构升级和经济增长方式转变的"瓶颈"。只有突破这个"瓶颈"，经济发展方式才能发生根本转变。因此，必须大力推进国家创新体系建设，努力形成企业为主体、市场为导向、产学研有机结合的创新机制，制定各种激励政策，促进各种创新资源向企业集中。

二是要重视第三产业特别是现代服务业发展，加快形成第三产业为主要发展动力的新格局。第三产业发展空间巨大，只有第三产业充分发展，才能促使和支撑经济发展彻底摆脱过分依赖物质投入和牺牲环境而换取经济增长的局面。

三要深化经济体制改革，加快发展各类生产要素市场体系，完善反映市场供求关系、资源稀缺程度、环境损害成本的生产要素和资源价格形成机制。

四要深化干部任用体制改革，完善干部政绩评价体系，用充分反映资源环境代价的核算体系来衡量地方的经济发展水平，进而加快形成有利于科学发展的体制机制。只有这"四个关键"一起抓，才有利于解决部分地区发展方式转而不变的问题。

这篇文章引自《半月谈》，不是申论，但从中可看到，这个基本结构框架是具有较广泛的适用性的，如全国卷，要求考生就如何提高政府应对突发事件的能力，写一篇1000字左右的文章，就可以如下构思：

×××××××（标题）

一、开头部分

1. 从材料涉及的典型事件提起；

2. 引出公共安全的重要性（安全、稳定、发展）

二、分析问题

1. 没有处理好人与自然的关系；

2. 没有处理好人与人的关系；

3. 归根到底，缺乏科学发展观的指导

三、解决问题

最根本的对策是贯彻落实科学发展观，处理好人与自然的关系，处理好人与人的关系，从源头上解决公共安全问题。具体来说：

（1）领导重视，把公共安全作为大事，常抓不懈；

（2）加大宣传教育力度，通过报纸、电视等媒体，介绍应对突发性事件的常识，增强广大人民群众的防范意识和应对能力；

（3）建立全国性的预警机制；

（4）建立健全关于应对突发性事件的法律法规。对负有相关责任的领导干部，要严厉惩处。有的给予党纪、行政处分；情节严重的要追究法律责任。

（5）为减少和防止突发性事件的发生，要处理好人与自然的关系、社会转型期不同利益群体间的关系、国家宏观调控与引进市场机制的关系。

当然，遇到具体情况，比如从认识角度写的《政府和企业合作建设网络》，或从某项措施上说的，我们需要作些调整。

六、怎样写好文章各部分

拟定提纲之后，我们一般应按 1000 字要求，大体规划各部分的字数，并写好各部分。

（一）标题

如果是命题作文，应将标题写在文前，漏写和改动，都是要扣分的。如果要自拟标题，简练、朴实是基本原则。标题最好是文章的中心论点，不要用文学手法，不要套用流行歌曲的歌词，一般也不要用疑问句，如"农村的春天来了"、"万紫千红满园春"、"明天会更好"等。题目不像议论文，要么就会写散，要么就会写成记叙文或夹叙夹议，叙多议少，不像议论文。

（二）开头

开头部分，通常是交代资料所反映的基本情况和主要问题，强调问题的重要性。有些省市制定评分标准时还规定，开头部分一定要联系资料，以防止考生简单地套范文。开头要简明扼要、不宜过长，把篇幅留给主体部分。一般用概述的方法，交代情况，提出问题，字数应控制在 100～150 字左右。据我们体会，可在前面概括的基础上改写，写得更精练一些。

（三）分析原因

一般情况下，分析原因作一自然段，篇幅上应比开头部分多一些，最好是控制在 250 个字之内。分析原因时，要突出主要矛盾，并与下面的对策对应起来，不能原因是原因，对策是对策。原因在资料中是找得到的，关键是文字组织。考生可结合范文，认真体会这段分析文字应怎么写。

（四）对策论述

这部分应该是全文的主体。通常会论述四个左右的对策，分四个自然段写。如果以 1000 字的篇幅计算：开头部分用了 150 字；分析部分用了 250 字；对策部分留给我们 800 字左右的篇幅，每条对策可用 200 字。

论述对策：一是分清主次，不可主次倒置；二是要层次分明，不可交叉重复；三是要内容充实，防止只提对策而无具体措施的简单条式式行文，使每一个方面的内容显得饱满和充实。很多考生提出对策之后，便没话说了，显得干巴巴的，在阅卷老师眼中，空洞的对策或空泛的语言是不行的。

（五）结尾

申论的结尾并不复杂，通常是总括文意，完足全文，一般可纳入"科学发展—社会公正—和谐社会"的话语体系。有时，感到要表达的意思完了，也可不写。

试看湖南省 2006 年公务员录用考试中考生的一篇文章：

唯有活水始得清泉
——浅论农民增收问题

建设社会主义新农村，就是要发展农村生产力。发展农村生产力就是要发展经济。要使农民朋友能够富裕起来，必须调动各方面的积极性。

首先是提高农民的综合素质。由于农村比较落后，农民学习新知识的机会少，农村基础设施落后，路不好走，水电不到位等一系列问题，制约了农村经济的发展，影响了农民收入的增长，也助长了农民的等、靠、要思想。因此，要使农民能够富裕起来，既需要政府和社会的帮助与支持，更需要农民自己的努力与发展。贫困的农民就像缺水的人，政府给一碗水、给一桶水，只能解决暂时的口渴问题，那么明天、后天又怎么办呢？要解决这个饮水问题，只有靠政府、社会和农民自己一起来打一口活水的井，这样才有源源不断的饮水之泉。

如何打好这口"井"，政府是带头人。政府扶一把，农村才能大发展。这几年来，政府对农村免税又补贴，农民的腰包确实渐渐鼓了。但农资的涨价和教育收费高等一系列的物价问题，却把农民的腰包压扁了。这对于刚起步的农民来说，他们渴望党和政府的一系列惠农政策能够不折不扣地得以落实。同时，还需要政府随着经济社会的发展给予更多的支持。除政策上的支持外，资金投入也很关键。农村的基础设施差，很多农村很偏远，交通不便利，使得很多投资商一谈到农村就却而止步，路不好，成本高。这些基础设施的建设要靠企业或农民自己出钱则太困难。所以，政府的资金投入很重要。农村的综合改革是促进经济发展的必要条件，改革要突出两个重要目标：一是建立农村公共财政体系；二是改革与完善乡村治理结构，在乡村建立起有效的真正由农民群众参与的制衡机制，这也只有在政府帮助下才能做得到。

真正的打"井"人，则是农民自己。要让农民富起来，农民自身的发展很重要。政府指引了道路，给予了政策，还要看农民的"力道"。提高农民的综合素质，把农民培养成具有现代化意识的农民，首先在教育上，农民要提高，要能以现代化生产工具逐步代替人工劳动，不能老是面朝黄土背朝天地苦干。要让更多农民接受专业技术和技能培训，让一部分拥有先进技术和技能的农民带领其他农民走上科技致富之路。现在农村外出打工的人很多，这些人一旦出了农村，就不愿再回去，应创造一些条件，让外出打工拥有一定技术知识的农民回到农村参加新农村建设，逐步把农村建设成为和城市一样令人留恋的地方。

"井"挖得深不深，快不快，也少不了社会的帮助。建设社会主义新农村，不仅仅是政府和农民的事，也是企业、社会的事。社会的繁荣和发展离不开农村和农民的积累，反过来，农村和农民的落后，也必然约束社会的进一步发展。企业作为社会的经济主体，应该用更长远的眼光去看待农村这块具有无限潜力的市场，现在的投入必然得到未来巨大的回报。随着农村基础设施的建设和经济的发展，农村与城市一体化应是指日可待。一切具有长远眼光的个人和团体，应该积极地投身于社会主义新农村的建设。

　　建设社会主义新农村,为农民增收,是政府、农村和社会共同的事,农村的发展也必然影响和促进全社会的发展。

七、怎样保证论述的条理

　　文章的条理性,是申论写作很重要的一个方面。怎样保证论述的条理性呢? 下面是一个考生的经验之谈:

　　本人今年申论考了80分,还算不错,这几天细细总结分析了一下,写了点东西,供将要参加考试的同志参考,如果能从中得到一二用处,足矣。

　　1.仔细阅读材料,从给出的各种看起来似乎没有多少关联的材料中"提出"所指向的一个共同的"问题"。基本上近些年申论都是给你大概7到8个独立的现象,这些现象过程不一,但多少都有一个共同的问题,比如环境污染和经济发展,比如网络快速发展的同时带给青少年的危害,比如能源危机等等。所以第一步也就是最关键的,就是找出"申论"中的"论",有论才能申之。

　　2.关于写作的框架。的确,申论不同于传统教育中的议论文,根据我的经验,通常一篇完整的申论的基本框架如下:(1)点题(一句话或者两句话引出材料中之问题焦点);(2)分析问题(分析焦点问题的来由,现状和可能的发展);(3)解决问题(这部分最重要,申论考查的其实就是这一点,就是你对这个危机问题或者焦点问题有怎样的想法和怎样的解决方式)。

　　3.几个注意点:写申论最好能在每个部分中,无论是分析问题还是解决问题,都采用"一、二、三"的层次表达,显示你的条理。

　　4.一定要自圆其说。每个人从材料中归纳出来的问题或者焦点可能不尽相同,你一定要围绕问题,得出自己的意见,然后围绕自己的意见分析问题,进而提出解决的方法。

　　5.开头和结尾非常重要。一般开头就是引出问题,表示对什么问题的关注,结尾的时候在提出解决问题的方案的基础上对这个问题的发展进行展望。

　　6.最好能够借用一些马克思、毛泽东和邓小平思想中分析问题和解决问题的一些基本观点。比如一分为二、主要矛盾和次要矛盾、矛盾的主次方面、两手抓等等。

　　7.字迹要清楚,字数要适当。

　　8.找几篇样文,研究一下,看看人家是怎样布局的。

　　9.要冷静,要自信。

这个考生考的成绩不错,他总结的经验之一便是行文要有条理,采用标码分段的形式,的确能取得不错的效果。试看下面的例文:

关于我市交通拥堵情况的报告

　　我市是一个拥有700万人口的大城市。全市车辆拥有量××万辆。城市交通流量每天××万辆。城市交通拥堵一直是困扰我们的一个老大难问题。造成我市交通拥堵的主要原因:一是历史原因造成的道路狭窄,布局不合理;二是城市交通管理手段落后，管理水平低；三是公共交通满足不了城市大众的乘车需要；四是市民自觉维护城市交通的法制意识差，违规占道、违规穿行现象较为普遍。因此，要解决我市交通拥堵现状，必须动员全市方方面面的力量，共同努力才能奏效。为尽快改进我市交通拥堵状况，特提出以下建议：

一、提高认识、转变观念，把搞好城市交通工作提上重要日程

我市是北方的一个大城市，但市场经济的发展与南方沿海城市相比，差距仍很大。不仅经济落后，观念也落后。交通是城市的血脉，是城市经济发展重要基础的观念还未在全市完全形成。因此，建议市政府通过交通工作会议等形式，向全市党政干部讲清我市的交通状况及与经济发展的密切关系，彻底转变一些部门和单位认为交通发展和交通管理与己无关或无足轻重的观念，树立全市人民关心交通、重视交通、支持交通的新局面，为全面加强我市交通建设、改善我市交通管理，奠定坚实的思想基础。为配合这一活动，市交通管理部门拟举办一次城市交通展览会。展览会的主要内容是：展示我市改革开放以来交通建设和交通管理方面的巨大成就；揭示我市交通建设与管理方面的问题，特别是对经济发展的制约；介绍国外发达国家和我国沿海先进城市交通建设和管理的经验。展览会拟在五月份举办。

二、举全城之力，修路架桥，彻底缓解城市交通拥堵状况

目前，我市交通拥堵的一个重要原因是历史遗留下来的城市道路狭窄，布局不合理。因此，建议市政府增加城市交通建设的财政投入，同时也可通过引进外资共建共享的办法，进行城市主干道的改建、扩建、新建。建议在三环路的基础上再建一条四环路，减缓城区车辆的压力。同时在××区、××区两个城市中心区的××路、××路等十条主干道建造5座高架桥。积极筹建高架轻轨，力争在3~5年建成，从而彻底缓解我市道路拥堵状况。

三、引进先进管理模式，科学管理城市交通

目前，我市交通管理十分落后，建议市政府增加投入，扩建市交通指挥中心，配备现代化的交通监控系统，对全市交通实行微机监控。同时引进国外先进城市的交通管理办法，对市内的街路按功能划分为高速路、快速路、主干道、次干道、支路、生活区路，进行分级管理，限定不同的时速。

为解决市内乱停车问题，建议在年内制定出台"××市车辆停放管理条例"。同时建议市政府对全市新建、扩建的大型广场、商厦的停车场建设规模、功能等做出限制性规定，增加地下停车空间，缓解地面压力。

四、强化市民素质教育，动员全市人民维护城市交通秩序

城市交通与全市人民的生活息息相关。维护城市交通秩序不仅是城市交通管理部门的事情，也是全市人民的事情。为解决目前市民交通意识薄弱，行人和自行车违章穿道等问题，建议由市政府办公厅牵头，组织全市有关部门开展一次全市人民关心交通、维护交通的宣传教育月活动。充分利用电台、电视台、报纸、宣传板等媒体及专题讲座、交通知识竞赛、"当一天交通警察（协勤）"等活动，对全市人民进行一次深入的城市交通管理教育。

同时，加大对交通违章违规行为的处理力度。在主要路段增加交通协勤人

员，强化交通秩序管理力度。

五、大力发展城市公共交通事业

我国的国情与国外发达国家不同，城市人口密集、国民收入低，城市交通应该以公共交通为主。鉴于我市公共交通还很落后，企业长期亏损，财政暂时拿不出更多资金的情况，建议采取与外资合作经营城市公共交通的办法，解决资本来源问题，发展城市公共交通。可先选择部分线路试点，成功后再全面铺开。另一个方案是改变目前的乘车管理办法，取消月票，采用 IC 卡计费的方法。缓解公共汽车公司的经营压力，使其扭亏为盈，增加再生能力。

预计采取该办法后，每年可增加收入××万元，两年左右可将市内现存的陈旧车辆全部更新。但这个办法，可能要增加部分市民的生活支出，有可能引起社会反响。因此，应在广泛征求各方面意见，取得共识的情况下实施。

这篇文章，在简要介绍情况和分析城市交通拥堵原因的基础上，把重点放到了解决问题的对策上，采用标码分段形式所提五条建议，显得条理井然。如果不采用标码，也可用主题句领起相关段落，如：

完善社会保障制度保持社会和谐稳定

社会保障制度是指国家和社会对生活困难的社会成员予以物质帮助，保障其基本生活的制度和措施。它是生产力发展到一定阶段的产物，是社会进步的一个重要标志，它已成为现代国家一项不可或缺的社会经济制度。

改革开放 30 年的实践证明，建立和完善社会保障制度，是我国社会事业发展的重要组成部分，对于实现科学发展、促进社会和谐有着不可替代的重要作用。概括起来，社会保障制度有以下 4 个作用：一是"安全网"的作用。社会保障，民安所在。社会保障制度的核心功能就是保障人民群众在年老、失业、患病、工伤、生育时的基本收入和基本医疗不受影响，无收入、低收入以及遭受各种意外灾害的人民群众有生活来源，满足他们的基本生存需求，解除他们的后顾之忧，为人民群众筑起一道"安全网"。二是"平衡器"的作用。社会保障制度具有收入再分配的功能，调节中高收入群体的部分收入，提高最低收入群体的保障标准，减少贫困，适当缩小不同社会成员之间的收入差距，使其保持在一个适度的水平。这样，不仅能够在一定程度上缩小我国目前城乡、区域和社会成员之间的差距，促进社会的公平正义，而且能够增加社会整体的福利水平。三是"助推器"的作用。完善的社会保障制度，既有利于提高劳动者自身素质，促进劳动力的有序流动，一定程度上激发我国经济的活力，推动经济更快地发展，又可以避免社会消费的过度膨胀，引导消费结构更为合理，平衡社会供需的总量，有利于防止经济发展出现波动，实现更好地发展。四是"稳定器"的作用。完善的社会保障制度，能为劳动者建立各种风险保障措施，帮助他们消除和抵御各种市场风险，避免因生活缺乏基本保障而引发一系列的矛盾，从而维护社会的稳定。此外，积极鼓励先富的人热心社会公益事业，帮助那些困难群体，也可以融洽社会各阶层的关系，使社会不同阶层和谐相处、共同进步。

经过长期努力，目前我国社会保障有了长足进展，初步形成了社会保障体系的总体框架，在促进改革发展稳定中发挥着越来越重要的作用。不过，客观地讲，当前我国社会保障体系还很不完善，存在覆盖范围窄、保障水平低、法律不够健全、监察执法不严等一系列亟待解决的问题。而且，从长远来看，我国社会保障体系还将承受来自三个方面的巨大压力：一是人口老龄化使老年人的养老、医疗、社会服务等问题更加突出。我国养老保险长期实行现收现付制，没有留出积累资金。老龄化提前到来，意味着"未富先老"，我国社会保障制度面临着养老负担重、筹集资金难和医疗费用大等诸多挑战。二是就业方式日益多样化使扩大社会保障覆盖面问题更为凸显。近几年，我国就业格局发生明显变化，全国职工中，有超过一半的人在非公有制企业工作，浙江、广东、江苏等省的比例还要高。然而，长期以来，相当数量的非公有制企业职工没有享受社会保障。在当前情况下，如何把这些人纳入社会保障的覆盖范围，是我们必须研究解决的问题。三是城镇化进程加速给社会保障制度带来新问题。新增城镇人口亟待纳入社会保障体系，另外，目前失地农民有4000多万人，每年还有1亿多农民进城务工，他们已成为产业大军中的重要力量。而我国的就业和社会保障制度主要是针对城镇人口设计实施的，如何适应城镇化过程中数亿农村转移劳动力的需求，是一个重大课题。

胡锦涛总书记在党的十六届六中全会上指出，建立健全同经济发展水平相适应的社会保障体系，是保障群众生活的现实需要，也是推进改革发展、保持社会和谐稳定的必然要求。党的十七大报告指出，加快建立覆盖城乡居民的社会保障体系，保障人民基本生活。经过30年的改革开放，国家财政收入近4万亿元，这为我们完善社会保障体系奠定了坚实的物质基础。但实事求是地讲，建立覆盖城乡居民的社会保障体系是一项艰巨任务，任重道远，需要全社会付出更多的努力，必须充分发挥政府、社会、市场等各方面的作用。

在完善我国社会保障体系的过程中，政府首先要发挥主导作用。根据我国基本国情和经济社会发展的实际，积极借鉴世界其他国家发展经验，探索中国特色的社会保障事业发展模式，既尽力而为又量力而行，逐步实现覆盖城乡居民的发展目标。一是调整财政支出结构，建立规范的社会保障预算制度，进一步提高社会保障支出的比重。二是科学规划，使社会保障体系的覆盖面进一步扩大。适应人口老龄化、就业方式多样化、城镇化加快的特点，完善现有的保障制度，有计划地把应该纳入而未纳入的人切实纳入进来，真正实现"应保尽保"；探索新的制度建设，针对不同群体增加新的保障项目，如建立符合农民工特点的社会保障制度、农村养老保险制度等。三是加强社保基金的筹集和监管。通过各种方式，积极引导参保人员缴纳社会保险费，鼓励社会捐赠，扩大社保基金的筹集渠道，不断做大做强全国社保基金。同时，要进一步加大对社保基金的监管力度。要进一步提升基金的统筹层次，建立健全各项制度，促进基金管理的公开、透明，确保基金的安全运行。

完善社会保障体系，还必须充分调动社会各方面力量。企业要切实遵守相关法律法规，按时足额为职工缴纳各种社会保险费用，逐年增加养老金积累，建立健全福利集体协商机制。社会组织和服务机构要积极行动起来，在社会救助、济贫帮困、慈善服务等方面发挥作用；家庭和个人要依法缴纳各种社会保险费用，发挥好赡养、自助、互助等功能，推动形成团结互助、和谐融洽的社会氛围。

完善社会保障体系，也要积极发挥商业保险的补充作用。商业保险虽然是一种经济行为，与保障基本生活为目的的社会保障制度有差别，但在减少危险、补偿损失、保障生活、安定社会上与社会保障制度又有相通之处。特别是商业保险投保水平可高可低，多投保多受益，能够满足人们更高层次和多样化的社会保障需要，有利于提高我国社会保障的整体水平。因而要大力发展商业保险，完善人寿保险，补充医疗保险、人身意外保险等险种，为群众提供更多更好的服务。

此外，要完善社会保障制度的法律体系，加快出台社会保险法、社会救助法、慈善法等法律，制定养老保险条例、医疗保险条例、社会保障基金管理条例等法规。同时要严格执法，依据《劳动法》等相关法律法规，积极开展规范企业用工、清理社会保险关系等方面的监察执法，提高社会保障工作的效率和质量，加大对违法行为的打击力度。

论述的条理性，主要取决于思路的清晰。从技巧方面说，将各个部分交代清楚，论述中不要重复、啰嗦是很重要的。

八、怎样把握申论的语言

"申论"写作是一种虚拟性的公务行为，要求模拟国家机关处理问题时所持的立场、观点、态度、方法、措施等来论述，把自己放在履行公职的环境中，以公务员的身份来思考问题和回答问题，并模拟国家机关的行文风格和表达方式。如果从语体特征来说，它是一种公务文书语体。只要有一定的阅读经验，都能明显地感觉到，公文语体与其他文体的语言是有较大的差异的。

公务文书是一种完全写实致用的文体，它不包含欣赏成分，无需追求艺术魅力，不用夸饰和虚构，不用铺陈和渲染，没有细腻的描写、描绘性词语，少用借代、拟人、夸张、拈连、映衬、顶针、双关、反复、回环之类的修辞手法，少用"呼告"之类的方式来抒情。

公务文书的语体比较庄重。这类文章的写作，用语不能轻漫浮华，闲聊式的方言口语以及幽默、诙谐、灵巧、机智等语体风格是不能入公文的。它一般使用规范的书面语，排斥口语、方言、俚语，禁止生造词语。

公务文书行文以"辞达"为原则，它的语言都是中规中矩的，不藻饰，不曲折，不绕圈子，不讲套话，直截了当，干脆利落，直白晓畅，朴实无华，实实在在，平易近人，力求用最少的文字，将意思表达清楚。它的语言，用词准确、简洁，逻辑严密，一是一、二是二，不拖泥带水，不拐弯抹角，不用描写和抒情。如果脱离了这个规范，就是不得体。

公务文书用语严谨，它总是选用含意明确、范围确定的词语，准确地表述概念的内涵与外延，正确揭示事物真相及其本质，用语周密确切，无虚假错漏，语意明确，不生歧义，界限清楚，褒贬得当，符合实际，用以保证文章的准确性、直接应用效用。

公务文书以叙述、说明和议论为主。介绍情况，阐明道理，直陈其事，忠于实情，讲求实效，不务藻饰。公文一般不用描写和抒情，不对事物作生动的描绘，不肆意地渲染刻画，不用明喻、暗喻、比拟、夸张、借代、对偶、排比、反复、设问、反问、反语、婉曲、夸张、象征等修辞手法，不用华丽的词藻。

公务文书用语总是常规化的，它遵守语法规范，不标新立异，不生造新词；它的词语搭配、表达方式、修辞手法都是常规化的；句子的构成、词语的搭配、语序的安排，都符合事理和语法规则。它总是根据语法和逻辑规则常规化地组织语言；总是选择最常规的字、词、句，选择常规的表达方式，把机关领导意图最准确最简洁地传达出来。

公文的用语还要求简明得体。它总是开门见山、简洁明了地表述写作意图，杜绝一切空话套话，以获得准确、快捷的阅文办事效率。公务文书的写作要从本机关职责范围出发，根据本机关与受文机关之间的行文关系，选用恰当的词语。像"申论"写作，由于它对作者的身份有规定，行文就要符合这一规定的身份。

试看下面一些答卷：

经济发展！环境污染？

二十年，弹指一挥间，我国的改革开放已经走过了二十年的历程。在这二十年中，我们的经济建设取得了过去没有的发展，人民的生活水平不断提高，整个社会发生了翻天覆地的变化。这一切，都让我们自豪。

但是从另一方面看，我们用来生存的生态环境遭到了毁灭性的打击。工厂喷吐出的浓烟、排出的污水，污染着天空、湖泊、河流和土壤。城市中各种各样的噪声、粉尘、汽车废气，无时无刻不在侵蚀着人们的健康。难道经济的发展一定要用环境污染作为代价吗？答案当然是否定的。经济发展固然重要，但是我们生存的明净的空间更值得我们去珍惜。

……

这里节录的是 2000 年一位考生的答卷，文章的标题用两个句子，既不像选择疑问，也不像设问，没有整体性，缺乏庄重感，不符合"申论"的语体要求。

开头是一段夸奖大好形势的套话，跟主体内容没有什么直接关系，这是对有限篇幅的极大浪费。其实，只用一句话就可以引出第二段来。

这篇文章用语不够准确。像"我们赖以生存的生态环境遭到了毁灭性的打击"这句，就超过了事实的程度，还要注意语言的逻辑关系。

这篇文章逻辑不严密。第二段开始，作者描绘的生态环境糟糕到了极点，但这段结尾又说"但是我们生存的明净空间更值得我们去珍惜"，前后矛盾。

短短一段，语言表达上就出现了这么多毛病，自然不符合"申论"写作的要求。

再看下面一篇文章：

加强药品使用的监测工作

康泰克曾经是抵抗感冒的好药，如今让人们得了一场"大感冒"。包含 PPA 的药品对人有害的消息一传出，这类药品就好像过街老鼠，人人喊打：政府禁止，公司清除，患者拒服，各个相关部门也采取了相应措施。但是有人指出：PPA 对人不利，药厂早就知道却没有公开，请问公众的健康权利谁来保障？社会正在强烈呼吁加强药品使用的监测工作。

俗话说：得什么别得病。但是谁能够不生病？所以医疗成为人民群众生活中的一件大事，药品也成为一个巨大而稳定的市场。这一关系着人们贴身生活的大事，我们党和政府应该给予足够的重视，做好药品使用的监测工作。

春天的水变暖和，鸭子应该最先知道。那么药品存在不良反应谁最先知道呢？谁有义务和责任把关呢？建立完善的医药监测机制，成立专门化的监测机构，加强对药品使用的监测工作应该成为重要事情。

加强药品使用的监测工作，首先要不断提高监测的能力。在我国，虽然经费有限，但是我们要本着对人民负责的态度做好这项工作。要开发资源，节约开支，专款专用，不断充实监测机构的硬件和软件，提高监测能力。

加强药品使用的监测工作，要重视对工厂和商店的监测。在PPA事件中，有些厂商在撤出包含PPA药品的同时就推出了替代品，有人指出大量厂商早就知道PPA有害。假如我们对包含PPA的药品在检查中将其禁止进入市场，那么PPA事件也许就不会发生！

加强药品使用的监测工作，要加大监测的透明和公开程度。在PPA事件暴露出来的问题中，很明显地说明如今的监测工作的透明度不够，公开度不高，人民群众对药品了解得不够，厂商监测机构和患者之间信息不对称，同时也反映了我们的一些机构和工作人员对群众的贴身生活大事不够负责。我们应该建立领导与专项工作人员负责制，专门问题专人负责，出了问题找专人。

加强药品使用的监测工作，还要同当前的医疗体制改革紧密结合起来。在厂商、监测机构、医院与患者之间建立起一种良性的竞争、监测、就医与经营机制，真正地为人民、为群众办实事。

总之，各级政府、各级医疗机构、各药品监测部门要从讲政治的高度，本着对人民群众的健康负责的态度，做好药品使用的监测工作，不断健全、完善医疗监测机制，来促进医疗体制的改革。

这篇文章把"加强药品的监测工作"作为论题并围绕这一问题从各个相关责任者的角度进行论述，层次上基本上遵循了"提出问题"——"分析问题"——"解决问题"的思路，每个层次都有特定的内容和含义，但语言差些。文章第1、2、3自然段，语言不精练，许多意思一再重复，事实上可合并为一段；其中有的词句，用得不准确或不精练。这篇文章，尚属较好一类。可见，考生们参加"申论"考试，加强语言修养，提高文字表达能力是非常有必要的。

申论的写作，语言要得体。试看湖南省2006年申论考试考生的一篇文章：

发展生产力是建设社会主义新农村的关键

党的十六届五中全会提出了建设社会主义新农村的历史任务，这是我国社会主义建设过程的一个重要环节，也是本届政府的重大历史使命。就目前我国农村现状来看，政府面临着许多重大问题，如发展的思路问题、资金问题、资源的配置问题、农民的教育问题、提高农民收入的问题，等等。如何解决好这些复杂多样的问题呢？发展生产力是关键。

发展生产力是社会主义的本质，是社会主义制度优越性的体现。如何有效地发展农村生产力？一般来说，应从如下几个方面着手：

一、加强农村基础设施的建设

目前我国农民的生活质量相对比较低，农村供电、供水、道路等公共设施陈旧失修，且无人管理，已严重影响农民的生活条件和农村的发展。在这种情况下，使得大量农民工涌入城市。然而，盲目的迁移，又带来了许多社会问题，同时也进一步影响了农村的发展。因此，搞好农村基础设施建设，把劳动力留住，这是发展农村生产力应走的第一步。

二、加强农民的教育，提供有力的技术支持

劳动者作为生产力的主体，劳动者的素质与技术水平在生产力的发展过程中起主导作用。目前，我国农民的文化素质和技术水平较低，即使涌入大城市，也很少有人能从事技术性较强的工作，其收入非常低，仅能维持基本的生活，更别说自身的发展与支持家乡的建设了。政府部门应把握这个生产力发展的根本因素，多搞科技下乡、普及农业生产知识、专业技能培训等活动，全面提高农民的技能水平。并且在重大项目上，应组织专家组，提供长期有效的技术支持，让农村的发展走上科学之路。这是我们发展农村生产力应走的第二步。

三、合理引入、投入资金，开发效益好的项目

我们具备了合格的劳动者，这仍然不够，没有先进的生产工具和好的项目仍然是不行的。改进生产工具当然要大量的资金，如何使资金的引入和投入变得合理，这是政府部门应该深思的问题。某些地区在这个问题上则有一定的盲目性，致使大量人力、物力白白浪费，挫伤了农民生产的积极性。农村的生产发展要与当地实际情况相结合，走与之相适应的道路，严密组织生产，打开稳定高产的市场。这样才能从根本上解决生产途径的问题。

发展农村生产力必须从生产力的三要素着手，这样才能使农村的面貌发生根本的变化。农民收入水平的提高和生活水平的改善，能有效改善农民再教育和培养下一代的状况。这就形成了这样一个良性循环：生产力的提高—农民收入增加—生活水平提高—受教育程度提高—生产积极性提高—生产力进一步发展。如果我们能把握住发展生产力这个关键，我们就能建设好社会主义新农村，完成我们的重要历史使命。

这篇文章的语言很朴实，但仍然是比较好的文章。当然，如果基础比较好，也可以写得生动些，但不要超过公务语体的"度"。

试看下面这篇文章：

如何提高农村的"造血"功能

民以食为天。近年来，国家越来越意识到农村建设的问题对于建立和谐稳定社会的重要性，并针对农民面临的实际困难推出了加大投入、免税、补贴等一系列惠农措施。这些措施如一股强劲的新鲜血液给农村注入了新的生命力。但如果政府部门只重视"输血"，而忽视提高农村的"造血"功能的话，其生命也不过是昙花一现。

然而，如何才能提高农村的"造血"功能？温家宝总理在建设"新农村"的新战略中，有一个明确的提法——"提高农业的组织化程度"，尤其值得重视。的

确，只有提高农业组织化程度，加强农民的合作能力和基层的建设，才能对接上国家在"新农村"建设中的资金投入和政策投入。

首先，我们可以借鉴国内外建设新农村的一些先进经验，根据不同地区的不同特点，创造性地探索一些新的农业产业化经营模式，凭借企业的雄厚资金与农民的辛勤劳动相结合，让农民成为企业的贡献者，一方面降低劳动成本，另一方面也可以使农民增收致富。政府部门可以制定相应的一些优惠措施给予投资农村农业的企业，调动他们的积极性，鼓励他们为农村建设做出自己的贡献，实现双赢的局面。

其次，针对农村的不同特点，打造休闲产业，既能使城市人与农民增加相互间的交流，又可为农民搭建一个增收的平台。如今，都市人生活压力大，城市环境污染也相对严重，越来越多的人渴望回归自然，渴望利用节假日来到绿水青山间与自然交融。而大多数的农村在自然风景上享有得天独厚的条件，如果我们可以以成都的"五朵金花"为借鉴，针对农村的具体特点打造独具特色的休闲产业，与市场紧密结合，就可以吸引越来越多的城市人来到农村欣赏自然风景，体验民俗民情，城乡人们不仅能加深感情上的交流，而且农民能在休闲旅游业中获取利润，增加收入。在这方面，国家应该尊重和保护各地的传统文化，不要一味地按照"模式"进行改造。因为，鲁迅先生曾说过："越是民族的，越是世界的。"

最后，政府应该注重农村教育的问题，加大投入，保证农民的孩子至少能享受到九年义务教育。农村发展速度缓慢，在很大程度上缘于农民的素质仍较低下，因为贫穷无法享受先进科技的教育机会，从而导致长期以来只能从事着低收入的工作，并形成恶性循环。科技是第一生产力，农民的数目在我国是十分庞大的，如果能够提高农民的基本综合素质，他们将成为社会主义建设大军中的一支庞大的力量，何愁农村不能实现生产发展、生活宽裕、乡风文明、管理民主的目标呢？农民素质的提高，将极大地增强其自身的无限的"造血"功能，这是有限的"输血"远远不能及的。俗话说："授人以鱼不如授人以渔。"政府如果能在"授鱼"的同时，更加注重对农村"授渔"的培训，将使更多的农民能年年有"鱼"。

新农村的建设任重而道远。我们渴望也相信政府部门在给农村"输血"的同时，也会重视提高农村的"造血"功能，使我国广大的农民百姓过上健康、富足的生活。

上面这篇文章，论题是如何使农民增收——为农村打一口活水"井"。考生认为，要打好这口"井"，首先是政府应当好带头人；其次是应调动和发挥农民自身的积极性；再次是离不开全社会的支持和帮助。作者引用鲁迅先生的话和"授人以鱼不如授人以渔"的俗语，恰到好处，信手拈来；文中关于"农民素质的提高，将极大地增强他们自身的无限的'造血'功能，这是'有限'的'输血'远远不能及的"；"如果政府能在'授鱼'的同时，更加注重对农村'授渔'培训，将使更多的农民能年年有'鱼'"等论述，都显示出考生较强的语言文字表达能力。要解决申论写作的语言，大家平时应多读一些范文，认真体会公务语体的特点。

关于申论，讲到这里就结束了。大家是否真正掌握了解题的方法和技巧，还有待检验。因此，我们把解题步骤总结如下，以供大家训练时参考。

申论考试解题步骤

阅读	一、看题目，明确目标	要求：40分钟之内，把材料读清楚
	二、看结构总述句，明确目标	
	三、划出中心句，明确目标	
	四、概括各段大意，明确目标	
	五、用草稿纸誊写提纲，以求一目了然	
	六、理清提纲的逻辑关系，弄清来龙去脉	
概括	一、综合概括题	分基本情况和问题两部分，用"什么时间、什么事件、什么原因、什么结果、什么问题"把问题和情况概括出来
	二、专项概括题	分层次、部分逐条书写
对策	一、明确问题	对策要有针对性、可行性、可操作性，合情合理合法，主次分明，能解决问题 分轻重主次逐条书写
	二、分析原因 原因1…… 原因2…… 原因3……	
	三、针对原因提出对策 对策1…… 对策2…… 对策3…… 对策4……	
论证	一、在对策的基础上选好角度	选好角度；明确主题；文章有条理性；要有利于问题的解决
	二、确定论证的基本类型	
	三、写好提纲	
	四、写好文章的各个部分	

附录一

党政机关公文处理工作条例
第一章　总则

第一条　为了适应中国共产党机关和国家行政机关(以下简 称党政机关)工作需要,推进党政机关公文处理工作科学化、制度化、规范化,制定本条例。

第二条　本条例适用于各级党政机关公文处理工作。

第三条　党政机关公文是党政机关实施领导、履行职能、处理公务的具有特定效力和规范体式的文书,是传达贯彻党和国家的方针政策,公布法规和规章,指导、布置和商洽工作,请示和答复问题,报告、通报和交流情况等的重要工具。

第四条　公文处理工作是指公文拟制、办理、管理等一系列 相互关联、衔接有序的工作。

第五条　公文处理工作应当坚持实事求是、准确规范、精简高效、安全保密的原则。

第六条　各级党政机关应当高度重视公文处理工作,加强组织领导,强化队伍建设,设立文秘部门或者由专人负责公文处理工作。

第七条　各级党政机关办公厅(室)主管本机关的公文处理工作,并对下级机关的公文处理工作进行业务指导和督促检查。

第二章　公文种类

第八条　公文种类主要有:

(一)决议。适用于会议讨论通过的重大决策事项。

(二)决定。适用于对重要事项作出决策和部署、奖惩有关单位和人员、变更或者撤销下级机关不适当的决定事项。

(三)命令(令)。适用于公布行政法规和规章、宣布施行重大强制性措施、批准授予和晋升衔级、嘉奖有关单位和人员。

(四)公报。适用于公布重要决定或者重大事项。

(五)公告。适用于向国内外宣布重要事项或者法定事项。

(六)通告。适用于在一定范围内公布应当遵守或者周知的事项。

(七)意见。适用于对重要问题提出见解和处理办法。

(八)通知。适用于发布、传达要求下级机关执行和有关单位周知或者执行的事项,批转、转发公文。

(九)通报。适用于表彰先进、批评错误、传达重要精神和告知重要情况。

(十)报告。适用于向上级机关汇报工作、反映情况,回复上级机关的询问。

(十一)请示。适用于向上级机关请求指示、批准。

(十二)批复。适用于答复下级机关请示事项。

(十三)议案。适用于各级人民政府按照法律程序向同级人民代表大会或者人民代表大会常务委员会提请审议事项。

（十四）函。适用于不相隶属机关之间商洽工作、询问和答复问题、请求批准和答复审批事项。

（十五）纪要。适用于记载会议主要情况和议定事项。

第三章 公文格式

第九条 公文一般由份号、密级和保密期限、紧急程度、发文机关标志、发文字号、签发人、标题、主送机关、正文、附件说明、发文机关署名、成文日期、印章、附注、附件、抄送机关、印发机关和印发日期、页码等组成。

（一）份号。公文印制份数的顺序号。涉密公文应当标注份号。

（二）密级和保密期限。公文的秘密等级和保密的期限。涉密公文应当根据涉密程度分别标注"绝密""机密""秘密"和保密期限。

（三）紧急程度。公文送达和办理的时限要求。根据紧急程度，紧急公文应当分别标注"特急""加急"，电报应当分别标注"特提""特急""加急""平急"。

（四）发文机关标志。由发文机关全称或者规范化简称加"文件"二字组成，也可以使用发文机关全称或者规范化简称。联合行文时，发文机关标志可以并用联合发文机关名称，也可以单独用主办机关名称。

（五）发文字号。由发文机关代字、年份、发文顺序号组成。联合行文时，使用主办机关的发文字号。

（六）签发人。上行文应当标注签发人姓名。

（七）标题。由发文机关名称、事由和文种组成。

（八）主送机关。公文的主要受理机关，应当使用机关全称、规范化简称或者同类型机关统称。

（九）正文。公文的主体，用来表述公文的内容。

（十）附件说明。公文附件的顺序号和名称。

（十一）发文机关署名。署发文机关全称或者规范化简称。

（十二）成文日期。署会议通过或者发文机关负责人签发的日期。联合行文时，署最后签发机关负责人签发的日期。

（十三）印章。公文中有发文机关署名的，应当加盖发文机关印章，并与署名机关相符。有特定发文机关标志的普发性公文和电报可以不加盖印章。

（十四）附注。公文印发传达范围等需要说明的事项。

（十五）附件。公文正文的说明、补充或者参考资料。

（十六）抄送机关。除主送机关外需要执行或者知晓公文内容的其他机关，应当使用机关全称、规范化简称或者同类型机关统称。

（十七）印发机关和印发日期。公文的送印机关和送印日期。

第十条 公文的版式按照《党政机关公文格式》国家标准执行。

第十一条 公文使用的汉字、数字、外文字符、计量单位和标点符号等，按照有关国家标准和规定执行。民族自治地方的公文，可以并用汉字和当地通用的少数民族文字。

第十二条 公文用纸幅面采用国际标准 A4 型。特殊形式的公文用纸幅面，根据实际需要确定。

第四章　行文规则

第十三条　行文应当确有必要,讲求实效,注重针对性和可操作性。

第十四条　行文关系根据隶属关系和职权范围确定。一般不得越级行文,特殊情况需要越级行文的,应当同时抄送被越过的机关。

第十五条　向上级机关行文,应当遵循以下规则:

(一)原则上主送一个上级机关,根据需要同时抄送相关上级机关和同级机关,不抄送下级机关。

(二)党委、政府的部门向上级主管部门请示、报告重大事项,应当经本级党委、政府同意或者授权;属于部门职权范围内的事项应当直接报送上级主管部门。

(三)下级机关的请示事项,如需以本机关名义向上级机关请示,应当提出倾向性意见后上报,不得原文转报上级机关。

(四)请示应当一文一事。不得在报告等非请示性公文中夹带请示事项。

(五)除上级机关负责人直接交办事项外,不得以本机关名义向上级机关负责人报送公文,不得以本机关负责人名义向上级机关报送公文。

(六)受双重领导的机关向一个上级机关行文,必要时抄送另一个上级机关。

第十六条　向下级机关行文,应当遵循以下规则:

(一)主送受理机关,根据需要抄送相关机关。重要行文应当同时抄送发文机关的直接上级机关。

(二)党委、政府的办公厅(室)根据本级党委、政府授权,可以向下级党委、政府行文,其他部门和单位不得向下级党委、政府发布指令性公文或者在公文中向下级党委、政府提出指令性 要求。需经政府审批的具体事项,经政府同意后可以由政府职能部门行文,文中须注明已经政府同意。

(三)党委、政府的部门在各自职权范围内可以向下级党委、政府的相关部门行文。

(四)涉及多个部门职权范围内的事务,部门之间未协商一致的,不得向下行文;擅自行文的,上级机关应当责令其纠正或者撤销。

(五)上级机关向受双重领导的下级机关行文,必要时抄送该下级机关的另一个上级机关。

第十七条　同级党政机关、党政机关与其他同级机关必要时可以联合行文。属于党委、政府各自职权范围内的工作,不得联合行文。

党委、政府的部门依据职权可以相互行文。

部门内设机构除办公厅(室)外不得对外正式行文。

第五章　公文拟制

第十八条　公文拟制包括公文的起草、审核、签发等程序。

第十九条　公文起草应当做到:

(一)符合国家法律法规和党的路线方针政策,完整准确体现发文机关意图,并同现行有关公文相衔接。

(二)一切从实际出发,分析问题实事求是,所提政策措施 和办法切实可行。

（三）内容简洁，主题突出，观点鲜明，结构严谨，表述准确，文字精练。

（四）文种正确，格式规范。

（五）深入调查研究，充分进行论证，广泛听取意见。

（六）公文涉及其他地区或者部门职权范围内的事项，起草单位必须征求相关地区或者部门意见，力求达成一致。

（七）机关负责人应当主持、指导重要公文起草工作。

第二十条 公文文稿签发前，应当由发文机关办公厅（室）进行审核。审核的重点是：

（一）行文理由是否充分，行文依据是否准确。

（二）内容是否符合国家法律法规和党的路线方针政策；是否完整准确体现发文机关意图；是否同现行有关公文相衔接；所提政策措施和办法是否切实可行。

（三）涉及有关地区或者部门职权范围内的事项是否经过充分协商并达成一致意见。

（四）文种是否正确，格式是否规范；人名、地名、时间、数字、段落顺序、引文等是否准确；文字、数字、计量单位和标点符号等用法是否规范。

（五）其他内容是否符合公文起草的有关要求。

需要发文机关审议的重要公文文稿，审议前由发文机关办公厅（室）进行初核。

第二十一条 经审核不宜发文的公文文稿，应当退回起草单位并说明理由；符合发文条件但内容需作进一步研究和修改的，由起草单位修改后重新报送。

第二十二条 公文应当经本机关负责人审批签发。重要公文和上行文由机关主要负责人签发。党委、政府的办公厅（室）根据党委、政府授权制发的公文，由受权机关主要负责人签发或者按照有关规定签发。签发人签发公文，应当签署意见、姓名和完整日期；圈阅或者签名的，视为同意。联合发文由所有联署机关的负责人会签。

第六章 公文办理

第二十三条 公文办理包括收文办理、发文办理和整理归档。

第二十四条 收文办理主要程序是：

（一）签收。对收到的公文应当逐件清点，核对无误后签字或者盖章，并注明签收时间。

（二）登记。对公文的主要信息和办理情况应当详细记载。

（三）初审。对收到的公文应当进行初审。初审的重点是：是否应当由本机关办理，是否符合行文规则，文种、格式是否符合要求，涉及其他地区或者部门职权范围内的事项是否已经协商、会签，是否符合公文起草的其他要求。经初审不符合规定的公文，应当及时退回来文单位并说明理由。

（四）承办。阅知性公文应当根据公文内容、要求和工作需要确定范围后分送。批办性公文应当提出拟办意见报本机关负责人批示或者转有关部门办理；需要两个以上部门办理的，应当明确主办部门。紧急公文应当明确办理时限。承办部门对交办的公文应当及时办理，有明确办理时限要求的应当在规定时限内办理完毕。

（五）传阅。根据领导批示和工作需要将公文及时送传阅对象阅知或者批示。办理公文传阅应当随时掌握公文去向，不得漏传、误传、延误。

（六）催办。及时了解掌握公文的办理进展情况，督促承办部门按期办结。紧急公文或者重要公文应当由专人负责催办。

（七）答复。公文的办理结果应当及时答复来文单位，并根据需要告知相关单位。

第二十五条　发文办理主要程序是：

（一）复核。已经发文机关负责人签批的公文，印发前应当对公文的审批手续、内容、文种、格式等进行复核；需作实质性修改的，应当报原签批人复审。

（二）登记。对复核后的公文，应当确定发文字号、分送范围和印制份数并详细记载。

（三）印制。公文印制必须确保质量和时效。涉密公文应当在符合保密要求的场所印制。

（四）核发。公文印制完毕，应当对公文的文字、格式和印刷质量进行检查后分发。

第二十六条　涉密公文应当通过机要交通、邮政机要通信、城市机要文件交换站或者收发件机关机要收发人员进行传递，通过密码电报或者符合国家保密规定的计算机信息系统进行传输。

第二十七条　需要归档的公文及有关材料，应当根据有关档案法律法规以及机关档案管理规定，及时收集齐全、整理归档。两个以上机关联合办理的公文，原件由主办机关归档，相关机关保存复制件。机关负责人兼任其他机关职务的，在履行所兼职务过程中形成的公文，由其兼职机关归档。

第七章　公文管理

第二十八条　各级党政机关应当建立健全本机关公文管理制度，确保管理严格规范，充分发挥公文效用。

第二十九条　党政机关公文由文秘部门或者专人统一管理。设立党委（党组）的县级以上单位应当建立机要保密室和机要阅文室，并按照有关保密规定配备工作人员和必要的安全保密设施设备。

第三十条　公文确定密级前，应当按照拟定的密级先行采取保密措施。确定密级后，应当按照所定密级严格管理。绝密级公文应当由专人管理。

公文的密级需要变更或者解除的，由原确定密级的机关或者其上级机关决定。

第三十一条　公文的印发传达范围应当按照发文机关的要求执行；需要变更的，应当经发文机关批准。

涉密公文公开发布前应当履行解密程序。公开发布的时间、形式和渠道，由发文机关确定。

经批准公开发布的公文，同发文机关正式印发的公文具有同等效力。

第三十二条　复制、汇编机密级、秘密级公文，应当符合有关规定并经本机关负责人批准。绝密级公文一般不得复制、汇编，确有工作需要的，应当经发文机关或者其上级机关批准。复制、汇编的公文视同原件管理。

复制件应当加盖复制机关戳记。翻印件应当注明翻印的机关名称、日期。汇编本的密级按照编入公文的最高密级标注。

第三十三条　公文的撤销和废止，由发文机关、上级机关或者权力机关根据职权范围和有关法律法规决定。公文被撤销的，视为自始无效；公文被废止的，视为自废止之日起失效。

第三十四条 涉密公文应当按照发文机关的要求和有关规定进行清退或者销毁。

第三十五条 不具备归档和保存价值的公文,经批准后可以销毁。销毁涉密公文必须严格按照有关规定履行审批登记手续,确保不丢失、不漏销。个人不得私自销毁、留存涉密公文。

第三十六条 机关合并时,全部公文应当随之合并管理;机关撤销时,需要归档的公文经整理后按照有关规定移交档案管理部门。

工作人员离岗离职时,所在机关应当督促其将暂存、借用的公文按照有关规定移交、清退。

第三十七条 新设立的机关应当向本级党委、政府的办公厅(室)提出发文立户申请。经审查符合条件的,列为发文单位,机关合并或者撤销时,相应进行调整。

第八章 附则

第三十八条 党政机关公文含电子公文。电子公文处理工作的具体办法另行制定。

第三十九条 法规、规章方面的公文,依照有关规定处理。外事方面的公文,依照外事主管部门的有关规定处理。

第四十条 其他机关和单位的公文处理工作,可以参照本条例执行。

第四十一条 本条例由中共中央办公厅、国务院办公厅负责解释。

第四十二条 本条例自 2012 年 7 月 1 日起施行。1996 年 5 月 3 日中共中央办公厅发布的《中国共产党机关公文处理条例》和 2000 年 8 月 24 日国务院发布的《国家行政机关公文处理办法》停止执行。

附录二

中华人民共和国国家标准 GB/T15835—1995
出版物上数字用法的规定
（国家技术监督局 1995 年 12 月 13 日发布）

一、范围

本标准规定了出版物在涉及数字(表示时间、长度、质量、面积、容积等量值和数字代码)时使用汉字和阿拉伯数字的体例。

本标准适用于各级新闻报刊、普及性读物和专业性社会人文科学出版物。

自然科学和工程技术出版物亦应使用本标准，并可制定专业性细则。

本标准不适用于文学书刊和重排古籍。

二、引用标准

下列标准所包含的条文，通过在本标准中引用而构成为本标准的条文。本标准出版时，所示版本均为有效。所有标准都会被修订，使用本标准的各方应探讨使用下列标准最新版本的可能性。

GB/T7408–94 数据元和交换格式　信息交换　日期和时间表示法

GB3100–93 国际单位制及其应用

GB3101–93 有关量、单位和符号的一般原则

GB7713–87 科学技术报告、学位论文和学术论文的编写格式

GB8170–87 数值修约规则

三、定义

本标准采用下列定义。

物理量 physical quantity

用于定量地描述物理现象的量，即科学技术领域里使用的表示长度、质量、时间、电流、热力学温度、物质的量和发光强度的量。使用的单位应是法定计量单位。

非物理量 non-physical quantity

日常生活中使用的量，使用的是一般量词。如 30 元、45 天、67 根等。

四、一般原则

4.1　使用阿拉伯数字或是汉字数字，有的情形选择是唯一而确定的。

4.1.1　统计表中的数值，如正负整数、小数、百分比、分数、比例等，必须使用阿拉伯数字。

示例：48　302　–125.03　34.05%　63%~68%　1/4　2/5　1:500

4.1.2　定型的词、词组、成语、惯用语、缩略语或具有修辞色彩的词语中作为语素的数字，必须使用汉字。

示例：一律　一方面　十滴水　二倍体　三叶虫　星期五　四氧化三铁　一〇五九（农药内吸磷）　八国联军　二〇九师　二万五千里长征　四书五经　五四运动　九三学社　十月十七日同盟　路易十六　十月革命　"八五"计划　五省一市　五局三胜制　二

八年华 二十挂零 零点方案 零岁教育 白发三千丈 七上八下 不管三七二十一 相差十万八千里 第一书记 第二轻工业局 一机部三所 第三季度 第四方面军 十三届四中全会

4.2 使用阿拉伯数字或是汉字数字，有的情形，如年月日、物理量、非物理量、代码、代号中的数字，目前体例尚不统一，对这种情形，要求凡是可以使用阿拉伯数字而且又很得体的地方，特别是当所表示的数目比较精确时，均应使用阿拉伯数字，遇特殊情形，或者为避免歧解，可以灵活变通，但全篇体例应相对统一。

五、时间(世纪、年代、年、月、日、时刻)

5.1 要求使用阿拉伯数字的情况

5.1.1 公历世纪、年代、年、月、日

示例：公元前8世纪 20世纪80年代 公元前440年 公元？年 1994年10月1日

5.1.1.1 年份一般不用简写。如：1990年不应简作"九〇年"或"90年"。

5.1.1.2 引文著录、行文注释、表格、索引、年表等，年月日的标记可按GB/T7408-94的5.2.1.1中的扩展格式。如：1994年9月30日和1994年10月1日可分别写作1994-09-30和1994-10-01，仍读作1994年9月30日、1994年10月1日。年月日之间使用半字线"-"。当月和日是个位数时，在十位上加"0"。

5.1.2 时、分、秒

示例：4时 15时40分(下午3点40分) 14时12分36秒

注：必要时，可按G13/T7408-94的5.3.1.1中的扩展格式。该格式采用每日24小时计时制，时、分、秒的分隔符为冒号"："。

示例：04：00(4时) 15：40(15时40分) 14：12：36(14时12分36秒)

5.2 要求使用汉字的情况

5.2.1 中国干支纪年和夏历月日

示例：丙寅年十月十五日 腊月二十三日 正月初五 八月十五中秋节

5.2.2 中国清代和清代以前的历史纪年、各民族的非公历纪年

这类纪年不应与公历月日混用，并应采用阿拉伯数字括注公历。

示例：秦文公四十四年(公元前722年) 太平天国庚申十年九月二十四日(清咸丰十年九月二十日，公元1860年11月2日) 藏历阳木龙年八月二十六日(1964年10月1日) 日本庆应三年(1867年)

5.2.3 含有月日简称表示事件、节日和其他意义的词组

如果涉及一月、十一月、十二月，应用间隔号"·"将表示月和日的数字隔开，并外加引号，避免歧义。涉及其他月份时，不用间隔号，是否使用引号，视事件的知名度而定。

示例1："一·二八"事变(1月28日) "一二·九"运动(12月9日) "一·一七"批示(1月17日) "一一·一〇"案件(11月10日)

示例2：五四运动 五卅运动 七七事变 五一国际劳动节 "五二〇"声明 "九一三"事件

六、物理量

物理量量值必须用阿拉伯数字，并正确使用法定计量单位。小学和初中教科书、非专业性科技书刊的计量单位可使用中文符号。

示例：8736.80 km(8736.80 千米)　　600 g(600 克)　　100 kg ~ 150 kg(100 千克 ~ 150 千克)　　12.5 m²(12.5 平方米)　　外形尺寸是 400 mm × 200 mm × 300 mm(400 毫米 × 200 毫米 × 300 毫米)　　34℃ ~ 39℃(34 摄氏度 ~ 39 摄氏度)　　0.59A(0.59 安[培])

七、非物理量

7.1　一般情况下应使用阿拉伯数字。

示例：21.35 元　45.6 万元　270 美元　290 亿英镑　48 岁 11 个月　14804.6 万册　600 幅　550 名

7.2　整数一至十，如果不是出现在具有统计意义的一组数字中，可以用汉字，但要照顾到上下文，求得局部体例上的一致。

示例1：一个人　三本书　四种产品　六条意见　读了十遍　五个百分点

示例2：截至 1984 年 9 月，我国高等学校有新闻系 6 个，新闻专业 7 个，新闻班 1 个，新闻教育专职教员 274 人，在校学生 1561 人。

八、多位整数与小数

8.1　阿拉伯数字书写的多位整数和小数的分节

8.1.1　专业性科技出版物的分节法：从小数点起，向左和向右每三位数字一组，组间空四分之一个汉字(二分之一个阿拉伯数字)的位置。

示例：2 748 456　3.141 592 65

8.1.2　非专业性科技出版物如排版留四分空有困难，可仍采用传统的以千分撇“，”分节的办法。小数部分不分节。四位以内的整数也可以不分节。

示例：2,748,456　314.159265　8703

8.2　阿拉伯数字书写的纯小数必须写出小数点前定位的“0”。小数点是齐底线的黑圆点“.”。

示例：0.46 不得写成.46 和 0·46

8.3　尾数有多个“0”的整数数值的写法

8.3.1　专业性科技出版物根据 GB8170 - 87 关于数值修约的规则处理。

8.3.2　非科技出版物中的数值一般可以“万”、“亿”作单位。

示例：三亿四千五百万可写成 345,000,000，也可写成 34,500 万或 3.45 亿，但一般不得写作 3 亿 4 千 5 百万。

8.4　数值巨大的精确数字，为了便于定位读数或移行，作为特例可以同时使用“亿、万”作单位。

示例：我国 1982 年人口普查人数为 10 亿 817 万 5288 人；1990 年人口普查人数为 11 亿 3368 万 2501 人。

8.5　一个用阿拉伯数字书写的数值应避免断开移行。

8.6　阿拉伯数字书写的数值在表示数值的范围时，使用浪纹式连接号“~”。

示例：150 千米 ~ 200 千米　-36℃ ~ -8℃　2500 元 ~ 3000 元

九、概数和约数

9.1　相邻的两个数字并列连用表示概数，必须使用汉字，连用的两个数字之间不得用顿号“、”隔开。

示例：二三米　一两个小时　三五天　三四个月　十三四吨　一二十个　四十五六岁

七八十种　二三百架次　一千七八百元　五六万套

9.2　带有"几"字的数字表示约数，必须使用汉字。

示例：几千年　十几天　一百几十次　几十万分之一

9.3　用"多""余""左右""上下""约"等表示的约数一般用汉字。如果文中出现一组具有统计和比较意义的数字，其中既有精确数字，也有用"多""余"等表示的约数时，为保持局部体例上的一致，其约数也可以使用阿拉伯数字。

示例1：这个协会举行全国性评奖十余次，获奖作品有一千多件。协会吸收了约三千名会员，其中三分之二是有成就的中青年。另外，在三十个省、自治区、直辖市还设有分会。

示例2：该省从机动财力中拿出1900万元，调拨钢材3000多吨、水泥2万多吨、柴油1400吨，用于农田水利建设。

十、代号、代码和序号

部队番号、文件编号、证件号码和其他序号，用阿拉伯数字。序数词即使是多位数也不能分节。

示例：84062部队　国家标准GB2312－80 国办发〔1987〕9号文件　总3147号　国内统一刊号CN 11－1399　2l/22次特别快车　HP—3000型电子计算机　93号汽油　维生素B12

十一、引文标注

引文标注中版次、卷次、页码，除古籍应与所据版本一致外，一般均使用阿拉伯数字。

示例1：列宁：《新生的中国》，见《列宁全集》，中文2版，第22卷，208页，北京，人民出版社，1990。

示例2：刘少奇：《论共产党员的修养》，修订2版，6页，北京，人民出版社，1962。

示例3：李四光：《地壳构造与地壳运动》，载《中国科学》，1973(4)，400～429页。

示例4：许慎：《说文解字》，影印陈昌治本，126页，北京，中华书局，1963。

示例5：许慎：《说文解字》，四部丛刊本，卷六上，九页。

十二、横排标题中的数字

横排标题涉及数字时，可以根据版面的实际需要和可能作恰当的处理。竖排文章中的数字提倡横排。如文中多处涉及物理量，更应横排。竖排文字中涉及的数字除必须保留的阿拉伯数字外，应一律用汉字。必须保留的阿拉伯数字、外文字母和符号均按顺时针方向转90度。

十三、字体

出版物中的阿拉伯数字，一般应使用正体二分字身，即占半个汉字位置。

示例二：海军J12号打捞救生船在太平洋上航行了十三天，于一九九〇年八月六日零时三十分返回基地。

示例一：雪花牌BCD188型家用电冰箱容量是一百八十八升，功率为一百二十五瓦，市场售价两千零五十元，返修率仅为百分之零点一五。